중앙아시아
고려인의 생애담 연구

이복규

지식과교양

이 책은 한국연구재단 2007년도 기초연구과제지원사업(인문사회분야) 지원을 받아
이루어졌음(KRF-2007-327-A00421)

〈카자흐스탄·우즈베키스탄 등 중앙아시아의 위치〉

〈고려인의 고향 원동(블라디보스톡)〉(1920년대)

〈고려인 화가 김표드르 작 '강제이주'〉

〈고려인 화가 안일 작 '화물차-강제이주'〉

〈1937년 강제이주 도중의 고려인들 모습〉

〈고려인 이주열차 내부의 모습〉

〈우슈또베-바스또베- 땅굴집 유적 기념비〉

〈우슈또베-바스또베- 땅굴집 유적의 원경〉

〈우슈또베-바스또베- 고려인 무덤의 우리말 묘비〉

〈우슈또베-바스또베- 땅굴집 유적의 기념비〉

〈우슈또베-바스또베- 땅굴집 흔적들〉

| 머리말 |

    이 책은 한국연구재단의 지원으로 2005년부터 2009년까지 중앙아시아 카자흐스탄을 해마다 방문하여 조사한 중앙아시아 고려인의 생애담 자료 및 이에 대해 연구한 논문을 한데 묶은 것입니다. 애초에는 고려인의 구전설화를 조사하기 위해 갔던 것인데, 제보자의 대부분이 강제이주 경험자라는 것을 알아, 이분들의 생애담에까지 관심이 뻗치게 되었습니다. 생애담을 조사하는 과정에서 〈레닌기치〉 및 그 후신이라 할 수 있는 〈고려일보〉에도 강제이주 관련 회상기들이 다수 실렸다는 사실을 알았기에 입수하여 보탰습니다.
    이 책은 중앙아시아 고려인의 생애담에 대한 연구로는 처음입니다. 그간 고려인의 강제이주담을 중심으로 몇몇 논저에서 언급한 일이 있지만, 아주 개별적인 사례 제시에 그쳐 여전히 궁금한 게 많았는데, 그 총체적인 모습에 한걸음 다가갔다 하겠습니다. 그 결과, 그간의 쟁점으로 떠올랐던 문제들, 예컨대 이주 첫 겨울에 고려인들이 땅굴집에 살았다는 게 사실이냐 전설 또는 과장이냐에 대해, 폭

넓은 자료를 근거로 사실임을 밝히는 성과를 얻기도 했습니다. 현장 연구와 총체적인 연구의 필요성과 보람을 확인하는 기회였다 하겠습니다.

이 책은 표제에서 '고려인의 생애담'이라 하였지만, 강제이주 관련 자료가 더 많은 비중을 차지하고 있습니다. 강제이주담이야말로 고려인 생애담을 다른 지역 교포들의 생애담과 구분짓는 독자적이고 특징적인 대목이면서, 우리가 고려인을 이해하는 데에서 가장 중시해야 할 만한 의의와 가치를 담고 있다 판단한 결과 그리 되었습니다. 이런 관점을 가지다 보니, 연구 논문도 강제이주담을 중심으로 고려인의 생애담을 분석했다는 점을 미리 말해둡니다.

나는 이 정도로 연구를 마무리하지만 다른 학자가 더욱 다각적으로 심도 있는 연구를 펼쳐가길 희망합니다. 그렇게 하는 데 이 책이 디딤돌 구실을 했으면 좋겠습니다. 고려인의 강제이주를 소재로 다큐멘터리나 창작물을 제작하고자 하는 이들이 여기 실린 자료를 바탕으로 다양한 스토리텔링을 하면 더욱 좋겠습니다. 드라마〈대장금〉이『조선왕조실록』의 딱 한 줄 기사에서 촉발되어 만들어졌다면, 이 책의 풍부한 자료를 활용하면 얼마든지 좋은 작품이 나오리라 기대합니다. 그래서 고려인의 체험이 지금 우리에게 아니 앞으로도 두고두고 가치 있고 의미 깊은 그 무엇이었으면 합니다.

이 책의 머리말을 쓰자니, 고려인 어르신들의 얼굴이 떠오릅니다. 가슴 아픈 사연들을 말씀해 주신 쏘냐 할머니, 따냐 할머니, 로자 할머니, 마리아 할머니, 냐쟈 할머니, 한철주 할머니……, 뾰뜨르 할아버지, 안똔 할아버지, 레오니드 할아버지……. 자료를 정리하는 동안에 냐쟈 할머니는 하늘나라로 가셨고, 한철주 할머니는 치매를 앓고 계십니다. 제발 이분들께서 건강히 오래오래 사시길 기도할 따름입니다. 다시는 이분들이 겪은 비극이 되풀이되지 않아야 하겠습니다. 그런 세상 그런 나라를 만드는 데 이분들의 증언을 두고두고 소중한 밀알로 삼아야 하겠습니다.

2012년 새봄을 맞이하며
서경대 연구실에서
이복규

| 차 례 |

■ 머리말

제1부 중앙아시아 고려인의 생애담에 대하여

I. 여는말 ·· 19

II. 고려인 생애담의 화제들 ·· 21
    1. 강제이주 이전 원동에서의 삶 / 21
    2. 강제이주 사실의 인지 시기 / 24
    3. 강제이주의 이유 / 25
    4. 강제이주시의 휴대품 / 27
    5. 이주열차의 구조 / 29
    6. 이주열차에서의 생활 / 31
    7. 첫 도착지에서의 겨울나기 / 34
    8. 첫 도착지 현지인의 반응 / 38
    9. 강제이주 이후의 삶 / 39

III. 강제이주에 대한 고려인의 인식 ·· 43
    1. 죄 없는 고난 / 43
    2. 배신감과 분노 / 44
    3. 모멸스러운 일 / 45

IV. 맺음말 ·· 47

제2부 중앙아시아 고려인의 생애담 자료

I. 중앙아시아 고려인 생애담의 구술(口述)자료 ·········· 61
  1. 한철주(여, 1921년생) / 61
  2. 이쏘냐(여, 1919년생) / 64
  3. 신뾰뜨르(남, 1924년생) / 135
  4. 박쏘냐(여, 1918년생) / 139
  5. 이따냐(여, 1919년생) / 145
  6. 주나쟈(여, 1918년생) / 159
  7. 김마리아(여, 1918년생) / 170
  8. 김로자(1931년생) / 187
  9. 김안똔(남, 1928년생) / 203
  10. 임로자(1926년생) / 253
  11. 김레오니드 꼰스탄찐노비치(남, 1929년생) / 276

II. 중앙아시아 고려인 생애담의 기술(記述)자료 ·········· 292
  1. 레닌기치 1989년 5월 3일 : 〈강제이주〉(엠. 우쎄르바예와) / 292
  2. 레닌기치 1989년 6월 14일 : 〈1937년도 이주사건에 대하여〉
    (리니꼴라이) / 298
  3. 레닌기치 1989년 8월 18~19일, 22일 : 〈력사에서 외곡이 있을 수
    없다〉(회상기)(박성훈) / 304
  4. 레닌기치 1989년 7월 20일 : 〈가슴저린 회상〉(박뾰뜨르) / 325
  5. 레닌기치 1889년 8월 16일 : 〈력사의 토막사실 : 무엇 때문에
    애국자들이 희생되였는가?〉(렴홍철) / 329
  6. 레닌기치 1989년 8월 17일 : 〈이것은 변명할 수 없다〉(송희현)
    / 332
  7. 레닌기치 1989년 9월 22일 : 〈쓰라린 나날을 회상하면서〉
    (렴홍철) / 336
  8. 레닌기치 1989년 9월 26일 : 〈교살자〉(강상호) / 340

9. 레닌기치 1989년 11월 25일 : 오 수남촌(장편서사시) (연성용) / 345
10. 레닌기치 1989년 12월 23일 : 〈그를 자랑하고 싶다〉(벗에 대한 생각)(김기성) / 356
11. 레닌기치 1990년 1월 11일 : 〈37년 이주에 대한 기사들을 읽고서〉(독자의 의견)(주영윤) / 360
12. 레닌기치 1990년 1월 19일 : 〈싸락눈이 내리던 1937년도〉(정따찌야나) / 363
13. 레닌기치 1990년 3월 16일 : 〈재쏘 조선사람들〉(철학-력사 에쎄)(유게라씸) / 367
14. 레닌기치 1990년 3월 30일 : 〈시대와 민족어에 대한 생각〉(박넬리 교수에 대한 남해연 기자의 탐방기사) / 381
15. 레닌기치 1990년 6월 13일 : 〈사실을 그대로 말해야 한다〉(안득춘에 대한 남해연의 탐방기사) / 387
16. 고려일보 1991년 1월 24일 : 〈추억〉(리길수) / 396
17. 고려일보 1991년 1월 29일 : 〈우리는 누구인가〉란 기사를 읽고 (역사를 외곡하지 말자)(성점모) / 399
18. 고려일보 1991년 4월 23일 : 〈평범한 고려인의 평범한 생활경력〉(황정만에 대한 김브루트의 탐방기사) / 402
19. 고려일보 1991년 6월 4일, 6월 26일 : 〈운명〉(렴홍철에 대한 남경자의 탐방기사) / 409
20. 고려일보 1991년 8월 2일 : 신한촌(회상기)(리길수) / 416
21. 고려일보 1991년 10월 15일 : 〈모든 체험을 영예롭게 이겨냈다〉(력사의 공백)(김주봉에 대한 떼. 썸비르쩨와의 탐방기사) / 421
22. 고려일보 1992년 7월 22일 : 〈조선극장창건 60주년을 맞이하여〉〈잊지 못할 향단이들〉(리함덕) / 425
23. 고려일보 1993년 4월 3일 : 〈운명〉(김미하일 와씰리예위츠에 대한 이꼬레쓰끼의 탐방기사) / 430

24. 고려일보 1993년 6월 5일 : 〈고향땅의 흙 한줌〉(엔. 와따뇨르) / 432
25. 고려일보 1995년 3월 4일 : 〈피로 물든 강제이주〉(연성용) / 435
26. 고려일보 1996년 4월 20일, 4월 27일 : 〈잊을 수 없는 그 날을 더듬어 보며〉(리왜체쏠라브) / 461
27. 고려일보 1996년 8월 3일 : 〈고려인들의 강제추방 60주년을 앞두고 : 우리도 되돌아 보면서〉(강태수) / 467
28. 고려일보 1996년 8월 30일 : 〈고려인들의 강제추방 60주년을 앞두고 : "인간이란 일생 활동해야 하죠…."〉(엘. 로쑤꼬와) / 475
29. 고려일보 1996년 12월 7일 : 〈강제이주 60주년을 앞두고 : 까라깔빡스의 고려인들〉(주아나똘리) / 478
30. 고려일보 1997. 5. 7·9·17·24·31일, 6월 6·14·21·28일, 7월 19일 : 〈카자흐스탄의 고려인들〉(이종수 / 양원식 역) / 482
31. 고려일보 2002년 3월 29일자 : 〈잠블 지역의 고려인들〉(김보리스) / 506
32. 고려일보 2005년 6월 3일자 및 고려일보 2005년 6월 10일자 : 〈흩어진 한민족 ②카자흐스탄 편〉〈1937년 이 땅에서 겨울을 처음 맞다〉(윤세르게이에 대한 원낙연의 탐방기사) / 510
33. 고려일보 2006년 12월 15일자 : 〈카자흐스탄에서의 고려인 거주70주년에 즈음하여〉〈잊을 수 없는 쓰라린 과거〉(김블라지미르 제스까스간) / 517
34. 고려일보 2007년 4월 6일 : 〈아홉 번째 원〉(김클라라에 대한 신보리쓰의 탐방기사) / 522
35. 고려일보 2007년 8월 24일자 : 〈내가 직접 겪은 강제이주〉(정상진) / 526

찾아보기 / 535

제1부

중앙아시아 고려인의 생애담에 대하여

-강제이주담을 중심으로-

중앙아시아 고려인의 생애담에 대하여
-강제이주담을 중심으로-

I. 여는말

1990년대부터 생애담에 대한 관심이 높아지고 있다. 전통적 구비문학의 자료 확보가 어려워지는 데 따른 대안으로서 또는 일상적인 삶에 대한 자전적 회상이 학문의 중요한 텍스트가 될 수 있다는 인식적 전환에 따른 것이다. 그 결과 사회학, 인류학, 구비문학 연구자들을 중심으로 생애담 관련 연구성과 또는 자료조사 성과[1]가 축적되고 있는데 해외에 거주하는 동포들에 대해서는 아직 눈길이 주어지지 않고 있다. 재일 한인에 대해서만 조명[2]이 이루어져 있다. 이 글에서는 중앙아시아 고려인의 생애담을 고찰하되 강제이주담을 중심으로 살펴보고자 한다.

---

1. 김성례(1994), 「한국무속에 나타난 여성체험 : 구술생애사의 분석」, 『한국여성학』 7(한국여성학회); 천혜숙(1997), 「여성생애담의 구술사례와 그 의미분석」, 『구비문학연구』 4(한국구비문학회); 천혜숙(2001), 「농촌여성 생애담의 주제와 생애인식 양상」, 『한국고전여성문학연구』 2(한국고전여성문학회) 등이 대표적인 성과들이다.
2. 이헌홍(2008), 「재일한인의 삶과 이야기」, 『구비문학연구』 27(한국구비문학회).

중앙아시아 고려인은 쏘련(소비에트) 원동[3](遠東) 지역에서 살다가 1937년 중앙아시아로 강제이주당한 동포와 그 후손들을 일컫는 말이다.[4] 그 가운데에서도 강제이주를 경험한 이들의 생애담은 우선적으로 연구할 필요가 있다. 강제이주야말로 고려인 생애담의 특징적인 요소인 데다, 체험자들이 고령화하여 80~90대에 이르러 있기 때문이다. 고려인에 대한 연구는 다방면으로 이루어지고 있으나,[5] 생애담에 대한 연구는 아직 시도된 바 없다.

생애담 연구 방법은 아직 정립되지 않은 상태인데, 생애담이 '무엇을'과 '어떻게'를 포괄하고 있는 복합체이기에, 연구 목적에 따라 무게 중심이 달라질 수 있다. 역사의 보조자료로 보아 생애담에 담긴 사실에 주목하기도 하고, 화자가 구성해 내는 서사물로 보아 생애담의 주체가 자기 생활의 현실을 '어떻게 드러내고 문제삼는가' 즉 '인식'에 비중을 두기도 한다.

이 글에서는 '무엇을(사실)'과 '어떻게(인식)' 양자를 모두 포착하되, '무엇을'에 좀더 비중을 두고자 한다. 왜냐하면 고려인의 생애담, 특

---

3. 이 '원동'을 한글로만 적을 경우, 원동(原東)으로 이해하여, 원래 살았던 동쪽 지방이라는 의미로 해석할 가능성이 있는데, 정확히 말하면 遠東으로 이해해야 한다. 쏘련 영토에서 가장 먼 동쪽에 있기 때문에 그렇게 부른 것으로 보인다. 우슈또베에 정착해 이룬 고려인 마을 이름을 '달늬보스톡(遠東 마을)'이라 한 데서 그 사실을 확인할 수 있다. 이곳을 제2의 원동으로 부르며 향수를 달래기도 하고 그 뿌리를 기억하였다 하겠다.
4. '고려인' 대신 '고려사람', '조선인(조선사람·조선족)', '한인' 등으로 명명하는 경우도 있으나, 국립국어원에서 펴낸 『표준국어대사전』에도 올라 있을 만큼 '고려인'이 이미 널리 학계에서 통용되고 있으므로 이를 따랐다.
5. 『우즈베키스탄 한인동포의 생활문화』(국립민속박물관, 1999); 『까자흐스딴 한인동포의 생활문화』(국립민속박물관, 2000); 전경수(2002), 『까자흐스탄의 고려인』(서울대출판부); 김필영(2004), 『소비에트 중앙아시아 고려인 문학사(1937~1991)』(강남대학교출판부); 김보희(2006), 「소비에트 시대 고려인 소인예술단의 음악활동」(한양대학교 대학원 박사논문); 김병학·한야꼽(2007), 『재소 고려인의 노래를 찾아서』 Ⅰ·Ⅱ(화남); 이복규(2008), 『중앙아시아 고려인의 구전설화』(집문당) 등.

히 강제이주를 경험한 고려인의 생애담은, 관련 문헌자료가 절대 부족한 상황이라 이 자체가 특정 시기 고려인의 삶을 이해하는 데 아주 긴요한 가치를 지니고 있기 때문이다. 더구나 강제이주의 몇 가지 국면, 예컨대 강제이주 후 우리말교육의 폐지 여부, 땅굴집의 존재 여부 등에 대해 의견이 대립하고 있기도 하므로 다양한 자료를 통해 따져볼 필요가 있다. 그간의 연구성과 중에서 강제이주 문제가 다루어지기도 했으나, 극히 소수의 증언을 대상으로 한 것이라 한계가 있다. 다수의 자료를 활용해 본격적으로 규명할 필요가 있다.

이 글의 주자료는 필자가 2005년부터 2009년까지 11명의 고려인(1931년 이전 출생자)을 대상으로 조사한 구술자료이다.『레닌기치』·『고려일보』에 실린 75편의 회상기와 탐방기사, 여타 문헌에 실린 6편의 회상기도 함께 활용하고자 한다. 자료의 원문을 제시할 때는 띄어쓰기만 현행대로 다듬었을 뿐, 맞춤법은 원형 그대로라는 점을 미리 밝혀둔다.

II. 고려인 생애담의 화제들

1. 강제이주 이전 원동에서의 삶

'원동(遠東)'은 '연해주' 지역을 달리 부르는 말이다. 중앙아시아에 이주한 고려인들은 대부분 원동 출신들[6]인데, 이곳에서의 생활을 보

---

6. 고송무(1990),『쏘련의 한인들』(이론과실천), 32쪽에 의하면, 강제이주가 해당된 지역은 연해주 지역에서부터 서쪽으로 치따 시 동쪽 모고차 시 지역까지였으며, 다른 지역의 고려인들은 이주 대상에 들어가지 않았다.

여주는 자료는 드물다[7]고 알려져 있다. 쏘련이 해체되기까지는 고려인들이 강제이주를 포함하여 자신들의 이야기를 자유롭게 진술하는 것을 금기시했기 때문이다.[8] 하지만 이제 양상이 달라졌다. 필자가 조사한 구술자료 및 『레닌기치』와 『고려일보』등에 실린 다수의 회상담에서 확인되는 원동에서의 생활 가운데 주목할 것들은 무엇일까? 두 가지만 소개한다.

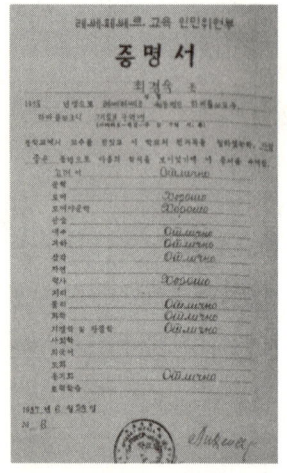

첫째, 우리말만 했고 우리말 교육을 받으며 살았다. 강제이주 이전에는 러시아어를 몰라도 살았다. 우리 동포만으로 이루어진 마을들이 있었던 데다, 우리말로 가르치는 학교가 있었기 때문이다. 원동에서 학교를 다녔던 제보자들의 구술을 들어보면, 중고등학교든 대학이든 강제이주 이전에는 모두 우리말로만 교육을 받았다. 러시아어는 제2 외국어로 공부했는데, 대부분 러시아어를 할 줄 몰랐다는 것을 보면 러시아 교육은 철저하지 않았다는 것을 알 수 있다.

우리 그전에 한아바이랑 있을 때, 집에서 싹 고려말했지. (조사자: 밖에 나가면?) 밖에 나가도 우린 우린 나먹은 사람은 고려말하오. (조사자

---

7. 고송무, 위의 책, 16쪽. 이 책에서 류성촌에 살았던 최예까쩨리나 미하일롭나(최금순)의 〈류성촌에 대한 회고록〉한 편을 소개한 바 있다. 명포수였던 아버지에 대한 회고, 약담배(마약) 재배, 남동생의 죽음, 지인들에 대한 회상이 주된 내용이다.
8. 강진구(2004), 「중앙아시아 고려인 문학에 나타난 기억의 양상 연구」, 『억압과 망각, 그리고 디아스포라-구소련권 고려인 문학』(서울: 한국문화사), 48쪽 참고.

제1부 중앙아시아 고려인의 생애담에 대하여 | 23

: 할머니는 학교 다녔어요?) 학교 댕겼어. 끄즐오르다에서. (조사자 : 몇 학년?) 5학년. 조사자 : 5학년 읽으고, 그 다음에 로서아 글 또 읽었소. (조사자 : 5학년은 고려말?) 야, 고려말. 그 다음에는 러시아 글 또 읽었소. (조사자 : 몇 년?) 러시아 글도 5학년 읽었소.(I-7[9]))

박쏘냐는 원동에서 조선사범대학에 입학하자마자 강제이주를 당한 경우인데, 카자흐스탄에서 고려말 교육이 없어져서 러시아어 공부를 하기 전까지는 러시아어를 몰랐다고 하여 김마리아의 구술이 진실임을 알려준다.(I-4)

둘째, 거주 이전의 자유가 있었다. 원동에서 살 때는 쏘련 국경 안에서는 물론 중국에도 가서 살 수가 있었다. 이쏘냐의 경우가 그 가장 분명한 사례이다. 이쏘냐의 경우, 그 아버지가 중국에서 쏘련의 부조노프스키로 이사해 살다 농촌인 한다우재로 옮겼다가, 다른 여자를 만나 가족을 버리고 사라지자, 할머니의 요청으로 중국으로 다시 갔다가 다시 쏘련으로 넘어와 언니 집에서 살다가, 어머니의 재혼 후 새아버지 집으로 갔다가 어장인 수청 수트로, 다시 추투헤로 이사해 살았다. 쏘련 내에서 아무런 제한 없이 거주지를 옮

---

9. 이 논문 말미에 실은 〈자료일람〉의 차례를 의미함. 이하 같음.

길 수 있었다는 이야기다. 신뾰뜨르(I-3), 한철주(I-1)의 경우도 그 점을 증명하고 있다.

2. 강제이주 사실의 인지 시기

원동에서 살고 있던 고려인들이, 다른 데로(대부분 어디로 가는지도 모른 채10)) 강제이주당한다는 사실을 안 때가 언제였을까? 즉 짐을 정리하기까지 주어진 기간은 얼마였을까? 동일하지 않다. 제보자들에 따라 다양하게 이야기하고 있다.

가장 짧은 것으로는 1일(II-2-6, II-1-41, II-1-70) 또는 2일(II-2-3)도 있다. 그런가 하면 3일도 있는데, 박성훈의 회상기(II-1-3)와 이쏘냐(I-2)의 구술이 그 예이다.

'싣긴다.' 하이까디. 37년도에. 여기 이사간다고, 이주한다고. 우리 고려 사람들, 실려 간다고. 37년도에. 조사자 : 그 형부가 알려줬어요? 37년 도. 그게 10월이야. 그러니까디 아주바니, 내 앓는 것 데릴러 왔어. "우리 고려사람들 어저 싣겨간다고. 사흘동안 허가준다고.(I-2)

그밖에 5일(II-1-16), 1주일(II-1-6), 보름(I-7), 20일(I-1-13)도 있다. 지역에 따라 차이가 있었다는 것을 알 수 있다. 그 해 5월부터 관련 풍문이 해삼(블라디보스톡) 시내에 돌았다는 제보(II-1-17)도 있고, 심지어는 1936년에 그런 말을 들었다는 증언(II-2-6)도 있다. 이들을 종

---

10. II-1-46의 경우 중앙아시아로 실려간다는 것만은 알려준 경우도 확인된다. 하지만 그런 경우라 해도 구체적으로 중앙아시아 어느 나라 어느 지역으로 가는지는 몰랐다고 한다.

합해 보면, 쏘련 당국으로서는 강제이주를 1937년 9월 훨씬 이전부터 기획하고 있었고, 그런 기밀이 적어도 빠르게는 1936년에, 늦어도 1937년 5월부터는 일부 유출되어 도시를 중심으로 풍문처럼 나돌다가, 20일 전부터 공식적으로 고려인들에게 통보되어 짧게는 이틀이나 하루 전에야 통보되기도 했던 것으로 보인다.[11]

왜 제보자들이, 강제이주 사실을 인지한 시점 또는 짐꾸리는 기간에 대해 상당히 구체적으로 기억해 이야기하는 것일까? 갑작스러웠으며 준비할 시간이 부족했다고 느껴서 그런 것일 게다. 정착해 뿌리를 내리고 살고 있던 어느 날, 집도 밭도 농작물 재배하던 것도 놔두고 일정 기간 안에 떠날 채비를 하라는 통지를 받았을 때의 충격이 하도 커서 그런 게 아닌가 여겨진다. 박성훈의 회상기에서 "이런 명령이 실로 청천백일에 벼락같이 내렸고"(II-1-3)라고 표현하였는데, 이는 고려인들의 느낌을 대변하는 것이라 하겠다.

3. 강제이주의 이유

쏘련 당국이 왜 고려인들을 강제이주시켰는가? 이 문제에 대해 연구자들은 다음 몇 가지로 보고 있다. 첫째, 극동 변강(원동) 내 일본 첩자의 침투를 차단하기 위해. 둘째, 전체주의 체제의 대외적 정책에 있어서 거대 강국 노선을 택한 쏘비에트 정권의 야망 때문. 일본과 가까워지려는 의도를 가지고 한인항일세력을 극동 변강(원동)에서 완전히 제거해야 했기 때문. 셋째, 이 지역 한인들의 인구밀도가 매우 높아, '분할하여 통치하라'는 소비에트 정권의 원칙에 위배되었

---

11. 김게르만, 앞의 책, 196쪽에 의하면 "한인을 대상으로 한 강제이주는 일찍이 1920년대 말~1930년대 초에 계획되었"다.

기 때문. 넷째, 한인들의 전통적인 농업활동인 벼농사와 채소 재배를 중앙아시아에 도입하기 위해.[12]

이 가운데에서 첫 번째 것은, 몰로토프와 스탈린이 서명한 소련 인민위원회 소베에트와 전소 볼셰비키공산당 중앙위원회의 1937년 8월 21일자 〈극동 변강 국경지역 거주 한인 이주에 관한 공동결의문〉 제1428~326호 전문의 내용이기도 하다. 강제이주의 공식적이고 표면적인 이유라 하겠다. 고려인들의 구술은 바로 이 첫 번째의 '일본 첩자 침투 예방설' 일색으로 되어 있다. 김마리아(I-7), 김로자(I-8), 임로자(I-10)의 제보가 그렇다.

그렇잖았으면 원동에서 그냥 살았지. 어쨌는가니, 일본놈 탐지군이라고, 일본 탐지라고, 그래서 싹 이리 싣겨 왔지.(I-7)

연구자들이 여러 가지 원인을 제시하는 것과는 달리, 제보자들은 한결같이 '일본 첩자 침투 예방설'만을 구술하고 있는데 왜 그럴까? 그 당시, 당의 결정문 내용이 그것 한 가지만 담고 있었고, 집행자들이 그대로 고려인들에게 통보하였기에 그렇게만 알았던 데 기인한 것으로 보인다.

---

12. 김게르만, 위의 책; 심헌용, 「고려인 강제 이주의 역사」, 『고려인 강제 이주 70주년 기념 학술대회 발표집』(홍익대, 2007.6.15), 27쪽; 전신욱(2007),「연해주 한인의 중앙아시아로의 강제이주와 정착」, 『통일문제연구』 2007년 상반기호(통권 제47호)(평화문제연구소) , 207~246쪽 참고.

4. 강제이주시의 휴대품

강제이주당할 때 가지고 온 휴대품에 어떤 것들이 있었을까? 자료들을 통해 확인해 보기로 하자.

먹을 음석이랑 또 돼지 있던 거 돼지를 잡고, 그래 뭐 저기 소금 쳐서, 먹어야 되지? 그래 닭이랑 있던 거 닭도 잡고 소금쳐서리, 이제 그거 가지고서리 우리 떠났지. 떠났는데, 한 달 동안 우리 왔어. 그 차에서. (조사자 : 아이구!) 한달 동안. 그래, 가다가도 다른 부슬기 가믄 또 서서 지다리고 있지. 그 다음에 보내고 또 우리 질이 나면 그 질로 보내고. (조사자 : 먹을 게 없을 거 아녜요?) 먹을 거라는 게, 자빌로 가지고 온 그거 먹지 무슨. 다른 먹을 거사 오면서리, 우리 돈도 없었지 무슨. 농촌에서 무슨 돈 벌겠어?(I-3)

자료들을 종합해 보면, 농사지었지만 미처 수확하기 전에 강제이주당했기 때문에, 집에 있던 먹을거리만 다소 챙겨 가지고 왔다. 음식물로는 감자(I-2)를 비롯하여 양식 조금, 집에서 키우던 돼지와 닭을 잡아 소금 친 것(I-3) 정도였다. 그 외에 돈을 가지고 왔으며, 정상진의 회상기(II-1-72) 및 II-2-3에 의하면

고려인의 하늘(안일 작)

'옷'과 '이불짐'이 더 있었을 따름이다.[13] 그야말로 생존에 필요한 최소한의 것들만 지니고 열차에 오른 셈이다.

분량에 제한은 있었는가 없었는가를 두고도 논란이 있다. 대부분

의 자료에서는 제한이 있었다고 한다. 이미 위에서 보인 것처럼 잠시 먹을 음식물과 돈만 지니고 떠났다는 게 거의 모든 제보자들의 진술이다. II-1-69에서는 1인당 30kg으로 제한당했다고 되어 있어 구체적인 수치까지 제시된 곳도 있었다는 것을 알 수 있다.

그런데 이를 비판하는 주장이 고려인 내부에서 제기되어 논란이 벌어졌다는 것을 고려일보 기사에서 확인할 수 있다. 2-2에서는, 다른 사람들의 회상담이 진실을 왜곡했다며 강제이주를 긍정적인 조치로 재평가하면서 짐 문제에 대해서도 "짐은 얼마든지 다 가지고 갈 수 있었다."고 새로운 주장을 폈다. 그러자 이를 두고 다른 사람들이 격렬히 비판하고 나섰다. "빈말 공부에 불과하다."(2-6), "어느 하나도 설득력이 약하기 때문에 나는 그와 전혀 동의할 수 없다."(II-1-11)는 것이었다.

2-2의 기사 전체가 고려인 대부분의 기억이나 감각과는 거리가 있는 것은 사실이지만 그렇다고 그 말을 거짓이라 매도할 수만은 없다. "짐은 얼마든지 다 가지고 갈 수 있었다"는 주장만 해도 그렇다. 일부 부유층은 필수품이 아닌 세간까지 챙겨 가지고 왔을 가능성[14]도 있

우슈또베를 지나가는 화물열차(2007)

는바, II-1-2의 제보자도 그 부유층 고려인 가정의 일원이었다고 본

---

13. 2-6자료에서는, "로인들은 고향땅 친척들의 묘지의 흙을 수건에 싸가지고 떠났다. 이처럼 사람들은 고향을 버리기 애석해 했다."고 하여, 어떤 이는 친척 묘지의 흙을 챙긴 사실을 전한다.

다면 짐의 분량에 제한을 받지 않았다는 주장도 진실일 수도 있다. II-1-17에서는 이 문제에 대해, "지역과 당시 지어진 조건에 따라 차이가 있었다고 생각합니다. 그러니 그것은 량쪽이 다 옳다고 보아야

바스또베가 보이는 우슈또베역 철로

하나 전혀 무제한은 아니였습니다. 우리는 '도시쌀론'이라고 불리웠었는데 최소한도로 가질 수 있는 것은 가지라고 하였습니다. 우리는 1937년 9월 18일에 해삼역을 떠났는데 사람들이 실린 차량 외에 맨 짐만 실은 차량도 있었습니다."라고 하였다. 할 수 있는 대로 꼭 필요한 것은 다 가지고 가라고 한 경우도 있었다는 이야기이다. 2-2 제보자도 그런 경우가 아니었을까? 생활하는 데 불편함을 느끼지 않을 만큼 가지고 오다 보니, "얼마든지 다 가지고 갈 수 있었다"고 다소 과장된 표현을 한 것은 아니었을까?

5. 이주열차의 구조

짐을 꾸려 한곳에 집결한 동네 사람들은 미리 대기하고 있던 운송 수단에 태워져 기차역으로 옮겨졌다. 지역에 따라서는 계선장까

---

14. 고려인 생활사 자료를 지속적으로 수집하고 있는 최아리따 여사에 의하면, 잘 사는 사람들은 기차의 한 칸을 차지하고 왔으며, 세간도 다 가지고 왔다고 한다. 필자도 그 집에 가서 확인한 바이지만, 호화판 앨범을 비롯하여 1910년대의 신약성경이며 원동 사범학교의 우리말 교재까지 다수 수집된 것을 보면 사실이라 여겨진다.

지 자동차로 이동한 후 다시 배를 타고 기차역으로 갔다. 기차역에서 고려인들을 기다리고 있던 열차의 종류는 무엇이었고 구조는 어땠을까?

첫째, 이주열차에는 일반 객차도 1량 달려 있었지만 대부분은 '와곤'이라 부르는 화물칸 또는 가축 운송용 차량으로 이루어져 있었다. 이는 이미 알려진 사실[15]이지만 생애담 자료를 통해 다시금 구체적으로 확인할 수 있다.

우리 기차로 왔어. 기차도 사람 싣는 이런 기차 아니요. 와곤, 짐이랑 싣는 그런 데로 왔소. (조사자 : 화물열차?) 사람싣는 게 아니고 (조사자 : 짐차?) 응 짐차. (조사자 : 침대처럼 바닥에서 자기도 하고?) 바닥에선 아니 잤소. (조사자 : 몇 층으로?) 2층씩. 양쪽에 문이 있고. 한 와곤에 세 식구도 오고 두 식구도 오고. 적으면 세 식구도 오고 많으면 두 식구도 오고.(I-2)

(조사자 : 모두 한 기차에?) 한 기차지 무슨. 그래, 같이 우리, 부슬기 찬곈데, 와곤. (조사자 : 와곤에?) 응. 짐 싣고 댕기는 와곤.(I-3)

그런데 고려인의 일부는 객차를 타고 오기도 하였다. 조선극장 단원들은 화물차가 아니라 객차를 타고 왔다는 진술이 있기 때문이다(3-2). 조선극장 단원들이 객차에 탔다고 하지만, 이는 예외적인 일 같고, 대개는 인민위원부 직원들이 타고 왔다고 보인다(II-2-56).

---

15. 김게르만, 앞의 책, 205~206쪽에서 당시의 수송열차의 구성을 밝혔는데, 평균 50량으로 이루어진 열차의 대부분은 화물칸과 가축 운송용 차량에 2층 판자침상과 조그마한 난로를 설치하여 개조한 차량이었다고 하였다.

둘째, 각 차량의 구조는, 위에 인용에서와 같이, 원래는 1층이었던 차량에 좌우로 각각 선반을 매어 2층으로 만들어, 차량 하나에 보통 네 가족이 탈 수 있었다. 물론 가족의 수가 아주 많거나 아주 적은 경우에는 차량 하나에 타는 가족(세대)의 수는 네 가족 이상이 될 수도 있었고 그 이하가 될 수도 있었다는 것이 다양한 자료를 통해 확인된다. 각 차량의 한복판에는 난로가 놓여 있었으며, 창문은 달려 있지 않았다. 강만길 교수의 저서[16]를 보면, 강제이주 당시 고려인들이 볼일을 보고 다시 열차에 오르는 사진이 실려 있는데, 창문이 없는 화물칸 차량의 모습이 확연하다. 단층이었던 것을 2층(또는 3층)으로 개조한 데다 여럿이 탔기 때문에 그 안에서 제대로 허리도 마음대로 펼 수 없을 만큼 불편하고 고통스러웠다고 한다.(II-1-17)[17]

6. 이주열차에서의 생활

첫째, 식생활은 어떻게 했을까? 집에서 챙겨온 음식물(감자, 돼지고기 소금에 절인 것 등)을 먹거나(I-5, I-3) 정거장에 기차가 서면 내려가서 먹을 것을 사 먹었다. 대체적으로 마른 음식들 위주였던 것으로 보이며, 국물이 먹고 싶어, 기차가 섰을 때 내려가 마른나무를 주워다 불을 피워 끓여 먹곤 했는데, 갑자기 기차가 떠나면 그냥 올라오기도 하였다. 돈이 있는 사람들은 사 먹을 수 있었지만 없는 사람들은 그러지도 못했다(I-6).

---

16. 강만길, 회상의 열차를 타고(한길사, 1999), 첫머리의 삽화 부분.
17. 강제이주열차는 벽의 널빤지 사이에 틈이 넓어 바람이 들어왔으며, 바닥에는 짚을 깐 것이 고작이었다(자료 2-15, 2-65 및 이광규(2005),『동포는 지금』, 집문당, 23쪽 참고).

물은 철도역에서 길었습니다. 물 때문에 긴 차례가 형성되였습니다. 끓여 먹는 문제가 심난하였습니다. 궤도 사이에 모닥불을 피웠습니다 한 시간 동안에 다 끓이지 못하면 다음 역에 가서 다시 끓여야 하였습니다. 우리는 주로 훌레브(빵)를 먹었습니다. 렬차가 역에 당도하기만 하면 사람들은 물 길으러 달려가군 하였습니다. 한 렬차에 적어도 600명이 앉았는데 그들이 단번에 역장으로 와락 달려나가면 어떤 광경인지 짐작할 수 있을 거요. 사실 이주에 대하여 우리에게 미리 알렸음으로 우리는 돼지를 잡아 고기를 마련하였습니다. 보조금도 조금 받아 그 돈으로 식량을 길에서 사먹었습니다.(II-1-32)

먹을 것을 전혀 공급하지 않아 기차가 석탄이나 물을 보충하느라고 역에 서면 간이상점들에 뛰여가 훌레브(빵)면 훌레브 하여튼 사람 먹는 음식이면 아무것이나 닥치는 대로 사다 먹으면서 실려왔습니다. 마른 음식을 먹다보니 아이들과 로인들이 큰 고통을 겪었습니다. (중략) 마른 음식을 먹다 못해 렬차가 서면 돌멩이를 주어다 불을 지피고 장물이라도 끓이려고 하면 렬차가 떠나고 하여 제대로 끓여먹지도 못했습니다. 물도 제대로 먹지 못하였습니다. 남성들이 있는 집에서는 물통에 물을 받아왔는데 우리는 늙으신 어머님과 아이였기에 물도 남이 받아온 것을 빌어서 마셨는데 많이 마시면 욕을 하지, 그래서 눈치를 보아가며 목이나 겨우 축일 수 있는 형편이였습니다.(II-1-14)

각 차량의 한가운데 난로가 놓여있었지만 밖에서 음식물을 끓여 먹으려 한 것은, 그 하나로는 여러 세대의 음식물을 끓여 먹을 수 없어서 그랬던 듯하다.[18]
셋째, 용변은 어떻게 했을까? 차량 안에는 화장실이 없었다. 참고 있다가 기차가 설 때 내려가 해결하였다.

달리는 렬차가 일주야에 한두 곳에 정거하다 보니 아무런 위생상 시설이 없는 차간(역)내에서 남녀로소 할 것 없이 대소변을 보기는 레사였고 정차한다면 6-7백명이 일시에 내려 음료수, 먹을 것을 준비하느니, 남녀로소 할 것 없이 역장 지역에서 엉덩판을 내놓고 대소변을 보게 되었으니 실로 수라장이였고 렬차가 떠난 후 정거장 주변 청소작업이 큰 일이였다.(II-1-3)

열차가 잠간 멈춰설 때면 이상분들이나 남자들이 보건말건 아낙네들이 바로 철로위에 앉아 자기 볼일을 봐야 하였고 정거장마다 물이 달라지니 배탈을 앓지 않은 사람이 별로 없었다.(II-1-42).

평균 50량에 나누어 타고 가던 사람들이 일시에 내려가다 보니 정거장의 청소 문제가 발생하였다. 그러자 나중에는 정류장이 아닌 허

고려인 이주열차 내부의 모습

---

18. II-1-56에서는, 차량 안에서 음식을 끓여 먹었다고 되어 있는데, 중환자를 돌보아야 하는 가족이고 함께 탄 사람들이 친척들이라서 무방했던 것으로 보인다.

1937년 강제이주 도중의 고려인들 모습

허벌판에 차를 세웠다.(II-1-14) 넷째, 의료 지원은 이루어졌을까? 어떤 이는 일체의 의료 지원이 없었다고 말하기도 한다. 하지만 그렇지는 않다고 보인다. 열차마다 위생보건칸 1량이 딸려 있었다는 보고[19]도 있거니와, 몸이 아파 '병원 와곤'에 실려 오다 건강이 호전되어 가족들이 있는 와곤으로 옮겨 탔다는 구술(I-2)이 있기 때문이다. 하지만 의료 혜택이 없어 노인들이나 어린이가 죽거나 많이 고생했다는 진술이 흔한 것을 보면, 위생보건용 차량이 한 량 달려 있기는 했으나 수요에 비해 턱없이 부족했고, 그러다 보니 의료 혜택이 없었다는 반응이 대종을 이루는 것이 아닌가 한다.(II-1-17, II-2-4)

7. 첫 도착지에서의 겨울나기

한 달 정도 기차를 타고 와서 마침내 도착한 중앙아시아. 어떤 이는 카자흐스탄에, 어떤 이는 우즈베키스탄에 내려졌다. 기차에서 내려진 다음, 대기한 자동차에 태워져 어떤 허허벌판에 부려놓고 자동차가 떠나자, 그 자동차의 뒤를 한참 뒤쫓기도 했다고 그 당시 고려인을 실어 날랐던 자동차 운전수가 증언한다.(II-1-20) 그 당시 고려인들이 얼마나 공포감을 느꼈는지 알려주는 진술이다.

고려인들이, 중앙아시아에 도착했을 때는 추워진 때였다. 가장 이

---
19. 김게르만, 앞의 책, 205쪽 참고.

르게는 1937년 9월말[20]이었고 늦게는 12월이었다.[21] 방한 준비도 없이 당분간 먹을거리와 필수품 약간만 가지고 온 고려인들이 현지에 도착하여 과연 어떻게 그 추운 첫 밤, 첫 계절을 지냈을까?

첫째, 거처할 데가 없어, 허허벌판에서 웅크린 채, 서로 껴안은 채, 아이들은 어른들이 감싸안은 채 첫 밤을 새우기도 했다. 카자흐스탄 잠블(현재의 따라즈)에 떨어졌던 사람의 증언을 통해 그것을 알 수 있다.

쫠빠크-쮸베(둔가높까)로 실려와 정착하게 됐는데 지금은 그 촌락에 두 가정밖에 남지 않았습니다. 지금까지도 기억속에 남아있는데 37년도 늦가을 여기에 와 머물게 되자 의지할 곳이 없어 밖에서 밤을 지냈답니다. 날씨는 꽤 추웠습니다. 그래서 아이들은 어머니를 둘러싸고 서로 엉키어 몸을 녹히는 수밖에 없었죠. 낯선 고장이고 친척이나 아는 사람도 한사람 없었으며 마중해 주는 사람도 없어 그저 추위에 떨면서 어른들도 당황해 서있기만 했답니다. 그런데 날이 밝자 마주편에 낡은 토벽집이 한 채 있는 것을 보게 됐습니다.(II-1-60)[22]

둘째, 일부는 현지인이 살다가 비워놓은 집에 들어가 살았다. 현지인이 양보해 비워준 집이라고 하기도 하고, 원래부터 비어 있던 집이

---

20. 위의 책, 210쪽 참고.
21. 러시아 콤소몰(Comsomol)대 한 막스 교수에 의하면, 한인 강제이주는 1937년 9월 1일에 시작되어 그해 12월에 끝났다(강만길, 앞의 책, 219쪽에서 재인용).
22. 송라브렌티가 1987년에 발표한 소설 〈삼각형의 면적〉(『오늘의 빛』, 알마티, 자주쉬출판사, 1990, 82~87쪽)에 이와 방불한 내용이 서술되어 있어 흥미롭다. 송라브렌티에 의하면 강제이주를 체험한 그 어머니를 비롯하여 현지 카자흐스탄 사람들의 증언을 토대로 창작했다고 필자에게 말하였는데 사실이라 하겠다. 그 다음 내용을 보면, 카자흐스탄 현지인의 호의로 그 집에 들어가 겨울을 지낸 것으로 되어 있다.

땅굴집을 재현한 고려인의 농막

라고 하는 차이가 있으나, 분명히 고려인이 도착하기 전에 집이 마련되어 있었던 것은 확실하다.(I-5, I-2)

셋째, 집이 마련되지 않은 곳에 떨어진 고려인들은 땅굴집을 짓고 살았다. 정확히 말해, 땅굴을 파고 그 속에서 살았다. 이 점에 대해, 사실이 아니라 전설처럼 내려오는 내용이란 의견[23]도 있다. 왜 '전설'로 여기게 되었을까? 일정 기간, 강제이주에 대해 철저히 침묵을 강요한 데서 비롯한 결과이다.[24] 고려인의 신문인 『레닌기치』 그 후신인 『고려일보』에 1990년대가 되기까지는 일체 강제이주 관련 기사가 실리지 않은 것이 그것을 증명한다. 오랫동안 금기시하다 보니, 비공식적으로 산발적으로 전해진 이야기는, 확인이 불가능하거나 믿을 수 없는 '전설'로 여겨진 게 아닌가 한다. 더욱이, 실제로 거처할 집이 마련되어 있던 지역에 도착한 고려인들의 증언만 들은 사람들로서는 땅굴집 화제를 전설로 치부할 수밖에 없었을 것이다.[25]

짐승도 아니면서 사람이 땅굴을 파고 살았다니? 20세기 문명시대

---

23. 김필영, 「송 라브렌띠의 희곡 〈기억〉과 카작스탄 고려사람들의 강제 이주 체험」, 『비교한국학』 4(서울 : 국제비교한국학회, 1998), 13쪽.
24. 강진구, 앞의 논문, 48쪽 참고.
25. 김필영, 앞의 논문, 같은 곳 각주에서, 땅굴집 화제가 전설에 불과하다는 점을 증명하기 위해 고려인 4인의 증언을 제시했는데, 까라간다 아니면 크즐오르다에 이주되었던 고려인들의 증언으로 한정되어 있다. 땅굴집 유적이 남아있고 그 '전설'의 대표적 현장인 우슈또베에 이주된 고려인의 증언은 없다. 따라서 이 4인의 증언만 가지고 땅굴집 화제를 사실이 아니라 전설이라고 단정하는 것은 무리이다.

에 어찌 그럴 수 있나? 믿어지지 않는 일이다. 그러기에 더욱 더 전설로 여기고 싶을 수 있다. 하지만 땅굴집 이야기는 전설이 아니다. 생애담 자료에서 확인이 가능하기 때문이다.

블라디보스톡의 나지진스크역을 10월 9일에 출발했더랬는데, 시베리아를 거쳐 오다보니, 10월말에나 (우슈또베에) 도착했지. 밤엔 벌써 추워졌는데, 허허벌판에 잘 집도 없으니 어떡하겠음. 집집마다 땅을 팠지. 최대한 깊이 판 뒤에 우(위)에가 갈대를 얼기설기 엮어 흙을 올린 게 지붕이야. 그나마 토굴집이라도 다 지을 때까진 기차역사 안에서 옹기종기 모여 서로의 체온으로 밤을 지샜지. 겨울이 다 돼서야 토굴에 구들을 깔고 굴뚝을 뽑을 수 있었는데, 그제서야 살 것 같았어.(II-1-65)

(우슈또베의) 땅굴은 수십 개였음. 강제이주 당한 고려인들은 애초에 모두 카자흐인 가정집에 배치되어야 했는데 카자흐인들 집이 모자라고 작아서 일부는 그들 집에 들어가 살았지만 다수는 들어갈 집이 없는 고로 바스또베 언덕을 비롯한 기댈만한 언덕을 찾아 기본적으로 한 가정 당 하나의 땅굴을 파고 살았음. 그러므로 수십 개의 땅굴이 인근에 펼쳐졌고 다른 지역 마을단위 협동농장은 그곳 나름대로 고려인을 받아줄 카자흐인들의 집이 모자라는 고로 많은 고려인들이 가까운 비탈 아래 땅굴을 파고 겨울을 났음. 땅굴의 구조는 사각형으로 땅을 파서 그 사면을 벽으로 삼고 지붕은 주위에 자라던 갈대(고려말로 '깔')를 엮어 덮은 다음 다시 그 위에 흙을 이겨 덮었음. 분간(화장실)은 밖에 따로 지었고, 혹심한 추위를 견디기 위해 당연히 온돌을 놓았는데 구들장 돌을 구하기 어려우므로 흙을 이겨서 구워 타일처럼 만들어 온돌로 사용했음. 날씨는 강제이주 직후에는 마른 추위(눈 없는 강추위)만 있었는

데 한 달여 지난 뒤부터는 눈도 많이 왔음(I-6).²⁶⁾

주나쟈의 땅굴집 관련 구술은, 현재 그 유적지가 보존되고 있는 우슈또베의 바스또베 바로 그곳에 살았던 분의 것이기에 소중하다. 그 동안에는 땅굴집이 존재한다 해도 우슈또베에만 있었던 것으로 알아왔다. 하지만 우슈또베에만 땅굴집이 있었던 게 아니다. 크즐오르다에서도 땅굴을 파고 살았다는 제보를 II-1-51 및 II-1-45가 말하고 있으며, 위간 지역에서도 마찬가지라는 것을 김로쟈의 구술(I-8)이 말하고 있기 때문이다.²⁷⁾

8. 첫 도착지 현지인의 반응

중앙아시아에 도착했을 때 현지인의 반응은 어땠을까? 그 동안에는 친절하게 도와주었다는 점만 집중적으로 알려졌던 게 사실이다. 물론 그 점은 생애담 자료에서 두루 확인된다. 하지만 다른 반응도

---

26. 필자는 2007년에 주나쟈 할머니를 만나 구전설화를 중심으로 조사하고 돌아와 첫 겨울을 어떻게 났는지에 대해서는 간과했다. 녹취하는 과정에서 이 분이 우슈또베의 바스또베에서 땅굴집을 짓고 살았던 분임을 알아, 알마티에 거주하는 김병학 시인에게 요청해 보충조사 결과를 들었다. 위의 인용은 2008년 7월 말부터 8월 초, 알마티 거주 김병학 시인이 주나쟈 할머니를 만나서 조사해 필자에게 이메일로 보내준 내용이다.
27. 고려인들이 초기에 '땅굴'에서 살았다는 게 사실임을 입증하는 두 가지 자료를 더 들기로 한다. ① 심영섭·김게르만(1998), 『카자흐스탄 한인사 : 고문서 자료 제1집』(알마아타 한국교육원), 135쪽. "까라딸스키 구역의 한인들은 대부분 땅굴속에서 살았다. 그들은 극동지방의 좋은 기후를 회상하곤 하였다." ② 정상진(2005), 『아무르만에서 부르는 백조의 노래』(지식산업사), 14쪽. " 강제이주를 당한 조선족은 카자흐스탄과 우즈베키스탄의 초원에서 집도, 가구도, 농구도, 돈도 없이 땅굴을 파고 추운 겨울을 나지 않으면 안 되었다.(중략) 나는 그 당시 이주된 친척·친지들을 찾기 위해 돌아다니면서 각 촌락들에서 매일 많은 장례를 목격한 바 있다."

있었다. 현지인들이 사전 교육에 의해 고려인들과 접촉하는 것을 꺼렸다는 것, 시간이 흐르면서 오해와 의심이 풀려 비로소 다가와 친절을 베풀었다는 것이 그것이다.

> 그래 여기 까작스탄 사람들 신세 많소. 그 사람들이, 우리 오니까 벌써 집이랑 싹 내놨어. 저네는 자비(자기) 친척들 집으로 한티(한데) 가고 그랬지. [조사자 : 우릴 위해서?] 응. 다른 데는 어쨌는지 모르지만 우리 와서 내린 데는 그랬어. 여기 카작사람들 성질 곧게 쓰오. 잘 쓰오. 다른 민족들보다 이 사람들, 많이 유한 사람들이야. 그래 우리 고려 사람들 다 좋아합세. 그래서 두 번째 고향이 카작스탄이야.(I-5)

2-72에서도 카자흐스탄 현지인들이 빵을 구워 당나귀에 싣고 와서 나누어 주었다는 감동적인 이야기를 정상진이 전하고 있다. 그런데 우즈베키스탄 사마르칸트에 떨어졌던 김안똔의 경우(I-9)는 다른 말을 들려준다. 우즈베키스탄 현지인도 가난해서 우리를 도와줄 형편이 못 되었다는 이야기다. 같은 중앙아시아라 해도 지역에 따라 경제적인 차이 같은 게 있어서 그 반응이 똑같지만은 않았다는 것을 알 수 있다. 또 하나의 진실이라 하겠다.

9. 강제이주 이후의 삶

첫째, 학교 교육이 러시아어로 바뀌었다. 강제이주 이전에는 학교에서 우리말로 교육을 받았는데, 중앙아시아로 이주당한 후 1938년부터 우리말 교육이 금지되고 러시아어 교육만 인정되었다.(I-7, I-4) 그런데 고려말 교육 금지 문제와 관련해, 쏘련 당국이 민족어를 가르칠 수 없도록 제지하여 고려말 교육과정이 폐쇄되었다는 것은 사실이 아니라는 견해[28]가 제기된 바 있다. 당국에서는 아무런 제약을 하지 않았는데, 하루 속히 러시아말을 배워 소련사회에서 성공하기를 바라는 고려인 학부모의 뜻에 따라 취해진 조치라는 주장이다.

그 주요 근거는 계봉우가 발표한 레닌기치 1939년 9월 10일자 기사다. 계봉우의 그 기사를 보면, 1937년과 1938년 2년간 고려학교에서 고려어 교육이 있었다는 사실만은 분명하다. 하지만 계봉우는 (1946년에) 정부 방침으로 조선인 학교에서 조선어를 교수하며 교과서 편찬도 할 것이라는 보도를 듣고 "조선인 교육이 노어화한 지 10년 만에 돌연히"[29]라는 반응을 보였다는 기록도 남기고 있는데 이 점도 고려해야 한다. 고려인 국어학자 명월봉도, 1938년 1월 24일에 작성된 '민족학교 개편에 대한' 결정에 따라, "민족어와 교육을 욕망하는 사람들은 민족주의자, 혹은 인민과 당의 원쑤라는 딱지를 붙쳐놓고 그들을 처벌하였다."[30]고 하여 더욱 더 재고할 필요성을 느낀다.

자료들을 종합해 보건대, 강제이주 후에도 당분간은(적어도 1938년 초까지는) 고려인학교에서 고려어 교육이 원동에서처럼 지속되다가, 1938년도 1월에 위의 관련 결정이 작성되고 나서는, 러시아어가 필수교과화하면서 고려말은 선택과목화했던 것으로 여겨진다.[31] 고려

---

28. 김필영, 앞의 책, 70쪽 참고.
29. 계봉우(1948), 『조선문법』(프린트판)의 '머리말'.
30. 명월봉, 「이중언어와 재소한인의 모국어교육」, 이중언어학회지 8(이중언어학회, 1991), 5-6쪽 참고.
31. 계봉우가 1939년 9월 10일자 기사에서, "지난 2개 학년도에 주 내의 고려학교에서는 1~4학년에서만 고려어를 교수하였다"고 한 것은 필수과목으로서가 아니라 선택과목으로서의 고려어 교육이라고 봐야 온당할 것이다. '1~4학년에서만'이라는 말이 그것을 입증한다. 다른 학년에서는 선택과목으로서도 고려어를 가르치지 않았다는 말일

말을 선택과목으로 바꾸었으니 폐지한 것은 아니라고 하겠으나, 명월봉이 전하는 것처럼, 이미 민족어 교육을 바라는 사람들을 민족주의자 또는 인민과 당의 원수로 처벌까지 하는 분위기에서, 게다가 러시아어를 하지 않으면 살 수 없는 상황까지 겹쳐 고려말 교육은 사실상 폐지되기에 이르렀다고 보인다. 제보(I-4)[32]에서 '없애라'라고 했다고 말한 것은, 고려말이 필수과목으로 있다가 선택과목화하여 유명무실하게 된 상황이, 그 이전의 양상과 대비할 때 '없'앤 것과 방불하다고 느껴 그렇게 기억해 구술한 것으로 해석된다. 지역에 따라서는 강령을 과잉해석해, 그렇게 강경하게 조치했을 수도 있다.

둘째, 거주지가 제한받았다. 중앙아시아로 강제이주당해 온 모든 고려인에게 거주 이전의 자유가 없었다. 일정한 지역에서만 살게 되어 있었다. 증명서에 그렇게 적혀 있었다. 18세까지는 자유로웠으나 대학 갈 나이인 18세가 되면서부터는 제한이 있었다(I-1, I-10, I-11, II-1-6, II-1-14).

　　타슈켄스로 왔어. 그래 우리 큰오빠가, 여기 들어와서도 조선사람 탄압받았어요. 56년도까지 우리 자유 없었어요. 37년부터 56년까지. 그래 우리 아무 데나 댕기지요? 그래 증명서 좀 보자 해서 보이면, 거기 썼단

것이다. 계봉우의 기사를 자세히 읽어보면 그 점이 뚜렷하다. 아울러 김마리아의 제보(1-7)에서 "앞으로 러시아화하는데 고려말 해서 어쩌겠는가 러시아 글 읽어야 된다고." 한 것은 바로 당시의 학부모들의 대체적인 생각을 읽게 해주는 대목이면서, 고려말이 선택과목으로 바뀌었던 사실을 반영한 말로 보인다.

32. "조선글을 다 없애라. 로서아어를 하라" 그랬습니다. 그게 어느 핸가 하면, 38년입니다. 우리 37년에 와서. (중략) 그래 책 글을 읽었습니다. (조사자 : 조선글?) 예, 조선사범대학입니다. (중략) 그래 내 아무래도 러시아 말을 배울 바에는 뻬르븨이 꾸르스부터 고쳐 내 아라파크, 조선글로 '노동학원'이라 합니다. 두 해짜리 있습니다. 그래 붙어서 이르다가(읽다가), 우리 무슨, 그때에 대학을 필했습니다. 끄즐오르다에서 와서 필했습니다. 조선말도 잘하고 러시아말도 잘하고 그랬습니다.(I-4)

〈강제이주 이듬해인 1938년부터 고려인이 지은 전형적인 초가
(출처 : 김병학의 2007년 저서)〉

말요. 제한된 곳에서 살게끔. (중략) 그런데 러시아 후루시쵸프, 그때 그 사람이 56년도부터 우리들을 자유롭게 했어. 온화하게 했어(완화해 주었어).(Ⅰ-1)

언제까지 그랬을까? 1953년 스탈린이 죽을 때까지 이런 통제는 계속되었다. "자기가 사는 공화국 영내를 벗어날 수 없었다. 이는 유배 아닌 유배생활이나 다름없는 것이었다."[33] 제한이 풀린 시기는 지역에 따라 차이가 있었다고 보인다. 스탈린이 죽은 해인 1953년(Ⅱ-1-13), 1956년(Ⅰ-1), 1957년부터(Ⅰ-10)란 진술에 이르기까지 차이가 있기 때문이다.

거주 이전의 자유만 제한받은 게 아니라, 여러 가지 제약이 더 가해졌다. 대학에 진학할 때 적성에 따라 원하는 전공을 할 수가 없게 되었다. 오로지 사범대학이나 농업대학에만 입학이 허락되었다.

---

33. 고송무, 앞의 책, 36쪽.

전쟁이 일어나도 입대할 자격도 주어지지 않았다. 한반도에서는 군대 가는 것을 의무로 생각해 기피자도 생겼지만 중앙아시아에서는 달랐다. 입대하여 쏘련 국민으로 대접받고 싶어 해도 허락되지 않았다. 그 대신 '노력전쟁(뚜르드 아르미)'이란 미명 아래 고려인 남성들을 징발했는데, 고려인들은 기꺼이 동원되어 갖은 노역을 하였다. 공민권을 인정받을 수 있는 기회로 여겨 달게 일했다. 죽거나 불구가 될 만큼 혹독하게 사역당하면서도.(II-1-3, II-1-6)

III. 강제이주에 대한 고려인의 인식

1. 죄 없는 고난

강제이주에 대하여 고려인들이 가진 첫 번째 인식은 '죄 없는' 고난이다. '이런 명령이 실로 청천백일에 벼락같이 내렸고'(2-3)라고 표현한 데 이와 같은 인식이 드러나 있다. 고난은 죄 값으로 치러야 하는 법인데, 강제이주를 당할 만한 잘못이 없었던 고려인들, 잘못은커녕 인정받던 고려인들이기에 그같은 인식은 당연한 것이었다. 쏘련 국내전쟁 시기에는 쏘련의 공산혁명을 위해 붉은 군대 편을 들어 황제편인 백군과 싸워 크게 기여하였던 게 고려인이다. 정부로부터 '원동에서의 쏘베트주권을 위한 투쟁에서의 조선인국제주의자들' 73명이 지명될 정도였다.(II-1-4)

이런 고려인들로서, 강제이주는 더욱 받아들이기 어려운 일이었다. 죄도 없이, 경제적으로 여유가 있든 없든, 당 일꾼의 가족이든 아니든, 도시민이든 농촌 사람이든, 학생이든 아니든, 남녀노소 빈부귀

천을 가릴 것 없이, 원동 지역에 사는 고려인이면, 단지 '조선인'이라는 이유로 무조건 쫓겨나야 했기 때문이다. 공산주의 이론상으로는 계급은 물론 민족 차별도 없어야 하는데, 특정 민족이라는 이유 하나만으로 집단 강제이주당했으니 이는 무죄한 고난으로 받아들여질 수밖에 없었다. "쏘베트나라의 당당한 청년으로 왜 쫓기운단 말인가? 왜 배움의 길을 막아버리는가? 무슨 죄가 있다구……."라는 의문 때문에 마침내 퇴학당하고 말았다는 제보(II-1-4)가 이를 입증한다. 회상기 및 탐방기의 제목에 '운명'이란 어휘가 자주 등장하는 것도, 그렇게밖에는 해석할 수 없었던 고려인의 인식을 보여준다 하겠다.

2. 배신감과 분노

자신들에게 닥친 고난을 '까닭 모를 고난'으로 인식한 고려인들은, 그 고난을 안겨준 대상에 대해 배신감과 분노를 표출한다. 강제이주의 결정을 내린 주체인 스탈린과 그 추종자 내지 공산체제에 대한 강한 비판이 그것을 보여준다. II-1-72 및 II-2-4에 그런 배신감과 분노가 표백되어 있다.

강제이주민들은 정착지에 도착하자마자 극동에서 떠날 때 받은 약속 실행을 요구하고 나섰다. 고향 땅에 두고 온 집, 가축 등등의 대가를 구했던 것이다. 무식하고 러시아어 모르는 한인들은 목적을 이룰 수 없었다. 약속은 말뿐이었다. 현실 앞에서 한인들은 자기 자신의 피땀으로 대대로 모은 자산을 잃었음을 스스로 깨닫게 됐고 정의에 대한 신념을 잃게 됐다. (중략) 정착 몇 개월 후 우리는 배상조로 밀가루 100kg과 100루블을 받았으나 그것으로는 생계비를 오래 유지할 수 없었다. 이 같은 배급은 가족 수에 관계없이 모두에게 똑같이 주어졌다. 사람들이 굶어서 붓기 시작했고, 차후에는 굶어 죽는 사람들이 생기게 되었다. 겨울이 오자 굶주리고 얼어 죽는 사람들이 늘어났다.(II-2-4)

배신감과 분노의 내용은 이런 것이다. 일부 한인의 첩자 행위가 있다 해서 연해주 일대의 고려인 전체를 강제이주시킨 것의 부당함, 현지에서의 보상 약속을 지키지 않는 등 결정서대로 이행하지 않은 점, 수많은 사람에 대한 부당한 체포와 제거 들이다.

고려인들의 배신감과 분노의 정도는 자신들을 '버려진 개' 신세(II-1-56) 또는 '세찬 바람에 부러진 싸라기풀'(II-1-63)에 비유한 데서도 잘 드러난다. 주인을 믿고 따르며 충성을 바쳤는데 어느 날 자신을 버리는 주인을 바라보는 개의 심정이 바로 고려인의 심리였다는 것이다. 들판에서 자유롭게 잘 자라던 싸라기풀이 세찬 바람 때문에 그만 꺾여버리는 것처럼, 고려인이 그랬다는 것이다.

앞의 절에서 지적한 것처럼, 쏘련의 공산혁명을 위해 목숨 바쳐 협조하였는데도 이런 부당한 대우를 받은 데 대한 충격은, 많은 고려인들을 염세자, 비관자, 타락자가 되게도 하였다.(II-1-3) 배신감과 분노를 직접적으로 표출할 수 없는 상황에서 자기 스스로를 포기하고 망가뜨리는 그런 방식으로 반항했다 하겠다.

3. 모멸스러운 일

제보자들은 강제이주를 모멸스러운 일로 인식했다고 본다. 간접적으로든 직접적으로든 그런 인식을 내비치고 있기 때문이다. 인간은 누구나 인간으로서의 존엄성을 지키고 싶어 하는데, 강제이주는 그런 존엄성에 깊은 상처를 입혔던 것으로 보인다. 그 점을 확인시켜 주는 사례들은 다음과 같다.

첫째, 자신들이 탔던 기차가 '짐 싣는 차', '짐승이나 태우는 차'였다는 사실을 한결같이 강조하는 점이 그것이다.[34] 이는 사실을 말한 것인 동시에, 사람이면 사람을 태우는 객차에 태워야 하는데 화물이나 가축을 싣는 데 태워진 데 대한 충격이 그렇게 각인되어 있어 진술하는 것이라 하겠다.

둘째, 자신들의 처지를 '죄수' 또는 '양무리떼'로 표현한 데서도 확인된다. 기차의 도착지가 농촌인 것을 알고 자신들은 농민이 아니니 다른 데로 보내달라고 요구하자, 자기가 하고 싶은 대로 할 자격이 없는 민족이라며 침묵하라는 답변을 들었을 때 '수갑을 채우지 않은 죄수'(II-1-17)라고 느꼈다는 것, 현지에 도착한 첫날 밤 집도 없이 벌판에서 지내는 자신들의 모습을 '양무리떼'(자료 II-1-17)로 묘사한 것 등이 그것이다.

셋째, 가장 민망스러우면서도 참혹한 것은 화장실이 갖춰지지 않은 열차에서의 배변과 관련한 진술이다. 우리말에서 용변보는 일은 동물적인 행위이기에 '뒤를 본다'든지 '발을 가린다'든지 하는 완곡어법을 구사하는 데서 엿볼 수 있듯이 남에게 그 모습을 보이지 않으려고 하는 것이 상례이다. 이는 우리 민족만이 아니라 문명인 공통의 것일 게다. 그러나 고려인들은 강제이주 동안에 무참하게 그 품위를 손상당했다. 초기에 역에 열차를 세웠을 때도 워낙 많은 인원이라 역사 내에서 용변을 본다 해도 수치를 가리기 어려웠는데[35],

---

34. "그렇게 우리들은 짐승들을 싣는 화물열차에 실려 정든 신한촌을 떠났다. 무슨 죄로 또 어디로 가는지 알지도 못하고……"(II-1-45)
35. "달리는 렬차가 일주야에 한두 곳에 정거하다 보니 아무런 위생상 시설이 없는 차

나중에는 역사의 청소 문제를 이유로 아예 허허벌판에 기차를 세워 용변을 보게 했으니, 그곳에서는 오죽했을까? 이 경험이 너무도 치욕스럽고 모욕적이었기에 제보자들이 이를 기억하여 증언하는 것이라 생각한다.

IV. 맺음말

　이상 서술한 바와 같이, 이 논문은 중앙아시아 고려인의 생애담을 처음으로 고찰한 것이다. 고려인 생애담의 특징인 강제이주담에 주안점을 두되, 사실과 인식 두 측면으로 나누어 알아보았다.

　첫째, 사실의 측면에서, 고려인 강제이주담 주요 화제 아홉 가지에 대해 검토하였다. 강제이주 이전 원동에서의 삶, 강제이주 사실의 인지 시기, 강제이주의 이유, 강제이주시의 휴대품 분량, 고려인이 탔던 이주열차의 구조, 이주열차에서의 생활, 첫 도착지에서의 겨울나기, 첫 도착지 현지인의 반응, 강제이주 이후의 삶 등이 그것이다. 그 결과, 같은 경험이라도 지역과 개인에 따라 차이가 있다는 것을 확인할 수 있었으며, 특히 그간의 쟁점이었던 문제들에 대해 진전된 이해에 도달할 수 있었다. 땅굴을 파고 살았다는 게 전설이 아니라 사실임도 밝혔다.

　둘째, 강제이주에 대한 고려인의 인식 양상을 살핀 결과 세 가지

간(역)내에서 남녀로소 할 것 없이 대소변을 보기는 례사였고 정차한다면 6-7백 명이 일시에 내려 음료수, 먹을 것을 준비하느니, 남녀로소 할 것 없이 역장 지역에서 엉덩판을 내놓고 대소변을 보게 되었으니 실로 수라장이였고 렬차가 떠난 후 정거장 주변 청소작업이 큰 일이였다."(II-1-3)

로 파악되었다. 죄 없는 고난, 배신감과 분노, 모멸스러운 일 등으로 인식한 것이 그것이다. 우리 민족의 역사에서 일찍이 경험하지 못했던 '강제이주'라는 극단의 시련을 당하면서 그냥 순응만 한 것이 아니라, 사실은 그 부당성에 대해 또렷하게 인식하고 있었으며 배신감, 분노, 모멸감 등을 느끼는 등 일정하게 반응했다는 사실을 확인할 수 있었다. 어떤 의미에서, 고려인들의 생애담 중 강제이주 관련 화제는 자신들이 인간 이하로 취급받은 데 대해 더 이상 침묵하지 않고 언어를 통해 고발하는 것이라고 할 수 있다. 그런 일이 반복되지 않기를 염원하는 마음으로.

  이 글의 의의는 고려인의 생애담을 처음으로 연구했다는 데 있다. 특히 이 글을 통해 어느 정도 종합 정리된 강제이주 관련 화제들의 실상은 고려인 이주사를 이해하고 서술하는 데 기여할 수 있을 것이다. 이를 소재로 활용하고자 하는 각 방면 종사자들에게도 도움이 되리라고 본다. 하지만 한계도 있다. '무엇을(사실)'과 '어떻게(인식)'의 두 측면 중에서 '무엇을(사실)'에 치우친 감이 있다. 이는 텍스트 자체에 '인식' 관련 언급이 적다는 데 기인한 것이기도 하고, 우선은 '무엇을(사실)'을 규명하는 것이 중요하다고 판단한 데 따른 결과이다. 이에 대한 보완을 포함하여, 더 심도 있는 연구들이 다각적으로 후속되어야 한다. 강제이주 이전 원동의 생활 및 중앙아시아에 이주되어 정착해 오늘에 이르기까지의 생활에 대해서도 따로 분석하는 작업이 이어져야 할 것이다.

〈자료일람〉

  I. 중앙아시아 고려인 생애담의 구술(口述)자료(2005년부터 2009년까지 1931년 이전 출생 고려인들로부터 녹음한 것)

번호	성명	성별	생년	조사일시	이주경로
1	한철주	여	1921	2005.8.4.	원동-카자흐스탄 까라간다-우즈베키스 타슈켄트-카자흐스탄 알마티
2	이쏘냐	여	1921	2007. 7. 10~11.	원동-카자흐스탄 아스뜨라한-아크몰린스크(아스타나)-악치따우-우즈베키스탄 타슈켄트-키르기스스탄 두샨베--알마티
3	신뾰뜨르	남	1924	2007.11.	원동-카자흐스탄 까라간다-딸띠꾸르간-엥겔스-딸가르-크즐오르다-렌닌그라드-아스타나-모스크바-알마티
4	박쏘냐	여	1921	2007.7.15.	원동-카자흐스탄 크즐오르다-까라간다-사할린-알마티
5	이따냐	여	1918	2007.7.17.	원동-카자흐스탄 우슈또베-알마티
6	주나쟈	여	1918	2007.7.17.	원동-카자흐스탄 우슈또베-알마티
7	김마리아	여	1918	2007.7.22.	원동-카자흐스탄 크즐오르다-알마티
8	김로자	여	1931	2008.6.30.	원동-카자흐스탄 무를류-위간-알마티)
9	김안돈	남	1928	2008.7.3.	원동-우즈베키스탄 사마르칸트-타슈켄트-스딴치야 쿠츨루크-타슈켄트-사마르칸트-타슈켄트-알마티
10	임로자	여	1926	2008.7.8.	원동-카자흐스탄 크즐오르다-우슈또베-알마티
11	김레오니드 꼰스탄찐노비치	남	1929	2008.7.10.	원동-카자흐스탄 까라간다-우즈베키스탄-우슈또베-타슈켄트-카자흐스탄 침켄트-타슈켄트-알마티

II. 중앙아시아 고려인 생애담의 기술(記述)자료
1. 고려일보(레닌기치 포함)에 실린 자료

번호	성명(또는 기자명)	게재지	게재일자	기사명(원제목의 표기대로임)
1-1	엠. 우쎄르바예와	레닌기치	1989.5.3.	강제이주
1-2	리니꼴라이	레닌기치	1989.6.14.	1937년도 이주사건에 대하여
1-3	박성훈	레닌기치	1989.8.18~19, 22.	력사에서 외곡이 있을 수 없다
1-4	박뾰뜨르	레닌기치	1989.7.20.	가슴저린 회상
1-5	렴홍철	레닌기치	1989.8.16.	무엇 때문에 애국자들이 희생되였는가?
1-6	송희현	레닌기치	1989.8.17.	이것은 변명할 수 없다
1-7	렴홍철	레닌기치	1989.9.22.	쓰라린 나날을 회상하면서
1-8	강상호	레닌기치	1989.9.26.	교살자
1-9	연성용	레닌기치	1989.11.25.	수남촌(장편서사시)
1-10	김기성	레닌기치	1989.12.23.	그를 자랑하고 싶다
1-11	주영윤	레닌기치	1990.1.11.	37년 이주에 대한 기사들을 읽고서
1-12	정따찌야냐	레닌기치	1990.1.19.	싸락눈이 내리던 1937년도
1-13	유게라씸	레닌기치	1990.3.16.	재쏘 조선사람들
1-14	박넬리(남해연)	레닌기치	1990.3.30.	시대와 민족어에 대한 생각
1-15	김기철	레닌기치	1990.4.11~6.6.	(중편소설) 이주초해
1-16	김부르트	레닌기치	1990.5.3.	강제이주에 대한 핀란지야 조선인의 견해
1-17	안득춘(남해연)	레닌기치	1990.6.13.	사실을 그대로 말해야 한다
1-18	최오빤꼬 (손블라지미르)	레닌기치	1990.6.29.	생활을 혼란케 한 10년
1-19	김두성	레닌기치	1990.12.20.	가슴 아프고 분한 일이다
1-20	허아르까지	레닌기치	1990.12.29.	잊을 수 없는 추억
1-21	강쓰웨똘리나 (송블라지미르)	고려일보	1991.1.1.	부모를 기억하면서

번호	성명(또는 기자명)	게재지	게재일자	기사명(원제목의 표기대로임)
1-22	리길수	고려일보	1991.1.24.	추억
1-23	성점모	고려일보	1991.1.29.	〈우리는 누구인가〉란 기사를 읽고
1-24	김세일	고려일보	1991.3.19.	〈만주에서 총살했다〉는 기사를 읽고
1-25	황정만(김부르트)	고려일보	1991.4.23.	평범한 고려인의 평범한 생활경력
1-26	남블라지미르(리블라지미르)	고려일보	1991.5.9.	그들의 이름을 기억하자
1-27	지빠웰(방만금)	고려일보	1991.5.15.	그이의 기구한 운명
1-28	렴홍철(남경자)	고려일보	1991.6.4/6.26.	운명
1-29	최재현(최왈렌찐·남경자)	고려일보	1991.6.27/6.28.	불안한 아동시절
1-30	안클레멘트·강겐리에따	고려일보	1991.7.24.	우스또베는 나의 살던 고향
1-31	리길수	고려일보	1991.8.2.	신한촌
1-32	김주봉(떼. 씸비르쩨와)	고려일보	1991.10.15.	모든 체험을 영예롭게 이겨냈다
1-33	오남철	고려일보	1992.2.14.	아버지를 찾은 월로쟈
1-34	리왜체쓸라브	고려일보	1992.5.6.	생애의 고비들이 빤히 뵌다
1-35	리블라지미르	고려일보	1992.5.6.	우리 모두는 유년시절을 경과한 사람이다
1-36	리함덕	고려일보	1992.7.22.	잊지 못할 향단이들
1-37	민리지야	고려일보	1992.11.7.	한 가문의 사연
1-38	김영웅	고려일보	1992.9.9.	강제이주 55돐에 즈음하여
1-39	박쩨렌찌(박크세니야)	고려일보	1993.3.27.	피맺힌 원한은 남아있다
1-40	리블라지미르	고려일보	1993.3.27.	고려인잔치는 얼마나 드는가?
1-41	김미하일(이꼬레쓰끼)	고려일보	1993.4.3.	운명
1-42	원일	고려일보	1994.6.4.	38년도 봄에
1-43	엔, 와따뇨르	고려일보	1994.6.5.	고향땅의 흙 한줌
1-44	이미하일	고려일보	1994.10.15.	1937년 재쏘고려인들의 운명

번호	성명(또는 기자명)	게재지	게재일자	기사명(원제목의 표기대로임)
1-45	연성용	고려일보	1995.3.4.	피로 물든 강제이주
1-46	배경이	고려일보	1995.11.4.	지난날의 추억은 언제나 잊을 수 없다
1-47	편집부	고려일보	1995.11.4.	까쓰삐해연안 지역은 그들의 향촌땅으로 됐다
1-48	명드미뜨리	고려일보	1996. 2. 24, 3. 2.	시대변혁과 고려인
1-49	리왜체쏠라브	고려일보	1996. 4. 20, 4. 27.	잊을 수 없는 그 날을 더듬어 보며
1-50	누리 무프따흐	고려일보	1996.6.14.	낙인이 찍힌 민족
1-51	강태수	고려일보	1996.8.3.	우리도 되돌아 보면서
1-52	김이돌 (엘. 로쑤꼬와)	고려일보	1996.8.30.	인간이란 일생 활동해야 하죠
1-53	주아나똘리	고려일보	1996.12.7.	까라깔빡스의 고려인들
1-54	윤씨	고려일보	1997.1.6.	중아시아. 카자흐스딴 정착생활 60 주년
1-55	강상호	고려일보	1997. 2. 15, 22, 4. 5, 8. 2.	어떻게 되어 어부들이 목화재배업자들로 되었는가
1-56	이종수	고려일보	1997.5.7·9·17·, 24·31, 6, 6·14·21·28, 7. 19.	카자흐스탄의 고려인들
1-57	남율라	고려일보	1997.9.13.	우리 외할아버지
1-58	심 꼰스딴찐	고려일보	1997.10.11.	우리는 20성상 이 땅에서 살았다
1-59	우블라지미르	고려일보	1998.11. 19.	고려인들의 역사적 운명에서 본 크즐오르다
1-60	김보리스	고려일보	2002. 3. 29.	잠블 지역의 고려인들
1-61	김보리스	고려일보	2002. 5. 10.	우리는 자기 시대의 아들

번호	성명(또는 기자명)	게재지	게재일자	기사명(원제목의 표기대로임)
1-62	뜰레우 꿀리바예브	고려일보	2002. 10. 11, 18.	고려인 강제이주 65주년
1-63	최스베틀라나	고려일보	2004. 5. 21.	김안나 그리고리예브나의 체험담
1-64	리미하일	고려일보	2004. 8. 6.	강제이주당한 어린 시절
1-65	리미하일	고려일보	2004.8.13.	강제이주당한 어린 시절
1-66	윤세르게이 (원낙연)	고려일보	2005. 6. 3, 6. 10.	흩어진 한민족 ②카자흐스탄편
1-67	김블라지미르	고려일보	2006. 12. 15.	잊을 수 없는 쓰라린 과거
1-68	리왜체슬라브	고려일보	2007. 12. 14.	아버지에 대한 이야기
1-69	김클라라 (신보리쓰)	고려일보	2007.4.6.	아홉 번째 원
1-70	유다위드(손블라지미르)	고려일보	2007.6.15.	강철 같은 의지를 가진 사람
1-72	알렉싼드라 (조미하일)	고려일보	2007.8.10.	기억에 생생한 강제이주
1-72	정상진	고려일보	2007.8.24.	내가 직접 겪은 강제이주
1-73	장복현 (림마뜨료나)	고려일보	2007.9.28.	쓰라린 비밀
1-74	김마이야 (안나 노워제예바)	고려일보	2007.10.26.	마지막 페이지가 아니다
1-75	허알렉쎄이 (김꼰쓰딴찐)	고려일보	2007.11.2.	살아있는 전설

2. 여타 문헌에 실린 회상기

번호	성명	성별	생년	게재문헌	게재연도	제목
3-1	스쩨빤 김	남	1920년대 후반	역사비평	1990. 봄	스탈린의 한인 강제이주와 잃어버린 모국어

번호	성명	성별	생년	게재문헌	게재연도	제목
3-2	정상진 (연국회)	남	1918년	역사비평	1991. 가을	조선사범대학생들의 강제이주
3-3	정갈리나	여	1919년	활천 559	2000	소련 한인 강제이주 역사의 산 증인으로 살았습니다
3-4	김연옥	여	1913	재소 한인의 항일투쟁과 수난사	1997	김연옥 할머니의 강제이주 회상기
3-5	김블라지미르	남	1934	위와같음	위와 같음	김 블라지미르의 강제이주 회상기
3-6	웨라 가브릴로브나	여	미상	후손들의 회상담	2007[36]	웨라 가브릴로브나의 얘기

■ 참고문헌

『고려일보』, 『레닌기치』, 『역사비평』, 『활천』.
강만길(1999), 『회상의 열차를 타고』(한길사).
강진구(2004), 「중앙아시아 고려인 문학에 나타난 기억의 양상 연구」, 『억압과 망각, 그리고 디아스포라-구소련권 고려인 문학』(서울 : 한국문화사),
강혜경(1996), 「유교문화에서 여성재혼의 의미와 행위전략」, 서강대 대학원 석사논문,
계봉우(1947), 『조선문법』(프린트판).

---

36. 알마티 한국독립운동 유공자후손 독립사회단체 편, 『후손들의 회상담: 황단무계의 나라에서 생활사』(알마티, 2007).

고송무(1990), 『쏘련의 한인들』(이론과실천).
김병학·한야꼽(2007), 『재소 고려인의 노래를 찾아서』 Ⅰ·Ⅱ(화남).
김보희(2006), 「소비에트 시대 고려인 소인예술단의 음악활동」(한양대학교 대학원 박사논문).
김블라지미르(1997), 『재소한인의 항일투쟁과 수난사』(국학자료원).
김성례(1994), 「한국무속에 나타난 여성체험 : 구술생애사의 분석」, 『한국여성학』 7(한국여성학회), 7~40쪽.
김정경(2008), 「여성 생애담의 서사구조와 의미화」, 『한국고전여성문학연구』 17(한국고전여성문학회), 89~116쪽.
김필영(2004), 『소비에트 중앙아시아 고려인 문학사(1937~1991)』(강남대학교출판부).
『까자흐스딴 한인동포의 생활문화』(국립민속박물관, 2000).
명월봉(1991), 「이중언어와 재소한인의 모국어교육」, 『이중언어학회지』 8(이중언어학회), 1~10쪽.
『사진으로 이어가는 추억-우즈베키스탄 고려인 70년 사진첩 제1차』(고려인돕기운동본부, 2006)
송라브렌티(1990), 「삼각형의 면적」(『오늘의 빛』, 알마티, 자주쉬출판사).
심영섭·김게르만(1998), 「카자흐스탄 한인사 : 고문서 자료 제1집(알마아타 한국교육원).
심헌용(2007), 「고려인 강제 이주의 역사」, 『고려인 강제 이주 70주년 기념 학술대회 발표집』(홍익대),
알마티 한국독립운동 유공자후손 독립사회단체 편(2007), 『후손들의 회상담: 황단무계의 나라에서 생활사』(알마티).
『우즈베키스탄 한인동포의 생활문화』(국립민속박물관, 1999).

이명재(2004), 『억압과 망각 그리고 디아스포라』(한국문화사).
이복규(2008), 『중앙아시아 고려인의 구전설화』(집문당).
장사선(2005), 려인 디아스포라 문학연구』(월인).
『재외 한인동포 이주의 역사와 문화』(국립민속박물관·한국 문화인류학회, 2005).
전경수(2002), 『카자흐스탄의 고려인』(서울대출판부)
전신욱(2007), 「해주 한인의 중앙아시아로의 강제이주와 정착」, 『통일문제연구』 2007년 상반기호(통권 제47호)(평화문제연구소), 77~107쪽.
정상진(2005), 『아무르만에서 부르는 백조의 노래』(지식산업사).
『정추 교수 채록 소비에트시대 고려인의 노래』 1·2·3(한양대학교출판부, 2005).
진용선, 『러시아 고려인 아리랑 연구』(정선아리랑문화재단, 2009)
천혜숙(1997), 「여성생애담의 구술사례와 그 의미분석」, 『구비문학연구』 4(한국구비문학회), 71~87쪽.
_____(2001), 「농촌여성 생애담의 주제와 생애인식 양상」, 『한국고전여성문학연구』 2(한국고전여성문학회), 227~267쪽.
『카자흐스탄의 고려인』-사진으로 보는 고려인사 1937~1997(카자흐스탄고려인협회, 1997).

A Study on Life Stories of Central Asian Koreans : With Focus on the Topic of 'Forced Migration'

This paper aims to look into the life stories of Central Asia Koreans. It is a significant first attempt as there have been no researches on this topic despite a steady accumulation of research findings on the Koreans in this region. Among the few possible topics on their life stories, forced migration was picked up for the main topic since it comprises the core features of the life stories of these Koreans, yet leaving only a few available materials for research.

The materials of this paper include the oral transcripts from 11 Koreans in Kazakhstan who were born prior to 1931 that I met between 2005 and 2009, 75 memoirs and reportage featured in Lenin Gichi and Koreilbo, and 7 reminiscences published in other types of literature. Based on these data, the following facts were established, which were also the key factors of Central Asia Koreans' life stories: (1) life in the Far East before forced migration; (2) the time when they knew they were leaving; (3) the reason for their migration; (4) the amount of stuff they could carry; (5) the structure of the train where they were aboard; (6) life aboard the train; (7) overwintering at the first arrival; (8) the responses of the natives; (9) life after the forced migration. The stories varied depending on the regions and individuals; however, it was possible to reach an advanced understanding toward some controversial issues. The confirmation that their having lived in a hole called Jamble was not just a legend but a fact is one example.

Next, the epistemological aspects of forced migration were examined, such as (1) innocent suffering; (2) sense of betrayal and resentment; (3) humiliation. These Korean emigrants did not merely conform to 'forced migration,' an extreme ordeal that had never been experienced in the national history, but they were well aware of its injustice as well, responding to the external forces with high levels of emotion.

This paper is only significant in that it comprehensively went over the life stories of Central Asia Koreans for the first time; hopefully, a number of more strenuous studies will be ensued seeing research topics from various angles. Recommended are an independent study of a problematic individual's life story, a more detailed analysis of the topics before and after forced migration, and life stories of those who returned to the Far East. Furthermore, it should be discussed how the life stories of these Koreans differ from those of other Koreans including those who have kept living in the Korean Peninsula.

제2부

중앙아시아 고려인의 생애담 자료

제2부

중앙아시아 고려인의 생애담 자료

I. 중앙아시아 고려인 생애담의 구술(口述)자료

1. 한철주(여, 1921년생)

원동 우수리주에서 태어나 살다가 탄광촌 아르쫌으로 이사함

  [조사자 : 할머니 처음 태어난 곳이 어디에요?] 원동[1] 변강 우수리주 스이픈강 니콜스키 우수리끄 도시. 거기서 살다가 아르쫌(탄광촌)으로 갔지요. 거기서 살다가. [조사자 : 거기도 원동이에요?] 예. 우리 맏오빠가 노동학원으로 파견받아서 공부하게 돼서 거기 갔습니다. 우리 어머니는 소왕령에서 한 20리 되는 거기서 돌아가시고. 부유한 사람들은 자기 힘으로 부유하게 된 게 아니라, 농군들도 두고 이렇게 해서, [조사자 : 아 머슴들을 두어서?] 예, 머슴들을 두어서. 그런데 그때는 자기 힘으로도 잘 살 수 있는 사람들도, 꽤 몰기

---
1. '블라디보스톡' 또는 '해삼위'.

한철주 할머니

(몰려) 와서, 토호로 몰겨와서 이 까작스탄으로 왔단 말입니다. 그래, 까라간다로 말하면, 그때 우리 유배지여. 거기 와서 우리 아버지, 자기 친구[2]를 만났댔습니다.

강제이주당해 기차타고 카자흐스탄 까라간다로 와 땅굴집 짓고 살기

[조사자 : 기차 타고 온 거지요? 기차로?] 예. 기차로 왔습니다. 짐차에 앉아서. [조사자 : 그때 결혼은 안하고?] 그때 9학년 열일곱살인데. 그래 까라간다 와서 9학년을 맞추고, 그리고 우리 둘째오빠는 (원동) 스빨스크라는 다른 데 살아서 그곳에서 이사를 해 어디로 왔는가 하니, 타슈켄스로 왔어. 그래 우리 큰오빠가, 여기 들어와서도 조선사람 탄압받았어요.

56년도까지 우리 자유 없었어요. 37년부터 56년까지. 그래 우리 아무 데나 댕기지요? 그래 증명서 좀 보자 해서 보이면, 거기 썼단 말요. 제한된 곳에서 살게끔. 다닐 때 보면 붙드는 데 없는데, 증명서 보면 그렇게 돼 있단 말요. 그런데 러시아 후루시쵸프, 그때 그 사람이 56년도부터 우리들을 자유롭게 했어. 온화하게 했어(완화해 주었어). [조사자 : 여기 카작사람들은 친절했다면서요?] 그랬지. 그래 처음 왔을 때, 땅굴집을 짓고. [조사자 : 땅을 팠어요?] 그리고 우리는 지붕을 이렇게 하는데, 이 사람들은. [조사자 : 납작해요? 겨울

---

2. '토호 청산 대상으로 먼저 쫓겨나 살던 친구'를 뜻한다고 보임.

에 춥겠네요?] 땅집이 돼서 춥지 않지. [조사자 : 깊이 들어가요?] 예. 들어가는 문은 여길 조금 파고서 그렇게 들어가오. 천장에 창문 있는 건 여기 와 처음(웃음) [조사자 : 아, 천장에 창문 냈어요?] 예. [조사자 : 여름엔 시원해요?] 괜찮지. 그러던 게 지금은 까라간다가 아주 번창한 도시로 변했어요.

사나운 팔자 떼우려 재취 결혼하기

[조사자 : 여기 오셔서 결혼하셨구나?] 응. [당숙인 한득봉 선생 이야기 이어짐.] 우리는 모스크바로 갈까 어디로 갈까 하다가, 연성용이라고 극작가이며 노래도 쓰고 작곡도 했습니다. 그분이, 앞으로 이곳에 극장도 오고 대학도 오게 되니까니, 그래서 그분네로 우리가 여기(알마티로) 오게 됐습니다. [조사자 : 남편은 어떤 분이셨습니까?] 남편은 타슈켄트의 뽈리노제라는 조합이 아주 유명했습니다. 거기서 전체를 맡아서 보는 일을 했습니다. 그분은 장가갔던 분인데, 우리 큰올캐가, 나더러, 남편을 두루할 팔자라고, 그래서 무슨 방토 없는가 하니까니, 장가갔던 사람한테 가면 남편 하나 남길 수 있다고(웃음), (그래서 재취로 들어감. 기계전문가이지만 메뚜기 퇴치 임무 맡은 남편과, 그곳 꼴호즈에서 부교원 노릇하다가, 남편이 레닌그라드에 파견되어 공부하게 되어 동행. 여러 지역에서 모여들어 공부하는 남자들을 도와줌. 예언이 맞았음.) 미개한 사람들일수록 인품이 좋습디다. 지방사람들이.[3]

땅굴집을 재현한 고려인 농막의 입구

[조사자 : 아까 해준 이야기 모두 당숙한테 들은 거예요?] 예. 더 많이 들었는데 다 잊어버렸어요. [조사자 : 그중에서 이 두 가지는 재미있어서 기억하고 있는 거예요?] 예. [조사자 : 모이면 더러 이런 얘기 하셨나요?] 그런 얘기보다도, (교육원) 노인합창단에 앉아서 노래들 부르죠.

2. 이쏘냐(여, 1919년생)

[조사자 : 현재까지 할머니 살아오신 이야기를 해주세요.] 내 살아 온 이야기를 해달라고? 오늘까지 내 살아 온 이야기를 하자면 책 많이 매야 해. [조사자: 내가 매일 올게요. 매일 올 테니까. 제가 20일간 여기 있어요. 매일 올 거야.] 그럼 첫끝부터 다? [조사자 : 예, 다 말씀하셔요. 처음에 어디서 태어났고 어떤 일이 있었고 아버지 어머니는 어떤 분이셨고 어떤 말을 들었고 그거 다 말씀하셔. 돌아가시면 아무도 못 들어 할머니 말을. 그렇죠? 생각나는 대로 다 말씀하셔. 아무거나.] 그냥 하라우? 가만있어. 우리 어머니 때부터. 우리 어머니가 서강이라는 데 거그가 중국이라오.

출생 이전 : 부모가 처음 산 곳은 중국(서강), 아버지 따라 쏘련으로 이사. 큰언니는 중국에서 결혼해 지냄

[조사자 : 서강?] 응 서강. 그게 기타이(중국)라오. 서강에서 우리 부모네 살았지. 그래 거기서 살다가 우리 어머니 거기서 시집가서

---

3. 우즈베키스탄의 사마르칸트에서도 산 적이 있다고 함. 그곳에서 2차대전을 겪었다고 함.

거기서 살다가, 우리 아버지가 강동으로 돈 벌러 들어오느라고 왔지. [조사자 : 강동으로?] 러시아로. 소련으로 돈 벌러 오느라고 왔지. 우리 어머니, 그 다음에 자기 둘째 딸 하나 데리고, 맏딸은 시집가고, 거기서 우리 딸 셋인데, 큰형(큰언니)은 시집가서 거기 서강서 살며, 그 다음에 우리 아버지는 식구를 데리고서리 소련으로 돈벌러 왔지. 들어왔지. [조사자 : 누구누구 데리고 온 거예요?] 아, 만저(먼저)는 우리 아버지 혼자 들어왔지. [조사자: 들어왔다가?] 호분자(혼자) 여기 소련으로 돈 벌러 들어왔지. 그 다음에 어머니 계실 때 우리 할머니 있었어. 할머니가 그러지. "내 여기서, 아들이 소련에 가 있는데, 내 여기서 어떻게 죽겠는가? 내 아들 따라 가겠다." 그러니까 우리 어머니, 우리 할머니, 내 형 하나를 데리고서리 오겠다 하니, 아무 것도 모르는 여자네가 어떻게 오겠어? 내 형 남편이 거기 있어, 서강에. 형은 시집가 아이들도 있고. 그래, 형 남편, 그러니 우리 아주버니 되지앙이요? 데리고 들어왔지 소련으로. 소련으로 들어와 어디에 있었는가 하니, 부조노프스키 라이온이라는 농촌에 왔어. 농촌에 가서 있으니까니 거기 찾아왔지. 찾아오니 "우리 찾아왔다"고 하니 아버지는 또 얻어 보게 됐지. 그래 어디메 있다는 걸 알고 찾으니까 아버지 왔지. 식구들 왔다니까 그래 와서 살다가 그때 내 없었지. 내 그때는 아니 났지. 그래서 와서 있다가 21년도에 1921년도에 내가 났어. 내 나이까디 우리 아버지는 아들이 요구됐

이소냐 할머니

지. 아들이 하나도 없지. 났는데 다 죽었지. 그래 딸 서이 되었어. 그 다음에 내 나이(태어나니) 우리 같이 온 형 시집보냈어. 우리 형 열일곱 살인 걸. 그래 시집보내. 우리 형 시집가이, 그 다음에는 내 한 살바기. 우리 아버지 의사질 했어, 의사질. 우리 아버지가 의사질하고 그 전에 복수라고 알 만하나? 복수질 했어. 무기 두드리고 귀신 쫓는 일 그런 일 했어. [조사자 : 무당? 누가?] 우리 아버지가. [조사자: 의사라며? 의사도 하고 그것도 하고?] 응(웃음), 공부를 많이 했대요 그전에. 의사질도 하고 복수질도 하고. 병도 고치매(고치며) 복수질해 귀신도 떨구매(쫓으며) 이래 그래 어디메 가 벌어, 집으로 곡식을 싫겨(실어) 보내와. 돈벌어서. [조사자 : 따로 사네?] 아니 돈벌러 갔지. 앓는 사람이 와서 의사라고 데려가지. 그러니까 거기 가서 벌지. 앓는 사람 데려다가 의사 왔다 하니 모두 돈 벌어 주지. 그래 집으로 쌀도 집으로 보내오고 헝겊도 보내오고 집으로 자꾸 보내주지. 우리 아버지 거기서 벌어서 집으로. 할머니도 있고 나도 있고 우리 형도 있고 아내도 있고 하니, 모두 보낸단 말야. 집으로. 아버지 벌어서.

출생과 아버지의 가출(3자매)

그렇게 살다가 우리 형 그 다음에 시집보내고, 우리 서이 살게 됐어. 할머니, 우리 어머니, 내. 아버지는 저기 가 있어. 그러다 내 내 한 살바기 되니까, 그 다음에는 아무 것도 모르고 거저 아이들도 모르고 부인네도 모르고 에미도 모르고 헐 어디로 간지 잃어버렸어. 잃어버렸어. 그래서 한 살바기 난 아버지 면목(얼굴) 모르오. 그래 가서, 그 다음에는 어디를 갔는가니, 거기 그 고려 어디멘가, 한다우, 농촌 고랏(도시) 한다우재라는 데서 내 났지. 그래 거기서 산이 모질이(모질게) 높은 산이요. 산 너머에 가서 어드메 가서 있다는 소리는 들었지. 아버지가 있다는 소리는 들었지. 찾지는 못했지. 무슨 산 너머 가서 찾겠어? 아무 것도 없는데. 그래 찾다 찾지는 못하니, 할머니 그러지. "나는 이제 내 고향 가겠다고. 고향가겠다고. 내 서강으로 가겠다고."

할머니의 요청으로 배 타고 중국(서강) 집으로 다시 들어감

[조사자 : 서강으로?] 그래. 내 네 살에 데리고, 할머니 데리고서리, 서강으로 어머니, 우리 서이 나갔어. 우리 형이 시집갔어. 내 형은 시집가서 살고. 우리네는 어머니가(랑) 내가(랑) 할머니랑 서이 배 앉아서 그 전에 목선 있지 않아? 그 배 타고 서강에 도로 나갔어. 내가 네 살에 나가다나니 내 알기오(알겠소)? 4살인 게 어디 알기오? 그래 널 디디고 배 올라가 놓고 이래. 배 안에 후욱 들어갔지. 우리 엄마는 배 멀미를 하니, 후욱 들어가니 제까닥 우리 엄마는 눕더구만. [조사자 : 생각이 나요?] 그게 물에 동동 떴지. 어머니 눕고 내 그 옆에 눕고, 할머니 이제 마주보고 누벗지. 배가 간다는 게 그저 빙빙 도는 것만 같애. 안에 들어가 있으니까. 자고나니, 아침에 벌써 왔다우. 그 다음에 일어나 서강에 왔지. 다 그래. 그 전에 우리 살던 집이 있습디. 그래 그 집이 있는 데로 자븨집으로 왔단 말야. 어매랑 싹 데리고 들어왔지. 그 집은 그저 문 닫아 놓고 갔지(갔었지). 거기 싹 도둑질도 아니하고 없지(아무 일 없지). 문 싹 닫아 놓고 가면 도둑질도 아니해가고 없지. [조사자: 옛날 집이 있었어?] 옛날 집이 있었지. 그 다음에 오니까나, 아주버니랑 어머니랑 지붕 먼지를 싹 쓸어제끼고 불을 때고 구들이랑 바름질 싹 하고 거기 우리 서이(셋이서) 새로 나갔어 그 집으로. 살던 집으로 싹. 거기 나가 있었어. 거

기 나가 있다가 몇 달 안 있었어. 그랬는디 할머니도 그 집에서 할머니도 상세났어. 한 해만에. 한 해만에 할머니 상세나니까니, 내가 6살이 됐어야. 여섯 살인데 할머니까정 상세나니, 그 다음에는 날 아니 들여놨어. 저 안에 송장이 있는데, 나 들어가겠다고 하니까이 아니 들여보내. 그래 내 여기 앉아서 울었어. 자꾸 나도 들어가겠다고 나도 할머니한테 들어가겠다고. [조사자 : 그때 6살?] 6살 먹었어. 우니까디 어머니 문 열어놓고 들여놨어. 그래 봤어. 어머니 안고 장례하는 거랑 내가 싹 알지. 장례하는 것도 우리 할아버지 모신 구석에다 장례를 한다고 그래. 어머니 얘기를 했어. 그래 산에 이렇게 있는데, 그 산이 정말 이렇게 있었어. 그런데 묘가 가뜩하이 있었어. [조사자: 공동묘지였었나?] 여기 할아버지도 여기다 모시고 그 다음에 있다가 할머니꺼정 모시고 한 해 있다가, 어머니가 그랬지. "나는 강동으로 되비 들어가겠다고." 그러니 거기 있는 우리 형이 그러지. "어떻게 나가겠는가?" 거기 우리 두 번째 시집간 형이, 강동으로 우리 간다고 어머니랑 간다고 울었지. 자꾸만 날 업구서리 자꾸만 우니까, 그래 아주바니가 시장에 데리고 갔지. 그때가 6살이야.

할머니 별세 후 다시 쏘련으로

6살 때는 27년이야. 그때 국경이 댇기운다(닫힌다) 댇기운다 할 때요. [조사자 : 뭐가 국경이? 중국하고 러시아?] 야. 러시아가 중국과 그땐 사람이 마음대로 못 다닐 때야. 그런데 거기로 앞에, 사람 데리고 앞에 길을 인도하는 사람이 있어야 돼. 길을 인도하는 사람이 있었지. 그리고 어마이, 내, 아주바니, 우리 서이. 우리 아주바니는 형 남편이야. 서이 오고 길 안내꾼까지 너이(넷이). 그런데 이런 높은 산을 새파란 벗나무, 솔나무 갖가지 그런 산으로. 그 다음에는 거기서 하얀 겟[조사자 : 자작나무?] 우리네는 벗낭구라 해요. 그런 데로 오매 그 다음 오다가는 집에서 떠나오다가 국경 밑에 와서, 집에 있는 데서 밤 잤죠. 저물으니까니. 이튿날 아침에 내까지 너이. 이렇게 길이, 하나도 이렇게 넓은 데 없지. 발을 요래 놓고 가니까, 길이 조그맣고 그런 데로 올라갔지. 내가 6살인데 걸으면 얼마나 걷겠어. 내 아주바니 짐 지고 그 위에다 나를 올려놓고. 나 항상 그 생각키요(생각이 나요). 요래 붙들고 아주바니 머리 틀어쥐고, 그럼 아주버니 "야 머리 놔"(웃음) 아주버니 어깨 붙들고 올라왔어. "야 이제 내려라" 어마니꺼정 "그래 내려라 야. 이제 그만 내려놓소. 아주버니 내려놓으라. 아주바니 무거워한다. 이제 그만 됐다." 그래 내려놓았어. "걸어가라." 그래 아주바니 내려놨어. 그래 거기를 올라갔어. 길 앞떼기 남자보고서리, 길 앞잡이, 길을 인도하는 사람이지. 그래 가다가 손으로만 이래고 서로 말을 아니하지. 사냥개들이 가다가 그 자리 주저앉아 버려요. 걷다가 그 자리 풍당 들어 앉아 버려요. 너이 다. [조사자 : 국경이니까] "저기 뭐시기 있다고." 응. 올라간 길이 없어. 산을 넘어 가야 소련 땅, 이쪽은 기타이(중국)고. 그런데 그 사람 손을 드니까 우리 아주버니랑 제까닥 그 자리에 풍당들어가 앉았지. 그래 앉고 있다가 보니 저렇게 내려가다가 저게 무신가(무엇인가), "사람이면 우째 움직이지 않는가?" 겁을 먹으면 똥을 싼다고 양?(웃음). 볼맨 게 늘어진 것을 사람으로 알았던 거야. 거기 다 올라가서 고개 다 올라가서 그 다음에는 이런 평지가 있지. 그 사람이, "인제는 우리 다 왔다고. 이쪽에는 소련땅이고 여긴 중국땅. 우리 다 왔다고. 당신네 여기 내려가면 아무 근심도 없다고. 뉘기든지 아이 다친다고. 난 이제 집으로 간다고." 거기서 우리 아주버니 돈이랑 무시기 주고, 그 다음에 우리 거기서 내려왔어.

쏘련 둘째언니 집에서 지내기

내려오고 나니 날이 꼈는디 우리 형(언니)네 집으로 찾아왔어. 찾아오니 그전에 방피질하잖았어? 서답이랑 빨래해서 두드리는 거. [조사자 : 다듬이질] 웅 다듬이질 하는 소리 당당당당 이렇게 났지. [조사자 : 고려인이지] 그러니까니 우리 어머니가, "오! 집에 사람있구나." 밭에다 오글오글 심은 게 옥수수야. 그래 기분좋구만. 그래 마당을 다가니 장자문이 있지, 그 다음에 어머니 문 옆에 가서 우리 형의 이름 불렀지. 우리 형이 내다보고서리 막 달아나와. 다듬이질 하던 거 그거 막 치우고 막 뛰어나와. 반가워 막 뛰어나와. 시아버이 시어머니 밭으로 싹 다 일하러 가고 없지. 우리 형아가 아이들 있고 호분자(혼자) 있고. 그 다음에 시할머니 있지. 삼대(집안)에 들어갔어, 우리 형이. [조사자 : 사람 많네.] 삼대가 많았지. 삼대에 들어가서 17살에 시집가서 시집살이 잘해서 칭찬받았어. 17살에 시집가니 식구 열일곱이야(웃음). 17살에 시집가니 식구 열일곱이니 어떻게 살았겠어? [조사자 : 애들이 셋] 그래 아 첫애 낳았지. 그래 살매 그래 시어머니 38세야. 형 17살에 시집가니 시어머니 38세야. 40살도 아니 먹었단 말야(웃음). 집에 있을 때 어머니하고 나랑 살 때는 그러지 않다가. 그래 시집가서 시집살이 하다가, 가마 이렇게 큰 거지. 그거 식구 열일곱이 사는데 가마가 작았겠어? 시어머니 가마 절반 까수고 우리 형이 위에서 절반 까수고, 둘이 이렇게 그런 데다가 밥 지어, 시어미 절반 씻고 며느리 이쪽 구들에서 절반 씻고 [조사자 : 아, 씻을 때! 크니까.] 며느리 첫 아이 낳을 때 시어머니도 아이를 낳아(웃음), 시아자(시동생) 젖도 먹였어. 그렇게 살았어. 우리 형 고생 모질게 했어. 그렇게 살았어. 그래 우리 거기에 있다가 우리 어머니 데리고 오니까디, 사둔 집에 식구들 숱한데 어떻게 있겠어? 그래 못 있지. 둘이 어마니하고 내가. 아주바니는 이틀인둥 조금 있다 갔지. 중국 자기 집으로 갔지. 그리고 우리네 조그만 집이 있덩만. 어째 그때는 빈 집들이 많았지. 빈 집 들어가서 사람들 와 손질하고, 우리 어머니와 둘이 거기 가 있었어. 거기 가 있으며, 시방에서 혼자 사는 여자들이 아무 일도 없어. 별일을 다하지. 그때 옛날에 호분자 무슨 일 하겠어? 그래 남의 집에 가서 삯일을 많이 했지. 우리 어머니 삯일 많이 했어. 벼(베)도 짜고 벼 짜는 거 알지? [조사자 : 예.] 우리 어머니 베도 짜고 서답도 씻고 방아도 찧고야? 남의 일을 그렇게 많이 했다오 그전에. 그렇게 살다가, 고생하는 일 해서 우리 아버지 찾다 찾다 끝내 못 찾았어. 배 타고 다시 와서 못 찾았어. 그리고서 더 못 봤지. 우리 사둔, 형의 시아버지, 우리 어머니, 그 다음에 우리 형의 식구들이 자븨 식구들 모다 놓고 이래 한단 말야. "사둔댁이 이렇게 와서 호분자(혼자) 못 산다. 그러니까디 좋은 사람이 있으니 영감 얻으라고." 그때 우리 엄마 마흔 살 조금 됐지. 그래 마흔 살이 시집 가지? 마흔 살이면 가야지. [조사자 : 그렇겠지.] 좋은 사람 있으면 시집가지. 사둔이 모두 앉아 그러니까니, 어마니는 그저 아무 말도 하지 않고. 나는 어머니 곁에 앉아 지금 무슨 소린가 하고 그냥 듣지. 아직 여섯 살이니, 아직 7살도 아닌데. 그러니까니 우리 형도 아무 소리 아니하고 어떻게 아주바니도 그러고 사둔도 그러고. "좋다고 호분자 어떻게 살겠는가?"고. 그러니까디 어쨌든 아직 나이 젊지, 그러니까니, 그래 어머니도 사둔집에 어떻게 있겠어? 사둔집 신세 지면서. 그래 허가를 했던 모양야.

어머니의 재혼, 의붓아버지와 수청 수트 거쳐 자다우제 어장에서 정어리 손질하며 살며 8세에 입학

그러기에 한 번은 어떤 집을 같이 갔지. 가자구 해서 가니까, 아바이 남자 한 명 왔지. 남자 점잖은 사람 왔는데, 거기서 무슨 말하고 왔는데, 거기서 무슨 말하는가 우리가 아오? 그 다음에 그 사람들 다 가고 우리 어머니가 그 아버지는 배필이 됐어. 결혼했어. 그라고서리 그 다음에 우리를 데리고 어디를 가더구만. 그 아바이. 야, 나 그 아바이 모질이 따랐어. 그 아바이도 나를 모질이 생각했었어. 시방같으면사 혼자 얼마든지 살지만 그때는 못 살았어. 그래서 다시 시집 갔어. 다른 아바이를 얻어서 우리 아바이 어디메 데리고 갔지. 내가 항상 그 생각키요.(생각나요) 내 7살 먹었어. 거저 어드메 갔다 온다 하면 내 달려나가서는 아바이 고르만4)부터 막 뒤졌어. 고르만부터. 뭘 싸 가져오는가 하고. [조사자: 호주머니를 뒤져?] 고르만. 그래 거기다가 거기다? 고르만에다가 그 전에 거기다 우리 조부랑 보면 고르만 있지? 그저 아무 거라도 개눈깔사탕이라도 있었어. 그 아바이도 날 또 모질이 사랑했어. 그렇게 7살부터 그 아버이랑 살았어. 7살부터. 그 아바이랑 살다가 어디메랑 왔는가? 처음에는 수청 수트에. 그것도 같은 라이온(구역)이야. 한가지지만 그거는 어장이야. 어장. 자다우제, 거기 살았어 자다우제는 원동이야 원동. [조사자 : 원동이구나.] 야, 거기가 다 원동이야. [조사자 : 아 거기 살았네.] 자다우제라는 데서 살았어. 거기서 살다가 학교는 7살부터, 그때는 8살부터 학교 다녔어. 7살에 학교는 아니가고 야학교 다녔어. 저녁엔 야학교라고 밤에 있어. 아이들 7살에 야학교에 밤에 댕겼어.

---

4. '허리춤'의 전남 방언인 '골마리'로 보임.

그 다음에 8살부터 학교에 다녔어. [조사자 : 자다우제에서.] 거기서 살다가 그 다음에 자다우제에서 살다가 정어리, 물고기, 거기서 정어리 잡이를 했지. [조사자 : 아버지가?] 아버지 사람들이 모두 자다우제라는 거기서 아버지 사람들이 모두. 어장이 되어 고기잡이 정어리잡이 했어. 어머니는 정어리도 벗기고 간짐(소금절이기)도 넣고 했고 그랬어. 간 정어리 소금으로 절이지. 그걸 통에다 넣지. 이렇게 이래 이래 통에다 넣어서 그 다음에 그걸 보내. 어디메로, 다른데 국가로 보내. 없는 데로. 고기 아니 잡는 데로. 푸대, 5푸대짜리 있고 8푸대짜리도 있고 이런 게 있어. 5푸대짜리에다가 고기 넣지. 한 줄 반 넣지, 한 줄반. 5푸대짜리다가. 5푸대짜리 넣어놓으면, 난 그것 또 다 올라올 때까지 이만 올라오면 이만 있는 그건 내야 댕기며 어떻게 넣는가 이렇게 다지우고 이렇게도 다지우고 잘 다지와야돼 고기는 꿰기도 하고정어리 베긴(벗기는) 일도 하고 어려서부터 내 일이란 일은 다 했어 의사질만 못해 봤어. [조사자 : 복술도 못했을 거 아냐 복술도.] 복술은 못했어 그건 못하지. [조사자 : 하하하 아무나 못하지 야 일 많이 했구나] 일 많이 했어 무슨 일 아니했겠어. [조사자 : 농사일도 하고] 농사일도 벼 베기도. [조사자 : 거기서 있을 때] 여름에는 정어리 벗기기도 하고 간짐(소금절임?)도 하고 둘이서 벗기기도 하고 다했단 말야. 늙은 게 이래 빨리 죽지 않고 이렇게 살지, 내, 일을 많이 했다. 그 다음에, 거기 살다가 추투혜로 넘어왔어. [조사자 : 어디로 추투혜.] 넘어 왔어 댕기다가 추투해로 넘어왔어. [조사자 : 이게 산 넘어 산 넘어에 있어요? 추투혜는 산 넘어서?] 산 넘어서. [조사자 : 몇 살 때 그 때는 몇 살 때?] 8살. [조사자 : 학교 간 다음에? 댕기다가 이사했네]

추투헤로 이사해 명태 그물 만들며 살고, 학교에서 연극하기(8세)

그래 댕기다가 그 다음에 추투헤로. 추투헤 와서 그 다음에 도로 거기는 소학교밖에 없었어 소학교 그것도 4학년 밖에 없었어 그 다음에는 어머니 추투해 와서는 그저 공부하매 그 다음에 동생들은 무슨 일하매 사람들이 그런 거 그물만들어 명태그물 사람들이 그물을 만들어 그물을 떠 내 그물 빨리 떠 이 손에다 걸치고 쓱쓱쓱 내 그물 빨리 떠 그래 어머니도 너는 언제 방학하는가 방학하면 나 써 먹자고 방학한다고 그러면? 그물도 빨리 뜨고 더디 뜨고 하는게 있기요 그물 빨리 떠요 게그물도 뜨고 명태그물도 뜨고 무슨 일인들 못해 그러고 4학년은 내 졸업했지 4학년 졸업하고 그 다음에 내 학교 찾아가니까 고려 학교에서? 반제이 하니 아니 반제이 고려 학교가 있어 학교 댕길 때 가극 놀지 연극 놀지 가극 연극 이런거 그냥 놀았다 아그 때 유치원에 다닐 때 해봤지 그 전에 조그말 때 어디 학교에서 학생아이들하고 어떤 때는? 3월 8일에 3월 18일 이럴 때 그거 놀 때. [조사자 : 유치원은 언제 다닌 거예요? 기타이(중국)에서?] 유치원은 6살 때 자다우제에 있을 때 다녔지. [조사자 : 야학으로.] 아니 야학교 말고. [조사자 : 야학 가기 전에.] 그 전에. [조사자 : 유치원 다니다가 야학 들어갔네] 유치원을 댕기다가 그 다음에 야학교는 밤에? [조사자 : 그때 많이 가극도 하고 연극도 했다는 거죠?] 학교 다니매 4학년 야학 다닐 적에는 아들이 노는 데도 없이 아이들아 하나나 둘씩 돼도 내가 뽑혀 들어갔어. 그냥 창가도 하고 춤도 연극 극장에서. 연극도 놀고 아이일 때. [조사자 : 소학교 다닐 때?] 소학교 다닐 때. 연극 놀이도, 아이들 연극도 하고 내 38년도까지 내 연극 놀았어. 그래 그 다음에는 그런 게 있대요. 운동하면, 달음질하는 거. 돈까지 주고 못 탔어. 스나쵸크 못 탔어. 스나쵸크, 페루(만

년필). 가슴으로 차는 것. 차기도 하고 달리기도 하고 내 이런 기 다 했단 말야. 그래 내 돈까지 물었어. 그라고 우리 여기 싣기느라고 그 스나쵸크 못 탔어.

어머니의 별세(1936년) 후 둘째언니 집에서 살다 강제이주당함 (17세)

그라고 36년도에 어마니 상세났어. 36년도 윤 3월에 어마니 상세 났어. 그 다음에는 아바지가(아버지랑) 거저 내(나랑) 혼자 있게 됐지. 그러니까디 윤 3월에 상세나니까디 우리 아버지 그라지. 우리 새야한테 그랬지. "내 야 데리고 못 있겠다. 내 어떻게 데리고 있겠나? 니 데려가거라." 그래 우리 세야(형)가 나 가져갔어. 시집간 내 형이. 그래 내(내가) 17살이 던가? 내 새야네 집에 갔어. [조사자 : 열일곱? 그때가 어머니 돌아가셨을 때가 17세구먼.] 36년도니까 17세지. 어마니 상세났을 때 17세 됐지. 17세 그때. 그 다음에는 저 집에가 산 지 36년도에 어마니 상세나, 37년도에 여기 싣기다나이, 에서 37년 여기. 새야 집에 있다가. [조사자 : 그때 어느 집에 있다가?] 새야 집에 있다가 37년도에 싣긴단 말야. 36년도에 17세, 어마니 상세나고 형아네 집에 있다가, 그러다 37년도에 그냥 형가(형과) 함께 싣겨 왔지. [조사자 : 거기서 오실 때 자세히 좀 해 주세요. 거기서 오실 때 갑자기 오게 된 거예요?] 응. 오게 된 것 어떻게 됐냐면 이렇게 와. 그 해 여름에, 온단 말은 못 들었소. 온단 말은 못 듣고 내 아버지한테 왔어. 아버지한테 놀러 왔지. 아바지 혼자 살지. 혼자사니 놀러왔지. 오다가 그만 배 앓아 오다가 내 바람맞아 앓았어.[5] 내 아파서 아바

---

5. 둘째언니한테 갈 때 병이 났었다는 말인 듯.

지한테 왔어 그냥. 그래 앓는데, 우리 아주바니(형부) 턱 왔단 말야. '싣긴다.' 하이까디. 37년도에. [조사자 : 싣긴다?] 여기 이사간다고, 이주한다고. 우리 고려사람들, 실려 간다고. 37년도에. [조사자 : 그 형부가 알려줬어요?] 37년도. 그게 10월이야. 그러니까디 아주바니, 내 앓는 것 데릴러 왔어. "우리 고려사람들 어저 싣겨간다고. 사흘동안 허가준다고. 그래디까지 어쩌겠는가?" 그러니까디 아바지 그러지. "가져가라(데려가라)고. 내 가를 어쩌겠냐고. 가라고. 너가 가져가야지 내 혼자 어떻게 하냐고." 그래, 아버지 두고 내 아주바니하고 왔어. 헤어지고서 왔어. 거기서 아바지는 호분자 싱기고 나는 형의 집으로 앓으매 그냥 왔어. 그때 내가 거기서 그냥 앓으매, 아주바니 날 거기서 업고 댕겼어. 걷지 못해서. 그래서 어드매 와서 걸었는가 하니, 부슬기(기차) 한 달을 왔어. 10월 달부터 10월달에 와서 싣겼지. 우리 밭에다가 곡석에(곡식에) 옥수수, 감자. 고 무시기고 심겨 놓은 거 다 못가지고 왔어. [조사자 : 가지고 온 건 뭐예요?] 가지고 온 건 아무것도 없지. 거기는 아무것도 없지. 어디매 가서 산 귀퉁이 가서 감재나(감자나) 조금 심겨 먹지. 다른 건 아무 것도 못 심겄지(심었지). 그냥 거저 어장 일만 했지. 어장서 일하매 나는 그거 간짐(통조림)하는 일을, 그거 우리 했지. 그래다가서리 그 다음에 싣겨오니, 거저. [조사자 : 집에 있을 때 누가 실으러 왔어요? 차를 가지고 왔어요?] 우리 아주바니 식구들, 다 같이, 내가(나랑) 같이 오지. [조사자 : 차로 실어가던가요?]

그래. 사람들이 이래 '아무 때 간다' 하니까디, '짐 꾸리라' 하니까디 그저 짐을 꾸렸지. [조사자: 무슨 짐을 꾸렸어요?] 이불짐, 그저 먹을 거랑 아무것도 없지. (노보시비리스크까지는 병원 와곤에 실려 와 환자용 음식 먹다가, 노보시비리스크부터 가족들의 와곤으로 옮겨졌음.) 감자 밭에 가 감자 파다가 그저 푸대채(포대째) 메어 가면서 부슬기 가면서 깎아서 먹고 그러고 왔어. 그러고서 아무것도 없지 뭐 오면서 떡 사 먹고 빵 사먹고. [조사자 : 사서 돈이 있었나?] 거기서 번 돈 가지고 거기서 벌어서 월급 탄거 가지고 오면서. [조사자 : 정거장에서] 그래 정거장에서 사서 먹었어 그렇게 왔어 한 달을 왔어 한 달을. [조사자 : 오면서 죽기도 했다는데] 오매 죽은 게 많지. [조사자 : 누가 죽어요?] 우리 식구는 죽은 게 없어

[조사자: 어린애들이 죽은 거예요?] 어린애들이. 그때는 우리네는 어린애들 없었어. 내 시집가기 전에는 어린애들 없었어. 다른데서는 죽은 게 많았다고 해. 그리고 들어와서 죽은 사람이 많았다고 해. 타슈켄트로 온 사람들이 그랬다고 해. 우리게로 들어온 사람은 별로 죽은 게 없고. 우리 처음 싣겨서 어디로 온지 아오? 아스뜨라한.[조사자: 아뜨라한? 우슈또베가 아니라?] 아, 가만 있어. 그게 어디멘가 하면 아뜨라한. 카자흐스탄. [조사자 : 아뜨라한 그게 카자흐스탄이야?] 카자흐스탄의 고롯 아스뜨라한(아스뜨라한 도시). [조사자 : 기차로 온 거죠 기차로?] 우리 기차로 왔어. 기차도 사람 싣는 이런 기차 아니요. 와곤, 짐이랑 싣는 그런 데로 왔소. [조사자 : 화물열차?] 사람싣는 게 아니고 [조사자 : 짐차?] 응 짐차. [조사자: 침대처럼 바닥에서 자기도 하고?] 바닥에선 아니 잤소. [조사자 : 몇 층으로?] 2층씩. 양쪽에 문이 있고. 한 와곤에 세 식구도 오고 두 식구도 오고. 적으면 세 식구도 오고 많으면 두 식구도 오고. [조사자 : 정거장에 서 계시면 밥도 해 먹었다면서요?] 우리 있는 데서는 그런거 모르오. [조사자 : 한달 동안 뭘 먹었어요?] 한 달 동안 기차로 오면서 사 먹었지 거반 사 먹었지 그래 그전에 떡이나 사먹고, 없으면 자븨로 가지고 오는 거 그런 거 먹었지. [조사자 : 없는 사람들은 나눠주

기도 했나?! 난 모르죠. 내 앓아서 병원 와곤에 따로 타고 왔지. 어디멘가에서 걸었는가 하면 (러시아) 노보시비리스크라는 데 와서 내 처음 걸었어. 내 처음부터 앓으매 떠났지. 앓다나니까 한 달 오다가 노보시비리스크에서 처음 땅을 디뎠소. 그때 일없어서(괜찮아서)⁶⁾

아스뜨라한에 도착해 바라크(노동자의 여름용 임시숙소)라는 집에서 겨울나기

그 다음에는 (카작스탄) 아스뜨라한에 와서 동삼에(겨울에) 동짓달에 와 내려서 얼음이 가뜩하지. 바라크라고 이런 집이지. 집인데 일군들이 여름이면 사는 그런 집이야. 바라크가 크지, 고기 잡는 사람들이 여름이면 거기 와 살지. 도니아라고 그런 데서, 그런 집에서 살지. 그런 데다 숱하게 넣었지. 거기는 떡이 많아. [조사자 : 가지고 온 것?] 아니. 아뜨라한. 우리 와곤에 다 왔어. 다 와서 동짓달에 다 와서 동삼에 치분데(추운데). 나는 이래 머리 수건 난 앓다가 겨우겨우 걸어 다녔어 우리 어머니 나 머리 수건으로 털 수건으로 쓰라고, 그전에 어머니 상급 받은 것 됐지. "지금 너 치분데 쓰라우." 나한테 그거 줬지. 썼다가서리, 우리 식구 많다가니 짐 가뜩 꾸려놨지 그런데다 수건 벗어서 그 위에다 올려놨지. 근데 무시기 집어갔는지 고마 쓴 수건 잃어버렸지. [조사자 : 내리고 보니까 없어?] 집에 어디 벗어 놨다가 어데로 갔다 오니까 없어. [조사자 : 바라크에 놔 뒀는데?] 그래. 동생은 동짓달에 나하고 바라크에서 동짓달에 아스뜨라한 거기 와서 내렸어. 내 머리(머리카락) 그전에 좋았어. 우리 어마이 내 머리 그냥 두 켤레(갈래)로 따았지. 어머니 상세난 뒤에 다른 아이

---

6. 식구의 와곤으로 옮겨타서.

다 머리 요렇게 베었는데 내 머리 두 켤레(갈래)로 따았지. 베고 싶어서, 내 베고 싶어서, 내 새야한테 베어 달라고 하니, 새야가 "어마니 자라온 머린데 어떻게 그렇게 막 그러냐? 아깝다고." 그래 있다가 있다가 내 한해 지나서 자꾸 베어 달라고 하니까 그냥새야 베어줬어. 벤 머리가 이렇게 짜르지(짧지). 내 모진 앓았어 내 두어 달 앓았을 거야. 그래 거기 아스뜨라한 매우 칩소(춥소). 바람이 이래 불지 않겠어? 바람이 막 떨어져서, 자고 일어나니까 머리가 빠져. 그래 그 다음에는 처음에는 "머리 그냥 둬서는 아니 된다. 싹 깎아야 된다." 새아기 크다막한 거 17살 먹은 거 어떻게 머리를 깎겠어? 그래 못 깎았어. 아니된다고. 그래 아주바니 가세로(가위로) 살살 싹 깎았어. 나머지도 다 빠지대. [조사자 : 머리가 빠져?] 머리를 짜르니 감을 때 싹 빠진단 말야. 그래 아니 되겠다, 면도칼로 싹 밀었어.

1938년 여름에 이사해 꼴호즈에서 농사일에 연극활동도 하기 (〈아버지와 딸〉 공연)

내 동삼나고(겨울 지내고), 38년 여름에 이사왔어. 여름 다 와서 머리 조금 길었단 말야. 머리가 내려와. 38년도 5월 기렴을 치르는데, [조사자 : 기름 먹는 기름?] 기렴 모로오? 고려말로 기렴을 무시기라 하오? 10월 혁명 기렴. [조사자 : 아, 기념!] 기념이라 하오. 기념일 5월 1일 기념. 5월 1일 기념을 하는데, 우리 거기서, 한구데기서 온 사람들 꼴호즈 조직했어. 그래가지고 거기서 베(벼)를 심었어 그래. 베를 심었는데, 여름인데, 이제 우리 있는 데 새아가(아가씨) 내 또래 여덟이고, 한 킬로미터 내려가면 새아가 또 둘이 있어. 그러니 열이지. 그리고 거기 사람들 많지. 그런데 기념식하는 데는 연극을 놀았다오. 연극을. 연극을 놀자고 준비를 하지. 그래 준비를 하는

데, 새아가 열 중에서 둘을 뽑다 했어. 내가(나와) 우리 형(언니)의 스닙(시누이)이, 그래 나보다 두 살이 위야. 우리 둘 뽑다 했어. 어떻게 해서 우리 둘 뽑다 했는가? 그건 창가 많은 기야. 노래가 많지. 그 연극은 〈아버지와 딸〉이란 연극은. [조사자: 아 노래 많이 하는 연극이야?] 야, 노래 많이 하는 그런 연극이야. [조사자 : 〈아버지와 딸〉?] 그렇지. 〈아버지와 딸〉이란 연극을 노는데, 내가(나랑) 창가 시켜보고 그러고서 뽑았지. 그래 한 집에서 둘이 뽑혔지. 그래 그 다음에는 연습을 했지. 연습을 해서 우리 꼴흐즈를 만들어 놀았지. 그때 내 머리 요매(이만큼) 내려왔어 그저. 그래 사께(무슬림 모자)를 썼지. 그래 이렇게 쓰고 노는데, 우리집에서 보고, 우리 새야(언니) 시아비, 시할미, 사둔댁, 우리 새야네 아들, 싹 갔지. 우리 새야 시할머니 그러지. "내 어째 갔는가 싶다고. 부끄럽다고. 남의 집 새아기들은 아니 그런데 어째 우리 새아기들은 거기 둘 다 거기(무대에) 올라 그러는가가?"고. 몰라서 그러지. 그 다음에 또 우리 새야 시어미가 그러지. "어마이, 그게 그렇지 않다고. 거기 아무나 못 올라간다고." 그럼, 연극 못하나니까 아무나 못 그라지. "그거 다 보고서리 시키는데, 그게 무시기 부끄럽겠는가고. 나는 그거 좋더라고." 새야 시어미가 그래. 사둔 아바이는 아무 말도 않지. 우리 새야(언니)는 좋아했지. 그래 거기서 놀고, 그 다음에 어디로 갔는가이, 라이온으로. 맨 로서아 사람들이 있는 데, 라이온에 가서 놀았지. 그래 라이온에 가서 노는데, 거기 또 김 게르만이라고, 그 사람이, 러시아 말 많지, 러시아 말을 잘하니, 그 각본 가지고 싹 번역했지 러시아 말로. [조사자: 이제 러시아말로 하는구만] 그래 러시아말로 번역해야 러시아 사람들 알아들을게 아니요? 그래 그거 싹 연극은 두 막이야. 연극은 두 막이야. 그건 〈아버지와 딸〉이란 연극인데. 그래 그거 게르만이라는 사람이 그거 말 싹 번역했지. 싹 러시아 사람들이야. 라이온이 다나이(라이온이다 보니). 그러고서 놀았지. 이거는 각본이 어떤 건가 하니. 애비 혁명자지. 혁명가야. 내 애비는 혁명자. 우리 애비는 혁명자, 혁명사업하는 사람이야. 애비 혁명자. 그런데 자기 동네가 일본들과 쌈 할 때오. 고려 사람과 일본하고 쌈했어. 그래 쌈해서 그럴 때, 이 사람이 오라이 됐단 말이야. 우리 아버지 동네에서 오라이 됐지. 총 맞았지. 총에 맞아서, 애비, 그 다음에는 그거 어쩌겠어? 자븨 새(꼴) 마당에 가서, 소들이 먹는 새, 풀 말리운 게 새라 하오.

[조사자 : 소 먹이는 그걸 새라고 해?] 새. 우리네는 새라고 해. 소 먹이는 새. 우리는 새깔(소꼴)이라 하오. 총에 맞은 사람을 거기 꼼차(감춰)놨지. 감춰놨는데, 그 일본들이, 그 다음에는 그 사람 찾아 들어왔지. 거기 집을 찾아왔지. 내 그래 14살 먹은 딸이지. 14살 먹은 딸을 붙들고서리, 그래 우리 애비도 꼼치우고, 동네도 꼼치우고 하다나이 14살 먹은 걸 붙들었지. 이것들이 요사하지(요사를 부리지). 자기 손의 시계를 풀어서, 새아가 귀에다 대지. 그런 거 생전에 그런 것 못 봤지. 그래 그거 시계 '착착착' 하는 거 들으라고. 그래 듣지. "내 이거 너르(너를) 주마. 이 시계 너를 줄께마. 네 아버지, 어드메가 감췄냐? 그거 알켜 주면 내 이거 너 주겠다." "이걸 주면 니 날 그거 알켜 달라고. 어디다가 꼼차 됐는가?" 그래니 이 새아가 고개를 끄떡끄떡, "그러겠다."고 그래. 그래 그 시계 줬지. 그래 앤 그거 받아가지고 좋다고 손가락질했지. 쇠깔(소꼴)을 알켜줬단 말야. 그래 그 일본군들이 쇠깔 있는 데 가서 사람들을 붙들어 잡아갔단 말야. [조사자: 아버지는 어디 가고?] 아버지는 꼼찼지(감췄지). 나오면 또 붙들리지, 같이. 그러니까디 아버지 어쩌는가 하니. "나는 혁명자인데, 너는 내 딸 아니다. 너는 죽어야 된다." 그 다음에 그 사람이

단포(권총?)를 가지고서리 딸 죽인다 하고. 그래 그 아비 그러지. "너 저기 가 서라. 넌 내 딸 아니라고, 넌 죽어야 된다고." 그래 내가 이래 애비한테 막 달가가서(달려들어) "나 살가달라고." 붙들고서, "살가(살려) 달라고 난 몰랐다고." 그러니깐, 내 창가 쓰라오(부르라고)? [조사자 : 창가 있어요?]

창가 있어. (노래부른다) "아버지여 아버지, 날 살려주. 날 살려주. 모르고 지은 죄를." 이게 열 몇 절여. 이게 많소. 그 다음에는, 다 창가하고, 그 다음에는 딸이 일어스며 그라오. "아버지, 나 죽이라고. 아버지 딸 아니라고." 그라매 되비(도로) 걸어나가오. 딸이 창가 다 하고 그 다음에 나가 서. "아버지 딸 아니라고." 하고, 그 다음에 말하고 나가 서. "쏴라." 하니, 기똥맥히지(기가막히지), 어떻게 새끼 쏘겠어? 그래 총 들었다가 들어갔어. 그냥 생각하고 끝내 총을 '땅' 하고 놨소(쐈소). 제까닥 총을 놨지(쐈지). 그래 딸이 끝내 죽어번졌어. 그 다음에 총소리 '탕' 나니 에미 막 달아나와. 에미 나와서 또. (노래한다) "순녀야 순녀야 웬일이냐? 말 좀 하라우." 그래 에미도 그저 그거 그렇게 오래 창가를 하고, 이게 두 번째 막이지. 그래 그거 애비 딸 죽이고… 야 이 창가 슬프오. [조사자 : 슬픈 연극이고 노래네.]

꼴호즈 일하는 게 싫어서 여자들끼리 뜨락토르 배우러 가기

그래 그 다음에 38년도에 우리 어떻게 됐는가니, 꼴호즈에서 여름에 일하다가, 그게 어느 달이겠는가, 6월이겠는가? 그런디 새아가들 서이(셋이), 3년 뜨락또르 가서 배우라고. 배워서 타라고. 그래서 우리 서이 갔어. 내 가고 우리 또 사둔네 같이 있던 이 가고 또 새아가 하나. 우리 서이 달 반 동안. 라이온에 가서 했어 뜨락토르 꼬스(코스?) 했어. 달 반 동안을. 왜 거기 갔는가 하니, 베(벼) 밭을, 베를 심어놓은 거, 일하는데 꼭 사람 손으로 했어. 새아가들 너이, 남자들이랑 늙은이들과 나머지 사람들과 새아가들이 논 고르기를 하느라, 그 옆으로 차 다니게 흙을 파서 트럭으로 올려주기도 하고.(청취 불능으로 몇 줄은 생략) 그 일 하기 싫어서, "에이 우리 가자우. 차라리 뜨락또르 꾸스 하자고." 그래 우리 서이가? 우리 서이 다하고 오고 나니 베들이 벌써 이렇게 컸어. [조사자 : 베들이 다 익었구만!] 그래. 그 다음에는 우리네 꼬스 했다고 그런 데, 벼 베는 데는 아니 보내고, 소를 먹이는 새를 베는 데, 가슬에 동삼에 먹이는 그런 풀 있지? 뜨락또르로 새를 베고, 그 새를 말라(말려)가지고 우리네, 이렇게 크라블리라고 하는 데다 끌어다가 우겨넣고 그랬어(?). 우리는 뜨락또르 배우기만 하고 남자들이 앉히지 않아서 그 일은 아니했어. 꼴호즈에서 일하기 싫어서 배우러 갔던 거야(웃음). 뒤따라 다니면서 내 말 위에 앉지. 새(꼴)을 끄는 일은 했지. 말에 앉아가지고 끄는 것 있어. 말이 앞으로 쑥 나가지. 크라블리 이렇게 높은 게 있어. [조사자 : 기계야? 말타고 다니면서 그걸 했구나.] 기계지. 말에다 싣고 다니고 그래. 그런 일도 해보고. 아구! 내…. [조사자 : 그때가 1938년이네?] 38년도였지. [조사자 : 계속 바라크에서 살았던 거예요?] 바라크에서 떠나 이 콜호스로 왔지. 바라크에서 동삼나고 콜호스로 왔지. [조사자 : 거기도 같은 아스뜨라한이예요?] 거기도 아스뜨라한. [조사자 : 꼴호스에는 따로 집이 있었겠네요?] 꼴호스에는 집이 있었어. 다 지은 집이 있었어. [조사자 : 이미 집이 있는 곳이예요?] 땅으굴을 파고 집을 지었다야. 굴을 파고 그러고 지었지. 우리 사는 집은 벽이 땅을 판 기요. 우리 옮기기만 했어. 이 안에서 살았어. 땅에서 살았어. [조사자 : 땅 밑이야?]

야, 이만치가 다 땅이야. 벽이 다 땅이야. 그런 데서 살았어. 벽이 없어. 그게 요만해. 이만치는 싹 다 땅이고 위에. [조사자 : 반지하 네. 반지하.] 그리고 위에는 지붕 꼭대기. [조사자 : 모두가 그런 집이 였단 말이죠?] 모두가 그런 집이 싹 많았어. [조사자 : 몇 집이나 있었 어요? 그런 집이.] 몇 호가 됐는가 하면, 모르겠어. 그때 몇 호가 됐 는지. [조사자 : 대략 한 20, 30?] 한 20호 되는 것 같아. [조사자 : 그 집 하나에 한 가정이죠?] 한 집에 한 가정씩. 아하, 한 집에. [조사자 : 방이 몇 개나 돼요?] 이게 우리집이지. 그 다음에 어간에도, 저쪽에 도 딴 집이 있어. 한 집에 두 세간씩. 우리 여기 있고 저 집은 저기 있고, 한 집에 두 세간. 그게 문이 다르오.

　[조사자 : 그럼 방이 하나예요?] 우리 방이 따로, 저쪽 방이 따로. [조사자 : 방이 하나씩이야?] 야, 한 방에 우리 식구 아홉이 살았어. [조사자 : 한 방에 다 살아?] 그래 아홉이 살았어. [조사자 : 일하면 은 월급을 줘요?] 뚜루두(작업 성과). 일하면 오늘 한 뚜루두, 두 뚜 루두 이래지. 그래 그걸 가지고 돈 주지. 오늘은 몇 뚜루두 벌었어, 어제는 몇 뚜루두 벌었어, 이렇게 말하지. 그래 그걸 가지고 꼴호즈 에서 먹을 거랑 주지. 그러고 있다가 가슬이(가을에) 치따이하지(세 지). [조사자 : 아 가을에 줘요?] 그래. 있다가 있다가 우리 벌재니오 (벌지 않으오)? 뚜루두 가지고 우리 벌재니오? 그걸 가지고, 얼마 돈 이 생기고, 얼마 생기면 곡식이 얼마 옥수수 얼마 채려준다는 게 있 지. [조사자: 가을에 받으시는 거예요?] 그래 가을에 다 받지. [조사 자 : 계속 거기서 지금 거기서 사는 거예요? 아스뜨라한에서?]

1939년도에 칼미크족 사는 곳으로 이사해 수술리크란 짐승 잡 는 일 하기

　그래 거기서 아스뜨라한에서 살다가, 그 다음에 38년 39년도에도 그냥 아스뜨라한에서 살았지 또 거기서 살다가 또 다른 곳으로 이사를 갔어. [조사자 : 몇 년도에?] 어디멘가 하고?

[조사자 : 39년도?] 39년도. 거기서 다른 데로 이사를 갔어, 39년도에. 다른 데 가서, 우리 아주바니랑 남자들 돼놓으니 일 있는 데 가서 일하고, 꼴호즈 없이 그저 일해서 돈 벌고, 그리고 39년도에 그 다음에 39년도에 그 한곳에 가서 우리 사는데, 그때 어디를 갔는가니, 39년도에 어떤 그런 까작촌에 갔어. 그래 까작촌에 간데(갔는데), 그 소프스 이름은 모르겠어. 그런데 그해 여름에 4월에, 4월달에 무슨 일 했는가니, 그것도 봄인데 봄에 그건 하는데, 사람들 더 불러왔대. 깔미크라고 있자니우(있지 않아)? 사람들 종자 이름. 우리는 고려사람 아니우? 이건 깔미크. 우리가 그 동네 갔어. 우리가 거기 가서 무슨 일 했는가니 깔미크 동네에 가서 수슐리크라는 쥐 같은 거 잡는 일 했지. 그게 가다가 우뚝 서서 보곤 해. [조사자 : 그게 이름이 뭐라고요?] 수슐리크. 그건 벌판에서 사오. 벌판에서 사는데 거기는 사람이 없소. 깔미크사람 땅이오. 그런데 거기로 수슐리크 잽이로 우리 갔소. 한 달 반을 가서 있었지. 그래 쉽게 잡는가 하면, 거기는 요만한 궁기(구멍)만 있고 판판하오(평지요). 수슐리크는 어떻게 사는가? 이런 데 궁기에 꼿꼿이 파고 들어가오. 그런 데 가서 우리 한 달 반을 잡았어. [조사자 : 어떻게 잡아요?] 어떻게 잡는가하면, 요렇게 숟가락 요런 게 있어. 요만한 게. 그리고 숟가락에다 먹으면 죽는 약, 독약이지. 사람 먹으면 냄새 맡아도 죽소. 두 리터짜리 병에다가 약을 넣지. 까만 게 총알(?) 같소. 사람들이 죽 늘어서서, 아무 데나 나가지 않고 한 줄같이 나가오. 우리 둘이 같이 나가 그 구멍을 파. [조사자 : 구멍이 있구나!] 구멍이 있지. 병자(병)에서 푹 떠서 구멍에다 넣지. 이래 넣지. 바람이 내리 불면 병자를 이렇게 대

오. 또 이렇게 바람이 불면 병자를 이쪽에 대오. [조사자 : 사람한테 오면 죽으니까?] 응. 그래 한 숟가락 떠 옇고, 풀을 따서 막고, 거기다 흙을 또 떠서 막고 이렇게 쿵쿵 발로 밟아 놓제. 그렇게 잡지. [조사자: 그러면 죽는구나!] 그게 굴 아니 막잖소? 안에서 그게 소리 지르며 나오오. 나오면 배가 똥똥해져서 이렇게 죽소. 배가 불러서 죽소. 풀을 뚝 떼서 꺾어서 막아야지, 그래야 안 나오지. [조사자: 그 놈이 농사를 망치는 건가?] 농사가 아니라 거기 새(꼴), 이렇게 큰 거. 그걸 군대 말들이 먹는 기야. 군대에서 쓰는 말이 먹는 기야. 그런데 수슬리크가 있으면 그 풀이 병이 든다고. 그래서 잡지. 그리고 거기 뱀이 어떤지 아오? 뱀이 이만씩 뛰어. 꼿꼿이. 이만큼 높이 뛰어. [조사자 : 뱀이요?] 응, 뱀이. [조사자 : 뱀도 죽여요?] 뱀도 그 굴 안에 있으면 죽지. 그저 들어가는 구멍만 있으면, 다 약을 넣어. 돈을 잘 번다고 해서 우리네 갔다왔어. 그렇게 한 달 반 동안 거기서 돈 잘 번다고 그냥 갔다가 왔어. 그런 데 가서. 그래 거기 고려사람, 카사크(카작)사람, 깔미크사람 마우재사람, 많지. 사람이 몇 천 명이야. 아침 먹고 나가. 다음에 점심 먹고 또 나가. 또 그렇게 가고, 그래 한 달 반을 그렇게 했어.

박차르 소포즈로 이사해 농사일 하기

그 다음에 와서는 어디를 갔는가 하니, 소포스 박차르라는 데. 가지, 무우 이런 거 숨기재니우(심지 않으오)? [조사자 : 카작 꼴호즈로 다시 온 거야? 수슬리크 잡은 다음에?] 봄에 한 달반 4월부터 5월까지 봄에만 가지. 가을에는 아니 갔어. [조사자 : 그래 그것 잡고 와가지고 무슨 일 했다구요?] 그 다음에는 소포즈로 갔지 일하러. [조사자 : 거기서는 뭐했어요?] 거기서는 채소 심었다오. 감자, 가지, 무,

그런 희귀한 것 심은 거야. 메랑. 그래 그것 가지고 일하고. [조사자: 소포즈하고 꼴호즈는 뭐가 달라요?] 꼴호즈는 돈 아니주고, 돈 가을에 주고. 소포즈는 월급을 주고. 꼴호즈는 뚜루두로 가을에 주고. [조사자: 아 가을에 주는구나 일년에 한 번?] 야. 소프즈는 달마다 월급을 줘요. 꼴호즈는 월급 대신에, 그게 다 있다가 보면 돈이지. 뚜루두, "오늘 내 두 뚜루드 벌었다." [조사자 : 뭘 줘요?] 예를 들어, 한 뚜루두에 백 냥이나 십 냥이나, 그래서 백 뚜루두 벌지 않았겠어? 그거 회계를 해 가지고, 그거 심으며 탄단 말야. 뚜루두는 그날 일한 거나 한가지여. 그것도 탈 뿐이지 그것도 다 돈이야. [조사자 : 그걸 누가 계산을 해요?] 꼴호스에서. 브리가디르(감독관)가 말하지. "당신 오늘 한 뚜루두 벌었소. 두 뚜루두 벌었소." 말하지. [조사자 : 그걸 어떻게 알아?] 꼴호스에서 브리가디르가 적어 가. [조사자 : 적어 가?] 그래 적어 가. 그래 내 또 집에 와서 적지. [조사자 : 아 그게 다 있구나.] 내 것과 당신께 딱 맞아야 가을에 말이 없지. [조사자 : 일한 대로 확인하는구먼.] "얼매 뚜루두 벌었나?" 하면, 내 말해. "백 뚜루두 벌었다."하지.

[조사자 : 소포즈에서도 그걸 하긴 하는데] 월급 줘.[조사자 : 매달 준다는 거지?] 응. 소포즈에서는 뚜루두라고 안해. 한 달에 월급이 정해져 있어. 뚜루두는, 채소를 내 얼매 뜯었다, 얼매 뜯어 바쳤다 그거지. 그거 한 킬로 얼마(몇 뚜르드)라는 게 정해져 있어. [조사자 : 아, 많이 하면 많이 받겠네?] 그래. [조사자 : 일 안하면 밥만 주는 거야?] 밥도 아니 먹이지. 뚜루두도 아무것도 없지. 돈도 없고 아무것도 없어 누구든지 다 일해야 되지. [조사자 : 일 안하면 굶겼어요?] 아 그렇지. 모두 일해야지. 젊은 사람 모두 일해야 되지. 늙은이도 일 해야지. 조사자: 일 해야 되겠구나. 나는 일 안해도 주는 줄 알았

어 소비에트는 아, 일 안하면 아니 먹소 일 안한 거 먹지 말라 하대니오(하지 않아요)? 우리 소비에트 나라에서는 그랬어. 일 안한 건 못 먹는다고. 일 하고야 먹지. [조사자 : 거지도 없고.] 없고. 그렇소. 우리 그전에 소비에트에서 살 때는, 돈 내가 얼마 벌면 다 내게오(내 것이오). 그리고 뭐 무시기 팔고 어쩌고 하는 게 없지. 싹 다 꼴호즈에서 나가서 일하면 벌면…. 정어리 벳기는 일도, 말이 요런 게 있어 고런 말 하나가 8키로인지 뭔지. 그런 말 하나에 가뜩 벳겨서 부으면, 브리가디르(감독관)게 내가 오늘 열 마리 바쳤다 하면 패(표)를 줘. 한 말이 한 개씩, 열 말이 바쳤다, 그럼 패가 열이요. [조사자 : 패?] 나무 같은 걸로 요렇게 만들었어. 요만씩 하게 요만씩하게 한 말에 하나씩. 한 말의 값이 얼마라는 게지. 그래 가지고 우리 그전에 벌었어.

[조사자 : 팔아 먹을 수는 없구나.] 팔아 못 먹지. 어디다 팔아? 꼴호스에다 싹 바치면, 절궈서 간짐해서 바치면. [조사자 : 일 한 삯만 주는 거지? 물건은 나라 거구만?] [조사자 : 벼도 마찬가지고 벼 농사 지어도 벼는 나라거구만. 나는 품삯만 받는 거고.] 그래. 우리 그전이 정어리 벳길 때랑 그저 더 많이 벳기겠다고 애썼지. (배가) 밤에 들와도 나가고. 한 배의 브리가디르가 한 명이야. 꼴호즈에서 내는 일꾼이 브리가디르야. 담당자. 그 사람들이 "어째 없냐? 어째 못 했냐?" 이렇게 그 사람들은 어떻게 하든지, 배 일을 잘하게 하지. 그래 우리네는 정월에, 밤이라도 우리 브리가디르 배 들어오면, 나가서 빨리 벳기고, 그 다음에는 생생한 건, 야 말이 빨리빨리 차오. 꼿꼿하게 펄펄 뛰는 거, 어떤 때는 들어오오. 그러면 우리네는 배에서 그물을 내리우지. 배에서 내려오면 물에 떨어진 게 가뜩하오. 물에 떨어진 게. 그거 주워서 담으라고, 펄펄 뛰는 거. 그건 말이 빨리 차

요. 그거 꼿꼿해 노니까, 누구데한 정어리는 잘 안 차. 말이 빨리 차니까, 그래 그거 애쓰고서리 어떤 때는 밤에도 나가지 6시 돼서 들어와도 6시에도 나가지 나갔다 고기 많이 대면 밤에 12시에도 들어오지 그저 2시에도 들어오지 아무 때나 들어오면 그저 우리 브리가디르 배 왔다 하면 다 나가. 브리가디르 사람들이. 빨리 벗겨서 내보내. 그래야 우리 브리가디르 쁠랑(계획)실행 잘하지, 우리 배 가득해요. 쁠랑 빨리 실행해야 돈 많이 받지 그러기에 내 일 많이 하겠다고 했지. [조사자: 일 많이 하셨다.] 안직도 일 많이 있어. 27년에 우리 15년을 베 질을 했지. 12년을 누크(파)일을 했지. [조사자: 밭일] 내 이야기 다하면 이런 책 둘은 내겠소(한 꼴호즈에 브리가디르가 여러서 있는 시스템에 대한 설명 부분이 이어지는데 생략함) [조사자 : 그 사람들(브리가디르들)이 일은 잘 시켜요?] 잘 시키지. 그 사람들이 일을 잘 시켜야 그 사람들이 돈 많이 받지. 쁠랑 빨리 실행하고 돈 많이 받지. 그러기에 애썼소. [조사자: 39년까지는 그렇게 하셨네?] 내 40년에 시집 갔어. [조사자: 40년에 시집가시는구나 그럼 몇 살인가?] 20살. 가만있어. 40년도 정월달에. [조사자: 남편은? 그 얘기를 해 보세요] 하하하(웃음) [조사자: 누가 소개해서 어떻게 만났고 처음에 인상은 어떻고 연애 결혼 아닐거 아나 누가 소개한거야 어떻게 만났어요?] 우리 처음에 만난건 나는 40년도 그 때 20살에 시집간 거 내 자빌로 못갔어 우리 아주바니가 그 사람 좋다 해서. [조사자 : 아주바니가] 그 전에 먼동에 있을 때는? 37년 싣길 때는 결혼할 사람이 있었지. [조사자 : 아는 사람 있었는데?] 야 서로 서로 마음에 있는 사람이 있었는데. [조사자 : 어떤 사람이었는데?] 그 다음에는 어디갔는지? 모두 헤어져서. [조사자 : 동네 사람이었어요?] 한 동네 사는 사람. [조사자 : 마음에 들었구나. 서로 좋아하는

데.] 그래 알으면서 그래. 그 사람이 집에도 왔다가고 그랬는데. 누이랑 있고 에미도 있고 형도 있고. 모두 맘에 있어 했어. 싣겨 나와서 어디로 갔지. 딴 데로 옮겨 갔으니 어떻게 해? [조사자 : 첫사랑이였구나! (할머니 웃으) 서로가. 아, 그랬구나.]

결혼(22세), 독쏘 전쟁, 아스뜨라한에서 아크몰린스크로 이주당함

그래서 그 다음에 아주바니가 시집보냈지. 내고, 41년도에 (독일이) 스탈린그라드 들이치는 바람에7), 우리 고려사람, 아스트라한에서 여기 싣겨 왔어. [조사자 : 아 다시 또?] 우리 두 번 씯겼어. [조사자: 왜 왜?] 스탈린그라드가 우리 아스뜨라한에서 아주 가깝지. [조사자: 그렇게 가까워?] 가까워. 스탈린그라드가 우리 아스뜨라한하고. 그런데 거기 막 들이치는 바람에 우리 고려 사람들, 아크몰린스크, 지금 아뜨라한, 그전에 아크몰린스크 시방은 아스타나. 그래 거기 싣겨왔어. [조사자 : 지금은 옛날에는 아크몰린스크.] 섣달에 가서 아 하나 낳고. 그래 그 다음에 아하고 살다가 여기 동삼에 추운 때 거기 꼴호즈로 왔지. [조사자 : 결혼할 때는 결혼식 같은 거 다 했죠?] 아냐 결혼식 없었지. [조사자 : 어떻게 했어? 결혼은 그냥 둘이 만난거야 그냥] 둘이 만나니까니 결혼했지 잔치까지 했지. [조사자 : 잔치는 하고?] 40년도에 잔치는 하고 41년도에 우리 아를 낳지. [조사자 : 한국식으로 고려식으로?] 고려식으로? [조사자 : 뭐 이런 것 쓰고?] 아니 그저 러시아 식으로 했어. [조사자 : 러시아식으로 했어요?] 야 러시아식으로. 41년도에 전쟁이 나니 싣겨왔소. 시방 아스타나라고 하재니요? 거기 치버서 거기 사람 얼어 죽기요. 거기 싣겨

---

7. 제2차 세계대전시 독일의 쏘련 침공.

들어갔소. [조사자 : 죽은 사람도 있어요] 있제 우리 보호소도 회장이 얼어죽었지 [조사자 : 누가 죽었다고요?] 회장이. 보호소 회장이. [조사자 : 회장이 나이가 많았나?] 아니, 그리 많지 않지. 젊은 사람이지 한 50됐누 안됐누 모르겠어. 40됐나 아니됐나 모르겠어. 꼴호즈 라이온에 갔다오다가, 마슬기(마차) 타고 갔다 오다가 그리 됐지. 말을 타고 오는데 눈이 너무 왔지. 말이 암매 잘못 인도했길래 말이 길을 잃고서 북망산에가 말이 있어. 그래 얼어죽었어. [조사자 : 집에 못 오고] 집에 못오고 말은 가만 다치지 말고 가만 놔 두면 길 찾는다고 그래. 그냥 다치지 말고 가만 놔두믄(두면) 자빌로 길 찾는다고. 그란디 암매(아마) 이 사람이 길을 찾는다고 이짝 저짝 했길래, 말이 북망산으로 올라갔지. 말을 다쳐놔서. [조사자 : 때리니까.]

독쏘전쟁으로 남자 모두 군대는 거부당하고 징용당해 주로 탄광에서 일함

그래서 북망산에가 상새난 거, 그 다음에 거기서 41년도에 전쟁들 나니, 남자들 싹 다 가져갔소. 싹 고려 사람들 그때 군대 아니 가져갔소. [조사자 : 못 나갔죠] 군대 가지 아니했어. 뚜르드아르미 가져갔어. 어느 굴에다 석탄 굴에다 또 어디메냐 그런데 가 일 시키고. [조사자 : 전쟁은 안하고?] 야 전쟁하는데는 아니 보내고. 어디 아니 보내는가? 이제 우리네는 원동에서 싣겨 들어온 사람이라고 전쟁에 아니 데려갔어. [조사자 : 의심했구만!] 의심했어. [조사자 : 죽지는 않했네 그러니까.] (웃음) 그래 전쟁 아니나가다니. [조사자 : 죽지는 안했네 감사한 일이네. 그 때 나갔으면 많이 죽었을거야] 많이 죽지 나 감사(나가면) 많이 죽지. 전쟁에 처음에 나간 사람들은 러시아 사람들이고 맨 처음 나간 사람들 그렇게 많이 죽었어. 걔들이 막 뒤에서 막 들이받아쳤지. 게르마니아가. [조사자 : 독일에서?] 웅, 독일이 뒤로 받아치고, 그 다음에 또 그러다나니 그런 게 없었지 우리 고려 사람들 와서 그 다음에 가서도 많이 죽었어. 뚜르드아르미(석탄캐기) 가서도 많이 죽었지. [조사자 : 뚜르드아르미 그게 제] 전쟁 아니가고 가져간 사람들. [조사자 : 가서 일하는거지 어떤 일?] 그게 일하는거지. 석탄 캐내는 그런 사업. 까라간다가 그런 데 아니오? [조사자 : 전쟁이 언제까지죠?]

전쟁이 45년도에 그쳤지. [조사자 : 그때까지 그랬구나 남자들이 거의 다 죽었구나.] 그 다음에는 거기서 달아나지 않겠소? 사람들이, 뚜르드아르미에서 또 달아나는 게 있지. 일이 바빠서(힘들어서). 거기서 붙들리면 수도 없이 팔렸지. 재판 없이 팔렸지. 만일에 내 일 뚜루드아르미하다가 달아나재니요? 도망하다가 붙들기만 하면 재판 없이 감옥으(에) 가. [조사자 : 감옥으로! 그래가지고 남자들이 다 집을 비웠으니까 여자가 다 생활했겠네?] 싹 여자들이 그저 일했지. 그 다음에 남자들 다 뚜르드아르미 가고, 늙은이들만 할아버지들만 집에 있었지. [조사자 : 할머니들도 혼자 집에 있었겠네 애 키우고.] 그래.(웃음) [조사자 : 어떻게 살았어요?]

남편의 탈영 후 꼴호즈에서 나와 악치따우로 이사해 검정쇠 파는 일 하기

꼴호즈에서 일했지. 그래, 일 하다가, 그 다음에는 우리 꼴호즈에서, 남자들 둘 달아나왔어. 우리 남편이 달아나오고(도망쳐오고) 다른 사람 하나 달아나오고. 둘 달아나온게 그 다음엔 회장과 틀려서 (의견이 달라서) 욕지거리하다나 회장이 물어였어(고발했어). 우리 남편이 붙들려 감옥 가고, 난 어데로 갔는가 하면, 그 다음에는 악치따우라고, 그게 검정쇠 나는 데오. 아크몰린스크 저짝, 까라간다 지나서 또 어드매 지나서 이렇게 가는 데. 그 악치따우라는 데가 있소. 거그서 검정쇠 나오. [조사자 : 검정쇠?] 그거 이름이 무시기라 하는가 하믄, 어! 이름 잊어삐렸어. 그걸 땅에서 파는데 우리 성님이 남편이 거그로 이사를 갔지. 시할배, 시어매, 시누이도 있고 해서, 거기를 갔지. [조사자 : 거기서 검은 쇠 파는 일을 한 거예요?] 내사 여자라 그런 일 못하지. 그래 쪼끔 쪼끔 흙을 갖다 파서는 물에다 씻소. 함지에 이렇게 해가지고, 물에다 이리 씻지. 쇠는 집고, 목새는 나가고. 그래 쪼끔씩 가지고서리 집으로 가져오지. 가져오면, 지남철이라고 쇠 묻어나는 거 있재니오(있잖아요)? 그거 가지고 그거 싹 묻혀서, 쇠만 가지고 게다 바치믄, 그게 돈이 얼매라고 회곌 하고, 먹을 거 달라는 거 주고, 그렇게 살았어. 그렇게 살다가, 그게 어느 해? 쏘록…(러시아어로 계산), 어쨌는고하니, 아가…. [조사자 : 둘째아이가 났나?] 응, 첫아는 부슬기에서 죽었소. 한 달 반만에. 아스뜨라한에서 아크몰린스크로 오다가. [조사자 : 섣달에 낳은 아이가?] 응. 한 달 반에 죽었어.

다닐롭까로 이사, 두 아이의 죽음, 금광에서 일함

(한숨, 어조 낮고 느려짐) 개 죽고, 그 다음에 이짝에 와서 마흔 한 해(1941년)부터 마흔 두해(1942년)부터 꼴호즈에서 일하며, 또 가, 선스나, 어린아 나니, 남편이 (다시) 뚜르드아르미 간 연후에, 시애비 시애미랑 그냥 있었지. 그래 그 다음에 43년도에 거그 와서 있는데, 우리 아 세 살 먹은 게, 44년 동삼에 죽었소. [조사자 : 누가?] 우리 아. [조사자 : 둘째가?] 야. 죽었어. 내 일곱이 난 게 너이(넷이) 죽었소. 그래 가, 세 살 먹은 거, 44년도 동삼인지 죽었소. 그 다음에, 내 어

드메 가서 일했는가 하이, (중략) 거기서 한 해 반 일했소. 전쟁 때 일했단 말이요. 44연(년). 전쟁 끝이 날 때 거그서 일했어. 샤트에서. [조사자 : 샤트?] 그거 고려말로 무시기라 하오? [조사자 : 탄광?] 탄광인 게 아니라, 이거는 금은 파는 그런 데오. [조사자 : 금광!] 그런 데서 일했지. 나도 땅밑에 들어가서, 스물다섯, 25미터 밑에 들어가서 일했소. 그런 디에서 한 해 반을 일했소. 우리 남편이 금광에서 브리가디르 일을 했소.

타지기스탄 두샨베로 이사하여 살 때, 17세 아들의 연탄가스 중독사

그리고 그 다음에는 [조사자 : 같이 할머니도 일하고?] 나도 일했지. 나도 한 해 반 일했지. 그래다가 아이 낳고 세간하게 됐지. [조사자 : 지금 있는 자녀들?] 그래. 그 다음에는 집에 있지. 시애비 있지, 아이 일곱이 난 게 서이 살았어. [조사자 : 병으로 죽었어요? 왜 죽어?] 오래 앓지도 않아. 조금 버쩍 앓다간 죽어. 하나는 어느 때 죽었는가 하면, 두샨베 와서 하난 죽었어. 열일곱 살 먹은 아들이 죽었어. [조사자 : 그건 언제 때에요?] 64연에. 64년 2월에. [조사자 : 아들?] 아들. [조사자 : 그것도 앓다가?] 불내(연기, 가스?)를 먹고, 부엌에 불때면 불내 나재니요(나지 않아요)? 그 불내를 먹고 죽었소. 학교 갔다 와서, 우린 싹 일할라 갔지. 학교 갔다 와서. 나는 일할라 가고, 그때 바로 고려 사람 보름(정월 대보름)이야. 고려사람은 정월 보름 있재니요? 애비는, 보름에 뉘 집에서 놀러오라고 해서 갔지. 그래 나는 일할라 나갔다 집으로 오는데, 그날 저녁에, 2월달인데, 바느질하는 데서 두 시간 일하고 있는데, 동네여자들이 "잔뜩 해놓고서리, 욕심쟁이 보라고. 집으로 가지 않고서리 일 또한다고." 그런데 가만히 있으니 일이 아니된단 말야. 그래 시간을 보니, 두 시간도 안 했는데 아무 일도 아니된단 말야. 그래 별일이지, 속이 이상하고. 그 전에는 두 시간 하면 일 많이 하오. 바느질하는 게. 그래 막 짐 꾸려서 형과 집으로 오는데, 내가 그때 앓아서(앓고 있어서), 오다가 약침을 맞았지. 그리고 가니, 집에 불이 없어. "나 그냥 가겠다고." 서답(생리대) 씻는 마시나(세탁기)로, 그래 우리 형이 "네 마시나 보러 가겠다고." 그래 같이 오는데, 우리 집에 불이 하나도 없이 어둡지. 우리 집이 불이 없단 말야. 그래 내가 이랬지. "왜 집에 불이 없는가?"하고 오니, 가(그 아이), 야닯 클라스 댕겼어. 잠자는 방은 저기 있고, 여기는 음식하는 구들을 났지. 이래 보니, 구석에 무신 시꺼먼 게 있어. 누벘단 말여. 내가 잡아땡겨 끄셨단(끝었단) 말여. 잡아땡기니 목수건을 쳤는데, [조사자 : 목수건?] 남자를 목에 차는 거. [조사자 : 응, 스카프? 목도리!] 응. 우리 큰아이 이름을 부르매, "아무개 아버지, 목수건 어쨌어?" 우리 남편이, 기렴날(기념일 : 대보름)이 되니 갔다가 온 줄 알고, '왜 아(아이) 목수건을 찼을까?' 잡아땡겼지. 잡아땡기니 우리 남편이 아니거든? 그래 가만히, 숨쉬는가 가만히 보니 숨쉬는 게 아니야. "왜 이 아가 숨 안 쉬어?" 그래 등잔에다 불 써, 윗목에 눕혔단 말야. 그러고, "우리 빠빠 어디로 갔냐?" 그러니, 눈을 휘떡 번지면서, "야, 네즈나유(난 몰라요)" 그러고서는 또 휘떡 번져. 그래 그 다음에는 우리 성님이 한 백 미터 나가 있어. 내가 울면서 달아올라가서, "마마 있냐?" 그러고서, "마마 없다고"서리. 작은스님한테 가서 "집에 뉘 있소?" "내 있소. 어찌 그러오?" "우리 빼싹 죽었소." 그리고 다시 집으로 울며 내려갔지. 어떻게 내려왔는지 모르지. 아까 올라갈 때 서 있던 노친이, "왜 그러오?" 내, 대답도 못하고 그저, 막 내려왔지. 들어와서 그저 아들 붙들고 앉아 울며, 스님이, 노동판에서 사람들 싹 데리고 왔어. 그래, 사람들이 집에 가득 찼지. 가지고 와서, 그 다음에 아비 오니까니, 큰집에다 눕혀놓고. 잔등을 휘떡 들쳐 보고서는 "제 의사 도배 없다고(의사가 도와줄 수 없음. 회생불능)." 몸이 아직 식지는 않았지. 그래, "마마, 아니라고. 요거 보라고." 잔등을 휘떡 번지고 보여줘. 먹장같이 시꺼매. [조사자 : 잔등이?] "숨이 나가면 그렇다오. 잔등이 시퍼렇다오. 죽었는가 아니 죽었는가 알려믄 이거 본다오. 먹장같이 검으면 숨이 나간 지 오란 거라오. 그래, 이거 보라오. 이러믄 죽은 지 두 시 지났다고." 다른 아도 방안에 쓰러져 있어. 그 아이도 죽을 뻔했어. 그 다음에 의사 들어와서 "이 아이는 우리가 가져가겠다고. 막 게운다고." 그래 가져갔어. 그리고서리 그날 밤은, 이 아이(죽은 아이)가 마감학년을 다녔는데, 학생들이랑 선생들이랑 싹 왔단 말여. 그래 와서 보고, "이 아이를 병원으로 가져 가라"고. 그래, "내 병원에 아이(아니) 보내겠다"고. [조사자 : 병원에 데려가면 어떻게 하길래?] 해부를 해. 우가(가스, 연기)를 마셨다고 하는데도 가져가겠다고. 아이(안) 가져가면 땅 아이(안) 준다고. "내 땅에다 묻겠다고". 그래, 그 다음에는 할 수 없어서 어떻게 했는가디, 면목 아는 사람을루 해서, 어떻게 해서, 의사가 고려사람인데, 해부 아이(안)하게 하고. 아침에 나간 사람이, 점심 후에야 장의사가 왔어. 둘씩 둘씩 아이 학교 아들이 싹 다 왔어. 그러고 와 지키오. 학교 옆에서 사먹는 데 있재니오? 그날은 하나도 안 사 먹고 돈 모다다가(모아다가) 꽃을 만들어 왔어. 아 하나는 그렇게 갔어. 애비 없지. 돈 아니 받지. "어쩨 내기서는(나한테는) 돈 아이(안) 받는가?" "불쌍해서 그런다고." 이래서 산으로 가. 내 기똥맥혀서, 거기다 꽃이랑 싹 한데 마시나에 실었어. 그래, 마시나에 우리 앉아 있는데, "형님 형님 일어나 보소." 솔낭구에다 꽃들을 붙이고 이렇게들 하오. 그런 게 열두 개인지 열하나인지. 이렇게 많아. 각 기관에서, 학교에서, 싹 모다서 가져온 거야. 자동차에도 놓고, 신체(시체)에도 놓고, 솔낭구에다 꽃들 붙이고 이래서 갸를 묻고 서리. 내 그 아이 묻고, 아흐레 동안 아이(안) 먹었소. [조사자 : 그게 큰아들?] 응, 산 걸로는 큰아들. 일곱 낳아 셋 살았으니, 절반 반작도 못했어. [조사자 : 옛날엔 왜 그렇게 많이 죽었는지 몰라.] 응. 한나는 한달 반만에, 한나는 늑 달 만, 한나는 열일곱 살에. [조사자 : 그러니까 할머니만 그런 건 아니죠?] 다 그랬어. 죽어도 다 좋은 애가 죽어. 누구든지 갸를 보면 다 똑똑하다고 했어. 다 똑똑하다고 했어. [조사자 : 아깝지!] 그랬소. [조사자 : 그 아이 죽을 때까지 다른 일은 없었어요?] 아이 죽은 게 가장 큰 일이지.

두샨베에서 아이 쉽게 출산하기

집의 일이 많았지. 소를 해 내가지. 5월달에 우리 집에 소 있지, 봄에 밭갈이 하는데, 우리 소는 우리가 하고. 감자를 나가며 뚝뚝뚝 떨궈. 그러면 우리네 소로 대가리 몰고 내가야 꼿꼿하지. 그리고 이 감자씨를 잘 덮어놓지. 나가며 덮재니오(덮지 않으오)? [조사자 : 아, 소가 지나가는 데다 감자를?] 응, 그래. 그라다나니 소를 반듯이 끌어야지. 그래 그저 소를 이끌어. 우리 (여자들) 억세게 그런 일 많이 했어. 마감달에. [조사자 : 아이낳을 달?] 응. 남편은 기관일 가고. [조사자 : 그 일을 해야만 했어요? 안하면 안됐어요?] 아이하믄 무시기 소를 몰아? 누가 소를 몰아? [조사자 : 아, 그때 지나면 농사 못 지으니까!] 그래. 그래 죽으나 사나 해야 해. [조사자 : 그때가 언제쯤이에요? 큰아이 죽기 전에?] 큰아이 죽기 전이지. 큰아이 갸가 댓살 먹었는둥. 그게 49년인가 그렇게 됐어. 아이고, 49연도인지 50연도인지 그렇게 됐어. [조사자 : 농사를 지었구나, 계속해서!] 걍 농사질했지. 우리 남편은 샤트에서 그냥 일하고. 그라다가, 샤트에서 일하다가, 그 다음에는 4월달에 파도 다 하고, 감자도 다 심구고, 땅에다 다 넣었지. 그러고 내려오는데, 로시야 여자 하나 있다가 그러더구만. "너, 땅 더 아니 가지겠는가?"고. 그래, 내 그랬지. "어드메 있는가?" "아, 저기 있다고. 너네 가지라고." 그래 알켜 주드만, 어드맨지. 그래 가보니 땅이 많지. "우리 여그다 원두(완두콩?)를 심자"고. 그래 집에 내려왔지. 집에 와서 시어매한테 내 말했지. "더 많이 심구면 좋지." 그러더구만. 그래 그 다음에, "내일 아침에 가자"고. 그래 내일 아침에 둘이 갔어. 내 가서, 소를 가지고 돌고, 나는 씨를 가지고 이래 뿌려 놨어. 그래 씨를 뿌려놓으면 소를 가지고 내려오오. 이래 내려오면 그 다음에 또 (웃음) 내 씨를 메고 댕기오. 메고 올라와서는 쳐넣골랑은, 이래 올려닫이, 내려닫이, 그게 어디 헐하오?(쉽소?) 지금 아들(아이들) 그라다가는(만삭의 몸으로 그런 노동하면) 죽소. 다하고는, 내려오면서 "이젠 다 심었소." 내려오니, 배가 뜨끔뜨끔 아픔대야. 그래 내 이랬지. "오늘 아매 너무 달아 댕겨서 그런 모양이라" 했지. 그래, 집에 오이까디, 우리 사촌성님이, 우리 식구들 모다서, 감자떡 해 먹겠다고, 감자깎아서 갈아서, 감자떡 하느라고. 나는 아픈데. 나는 두 시간만에 해산하오. 아이 그 다음에, 감자떡을 하느라고 난린데, 몸 풀 때는 사람 많은 거 싫어하오. 그런데 사촌성님이 왔지, 음식이 가뜩하지 이거 어떡하겠어? 그럼 빨리빨리해야 하는데, 난 죽겠어. 복달질해서 해 먹었지. 해먹고 참았어. 어떻게 참았든지 참았어. [조사자 : 아이 낳을 것 알았어요?] 알았지. 그런데 집에 오니, 감자떡 해 먹겠다고 모여있지. 그래 기똥맥혔지야. 그래 그 다음에 어떻게 하든지 하나님 도배서, 참게 했어야. 그래 참고 저녁 뚝딱 해 먹었어. 해

먹고 그 다음에, 농촌에서는 그전에는 그저 저녁만 먹으면 누버 자. 그래 그 다음에는 빨리 자자구서리, 그러고서는, 이짝 방에서 성님이랑 내랑 한디 아이 나가고, 집안으로 올라오다, 소리를 막 지른단 말야. "아구!" 하면서. 성님이 "어째 이러우?" 하다가 그만 들어가 누우니 그만 막 났지. (웃음)둘째 선스나는 자행거(자전거) 타고 가다가 났어. 남편 자행거 타고 가다가. 이랬지. "당신이 타고 아무데까지 가라고. 내 내린다고." "아니 어디 가느냐?"고. "내 아무개네 집에 간다"고. 그래 병원에 갔어. 내 그렇게 빨리 몸 푸오. 큰아(아이)는 땅에다 났어. 마시나에 갔다가, 어째 배가 아파. 그 사람이 그러더구만. "좀 기다리자"고. 사람 없어질 때까지 기다리자고. 나는 바빠.(48년도. 병원에 들어가서 침대에 눕기 전에 바닥에 아이 출산. 땅에 낳음. 그렇게 빨리 낳을 줄 아무도 예상 못함. "좋다. 그래야 된다. 빨리 낳아야 좋다"고들 함.)

남편이 직업병(폐병)이 들어 타슈켄트로 이사해 벼농사하기, 자기 농산물 도둑질하기

그 다음에는 51년도에, 남편이 병에 들었어. 폐에. 그래, 거기서 뺀시(연금)을 내보냈지. 그래 그거 받아가지고 왔어. 병이 나기 전에 둘째를 낳았어. 내가 선스나(아들) 다섯을 낳어. 그래, 자빌로 모르오, 있는지 없는지 몰라. 남편이 석탄굴에서 오래 일했지, 또 이짝에 와서 오래 일했지 하다나이, 폐에 병이 들었다고 했지. 그래 자빌로는 몰라. 그런데 병원에서, 3년 동안은 일 못하다고 했지. 고치고야 하지. 그래, 그 다음에는 거그서 나와서 어디로 왔는가니, 다닐롭까에 있다가 타슈켄트로 왔어. 다닐롭까에 있다가 타슈켄트로 왔어. [조사자 : 타슈켄트는 우즈베키스탄인데?] 웅 우즈베키스탄. 처음에는 놀러오라고 왔지, 형의 집으로. 놀러오라고 왔는데, 가보니 벼질 하더구만. 그때 쌀 한 키로 17원씩 했어. 그래 그 다음에는 그러는 거야. "너희 여기서 한 해만 농사질해 가지고 가라"고. 그래 그 다음에, 집(시댁)에 편지를 했지. 그랬더니 편지가 왔어. "우리 데려가라. 우리 호븐자 못 있겠다." 그럼, 혼자 못 있지, 어떻게 호븐자 있어? 그래 죄다 데릴라 갔지. 그래 쉰 한 해(1951년), 그 선스나 죽은 후에는8), 어쨌는가디, "나도 애 없지, 무슨 일이든 할 만하다, 그러니까디 동삼에 땔 나무를 해야겠다." 젖 짜는 쇠(소) 있었지. 그거 가지고 여름에는 쇠치러 댕겼지. 빨리 하고 그 다음에는 가슬나무를 해야 하거든? 열네 슬기르(수레를) 했어. 일곱 키로, 여듧 키로미터, 열 키로미터 이렇게 가오. 혼자 가는 게 아니라, 그것도 산 지키는 사람이 있어. 그 사람한테 허가를 맡아야 돼. [조사자 : 이건 어디 얘기야? 우즈베키스탄 이야기야, 카자흐스탄 이야기야?] 아크몰린스크(다닐롭까)니 카자흐스탄 이야기지. 그래 거기서 낭구 가서 해오는데, 벚낭구 마른 것을 해야돼. 우리가 여섯이서 댕겼는가? 맨 여자들, 여섯이 댕겼어. 여섯이 가서 그런 델 댕겼는데, 산이 깊은 데 가서 쇠를 매고, 마른 것만 해야 해. 생나무를 하면 벌금형이야. [조사자 : 죽은 나무만?] 응, 죽은 낭구만 해야 해. 여기 찍어놓고 저기 찍어놓고, 그 다음엔 이걸 한데 모두오. 가뜩 모다노오(모아놓아). 동무들 남 도배 줄 수가 없지. 어째 그런가 하면, 도배를 서로 하다나면 늘어지지9)늦어지지). 그래서 먼 데서 하다나이, 그 다음에는 그걸 낭구해서 싣고는 이렇게 오지. 그 다음에는 열네 슬기르, 스무 슬기르, 이렇게 높지. 한번은 얼매나 먼 데 가서 했던지, 집으로 오니 달이 떴어. 너무

---

8. 남편이 폐병 앓기 전 즉 타슈켄트로 이사하기 직전에 있었던 일을 회상한 것으로 보임.

저물게 오니 달이 빤하오. 저물게 오이까이. 그래 가뜩 실고, 슬기 소리 나지, 그러면 시어미 막 달아나오며 "아이 늦게 왔다"며. 그래 "무슨 낭구 이렇게 많이 실었는가?"고. 그래 낭구 그렇게 많이 실었어. 자꾸 찍다나이 자꾸 욕심나서 그런 거야. 찍은 건 아까바서 다 실었지. 마감에는 도끼 다 앗기었어(빼앗겼어)(웃음) 그러고는 다시 아이 갔지. 그래, 그걸로 이태 땠어, 얼마나 많이 해왔는지. 다닐롭까 식구들 싹 다 데려왔어. [조사자 : 어디로?] 타슈켄트로. 아크몰린스크에 있던 거. [조사자 : 타슈켄트 간 건 언제에요?] 51년. 그래서 52년도부터 벼질한 게 어느 때까지 했는가니, 67년도까지 했어. [조사자 : 거기 농사는 잘돼요?] 잘된 때도 있고 못된 때도 있고. [조사자 : 1년에 한 번 해요 두 번 해요?] 한 번이지. [조사자 : 따뜻한 곳이라고 해서. 거기는 겨울이 없다면서요?] 그래도 농사는 한 번 하오. 그래, 농사질하니, 농사는 어떻게 하는가이, 베질 어떻게 하는지 아오? 모르지? 해 못 봤지? 베질, 땅 파는 거 아오? 이거 찍어서 여기 놓고, 그래야 똑같지. 그래 그거 삼월부터 한 달을 하오. 그라고 그걸 심을 때하고 가을에 벨 때만 삯을 내지(일꾼을 쓰지), 싹 다 자빌로(스스로) 해. 일이란 일은 정말 힘든 일 다 했어. [조사자 : 꼴호즈에서 일한 거야?] 그거는 꼴호즈지. 꼴호즈에 가서 베질했지. [조사자 : 김병화농장도 있고 황만금농장도 있고 많았다며?] 그래 많았지. 근데 우리는 그거 아니고, 우즈벡 꼴

고려인의 추수

호즈였어. 우즈벡인들이 하는 꼴호즈. 회장도 우즈벡, 브리가디르도 우즈벡, 싹 우즈베크들이 하는 데서 했지. [조사자 : 그 사람들도 농사를 지었어요?] 그 사람들은 모르오, 우리 고려사람들이 졌지. [조사자 : 우리가 짓는 거지?] 응. 그리고 꼴호즈에 그걸 들여놓지. 땅을 빌려주고, 한 헥타르에 얼마씩 주지. 우리 그저 둘이서 물을 대고, 땅을 반듯하게 해야 해. 씨를 칠 때도 땅을 흐리오. 그래야 그 흙물이 벼씨를 덮어놓지. 어떤 때는 물이 없으믄 새가 와서 씨를 다 주워 먹소. 그래서 이렇게 흙을 흐려놔. 그 다음에 씨를 치면, 그 흙이 와서 벼씨를 덮어놓지. 그럼 물이 없어도 새들이 못 다치지. 야, 바쁘오. 그라고, 여름에는 해가 올라오면, 일곱시면 물에 들어서서 여기서 저기 한 바퀴 다 갈 때까지 일어 못나(일어나지 못해). 앉아 있지 못해. 앉을 데가 없어. 야, 베질 바쁘오. [조사자 : 넓어요? 농토는?] 야, 바쁘오. [조사자 : 논은 넓어?] 넓지 않고. 두 헥타 반씩. 가을에, 그때 우즈베크들이 와서 베지, 묶지. [조사자 : 그건 그 사람들이 해?] 그 사람들이 해. [조사자 : 그러나 심고 이런 건 우리가 다하고?] 응, 우리가 다 해. 다른 사람들은 삯을 내오(일꾼을 사오). 우리네는 돈 아까바서(아까워서) 자빌로 싹 다 했어. [조사자 : 못자리에다 모를 내서 심었어요, 바로 뿌렸어요?] 거저 뿌리지. [조사자 : 그냥 뿌렸구나!] 한국에서, 아니 베트남에서 그러던가? 뽑아 옮겨서 심던가? [조사자 : 네. 한국에서 그래요.] 우리는 아니오. 거저 씨를 뿌리오. 야, (골고루) 잘 떨어지오. 어드매 잔뜩한 데 없소. [조사자 : 기술이 좋구만!] 야 그렇소. [조사자 : 누가 뿌렸어요?] 우리네는, 첫해는 우리 아주바니가 뿌렸어. 그 다음에, 두 번째 해부터는 남편이 뿌렸소. 야, 베질 바쁘오. 그래, 베를 심겨서, 가슬에는…. 그 다음에는 그걸 또 밤에는 그 베를 도둑질하오. 그게 돈이오. 베 한 축에 스무 돈, 서른 돈. 그거 (주인이) 많이 가져가면 우리네 먹을 게 없지. 그래서 밤이믄 그거 쳐놓구서는 그 다음에 밤이면 도둑질하오. 자비로 심어놓고 도둑질하오. [조사자 : 많으면 안되니까?] 많으면 더 많이 뿌리라고 하지. 그래서 도둑질 했어. 그라다나니, 허우대가 큰 거. 65키로씩 들어가. 우리 그걸 내어다가 당나귀에다 싣지. 당나귀에 실어와서는 뒤지간에다 쏟아옇고. 하룻밤에 세축씩 네축씩. 기차지. 그래, 사람이 가슬일 하고 나면 사람이 홀쭉하오. [조사자 : 남자 여자가 다했단 말이죠?] 남자가 있어도, 있다가 당나귀에 실어주오. 난 그걸 허우대를 이기지 못하믄 구부려. 이걸 이래 내치고 이리 내치고 마당에 들여노오. 어후, 말도 못해. [조사자 : 겨울에는? 좀 한가해요?] 겨울에는 좀 쉬지. 겨울에는 그걸 찧어서 파느라고 고생해. 찧어서 장에 가 팔아야 우리 무스글 싸먹지. [조사자 : 팔 게 있어요?] 있지 않고! 자비건 싹 다 팔아먹소. 꼴호즈에 바칠 건 다 가져갔소. [조사자 : 아, 훔쳐놓은 것?] 웅, 자벌로 도둑질한 것. 그건 일없지. 내가 가져오는 건. 바치고 남은 건 다 내긔오(내 것이오). [조사자 : 벼농사 지을 때 노래 같은 거 안 불렀어요?] 지슴 맬 때 노래 불러야 시간 가는 줄 모르오. [조사자 : 무슨 노래 불렀어요?] 아무 거나. 되는 대로. [조사자 : 생각나는 게 뭐가 있어요? 여기 이 노래책에 있는 거 불렀어요?] 여기 있는 것도 불렀지. 이젠 다 잊어버렸어. [조사자 : 함께 불렀어요?] 나 혼자. [조사자 : 겨울에는요? 모여서 옛말 같은 거 안했어요?] 아니. 겨울에 언제 모다 앉아서 해? 겨울에도 군일거리 있으면 군일집에 가지. [조사자 : 할머니는 방아찧을 때도 노래했겠네? 노래 좋아하니까.] 말 마오. 일할 때는 입이 놀 때가 없었소. 노래는 그냥 거저 부르지. 기슴 매며 노래 아이 부르믄 맥이 없어, 풀을 못 뽑소. 그저 소리 쓰며 이리 거저 그러지. [조사자 : 다른 사람들은?] 다른 사람들은 부르는 사람도 있고 아니 부르는 사람도 있고. [조사자 : 할머니가 부르는 거 다른 사람이 들었어요?] 듣지 않고? 곁에서 다 듣지. [조사자 : 좋아했겠네?] 좋아했겠지(웃음). 그리고 그거 다 그래고서리 예순 일곱해까지 하고, 그 다음에는 예순 여덟해 알마티로 이사를 왔어. 68년에 여기 알마타로 오게 됐어.

두샨베에 처음 가서 집 고르러 다니던 일과 알마티 이사를 결심한 일

[조사자 : 알마타는 어떻게 오게 된 거예요?] 알마타는, 우리 아들이 죽게 되니까디. (타지기스탄)두샨베에서. 아들이 죽으니까디, 내 그랬지. "이 집 팔고 가자"고. "다른 데로." [조사자 : 그게 두샨베였어? 아들 죽은 데가?] 응 두샨베. 거긴 타지기스탄이야. [조사자 : 거기는 어떻게 가신 거예요?] 타지기스탄은 어떻게 갔는가니, 우리 성님이네가 타지기스탄에 갔지. 그래, 우리 오마니 그러지. "우리도 가자"고. [조사자 : 언제 간 거예요?] 62연에. [조사자 : 타슈켄트에서 농사일 한 게 52년부터 67년까지 했다면서, 어떻게 62년에 두샨베를?] 타슈켄트에 살면서도 두샨베 와서 농사일 했지. [조사자 : 타지기스탄 두샨베로 이사갔을 때부터 이야기 한 번 해 보셔 봐.][9] 두샨베로 우리 어느 때 왔는가 하면. [조사자 : 62년에 가셨다고 했어.] 62연에 갔지. 그래 거그 가서 아이(자녀가) 너이(넷이) 됐지. 그리 되니까이, 난 (타슈켄트) 집에 있고, 우리 남편 호븐자 농사 지을러 갔어. [조사자 : 응, 아이들 있으니까.] 아이들 너이 있지, 할머니 있지. 그 할머니, 집이 그렇게 싸다 하니, 그때 자꾸 값이 올라가. 그래, 우리 이짝

---

9. 2007. 7. 11(수) 조사분.

에서 판 돈을 가지고, 거그 가 집을 싸자 하니, 그래, 한 달 동안 거기 가서 댕기며 (집을) 골랐어. 그래, 할날으르는 어떤 데 가니, 우리 두 부처가 한 달 댕기머 못하고, 그 다음에는 사돈네랑 "어떻게 돼서 그런가? 에이, 오늘은 우리 모두 가자." 그래, 우리 할머니도 갔지. [조사자 : 집 보러?] 집 볼라. 그래 사돈네도 가서 모두 여섯이지.(웃음) 그래 한곳을 가니, 우리 사람들 많이 모다들 있거든? 집이 싸다고 그러는가 해서 가니, "이 집 판다"고. 그래 들어갔지. 근데 그 집이 그렇게 마음에 없어. 내겐 마음에 안든단 말야. 내 그랬지. "이 집이 맘에 아이든다"고. 그래, 저집은 값이 비싸지. 그때 돈 여섯 천 달라 했지. 그래 우리게는 2천이 있지. 돈도 모자라는데 들어가 봐서 어쩌겠는가? 그래 내가 얘기했지. "싸지 않고 그냥 들어가 보는 데야 일이 있겠는가?"고. "내 들어가 본다"고. 내 들어가 봤어. 그래 들어가 보이, 집이사 좋지. 좋은 거 얼만가 물어보니, 여섯 천. 그래, "더 내리우지 않겠는가?" 했더니, "아니 내리운다"고. 그래 그 다음에는 내 나왔지. 그래 나오니, 우리 나그네들이 싹 다 그 집에 들어갔어. 내 마음이 없다는 집으로. 그래 내 그 다음엔 그랬지. "들어가 보는 데사 일이 있는가?"고. 그래 홀 열고 들어가이, 누군가 나를 딱 붙들매 내 가슴을 혹 여(밀어넣어). "넌 들어가지 말라"고. [조사자 : 누가?] 누구는? 없는데! 문을 홀 열고 장자문(장지문) 혹 들어가이, 나를 "넌 여기 들어오지 말라"고 혹 미는 것처럼. 이렇단 말야. 그래 내 떡 섰지. 서서, "아, 싸지 않고 들어가 보는 데야 일 있는가?"고. 이러고 그 다음에 큰 집으로 들어갔어. 들어가이, 벌써 우리 남편이가 할머니가 그 집을 흥정했어. 싸게 했다고 그러거든? 그래 그러지. "아니, 그 집에 돈 다 밀어옇면 농사할 돈이 없지." 그래, 외사(외상)로 사라 했지. [조사자 : 2천이 모자라니?] "내 가슬에 주마." 임재 "그러라."고.

아, 그 동네 사다나이 일 없지 뭐. 두샨베 사는 사람이니. 그래 외사
로, 그 집을 떡 샀지. 내 그 집이 마음에 없다 했는데 그 집을 그냥
샀지. 그래디까디 남편이 한 일이지, 시어마이 한 일이지, 사둔네 가
뜩하지, "아, 나 싫다고 못 살겠다고." 못 그러지. 어떻게 그렇게 거역
하겠어? 그래 거역 못 했단 말야. 그래 그양 샀지. 그냥 싸고 사다가,
여섯 달 만에, 우리 시어마이 상새났어. 그렇게 싸고 나이, 여섯 달
만에 시어마이 상새났어. 그 다음에 에따 [조사자 : 시어머니 나이가
어떻게 됐는데요?] 나이 68세. 그리고 야듧달만에 아들에 제까다 죽
었어. 큰아들이. 열일곱살짜리. [조사자 : 어제 얘기했지.] 그 다음에
내 그랬지. 암말도 아이하고 내 그랬지. "우리 여기서 못 살겠다"고.
"그러니 집을 팔고 다른 데 가자." 우리 남편이 무시라 하는고 하이,
"여기서 할머니 상새났지, 아 죽었지. 나는 이 집에서 늙어 죽겠다."
우리 남편이 그런단 말야. 그래 내 또 아무 말도 못했어. "못 그런다.
가자우." 내 이리 못했단 말야. [조사자 : 아!] 그래 어떻소?(웃음) 그
래, 있는데 5연만에, 우리 시애끼(시동생) 알마타에 있지. 사촌시애
끼(시동생). 우리 남편의 사촌동생. 알마타에 있다가 우리네 찾아왔
단 말야. 그래 우리네 찾아오이, 내가 말했어. "우리 따라 가겠다. 알
마타 이사 가겠다." 내 그랬어. 그리고 그전에는 무신 집을 싸라 댕
기든 내가 그랬지. "우리 집으 팔자 할까?" 우리 남편이 그래지. "내
말 하지 않았는가?"고. "아이 판다."고. [조사자 : 남편이!] 남편이. 그
냥 거기를 "아이 판다" 했어. "그냥 거기서 살다 죽는다"고. 아 그래,
또 가만 있었지. 어떡하겠어? 그래 그 다음해, 시애끼가, 내 그때 일
했어. 공장에서, 이런 옷 하는 공장에서 일했지. 집에 그저 앉어 어
떻게 있겠어? 그래 공장에서 일하는데, 내 쉬겠다고 오쁘스크(휴가)
를 달라고 했지. 반 달을 달라고, 그때 우리네 반 달 쉬오. 그래 반

달 달라고 그랬지. 그라니까디 허가를 했지. 그래 내 여기를 왔지. 새애끼와 같이. 알마타로 볼라(보러) 왔지. 남편에 내, 우리 둘이 여기를 왔어. 아이를 두고. 여기 와서 한 주일으 있었지. 그래 내 와 보니, 여기 알마타, 마음에 든단 말야. 그래니까디 우리 사촌스닙이네가 모다 앉아서 얘기를 했지. 그 집이랑 싼 얘기 싹 했지. "그래, 그렇게 마음에 없는 거 살다가, 거그서 그저 이렇게 아매고 아이고 다 잃어 버렸다"고. 그라니 사촌이랑 모두 그라지. "여기로 오라고. 여기 좋다고. 다 좋다고 오라고." 그래 그 다음에, "내 여기로 오겠다."고. 그 다음에 내가 남편한테 그랬지. "알았는가? 나는 이제 아무데도 아이 가고 알마타로 온다."고. "당신은 거그 살겠으믄 살라."고. "나는 호븐자라도 여기서 산다"고. 그라니 아무 소리도 아이하지.(웃음) 그래 그 다음에 내 그랬지. "당신, 살겠으믄, 그 집 살고, 나는 아들 데리고 여기를 오겠다"고. 그라니 아무 소리도 아이하지 뭐. 그래 그 다음에는 집 갔어. 여기 와서 한 주일 다 보고 놀고 그리고 그 다음에 집에를 갔어. 집에를 가서, 봄이지, 그때. 봄이 돼놓으니, 농사질 하러 갔다 가슬에 우리 오겠다 했지. 농사질 해가지고 가슬에 오겠다 하니, 호븐자 가서 농사질 하고, 아이들 데리고 그냥 일하고 그냥. 호븐자 가믄 돈 멋 버오. 그래, 가서도 돈 많이 벌었소. 호븐자 가다 나이. 내 아이 가고 호븐자 가서 자빌로 끓여 먹지, 자빌로 호븐자는 돈 못 벌어. 그래 가지고서리, 가슬에 떡 왔어. 그래 오이, 그 다음에 집에 턱 내붙였어, 팔겠다고. 그 집이 좋았어. 거기 집도. 그랜데 그 팔아서 가지고, 그 다음에 섣달에, 섣달 스무이렛날 66년도, 아니 67년도 섣달에, 섣달 스무이렛날 거기 두샨베에서 떠났어. 그래 두샨베에서 떠나이, 두샨베에서 사는 사람들이 모도 그랬지. "야, 저네 좋은 데로 간다."고. 우리 두샨베로 올 때는 모두 "가지 말라."

고 했어. 모두 "가지 말라."고. 농사는 이렇게 하지, 아이들도 다 일없게 자라지. 왜 집에다 써붙이쟤니오? "이 집 팔겠다"고. 지나가던 사람들이, 우리 집으 들어오오. "이 집이, 무스기 저런 거 써붙였는가? 떼 버리라."고. [조사자 : 가지 말라고?] 가지 말라고, 그랬어. [조사자 : 그런데도 갔구나!] 야. "가지 말라."고. 그래 어쩌겠는가? 그래, 동무들 왔다 그러지. "네게 달겼다(달렸다)."고. "부인네 있겠다 하믄 못 간다."고, 사람들이 그렇게 말을 해. 그래, 어떻게 하겠는가? 시어마이 가겠다지, 남편이 가겠다지, 내 혼자 어떻게 그러겠는가? 난 말을 못 했소. 그래, 두샨베를 가겠다고 하이까다, 시어마이 가자 했지. 그래, 가자 내 못 간다는 말을 못 했어. 난 아이 가겠단 말 못 했어. [조사자 : 안 가겠다고 했으면 안 간 거야?] 글쎄 말야. (웃음) 한 마디도 말 못했어. 그래 그저 남편이 말했지, 시어머이 말했지. "나는 맘이 없어 아이 가겠다"고 말 못했어. 그리고 사람들이 모두 그러지. "여기서 농사라도 먹을 거 자빌로 짓지. 아이들도 다 일없이 자라지, 제게 달겼다"고. 내게 달겼다고, "제 아이 가겠다믄 못 간다"고. 이렇게 말했어. 동무들이 모도 그렇게 말했어. 그런데도 못 그러고 팔아 가지고, 두샨베 와서 여섯 달만에 시어마이 상새났지, 아매 상새난 지 야듧 달만에 아들 상새났지.

1968년에 알마티로 이사하여, 우크라이나 가서 파농사해 돈 벌어 집 마련하기

그리고 그 다음에 여기로 와서 섣달 스무이렛 날에 여기로 오니, 새해 기렴을 여기 와 쇠었단 말야. 68년 정월, 섣달 스무아흐레면 새해를 맞는 기렴 아니요? 그 기렴을 알마타에 와서 우리 사촌스님이네 집에 들어와서 기렴 쇠고, 그해 여름에 집을 쌌지(샀지). 여기 오니, 여기 가슴에야, 이렇게 주사놨던 거 확 헤쳐놓은 것 같아. 그렇게 좋단 말야, 시원하고. [조사자 : 여기 사니까?] 응, 여기 이사오니까. 야! 그래서, 그래 우리 여기 와서 그 다음에는 집을 싸. 농사질 갔어. 돈 네 천 가지고 왔어야. 돈 네 천을 가지고 와서, 집을 싸자고 돌아다니지. 집이 날마다 값이 올라가. [조사자 : 그때부터?] (웃음) 그래 그 다음에는 모두 그러더구만. "한 해 농사질해 가지고 돈 보태 가지고 싸라."고. 그래 첫해 와서 우리 사촌시애끼네 집에 와서 있었지. 사촌시애끼(시동생), 그때 부인네 없었어. 이혼했어. 그래, 그 집에 있으면서 농사질했어. 농사질해 돈 못 벌었어. 첫해 농사질해 돈 못 벌었어. 두 번째 해 또 농사질했어. 두 번째 해 끼엡이란 데 가 농사질했지. 농사질해 또 돈 못 벌었지. 두 해 농사질해 돈 못 벌었어. 아, 그래 어떻게 하겠어? 돈 네 천 가지고 온 거, 두 해 동안에, 농사질해 돈 못 벌어도, 돈은 들어간단 말야. 그래, 돈 네 천 가지고 온 거 다 뿌려 먹었어. 그래, 그 다음에는 같이 농사하는 사람들이 그러지. 누크질을 그 다음에 시작을 했어. 누크를 심겄어. 파이(파). [조사자 : 파!] 파를 심겄어. 응, 파질을 했어. 그래 그거, 두 해 심거 못했지. 그 다음에 내가 그랬지. "파질 하면 돈 잘 번다는데 어디 가면 하오? 우리는 작년부터 열다섯 해까지 벼질만 하다가 여기 왔소. 파질하면 돈 잘 번다는데 게 어디요?" "아이, 돈이 된다."고. "우리 쏘냐를 파이 돈 쥐게 봐야 되겠다."고. 사람들이 그러지야. 그래 우리 모시던 남편이든지 나든지, 어디 가 일하믄, 못 쓰겠다는 말은 아이 들었어. "같이 살 만한 사람"이라는 소리는 들었지. 그라다나이, 모두 그라지. "쏘냐를 파이 돈 쥐게 봐야 되겠다"고. 그래, 거기 같이 일하는 남자 한나 그러지. "어쩌겠는가?"고. "일 없다"고. "명년에 해 보자"고. "올해 못하믄 명년에 하자", 이렇게 말해. 그래, 그 사람들이,

자기 친척 되는 사람이 브리가디르하는 사람이 있었지. 그래, 그 사람이 말해서, 우리꺼지(우리까지) 한디(한데)다 옇어서 농사질하게 했지. 그래 그 다음에 그러더구만. "우리 기별하믄 저녁에 우리 집에 오라"고. 알마타에 사오, 그 사람들이. 그라고, 브리가디르하는 사람은 저 도이치크라고 우크라이나 가서 사지. 그래, 그 사람들이 해마다 왔지. 가슬에. 동삼이믄. 그래 할날은 기별이 오더구만. "우리 집으로 오라"고. 우리네를. 그래 "암께네 왔으니 우리 집에 오라."고. 그래 우리네 갔어. 가이까디, 그래 면목 익혀 가지고서리, 점심 먹고, 얘기를 하니, 그러더구만. 그래, 이전부텀 우리 그 사람 조끔 알았지. 그래, 그러더구만, 남편 이름이 니꼴라이야. "니꼴라이, 명년에는 어쩌겠는가?"고. "집을 싸야겠는데, 농사는 지어야 되겠는데, 작년해 지난 해 못하다나이 돈이 없다"고서리, 그라이까디, "그래, 할 생각이 있는가?" "하지 않고 어떻게 살겠는가?" 그라니까디, 그 알렉쎄이가 그러더구만. "그럼 내 천냥(달러) 빌려 주마."고. 그러면 가슬에 벌믄 달라는 게지. 벌면 줘야지. 꾸지. 그라니까디 그 다음에 우리 남편이 있다 그러더구만. "아, 감사한 일이라"고. "농사질 가겠다."고. "돈 그렇게 주는데 어찌 아이가겠는가?"고. 그래 그해 가서, 농사질 잘 해서, 우리 세 헥타르 가졌소. 다른 사람들은 네 헥타르씩. 혼자간 사람은 두 헥타르씩. 우리넨 세 헥타르씩 가졌어. 그래 가지고, 삯꾼들을 가지고 그러다나이, 어째 우리 밭에는 풀이 적었어. 그라다나이 삯꾼 작게 썼지. [조사자 : 아, 감사하네!] 야. 그래 그 다음해 벌기를 얼매를 벌었는가니, 열여듧 천을 벌었어. (조사자 : 와!) 열야듧천을 벌은 거 가지고, 그 꾼 돈을 주고, 쑤다 쑤다(여기저기) 다 쓰고, 그 다음에 집을 와서, 저기 사던 집을 열천 반을 주고 집을 쌌어. 그래 그 해 동삼에 그 브리가디르네 우리 동네 왔지. 내 그랬지. "가슬에 꼭 오라"고. "알마타에 꼭 오라"고. "우리집에 오라"고. 그래 왔지 무슨. 그 사람들이 동삼에 왔지. 동삼에는 싹 쉬다나이까디, 여름에 농사일하고 동삼에 쉬다나이까디, 얼마든지 댕기지. 그래 동삼에 왔더구만. 그래 우리 노보시비르(집들음: 집들이)했지. "새집을 싸고 브리가디르네랑 이렇게 왔는데 어떻게 집들음 않겠는가? 우리 집들음 하자."고. "부처간이 집들음하니, 당신네 싹 오라"고. [조사자 : 집들음을 고려사람만 해요, 러시아인도 해요?] 우리 고려사람들이 자기 집을 새로 싸면 해. 그래, 그 다음에는, 아무날에 오라고, 우리 집들음 한다고. 그래, 그 다음에, 그 브리가디르네 왔지. 우리네를 인도한 사람이 왔더구만. 그래 오이, 다 이렇게 챙겼는데, 알렉세이네를 한판에다 둘 앉히고, 그 다음에 우리네 인도해 준 사람을 양짝 옆에다 앉혔어. 그래, 큰상 챙겨서, 그래, 그라고 사람들 많이 모닸지. 한 20명 모닸지. 그래, 모다서 먹고 나니까, 그 브리가디르가 뭐라고 하는가니 이렇게 말하오. "우리 돈 많이 떼어 줬다"고. "그래도 이렇게 위천(위로)받기는 처음이라"고. "위로는 처음이라고, 이게." "다른 사람들도 돈 많이 떼어 줬다"고. "그러나 이런 위로는 이게 처음 받는다고." 알아들었어? [조사자 : 예.] 그라고, 그날 저녁에 온밤을 놀고, 웃기도 하고 우리 집에서 자고, 이튿날 아침에 모도 싹 다 또 아침 먹고, 앉아 얘기를 하다, 그 다음에 갔어.

1979년도 남편의 사망, 악질 감독과 일꾼들의 비리 여파로 품삯 못 받고 돌아옴

그라고서리 그 다음해 농사질해서 차차차 남편이 자꾸 앓지, 그 다음에는 농사, 대소간 그저 먹을 것만 조금만 했지. 그리고 아이들이 벌고. 그래 조금씩 벌어서 늘 살았지. 그러나 제다(남편) 언제 상새낳는가니, 79연도에 상새났어. 79연도 5월에 상새났어. [조사자 : 병으로?] 응, 앓았어야. 그래, 상새나고, 그 다음에는, 한해는, 그게 어느 해겠는가? 도네츠크 가서, 그때가 언제던가? [조사자 : 남편 상새나고 나서?] 아니, 상새나기 전에. 가만있자. 이제 자꾸 잊어버려. [조사자 : 집들음하고 나서?] 아니, 집들음하기 전에, 우크라이나 가서 한 해 농사질 했는데. 아이구 그때는 사람들이, 열네 호가 했는데, 우리 제다(남편) 있을 때요. 집들음하기 전, 집 싸기 전에, 한 해를 가서 농사질했는데 [조사자 : 우크라이나.] 오, 집을 싼 연후야. 73년도에 우리 어디를 갔는가디, 우크라이나를 갔지. 그래 그해 거기 가서 사람이 열네 호이 농사질하는데. 야, 브리가디르가 몹쓸 사람이 돼서, 어구, 싸움도 온 여름 쌈도 기차게 하매, 그래, 쌈하매, 그 다음에 기슴 다 매고, 집으로 왔지. 우리 딸이 대학 붙겠다 해서, 그래 집으로 왔어. 걔, 집으로 왔다가서리, 우리 딸이 대학에 시험치다가 대학에 못 붙었어. 못 붙고 그 다음에 제크니크 붙었지. 그건 대학보다 낮은 데오. 걍 거기 붙었어. 그래 그 다음에 난 걜 글으 붙여놓고, 나는 거기를 갔어. 우크라이나에 이저 가슬이 되니 갔지. 내 없는 때 사람들이 어떻게 쌈을 했는지, 브리가디르라는 게 늘상 새사람이고, 먼저 브리가디르한 사람은 어떻게 사람이 성질이 곱지 못한지, 사람 하나도 그 사람한테 가지 않았지. 그래서 저 사람이, 다른 사람을 내서, "네 브리가디르 해라". 그 전에 브리가디르 하던 사람, 그 사람이 성질이 곱지 못하지. 사람들한테 자꾸 돈 뜯어내지. 월급도 제때 아니주지. 사람들은 한 서른 냥. 한 이십원, 오십원, 이렇게 줘. 그래서, 그 사람이, 다른 사람 냈지. "내 우초치크질 하면 네 브리가디르 해라." 그리고 사람 적어라. 그래 사람 열너이 가서 하는데, 그 다음에는 브리가디르 그러지. 어떻게 브리가디르 형으를 두드려 놨는지, 그 사람이. 먼저 브리가디르하던 사람이. 새로 온 브리가디르 형을. 어쩨 그렇게 때렸는가디, 제 말 아니 듣는다고. [조사자 : 제 말 안 듣는다고?] 응, 길을 가다가서리. 그래서 가슬에는 어땠는가디, 이 사람은 그저 도둑심리로 그냥 먹는단 말야. 그냥 도둑질해 먹자고 해. 80원씩 월급을 줬거든? 소포즈에서. 그런디 이 사람이 이러지. "우리 사람들은 스무 양씩 주고 나머진 네가 내가 먹자." 그러니 이 브리가디르 그러지. "나는 못 그러겠다. 사람들 180원이 월급이다. 그런데 어찌 내 그러겠냐? 못하겠다." 그러니 그 다음에는 거기서부터 쟁투나게 됐어. 둘이. 싸워. 그래, 할날에, 기슴 매러 나가는데, "나가지 말라우. 남자들은 나가지 말고 여자들은 가라우." 그래 그 다음에는 모도 앉아서, 남자들은 모여 앉고 여자들은 일하러 갔지. 먼저 브리가디르하던 사람이 그러지. "아이, 우리 이제 가슬이 돌아왔는데, 우리 여기 올 때는 돈 벌자고 온 게 아닌가?"고. "집에다 아이들 두고서 왔을 때는 돈 벌어야 된다."고. 그래, "우리 파이(파) 한 킬로에 소포즈에 열다섯전씩 바치는데. 그란디 우리 그러지 마자. 그러지 말고 우리 도로 갖다가서리 바치고 우리 서 돈씩 먹자. 우리 서 돈씩 바치는 데다 바치고 우리 돈 벌자. 그러니 우리 그렇게 하겠냐?" 그러니 사람들이 모도 좋다고 하지. 한 남자가 그러지. "그러다가 우리 가다 붙들기면 어쩌느냐? 자빌로 책임 지라"고. 그러니까디 우리 제다(남편)가 그 사람한테 그랬지. "우리는 못 그러겠다." 둘이 반대야. 다른 사람은 다 좋다고 해. 서 돈씩 먹자고 하지 뉘기 열다섯 전 먹겠소? 그래 그 다음에는, 그렇게 싸움하다 말았지. 가슬이 돌아오니, 이 오초치크르라는 사람이 그 낡은 브리가디르가, 우리 삯꾼들 셋이 우리 집에 왔어. 우리 집으로. 삯꾼들이 하루 일하는 거 4원씩 줬어. 그란데 그 낡은 브리가디르하던 사람이 길에 나가서

"싹 우리 닷냥씩 주마. 5원씩 주마. 너 우리 집 가거라." 그러니 닷 냥씩 받지 넉 냥 받겠소? 그래, 싹 거기를 갔어. [조사자 : 나쁜 사람한테?] 그래. 닷냥씩 주지. 우리네는 그전에 넉냥씩 주자 했지. 그래, 할날은 한나도 아니 오오. '아하, 이게 별일이다. 어떻게 된 일인가?' 그리고 그 다음에, 길에 나가 우리 제다(남편)가 가보니, "아, 우리는, 저기 아무개네는 닷냥씩 준다." 거리를 싹 갔어. 어떤 때는 사람이 없어 우리 둘이 하오. 그래 그 다음에는 우리 둘이서 그 다음에는 하지. 이 사람들은 해서 큰 마시나 있재니오? 거그다 실어서 저기 갖다 바치오. 거기다 바치믄 서 돈씩 받는단 말이오. 그래, 그 사람들이 벌써 세 마시나(차), 네 마시나 이렇게 바쳤어. 우리는 그냥 브리가디르 "바치지 말라우. 일 없다고. 다치지 말라우." 그래 우리는 브리가디르 말 듣고 아니 갔지. 할날은 그러더구만. "니꼴라이네도 삯꾼내야 되겠는데 돈 없는데 한 마시나 캐다 팔라고. 거기를 가지 말고 다른 데다 팔라고." 그래, 다섯 집이 다른 데다 팔았어. 다른 사람들은 거기 댕기다가 홀 붙들겼어. 소포쓰에서 그 다음에는 눈치를 알고 가서, 길에서 싹 붙들었어. 그래 붙들겨서 조사를 하게 됐지. 조사를 하게 되이까디, "어디게다 바쳤냐?" "암데다 바쳤다." "얼매에 바쳤냐?" "암만 바쳤다." 그래, 그 사람들이 소포즈에서 그러지. "너네 옳게 말하믄 다 제대로 주마. 옳게 말 아이하믄 너 밭의 거 싹 가서 가져가겠다. 한 그람도 아이 주겠다." 그 사람들이 싹 다 말했지. 싹 말하니, 돈 다 내놨어. 그 사람들이. 바친 거 다 내놨어. 아홉천 해 넣던 것까지. 그날 저녁 것까지. [조사자 : 이제 다 알았구나, 잘못된 걸.] 야. 그래 그 다음에는 이 소포즈에서 그러지. "너 하나도 달아나지 말라. 아무 일도 없다. 너희 죄 없다. 가슬 다 하라고." 그래 그 다음에는 다해 가지고, 우리네는 소리 없었어. 바친 대로 한

그람도 아니 지치고 딱 소포즈에다 바쳤지. 그래 우리네는 일없지. 그 다음에 가슬 다했어. 가슬 다했어. 다하이, 그 먼저 판 사람들, 그저 밤에 와서 붙들어 갔어. 도둑질한 사람들. 돈 다 뺐고. 가슬 다 했는데 이게 해결 안난단 말야. 그래 우리는 또 한 주일 동안 거기 앉아서 묵었지. 그래 묵고 집으로 가겠다 하이, "이 사람들 해결나기 전에 돈이랑 아이 된다. 그래 너희 집으로 가라. 그래 우리 있다가 해결하고 돈 주마." 우리게로. 도둑질 아이한 사람들. 그래 그 다음날 우리네, 집으로 왔어. 한나도 못 받고 왔어. 그저 집에 올 돈만 소포즈에서 거저, 월급을 한 달치를 아이 받았지. 그래 그거 받아가지고서리, 둘이 한 달 월급 360원 받아 가지고 집으로 왔어. 집으로 오니 그저 빈주먹으로 왔단 말야. 그 사람들은 모다 감옥갔어. 브리가디르 하던 사람은 10년을 받고. 그 다음에 그 사람과 같이 그런 사람은 8년을 받고, 한나는 6년을 받고, 한나는 4년을 받고, 한나는 이태 동안 그런 거 받고. 그래 그러고서리 그담, 우리네 싹 집으로 왔지. 집에 와서 이제 어떡하겠어? 그래 아들(아이들)이 벌어서 살았지.

4년 만에 재판하여 밀린 품삯 받아내는 데 성공

그렇게 살다가, 그해 74년도에 돌아오니, 우리 제다 앓아서 농사질 못했어. 내 나가 농사질 했어. 내 호븐자 나가 파질했어. 그래, 호븐자 나가 일하니, 그때 한 헥타르 60원 가지고, 제다는 병원에 있고, 나 호븐자 밭에 나가 일하고. 그래, 주일날이믄, 아들, 딸이, 싸위(사위), 그것들도 오고, 아들네도 오고, 이래 와서 나 기슴도 매주고 도배해(도와) 줬지, 파이를. 그래, 그해도 일없이 했어. 그리고 75연도에 우리 딸이랑 시집가게 됐어. 그래 그 다음에, 그때 제다 일없이 또 가서 농사질했지. 제다는 저기서 하고, 나는 다른 소포즈에서 하고. 둘이 갈가(나뉘어) 했어. 그래 그 다음에 75연도에도 해결 아이 났어. 76년도 여름에 또 농사질하는데, "돈 해결이 났다"고. 그 다음에는 어느 땐가니, 76년도 2월달에, 우리 딸이 시집가고 우리 둘째아들이 서방가고 이랬지. 그래 그 다음에는 76년도 여름에 그리로 어떻게 왔는가디, "이제 너희 해결했으니 돈이 간다"는 거. 그리고 기다리는데 돈이 아이 왔지. 그래 그 다음에 (77년) 2월 스무사흗날, 그게 남자들 기렴이댔어. 우리가 앉아있는데 저 길에 다니는 게 싹 우리 집에 와. 내가 내다보다가, "저 사람들, 변호사가 우리 집에 온다"고. "어떻게 아느냐?"고. "아니, 옳다."고. 그래 들어오는 것을 보이 정말 그 사람이야. 우리가 일하던 소포즈의 변호사. 그래 그 다음에 들어오며 인사를 하며, "어째 우리로 두르만(감옥?) 가자고 오는가?"고(웃음). "아니라고. 그럼 그때 오지 이제 오겠는가?"고. "좋은 소식 가지고 왔다."고. 그래 그 다음에 앉아서 얘기를 하다가서리 그랬지. 그 사람이 그러더구만. "해결이 났다고. 그러니 이제 재판을 해야 한다고. 그러니까디 3월 초이튿날 재판이 난다. 그러니까디 둘 다 오라고. 당신네 오라고. 그거 알리러 왔다고." 그래 그 다음에는 내 그래지. "그래믄 이 사람 혼자 가야 되는가, 나는 아이 가도 일없는가? 소포즈에 내 이름이 있는가?"고. "내 이름도 있고 이 사람도 있다고." 제다가 그러더구만. "그럼 둘 다 오라고." 그때 그리브병이 있었지. 그거 앓고서리 드러누웠는데 또 그 사람이 와서 "가라"고. 3월 초이튿날 재판하니까디 스무여드렛날 떠나. 떠나서 여기서 어디로 갔는가니, 오데사라는 데를 떡 갔어. 오데사를 떡 가니, 제다는 막 기침이 나면서리 가지 못하게 됐지. 변호사를 찾아갔지. 그 집을 찾아가이까디, 판자집 다 부서진 데 올라가. 제다는 숨이 차서 올라가,

암만 문을 두드려도 열리지 않는단 말야. 그래 그 다음에는 "여기 아이 사는가 보다고. 내려가자고." 그래 내려갔어. 내려가도 소용없단 말야. 그 다음에 내 또 올라가서 문 두드렸지. 우리 아침 일찍 갔지. 그래 그 사람이 나왔더구만. 내 제다한테 그랬지. "내 올라갈구만, 여기 서 있으라." 그랬는데, "이제 올라오라우. 이제 옳게 왔다고." 그래 올라가 그 사람게 말하이, "이 사람이 그리브를 잃어서 왔는데 시방 완전치 못하다고. 그래 어떻게 하겠는가?" "아, 일없다고. 저기 가서 글쓰라고." 그래 내 혼자 가도 일없다고. 그래 가서 또 글 써가지고, 그래 내 혼자 갔어, 재판받으러. 내 혼자 가서 재판했어야. 재판관한테 처음 갔어. 그래도 아이 무섭디. [조사자 : 죄가 없으니까.] 응. 별난 게 다 재판하대. 사람이 가뜩 찼어, 재판하는 데. 여기 사람 비잉 앉고 저기 재판관 앉고. 그래 이름 부르며 그래. 들어가니까디, "어떻게 돼서 그런가고?" 그래, 우리는 그저 여름에 번 거 그거 달라고. 그런다고. 그러니까디 "그렇겠다고." 그래 그 다음에는 재판해 가지고 말하대. "이 사람들이, 여름에 더분데, 더분 여름에 일한 거 이 사람들 월급 아이 줬으니까, 다 싹 주라고." 그리고 그 다음에는 나 데리고 간 변호사 말하지. "이 사람들이 여기서 그렇게 일했는데, 아이 주고, 이 사람들 돈 가지고 상금으로 논가먹었다(나눠먹었다), 그러니까디 싹 주라는 거." 그러고 재판해 가지고 집에 왔어. 그래 집에 와서 그 다음에는 그 돈이 어느 때 왔는가니, 77년도 9월에 받았어. 거기서 그렇게 일하고, 그 다음에 77년도 78년도에 우리 제다 일 못하고, 79년도에 세상 떠났어. [조사자 : 남편이 돌아가셨구나. 거기까지만 하지요.](일단 중지했다가 이튿날 다시 녹음 시작함)

딸과 아들들의 결혼, 사위 집에서 함께 살기

[조사자 : 어제 어디까지 했느냐면?] 오늘 아침. [조사자 : 아, 그렇지 오늘 아침! 그러네! 어디까지 했느냐면, 77년에 드디어 돈을 받았어요. 해결돼 가지고, 돈을 받았어.] 74연에 번 돈을 어느 때 받았어? [조사자 : 77년.] 야. 74연에 번 돈을. [조사자 : 얼마나 받았어요?] 세 천 7백 냥 그때 받았어. [조사자 : 그때 집은 샀고, 그 돈은 어디다 썼어요?] 집이 있었지. 그때 열야듭 천 벌어다 하재니요? 그때 벌은 건 다른 거지. 그건 70년도지. 70연도에 벌어서 집을 샀지. 살면서 다른 데 가서 번 게 그거지. [조사자 : 돈 벌고, 79연에 남편 상새날 때까지 뭐 특별한 건 없었어요?] 없어. 75년에 우리딸 시집가고. 둘째아들이 서방가고. [조사자 : 75년에?] 응 다 한 해에. [조사자 : 둘째가 아들?] 응 아들. 맏아들은 아버지 상새나서 81년도에 서방갔는가?(80년인지 81년인지 헷갈려 함) [조사자 : 맏이가 늦게 갔네?] 응, 우리 맏이가 마감에 갔어. [조사자 : 남편 상새났을 때 장례식은 어떤 식으로 했어요? 고려식으로 했어요, 여기 식으로 했어요?] 고려식으로 했지. [조사자 : 아, 고려식!] 고려식으로 했지. 그때는 우리 하나님, 우리 몰랐지. 그땐 하나님 몰랐어. 그래 고려식으로 했어. 절하미(절하며).(웃음) 시방은 산으로 댕겨도 절이랑 아이하오. [조사자 : 3일만에 묻고?] 응, 그렇소. 그래, 살며서리, 그 다음에 우리 딸이 시집 갔지. 시집가서 우리 싸위, 의붓애미지. 싸위 야듭 살에 애미 죽었어. 싸위 야듭 살에 애미 상내다나이, 어머이를 잃어 버렸어. 그래 아버지랑 같이 있으며, 형이 또 한나 있어. 싸위게 형이 한나 있어. 그래 형이 있으면서리, 같이 있다나이까디, 그게 자라 군대 갔다와서, 그 다음에 우리 아(딸)게 서방가게 됐지. [조사자 : 그때가 75년?] 75년 3월에 우리 딸(지금 함께 살고 있음)이 결혼했어. 그래, 그

해 우리 제다가 농사였지. 농사짓고 그해 시월에 우리 둘째아들 잔치를 하고, 그 다음에 76년도에 또 우리 딸 잔치를 했어. [조사자 : 결혼잔치를 따로 했어?] 응. [조사자 : 늦게 했네? 그렇게도 해요?] 야. 아들을 먼저 서방보냈지. 애비 있을 때. 그라고 애비 상새난 연에, 79년에 애비 상새났지. [조사자 : 남편 상새나고는 또 어떤 일이 있었어요?] 아무 일도 다른 일은 없었지. 없고, 딸이 나랑 같이 열세 해를 있었어. [조사자 : 딸이?] 딸이 우리 집에서. [조사자 : 혼자 있으니까?] 내 혼자 있으니까. 그리고 맏아들이 서방가서. 우리네 자꾸 그랬지. "좋은 새애기다 서방가라"고. 우리 가라는 데는 아이 가지. 그 다음에 우리 사촌스님이 어쨌는가디, 면목이 있었어. 면목이 있으니까디 그 집에 놀라가서, 새애기 애미고 새애기고, 우리 밉지 아니요. 그러니까디 그저 확하고서리 마음이 있어서 같이 댕겼지. 그래 우리 아들이 "서방가겠다고." 그래 서방가겠다고 하니 어쩌겠어? 우리 가라는 데는 아이 가고, 자빌로 가겠다고 해서, "가라"고. (중략)

딸네가 방천(월셋방) 살고 있었지. 아 서이를 데리고 나갔는데, (주인이) 방천 아이 두겠다 하지. 아이 주겠다 하는 거, 면목 아는 사람들한테 말하고서리 그래 방천을 살았지. [조사자 : 방천이 뭐야?] 남의 집에 가서 살지. [조사자 : 셋방] 그걸 고려말로 뭐라 하오? [조사자 : 셋방] 돈은 물지. [조사자 : 월세방] 우리는 방천이라고 한다오. [조사자 : 그게 일년에 한번 내기도 하고 매달 내기도 해요.] 이건 달마다 무오. [조사자 : 월세방] 그래 가 그렇게 살았지. 나 울다가, 내 무스기 울겠는가, 딸이 집이 없어 남의 집에 가 사는데, 그 다음에 내려갔어. 딸집에. 그래 내려가서, 가니까디 딸이 "아니 마마 어째 왔소?" 그래, "야, 너 우리집에 가 살겠냐?" 내 우리딸보고 그라지. "어째 그라오?" "위딸리네는 갔다. 그 애미 와서 짐 걷어 가지고 갔다."

"그래 집이 비었는데 어찌 아니 가 살겠어?" 그러거든? 그렇재니오? "살겠소." 그래. 그래 내가 이내 올라왔지. 그래 (주인한테) 말하고 올라왔어. 자기 남편한테도 "빨사, 이리저리 해서 마마네 집, 위따리네 갔다. 그러니 마마 오라고 한다." 그래, 너무 좋아서, 그날로 마시나 얻어서 그날로 짐을 실어 오지. 그래 열세 해를 야들 우리 집에 있었지. 열세 해를 있다가, 아들 서이 다 우리 집에서 났어. 그리고, 88년도에 이 집을 탔어. 사위 일하는 데서. [조사자 : 집을 사라고 돈을 줘요?] 돈 아니 주오. 이거는 기관에서 일하는 사람한테 거저 줬지. 그리고 집값을 물지.

2004년에 실족하여 다리 다쳐 오래 고생하기, 사위의 지극한 봉양

양천네해(2004년). 그냥 사지(살지). 둘째아들이 아들 서인게, 아들 둘 서방 가고 작은 게 공부하매 일하매 하지. 그래 우리 양천 네해에 내 83년 생진을 쇘지. 양천 네해 구월 스무닷샛날 생진을 쇘어. 그래 생진을 쇠다가 집으로 싹 사람들이 집으로 오는데, 한길 나오는데, 마감 둔덕으로 홀 올라오는데, [조사자 : 어디?] 까페에서 한데 나와서 집으로 오는데, 안까이들이 잔뜩 까페에 와서 꼬지랑(꽃이랑) 안겨주드만. 그래 그거 가지고 오는데, 우리 손자 그러더구만. "저 마시나에 가 앉으라고." 그래 앉자고 거기를 올라가는데, 이런 둔덕이 높은 데 있지. 까페에서 집으로 나오믄, 둔덕을 오르고야 땅으로 나와. 두 번째 둔덕을 올려디디이, 쥐 올라왔어. 칼로 팍 찌르는 것처럼. 그래 미처 발을 올려놓지 못했어. 그 다음에 내가 이렇게 번져졌어(넘어졌어). 이렇게. [조사자 : 뒹굴었구나.] 야. 그래 이짝으 땅에, 아 소리 내며, 그 다음에 "하나님 하나님"하면서 훅 번드러졌어. 그래 번드러지매, "하나님 하나님" 하매 땅에 턱 번져졌어. 그래 번

드러지이, 아들이 한데 싹 나와 섰지. 그래 날 일어바셔. "아 나는 못 서겠다고." 그랬지. "일어 못 서겠다고." 그래 우리 큰선스나가 제까닥 안아다가 마시나에 앉혔지. 그래 마시나 앉혀서 집으로 왔지. 집으로 오이, 저기서 내리니까디 걷지를 못하겠어. "내 또 못 걷겠다" 하이, 우리 손자아들이 제까닥 안아다 집안에 눕혀났어. 아픈덴 아무데도 없어. 그래 없으니까디 일없는가 하고, 저 뚜알렛(화장실)에 가겠다고, 소변 볼라 가겠다고, 그래 일어나 걷다가 못 디디겠어. 어구어구 하면서, 기다가, 또 어구어구 하면서 땅에 일어서다가, 그래서는 아이되겠다고, 의사를 불렀지. 의사를 불렀어. 스꼴리 와 보고, 병원에 가져갔어. 병원 사진, [조사자 : 엑스레이] 응 그걸 찍었지. 사진 찍으니 뼈가 끊어졌어. 그래 끊어져서 그 다음에는 다리에다 기부스를 했지. 그리고 집으로 왔지. 집으로 오이, 아들이 벌써 와 있습디. 그래 양천 4년 9월 스무닷샛날 내가 크로와찌 누웠어. 그래 누브니. 아프도 않애. 아무것도 않애. 그래 며칠을 있었는가이, 며칠만에 또 의사 왔습디. 의사 와서 보고, 내 그랬지. 여기로 그런 거 했지. 부셨어. [조사자 : 왼쪽다리를?] 응. 여기. 그래 여기다 기부를 해노이, 이짝 저짝 하지 못하지. 일을 못하지. 이짝 저짝 하지 말라고 여그다 했지. 그래 해노이까디. [조사자 : 여기가 부러진 거야? 허벅지가?] 응. 여기. 그래 그 다음에는 아프잖아. 기부스해노이 이 다리를 쑤다쑤다(이러고 저러고) 하지 못하지. 그래 며칠 있다 의사 왔습디. 그래 "이게 아프다"고. 그러니 여기를 조금 짜개놓아 주니 일없지. 그래 할날으는 의사 와서 마흔 날만에 40일만에 와서 보구서리, "이제도 두 달 더 누버 있으라고." 그래 내 그랬지. "내 아프지 않다고. 그런데 어떻게 내 두 달 더 누버 있겠는가고. 마흔 날 누버 있는 것도 내 죽겠는데 내 어떻게 이제도 두 달을 누버 있겠는가고. 나

두 달 못 누버 있겠다고. 차라리 나 죽고 말겠다고. 나를 약을 달라고. 내 약을 먹고 차라리 죽고 말겠다고." 그래 의사가 웃으면서 이라오. "내 집으로 가든 죽으라고. 집으로 간 연후에 죽으라고."(웃음) 웃으면서 그러지. 그래 그 다음에, 저 의사가 가면서 아들보고 "두 달 꼭 눕혀 두라고." 아, 나는 막 울었어. 그래니 딸이 들어와서 무시기라 하는가니, 그 다음에 우리 싸위 들어와서, 나 우는데 손을 꼭 쥐면서, "마마 어째 우는가?"고. "우리 마마 놓지 않겠다고. 그래니까디 의사 하라는 대로 하라고. 두 달이믄 어쩌고 석 달이믄 어쩌고, 아이 아플 때까지 그저 누버 있으라고. 일없다고. 어쩌겠는가고. 이제 잘못하믄 걷지도 못한단다고. 그래니까디 그저 까닥 말고서 의사 하란 대로 하라고." 그래 그 다음에는, 내 막 울며 그랬지. "내 어찌 이제도 누버 있겠니? 왜 날 자꾸 누버 있으라 하는가?"고. 그래 그 다음에는 내 우이까디, 싸위 있다가, "아이들이 아매(할머니)를 높이지(괄시하지. 언성높이지?) 않는다고. 근심 말라고. 마마 근심 말고 가만히 누버 있으라고." [조사자 : 아이들이 어떻게 한다고?] 높이지 않는다고. 괄시를 아니한다고. 우리 아이들이 마마를 괄시 아이 한다고. 그라디까디 근심 말라고 그러더구만. 그래 그 다음에 "내 아이들이 괄시를 한다고 해서 그러는 게 아이다." 그래 그 다음에는 그라고 있는데, 이젠 어떻게 하겠어? 그래 그냥 누버 있지. 그런데 할날은 이래 여기 누버 있다가, 기부스를 발로 막 방에다 차버렸어. 그러니 방에 탕 하고 떨어졌어.(웃음) 우리 딸이 보고, "마마 이게 무슨 일?" "나도 병원 가기 싫어 그랬다고." 그래 딸이 되비 꼽아 놓지. 또 있다가서리 얼마 있다 의사 또 왔어. 가가 불렀는지 자빌로 왔는지 의사 또 왔어. 딸이 의사한테 그러더구만. "마마가 막 뿌쉬서 던진다고." 그러니까디 의사가 그러더구만. "낮에는 그냥 벗으라고. 낮에는 벗고 밤에 잘 때는 신으라고. 발을 이래 놀리믄 이게 못 쓴다고. 잘 들어붙지 않는다고. 그래 이래 딱 있어야 다리 잘 붙는다고. 그러디까디 그거 알라고." 그래 그 다음에는 낮에는 벗어 놓고 밤에는 신고. 그래 여기 다섯 달 열흘 만에 이 땅에 디뎠어. 다섯 달 열흘 만에 내 어쨌는가니, 땅에 디뎠는데, 소변 볼라 나가겠는데, 가만히 보니, 일어나란 말을 안할 것 같거든? 그래 내 이랬지. "야, 내 오늘 분간에 가겠는데, 내 일어나자. 게 일어나 보자. 아프믄 내 아이 가겠다. 아이 아프믄 가겠다." 그라디까대, "아직 일찍하다고." [조사자 : 이르다고.] 야. "아니라고. 내 보니까디 일어날 만하다." 그래 여기다 지팡 막대, 여기 여기 둘 끼는 거 있재니오? 내 디뎠지. "아이 아프믄 가고 아프믄 아이 가겠다." 그래 일어나서 이 막대 짚고 그리고 제우(겨우) 일어나서, 뒤에서 걔가 날 붙들고 이래 소변볼라 갔어. 그래 가서는 앉는데 아무일도 없었지. 일없었지. 그래 그 다음에 소변 보고 그 다음에 일어나서 여기 나와서 "야, 이제는 일없다 야. 소변 볼라 내 자빌로 댕기겠다." 그래 그때부터 다섯달 열흘만에 이 땅에 디뎠어. 그래 일없어서 차차차 그리고 댕기기까디 조금 낫지. 아직 이 발은 땅에 디디지 못하지. 그리고 열 달 만에 내 교회를 나갔어. 열달 만에 교회를 나갔다가 그 다음에, 그게 어느 달인가, 8월달이오 8월. 7월달에 내 교회를 나갔소. 7월달에 교회를 나갔다가 내 그랬어. "8월달에 교회도 댕기고." 8월달에 내가 그랬어. "야, 너희들 싹 다 여기로 오너라." 그러니 아들 다 왔지. "내 10월달에는 내 집으로 나가겠다. 10월달에는 내 내집에 나가겠다. 너희 그런 줄 알고 그 집 가 말해라. 10월달에는 집을 내라고. 내 가겠다." 그러디까디 싸위 여기 앉았다, "어째서 10월달에 가자 하는가?" "가지 않고? 내 이제 자비로 걸어댕기고 일없다 이제. 집에서 걸어댕기머 혼자 먹는 거 끓여먹을 만하다. 그러니 내 가겠다고." 이제 교회도 다니지, 일 없지 뭐. 자븨로 끓여먹으면 되고. 아 그러니까디, 그러다라고 우리 싸위. 그러더구만. "어째 가자 하는가? 어린아들이 아매 높이는가?" "아이 높인다. 우리 아들 100퍼센트 좋은 아들이다. 날 아무 때도 괄시를 아이한다. 말 한마디라도 높게 아이한다. 아들게대서(아이들 때문에) 가자고 아이한다. 아들이 내게 둘 있지 어째 내가 딸 집에서 죽겠니?" 내 그래지. "왜 딸집에서 죽겠니? 그러니까디 내 집에 나가 있다가 죽겠다." 그러니까디 싸위 무시기라 하는가니, "딸은 마마 낳은 딸 아닌가고. 어마이 낳은 딸 아닌가고. 딸도 어마이 딸이라고. 딸은 자식이 아닌가? 못 간다고." 그래 싸위 그라지. "내가 같이 있으믄 우리도 좋다고. 어째 좋은가 하믄, 거기 마마 딸로 나가 있으믄 무스그 싸서 가져가야지, 무슨 거 있으믄 끓여서 내가야지, 아이드이 그 집으 나가 거둬야지(돌봐드려야지). 어째 아이 보겠는가고. 나가 거둬줘야지. 그러니까디, 마마 아무 근심 말고 여기서 살자고. 내 야듧살에 내 마마를 없지 않으냐고. 나는 가시어미라고 아이 한다고. 나는 그저 내 마마거니 한다고. 나는 의붓애미게서 이런 정밖에는 못 봤다고.(등 맞는 시늉. 의붓어미의 학대를 뜻함)" 이게 맞았단 말이지. 자꾸 제 어깨를 치며, "나는 의붓어미게서 이런 정밖에는 없다고." 알아들었소? [조사자 : 알아들었어요.] 그러면서리 그러지. "나는 내 마마거니 하지 가시어매라 아이한다고. 그러니까디 아들이 마마를 높이지 않는다고. 그러면서리 아들과도 방비를 했지. 내 저짝방에서 들었지. "언제든지 바부시까(할머니)한테 아매 높이지 말라고. 너희 아매 높이면 아니된다고. 아들게 방비를 했지. 아들이 나를 아니 괄시하오. 그라고 저기 신발장에 신발 벗지 않겠어? 여기까지 꼿꼿이 들어오오. 여기 들어와서는 옷도 아니 벗고, 짐은 홀

놓고 내기(내게) 들어와서 내 손을 꼭 쥐어 보고서는 "어쩐가고?" 하오. 싸위도 들어오다 날 보고서는 이래.(거수 경례 흉내)(웃음) 시방도(또 거수경례 흉내 내며)(웃음) 시방도 어디 갔다 오믄, 싸위, 가시어미한테 뉘 그러오? 거그는 가시어미 끌어안소? 우리 싸위 끌어안소.(웃음) 말하오. 끌어안소? [조사자 : 아니.] 아이 안소? 어디매 갔다 한 사나흘씩 있다 오믄, 나를 와 꼭 끌어안소. 그래 그러고 나를 못 가게 해. 아들게도 그래. "아매 못 간다. 이 집에서 있는다. 이 집에서 상새나야 된다. 우리 집에 있어야 된다." 그리고 아들한테 시겨서 저 집에 가서 내 짐 거지반 다 가져왔어.(웃음) 그래 또 그랬지. "나는 마마 정 모르고 그저 이런 정(계모한테 등어리 맞은 일)밖에는 모른다고. 그러디까니, 내를 싸위거니 말고, 내 또 마마를 가시어미거니 아이한다고. 그러디까디 어느때든지 상새날 때까지 여기 있으라고. 내, 마마 하라는 대로 다 하겠다고. 그저 어떻게 하라는 거 다하겠다고." 그 말 하는데 내 그만 울었어. 어떤 때는 내가 저녁 야듦시에 먼저 저녁 먹고 있으며, 저녁 먹다가 우리 싸위 그러지. "어째 아매는 아이 나오니?" "아매 먹었다"하믄, "어, 그런가?"고. 그래지. 우리 손녀는 저녁에 여기 물이 있는가, 저기서 들어와 보오. 내 저녁에 물을 차이랑 조금씩 들여다 놓고 있다가 먹거든. 없으믄 나가서 꼭 떠다 여그다 놓고 덮어놓소. [조사자 : 착하네!] 야, 손지들 그러오. 우리 큰손지도 그렇고 야도 그렇고. 내 걸어댕길 적에 걍 교회 데리고 가서 그 자리에 가서, 까만 거 갖고 가서 나를 여그다 앉혀놓고 그리고 우리 큰손자는 저짝 교회로 가오. 그래 모든 노친들이 기똥막혀 했소. "야, 아들이 정말 기특하다"고. 시방도 내 무시기라 말하믄 "왜 그러오?"(러시아어) 그런 거 없어. 냉큼 하오. 내 딸이 내게 두 번 말했지. "마마 나 바쁘게 할라 그러는가고. 마마 그 집에 가면 내가 그 집 (가서) 거둬줘야지(돌봐드려야지). 서답도 씻어 드려야 지, 무시기 싸다 줘야 되지, 우리네 무슨 딴 거 끓이면, 마마 무시기 먹는가, 끓여 먹는가, 내가야 되지, 그거 좋은가고. 앞뒤로 끄스고(끌고) 그거 좋은가고. 그러니까디 마마 아무 근심 말고 저저 여기 상새 날 때까지 그저 여기 있지. 이제 이런 말 말라우." 그래 내 가만히 있지. 건강할 때는 호븐자 좋소. 쑤다 쑤다 좋소. 그러나 이제 몸이 이렇게 피곤할 때는 호븐자 못 쓰겠소. 아프믄 차라도 끓이고, 가슴이라도 아프믄 약이라도 싸다 주고 먹여 주고 그러오. 나이 먹고 아프믄 아들과 같이 있는 게 낫소. 그러고 건강할 때는 일없소. 암데 가 있어도. 그렇소. 그래 내 이 집에 지레 있을라 하오. 일없지양? 내 집이 있으니, 방천(월세) 받아 야들 주지. 그다나이 내게 무슨 게 없지. 그래 우리 싸워 그때 "마마 이제는 다시는 어데 가겠다는 말 말라오. 마마 상새나면 내 다 하겠다고. 그래 내 이 집에서 사오." 야들이라도 떽떽하고 그라믄 내 못 살지. 내 집에 가 살지. 내 집이 없어 너 집이 사는가고 자븨 집으로 가지.

교회 다니게 된 일

[조사자 : 교회는 언제부터 나가셨어요?] 91년도. 10월 초엿새날부터 댕겨. [조사자 : 어떻게?] 그때 처음 교회로 왔거든? 한국에서. 신송태라고. [조사자 : 목사님?] 응, 신송태 목사님이 왔을 때오. 그때 처음 왔는데, 10월 초엿새날, 이래, 먼저 댕기던 사람이 있었지. 그런데 그 여자들이 말하지. 그때는 우리 하나님을 모를 때라 그랬지. "무슨 하나님 하나님 그래는가?" 우리가 그랬지. 그래다가 그 다음에, 가만히 내가 궁리를 했어. 그때는 내가 호븐자 있었어. 저 내 집에서. 그랜디, 땅집이야. 거기는. 내 사던 집은 땅집인데, '모든 세계

하나님 믿는데' 내 궁리 그러지. '세계가 하나님 믿는데 어째 내 못 믿겠나? 나도 가겠다.' 그랬지. 그래 그 다음에, 교회 댕기는 여자들게 그랬지. "어떻게 교회 가는가?" "가겠는가?" "가겠다고." 그래 "가자고." 그래 그 여자들과 같이 갔지. 10월 초엿샛날 교회 갔어. 그래 차차 가니 한국말을 알아듣던가, 아이구, 처음에 교회를 가니, 목사님이 설교를 하는 거, 열 마디라면 한 마디도 못 알아듣겠어. [조사자 : 안 들려?] 몰라. [조사자 : 잊어버렸구나.] 아니, 잊어버린 게 아니라 한국말을 못 알아듣는다 말야. [조사자 : 아, 다르지.] 우리말과 달라. 그래, 번역자를 여자를 데리고 왔지. 그 번역하는 여자도 우리 사람이 아니라 그 목사님이 데리고 왔어. 그래 놓으니 번역도 잘 하지 못했지. 그래도 그 말은 절반은 알아들어. 첫날에 갔다 왔어. 갔다오이, 집으로 오이까디, 어드매 갔다 왔는지, 무스글 들었는지, 아무 것도 모르오.(웃음) 그래 내 그 다음에, '에이, 첫날이라 그렇겠지. 이따가는 일없겠지.' 그 다음에 두 번째 주일에 갔어. 두 번째 주일에 가이, 그 말하는 거, 목사님 말하는 거, 두 번째 주일에는 조끔 알아들어. 그 다음에 번역하는 여자 말하는 것도 조끔 알아들어. 그래 그 다음에 두 번째 날에 갔다오이, '아, 조끔 낫구나.' 고 다음에 세 번째 날에는, '내 아무래도 시작을 한 바에는 내 댕기겠다.' 이렇게 맘먹었지. 내 하나님 믿겠다고. 그래서 세 번째 주일에 갔어. 세 번째 주일에 그렇게 가이, 그 다음에 마이 낫단 말여. [조사자 : 오!] 야, 마이 낫습디. 그래 그 다음부터 댕겨서 그 다음에는 내 동무들을 데리고 갔지. 그 사람들도 내랑 댕겼어. 차차 야들도 교회 댕겼어. 10월 초엿샛날 교회 가서, 우리 야들을 내가 데리고 나갔어. 손지(외손) 아들. 야들 둘. 작은아이 야를 언제 데리고 나갔는가디, 2월 스무사흗날, 2월 스무사흗날은 남자들 기념날이오. 2월 스무사흗날 데리고 나갔지. 그 다음에 큰아는 3월 8일에 내 데리고 나갔지. 92연도에. 그래 내 그 둘을 데리고 댕겼어. 데리고 댕기면서리 그 다음에 찬송가도 배우고, 하기도 하고, 야들 하나님 싹 믿소, 우리 아들. 우리 아들 싹 하나님 믿소. [조사자 : 신송태 목사님한테 다 나갔네?] 야. [조사자 : 그러다가 고려인 할머니들이 내 자리에 앉지 말라고 해서 옮겼어요?] 그건 이 교회 와서 그랬지. 지금 우리 댕기는 교회 와서. [조사자 : 아!] 우리 아들이 거기 갔지. 선스나 둘은 댕기고 우리 딸과 손녀는 아이 댕겼어. 그 다음에는 내가 이 집에 있게 되니 야들게 그랬지. 98년도부터 댕긴다 하지 않았어? 그때 우리 손녀와 딸이, 손지들 데리고 나가니까더, 우리 교회(알마티감리교회)에서 그랬다재니오?(고려인 노인들의 자리 텃새로, 새로 나온 이소냐 할머니의 딸의 가족이 다른 교회로 옮긴 사건.) 그래 이젠 나 여기 앉았소. 이젠 여기서 죽게 됐소. 내가 어떤 때 가만히 생각해 보오. 아들 싹 일가고, 저녁에 오믄, 차 끓여주믄 좋지. [조사자 : 나이 들고 몸이 약하고 그러면 혼자는 안돼요.] 야. 혼자는 아이 되오. [조사자 : 죽어도 몰라.] 모르잖고. [조사자 : 처음부터 알마티감리교회 나가신 거예요?] 아니. 신송태 목사 교회가 그거, 난 모르겠어. [조사자 : 그러다가 여기 알마티감리교회는 언제 나가셨어요?] 가만 있어. 아마 1997년일 거요. 아들이 98년에 가고. [조사자 : 왜 옮겼어요?] 어째 옮겼는가니, 거기 댕기다가, 동삼에 다니기 바빴지. 저기 아가페교회라고 또 있소. 그 교회를 한 해 동삼 댕기다가, 그 다음에 이 교회로 넘어왔어. [조사자 : 여기가 가까워요?] 응 가까바. 쉽지. 그래 여기 넘어왔어. 그렇게 됐어. [조사자 : 할머니가 아까 사람 덕이 없다고 했는데, 사람 덕이 있어.] 있어? 아멘(웃음). [조사자 : 이런 사위가 없어요.] 없어. [조사자 : 내가 듣고 보니까, 아들도 이렇게는 못해.] 못하오, 못하오. [조사자 : 아들도 이렇게는 못하는 거야. 이건 진짜 하나님이 보낸 것 같아. 응?! 하나님이 보냈어. [조사자 : 그리고 이 사람은 할머니가 어머니보다 좋은 거야.] 좋은 사람이야. 술을 아이 먹소. 술 아이 먹지 담배 아이 먹지. 야들이 먼저 하나님 믿었지. 그래 내 그랬지. 어떤 때 나만 교회 댕길 때 그랬지. 아 둘하고. 우리 찬송하자. 싸위는 여기 앉아서 텔레비전을 보지. 그래 아들이 책 가지고 들어오이, 텔레비전을 혹 치고 저리 가오. 들어가 누버 자오. 이랬어(웃음). 그래 그 다음에 아들 싹 댕기게 됐지. 그러니까디 내 그랬지. "야, 이제 너희 식구들 다 하나님 믿는데, 너도 이제 교회 댕겨라. 교회 댕기면 낭패 없다. 좋지 낭패는 없다." 그래 싸위가 무시기라 하는가디, "마마, 댕기믄 자븨로 댕기라고. 나 다치지 말라고." 이젠 댕기면서 예체이까(속회), 사람을 여섯이나 다섯이나 모다서 예배하는 거, [조사자 : 아 속회] 야. 그거 대장이야(웃음). [조사자 : 속장.] 그거 여기는 리드라 하오. [조사자 : 리더. 사위가?] 웅. [조사자 : 높아졌네?] 웅 높아졌어.(웃음) "마마 댕길라믄 댕기라오. 나 다치지 말라우." 그러던게.(웃음) [조사자 : 할머니는 교회 처음 나가니까 어떻던가요? 나가서 알아들리고 하니까 어때요?] 야, 좋지. 조오치. 그리고 갔다가서는 자꾸 기다려져. 수요일 이때까지는 일없소. 그 다음부터는 기다려. [조사자 : 그거 은혜야.] 아멘, 은혜야. [조사자 : 다 그런거 아냐.] 다 아니 그러오? [조사자 : 아이구 또 교회 가야나? 이런 사람도 있다고.] 아하(웃음) 나는 그저 내일이라도 갔음 좋겠어. 나는 그냥 그러오. 그리고 목사님 말하지 않겠소? 조끔 더 들었으면. [조사자 : 그것도 덕이야. 사람 덕은 없다고 했는데 사위 덕으로 됐고, 그리고 하나님 덕이 있는 거야. 하나님 은혜가 있는 거야.] 아멘. [조사자 : 그거 돈으로도 안돼요. 그거 돈 주고도 못 사요.] 아 나는 늘상 나쁘오. 목사님 말 끝나면 나쁘오. 어떤 사람들은 새나 하오. "야 오래도 말한다" 이렇게 말하오. 그런 사람이 있소. [조사자 : 은혜 못 받은 거야. 저도 참 좋거든요. 항상] 좋다 말이요. [조사자 : 목사님 설교 들으면 좋아.] 주일날 내 아침 일곱시면 일어나오. 아홉시에 마시나 오는데 일곱시에 일어나. 이러고 앉아서, 아들은 야듧시면 가오. 나는 집에서 앉아 섰다 이리 기도를 하고 이래고서는 "마시나도 제때 오게 해달라, 가고오는 길도 다 도배 달라"고 하고 이래 기도를 자꾸 하고서, 아홉시면 오는데, 나는 아홉시 전에 저그 나가 서 있어. [조사자 : 기도할 때 러시아 말로 하겠네?] 아이. 고려말로 하오. [조사자 : 고려말로 해?] 야. 고려말로 하오. [조사자 : 왜? 루스끼 하잖아?] 루스끼는 그저 그렇지 뭐. [조사자 : 아, 고려말이 더 좋아?] 더 좋지. 고려말이 더 좋소. [조사자 : 러시아인 만날 때만 루스끼로 하는구나.] 내 루스끼 짜르오(짧으오). 고려글은 내 5학년하다 말았소. 어머니 상새나다나이 더 모 읽었지 무슨. 그래 그저 4학년 읽으고, 5학년 3월달에 어마이 상새났어. 그래 조끔 읽다 말았어.

외손주 키운 이야기, 외손주 결혼 걱정

[조사자 : 할머니, 여기 사진들 모아놓은 거 있어요? 사진책 있어요?] 있어. [조사자 : 한번 좀 볼 수 있어요?] 여기도 있고 여기도 있고. (이하 사진 보면서 나온 대화 부분 생략) 3남(장남은 17세에 사망) 1녀(이하 내용은 3일째 되는 날, 할머니 자택에서 추가 조사한 것임) [조사자 : 그거 있잖아요?] 무스거? [조사자 : 외손자가 마우재 처녀와 사귀는 거 못마땅하다고 했잖아요?] 그거 어째야 해. [조사자 : 그 얘기 좀 해보시라고.] 그 얘길 하라우? [조사자 : 어제 얘기했는데 녹음을 안했잖아. 그 외손자를 어떻게 키웠죠?] 우리집에서 열 달 만

에, 걔 열 달 만에, 나서 열 달 만에 애미 앓았지. 앓아 병원 들어갔지. 병원 들어가이, 그 다음에 내가 같이 있지. 한 달 애미 병원에 들어가 있는 동안, 애랑 같이 밥 먹여 함께 잤지. 그러다가니 가 한 살 반이 되니까디, 앓았소. 어찌 앓았는가니, 그때 동삼인데, 불 때고서리 집이 더우니까디 문을 확 열어놨어. 집의 문을, 한디 문을 확 열어놨어. 섣달인데, 눈이 가뜩한데, 내 그때 저기 우리 사촌네 갔다 아침에 오이까디, 동삼에 문을 확 열어놨어. 내 들어가, "이 치븐데, 동삼에 왜 문을 열어놨니?" 그 한 살 반 되는 아를 짜른 바지 이렇게 입히고야 요렇게 소매 짜른 거 입히고, 신발 이렇게 신기고, 저기 찬바람이 들어온다 말야. "아이, 동삼에 문 열어놓냐?" 그래디까디, "따슈켄트 돼서 그렇다고. 더워서 그렇다고." "야, 따슈켄트 되면 석탄 자그만치 때지 석탄은 돈 아이 주고 거저 갖다 때니? 어째 불을 그리 넣냐?" 그래 로자는 뱃속에 있을 때오. 그래 딸을 데리고 싸위 둘이 앉아 있었지. "아 너네 둘이 한데다 벗기고?" "아니, 더버서 그런다고." "덥기는 무시기 덥기야. 어린아는 더분 게 없다, 한 살 반인 게." 그래 막 문 걸어 닫고서 그날 밤에는 일 없지. 두 번째 밤에, 열이 나고 지침(기침)을 앓소. 그래 그날 밤에 저녁으 자고 이튿날 의사를 불렀지. 의사 부르니, "병원 가져가라우. 아 바람 맞았다고." 그래 병원에 가 눕혀 놓으이까, 아이 내가 같이 자다나 혼자 돌아가이 어떻게 자겠어? "아미 아미" 하며 부르오. 아매(할머니)라고 해야하는데 한 살 반이라 "아미 아미"하며 불러. 그래 세스뜨라, 간호하는 여자 그래지. "자고 가라고." 그래, 간호부 여자 물어보지. "아미 누구신가." 그러니까디 애비 그래지. "이게 바부시까란 말이라고. 할머니란 말이라고." 그래 거기서 고치다가, 두 주일 있고서리, 나왔어. 두 주일에 고치오? 그라니 나와서 한 사날 있으니 되비 앓소. 어린아 되비 앓소. 그래 되비 앓으이까디, 또 병원에 가져 갔어. 병원에 가져가니, 병원에 사비도시라고 여자, 병원의 차비르 하는 여자지. "이 어린아를 뉘기 봤는가?" 그래 암캐(아무개)가 봤다고서리 그랬지. "제칸에다 두라고." 그래 거기서 지도하는 여자, 제 칸에 두고서리, 그래 거기다 뒀는데, 그때는 암마 한달 거의, 한 스무날 있었어. 그리고부터는 일없었지. 일없어서 나와 있어서 거저 그리 바람맞고 나이, 버쩍 하면 앓고 버쩍 하면 앓고 그랬어. 밤에 자며 자꾸 기침, 가릉가릉가릉하면서 그래. 개기름 먹여도 소용없지, 잔등에(폐 부분)에 붕어랑 붙여도 소용없지, 그렇게 고생하매, 그냥 그리 앓으이, 내 밤에 아 데리고 있다가, 딸을 깨우지. "로자 로자, 자 또 숨이 차한다. 어떻게 하겠냐?" 그래, 가 일곱 살까지 자래와(길렀어). 따슈켄트까지 갔다왔어, 가 데리고. 따슈켄트 갔다와, 거기 가서 고치고, 차차차차. [조사자 : 따슈켄트 병원에?] 아이. 그저 보는 사람 있는데, 개인으로 보는 사람이 있었어. 거기 데리고 갔어. 한 주일 가서 그래. 밤에 해 올라올 때, 해 올라올 때 불겋재니오? 그쩍의 고치오. 그래 거기 가서 사흘 아침 그렇게 고치오. [조사자 : 그런데 아까 아이 고치려고 개기름 먹이고 또 뭐했다고 했지요?] 개기름 먹였지. [조사자 : 또?] 그러고서 병원 약을 먹였지. [조사자 : 아니, 개기름도 하고 또 뭣도 발랐다고 했잖아?] 잔등에다가 무스그 발랐는가니, 바란지름(염소 기름), 뿔이 없는 거, 잔등에다 발랐지. 폐 있는 데다. 염소 엉치 기름이 있소. 그거 녹여서 이래 잔등에다 발라. 폐을 앓을 때. [조사자 : 그런데 안 나왔구만.] 그래 차차차 나아서 그 다음에는 따슈켄트 갔다와서 많이 낫지. 그래서 그 다음에는 크니까디 조금. 약질하매 차차로 크면서 일없었지. 가 일곱 살이, 내 이 집으로 올라오이, 떨어졌어, 내기서. 열달부터 내기 같이, 오줌 놔도 나랑, 똥을

눠도 나 와라, 나를 늘상 제 곁에 앉으라고. [조사자 : 일곱 살까지는 할머니가] 내가 키웠지. 그 다음에는 이 집으로 올라오다나이 나 혼자 있고, 가 여기로 왔지. [조사자 : 그렇게 잘 키웠는데, 요놈이 어떻게?] 그래, 마우재한테 가지 말아야 되겠는데. [조사자 : 왜 마우재한테 가면 안되죠?] 아이 되지 않고. 마우재는 자븨 남편도 모르오. 아만 있으믄 아만 가지고 그러지 남편도 먹겠으믄 먹고, 제 좋은 거 다 끓여 먹고 "저기 무스기 있다 너 먹어라" 그래. [조사자 : 그래요?] 그래 마우재 여자들. 그래 싫다고 해. 그리고 무스기 "이거 네 해라. 나는 맥이 없다." 이래. 마우재 못 쓰오. 못 써. 마우재는 마감에는 늙으면 남자 쫓가버려. 남자가 늙지 않겠어? 늙으면 한집에 안 있소. "우리네와 저리 딴데 가 살라."고 해. 그런 게 가뜩하오. 저짝 칸(방)에 가 살라고 그래. 그래 같이 안 있어, 못 있어. 우리 그런 거 많이 봤어. 우리 고려 남자 한나, 68년도에 오이까이, 따슈켄트 살다가 고려여자와 살다가 아홉 해를 9년 동안 살다 아를 못 낳았지. 그래서 이혼해 보냈지. 이혼하고 마우재 여자한테 그 영감이 서방갔지. 서방가서, 마우재 새애기를 만났지. 만나서 살다 약속했지. "네 두 해 동안에 아를 못 낳으믄 내가 또 이혼하겠다." "그러라고." 그래 한 해만에 아들을 싹 낳았지. 그래 아들 낳아 좋다고 영감이 살았지. 아들 둘에 딸 하나. 그래 살다가 나이 먹어서, 68년도에 우리 오이까디, 그 영감이 그때 우리, 뺀시(연금)탔어. 뺀시 타는 것도 그렇지. 아들이 크지. 아들 싹 다 애미 간다 하오. 애비는 모르겠다 애미만 안다. 그래지. 그 다음에는 뺀시도 안까이 타오. 담배 쌀 돈도 아이 주오. 그래 내가 가믄 그래지. "쏘냐, 나 좀 고려 할머니 좀 얻어 달라고." "노친, 어째 그러오?" "아 젊어서는 좋다오. 마우재. 쑤다쑤다, 요기 조기 하는 게 좋다고." [조사자 : 뭐가 좋아?] 젊어서는 살기 좋다고.

쑤다쑤다 하며 좋다고. [조사자 : 쑤다쑤다가 뭐야?] 여기저기 댕기며 좋다는 거지. 젊은 것들 여기저기 함께 댕기며 좋다는 거지. "그러나 나이 먹고서는 못 쓰겠다. 그러니까디 날 고려노친 얻어달라고." "아이, 걷어 치우라고. 남의 노친 있는 사람, 어디 고려 노친 얻어봐 주겠는가고. 그런 말 하지 말라고. 모른다." 내 그랬어. 그 다음에는 또 다른 여자한테 가 그래. "야, 고려 노친네 얻어다오." 마우재한테 간 사람, 러시아말 잘 모르지. 러시아여자 어디 놀러가는 데는 고려 노친네 아이 가오. 고려 노친네 가는 데는 마우재 아니 가오. 이래. 서로 이래. "너는 마우재, 나는 고려". [조사자 : 왜?] 말을 잘 몰라. 그래 영감은 고려사람끼리 댕기고 마우재는 마우재끼리 댕기고 이래지. "마우재 여자 못 쓰겠다, 고려 노친 얻어달라." 이래. 그래 내가 그래지. "따슈켄트에 고려사람 많은데, 두 번째 사람 어째서 고려사람 못 했는가고." 그래 막 욕해. 끝내 맏아들이 조끔 똑똑한 아인게, 애비를 담배도 싸다 주고 이래. 그래 조끄만 집에서 사다 죽었어. 마우재 그렇소. 그래 마우재 싫다 하오. 좀 기도 잘해 주오. [조사자 : 외손자 이름이 뭐예요?] 위쨔. [조사자 : 몇 살?] 79년도 났소. 그러니까디 이 달(2007년) 9월이믄 스물 야듧 살이오. [조사자 : 그 마우재 처녀가 와서 교회를 데리고 갔다면서요?] 교회를 한 번 데리고 갔지. 그런데 그 다음에는 "아이 가겠다고. 아이 댕기겠다고. 예체이까(속회)." [조사자 : 교회를 데려간 게 아니라 예체이까를?] 응 예체이까를 갔지. 예체이까를 데리고 가니 아이 가겠다고. 하나님 모르겠다고. 그래 우리 손녀는 아직 시집 아이 갔어. 어떻게 하라고. [조사자 : 너무 똑똑하면 못 가요.] 야. 똑똑해도 그렇지. [조사자 : 때가 되면 다 가요. 아직 때가 안된 거야.] 때가 아이 됐소? [조사자 : 좋은 사람이 안 나타난 거야. 한번 쫙 나타나면 정신 못 차려요.] (웃음)

3. 신뾰뜨르(남, 1924년생)

원동 스꼬딱에서 출생, 아르쫌에서 살다 강제이주당함

[조사자 : 그때가 몇 살 때였지요?] 원동에서 우리, 내 여섯 살 때, 우리 부모들이, 그전에. [조사자 : 어디 사신 거예요?] 원동 스꼬딱 구역. 구역에서 뻬뜨로브까란 농촌이 있었어. 그래 거기서 살 적에, 여섯 살 때, 우리 부모, 우리 아버지지. 우리 형님도 그때 우리 나이 먹지 않았으니까. [조사자 : 형과 둘이에요?] 우리 어머니, 열명 났습니다. [조사자 : 열?] 열명. 첫째로 아들 났지. 어릴 때 돌아갔지. 맏아들이 죽었어. 그 다음에 둘째아들이 살아 있었지. 원동에서 여기 들어왔지. 그 다음에 세 번째는 우리 누이지. 누이도 살아 들어오고. 고 다음에 한내 아들이 있는데 어린아때 죽었어. 그 다음에 내 났지. 그 다음에 내 아래 누이 또 나서 한 18년 살다 죽었어. 그 다음에 또 누이 났지. 누이 난 게 시장 있습니다. 여기서. 29년도에 난 게. 그 다음에 또 아들이 났지. 그런 게 죽었어요. 서방가서 아들이 둘이, 딸이 있는데 죽었어. 그 다음에 또 아들이 있는데 저 까라간다에서 죽고, 그 다음에 시장 한내 맨 막 아들, 39연도에 난 동생이 시장 살아있지. 그래 시장 살아있는 우리 형제들은 내 누이, 29년도에 난 누이, 39연도에 난 동생, 이렇게 서이 살아 있어. 그래 내 여섯 살 때 부모들이 꼬므나[10], 꼬므나라는 게 게 무시기라가니, 단위로 조직된 거, 사람들이 다 꼬므나를 조직하였지. [조사자 : 커뮤니티] 사람들이 무시기 다 가지고서리 함께 와서 살아가면서리 일하면서 사는 거 그게 꼬므나야. [조사자 : 예, 알겠어요.] 그래 우리 부모들

---

10. '공산 공동체', '공산 자치체'.

신뽀뜨르 할아버지

이 말 있는 거 거그다 주고, 다 거기다 바치고, 그러고서리 아무래 살기 바쁘기가디, 마사졌지 그 꼬므나. [조사자 : 부수어졌어?] 응 부서졌어. 부서져서 우리 부모들이 저 산밑에 세 호인지 네 호인지 그래 거기 가서 살면서 내 핵교를 댕겼습니다. 고려핵교를. [조사자 : 여섯 살?] 그때는 아홉 살. 그 꼬므나 마사진 이후에. [조사자 : 그때도 원동이네?] 원동이지. 그래 마사진 후에 내 핵교를 댕기매서리 공부를 했습니다. 공부를 하다 그 다음에 아르쫌으로 이사를 했어. 아르쫌으로 이사를 해가. 그해 36년도에 내 5학년을 댕겼습니다. 거기도 고려핵교 있었습니다. 그래다 내 6학년에 시간을 이렇게, 그러니 9월 달이지. 핵교를 댕길 때. [조사자 : 37년!] 37년 그때, 우리 이렇게 여기 실려 왔지. [조사자 : 아, 갑자기 온 거예요? 갑자기?] 갑자기지 뭐, 그때사 내 어려서 잘 모르지 뭐. [조사자 : 아, 어려서? 그때 기억이 뭐가 나요? 실려올 때.] 기억이 그렇지 무슨. 학교를 시작을 하고 그 다음에 우리 아르쫌에서, 도시에 살지 않고, 큰골이라고 거기 있었습니다. 큰골, 작은 골. 큰골에서. 아르쫌에서 암매 댓 킬로미터 올라가서, 거기서 우리 살았습니다. 살았는데, 어떤 날, "우리 이사를 간다." [조사자 : 이사간다고? 아버지가?] 예, 아버지가. 그래 통 무스거, 우리 그때, 식구들이 많았지. 우리 자븨 식구, 우리 그때, 우리 아버지 아들이 벌써 7명이 됐지. 일곱이. 아버지, 어머니, 모두 아홉이 아닙니까? 고 다음에 또 우리 형님이 서방갔지 무슨. 서방갔으니 어린아 한나 났지. 그래 한 구데(군데) 살았지. 그 다음에 또 우리 어머니 오래비(외숙), 우리 맏아바이지. 맏아바이, 그전에 아마 잘 살았는 모영이라. 그래 감옥에 가뒀지. 의사질하다가 가져간 게 그 다음에 어디로 갔는지 모르지. [조사자 : 의사질했는데?] 웅. 그라다나이까디, 그 맏아바이 식구, 아들, 우리 형님, 외사촌형님, 고 다음에 우리 외할머니. [조사자 : 아이구 많네.] 그래다나이 모두 열네 명. 열네 명이야, 우리 들어올 적이.

기차(와곤)타고 올 때의 상황

[조사자 : 모두 한 기차에?] 한 기차지 무슨. 그래, 같이 우리, 부슬기 찬겐데, 와곤. [조사자 : 와곤에?] 웅. 짐 싣고 댕기는 와곤. 그런 와곤에 싣고, 이렇게 두 청대(층)를 만들었어. [조사자 : 청대를?] 두 청대를 만들고, 이짝에 식구들이 살고, 이짝에 사람들이 살고. [조사자 : 두 식구가?] 세 식구. 우리 식구가 많다나이 한짝엔 우리 다 줬지. 한짝엔 우리 다 주고, 저짝에 두 식구. [조사자 : 웅.] 그래 우리 거그서 이렇게 떠났지. 그러나 우리 올 적에 그때 우리 집에 아무 것도 없었어. 구차하게 살았지. 시방은 시장에 좋은 저기, 차이랑 좋은 게 가뜩하지. 그전엔 없었어야. [조사자 : 없었다!] 없었어. [조사자 : 이불도 없었고?] 이불이사 있지. 이불이야 있지만 다른 건 아무 것도 없어야. 그래다나이 질로 먹을 음석이랑 또 돼지 있던 거 돼지를 잡고, 그래 뭐 저기 소금 쳐서, 먹어야 되지? 그래 닭이랑 있던 거 닭도 잡고 소금쳐서리, 이제 그거 가지고서리 우리 떠났지. 떠났는데, 한 달 동안 우리 왔어. 그 차에서. [조사자 : 아이구!] 한달 동안. 그래, 가다가도 다른 부슬기 가믄 또 서서 지다리고 있지. 그 다음에 보내

고 또 우리 질이 나면 그 질로 보내고.[11] [조사자 : 먹을 게 없을 거 아녜요?] 먹을 거라는 게, 자빌로 가지고 온 그거 먹지 무슨. 다른 먹을 거사 오면서리, 우리 돈도 없었지 무슨. 농촌에서 무슨 돈 벌겠어? [조사자 : 먹던 쌀 가지고 온 거야?] 쌀이랑, 먹을 것은 난 모르겠어. 어떻게 쌌는지. 떡이나 쌌겠지 뭐. 그리고 먹을 게라는 게 거저, 차 안에 와곤 안에 뻬치카. [조사자 : 아 불 때는 거!] 불 때는 거 있었어. 9월달이 10월달이 올 때 차니까, 그때 하바로프 가서 거기서 칩지 뭐. 그래 거기서 이렇게 불 때고. 낭구랑 석탄이랑 그건 자빌로 오다가도 실고 얻어서 실고, 그래 그걸로 불때고, 차이를 끓여 먹고 그래 왔지. 그래. [조사자 : 죽은 사람은 없고?] 오다가 죽은 사람은 없었어. 우린. 그래 와서. [조사자 : 어디로 온 거예요? 우슈또베로?] 아니, 까라간다로. 아르쫌이 석탄 파는 그런 도시 아닙니까? 석탄, 그전에 우리 살았다니까디, 아무래 이 사람들이 모두 석탄 파는 그런 일 하던 이라 하고, 그래 까라간다로 가지고 왔지. 까라간다 도시로 가지 않고 거기서 열한 키로미터 채 아이갔어. 그런 농촌에서 우리 부리웠지. [조사자 : 거기 집이 없을 거 아녜요?] 그래 와서 우리 집이 있었어. [조사자 : 누구 집?] 빈 집들이 있었어. [조사자 : 빈 집들?] 아무래도 거기서 석탄에서 일하는 사람들, 거기서 살라고 지은 집들인지 집들이 있었습니다. 집들이라는 게 두칸집들이 그렇게, 한짝에 한 식구들이 살고, 저짝에 식구들이 살고. [조사자 : 가시죠. 이따가 또 차에서 하시죠. 지금 행사하는 모양이에요.][12]

---

11. 아마도 단선 철로였던 듯 .
12. 강제이주 이후의 녹음 부분은 분실되어 없음.

4. 박쏘냐(여, 1918년생)(2007. 7. 15 조사)[13]

원동 다우지미촌에서 출생, 원동사범대 입학하자마자 강제이주 당함

[조사자 : 할머니, 처음에 원동에서 태어나신 거죠?] 원동? [조사자 : 처음에 사신 데가 어디야?] 에따 쁘리모스끼 크라이 부조노프스끼 아라이온 셸롯 다우지미. [조사자 : 거기가 러시아죠?] 예. (할머니에게 전화가 걸려와 잠시 공백) [조사자 : 셸롯 다우지미, 거기서 사셨어요?] 거기서 나서 거기서. [조사자 : 몇 년도지요?] 1918년 동짓달 스무이튿날이 생진입니다. [조사자 : 아버지는 어떤 분이었어요?] 우리 아버지, 농민입니다. 꼴호즈에서 일하다, 우리 아버지는 꼴호즈 무학질, 러시아말로는 무시기라 하는가? 이런 저 꼴호즈에서 스꼴까, 밭이 얼매고 그런 거 적는 거 밑에서 일했습니다. 사무실에서 일했습니다. 우리 큰아바이, 아버지 빠빠 같이 있었습니다. [조사자 : 할아버지?] 예, 할아버지도 같이 있었습니다. 농민입니다. [조사자 : 거기가 농촌이구나. 어떤 농사 지었어요?] 그전에는 벼농사질 아이하고, 피나드, 조이도 심우고, 찰도 심우고, 옥숫기도 심우고, 기장도 심우고, 그런 꼴호즈 있습니다. [조사자 : 파도 심고?] 예. [조사자 : 같이 일했어요? 할머니도?] 내, 부모들 그런 일, 도바주었지. 앞에서 풀으 뽑아주고, 그리고 나이가 어리지 아입니까? 나이 어려서 그랬

---

13. 본명은 박영회. 원동 어장이 있던 마을에서 거주하였음. 블라디보스톡 조선대학 1년 다니던 중 강제이주. 크즐오르다대학 조선어과 입학, 1938년에 조선어과 폐지. 까라간다 러시아학교에서 1년 수학. 결혼 후 우슈또베 푸른새에서 살다가, 교장인 남편 따라 사할린에서 1948년부터 거주하며 교원 생활도 하였으며, 1961년 북한 방문, 북조선 노래를 배우고 〈피바다〉도 감상. 1973년 키르기스스탄으로 이주, 1986년 카자흐스탄 알마타로 이사.

박쏘냐 할머니

습니다. 그래서 거기서 7년제를 내가 졸업했습니다. 거기 7년제 있었습니다. 그래 그 7년제를 졸업하고, 어드매로, 블라디보스토크, 해삼위, 블라디보스토크 인스티튜트(대학)에 있었습니다. 고려대학이, 조선대학이. 아라파크라고 예과 있었습니다. 그래 내 7년제를 마쳤으니까, 대학으 붙이지 모하지 않습니까? 그래 내 어드매, 아라파끄, 예과 붙었습니다. 아라파크서 두 해를 이르고(읽고), 그 다음에 인스티튜트(대학) 붙은 해, 그게 37년입니다. 내 37년에 인스티튜트 입학시험 쳐서 붙었습니다. 붙어서 글으 반 달 이르고(읽고) "조선사람들을 싹 다 까작 땅으 싣간다. 까작땅으로 실어간다" 그래서 나는 우리 집으로 갔습니다. 우리 집에서 "일 없다." 우리는 자븨로(스스로) 어디로 가는지, 어디 갔다 놓는지 모르지.

대학생들은 따로 기차에 태워 이동시켰음

그래 나는 대학으로, 사범대학으로 가라 합디다. 그래 난 와서 블라디보스토크에서 37년도에 사범대학을로 끄즐오르다로 왔습니다. 그래 끄즐오르다 와서 1년 읽었습니다. 1학년을 이르고, 뻬르븨 꾸르스(1학년)를 마감하고 "조선글을 다 없애라. 로서아어를 하라" 그랬습니다. 그게 어느 핸가 하믄, 38년입니다. 우리 37년에 와서. [조사자 : 거기에 혼자 있었네!] 그래 내 와서 부모들 찾았지. 우리 부모들은 탄광으로, 까라간다로 오고. 나는 사범대학으로 끄즐오르다로 왔습니다. [조사자 : 올 때 이야기 좀 해보세요.] 올 때 우리는 사범대학으로, 이런 짐 싣는 기차로 왔습니다. 싹 다 여기 이사를 온 사람들, 짐 싣는 기차에 보냈습니다. [조사자 : 거기 누구하고 함께 탔어요?] 거기 사범대학 디렉또르(감독)라고 있습니다. 학생들과 함께 왔습니다. 그래 우리 동무들이 한 바곤에 앉고, 다정한 사람들이 한 바곤에 앉고. [조사자 : 선생님도 있었고?] 있지 않고! 선생님도 있고, 데깐(학과장)도 있고, 바부치도 있고, 그래 나는 생활이 일없었습니다. [조사자 : 오면서 뭐했어요?] 예? [조사자 : 기차 안에서 뭐했어요?] 무슨 일을 하겠습니까? 한 달이나 왔습니다. 노래도 부르고, 어떤 때는 디렉토르 와서 얘기도 하고. [조사자 : 어떤 얘기?] 어떤 얘기를 하겠습니까? 우리는 어드매로 싣기는지 우린 몰랐습니다. [조사자 : 몰랐어?] 모르지 않고! 맨 처음 알마타로 왔어. 그래 우리 사범대학 못 두겠다고, 그래 우리 끄즐오르다로 갔습니다. 그래 끄즐오르다에서. [조사자 : 알마타에 왔는데, 안된다고 해서 다시?] 예. 끄즐오

1938년 끄즐오르다 조선사범대 조선어문학학부 입학생
: 맨 뒤 왼쪽 두번째가 박쏘냐

박쏘냐 할머니의 가족

르다로 오니, 그 대학 학생들이 얼매나 많습니까? 그래 기숙사도 주고 인스티튜트도 주고, 그래 줘서 싹 다 그리 논가져서(나뉘어져서) 있어서, 그래 책 글으 읽었습니다. [조사자 : 조선글?] 예, 조선사범대학입니다. 그 조선사범대학이 있었으믄 여기서 배울 사람이 많습니다. 아 그래 "우리 고려글까지 없애라, 고려말 싹 없애라 러시아말 하라" 그래 기숙사에 싹 조선사람들이지, 학교를 가도 조선사람들이지, 교원들이 말은 몰라도 어떤 사람은 말 아는 사람들을 불러서 글을 가르쳐 왔지. 우리. 그래 그냥 집에 와서도, 러시아말을 잘 몰랐습니다. 그래서 또로이 꼬스를 이루고 내 집으로 까라간 다로, 어마이 집으로 갔습니다. 그래 거기 가니, 거기 무시기 있는가이, 아라파크, 러시아 아라파크 있습디다. 그래 내 아무래도 러시아

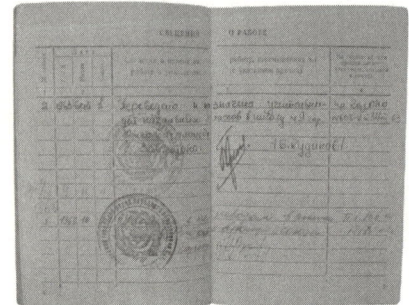 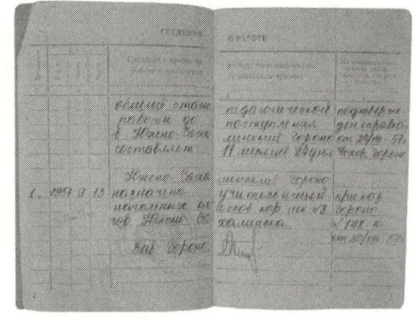

박쏘냐 할머니 노동수첩의 내용

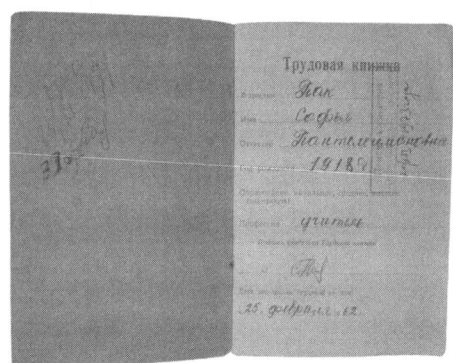 

박쏘냐 할머니 노동수첩의 표지

말을 배울 바에는 뻬르븨 꾸르스부터 고쳐 내 아라파크[14] 붙였습니다. [조사자 : 아라파크가 뭐예요?] 조선글로 '노동학원'이라 합니다. 두 해짜리 있었습니다. 그래 붙어서 이르다가(읽다가), 우리 무슨, 그때에 대학을 필했습니다. 끄즐오르다에서 와서 필했습니다. 조선말도 잘하고 러시아말도 잘하고 그랬습니다. 그래 졸업하고 파견을 어드매로 받았는가 하믄 까라간다로 받았습니다. 교원. 까라간다 농업대학. 그래 거기 와 교원으로 받았다가 거기서 시집갔습니다. [조사자 : 남편은 어떤 분이었어요?] 교원이었습니다. 우리 남편 교원질하다가 전쟁이 났습니다. 전쟁이 나서 뚜르드아르미에 갔습니다. 일하라 보냈습니다. 그래 까라간다 탄광에서 한 해를 일하다가 그 다음에 교원들은 되비(도로) 교원질했습니다. 우리 얘기 신문에도 났습니다. [조사자 : 이따가 사진 찍을 게요.] [조사자 : 말씀해 보세요. 남편이 전쟁 나가서?] 전쟁이 나서 한 해를 까라간다 탄광에서 샤티에

---

14. 어학 코스인 듯.

서 일했습니다. 그러다가 또 교원들은 모도라 해서 교원질 되비 했습니다. (가족사진의 자녀 상황 설명) 지금도 사할린, 모스크바에 삽니다. (1938년의 끄즐오르다 조선사범대학 단체사진 설명. 신문기사 보여줌.) 이게 납니다.(웃음) [조사자 : 올 때, 기차 속에서 노래, 어떤 노래를 불렀어요?] 그전 노래 했지 무슨. "내 고향을 떠나올 때, 아아 어머니 문앞에서 잘 다녀오라 하시던 말씀 그 언제든지 아아 잊을 수 없다. 우리 집에서 멀지 않아 조금 나가면 적은 시냇물이 졸졸 흘러 나려가는 그곳에서 놀던 형상, 아아 눈에 삼삼해" 이런 창가도 부르고. [조사자 : 그것은 학교에서 배운 거예요?] 그전에 배운 거지. 그전 창가입니다. [조사자 : 심심하니까?] 예. 내 집을 떠나올 때, 어머니 잘 다녀오라 하시던 게 언제까지나 귀에서 삼삼하고, 그리고 우리 집에서 머지 않은 데 거기서 시냇물이 흘러서, 거기서 동생들과 놀던 게 눈에 삼삼해. [조사자 : 또 다른 노래 어떤 게 있었어요?] 다른 노래들은, 〈어머니 어머니〉 그런 노래도 불렀지. [조사자 : 올 때 밥이랑은 어떻게 했어요? 먹을 거. 뭘 먹었어요?] 싸다 올려다 먹었지. 그저 까띠, 아스따노쁘까(기차역), 그저 내려서. [조사자 : 돈이 있었나?] 물으 가져오지.[15]

---

15. 이하의 내용은 녹음 파일을 분실했음. 남편에 대해 회상하는 인터뷰 기사가 고려일보 2007년 2월 16일자에 〈그가 남겨 놓은 흔적〉이라는 제목으로 실려 있음.

5. 이따냐(여, 1919년생)(2005.8.2 및 2007.7.17 조사)

1) 2005년 8월 2일 조사분

정상진 선생과 함께 공부한 원동의 8호 중학교

[조사자 : 그럼 할머니는 원동에서 정상진 선생님하고?] 응. 원동에서. 8호 중학교에 있었어. 해삼위, (블라디보스톡) 원동. [조사자 : 요즘으로 하면 고등학교 나오신 거죠?] 아니, 고등학교는 못 읽었어. 엄마 일찍이 상새났지. [조사자 : 책을 좋아하시는구나!] '석개울의 봄'이라는 책, 조선에서 만든 것도 있고, '두만강'도 있어. [조사자 : 이기영?] 응, 이기영. 조기천이가 쓴 것도 있고. (중간 생략)

강제이주와 첫 남편의 사망과 재혼

[조사자 : 살아오신 이야기 좀 하실 수 있어요? 오실 때 기차 타고 오셨다고 했지요? 처음 출발한 곳이 해삼위예요?] 원동에서. 원동에서 여기 들어올 적에, 기차도 좋은 기차 아니고, 짐 실는 기차. 그런 차에, 한 차량에 네 집이 들어가. 그래, 한 달은 넘겨 왔소. [조사자 : 우슈또베까지?] 야. 원동 해삼위에 나제린스키라고 있어. 그래 거기서 한 달 넘겨 우슈또베에 밤에 내렸어. 짐이랑 실어서 다 내놨어. 촌으로 가져갔지. 까작스탄 촌, 도시가 아니라 촌. 그래 촌에 가서 집을, 조그만 집을, 낙엽 때. 그것 때고 살아. 그리고 물이랑 없어서야, 땅을 조금씩 파고서는, 거기서 올라는 오는 물을 파먹고 살았어. 고생 모질게 했어. 내 스무살에 들어올 적에 서방쟁이 있었재. 잔치는 아니했지. 여기 들어와서 잔치를 했지. 그래, 큰딸, 여기 와 낳은 딸, 여기서 내랑 같이 사오. 그래 고생은 나는 아니했소. 우리

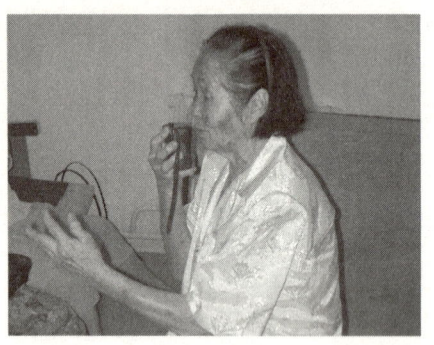
리따냐 할머니

남편이 교원질했지. 마우재(러시아어) 배워줬어(가르쳤어). 루스끼 글 배워줬어. 선생질 했지. 우리는 선생질한다고 집을 참한 걸 줬어. 그래 남편이 여기 들어와서 다섯 해를 살고 상새났어. 폐를 앓았어. 그래 내 아를 셋 낳아가지고서리. 딸 둘에 아들 하나. 그래 그 아들도 애비 죽은 년(해)에 죽었어. 그래 딸 둘 데리고 살았지. 내 혼자. 그래 우슈또베에 와서 유치원에서 원장질을 했지. 그래 거기서 일해서야, 열여덟 해를 일했어. 그래 연금이 나왔어. 그리고 나서 자(새 남편 사이에서 새로 낳은 아들) 애비게로 내 출가를 갔지. [조사자 : 아, 두번째!] 좋은 사람한테 갔어. 손 재간이 많은 사람이야. 천지 모르는 게 없이 일할 줄 알지. 마음이 곱은 사람이지. [조사자 : 고려인이었어요?] 웅, 고려인. 딸 서이, 아들 하나 낳았어. 그래 딸 둘 데리고 들어왔지. 그래 아들 잘 사오. 건축 재료 들여오고 내보내고 하는 데서 일하오. 700달러 받아. 그래 먹고 사는 데는 일 없어. 늘그막의 팔자, 내 좋소. 일 없소. [조사자 : 네, 고맙습니다.] 젊어서는 모두 고상하고, 전쟁 나서, 마흔하나(1941년)에 전쟁 났을 적에 다 고생하고 살았지. 이젠 일 없소. [조사자 : 기차 타고 올 때 이야기 좀 말씀해 보세요.] 기차 타고 올 때 무슨 일 있소? 그저 앉아서 오다가도 기차 서기만 하면 내려서, 무슨 끓여 먹느라고야, 그랬지 뭐. [조사자 : 양식이 있었어요?] 양식? 우리 다 가지고 왔지 뭐. 먹을 거. 자비로(스스로) 먹을 거. 불시에 가라고 하니께. 우리 이렇게 올

줄 몰랐어. 한 주일 어간에, [조사자 : 불시에?] 응. 그래 다 심거만 놓고, 9월달에 우리 떠났지. 9월 스무 며칟날 떠났지. 그래 곡식 심거 놓은 거 밭에 있었지. 그래 짐승을 막 잡아서 소금을 막 쳐서, 그래 가지고서리 왔지. 그래 오면서리. [조사자 : 1주일간 여유를 준 거예요?] 1주일간에. 아무 사람도 몰랐어. 우리 이렇게 올 줄. 그저 한 주일 어간에 그저 그렇게 되었어. 막 정거장에다. [조사자 : 고기 잰 거하고.] 자비게(자기의 것) 무시기 있는 거 먹을 거 가지고 왔지 뭐. [조사자 : 그래 가지고 와서 끓여 먹었구나.] 끓여 먹으며 왔지. [조사자 : 기차가서면?] 서면. 기차 발에 나뭇가지 들어가 있는 거 주서서 불 살라서 끓이다가도, "기차 떠난다" 말하면 그저 막 기차에 앉아서 오고 이랬지. 그랬어. 글쎄 난 그래, 그때도 고생이 별로 없었지만, 우리 나이 먹은 오라버니 있었지. 그래 같이 오다나니까, 고생 없었지만, 나이 먹은 사람들이사 아이들 먹여 살궈야(살려야) 되지, 가면서리. 고생. 그래 여기 까작스탄 사람들 신세 많소. 그 사람들이, 우리 오니까 벌써 집이랑 싹 내놨어. 저네는 자비(자기) 친척들 집으로 한티(한데) 가고 그랬지. [조사자 : 우릴 위해서?] 응. 다른 데는 어쨌는지 모르지만 우리 와서 내린 데는 그랬어. [조사자 : 손님 대접을 잘 한 거네? 지금도 그래요?] 응. 여기 카작사람들 성질 곧게 쓰오. 잘 쓰오. 다른 민족들보다 이 사람들, 많이 유한 사람들이야. 그래 우리 고려 사람들 다 좋아합세. 그래서 두 번째 고향이 카작스탄이야. [조사자 : 9월에 떠나서 10월에 왔네요?] 9월에 앉아서 10월에 왔지. [조사자 : 그래서 겨울을 났네요?] 겨울을 났지 뭐. 겨울을 곤란스레 났어. 물도 없지. 그래도 돈이 좀 있다나니까, 달걀도 사서 먹고. [조사자 : 러시아 돈?] 응.

1938년 봄에 자기 집 짓기와 우슈또베에서 있었던 일

　겨울 난 다음에 봄에 가서, 남자들이 흙에다가 짚을 넣어서, [조사자 : 벽돌, 벽돌] 응. 일궈서, 그래 자비집(자기집) 쌓았지. 그래 자비집 싹 다 지었어. [조사자 : 한국집?] 아니. [조사자 : 여기 식으로?] 응. [조사자 : 이제 집을 지었네?] 응. [조사자 : 주인집인가?] 아니, 자비집이 됐지. 그때는 뉘기 임자 없었어. 자비집을 졌지. [조사자 : 카작사람들이, 자기 집을 비우고 주었다면서요?] 그거 못 쓰는 집집들이지 뭐. 우리 오니까, 집이 한나도 없었어. 그거 저 사람들, 어드메 한 구덩이에서 사는 법이 없고야, 여기서 이래 사다가도 다른 데로 가. 이렇게 댕기며 사던 사람들여. [조사자 : 농사 짓는 게 아니었구나!] 응. 농사 지을 줄 모르는 사람들이야. [조사자 : 양을 쳤나?] 응, 양을 쳐. [조사자 : 자기 집도 아니네?] 아니고. 살다가 다른 데로 가고. 그렇게 살던 사람들이지. 그런게 이젠 싹 다 깨서 다시 지은 거지. [조사자 : 그랬구나! 땅은 우리 땅은 아니었죠? 그래도. 빌려서 짓는 거죠?] 응. 그래서 우리네 국가에, 돈도 아니 물고 지었지. [조사자 : 우슈또베에서 또는 알마티 사시면서, 들었던 이야기라든가, 있었던 일 가운데 잊을 수 없는 게 무엇인가요? 슬픈 일이든 기쁜 일이든요.] 난 살아서 좋지 못한 그런 일은 없소. [조사자 : 그럼 기쁜 일은요?] 좋은 일은, 그저 아이들이 잘 자라고, 글 잘 배우고, 남에게 말 아이(아니) 듣고, 난 아들이 자라면서, 한번도 남에게서 내게 좋지 않은 말 못 들었소. 학교에서 글 잘못 읽어서, 어떤 때는 선생님들이 오라 하디 아이요(하지 않아요)? 그거 없었소. [조사자 : 동네사람들에게는 어떤 일이 있었나요?] 우리 동네에서 어떤 일이 있었는지 아오? 새아가들이, 다른 촌에서 사는 새아가들이, 무슨 야회랑 하지 않갔어? 오지 뭐. 놀려고. 그래 어떤 일이 있었는가니, 우슈또베서. 베렌또치카란 촌이 있어. 그 촌에서 우리게로 야회로 놀러왔지. 새아가 둘이. 그런데 우리 사는 우슈또베 선스나(사내) 둘이, 한 여자아이를 데려다 주느라고, 데리고 가다가야, 그래 기찬 일이 있었어. 데리고 가다가, 이 새아가 하나를 붙들어서 강간했지. 선스나들 둘이서. 등거리(윗옷) 벗겨서 손이랑 발이랑 매놓고, 도랑 안에서. 물이 내려오는 도랑 아니 있재? 그 안에서 강간했지. [조사자 : 고려인이야?] 고려인이야. 그런데 한 주일 찾았어. 이 새아가. 여름이라 싹 썩었지. 그래서 조사를 하게 됐는데, 이 아새끼들 둘이 집을 비왔어(비웠어). [조사자 : 잡혔어?] 잡혔어. 그래 잽혀서 자복을 했어. 그래서 열다섯 살에 감옥에 갔어. 감옥 가서 한나는 죽었어. 아새끼 하나는 살아서 왔어. 열다섯 해만에 왔어. 살아온 아새끼는 잘 살지. 그래 애미랑 애비랑 댕기면서 돈이랑 자꾸 갖다 주고. 이제 그 아새끼는 구차한 아새끼지 뭐. 그래 그 동믜(친구) 잘못 만나 그랬지 뭐. 그래 죽었지 뭐. 그런 일이 있었어. [조사자 : 고려사람이야?] 응. [조사자 : 그 새아가도 고려사람이고?] 응. 그런 무서운 일을 딱 한 번 봤어.(양노라 할머니는 교회 안 다니다가, 이야기잔치 때문에 한철주 할머니가 데리고 나왔다는 말, 이 소피야 할머니는 7순잔치 때 넘어져 8개월을 누워있다가 오늘 처음 이야기잔치에 나왔다는 말을 함.(창작민요 '씨를 활활 뿌려라'를 들려줌.)(계속해서 민요 해 달라고 권하자 '먹으나 입으나 똑같이 살자'란 노래 부름.)(일본군과 싸울 때, 두만강 건너가며 불렀다는 노래도 한 곡 부름. 원동에서부터 불렀다고 함.)('뒷동산의 두견새는' 노래도 부르다가 잊어서 중단했다 다시 함.)(중간 생략)

제사와 차례와 장례 풍속

[조사자 : 여기서도 제사 지내요?] 지내지. 3년 지내오. [조사자 : 3년 지낸 다음에는?] 그 다음에는 산에 다니지. 명일에 다니지. 한식에 댕기고 추석에 댕기고. 한 해에 두 번씩 댕겨. 그건 꼭 댕겨. [조사자 : 가서 뭘 해요?] 술이랑 음식 갖춰가지고 가서, 거기다 술이랑 붓어 놓고 거기다 절하오. [조사자 : 여자까지 다 가요?] 다 가오. 아들이 딸이 싹 다 가지. [조사자 : 그리고 돌아가신 날은?] 산에만 가지. 집에서는 않고. 자븨식구들만. [조사자 : 돌아가신 분들한테 한꺼번에 하는 거죠? 묘에 가서?] 그래. [조사자 : 설날은?] 설날은 산에 아니 가오. 집에서만 음식들 갖춰놓고 친척들 모다서 먹지 무슨. 먹고 놀고 그러지. [조사자 : 절은 않고?] 응. 절은 아니하오. 산엔 아니 가오. 그날. 추석에 산에 가고 한식에 산에 가고 그렇지. [조사자 : 설날에는 모여서 밥만 먹는구나! 돌아가신 분 위해 절은 안하는구나.] 아니 그래. [조사자 : 무덤 쓸 때는 둥그렇게 봉분해요?] 그전에는 그랬는데, 이젠 네모지게. [조사자 : 화장은 안 해요? 남한에서는 시체를 태워요.] 시체는 안 태워. 산에 가지고 간 옷이랑 이런 것만 태워. 시체는 싹 묻소. 러시아 사람들은 아니 태워. 싹 집에다 두고 입어. 우리 입던 것도 나눠주면 가져 가. 그 사람들은 제사 지내는 법이 없어. 산에만 가. 죽은 지 40일 되었을 때 지내. 그리고 3년 제사 이런 거 없어. [조사자 : 3년상은 어떻게 해요?] 크게 챙겨. 레스또랑에서. 돌아가신 날에. [조사자 : 하룻동안?] 응. 하룻동안. 가까운 사람들, 돈도 가져가고, 싹 다 손에다 가지고 가. [조사자 : 슬퍼서 울어요?] 울지. [조사자 : 집에서 하는 게 아니라 레스또랑에서 해요?] 레스또랑에 가서 먹지. 산에 먼저 가서 지내고. 음식 조금 가지고 가서 산에서 절하고 그러고 나서 레스또랑에서. 레스또랑에서는

절 아니하오. 산에서만 절 하오. [조사자 : 산에 갈 때는 가족만 가졌지요?] 응. 가족만 가오. 그 다음, 레스또랑 갈 때는 싹 다 가오. [조사자 : 올 때 돈도 가지고 가요?] 돈도 가지고 가고, 무스그 먹을 것도 가지고 가고. 거반 돈 가져가오. [조사자 : 봉투에 넣어서?] 봉투에 넣기도 하고 거저도 주고. 그래 어떤 사람들은 돈이 남소. [조사자 : 지방은 한글로 써요, 한문으로 써요?] 한글로. [조사자 : 교회를 나가도 절해요?] 아니하오. [조사자 : 기도만 하죠?] 응.

말년의 근황, 한국의 영화 보기

[조사자 : 어떻게 지내세요?] 아들 딸들이 드문드문 오고, 어쩔 때는 놀러도 가고, 아이들 데리고도 오고. 그래도 난 일 없소. 어쩌다 여기 나가면 노인들 앉아 있소. 거기 가서 앉아서 이야기도 하고 그렇게 지내오. 심심할 때 많소. 그러나 어쩌겠소?[조사자 : 여기 한국 방송 안 나오죠?] 어쩔 때 나오오. 키노(영화)도 나오고. 그런데 우리 생각에는 한국 거 많이 보냈으면 좋겠는데, 그렇게 아니 보내오. 우리 한국 키노 '첫사랑'이란 거 봤소. 아주 재미있게 봤소. 네 가지 봤소. 조선에서 온다 하면 그렇게들 본다 말이오. [조사자 : 겨울에 춥다면서요?] 우슈또베는 더 춥소. 동삼에 아주 추웠소. 여기는 그래도 그렇게 모질게는 아니 추웠소. [조사자 : 모기가 없대요?] 모기 없소. [조사자 : 할머니는 큰딸이에요?] 아니, 네 번째 딸이오. [조사자 : 한글 아시죠?] 알지. [조사자 : 러시아어는요?] 조금 알지. 알아는 듣지. 하지는 잘 못해도. [조사자 : 한국에는 언제 가셨어요?] 1997년도에.

2) 2007년 7월 17일 조사분

원동 나젠스키 농촌에서 중학교 다니기

  [조사자 : 지난 번에 할머니가 옛말 해주셔 가지고, 그거 전부 다 모았어요. 모았더니 90개야.] 기차오. [조사자 : 다 모았어. 따냐 할머니, 소피야 할머니, 강엘리자?] 응. [조사자 : 다 모았더니 90개야. 이번에 와서 또 많이 들려드렸어요.] 잘했어. [조사자 : 올해 말에 책이 나올 거예요.] 채이(책)? [조사자 : 할머니 사진도 나와.] 내 사진?(웃음) [조사자 : 갖다 드릴게요.] 그때 준 채이 내 싹 다 읽었어. [조사자 : 이번에 와서는 할머니들 원동에서 살다가, 어떻게 살았고 여기 올 때 어떤 일이 있었고, 여기 와서 또 어떤 일이 있었는가, 그 얘기를 지금 듣고 있어요. 소피야 할머니 얘기 다 들었어. 아이, 재미난 거 많어. 슬픈 얘기도 많고. 아들 죽고 그런 얘기.] 그렇지. [조사자 : 할머니 살아오신 이야기도 들려주시면 제가 기억을 했다가 그것도 책에다 넣을 거예요.] 무슨. 다 그런 말이지 무슨. [조사자 : 달라, 달라.] 다 그 말이 그 말이지. [조사자 : 달라, 달라. 할머니 원동에 살 때는 어떤 일이 있었어요? 원동에서는?] 원동에서 내 열아홉살에 여기를 왔소. [조사자 : 열아홉살에?] 야. 열아홉살에. [조사자 : 학교 다닐 땐가?] 벌세 소학교를 필하고 중학교 댕길 때. 그때 나젠스키라는 농촌에서 우리 살았지.

카자흐스탄 정착 이야기

  그래 살다 어시(시부모님)들과 같이 여기 왔지. 여기 들어와서 그저 까작스탄 잉게 와서, 우슈또베 와서 내렸어. [조사자 : 우슈또베에서?] 야. 그래 우슈또베 내려서 까자크들이 싹 다 고려사람들 집을 내놨어. [조사자 : 자기네 집을 내놔?] 자븨 집을 싹 내놓고 그래서 우리네 오라바이 장개가서 아이 있었지 무슨. 첫아들이 났지. 그래 아버지도 생존했댔지. 그래 한집에, 단칸들이 집이지 뭐. 카자크들이 사는 집이 그렇지 무슨. 그런데서 그냥 있다가서리, 그 집에서 내 출가갔어(결혼식을 올렸다는 말인 듯함). 열아홉살에 내 출가 갔지. 출가를 가서 첫아 딸을 났소. 남편이 교원질하고. 노어 교원질했어. 그래 까자크 촌에서 살다가서리 이 우슈또베 고로드 나왔지. 우린 꼴호즈, 까자크들 사는 촌에서 살았지. 촌에 우리를 실어왔어. 밤에. [조사자 : 우슈또베라며?] 우슈또베도 촌이 많지. [조사자 : 촌이었다?] 촌이지. 우슈또베 고로드로는 아이 오고, 까자크들이 사는 촌으로 싹 실려왔소. 거기 갔다가, 동삼에 거기 가서 나고, 동삼으 나고 봄에 우슈또베 고로드로 나왔지 무슨. 그래 나와서, 고르드 나오니까나 클러브 큰 게, 까자크들 있지 무슨. [조사자 : 뭐가?] 구락부가. 그 구락부가 싹 다 내서 비웠습디. 사람들 거기다 옇자고. 그래 여러 세간이 싹 거기 가서 차지하고서리 있었었구만. 자븨 집을 타기 전에. 그래 그 다음, 우리 남편이 교원질하다나이까, 그 사람이 핵교 집 살았지. [조사자 : 교원이니까 학교 집을 주었구나.] 교원이니까 학교 집에서 살다가서리. 러시아 교원질했소 우리 남편이. 그래 핵교 집을 한칸을 차지하고 살았소. 그래 고상도 마이 했소. [조사자 : 어떤 고생이지요?] 전쟁 시기, 마흔한 해 때(1941년) 우리 남편이 상새 났소. 교원질하다가. [조사자 : 아!] 그래, 내 큰딸이 시장(시방) 37년 새오(생이오). 내 37년에 시집가서, 결혼하고 왔지, 원동에서. [조사자 : 누가 결혼했다고?] 내. 새아기로 결혼하고 여기 싣겨 왔지 무슨. 까작땅으로. [조사자 : 결혼하고 이리 온 거야?] 야. 그래 와서 어른아, 새아가를 났지. 여기 와서 났지.

카자흐스탄에서 첫남편 죽은 후 고생한 이야기

그래, 남편이 교원질하다나이까, 집 근심이란 없었어. 그래 41년에 전쟁시기 아이오? 그때. 그 다음, 새아가를, 지금 딸이 둘이 있소. 둘째딸으는 유복녀오. 애비 죽은 연에 났소. 그래 잘 보내오, 시장 여기서. 아스따나서. [조사자 : 잘 살아?] 야. 큰딸은 여기 있소. 가 아(애)들 까작스탄 들와서 일없소. 잘 보냈소. 지금 아들도 일없이 살고. [조사자 : 남편 떠난 다음에 어려웠을 거 아녜요? 어떻게 살았어요? 남편 떠난 다음에.] 내 내 나이 몇 살에 상새났는가이, 스물세 살에 상새났소. 내 스물세 해에. [조사자 : 왜 그렇게 빨리?] 그래 41년에. [조사자 : 웬일이야? 병으로?] 병을로. 교원질하면서리 앓았어. 그래. 말하자면 많소. 그러나. [조사자 : 어떻게 살았어요? 남편 상새 나고.] 남편 상새나이, 국가에서 빠이요크(?) 줬소. 그때 내 남편 상새나서 딸으 데리고 있었지. 그때 네 살 됐소. 닷새 해를 못 나고 상새났어. 내가(나와) 결혼해서 같이 살아서. 그래, 국가에서 빠이요크를 줬어. 갈기(가루)랑 먹을 거 줬지 무슨. 그리고 우리 남편네 친척이 많소. 그 친척들이 싹 다 우리를 도배줬소. 그래 살았소. 그래 내 저 새아가를 낳고서리, 자 낳고 이태만에 꼴호스 들었지 무슨. 그래 한데 다 함께 사는 꼴호스지. 그래 나를 빠이요크 시겨서 일 시작을 했소. 열야듧해를 내 일했소. [조사자 : 남편은 교원질하고?] 응. 남편이 상새나기 전엔 일 안했지. 그래서 일

양파의 싹이 났는지 살펴보고 있는 고려인
(사진 출처 : 김병학 2007년 저서)

해서 아들을 다 야식에다 둘 옇고, 생활도. 그래 일이랑 잘했소, 거 그서. 사회사업도 마이 하고, 셀 쏘비에트 회장질도 하고. [조사자 : 무슨 회장?] 여자 대표 회장질. 그래 위청(지지, 성원) 받으며 살았소. 일 잘한다고 조합에서 위청 받으면서리. 그래 전쟁 초기에 일 잘해서, 노력훈장 받지 않겠소? 여기 싹 다 위초이증(위촉장?), 여기 등록 있소. 그래 기렴절이믄 우리를 빠다로크(선물)도 우리 주고 돈도 주고 그러오. [조사자 : 꼴호즈에서는 어떤 일을 했어요?] 거그를 오이까이, 아무 농사도 아이하고, 사람들이 벼 심는 일부터 조직했지 무슨. [조사자 : 아, 우리가.] 웅. 베 있지 않소? 그 담엔 차차 누크(양파)질도 하고. [조사자 : 누크가 뭐요?] 누크도 모르오? 파. [조사자 : 웅, 파도 심고.] 그 다음에 스베콜라(사탕무우)도 심으고. 감자도 심고 여러 가지 농사를 했지.

강제이주 이야기

그래 하믄서리, 살다가서리(카작에서의 생활을 원동의 생활과 혼동한 듯.) 37년도에 여기 싫겨 들어오지 않았소? 그래 그때 조합에서 나를, 원동에 있을 적에 그랬지. 그래 살면서리 아들 데리고서 살았어. [조사자 : 올 때는 기차 타고 왔다면서요?] 기차에 오지 않고. 또아르 와곤. 사람 싣고 다니지 않고 짐 싣고 하는 그런 와곤에, 네 셰먀(가정), 네 집씩 앉아 왔소. 위에다 이런 나나리 매고, 두 집은 나나리 위에서 살고, 두 집은 아래서 살고, 그런데, 난로를 놓고 끓여 먹으며. 고상했지 무슨. 너무나 고생했지. [조사자 : 뭘, 가지고 왔어요?] 거그서 무슨 먹을 거 무슨 농사 져놓은 거 못 가지고 나왔지. 9월달에 떠나다나이, 심궈놓고 못 가지고 나왔지. [조사자 : 그럼 뭘 먹었어요? 올 때.] 그래 올 적에 자빌로, 질로 오며 먹을 만한거, 자븨 것 자빌로 해가지고 왔지 뭐. 그래 오며 고생했지 무슨. 그래 오다나 이 차 어드매 와 서기만 하든, 떡이랑 가 싸오고(사오고) 그랬지. [조사자 : 어, 돈은 있었네?] 돈이사 있었지. 촌에서 사다나이까 채소질 해서는 돈 모댔지. [조사자 : 그걸로 사먹고. 죽는 사람은 없었어요?] 아이, 우리는 죽는 사람이 없었어. 우리 와곤에서는. 다른 사람들은 죽는 게 더러 있었던 모양이야. [조사자 : 올 때 어디로 가는지 모르고 온 거지?] 어디로 가는지 모르쟎고. 그저 어드매 와서 내리라 하이, 저녁에 열 시나 돼서 우리네 내리웠지. 이 우슈또베 정거장에다. [조사자 : 밤에?] 야, 밤에. 그런데 발세 까자크들이 촌에서 우리 사람들 실어 들여갈 마시나들, 마슬기다 쇠슬기다 가뜩 와서 서 있어. 서서 한 쎄먀(가정)씩 실어서 가져갔어. 거 어디로 가져가는지도 모르고 갔지 무슨. [조사자 : 무서웠겠네?] 응. 그 어간에, 길 건너가는 간에 큰 강이 한내 있었어. 그런, 길 건너에 프럼에 실어서. [조사자 : 뗏목?] 응, 뗏목을 해서 실어 갔어. 그래 아침에 일어나이, 한 집씩 한 집씩 거둬 옇지 뭐. 그래 아침에 일어나 보이까 그런 까작촌에 그래 영 진네, 우리는 그래도 문명하게 살았소. 그래도 고려사람은 원동에서는 정말 문명한 생활을 하다 왔지. 시장처럼 깨지는 못했지만 그래도 이 까자크촌처럼 그렇지는 않았어. [조사자 : 여기 까자크촌 집은 어떤 집이에요? 천막집 아니었어요?] 이런 집이 없지. 자빌로 그저 막을 쳐서 살았지.

카자흐스탄 사람을 야만시했으나 피차 마찬가지였음

그래 동삼 나고서리 이 우슈또베 나오지 않았소? 그래 조합 조직 해 가지고서리. 그래, 시장은 그때 산 것 마련하든 다 부재들이오. [조사자 : 그때 비하면?] 그때 비하면. 까자크들 신세 있소. [조사자 :

여기 와서 만난 까작 사람들 가운데 잊지 못할 사람 있어요?! 우린 까자크들과 친한 게 없소. 시장은 더러 까자크들과 알고 지내는 일도 있지만. 그때는 그 까자크들도 우리를 없이 봤어. 우리는 그것들을 사람같지 않게 여겼소. 그러나 그것들이 우리를 또 그렇게 생각했단 말이오. "닭알이랑 먹을 줄 아는가?"고 우리한테 물어보지 않았소. [조사자 : 우리가?] 그 카자크들이 닭이랑 치지 무스그양? 우리보고 물어보지. "너네 먹을 줄 아는가?"고. "주물까를 먹을 주 아는가?"고. 우리를 무슨 암것도 먹을 줄 모른가 해. 깨지 못한 것들인가 했지 무슨. 그래 업시 봤지. 그러나 고려사람들이 싫겨 들어오다나이, 그 사람들이 그래도, "좋다 좋다" 했지 무슨. 사람들은 아주 유한 사람들이야. 못된 사람들 아이고 아주 유한 사람들이야. [조사자 : 얼굴도 비슷하잖아요?!] 야, 그렇소. 사람들 성질이 유하오. 모질이. 그 몹쓸 것도 있지만. 고려사람도 몹쓸 것도 있고 좋은 것도 있재니오? [조사자 : 그렇죠.] 민족마다 다 그렇지 무슨. [조사자 : 살아오시면서 잊어버려지지 않는 게 무슨 일이 있어요? 잊어지지 않는 일이나 사람이나.] 난 크게 고상한 일이 없다나이 무슨 잊어지지 않는 일 없소.

남편 사망 후 고생했으나 말년에 잘 살고 있음

[조사자 : 좋은 일은? 좋았던 일.] 좋은 일도 그렇지 무슨. 그저 내 시집을 가서 남편이 없었으이까, 상새났으이까 내게 좋지 않았지 무슨. 아들 가지고 내 혼자 고상하다가, 그래 지금 어떤가이, 내 남편이 상새나, 내 다른 남편 내 했소. 다른 남편 해서 아들 서 났소. 내 본 남편에게서 딸 둘 나고, 그 다음에 다른 남편 해서, 저 사람이 마감아들(막내아들)이오. 딸 둘 나고 아들 났소. [조사자 : 아, 그랬구

나.] 내 아들으는 하나도 앓아 죽으나 무슨 그런 게 없소. 그래 내 시장은 좋소. 시장 아들 자라 다 잘 살다나이, 아들이 도배를(도와) 주지, 그리고 내 다른 남편의 아들이 많소. 아들 많은 사람과 내 했소. 살았소. 내 지금, 내게 다섯이지. 아들 하나야, 딸이 둘에 그 남편에게서 둘. 그 사람의 아 일곱이. 열둘이오 아들이. 우리 시장 살아있는 아들이. 싹 다 아들이 화목하게 사오, 모조리. 여기 맏아들이, 내 남편의 맏아들이 여기 있소. 맏며느리와 맏아들이 여기 있고, 다른 아들은 다 먼 곳, 다른 고로드에 있소. 그래도 가들, 그양 나를 잘 위로를 해줘. 맏아들은 번번이 기럼 때나 번번이 내한테로 음식도 싸가지고 오고, 돈도 대다 주고, 그렇게 좋은 아들이오. 싹 글도 다 잘 읽었소, 아들이. 지금 살기는 일없소. 까작땅에 들어와서 일없어야. [조사자 : 지금 무슨 일 해요?] 스뜨로이 쩨흐(건축자재공장)에서 일했소. 글라도브스위쯔. 그런데 몸이 자꾸 좋지 않소. 그저 그렇소. 고려사람들, 까작스탄 들어오는 게 다 같은 형편에 들어왔지 무슨. [조사자 : 할머니 얼굴 사진 하나 찍어야지.] 내 머리 좀 하고. (중간 생략)

한국 방문 이야기

[조사자 : 요 태극기는 언제 갔다 놓으신 거예요?] 그 태극기를 내 조선에 갔다왔소. 97년에. 그래 거기서 태극기를 받아왔소. 우리 거기 가서 숱한 빠다로크, 선물 마이 받아왔소. 저기 저 그릇에도 글을 받아왔소. [조사자 : 여기 서서 봐요.](사진 촬영)[조사자 : 한국 좋았어요?] 좋지않고. 대접 잘 받았소. 가서 대접 잘 받았소. [조사자 : 한번도 못 가본 분도 있더라고요. 돈도 없고 나이도 많고. 힘드신 거야. 할머니, 보시던 책 좀 볼 수 있어요?] 있소. [조사자 : 한번 좀

볼까요?] 내 책 읽기 좋아하는데, 나자한테 싹 다 빌렸소. 달라 해서 싹 다 줬지 무슨. 가져다 읽으라고. [조사자 : 어디 사는데? 멀어요? 제가 지금 갈 수 없나요?] 에? 찾아갈 만하오? [조사자 : 주소만 알면 되지.] 주소는 잘 모르오. 쩰리폰만 아오. [조사자 : 알려주세요. 우리말 하죠?] 응. 우리말 잘하오. 우리 쩨리콥 댕기는데. 내 그 여자를 책 다 빌려 줬소. [조사자 : 이름이?] 주나쟈. 그 여자 너무 답답해서, 책 달래서, 내 보던 책 줬소. [조사자 : 이름이 뭐라고요?] 주나쟈. [조사자 : 전화번호가?] 일흔일곱 스물서 스물다섯. [조사자 : 거기 책이 다 있다고?] 찾아가기 바쁘오. 압또부스는 딱 그 곁이 가 내리오. [조사자 : 딱시로 가면 되지요 뭐.]

6. 주나쟈(여, 1918년생)

원동 신한촌, 본명은 주샛별, 다섯 살에 자살한 어머니

[조사자 : 주나쟈 할머니?] 응. [조사자 : 원래 조선 이름은 뭐였어요?] 원관 고려 이름이? [조사자 : 예.] 샛별이. [조사자 : 아, 주샛별?] 샛별이. [조사자 : 아 이쁜 이름이네.] 아(아이) 때 이름이. [조사자 : 할머니, 몇 년에 태어났어요?] 아이고, 우리 부모 죽다나이 내 생일도 없소. 그래 내 자빌로 생일이라고 적었지. [조사자 : 몇 년?] 18년생. 생일은 그저 없지만…. [조사자 : 1918년은 확실해? 생일을 잊어버렸구나! 어머니 아버지가 언제 돌아가셨는데요?] 어머니는 다섯 살에 상세나고 아버지 상세 난 때는 여든 살. 오래 되오. 내 고생하게 자랐소. [조사자 : 원동에서?] 원동 신한촌에서 살았소. 신한촌에서 나서 거기서 살다가 까작스탄에 왔지. [조사자 : 어머니가 돌아가셨는데 밥이랑 누가 해먹었어?] 야, 무슨 말을…. 내 옛말을 하자

면 기딱 막혀 눈물이 나오. 우리 어머니 어땓등, 우리 아버지 아주 잘 났소. 잘나서, 그전에 일하든 여자들이 싹 다, 그 좋지 못한 노친들이, 몸 팔아먹는 그런 데 다니면서리, 벌어서 먹여 살리면서리, 집에도 아이 왔지. [조사자 : 아버지가?] 아버지가. 우리 어머니, 내 오래비, 형이 있고 둘 다, 내 다섯 살, 내 아래 두 살. 그래 우리 맏오래비 열여섯살이, 그 다음 내 형이 열네살이. 이런데 우리 아버지 너무 애를 먹이고, 그전에는 할일없재니오? 개를 잡아 팔고, 술을 고아 팔고, 우리 어머니. [조사자 : 어머니가.] 우리 어머니가. 아버지는 거기 가서, 벌어서 거기 가서 집으로 아이 오고. 집에도 아니오매, 그래 드문드문 와서는 돈 다 없으면, 어머니한테 돈 달래서는 어머니가 어디가 돈 있겠어? 돈 아이 주믄 막 머리 끄서서 죽인다고 그랬어. 우리 어머니 너무 고상스러워서, 약담배 먹고 상세났소.(울먹임) 내 다섯 살 먹어서. [조사자 : 너무 고생스러워서.] 내 다섯 살이고 내 아래 두 살인 걸. 젖을 먹는 거, 거 두 살 먹은 거. 그런 걸 두고서리 상세났어. 나는 어머니 낯도 모르오. [조사자 : 어머니가 병났구나.] 그렇게 상세났어. 약담배 잡숫고 자살해 죽었어.[조사자 : 몇 살에?] 내 모르지, 몇 살인지. [조사자 : 아이고.] 그렇게 불쌍하게 우리 어머니 상세났어. 그래 어머니 낯도 모르지. 그래 동네서 들어오까나, 밤에 들어오까나, 우리 두 살 먹은 동생이, 죽은 어머니 저고리, 애미 죽은 데, 죽은 데 젖을 파먹더라지 아이오?(계속 울먹

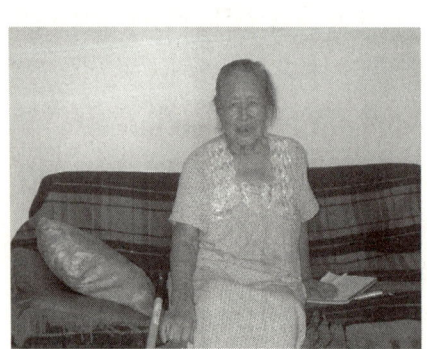

주나쟈 할머니

임) 젖을 파먹더라지 아이오? 그래 가지고 사다가 그 다음에 원동서 나도 일찍 시집을 가서, 있을 데 없어서, 너무 고상스러우니. [조사자 : 몇 살에?] 시집, 내 열여듧살에 가서 열아홉살에 첫아이를 낳아 가지고, 올 때 아이 두 달 되는 거 데리고 왔어. 지금 우슈또베에 있는 게. 올해 70살이오. 가는 우슈또베서 사오. 원동서 와서 우슈또베서 사오. [조사자 : 원동에서 올 때 몇 살이었어요?] 가? 내? [조사자 : 할머니.] 열아홉살. 열아홉살에 내 들어왔지. [조사자 : 딸이 한 살이었고?] 딸? 딸 얘기할라믄 내 기가막혀 눈물이 나서…. 딸은 서이 낳고, 애들이(함께 살고 있는 외손자들을 가리킴) 애미 없이 사는 애들이오. 딸이, 셋째딸이 죽고, 이것들이 10년째 여기 있소(울먹임). 딸 너이(넷), 아들이 둘이오. 딸 셋이 죽었소. 둘째딸 죽고 셋째딸도 넷째딸도 죽었단 말이오. 그래 애 어미, 셋째오. 그래 이제 죽은 지 10년 나오. 요것들을 둘 두고, 애비 없지. 나 호븐자 살다 죽으면 야들 어쩌겠어야? 내 지금 10년째 애들하고 있소. 조그만 아들(동생)은 대학 마치고 일하고, 이거는 애미가 이렇게 앓는 아를 낳소(심장병 환자임). 심장 앓는 아를. 그러다나이 일도 못하지. 서방도 못 가지. 나이는 서른다섯살이오. 아, 기가막혀 불쌍해 이 아. 그래 서방도 못 가지, 일도 못 가지, 돈도 못 벌지, 내 뺀시 타서 이 아이들하고 사오. 그래 하나님, 일없소, 야들이, 내 죽으면, 애들 둘 남기오. 그래 내 어쩌겠소? 내가 100살을 먹겠소? 암때 갈 때 있겠지. 아우! 말 마오. 기가 맥혀, 내 옛날역사를 말하자면 기가 맥히오.

그래 우리 애미 죽고 열여섯살 먹은 우리 오래비, 옛날에는 담배를 이래 손으로 말아서, 껍데기 까는 그런 데서 일하며 벌어다 무스글 먹었겠어? [조사자 : 오빠가?] 조팝에가 대충 먹고 그랬지. [조사자 : 오빠가 먹여 살렸구나.] 그래 벌어서 우릴 먹여 살렸지. 그래 내 아래 그것도 죽었소. 전장 때 애비 같이 와서 배고파서 죽었소. 나 혼자밖에 없소. 다 죽었소. [조사자 : 오래비도.] 웅 다 죽었어. 나 혼자밖에 없단 말요. 야, 말 마오. 원동에서 고마 들와서 한 3년 지내서 전쟁나서 또 고생했지. 우리 제일 고생했소. 우리 나이. 우리 나이 고상 모질게 했어. (조사자도 눈물이 흘러 질문을 할 수가 없었음) 그래 원동에서 들어올 때, 그때는 시집가서, 나이 열여듧살에 시집가 열아홉에 아이낳고 그만 두 달 된 것, 첫아 낳아가지고 들어왔지. [조사자 : 남편하고 함께?] 남편하고 서이. 한데 못 들어와. 그래 우슈 또베로 왔지.

강제이주 이야기, 땅굴 파고 살기

[조사자 : 기차 타고 왔다면서요? 와곤에 실려 왔다면서요?] 바곤에 와도 이런 짐 싣고 댕기는 그런. [조사자 : 화물차?] 이런 짐승이랑 싣고 다니는 그런 데 앉아서, 이짝에 두 청대를 매고, 이짝에 두 청대를 매고, 한복판에 난로를 놓고, 가슬이(가을에) 칩지(춥지). 그래 난로로 거그다 불 때면, 차 서면, 남자들 달아내려가서 석탄이랑 주워다 불 때야 끓여 먹지. 그래 우리 식구 많아 놓으니까나 아래 청대 다 가졌지. 식구 많지 않은 것은 그 청대를 다시 둘로 갈갔어(나누었어). 야, 한 달을 그르고 왔소. 한 달을 그렇게 오는데, 무스기 먹고 오겠소? [조사자 : 무얼 먹었어요?] 대소간 먹었지. 남들은 기차가 서면 달아내려가서 돈 주고 싸서도(사서도) 먹었지만, 우리 신한촌에서 떠날 때 돈이랑 못 가지고 떠났소. 구차하게 살았어. 신한촌에서 구차하게 살았어. 그래 놓으니까나, 월급 타서 먹고 살다가 들어오이까나, 싸서도 못 먹지. 야, 정말 우리 고상했소. [조사자 : 배고팠겠네?] 야, 아이들 얼마나 죽었는지 아오? 물 갈아 먹고 죽기도 하고.

[조사자 : 죽는 것도 봤어요?] 응.

그래. 우리 아는 사람도 여기 와서 붙들려 갔소. 왜 그런가이, 그 사람의 사돈이 여기 해삼위 왔다 갔지. 그런 것도 알고 와 물어 먹었단 말이지. 그저 형제간 다 붙들어다 다 죽여 버렸어. 우리 고려사람들이 정말, 어째 여기 들어와 가지고는, 아이들이 군대 안 가져갔소. 우리 좋은 데 아니 줬소 젊은 사람들은. 그 다음 오래 살미, 차차 법이 바뀌어서 고려사람들 군대 가져갔소. 어쨌는가 하이, 일본 그런 짓들 한다고. 그렇게 우리를 강제로 데려다 고생 그렇게 시켰소. 야, 죽기는 얼마나 죽었는동, 사람들이. 어떤 집은 아들(아이들) 일곱 여덟 다 죽였지. 물 다르고 공기 바뀌어 가지고. 원동은 공기 좋았지. [조사자 : 배고파 죽진 않았어요?] 어찌 아니 고팠겠소? 그 배고픈 말은 어디다 다 하겠소? 어째 배 아니 고팠겠소? 기가 맥히지 지내.

1938년에 집 짓고 꼴호즈 조직하여 농사일 하기

"그 다음(1938년 : 필자 주)에는 대소 꼴호즈를 만들어 가지고, 고려사람들, 꼴호즈를 조직해 가지고는 한짝에서는 밭에 나가 일하매, 한짝에서는 벼질을 하지, 한짝에서는 집을 짓지. 땅굴 파고 살 수 없으니. [조사자 : 처음에는 굴 파고 살았어?] 그렇잖고? 땅굴 파고 살았지. 그래다나이 고상 얼마나 했겠소?" 배고픈 고상. 그 다음에는 곡식이랑 나도 우리 아이 주고 싹 다 군대 가져갔지. 그저 조끔 조끔 노르마(배급?) 주지. 그래서 한 번에 몇 그람씩 주지. 우리 아들 서 가지고, 남편 또 뚜르드 아미 가져갔소(징용당함). 그런 뚜르드. 일하러 데려갔던 말요 남편은. 내 조고만 아들 두 달만에 애비 가져갔단 말요. 다섯 살 먹은 새아가, 세 살 먹은 새아가, 두 달 된 선슨

아, 서이 데리고 내 전쟁 때 살았소. [조사자 : 남편 없고?]

2차대전으로 남편이 징용당해 남편 대신 온갖 고생하기, 재봉틀 팔아 식량 사기

그래 내 살면서리, 그 다음에 남편은 뚜르드 아미 가져가니, 아무 것도 없이, 내 어떻게 살겠어야? 밭에 나가 일하자믄 아 젖먹여야 하는데, 어떻게 그 먼데서 밭에서 일하다 젖 먹이러 댕기오? 그래 어떤 날은 못 나가이까니, 밭에 나가면 일이나 헐하지. 못 나가게 되이까나, 집을 짓느라고 피(벽돌)를 치지. 흙을 이겨서 피를 친단 말야. 배고프지(울먹임), 아 젖은 먹이지, 노르마는 요만큼 타지. 그래 그 피를 쳐서는 어떻게 그것 못 보지. 그렇재니오? 가을이라 뚜르드 그 날짜 없단 말이지(노동 실적이 없음). [조사자 : 일한 날짜 없다고?] 그래 일한 날짜 없다고, 왜냐하믄 피를 치면 오늘 몇 장, 300개면 300개를 다 쳐야 되지. 내 다 못 치지. [조사자 : 애기 때문에.] 못 치니까나 그 다음에는 내게 날짜 없지. 날짜 없다나이까나. [조사자 : 못 친 것은 왜 그런 거야? 애기 때문에 그런 거야, 배 고파서 그런 거야?] 애기 젖도 먹이지 배고 고프지. 아이 져 싸다가지고 다니지. 아들 서이는 먹지. 나도 뭣 먹어야 젖도 나지. 아이고, 말을 마오, 그 고상한 말을. 그래 남편이 뚜르드 아미, 그런 데 가서 두 해만에 왔어. 그러니 고 다음에는 어쩌겠어? 꼴호즈에 있으면서, 벌이 하자니 날짜 없지, 일 못하지, 그 다음에는 아이 서이 데리고, 우슈또베, 거기 갔다왔소? [조사자 : 네.] 내 우슈또베에서 무슨 농사 지어서 먹고 살겠소? 내게 돈 없지야. 원동에서 온 지 3년만에 전쟁났지. 어디 돈이 있어야? 기땀에 구차하지. 그래서 암것도 내게 없지. 팔아서 장시를 하재도 밑천이 있어야 장시를 하지. 그래서 내게 손마시나(재봉틀) 하나 있었소. 그것도 어떻게 샀는가니, 그전에 우리 남편 보내고 아이 데리고 살으매 돼지새끼 팔아서 마시나 샀지야. 그래 그 다음에는 피낫(땅콩) 일구고, 아이 업고, 두 달짜리 선스나 업고 마시나 이고, 우슈또베서 열네 킬로미터. 거기 그전에 꼴호즈 있었소. 거기를 아침에 어두버서 마시나 팔러 갔지. 그때 거기 농새 잘돼. [조사자 : 팔러 가?] 마시나 팔러. 쌀과 바꿔 먹자고. 그때가 농사 잘 됐지. 그래 그 다음에는 쌀과 바꿔 먹자고 이고 가니, 아니 싼단 말요. 그 다음에는 그 마시나를 이고, 그 집에서 밥을 조끔 얻어 먹고서는, 그저 새까맣지. 열네 킬로미터, 갔다왔다, 스물여듧 킬로 아니오? 그래 갔다오이까나, 하나는 다섯 살이고, 하나 세 살인게, 그저 눈이 새까매 나를 기다리고 있어. 야, 기다리면서야. 야, 그 마시나를 장에 나가 팔아서 쌀 10키로 바꿔 팔아 그래가지고서리, 그 다음에 쌀을 싸서 둡고 둡고 팔매 그 쌀로 죽을 쒀 맥이매, 그렇게 자라온 아들을, 이제 (다 죽고) 아들(외손자) 둘에, 딸 하나밖에 없단 말요.(울먹임)

외손자와 외손녀

[조사자 : 몇 살에 죽었어요, 아이들은?] 아들은 몇 살에 죽었는가고? [조사자 : 응 딸이랑.] 딸들이 몇 살이 죽었는가면, 쟈(재) 애미는, 맨 처음 죽은 애는 스물 서이에 죽고, [조사자 : 결혼 않고?] 시집 갔댔어. 야(얘) 애미는 마흔일곱살에 죽었소. 이것들 둘 놓고 죽었어. 아들 둘 낳고 죽었어. 호븐자 살다 죽었지. 그 다음에는, 이제 3년이 되는 게, 둘째딸, 라우라, 일한다 하재니오? 에어로 뽀르트(공항)에서. 가(걔) 마마. 그거는 예순 세 살 먹고 죽었소. 그때 딸 셋을 잃어버리고 이렇게 울며 사오. 그래 그 다음에는 어쩌겠소? 애비 없는

아들, 애비 죽으니까나 아 둘 어떡하겠어? 이거는 그저 글도 못 읽지, 일도 못하지, 그래 내한테 와 있으면서리 뺀시를 다섯천씩 탔소. 뺀시 다섯 천 갖고 어떻게 살겠어야? 그래도 내 아들 살궜단 말요. 조그만 아를 그저 대학에 공부를 시겨서, 일하고,

배고팠던 시절 고생한 이야기

야, 여기 들와서 고상 모질이 했소. 우리 땅구멍을 파고 살면서리, 지내 거기 살면서, 가시 있는 풀, 무시기라 하오? 그게 졸배(잡초)오 그게. 거기도 있겠지? 그저 가을에 양백 그람씩 주기도 하고, 그 양백 그람은 어떻게 아들 먹이겠소? 애들 서이. 그래 그 다음 어쩐 줄 아오? 졸배를 가시풀 가서 캐. 그걸 캐 가져오오. 어떻게 그때 그걸 했는지, 지금은 못하겠소. 나도 모르게, 어린아들 배고프니 그랬겠지. 우슈또베서 배고프니 그랬지. 쌀은 전장에 보냈으니. 아침에 그 졸배를 캐다가는 뜨거운 물에 데워서는 그 다음에는 그거 갈기(가루)에 한데 섞어서는, 그런 떡을 조끔 해서 먹었단 말야. 졸배를 데워서 그걸 가루 넣어서 떡 해 먹었단 말요. 전장 때 그랬어야. 우리 새아가들 그러지. "마마, 그때 우리 졸배떡 해 먹읍시다." "그래 해 먹어봐. 그게 어떤가." 야, 우리 고상 모질이 했소. 그래 지내 사람들 먹을 게 없지. 밭에 나가, 노르마 이맨큼 주는 거 기따맥히오. 그저 곡식은 벼랑 잘돼서 태산같에도 싹 다 가져갔지. 싹 군대 가져갔지. 그래 우리 그 날짜를 보매, 그래 날짜 많은 사람은 더 타고, 나같은 사람은 날짜 없다나이 그저 요맨큼 타고. 그렇소. 말 마오. 우리 고상한 말 다 못하오. 우리 고상한 거 생각하믄 눈물나오. [조사자 : 그러네.] 신발도 없어서, 헝겊 신발을 해서는 땅에다 받쳐야 되지, 그 있재니오? 마시나 발로이. [조사자 : 아, 자동차 바퀴 타이어.] 그거

쥐어버린 것(내다 버린 것) 가져다 (바닥에) 붙여놓으믄, 미끄럽기는 얼마나 미끄럽겠소? 야, 그것 신고 댕겼단 말요. 그걸로 헝겊신발 해 신었지. 그 담에는 밭에 나가 일할 때는 가죽, 도래기 있재이오? 나는 그것 못 신었어. 짚을로 볏짚을로, 그 볏짚 신발도 나 불쌍하다고 주지. 그 동네 아바이가, 나 혼자 아들 데리고 산다고 불쌍하다고 주지. 그래 한번은 동삼이 돌아왔는데, 저기 우슈또베, 먼데 가야 깔낭구를 해오지야. 집이 칩지. 그래 아침에 깔 베러 가겠는데, 신발이 없지. 아바이네 집으로, 나를 짚신해 준 아바이네 집으로 갔다가 어려버서 말이 떨어지지 않아서 그냥 나왔지. 나오는데 그집에 쥐어뿌린(버린) 짚신 있습디. 그래 그 신발 하나 가지고 왔지. 쥐어뿌린 거, 그래 그걸 신고서리, 헝겊 좀 두르고서리 갔어, 산으로. 눈이 여기까지 오지. 빠지지야. 그래, 가서 깔을 벴지. 석 단 묶어 놨지. 석 단 묶어놓고, 이래 눈에 빠지지. 그 다음에 지고 나오니까나 그 눈이 썩썩썩 하면서 그 신발 다 없어졌단 말이지. 그 짚이 다 땅에도 없지 뭐. 그래 감발에다가서리 낭구 지고 오이까나 어두벘지 동삼에. [조사자 : 그 눈발에!] 그래, 아들 오이까나, 다섯 살인게, 눈이 하얗게 나를 기다려. 그래 와서 무스기 먹이겠어? 없지. 그래 졸배죽 쒀서 조끔 먹였지. 야, 우리 정말 옛말요. 우리 고려사람들이 불쌍하게 고상했소. [조사자 : 맨발로 왔네? 그러니까?] 맨발에 커우대로 감발하고 왔지. 그래 감발 싸맸지. 아우! 헌 커우대나 있소? 맨감발에다가서리 낭구 지고 왔단 말요. 그러니 발은 덜 시리지. 그때 나이가 한 이십 살이지.

아유 말 마오. 고상하기사 다 했지만은 특별히 내 더 했소. 아 때부터. 어린아 때부터 어미 없이 고상하고, 그저 해삼위서는 신한촌에는 무슨 외랑 없소. 풀이 없지. 거긴 물고기지. 아 때 요만한 게야

애미 없지, 그저 길가다 땅에 떨어진 거 그냥 주워 먹으며 그렇게 산 사람이요(울먹임). 그 다음에 신한촌에서 가을에 일하믄 그 멀기랑 옥수끼랑 삶아가지고 오면, 내 돈이 없지. 그러면 남이 먹다가 버린 것, 가만히 주워서 그 물을 짜먹었지(계속 울먹임). 그때부터 내 이렇게 산 사람요. 이젠 또 내 선스나가 이렇게 됐어. 어째 내 조끔 살만 하이까나 딸들 잃어버리고 다리 부러져서 고생 이렇게 하오(울먹임). 내 이 아들을 먹여야 하는데, 뺀시는 작지, 그래 아들 먹이려고 가서 오다 압또부스 타고 내리다 이렇게 됐다 말요. 다리 부러졌어. [조사자 : 뭐하다가? 언제?] 이제 두 해 나오. [조사자 : 뭐하다 그랬다고요? 어디 갔다오다?] 장에 갔다가 아들 무슨 싸다 먹이려고, 내 뺀시를 다섯 천 타지, 그러니 풀이라도 눅은 것(싼 것) 싸다 먹여야지, 그래 여기 갔다 저기 갔다 자꾸 댕기지. [조사자 : 아, 싼 것 사려다가.] 그래 장보고 압토부스 타고 여기 와서 내렸소. 여기 내려서 자빠진 게 이러오. 여기가 끊어졌단 말요. [조사자 : 아, 허벅지가 끊어졌구나. 오른쪽이.] 끊어져서, 수술했는데, 이게 아파서 내가 이리 고생하고 있소. 야, 아파서 이 고생을 하오. [조사자 : 그러네.] 아우, 말 마오. 옛말 하려믄 눈물나오. 내 눈물나서 얘길 어떻게 하겠소? 그런데 아들까지 이렇게 고상시키니. [조사자 : 이태 전에 그랬구나.] 이것들도 그렇지야. 애미 없지, 애비 없지. 내 죽으면 애들 뉘랑 같이 있겠어? 이거 서방도 못 가지 일도 못하지. 동생이 벌어서 얘 사오. 야 심장 그런 거 낳았단 말요. 아우, 그렇소. 고려사람이 여기 와 고생 모질이 했소.

땅굴파고 어디 가 있겠소? 그래도 여기 카작크 사람들이 용하오. 고려사람들 없이 보지 않았소. 처음에 왔을 때. 그래 고려사람들 와서 꼴호즈 조직했지. 조직해 가지고서리 거기서 한짝에서 벼를 기르며, 한짝에서 피를 치며16), 흙으로 피를 쳐서 집을 지매, 전쟁 때 어떻게 일했겠어? 남자들 뚜르드 아미 가져가고. 우리 고려사람들 불쌍하게 고상들 했소. 그전에 살만하니 어저 나이먹었지.

교회 다니는 이야기, 요즘의 기도 "나 좀 어서 데려가 주세요."
[조사자 : 할머니, 이건 뭐야? 과일이네?] 그거 먹소. (조사자 : 맛있네.) 난 교회서 보고, 지내 이새해 온 줄 알았소. [조사자 : 하하, 살러온 줄 알았어요?] 지내 이새해 온 줄 알았소. [조사자 : 하하. 작년에도 오고 이제 세 번째예요.] 그렇소? [조사자 : 예. 교회는 언제부터 나가셨어요? 쩨리콥.] 내 열여섯 해 다니고 있소. 내 목사 넷을 갈았소. [조사자 : 아이고, 잘하셨어요. 하늘나라 가셔서, 하늘나라에 가면은 좋은 것만 있대요. 여기서는 고생했지만…] 이 다리가 아프면서도, 올라갈 때도 인도를 하지, 내릴 때도 인도를 하지, 내 남의 신세 많소. 내 너무도 미안해서 내 이렇게 궁리하오. 갔다오면 가고 싶단 말요. 댕겨놔서. 그래 가면 그렇게 즐겁단 말요. 그래 갔다와서, 내 자꾸 남의 신세 많이 지고, 나이 많은 게 어떻게 하겠는가, 그만두자, 가지 말아야 하겠다, 이렇게 궁리를 하다가도, 또 노는 날 돌아오믄 가고 싶단 말요. [조사자 : 하하. 하나님이 역사하셔서.] 목사님이 이러오. "내 너무 나오기 싫어서." 그럼, "아이, 언제까지나 나오라고." 남의 신세 많이 져서, 이거 한짝만 끼고 다니지, 그저 차에 오를 때도 미안하단 말요. 그래 내 모르겠어. [조사자 : 그래도 나가셔야 해요. 하나님이 나오시는 걸 좋아해. 목사님도 좋아해요. 그럼. 그리고 도와주는 사람들은 하나님이 복주실 거예요. 기도하면 돼. 도와

---

16. '벽돌을 만들며'인 듯. '벽돌'을 고려인의 방언으로 '핏자'라 함.

주는 사람들을 위해서 기도하면 돼요. 잘되게 해달라고. 그래서 그 사람이 복 받으면 될 거 아니에요? [조사자 : 아이고, 할머니, 고생을 너무 많이 했네. 큰 쏘냐 할머니도 고생 많으셨더라고.] 쏘냐 집 갔다 왔소? 그래도 그 여자는 어미랑 오래 살았지. 쏘냐는 고상 많이 안했소. 내 고생 많이 했소. 그래도 쏘냐는 딸하고 함께 잘 살고 있소. (고생 이야기 반복하여 생략) 내 하나님께 기도하면 "나 좀 어서 데려가 달라." 그 말이요. "이럴 바에는 나 좀 데려가 달라고."(울먹임) 생각하면 눈물밖에 안 나오. 나보고 어떻게 말하라고. 눈물밖에 아니 나오네.

7. 김마리아(여, 1918년생)

원동 이만 농촌에서 출생하여 결혼, 생후 9개월 만에 전쟁으로 아버지 여읨

김마리아 할머니

[조사자 : 할머니, 원동에 사셨네? 원동?] 원동에서. [조사자 : 원동 어디 사셨어요?] 이만. 고로드 이만. [조사자 : 거기는 뭐하는 데에요?] 농사질하오 거기서. 거그는 어장도 없고 싹 다 농사질하오. 그 이만서. [조사자 : 어떻게 살았어요? 거기서는?] 농사질해서 살았지. [조사자 : 무슨 농사?] 거저 자 브르 먹을 거, 조이도 심고 피나도 심고 옥수시, 감재, 이런 무시기, 싹 다

그래, 심궈서 자븨로 먹고 살았지. [조사자 : 어머니 아버지 살아계셨고?] 내 모지리 박복한 사람이오. [조사자 : 왜?] 우리, 내 아버지르, 나자 아홉달 만에, 전에 구라파전쟁17)이 나지 않았소? 그전에 로서아서 전쟁할 때 간게, 돌아 모 왔소. 내 나서 아홉 달만에 간게. [조사자 : 아버지가?] 아버지가 간게 돌아 모와서 우리 어머이 스무 여섯 살에 홀로 나서 우리 서이. 형이 있고 오래비, 나보다 작은 게, 그래서 스물여섯 살에 나 나서 우리를 자래와서 우리 서이를 서방보내고 쉰 야듧해(1958년) 상새났소. [조사자 : 어머니가?] 야, 어머니 상새났소. 그러고, 역사 많소. 우리 형은 우리 어머이, 우리 한아버지, 우리 할머니(는) 일쯱 상새났지. 할머니, 젖맥이로 네 살짜리 두고 상새났지. [조사자 : 할머니가?] 야, 우리 할머니, 자븨 아들을 두고서 상새났지. 그래 우리 한아버지, 우리 삼촌이 되지야? 그래서 우리 어머이, 같이 한집에서 살았지. 그래다, 우리 형이, 맨 맏이 네 살 먹고 죽었어. 앓아서. 그래고 우리 오래비도 일쯱이 상새났어, 쉰아홉에 상새났어. 환갑 세지 못하고. 저 딸띠꾸르간이라고 하재니오? 거그서 상새났어. 그래, 사다가, 내 시집을 원동에서 갔어. [조사자 : 몇 살에 결혼하신 거예요?] 열야듧 살에. 그때는 약혼이라는 게 없었어. 어시네(시댁에) 줴서 갔지, 그전 세월에. 우리 자븨로 간 게 아니고 어시네 주지. 결혼해 주지. 그래 내 열야듧살인 거, 우리 아버지 둘째고, 우리 맏아바이 있었어. 그래 있는데 우리 맏아바이, 서방네집에서 혼사말 왔지. 서방네 집에서 오니, 우리 맏아바이, "별게 있는가?"고. "아무데나 첫 서방자리 줴야 되지 않는가?"고 해서 혼사 내 결혼했지. 난 그때 어디서 일했는가니, 그게 어느 핸가 하

---

17. 제1차 세계대전(1914~1918).

니, 1936년도, 그때 어디서 일했는가하니, 꼴호즈. 그때 꼴호즈에서 무슨 일 했는가 하니, 그 지싸드, 글 읽었지, 그래 석 달 동안 글 읽어서, 그래 거기서 일했지. 그래다가서리 시집가서 37년도에 여기 싣겨 들어왔지.

강제이주 이야기

여기 싣겨 들어와서, 내 딸이 여기 들어와서, 칠년도 섣달 초열흘 날 (태어)났소. 큰딸이, 그래, 이(금년) 섣달이면 70살이오. 그래 우리 남편은 무슨 일 했는가니, 교원질 했소. 그래 교원질하다 여그 와서 고상 기차게 했지. 까자크촌에도 가 있고 이래 댕기매 로서아 글 배워주다나이. 그러고 전쟁 때 40년도에 우리 까작촌으로 꼴호즈로 이사해 갔소. 우리 남편이 거거를 러시아글을 교원질하다나이. 그래 거기 가 있으면서 우리 큰아들을 41년에 났소. 1941년 5월 스무이렛날이믄 났는데, 6월 스무이튿날 났소. 41년도에 전쟁하지 않았소? 게르마니와. 그래서 거기서 까작촌에서 그 다음에 아들을, 둘째를 또 났소. 44년도에. 그래서 거기서 5년 동안 살다가 고만 우리 아라이온인 데 왔소. 그래 아라이온 내려와서 거기 와 교원질하다가서리, 그양 거기서 교원질, 옛말에 있지 않았소? "교원들 제일 구차히 산다."고. 그래 내 까작촌 있으면서 반질(바느질)해서 그래서 까작촌에서, 야 [조사자 : 까작촌이라는 데가 어디예요?] 꼴호즈. 까작 꼴호즈. [조사자 : 37년에 싣겨 와서 어디에 떨어졌어요?] 크즐오르다. 크즐오르다로 우리 떨어졌소. 그래 거기서 교원질하며, 형편이사 바쁘지. 그래다가서리, 54년에 우리 남편이 병이 들어서 반신불수가 됐어. 10년 동안은 누워 있다가 64년에 상새났소. [조사자 : 야 고생 많이 했네!] 야, 그래 고생. 그 다음에는 내 야들 가지고 농사질, 고본질 댕겼소. 그래 내 아들 글 읽어 사람 만들겠소? 내 아들이 다섯에 딸이 한내요. 그래 내 아들 다 대학 졸업시켰소. 지금 싹 일하오. 로서아글 다 하오.

고본질[18] 농사 이야기

내 그러다나이 내 고본질 가재니오? [조사자 : 어디까지 갔어요?] 고본질으 사정을 댕겼소. 저 싸라또브 어디르 안 간 데 있었겠소? 그래 댕기믄서 이 까작스탄 댕김서 농사질했지. 그래서 돈 벌어서 아들을 멕이고 입히고 글 읽혔소. 그래 우리 아들 여섯을 내 대학을 다 필했소. [조사자 : 딸도?] 야. 딸은 여기 70살이라 하잖았소? 여기서 우니베르스티에서 필했소. 우리 아들들은 싹 이 알마타 와서 필했소. [조사자 : 크즐오르다에 언제까지 살았어요?] 72년까지 살았소. [조사자 : 73년에는 어디로 이사했어요?] 그 다음에는 알마타로 이사해 왔소. [조사자 : 알마타로는 어떻게 해서 왔어요?] 알마타는 어떻게 왔는가 하이, 우리 딸이 여기서 우니베르스티 필했지야? 그래 필하다나이 이 알마타서 일했지. 고로드에 집들을 짓재니오? 집 짓는데 거기서 큰일 했소 가. 일꾼들 일도 받고, 그래 이곳에 이사를 해왔소. 그 다음에 아들도 싹 이 알마타에서 글 읽었소. 대학을 알마타서 필했소. 아 한나 만자(먼저) 와서, 여기 와서 일하면서 집을 팠지. 그래다나이 거저 고상 더 말할 데 없어. [조사자 : 일을 많이 하셨네.] 야, 그래, 내 혼자 여자 몸으로 아들 글 여섯을 읽히고, 그리고 내 아들 여섯이 있는데, 남은 혼자 있는 것도 잘 못 지내 줬어. 난 혼자 여섯을 싹 지내 줬어. 저 크즐오르다 있으면서 딸과 맏

---

18) 계절적 이동 농업. 고려인이 개척한 것으로서, 일정 기간 고향을 떠나 남의 땅을 빌어 농사짓는 것.

아들을 거기서 혼사를 지냈소. 둘. 그래 소문이 났소. 잘 지냈다고. 그리고 그 다음엔 여기 와서는 맏딸은 콘들라스, 지금 아이로크라는 데 거기 있재니오? 거그 제일 큰 레스또랑에서 거그서 넷째아들이 했지. 셋째도 레스또랑에서 했지, 둘째도 했지, 싹 여기 레스또랑에서 정말 소문나게 했어.

강제이주 이야기(1)

　[조사자 : 그러면, 원동에서 싣겨 올 때 얘기 좀 해보세요.] 원동에서 싣겨올 때, 원동에서 우리 남편이 교원질했지. 우리 어머이가 딸과 있었어. 시집간 딸과 있었어. 여기 싣겨올 때, "보름동안에 준비를 해서 떠나라" 그래. 우리, 어머니네 집으로 왔지. 어머니네 집에 와서 싣겼지. 한 바곤에, 짐 싣는 그런 기차 그런 데다가, 싣겼지. 그래 나는 그때 아가 없지. 스무 이틀을 왔어. 스무 이틀 동안 그런 짐 싣는 와곤에 앉아가지고 그래서 음식 끓여 먹는 거, 쇠로 만든 거 뻬치카 있재니오? [조사자 : 아, 난로.] 웅 난로. 거그다 끓여 먹으매게 스무이틀 동안 와서 크즐오르다 와서 내렸어. 그래 크즐오르다 내려놓으니 집이 없지. 할 수 없지. 이런 물녁에 늪이 있재니오? 물녁에 우리를 내려놓습디. [조사자 : 물녁?] 늪, 늪이 있재니오? 그건 무슨 늪인가니, 까자크들 모이. [조사자 : 묘?] 모이, 무덤. 까자크들 무덤 했는 데 그 곁에다 물이 있으니, 웅뎅이가 있으니, 거그

고려인의 고분질 농사

다 집을 큰 거 지었어야, 까자크들이. 그래 거기에다 우릴 거둬 옇었지. 북망산에다가서리. [조사자 : 무덤에다?] 야, 무덤, 북망산에다 우리 잡아다. 그래 그 다음에는 거기서, 짐 가져온 거 거기다 놓고선, 요맨 사람이 누블만큼 놓고, 이래고 사다가(살다가), 어떻게 이렇게 살겠어? 그 다음에는 땅굴을 쳐서, 그 다음에 땅굴에서 나가서 살았어. 야 그래다나이 무슨 사람이, 형편이 없었지.

카자흐스탄 사람들의 문화 : 무덤(시체를 세워서 묻기)과 선물 풍습

그래 까자크들은 모이 어떻게 쓰는 줄 아오야? 까자크들은 무덤, 이렇게 파묻재니오? 고려사람들은 그저 막 파묻재니오? 까자크들은 이걸 이렇게 파고서, 사람을, 관(棺)이 없소. 그 다음에 곁(곁)굴을 파오. 곁에 굴을 파고 사람, 죽은 걸 거기 앉혀 놓소. [조사자 : 앉혀놔?] 야, 앉혀 놓소(중동 지역의 전통적 장묘법. 굴 안에 감실 같은 것을 만들어 시체 놓기). 거그다 파고 요래 앉혀 놓고, 그 다음에 이 짝에다(허당 위에) 집을 이엉새를 하는 것처럼 거기다 해놓고 흙을 묻어서 대수 이러고 맨들어 놓소. 게 몇 해 지나가믄 그 맨들어 논 게 썩재니오? 그럼 거기 빠지기도 하고, 사람이. 까자크들 모이 그렇소 그전에. 그래 우리 거기 가 살면서 유가이 스떼빠노라고 그 사람은 원동에서 콜호즈 파스토르, 책임서기질도 하고 이런 큰사람질 하던 게 나무하러 갔지. 게 낭구 싸싸울이란 게 있재니오? 그 나무 하러 갔지. 게 북망산이 오래다나이 낭기 큰 게 있지. 좋은 게 많지. 그렇지만 까자크들은 거기서 아니하지. 북망산이다나이. [조사자 : 알아!] 아이 다치지. 고려사람들은 막 와서 다치지. 그래 그 사람이 나무하러 갔다가 거기 빠졌소. 그 모이에. 그래 모에 빠져서 제우 나왔지. 나와서 그 다음에는 집에 나와서 정신이 없는 말을 하오. 그래 우리 나오다나이 사깨말(카작어) 하나도 모르재니오? 아이, 그란게, 사깨말을 그저 들구치지 막. 무시기라하는지. [조사자 : 무슨 말?] 사깨말, 카자크말. [조사자 : 그 말을 해?] 야, 카자크말을 하지야. 한 마디도 모르는 게. 그 다음에 자븨 정신이 없지 그 사람이. 그래다가 닷새만에 죽었어. [조사자 : 귀신 들어갔나?] 야, 귀신. [조사자 : 그러니까, 무덤을 갖다가, 이 벽을 파는 거야?] 야, 이래 무덤 파재니오? 이렇게 파재니오? [조사자 : 우리는 땅바닥을 파는데?] 이렇게 파재니오? 판 데다 여기가 졑굴을 파지. [조사자 : 아, 이렇게 판 다음에, 또 곁에다 작은 굴을?] 파고서 거기다 옇지. 앉혀 놓지. 그 다음에, 이 판 굴에다는 낭구도 놓고 깔아놓고 파묻어 놓지. 까자크들은 그렇게 깨지 못하고 살았소. [조사자 : 그러니까, 여기 빠졌고만. 여기.] 야, 그렇소. [조사자 : 무서웠겠네.] 야, 그랬다오. 홀 빠져놓으이, 집을, 정신이 없이. [조사자 : 나이가 몇 살이나 됐는데요?] 그때 그 사람이 서른다섯 살. [조사자 : 장가도 갔어?] 아들도 하나 있었어. 딸이 둘이고. 그런데 빠지고 닷새 만에 죽었소. [조사자 : 여기 까작인들이 친절하게 했다면서요? 도배 줬다면서요?] 도배줬어 모질게. [조사자 : 무엇을 도와 주었어요?] 무엇을 도배줬는가이, 집도, 자븨집도 한칸씩 주고, 그 다음에 먹을 것도 주고, 이 까자크들은 모질이 유한 사람들이오. [조사자 : 고맙네.] 야, 고맙소, 모질이 유한 사람들이오. 그래서 우리를 먹을 것도 주고, 쇠도 젖을 짜서 주지. [조사자 : 지금도 그래요?] 사깨들, 지금도 유하오. 마우재 러시아사람들 같재니오. 이래 집으로 사람 들어가지 않겠소? 꼭 음식을 먹으라고 권하오. 그리고 아문게라도 싸서 줘. 모질이 유한 사람들이오. 그러다나 이 우리 까자크 사람들과 산 게, 정말 가까운 친척들같이 이렇게 살

앉소. 우리 까자크촌에서 살면서 우리 남편이 교원질했지. 게 까자크 세 조합에 학교 한내씩 있었지. 그랜디 우리 남편이 교원질하매, 쌀이, 몰로꼬(우유), 고기 싹 가져오오. [조사자 : 선생님한테?] 응, 교원한테. 그 다음에 내 반질(바느질)해 주지. 무스거 해달라믄 바지도 해주고, 내 그 값을 하지. 일없다고 그냥 해준다고 하지. 그럼 그 값 몇 곱을 더 가지고 오오. [조사자 : 참 좋다.] 그래 우리, 카자크들과 다정하게 살았소. 가깝게 그렇게. [조사자 : 복 받을 사람들이네.] 이 까자크 사람들이 모질이 유한 사람들이오. [조사자 : 그래서 지금 잘 사나 보네.] 야, 게 나 지금, 까자크 사람들 잘 돼 가재니오? [조사자 : 나그네를 잘 대접해서.] 야.

남편 사망 후 노동하여 살아온 이야기

그래 64년도에 남편이 돌아가고, 거기서 살다가서르는, 아들, 알마타 와서 글을, 내 농사질해서. [조사자 : 농사질할 때는 어떤 일들이 있었어요?] 무슨 농사질 했는가이, 감재, 파(누크), 마르꼬프, 그래 소소한 거, 외도 심으고, 그래서 파서 꼴호즈에 주지. 그럼 꼴호즈에서 돈 얼마 주지. [조사자 : 벼질도 했어요?] 벼질도 했어. [조사자 : 수박도 하고?] 응 수박도 하고 벼질도 했지, 파질도 했지. 무슨 못한 일이 있었겠어? 그리고 그전에 전쟁 때, 그 바쁜 때, 내 바아(방아) 쩔소. 베를 쌓아서는 방아를 쩌서 그 베를 쌀을 팔아서, 또 그 베를 고쳐사서 열세 해를 내 방아질을 했소. 열세 해를 내 방아질을 했소. 그래 하다가 그 다음에는 내 농사질로 넘어가 농사질을 했소. [조사자 : 아, 방아질을 하다가 고분질을 한 거야?] 야, 고 다음에 고분질로 넘어갔소. [조사자 : 그래, 일을 많이 하셔서 건강하신가?] 그래 사람들이 이러오. 어떤 사람들이 이렇게 말하오. "어구! 다리 아프지, 허리 아프지. 일을 너무 많이 해서 그렇다"고. 내가 그러지. "그런 말은 하지 말라우. 내처럼 일한 게 없다우. 커우대(자루)는 얼마나 멧겠소? 커우대를 내 한 해도 몇 천 커우대씩 메오. 그 감재 젓질(품앗이?)을 사람들을 모아 하재니오? 그거 열 집이나 스무 집이나 돌아댕기머 실어주고, 나는 여자라고, 그전에는 여자, 하나도 댕기는 게 없었어. 그래 난 남자들이 일하러 댕기는 데 가서, 남자들이 하는 거 맹이로 커우대를 메지. 한 자루 멜 때 나도 한 자루 메지. 그래 내 일하면서 남자들 신세 아니 졌소. 바깥의 일 다 하오. 그전에 내 욕봤소." [조사자 : 힘이 좋았구나.] 야, 그래 갖고 가슬에 감재를 파재니오? 감자를 팔 때는 집으로 실어올 때는 한번에 100커우대씩 실지. 마시나에다 100자루씩 실지. 실을 때는 집으로 와서 부림질을 해. 위에서 한내 주지야, 내가 그거 다 메서 커우대 호분자 구뭉에다 다 쏟아 옇소. 일을 그렇게 했소. 그러고 내 한해를 그렇게 살아왔소. 그래 아들, 그렇게 가르쳐놓고 그 다음에 지금 이 알마타 와서 형편이 좋소.

교회 다니는 이야기

[조사자 : 교회는 어떻게 나오셨어요? 쩨리콥.] 첼리코프를 내 어느 해부터 나왔는가 하이, 97년부터 나왔소. [조사자 : 누가 나가자고 그랬어요?] 97년에. [조사자 : 누가?] 어떻게 돼서 그렇게 됐는가이, 내, 97년 6월에 내 서울에 갔다 왔소. [조사자 : 오!] 서울에 어떻게 갔는가이, 60년, 우리 원동에서 싫겨 오지 않았겠소? 그게 60년이 됐지. 그래 60년이 됐는데 까작스탄에서 서울을 보냈지. 그래서 35명이, 전체 까작스탄에서 35명이 우리 갔어. 그래 서울에 가서 우리 싹 서울에서 이틀 있었어. 그러고 싹 그 큰 도시들을 다 돌아댕겼어. 그

래 우리 사진도 있소, 찍은 게. [조사자 : 오, 이따가 봐야 되겠다.](함께 사진첩 보면서 대화 나눔. 공항, 청와대, 세종문화회관, 국회의사당, 서울타워 등에서 찍은 기념사진을 함께 보며 이야기함.) 야 우리 구경 잘 시켰소. [조사자 : 한국에 사는 사람들은 시집가서 시집살이를 많이 하거든? 시아버지 시어머니가 모질게 하고, 할머니는 그런 거 없었어요?] 내 시집가서, 시아바이, 시어머이, 있었어. [조사자 : 좋았어요?] 좋았어. 그런데 이내 상새났어. 내 시집가서 그해 시아버지 상새났소. [조사자 : 바로?] 응, 우리 시아바이는 젊어 상새났어. 쉰세 살에 상새났소. 그래고 시아바이 상새나고 한 해 되이 또 시어마이가. 3월에 상새났는데 그 이듬해 돌에 가서 또 우리 시어마이 상새났소. [조사자 : 다른 할머니들은, 시아버지 시어머니한테 시집살이 많이 하지 않았어요?] 더러 한 게 있소. 그전에도 시집살이 됐어야. 그러나 난 시집살이 모해 봤어. 우리 시애끼(시동생) 한내 있었어. 시애끼 몇 살 된 거, 아홉 살 된 거 두고 상새났어. 우리 시어마이 시아바이 생새나서, 그거 내 자래왔어. 그거 자래와 글 읽게 해 대학을 필히 시겨 그래서 곁에서 알마타서 사오. [조사자 : 교회는 97년 서울에 갔다 오고?] 97년 6월에 우리 갔다왔어야. 그래 그 다음부터 교회 내 댕겼어. [조사자 : 어떻게 해서 그때?] 그때 그전이는 어째 교회를 안 댕겼나 하믄, 내 사실이 많소.

1991년도에 원동으로 재이주했다가 되돌아옴

91년도에야 우리 아들이 이러거든. "마마, 우리 원동으로 이사 가자고. 그게 마마 사던 고향이 아닌가고?" 그래, 가면 좋을 거 같아서야, "그럼 가자." 그래 집이랑 팔아가지고 갔어. 셋째아들이, 넷째아들이, 둘째, 서이 갔어. 우리 짐을 싹 실고 갔어. 91년도에. 그래 가들이 봄에 갔지. 그 농사를 심자고, 가서 수박도 심우고 파도 심우고야, 그러고 나는 어느때 갔는가이, 6월달에 갔어. 그래 가놓이, 수박 심운 게 풀이 가뜩하지, 자라지 않았어. 수박이 요런 거 그저. 그 다음에, 파 심은 거, 파이도 대가리 안되고 그저 이렇게 자랐어. 그래 그 다음에 저기서 우리 집으 팔아가지고 갔지. 여기 우리 저기 바우바(알마타시의 한 거리)나 살았어. 집으 70천에 팔았어. 팔아서 거기서 60천 주고 집을 샀지. 좋은 집을. 그래 사서, 집에 있으매 그 해 농사가 되지 않았지. 그래다나이 또 내 어떻게 살겠어? 가슬에 가서 그 누크도 대가리 아이 들고, 그거 조금씩 해서 팔고야, 다른 데 넘가서 팔고. 그래 92년도에, 우리 셋째아들이 아메리카에 갔어. 어째 갔는가이, 거기 동무 있지. 그래서 오라개 거기 가서, 가들은 식구 다 이사를 갔소. 그래 내 거기 떨어지고 둘째아들이, 넷째는 되비 집으로 왔어. 여기로 왔어. 식구 안 갔으이, 호븐자 갔다 되 왔지. 그 다음에 둘째 떨어지고, 셋째는 가고나이, 내하고 없지. 그래 그 집을 가지고 있다가 넷째가 그러오. "마마, 거기서 고상 말고 오라고." 날 자꾸 오라지. [조사자 : 다시 오라고.] 응, 그래 "아니, 내 차차 가지 아니 오겠다"고. 우리 넷째, 안깐(아내) 데리고 가서 수박일 하고, 우리 며느리 이래오. "빨리 오라고." "야, 나르 못 살게 군다고," 자꾸 나를 오라고. "나 때문에 마마 안 온다고 한다"고. 그래 전화를 하며 이러오. "마마, 빨리 오라고. 우리 뽀뽀이 살게 하겠으믄, 재밌게 살게 하겠으믄 어서 오라고." 그래서 내 그랬지. 내 거기서 3년 동안 살았어. 그라고 그 다음에 내 왔어 여기로. 그래 와서, 집이 큰집이 있어. 젖먹이가 우리 넷째 한집에서 함께 두 세간이 한집에서. 그래 내 오이, 그 칸에다 우리 젖먹이, 원동에서 떨어져. 그래 칸이다가 서리 싹 다 레몬트하고 그래놓고 "오라"고. 그래 오이 거기서, "마마,

이제 아무 데도 가지 말라"고. 그래 그 다음에 거간에 내 다섯 번은 갔다왔어. 여그를 왔다 거그를 갔다, 갔다왔다. [조사자 : 거기 누가 있는데?] 그래 갔다가 또 왔다가 다시 또 가오. [조사자 : 그러니까 거기가 고향이라 그랬구나.] 우리 살던 고향이지. [조사자 : 고향이라 가고 싶었구나.] 가고 싶어 갔지. [조사자 : 가보니까 어때요? 많이 바뀌었지? 원동이?] 야, 그래, 원동이, 여기만 못합디다. [조사자 : 아는 사람도 없고?] 야, 그러고 로시아 사람들이 사께만 모해. 그래서 이새를 했어. 그래 그 다음에는 내 여기를 오이, 우리 넷째, 나를 이 집을 싸줍디. 무시기라 하는가이, "마마, 편안히 이렇게 호븐자 살라고. 집에서." 그리고, 그 다음에는. 사던 집을 팔아 가들 세칸들이 집을 저기 악싸이다 샀지. 그래 내, 집 이거 96년도에 샀어, 이 집은. 그래 내 호븐자 살아.

말년의 즐거움

[조사자 : 교회는 어떻게 나가시게 된 거예요?] 교회는 어떻게 나갔는가하이, 서울에 갔다왔지. 서울에 갔다와서, 그런데, 동무들이, 갔다왔다고 그 다음에 내 보러 오지. 큰 서울에 갔다 왔는데, 어찌 그냥 있겠소? 내 음식도 해놓고 놀면서야 며칠 일했지야? 그래 그 여자들이 더러 교회를 댕기는 사람들이야. "야, 저도 교회를 댕겨." "그럼 댕기지 어찌 아니 댕기겠는가?" 그래서 97년도 6월달부터 내 댕겼어. 서울에 갔다와서부터 댕겨, 지금 할날도 안 빠지고 댕겨. [조사자 : 친구들이 가자고 한 거예요? 그 친구가 누구예요?] 따냐. 그리고 친구 많소. 나쟈, 나타샤, 친구들이 많소. [조사자 : 쏘냐?] 쏘냐. 쏘냐도 교회 나가서 만났소. 그전에는 몰랐소. 그래 내 그전에는 고상하고 그렇게 살았는데 지금은 일없소. [조사자 : 잘됐네.] 그래 내

그러오. "오래 사니까 이런 좋은 세상 본다"고. [조사자 : 그래요. 참, 아들이 참 고맙네. 효자네 효자.] 우리, 다른 아들들도 그렇지만 우리 넷째아들이 효자오. 먹을 것도 싹 사오오. 그리고 이 아들 있재니오? 딸 두 있는 거. 걍 보내, 가서 있으라고. [조사자 : 집도 깨끗하네.] 레닌그라도 가서 공부 필하고 왔지. 그래서 이 집을 어두븐 거 싹 칠을 하고, 이거 싹 씻고. [조사자 : 넷째아들이 레닌그라드서 공부했어요?] 딸이. 이 아이 형이. [조사자 : 그렇구나.] 우리 맏아들도 여기 있소. 맏아들도 딸이 둘이오. 딸이 둘인데 다 시집갔소. 그래 다 일없이 사오. [조사자 : 아이구 감사한 일이네.] 그래, 카작 들어와서 이 카작 사람 신세 많소. 우리, 카자크들이 아니었으믄, 로시아 사람들한테나 그런 데 실어갔으믄 고상 기차게 했지. 그래, 여기 오다나이 이 사람들이 자븨게 조금 있어도 주고 그랬지. [조사자 : 참 다행한 일이야. 여기로 온 거.] 야, 이 까작스탄 오길래 우리 고려사람들 행복했소. [조사자 : 우즈베키스탄은 어땠대요?] 우즈베키스탄도 일 없었고. [조사자 : 거기도 잘해 주었구나.] 거기도 고려사람들이 많소. 그리고 우리 사람들이 일 잘하재니오? 와서 꼴호즈랑 일해서 저 그전에 우즈베키스탄이나 까작스탄서 어디서 농사일했겠소? 그래 가서 성공이 나서 곡식도 몇백천 톤 해서 국가에 바치지, 농촌으 집들도 싹 고쳐가지고 있지, 학교 싹 아들(아이들), 고려사람들이 와서 그러다나이 이 사깨들이나 베깨들(우즈베키스탄 사람들)이 개명을 했어. 그래나이 고려사람들 미버(미워) 안하지. 그래 차자 있으면서 지내보이, 고려사람들이 좋은 사람들이거든? [조사자 : 알았구나.] 응. [조사자 : 고려사람들은 거지가 없더구만? 빌어먹는 사람이 없어.] 없어, 없어. 고려사람 비렁뱅이 없어. [조사자 : 러시아 사람은 있대.] 러시아 사람이나 사께는 있소. 그렇지만 고려사람은 스톨까 없소. 빌어먹는 사람 없소. 아무 일 해도 벌어서 먹지 댕기며 빌어 먹는 법이 없소. 그렇게 고려사람들이 성질이 강한 사람들이오. 그래 나이 고려사람들이 어디 가든지 받아들이재니오? 좋은 사람들이라고.

강제이주 이야기(2)

[조사자 : 때때로 스딸린 때문에 여기 왔다면서요? 원망할 때도 있었겠네?] 그렇잖았으면 원동에서 그냥 살았지. 어쨌는가니, 일본놈 탐지군이라고, 일본 탐지라고, 그래서 싹 이리 싣겨 왔지. 죽기는 얼매나 죽었겠소? 사람이. [조사자 : 많이 죽었대?] 아들이 많이 죽었어 여기 들어오면서. 공기도 바뀌재니오? 원동과 여기 땅 그러지, 날씨 이러지, 많이 죽었소. 어든 집에서는 아들 너이 다섯이 다 죽인 집도 있고. [조사자 : 오다가?] 야, 고려사람들이 고상했소. 어구, 사람이 얼매나 죽었소? [조사자 : 그래도 원동보다 여기가 나은 거예요?] 낫소. 살기가. 그리고 고려사람들이 그렇게 구차히 사는 게 없소. 세끼 먹을 게 없거나 집 없거나 이런 게 없소. 거저 일하믄 먹을 게 생기재니오? 일한 거마다 생기지. 그래다나이 고려사람들이 그전부터 농사일을, 고려사람들의 직업이 농사질이재니오? 그래 농사질해서 먹고 입고 남은 거 팔고 이래다나이. 그래 여기서 고려사람들 여기서 잘 사는 사람 가득하오. [조사자 : 그런데, 할머니는 우리말을 잘해.] 내? [조사자 : 예.] 더러 알아 못듣재니오? [조사자 : 아니, 잘하는데, 어떻게 잘해요?] 우리 그전에 한아바이랑 있을 때, 집에서 싹 고려말했지. [조사자 : 밖에 나가면?] 밖에 나가도 우린 나먹은 사람은 고려말하오. [조사자 : 우리끼리 모여 살았나?] 야. 혹시 더러 로시야 말을 섞어서도 하오. [조사자 : 요즘 애들은 우리말 못하지요?] 야

들은 모르오. 게 우리 아들은 아오. 아들은 다 할 줄 아오. [조사자
: 할머니는 옛말 들은 거 없었어요?] 옛말은 모르겠소 나는. 그전이
무슨 편안하고야 옛말도 듣고 하지(웃음). 밤이고 낮이고 없었어. 달
아 댕기느라고. 농사질할 때는 물을 댈 때는, 밤에 두 밤중에 나가
물을 대오. 낮에는 지심 매고 일해야지? 물 못 대믄 일 못하다나이.
밤에 두 밤중에 나가서 물을 대지. 그렇게 살아왔소.

5학년까지 고려말 공부하고 나서부터는 러시아어 공부하기, 고생한 이야기

[조사자 : 끄즐오르다에 있을 때, 고려극장도 다녔었어요?] 우리 바
로 끄즐오르다 있었어. [조사자 : 고려극장 있었어요?] 고려극장 있었
지. 여기 알마타로 넘어왔어. [조사자 : 가봤었어요? 끄즐오르다 있
을 때 고려극장 가봤어요?] 야. [조사자 : 거기서 뭘 봤어요?] 그렇게
그때 못 댕겼어. 댕기지 못했어. [조사자 : 한번도 못 갔어?] 야. 우리
크즐오르다 고로드에 있지 않았어. 도시 아니고. [조사자 : 아, 떨어
져 있었어?] 그래, 댕기지 못했지. 그저 소식은 듣고, 어쨌다는 얘기
는 들었지. [조사자 : 그랬구나, 끄즐오르다 시골에 있었구나.] 야. 아
으, 그렇게 살았소. 오래 사다나이, [조사자 : 이렇게 편안하네.] 야.
[조사자 : 할머니 기도도 하셔?] 야. [조사자 : 비블리아는?] 비블리아
있소. [조사자 : 읽으셔요.] 고려글도 있고 로시야 글도 있고. [조사자
: 할머니는 학교 다녔어요?] 학교 댕겼어. 끄즐오르다에서. [조사자 :
몇 학년?] 5학년. 5학년 읽으고, 그 다음에 로서아 글 또 읽었소. [조
사자 : 5학년은 고려말?] 야, 고려말. 그 다음에는 러시아 글 또 읽었
소. [조사자 : 몇 년?] 러시아 글도 5학년 읽었소. 그전에는 고려말학
교에서 조금 러시아글 읽다가, 여기서 싹 러시아말 하지. "앞으로 러

시아화하는데 고려말 해서 어쩌겠는가 러시아 글 읽어야 된다고." 그
래, 그 다음에는 고쳐서, (러시아어학교에서) 3학년부터는 러시아글
고쳐 읽었지. [조사자 : 고려학교에서 5학년 했어요?] 야. [조사자 : 5
학년 하고 다시 또 러시아학교 가서 몇 년?] 3학년에서 5학년까지 읽
었지. [조사자 : 그랬구나.] 우리 시집 가기 전에는 잘 살았소. 구차
아니 살았소. 우리 터밭이 있고 집이 팔갈이집이라고 하지 않았소?
여러 갈이. 그래서 병작 준다는게, 가슬에 수확을, 이래면서 우리 잘
살았소. 그리고 우리 아버지, 군대가서 돌아 모 왔다 하재니오? 우리
돈도 탔소. 그때 돈으로 19냥씩 탔소. [조사자 : 결혼해서 고생했구
만.] 시집가서 내 고상했소. 그래 우리 남편이 교원질하는데 거저 아
무 일할 줄도 모르고 그저 시간 보고 와서는 "식욕거리 있냐 없냐"
이런 거 없지. 예산이 없지. 그저 시간 보고 오믄. [조사자 : 살림은
할머니가 다 했구먼?] 응.

말년의 생활 : 교회 다니기와 친구들 만나기

[조사자 : 그럼 여기서는 어떻게 지내요? 일요일날은 쩰리콥 가고.
나머지 날은 어떻게 지내요?] 나머지 날은 우리네 좀 모다서 노자 하
면 가지. 우리 사람이 일곱이야. 안까쨔(안예까치리나) 집에도 갔다
왔다면서야? 쏘냐, 따냐, [조사자 : 주나쨔.] 아뇨. 주나쨔는 우리 같
이 아이 댕기오. 일주일에 한번씩 우리집에서 노지 않겠소? 그 다음
주에는 또 다른 집에서. [조사자 : 안예까치리나. 거기도 갔어.] 그러
지. 한 주일에 한 번씩 가오, 우리. 챙겨논 거 와서 먹고 노다 가오.
다음 주일에는 다른 집에 가서 노오. [조사자 : 뭐하고 놀아요?] 그래
앉아서 그저 놀지. [조사자 : 음식 먹고 뭐해? 화투?] 우리, 화투는
노지 말라 하지야? 교회서야?(웃음) 그렇지만 화투도 한판씩 하고.

그것도 그전에는 아니 놓았지. 그래 우리 동무들이 여기 저기 댕기며, 어디서 생신집에서 오라면 댕기고, 그래 한 주일에 한번씩은 꼭 어드매 갔다오오. [조사자 : 환갑잔치랑 다 있죠?] 환갑잔치, 생진날, 다 댕기오. 그저 한 해 한번씩 생진 쇠지. 늙은 나이 먹은 사람들, 한 해 한번 생진 쇠지. [조사자 : 생일날은 가요? 집으로?] 응. 집으로 가고, 어떤 때는 까페에서도 하고.

카자흐스탄 사람들의 잔치문화와 기타 풍속

[조사자 : 여기 까작 사람들은 여러 날 하는가 보데? 잔치할 때. 하루 이틀 사흘 그렇게 한다며?] 야 야, 그렇게 하오. [조사자 : 우리는 그렇게 않죠?] 우리는 하루. 그러잖음 이튿날, 친척들이 조금 모여서. [조사자 : 우리는 그렇죠? 카작 사람들은 오래 한다대?] 에, 카자크 사람들 밤마다 며칠씩 모다 노오. [조사자 : 밤마다?] 야. 밤에만 모다 노오. [조사자 : 놀기 좋아하는구나.] 야, 그리고 이 까자크 사람들이, 사람들을 싹 초대해서 모다서 해. [조사자 : 할머니, 까작사람들, 밥 먹을 때, 이렇게 누워서 먹는다면서요? 봤어요?] 먹소. 그렇게 먹소. [조사자 : 봤어? 언제?] 우리 에따 그전에 40년도에 38년도 여기 고마 들어오지 않았소? 그래 노이, 나이 먹은 사람들 그렇게 먹소. 젊은 사람들은 앉아 먹고. [조사자 : 나이 먹은 사람들이 이렇게 먹어?] 야. [조사자 : 오랫 동안 먹어?] 그래 먹고, 차이도 먹고. [조사자 : 차이 먹을 때는 앉아서 먹고?] 야, 차이 먹을 때는 앉아서 먹고. 그전에 그랬지. 지금은 아니 먹소. [조사자 : 그리고 까작 사람들 집이, 천막집이었어? 이 둥그런 천막, 텐트였어요?] 야, 유르따. 그전에 이런 집에서 살고, 집을 지었어. [조사자 : 그럼 이런 집도 있고 이런 집도 있고?] 야. 그래서 여름이, 5월이 돌아오지 않겠소? 겨울에

그 집에서 사오. 여름이 오믄 풀밭에 나가서 유르따 치고 사오. [조사자 : 아, 여름에만 유르타에서 사는구나.] 여름에는 유르따에서 살고 겨울에는 집에서 살고. [조사자 : 아, 다르게 살았구나.] 그렇게 사오. [조사자 : 카작 사람들이 좋은 게 뭐예요? 우리가 본받을 점. 친절한 것하고 또 뭐 있어요? 부지런하진 않지?] 일 잘 안하오. 부지런 치아이오. 까자크 사람들이 이 무슨 채소나 남새나 뭐 지어 먹을 줄 모르오. [조사자 : 아!] 거저 양을 치고 쇠나 쳐서, 그저 이런 집이 있지 않겠소? 집에 있어도 밭이 있어도 한나 아이 심으오. 그러니 풀이 이렇게 자라지. 카자크 사람들이 일하기 좋아 아이하오. [조사자 : 착하긴 한데?] 야. 그러나 지금은 일 잘하오. 그전에 그랬지. [조사자 : 얼굴도 비슷해, 우리하고.] 비슷하오. [조사자 : 아침에 압또부스 타고 오는데, 여자가, 똑같애. 너무 똑같애.] 고려사람 같으지. 차이 나 마시오. [조사자 : 물 주세요. 물 마실 게요. 찬물.]

8. 김로자(1931년생)

원동 어장에서 부모님 모시고 즐겁게 살던 시절

[조사자 : 김로자 할머니, 몇 년도에 태어나셨어요?] 내 서른 한 해 [조사자 : 1931년?] 응 31년에. [조사자 : 거기가 그러니까 원동이죠?] 원동에서 살았지. 그라다가 1937년도에 잉그로(여기로) 싫겼지(실려왔지). [조사자 : 거기서 살 때 어머니 아버지 어릴 때 생각이 뭐가 나요?] 내 여듧살에 어마니 상세났소. [조사자 : 어머니 돌아가시기 전에는 어떤 생각이 나세요?] 어머니도 있고 아버지도 있고 하실 때 일없었지. [조사자 : 아버지 뭐하셨는데?] 아버지도 그때는 일도 하지. [조사자 : 아버지 무슨 일 하셨는데?] 무슨 일 하셨는가? 그

전이 고기 잡는 일 했지. [조사자 : 아하, 어장이었구나!] 어장이었지. 원동이서 어장에서 일했지. [조사자 : 어머니는?] 어머니는 그저 집에서, 고기잡이하는 데서 일했지. 사람들 데리고서 고기도 벳기고, 일 시기는(시키는) 일 했었지 어머니가. 아버지는 배 타고 나가서 고기 잡아 오지, 우리 어머니는 사람들 모집해서 사가지고 와서 고기도 벳기고 그물도 손질하고, 여자들을 많이 모아 데리고서리 그 일 했지. 물녘(물가 즉 육지)에서 사람들 시겨서 일했지. [조사자 : 할머니도 일했어요?] 나는 어려서, 조그만한 게, 일곱 살인 게. [조사자 : 그때는 잘 사셨어요?] 일없이 살았어. 우리 아버지가 고기 잘 잡아서. [조사자 : 할아버지도 계셨어요?] 할아버지는 없고 할머니도 있었어. 우리 할아버지는 일찌감치 상세나고 우리 할머니는 아흔 넷에 상세 났어. [조사자 : 오래 사셨네. 아버지 이름이 뭐였어요?] 김미트로판. [조사자 : 어머니는?] 어머니는 강옐레나. [조사자 : 할머니 혼자는 아니었을 거 아냐? 언나나 오빠나 동생이 있었어요?] 있지 않고. 오빠(남동생) 하나, 동생(여동생) 하나. 시방도 생존해. [조사자: 어릴 때 거기서 살 때 생각나는 일이 뭐가 있어요?] 아버지 고기잡아 나가는 그 물에 우리 목욕도 하고, 서답도 씻고 그저 아이들이랑 거그서 놀러가던 이런 일이 생각키웁지. 큰 바다였지. 조그만 강 있는 데로 고기를 잡아가지고 들어오지. 그럼 땅에서 우리 어머니는 고기를 벳기고 그랬지. ([조사자: 어머니 돌아가실 때까지 다른 뭐 특별

김로자 할머니

한 일은 없었어요.?) 우리는 큰 배에 앉아서 들어왔었지. 원동에서 살던 사람들 큰 배에다 싣고 위간에 왔지. 그때 우리 눕지도 못하고 앉아서 들어왔지. 세 시간이면 위간이라는 데 당도하겠는데,

무를류에서 위간으로 이동할 때 돌아가신 어머니, 아버지의 재혼

[조사자 : 여기 들어올 때 이야기 좀 해보자고요.] 그때 내가 여덟 살도 아닐 때지. 그런디 어머니가 위간이라는 데 당도 못하고 세 시간 전에 상세났어. 우리 어머니를 무슨 헝겊에다 둘둘 감아서 물에다 여(넣어). 물에서 상세나면 아이 장사를 해. 물에다 넣어. 그래 우리 어머니 물에다 넣은 거 환하게 생각나. 동생 요만하고 오빠(남동생)까지 요만한 거(울먹이시며 구술함). 그 다음(어머니 돌아가신 후)에 우리 아버지 고기잡으러 봄에 가면 가슬(가을)에 오고, 가슬에 가면 또 봄에 오고, 그래서 있는 고상(고생), 없는 고상 다했어(울음). [조사자 : 여기 오기 전에?] 여기 오기 전에 까작스탄 위간에 있다 왔어. 그래 아버지 고기 잡으러 가면 가슬게(가을에) 왔지. 그 다음 한 달 동안은 집에 있지. 그러다 물이 얼면 또 고기잡으러 갔지. 얼은 물을 깨고서 거기 그물을 넣어 고기를 잡지. 그물을 거기가 여(넣어) 가지고는 이렇게 건져. [조사자 : 그럼 아버지 없이 셋이 어떻게 살아?] 그래도 우리 아버지 누븨(누이) 하내(하나) 있었어. [조사자 : 고모.] 응 고모. 그 고모가 좀 멀리 살았지만은 우리네 드문드문 도바도(도와도) 주고 무스 어떤 때는 먹을 거도 해다도 주고, 김치도 해다 주고. 그전이 무슨 밥이 있었어? 떡도 없었지 뭐. 뭘 가져오면 죽이라도 쒀서 그저 대소 먹고, 그렇게 살다, 내 열세 살 먹으이 우리 아버지 다른 어마이 하더구만. 그 어머니 들어와서 우리 셋다 잘 거뒀어. [조사자: 잘 만났네!] 자식도 못 낳는 어머니를 아버지

가 얻어서이. 우리 낳은 어머니는 되개 음전하고 곱지. 그러나 들어 와서 사는 어머니는 되게 밉지. 그래도 우리 아버지, (새어머니에게) 마음이 없어도 우리네를 잘 거두기 까닭에 우리 아버지 살았지. 음식도 끓여서 먹이고 하이까나니. 우리 새어마니 60살에 상세났는데, 그때 우리 아버지 처음 말하지. "내 너희 어머니, 마음에 없는 거 여태까지 살아도, 너희들 잘 먹이고 잘 입히고 하이까(하니까) 내 마음에 없는 여자지만 서른 해 살았다. 너희 그거 알라."(울음) 그래, 내 가슴이 모지(매우) 아프지(울음). 아버지 가슴 그렇게 모지 아프지. 그래서 어머니 상세나고 자꾸 외우지. 그런 걸 자꾸 생각해서리. 그 어머니를 물에다 옇어 버리고 이날 이때까지, 그게 눈에 선하지(울음). 우리 어머니 시체를 싸서 이렇게 물에다 휘딱 던져버러. 그게 지금도 내 눈으로 보는 것만 같지. 그렇게 내가 고생하며 자랐어.

열 살 때 일하면서 야학교 다닌 이야기

그 다음에는 내가 마흔 두 살 먹으니까디 남편이 상세났어. [조사자: 결혼은 언제 하셨어요?] 20살에 시집갔어. 그 다음에는 남편이 상세났어. 그래 남자아이들이 서이(셋이) 내게 있지. 그 아이들을 데리고 있다나니 내가 핵교를 어떻게 다니겠어? 내 열 살 반에 콜호즈 나가서 일했어. 감자도 주워다 담고, 그래서 아이들 떡이라도 얻어다 먹이고. 거그서 점심도 주고 저녁도 주고, 그걸 절반만 먹고 절반은 가져다 아이들 주고, 내 학교도 못 댕기다가. 열세 살에 우리 아버지 다른 어마이 얻으니까이, 내 학교라는 거, 낮 학교 아이고 밤학교르 한 클라스는 읽었어. 낮으는 콜호즈 나가서 일하고 학교 가서 글 읽으면 어찌 자겠어? 자지 못하지. 그러니 선생님이 그러지. "로자, 넌 집으로 가라. 집에 가서 자거라. 낮에 나가 일하다나니 맥이 없어 자꾸 자니 무슨 글 읽겠니?" 그래서 내가 시방 비블리(성경), 그거 조금 읽기는 조금 붙여 읽어도 한 마디도 알아 못 들어. 그러나 내, 하나님 모질게 믿지. 그러나 그때 생각, 가슴에는 있고 머리에도 그냥 있지. 그래 남편 상세나고 아이들 데리고 인간에 있는 고상 다하고 살았어. 아이들 먹이고 서방 보내고. 그래도 이제는 아이들이 다 일없이 사이까, 아이들이 나를 고기도 싸다(사다) 주고 음식도 주고 아이들이 그냥 나를 모질이 사랑하이 기쁘오 내가. 며느리들 모두 조선사람이지, 타국 사람 하나도 없지.

강제이주와 카자흐스탄 정착 이야기

[조사자: 거기서 37년에 올 때, 배를 타고 온 거예? 카작에 올 때.] 아니, 부슬기(기차) 앉아 왔지. 부슬기 앉아서 무륩류라는 데로 왔지. [조사자 : 그 날이 어떤 날이었어요? 뭐하고 있었는데 갑자기 그렇게 오게 된 거에요?] 내가 그건 잘 모르지. [조사자 : 기억이 잘 안 나지만은?] 그저 우리네 집에 앉아 있는데, 어머니가 "너희네 어디 가지 말고 한군데 모다(모여) 있어라." 그런데, 총을 든 남자들이 이렇게 들어와서 "짐을 싹 꾸리라고. 자리 앉으라고." 그리고 "아무 것도 가지지 말라"고 해. 아무 것도 못 가지게 해. 먹을 것도 조끔 양식이 조금 가지고서리, 아무 것도 가지지 말라고 해서 아무 것도 못 가지고, 부슬기 앉아서. [조사자 : 동네 사람 모두?] 다함께. 아는 사람들 모르는 사람들 모두. [조사자 : 얼마나 큰 차야?] 우리 사람이 싣고, 이런 칸칸에 사람들을 넣어. 식구들이 눕을 데도 없이 이렇게 앉아서 오지. 우리 고상스리 왔소. [조사자 : 그때 어머니 없었네?] 아니, 그때사 있었지. 원동에서 떠났을 때사 어머니 아버지 다 있었지. [조사자 : 그럼 카작에서 돌아가신 거야?] 응 카작스탄 와서 돌아가셨

어. 위간에 채 오지 못하고 돌아가셨어. 우리가 기차를 타고 무를류라는 데 와서 한 동삼(겨울)을 거기서 살았소. 그래 그 다음에 큰 배에다 우리를 싣고서리, 그 큰 배를 멍테라 하오. 멍테에다 우리를 싹 싣고서리 위간이라는 데로 오다가서리 우리 어머니 상세나고. [조사자 : 아하, 그러니까, 위간에 오다가 배에서?] [조사자 : 무를류도 카작이에요?] 응 카작. [조사자 : 그럼 전부가 우슈또베로 간 게 아니네?] 우리는 우슈또베로 아니 갔소. 다른 차에 탄 사람들은 다른 데로 가고, 우리네는 오다나니, 무를류라는 데 부려놨지. 거기도 고기 잡는 데야. 우리 아버지는 고기잡는 사람이 돼서, 고기 잡는 데로 데려왔지. 농촌 일을 하던 사람들은 농촌으로 데려가고. [조사자 : 아하! 그렇게 된 거야? 다 조사했구나!] 응. 한 동삼 고기를 못 잡았지. 그 다음에 우리를 실어와, 돌아가며 물이고 아무도 안 사는 데로 우리를 실어갔지. [조사자 : 그게 위간이야?] 응. 그래 땅을 파고 작은 낭구(나무) 뻬서(베서) 깔(갈대)을 베서 거기다 흙을 발라서 그걸로 구들도 놓고 지붕을 덮어서 집을 졌어. 야, 우리 위간에 들어와 고상 했소. 어머니도 없는 게, 집을 짓는데, 여덟 살 먹은 게 등에다 아이를 엎고서리, 나가서 그냥 흙을 덮지. 덮다가 그냥 엎어지면 그냥 낯을 대고 자지 뭐. 너무 맥이 없어서. 어린아이 등에 업고서, 무거운 흙 가지고…, 그 다음에 핏자를 만들었지. [조사자 : 벽돌?] 응, 벽돌. 그래서 우리 아버지, 집을 먼저 지었어. 어머니 없지 아이들

어장의 고려인들

어디 의지할 데 없지, 그라니까디 우리들 마음대로 집을 지었어. 깔 뽑아다 흙 발라서. 그렇게 집을 지어서 거그서 내 30 해를 거그서 살았어.

새어머니 오시기 전 위간에서 고생한 일, 고마운 새어머니, 알마티로 이사하기

사다가(살다가) 잉으로(여기로. 알마티로) 왔어. [조사자 : 언제예요?] 예순일곱 해(1967년 : 처음에는 러시아어로 계산함). [조사자 : 왜 이리 왔어요?] 왜 이리왔는가이, 우리 큰아들이 머리를 앓아서. 여기 의사가 그러더구만. "알마타 와야 야가 살지, 의사 없이는 야가 못 산다." 그래 이리 왔어. 스닙(시누이)이도 도와 주고, 우리 빠빠 누이 자식들도 도와주고, 우리 어머니도 도와주고, 동무들도 아이들 살구라고(살리라고) 좀 도와 주고 그래서 이 집이 와서, 여기 다 붙여 붙여 하다나니 이렇게 큰집 됐소. 조그만 싸서 여기 와서, 그래서 내가 이때까지 마흔 해 남아 이 집에서 살았소. [조사자 : 그럼 가장 고생할 때는 위간에 살 때네?] 응. 위간에 가서 제일 고생했지. [조사자 : 어떤 일 한 거예요? 어머니 오시기 전에는 무슨 일 한 거예요?] 상세나기 전에는 어리니까 아무 일 못했지. 어머니 상세나니까다, 열 살 반부터 내 콜호즈 가서 일했지. 감자도 파고(캐고), 그거 갖다 붓기도 하고, 추운 동삼에는 물이 얼기만 하면 깔(갈대) 이렇게 큰 거 베어서 놓기는 놓는데 단을 묶으진 못했어. [조사자: 그 일이 남의 일이야?] 콜호스 일이지. 다 기관 일이지. 그게 열한 살인 게 힘이 없으니 묶을 줄을 몰라. 그래 하루는 남자가 나를 불러다가 서루 말하더구만. "저쪽 푸른 깔으 베서 이렇게 빙빙 묶으라고." 그래서 이튿날부텀은 잘 묶어서 떡을 타 먹었지. [조사자 : 그 일을 하면은 무얼 줘요?) 떡도 주고 장물(간장)도 조끔 주고, 이래 하루 세 번 먹이지. 그래 그걸 먹느라. 어떨 때는 이만한 거 주면, 그 절반은 먹고 절반은 남기고, 한 주일 어간 닷새, 그걸 모다서(모아서) 가지고 와서 동생들을 그걸 주면, 오라비(남동생), (턱 괴는 시늉하며) 이렇게 앉아 있어. 그거 떡 가지고 오는가 기다리느라고. [조사자 : 오라비?] 우리는 남동생을 오라비라고 하오. 오빠는 오라바이라고 하지. [조사자 : 계속 그 일을 했어요? 새어머니 들어올 때까지?] 그 다음에는 다른 사람들과 같이 일했지. 무거운 것도 들고 댕기고 그랬지. 내 키가 커서 남자들이 하는 일 다했지. 그땐 열세 살 열네 살 먹었으니 크지. 그래 80키로 나가는 거 커다란 거 메다 부리고…무슨 일인등 아이했겠어? 무거분(무거운) 일은 다 했지. [조사자 : 감자 캐는 거, 깔 베는 거, 또?] 땅을 파서 물 내려가는 도랑 만드느라고 흙을 떨궈뜨리고 다녔지. 그거 흙 들고 다니고 바쁘오. [조사자 : 또 무슨 일?] 가슬(가을)만 되면 곡식을 두들겨서 다 그랬지(탈곡), 마시나(탈곡기)가 나오니까디 내 아이라도 키가 크지. 키가 크니 내가 그걸 기계에다 거둬 넣었지. 키가 크니까디 남자 일을 내가 다해. 내가 키가 크니까디 바쁜 일은 자꾸 날 보내. "네가 해야 된다구."(웃음) 그러다 나이 내 무거분 일은 다했어. [조사자 : 또 무슨 일 했어요?] 그 다음에는 배 타는 사람들 식욕(음식) 끓여 먹여야 하지. [조사자 : 배 타고?] 아니, 배타고 오면 나는 땅에서. 열여섯 명, 스무 명씩 들어오면 그 사람들 음식을 다해서 먹였지. 그 일도 내가 많이 했어. 그 다음에는 고기잡느라고, 후리질이라고, 이만한 물에 들어서서, 그물을 쳐서 끌면 고기가 잡혀. 그런 일도 했지. 그 다음에는 봄에 또 고기잡이가 있는데, 남자들은 배에서 그물을 달고 가지, 나는 그물 한 끝을 잡고 있지. [조사자 : 그거 힘들잖아요?] 힘들지. 그거 엎어지면 껍질 벗겨지고 그러지. 무슨 일을 아이했겠어? 콜호즈 일은 내 아이한 일 하나도 없소. 다했어. [조사자 : 아까 그 그물질, 후려치기라고 해요?] 후리. [조사자 : 그렇게 해서 동생들 먹여살리고 그런 거야? 동생들은 학교 다녔어요?] 오라비는 대학을 두 해나 읽어서 소호즈에서 일했지. 동생은 다섯 클라스 읽었어. 내 하나만 아무 것도 모르지. [조사자 : 글자 조금은 알아요?] 조금 붙여서 보기는 보지. 그러나 비블리 나오면 그거 읽어도…(누군가 찾아와 문 열어 주러 나가, 잠시 녹음 중단) [조사자 : 새어머니 들어오셔서는 살기가 좋아진 거예요?] 많이 좋았지. 어머니 들어오이까디 우리네 사랑하지. 우리 의복도 해 입히지, 그저 어디 가면 무스기 좋은 거 싸다 먹으라고 주지. 그렇게 우리네를 사랑했어. 그래 두 번째 어마이, 우리네 사랑하이까나 우리네 감사하지. 이 다음 천국에 가서 우리 어마이…, 그렇게 좋은 어마이 됐어.(울음) 그 어머니 들어오길래, 우리 오라비 글 읽고 동생도 글 읽다나이, 나는 그저 콜호즈 가서 일하고 그 어머니 집에서 일하고 그 아이들 글도 읽히고 그 아이들 씻어(빨래해) 입히고 싹 거저 거둬줬지. 그러니까 나는 그저 농촌에 나가서 일하다나이, 어머니가 아이들 돌보니 내가 좋았지. [조사자 : 여기서 돌아가셨나? 어머니가?] 아니, 위간에서 돌아가셨어. [조사자 : 돌아가신 후에 들어왔구나, 아들 병 때문에. 그래 아들 병은 다 나았어요?] 일없어. 병원에 다녀서 일없어.

결혼 생활 : 글만 읽는 시아버지, 착한 시동생

[조사자 : 여기 와서는 어떻게 지내셨어요? 결혼 이야기 좀 해보셔요.] 내 나이 스무 살에 우리 아버지, 면목도 모르는데 나를 시집이라고 주니까나, 어떻게 하겠어? 우리는 그저 아부지 무서버, "그

거 못하오." 그런 말 못했어. 우리 아버지 주먹이 센 사람이었어. 무서운 사람이었어. 그러니까다 아무리 하기 싫어도 그거 못한다고 우리네 못해. [조사자 : 그래서 결혼했네? 어떤 남자인데요?] 우리 아버지처럼 고기잡이하는 사람, 그 사람도 어마이 일찍 상세나고 누이 집에서 살다나이, 누븨하고 살다가서리. 그런 사람이 할랄은(하루는) 떡하니 왔거든? "어디 가지 마라!" 그래 어디 못 가고 집에 있는데, 여자 둘에 남자 둘이 들어와. 그러나 우리 동삼에 클럽이라는 데, 남자 여자 어울러서 노는 데 놀라(놀러) 가서(갔을 때) 그 사람을 봐(봤어). 봐도 면목은 없지야. 인사를 하나 뭐. 아버지 그냥 (그 사람들한테) 허락하더구만. 시집간다고. 그래 아무 말도 없이 시집갔지. [조사자 : 시집은 어디였어요?] 위간이지. [조사자 : 거기야?] 다른 데 조금 더 올라가서. 콜호즈, 다른 콜호즈. [조사자 : 그 집에 가니까 누구누구 있어요?] 남자 동생이 있어. 시아버지 동생이 있어. 그 아버지가 내를 스물 여섯 해를 같이 있었어. 그 동생분도 서방보내고. 내 그 집에 들어가서 그렇게 살았지. [조사자 : 시아버지는 좋은 분이셨어요?] 아버지는 일없었어. 아이를 봐주나, 마당에서 일해주나 이것은 없어. 그저 신문만 봐. 우리 시아버지 조선글 읽어서리 아이들 가르치는 거 뭐라고 하오? [조사자 : 훈장] 오, 훈장! 내 조선말 알지?(웃음) 훈장질 하던 양반이다 노이(보니), 그냥 신문만 보고 책만 보고, 아이들 돌봐주거나 이런 거 없지. 그래도 아버지 그런 거 어떻게 하겠소? 어떤 때는 욕도 한 때도 있었지. "돼지 들어와 갖고 다 뿌사지고(부숴지고) 그런데 아바이는 보지도 않는다"고. 우리 아바이 대답 안해. 한 마디도 그저, 내 잘못했다나 어쨌다나 한마디도 안해. 그래도 내 어쩌겠어? 저녁에 따순 밥 끓여서 "아버지 날래 잡수라고." 그래 스물 여섯 해만에 상세났지. 상세날 때, 내 등을 이렇게 두드리매, "네 일이 감사하다."고. [조사자 : 평소에는 말을 않다가?] 응. "네 일이 고맙다. 네가 나를 잘 모셨다. 따순 밥을 해서 날 먹였다"고. 그렇게 눈물을 지시고 상세나셨어.

[조사자 : 시동생도 속 썩이지는 않았어요?] 일없어. 그 사람도 좋은 사람이지. 그래서 일없어. 그저 부인네를 만난 게 몹쓸 사람을 만나서 그저…. [조사자 : 고려인인데?] 응 고려인. 그런데 조선말 한마디도 모르는 사람이야. 그저 고려식도 모르지 아무것도 모르는데 서방갔지. 우리 아이들은 그걸 삼촌이라고 모질이 생각해. 생일이면 뭐라도 싸가지고(사가지고) 가지, 선물도 싸가지고 가지. 조그만 아버지라고 그양 가지고 가. 그러나 그 사람으느, 내 남편이 없이 아들 서방보내도 나 아이 도와줬어. 이게 두 번째 아버지다나이 나를 도와줘야 하는데, 우리 법으는 삼촌이 싹 다 해주지, 그런데 우리 시아시는 한번도 날 도와 아이줬어. 그래도 이날 이때까정 우리 집안 안에 말이 없었어. 자식들이 서방가도 쌈을 하나, 이런 거 우리는 이런 거 모르오. 싹 다 화목하게 사오. 도와는 아이해도, 말만 해도 일없이 화목하게 사오. 우리 며느리도 조선사람 서이래도 일없어. [조사자 : 조선사람이라고 해요?] 응 우리네는 조선사람이나 고려사람이라고 해. 고려인이라고 아이해. 아이 때부터 고려인이라는 말 하지 않았어. 조선사람이라고 해야 옳지. [조사자 : 내가 잘못했네. 이번에 책 낼 때 고려인이라고 썼는데…] 일없소. 우리네 다 알아듣소.

교회 다니기

나는 조선글 어째 조금 아는가나이, 우리 밤학교를 가르치던 양반이 그래. "네 자븨 이름을 써도(쓰더라도) 조선글을 조끔 읽으라고." 그래 그 사람이 "아 야 어 여" 조금 알려줬지. 그래서 내가 조선글을 조끔 봐. 그러나 마우재(러시아) 글은 읽지 않아나이, 붙여서 읽기는 읽는데 알아듣지를 못하지…. 그래 한 번은 목사님이 부인네랑 우리 집에 왔더만. 내가 모질이 병이 들어 앓을 때. 내가 3년간 교회 못 댕겼어, 모질이 앓아서. 그란디 무시기 잔뜩 싸가지고 돈이랑 가지고 우리 집으로 오셨어. 와서 내 조선말 하이까나, "나는 할머니 조선말 하는 거 몰랐다고"(웃음) [조사자 : 교회는 언제부터 다니신 거예요?] 오래 댕겨요, 어느 해부턴지는 잊어버렸어. [조사자 : 누구 따라다녔어요?] 동무 따라갔어. [조사자 : 누구?] 그 여자도 상세나고 없어. "야, 우리네 쩨리콥 댕기자." 그랬어. 그전에 우리 할머니가 예수를 조끔 믿었어. 그저 "하나님", "하나님" 했어. "너희들, 하나님 있다. 하나님 믿으면, 죽으면 우리네 천국에 간다."고. [조사자 : 할머니가 언제 돌아가셨는데요?] 우리 할머니 오래 살았어. 우리 할머니 돌아가시고 두 해 지나서 우리 어머니 상세났어. [조사자 : '천국'이라고 했어요?] 응 천국이라고 했어. 우리 아매. [조사자 : 할머니를 아매라고 해요?] 응 여기서는 할머니를 아매라고 해. [조사자 : 그럼 어머니는요?] 마우재말로 마마라고 하지. 우리네는 어머니라고 하지 않소. 시어머니를 어머니라 하오. 시어머니라 하오. [조사자 : 그럼 어머니라는 말은 안 쓰는구먼?] 응 어머니란 말은 우리 몰라.

위간보다 살기 좋은 알마티

[조사자 : 위간보다 여기 알마티가 좀 살기 좋아요?] 좋아, 모질게 좋아. 위간이라는 데는 못쓸 데, 아무것도 볼 데 없는, 그저 비행기도 아이 날아댕겨. 무시기 차도 안 댕겨. 아무데도 가재도 아무데도 못 가, 이런 섬에서 우리 사오. [조사자 : 위간이 섬이었어요?] 응 뺑돌아 물이었어. 조끄만 섬에서 우리네 살았어. 그래 한 번은 비오고

모질이 바람불고, 그래서 집이 다 물에 젖었어. [조사자 : 거기가 무슨 라이온이지?] 발카스끼 라이온, 지금은 알마진스끼.

강제이주 이야기

우리 원동에서 여기 들어올 때 고상 마이 했소. 어떤 사람은 먹을 거 사려고 내려갔다가 차에 끼어가지고 죽었지. 차에서 떨어져 죽었지. [조사자 : 어떻게?] 차에 앉아서 우리 오지. 카작스탄 오지. 오는데 떡이 없지 밥이 없지, 물 모자라지, 또 오다가 서재니오?(서지 않아?) 고 조끔 서는 시간에 달아가서는 무시기 떡도 사고 물도 사지, 조금씩 사가지고, 미처 올라오지 못해, 올라가다가도 뚝 떨어지고, 밑에 깔려죽고, 사람이 얼매나 죽었는지. 우! 우리 고상 모질이 했소. 세 식구가 떡 한 조각 물 한 모금 못 먹고…. 그래도 남자들이, 차가 떡 서면 떡도 조금 사오고 물도 조금 사오고 그래서 싹 다 조금씩 나눠 먹였지. [조사자 : 서로?] 응. 이렇게 우리 고상하면서 왔소. 여기 원동서 여기 들어올 때 고상하고, 사람들이 얼매나 죽었는지. [조사자 : 들으니까, 오다가 죽으면 버렸다면서요?] 하나도 파묻지 않았지. [조사자 : 아이들이 많이 죽었다면서요?] 어찌 아이들만 죽었겠소? 아이들은 어려서 내려가지 못하지. 열서너 살 먹은 아이들은 내려보내서 떡 사오게 시키면 가들이 가서 오다가 자꾸 죽지. 미처 올라 못 와서. 그래 떨어지면 그 밑에 들어가서 죽지. 우! 고려사람이 얼매나 죽었는지. [조사자 : 차 속에서는요?] 차 속에서도 마이 죽었지. 그런 몹쓸 병이 있었지. [조사자 : 병으로요? 배고파 죽는 게 아니라?] 앓아서 죽었지. 약한 사람들. [조사자 : 그래도 돈들이 있었네?] 거기서 일하다 온 사람들은 돈이 있었지. 그래서 다 사 먹었지. 그러나 남자 없이 혼자 있는 사람들, 오늘 먹고 그러던 사람들은 돈이 없지. 그래서 이 사람이 조금 주면 먹고 저 사람이 조금 주면 먹고 그랬지. 그래서 죽는 게 많았지. 병든 거. 원동서 여기 들어올 때 우리 고상 많았소. [조사자 : 그때가 여덟 살?] 여덟살도 아이됐을 때요 일곱 살일 거요. 그때 차로 들어오던 게 생각키워. 그 고상하던 게. 그 떡 요만한 거 주면, 그거 그저 오라비 조금 이만큼 떼주고 또 한 입 떼서 먹고 이랬지. [조사자 : 얼마나 걸려서 왔어요?] 그건 잘 몰라. 오래 왔어. 오래 왔어. 그저 오다다니 어떨 때는 오래 거기 서고도 있고, 안 오고. 그저 무시기 다른 차가 오면 가고, 그저 거기 오래 오래 서고 있고, 그라고 가다가 또 거기다 세워 놓으면 거기 있다가 무시기 오면 또 오고. [조사자 : 왜 그랬대요?] 왜 그런지 아오? 원동에 있다가서리, 니뽄스끼, 그런 거 우리를 몹쓸 사람으로 우리를 믿어서, 그래서 우리를 부슬기에 실어들여서, 가치 없이 막 두드려, 죽겠으면 죽겠고 그래서 우리를 실어들였어. 그래 실어들여와서, 남자라는 거는 다 가져갔어, 주르망(감옥) 가져갔어. 우리 아버지는 내 나이 어려서, 유지니 까레야로, 배가 파도에 밀려서 유지니 카레이로 들어갔어. 우리 빠빠 갔다왔어. 그래도 우리 아버지는 거기 이름이 없었길래 아니 가져갔소. 그래 아이 가져간 사람 조금 있고 거반 그저 다 까레이 나갔다 온 사람들은, 조선으로 나갔다 온 사람들은, 바람에 불려서 조선으로 나갔다 온 사람들은 싹 주르망(감옥) 가서 다 죽었소. [조사자 : 주르망이 뭐야?] 감옥. 감옥에 다 가져가서 다 죽었소. [조사자 : 그러니까 배 타고 갔다가 배가 바람에 밀려서?] 웅, 바람에 밀려서 서울으 갔지. 서울 물녘에 가서 그저 그러고는 일차 돌아왔지. 그랜 것도. [조사자: 서울까지 갔다 왔어? 그게?] 서울 갔다왔지. 갔다와도 그저 물녘은 갔다왔지, 들어는 못 봤지. 그래도 우리 러시아 무슨 비밀, 거기서 전합다(전했다?) 하지. 그래서 우리를 몹쓸 사람으로 밀려서 잉기로 급히 실려서 싣겨들어왔소. [조사자 : 그러니까, 37 전에?] 전에, 배타고 나가서 바람 불어서 서울 갔지. 멀지 않았지. 그래서. 그 다음에 거기 갔다오믄 여기 비밀을 싹 다 거기다 전했다 하지. 그래지, 그래서 우리 남자들을 싹 다 붙들어서 주르망 다 가져갔소. 다 갔다 죽였소. 다 죽여서 없소. 돌아온 사람이 없소. [조사자 : 그런데 그 아버지는 살아났네?] 우리 아버지는 거기 가서 거기서 적을 때 아이 적혔지. 나이 어렸지 무슨. 그래다나이 우리 아버지는 거기 이름이 없다나이 우리 아버지는 아니 갔지. 우리 저기, 우리 마마 오빠는 싹 다 가 죽였소. 다 거기 붙들어 가져갔소. 감옥으로 다. [조사자 : 많이 죽었구나 남자들이.] 많이 죽었소. [조사자 : 여기 와서 보니까, 할아버지가 몇 명 없는 것 같고, 맨 할머니들만 있었어.] 다 죽었소. 없어. [조사자 : 많이 죽었구나 그때.] 말 마오. 없소. 고려사람 남자는 다 가져가고 없었소. [조사자 : 그때 죽고, 또?] 전쟁에 나가서. [조사자 : 그때도 많이 죽었겠네?] 말 마오. 많이 죽었지. 그 다음에는 잉게 와서, 까작스탄으로 와서 싹 알아보이, 조선사람이 좋은 사람인지 그렇게 해롭지 아이지. 알았지. 그래서 이저 까작스탄에서도 우리 조선사람 좋은 사람이라 하오. 야, 이 역사를 책에다 내오? [조사자 : 예. 책으로 만들 거예요. 어제 봤잖아요? 그런 책을 또 하나 낼 거예요.] 야. 또 내 역사랑 내오? [조사자 : 예.] 야, 우리 원동서 우리 들어올 때 그거 참 사람이 죽던 거, 사람이 죽으믄 물에다 쳐 옇던 거, 그거 어찌 물에다 싹, 그저 둘둘 둘 감아, 물에다 팍, 물에 그저 둥둥 떠, 어느 때나 가라앉는지, 그저 그렇게. 야, 정말 우리 조선사람들 고상 했소. 원동서 들어올 때. 우리네를 그저 해독자로 몰다나이. 우리 고상스런 거는.

위간에서의 고생한 일(반복)

[조사자 : 위간에 왔을 때 거기 까작 사람들이 살았겠네?] 거기 사람이 한나도 없지. 한나도 없는 데로 내리왔지. [조사자 : 사람이 안 사는 데야?] 사람이 없는 데. 그 다음은. [조사자 : 그래서 집을 졌구나!] 그래 우리 사람들이 싹 집을 졌어. 흙을 뽑아서. 그 다음번에는 열야듧 키로미터 그 먼데(까작사람동네)로 우리네 내 아인게, 동 삼으는 거기 가서 몰로꼬를 짜믄 가마에다 끓이기도 하고 떡도 구버도 주고, 남그 쇠똥을 강철에다 번져놓으믄 그거 말려서 낭글 불을 때. 낭글 아이 때, 쇠똥을 말려서 불을 때. 그럼 나도 아이지, 거기 가서 까작 집에 가서 일 얼매나 한 줄 아오? 일 잘한다나이 떡도 하나 줄 거 둘 주지, 무스거 몰로꼬도 한 펭자(병) 줄 것도 두 펭자 주지. 그래 내 꼴호즈 회장네 집에 가서 일해서, 날 일 잘한다고, 그 양 그리 음석도 마이 나를 그래 주고, 그래서 갖다 동생들도 먹이고, 내 그런 일도 마이 했소. [조사자 : 위간에 있을 때?] 야. 무슨 일을 아이 했겠소? 몹쓸 일이나 좋은 일이나 다 했소. 어시 없다나이 어미 없지, 아버지 무슨 봄에 가면 가슬에 치블 때야 오지, 여름에 아버지 보지도 못하지. 한번도 못 보지. 그래 거기서 내 조금 이래 싸칼린(설탕), 그것도 싸면 조금 보내고, 음석도 조금 보내믄, 조금만씩 죽을 쒀서 살아내 왔지. 그 다음에는 내 가서 이 까작집에 가서 일도 하고 낭그도 패 주고 몰로꼬도 끓여주고 무슨 일이든, 시기는(시키는)

고려인들이 거주했던 움막의 모습

일은 뭐든, 낭그로 가서 해오라믄 낭그도 해오고, 이래 저녁에 올때는 떡도 요만한 거 구운 거 하나 줄려면, 남편이 그래오. 아이구 하나 가지고 어떡하겠는가, 그래 떡도 두 개 주고, 몰로꼬도 두 펑자도 주고, 싸칼린 그것도 두 개 주는 때도 있고, 그래고 오래비 하나 동생 하나, 좋다고 먹으매, 아이구 그러면서리. [조사자 : 결혼하기 전에?] 웅, 결혼하기 전에. 그때는 두 번째 어마이도 없을 때지. 그래 어디 가 무슨 일을 아이한 일이 없어. [조사자 : 남편 이름은요?] 박스테판.[19]

9. 김안똔(남, 1928년생)

원동 보시에트에서 군대에 채소 공급하시던 아버지 덕분에 잘 살기

(앞 부분에 교회 나가고 있는 데 대해서 잠시 대화를 나눔) 나도 처음에는 일할 때, 내 극장에서 일했습니다. [조사자 : 극장?] 예. [조사자 : 고려극장?] 예, 고려극장. [조사자 : 거기서 뭐하셨어요?] 배우질도 하고. [조사자 : 배우도 하셨어요?] 예. 옛날부터 했어요. [조사자 : 오! 할아버지도 그 일 하셨구나.] 예. [조사자 : 그럼 웍또르 할아버지랑 아시겠네?] 아, 사망했습니다. 작년에. [조사자 : 아!] 작년에 상새났습니다. [조사자 : 편찮으시더니, 앓더니.] 저, 그 집에 갔다 왔습니까? [조사자 : 예.] 그 다 같이 일하던 사람입니다. 그래 그분 한분이 없어져 버리니까 싹 여자들이 남았어. [조사자 : 할아버지도 원동에서 태어나셨죠?] 원동에서, 내 여그로 37년도에. [조사자 :

---

[19] 손녀가 한국인과 결혼하여 서울에 살고 있다는 말을 덧붙였음.

살아오신 이야기를 좀 해주셔요.] 예. [조사자 : 아버지가 어떤 분이 었고 어머니는?] 내 그 아버지 생각하믄, 이제 자연 나이가 올해 팔십입니다. [조사자 : 80이에요?] 1928년 8월 초사흗날. 그전 일을 생각하고 그러믄 자연, 자꾸 어쩨 슬프고 눈물이 나오고 그럽니다. 원동 뽀시예트라고, 노보끼위스크(?). 거기 우리 조합이 바라노프까 조합이었습니다. 그 조합에서 우리 홋수로 마이 아이 살았습니다. 홋수로 한 50호. 거기 군대가 있었습니다. 자그마한 도시에서. 거기 우리 조합에서 채소랑 길러서 거기 보내고 이랬습니다. 우리 아버지는, 우리 어렸을 때는 조남성부장 그런 일을 했는데, 우리 아버지. 내 없었을 때는(태어나기 전) 우리 아버지, 조남성부장을 하다가. [조사자 : 조남성부장?] 예, 우리 아버지 그런 일 했다고. [조사자 : 아, 조남성부장을 했다고?] 예. 그래 지금 그걸 말하라믄, 셀소비에트 회장이지. 소비에트 관리위원장. [조사자 : 셀 소비에트.] 예, 셀 소비에트라고 하지 않습니까? 촌에서 콜호즈마다 관할하는. 그래 셀소비에트 회장질을 하다가, 내 알게 되이, 내 그때 아홉 살, 작년부터 몇 해 아이돼서, 꼴호즈 관리위원장, 그러니 직급이 얕아졌습디(웃음). [조사자 : 낮춰진 거야?] 예. 그래 그전에 우리 아버지 때, 우리 회장질해서, 무슨 우리 일꾼이 많았다 합니다. 우리 아버지 회장이고, 우리 아버지 사촌형이 우리 집이 와서 우리 어머니를 모셨습니다. 장가도 아이 간 분이. 우리 아버지 사촌형이. 그러고 우리 맏형

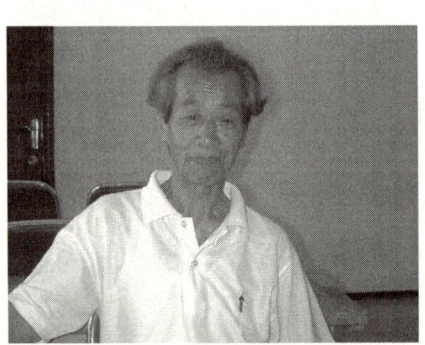

김안똔 할아버지

이 16년생이고, 둘째형이 19년생, 그리고 셋째형이 23년생이고 내 28년생입니다. [조사자 : 아들만 넷이야?] 다섯입니다. 내 아래로 33년생이 또 하나 있었습니다(웃음). [조사자 : 5형제?] 예. [조사자 : 5형제 중에 네 번째네?] 내 네 번째. 그래 우리 그때는 잘 살았습니다. 내 잘 기억합니다. 소가 서이 있었습니다. 우리 소 한나 있고, 어미 소 있고 새깨 소 있었습니다. 돼지 열 둣이 있고, 말이 둘이 있었습니다. 그래 우리 아버지 때, 36년 이때는 토호청산에 싹 붙들려서리 따 스켄트주 콜호즈로, 토호청산받은 사람들은 그기로. [조사자 : 타슈켄트로?] 예, 우즈베키스탄. [조사자 : 아니, 그러니까, 37년 이전에?] 37년 전에 토호청산 받아서. [조사자 : 누가?] 그 사람들이. 일꾼 부리던 사람들. [조사자 : 아버지는 그건 아니었지?] 아버지는 우리는 싹 자븨 힘으로써 벌인 거이까니 그러이까 토호도 아이고, 그래 사회주의 소련 때. [조사자 : 조선사람 중에도 토호가 있었어요?] 있지 않고, 남으 부리믄 토호지. [조사자 : 남을 부리면?] 예(웃음). [조사자 : 아!] 농꾼들을 집에다 두고 일 시키믄 토호지. 우리는 그게 없지. 우리 자븨 힘으로 싹 다 그러니까나. [조사자 : 토호는 아니지만 잘 살았네?] 예, 잘 살았습니다 우리. 우리 아버지 때.

아버지의 체포당한 이야기

[조사자 : 아버지는 어떤 분이었어요?] 우리 아버지, 나와 제일 닮았다 했지. 우리 아버지, 나와 좀 머리가 조금 크고 키는 나만치 조금 더 크고. 그래 모든 사람들이, "야, 자는 어째서 그저 김선도 선생 닮았다고." 그래서 그때 내 일할러 다닐 땐데, 여기 들어올 37년, 내 그때 아홉 살입니다. 37년에 내 아홉 살입니다. [조사자 : 37년에 아홉 살이었어요? 1학년?] 1학년 다닐 때. 소핵교 1학년. 그래 다

니면서리 37년 그게 8월, 어저 8월 9월 요때 됐는데, 아침에, 날짜는 내 잘 알 수 없습니다. 아침에 우리 어마이 밖일하고서리, 우리 아버지를 체포해서. [조사자 : 9월에?] 예. 그게 9월 초승입니다. 그게. 내무위원이 와서. 그래 군인이 둘이, 총에다가 창을, 5연발이라 하는가? 그거에다 꽂아가지고, 그리고 메고 다니매, 군인이 둘이, 그리고 고려사람이, 여기에 뭘 붙이고 함께 와서, [조사자 : 고려사람이?] 예, 그때 고려사람을 시겨서 체포해 갔습니다. [조사자 : 모르는 고려인이야?] 그게 스탈린 정책이지. 고려사람을 싹 시겨서 탐지를 해서, 싹 잡아들이라, 그런 판이었지. 그래서 우리 아버지를 차에다가 이렇게 살창을 하고, 그리고 군인이 둘이 지켜가지고. [조사자 : 아침 일찍?] 예. 우리 아버지, "내게 죄가 없으이까, 아 내 그전에 셀소비에트 회장질도 하고 꼴호즈 관리위원장질도 하고 이런 사람이, 내 그 무슨 그런 일을 했겠니?" 그랬지. 그랜데, 그 중국에, 우리 아버지 형이, 친형이 계셨단 말이오. 그런데 우리 집으로, 몇 달 아이돼서, 6월이라든지 5월이라든지 그때 우리 집으로 놀러왔대요. 우리 아버지 조카가 놀러 왔지. 중국에서. 그랜 간 일이 있었지. 그런데 탐지낸 조선사람들이 와서 "아이 알리면 너희 다 잡아가겠다." 이랬지. 그래서 우리 어머니 사촌, 그러니 외사촌, 우리 외할머니 오래비 아들들이지. 그러니 우리 어머니하고 사촌끼리지? 그래, "저 집은, 탐지, 우리는 모른다. 중국에서 사촌 조카 왔다 갔다." 그저 그 소리 듣고, "옳다." 우리 탐지를 해 가지고 우리 집에 들어왔는데, 그저 체포해 갔으이까 어떻게 하겠소? 그래, "내게는 죄 없으이까, 걱정 마라. 갔다 온다." 그랬읍죠. [조사자 : 못 돌아왔죠?] 못 돌아왔습니다. 우리 처음 싸마르칸트란 데 들어와서, 우리 조합이 싸마르칸트 오블라시 라이온이라는 그런 데. 그 꼴호즈 라이온에 우리 싹 다 들어가고, 그 다음에 우리 조합을, 원동에서 바라높까라고 하는 거, 그걸 이름을 다른 걸 가지고, 뻬르보예브마야라고. [조사자 : 뻬르브마야?] 그게 명절, 5월 1일. 그 명칭을 가지고 조합을 세웠습죠. 그곳에 와서. 그래, 아버지는 없고, 그럴 때, 빠빠 "그래, 나 죄 없으이까 돌아온다." 그저 그러고서리 우리 그저 우리 머리를 만져주고, 그러고서리 우리 어마이랑 아재보고 "근심 걱정 하지 마라. 걱정할 필요 없다. 내 죄 없는 사람이니까 무슨, 내 죄 있으믄 어떻게 조합에서 셀 소비에트에서 일할 수 있나? 그래, 난 죄 없으이까 내 온다. 낙심하지 말고." 그래 우리 처음으는 우리 아버지가, 우리 5형제가 싹 남자들이니까, 남의 계집애들 보고, 야, 그렇게 가서, 이래 안고, [조사자 : 아버지가?] "이게 다 내 딸 같구다야"고. [조사자 : 딸이 없으니까!] "딸 같으구나." 그러고서 학교를 다니잖아요? "야, 오나라." 그저 조합이 다 우리 아버지가, 나를 안똔이라 하다나이, "안똔 아버지!" 이래고서, 모두 이렇게 앉지. 그래서 큰아이들 같으믄, "이리 오나라." 그래고서, 아들 싹 "예."하고서 있으믄, "너도 내 딸이다." 그냥 그 딸으 자식 위했습니다. 그래고 우리 엄마 잉태중일 때, 아버지 계실 때, 딸이 났습니다. [조사자 : 딸을요?] 가가 5월달에 났습니다. [조사자 : 5월에?] 예, 5월에. 그게 어느 해인가 하니, 36년의 5월에 났습니다. 그래 한 살이 조끔 지날 때 떠나 우리 오게 됐습니다. 그래고서. [조사자 : 그게 막내딸이에요?] 예. 우리 아버지 얼마나 반가바 하는지, 일할라 갔다가, "내 딸이지만 보고 싶어서, 일 채 못하고 왔다" 그러고 왔지(웃음). 들어오면서 안고 그저. 그럼 아버지, 어쩌든지 이름을 밀라라고 짓고, "밀라를 잘 길라라, 어쨌든지. 밀라를 잘 길라줘." 그러지. 그러고 턱 가고.

강제이주 이야기

그 다음에는 이저는 아버지 어떻게 됐는지 모르고. 그래 37년도 가을이 턱 되이, 우리 짐승들으 바치고 곡물으 어디다 바치라 이랬습죠. 짐승들은 어디다 바쳐라, 당신들이 가는 데 가서 준다, 꼭 타라, 그랬지. [조사자 : 아, 가면 탄다!] 예. 탄다 그랬습죠. 아 그래(웃음) 뻬르보예마야 그거 조직해 가지고, 우리 조합이 뻬르보예마야란 이름 가지고 우즈베키스탄 촌에다가. 한 열두 호 있었습니다. 산 있는 데지. 산들이 꽉 들어찼는데 거기에다가 집을 짓고서리, 당신네들 살고 싶으면서리 살아라, 그래고서 라이온, 우리 거기 사람들은 오다나이 헐하지(쉽지). 그전에 하던 조합이다나이. 그래 그저 빨리 빨리 집 지을 사람은 집을 짓고, 우리는 우즈베크들이 내준 거, 그런 데서 같이, 우즈베크들, 이쪽 칸이믄 이쪽 칸에서. [조사자 : 우즈벡 사람들이 집을 줬어요?] 예. [조사자 : 아니, 올 때 얘기 좀 해보세요. 강제이주당할 때. 원동에서 떠나올 때. 차 타고 올 때 그 얘기 좀.] 예. 그렇습니다. 그 우리 아버지 체포해 가지고, 그 이튿날에 떠났습니다. 그래 우리 형이랑 우리 맏아바이, 마시나 바치고, 곡물도 우리 원동에서는 자븨로 큰 터전에서 살다나이, 터전에서 지은 곡식을 두지를 만들어서 거기다 채웠습죠. 그라고 그저 이건 얼마다, 이건 얼마다, 그 사람들이 글을 써서 가지고, 우릴 주고 그저 그렇지 무슨. 여기 들어와서 우리 타긴 탔습니다. 밀 (밀가루) 열야듧 커우대(자루)를 탔습니다. 50키로인가 하는 가마니. 그거 타고 짐승들은 하나도 못 탔습니다(웃음). 그저 그렇게 다 없어지고. [조사자 : 그러면 그 곡물들을 다 바친 다음에는 어떻게 했어요?] 그저 그렇게 가지고 왔습죠. [조사자 : 뭘 가지고?] 암께 얼마 바쳤다 쓴 거. [조사자 : 아, 문서는 가지고?] 예. [조사자 : 뭘 탔어요?] 차를 타고 왔습지. [조사자 : 어떤 차?] 지금 와서는 마시나들을 싣고 다니지. 차가 둥그스러니 크재니오? 네 바퀴. 지금 차들은 바퀴 여섯이 되지 않습니까? 거기 두 세간씩. 한 차에 한 세간씩. 한 와곤에 두 세간씩 왔습니다. [조사자 : 그럼 먹을 거랑은?] 먹을 거랑은 못 가져왔습니다. 돈 있는 사람들은 돈도 가져오고. 돈 가져도 싸먹기 바빴지. 차가 서면 힘 있는 사람들은 떼밀어서 물도 가져오고 이렇게 살았습죠. 그라고 쌀이란 거 어떻게 가져왔겠습니까? 어디다 가져와. 그저 자 로 들 만한 거 요런 거 가지고 왔지. [조사자 : 아, 쪼끔만 가져왔구나!] 예. [조사자 : 물은 어떻게 마셨어요?] 큰 정거장에 거기 와 서믄, 물 나오는 데 그런 데 만들어 놓은 데, 차도 물으 옇고 그런데. [조사자 : 아, 차에도 물도 넣고.] 예. 그런 데서 물이 나오는 거 받아다 먹었지. [조사자 : 그러면, 오줌 마려우면 어떻게 해요?] 두 세간이라다이(웃음) [조사자 : 참아?] 예. 참았다가, 차가 서믄. 서는 데는 많습니다. [조사자 : 그 때 오줌 누고 똥누고 하는 거예요?] 예. 그렇습죠. 아들은 내려오지 못해서, 가을이다나이 덥습지. 문 열어놓으믄 어머니가 이래 받들어서 누이재니오? [조사자 : 아, 받들어서.] 그렇게 왔습니다. 그라고 그 쇠로 만든 뻬치카. 와곤 천장에 굴을 내보내고, 그걸로서 덥히오. 거기다가 가매나 놓고 있었즙죠. 그저 달아내려가서 무스기 싸가지고. 그래 우리는 형이 있으이. [조사자 : 아, 형이 있으니까 편하게 왔네.] 예. 그래 우리 형들 뛰어내려가서, 서는 데마다 뛰어내려가서는 싸기도 하고. [조사자 : 그런데 올라오다가 못 올라와 가지고 떨어져 죽기도 했다면서요?] 다른 차 타고, 그때는 사람들 타는 차 가지 않습니까? 차는 쇠슬기나 한가집니다. 그저 덜렁덜렁 이러고 오지. [조사자 : 그래서 죽지는 않았어요?] 그래서 그양 오다가 노보시비르스크. [조사자 : 노보시비르스크.] 예, 들었습죠? [조사자 : 예.] 까작스탄서 멀지 않습니다. 거기에서, 우리 어마이 딸이, 아버지가 그렇게 잘 자래우라고, 잘 기르라고 하던 딸이 죽었습죠. [조사자 : 그 딸이?] 예. [조사자 : 거기서?] 그 한 살 조끔 넘었지. [조사자 : 노보시비르크크에서 죽었어?] 예. 그래 우리 어마이 아주 튼튼한 사람인데 막 이저 정신을 잃어서 그저 이러고. [조사자 : 왜 죽었어요?] 차 들어와서, 차에서 앓았는지 병에 맞았는지 어쩐지, 들어오다 그저 앓아도 마이 안 앓고 죽었습니다. 그래 우리 어마이 막 정신을 잃어버리는데, 아, 아 죽은 거 이래 안고서리. "아버지를 기다리지 않고 죽었니?" 이러고 막. 그게 아주 눈에(울먹임). 그라고 우리 형님, 오다나이 떨어져서는 다른 차에 들어오고 이렇게 그랬습니다. 그런데 우리 맏아바이가 같이 뛰어내려서 아를 산에다가 묻어야지. [조사자 : 묻었어요?] 어드메다 묻겠습니까? 빈손이지. 그래 들어오며 철길, 돋구아 올린 거기에다, 철이 많은데, 뛰어내려가서 그런 데다가서. 어드메다 묻고 왔는지 그저. 그래 들어와서 우리 어마니 정신 막 잃고 이래서. 그래 우리 어떻게 왔는지 잘 기억이 아이 됩니다. 우리 내 동생, 그 어린아, 내 맏아바이 이렇게 들어왔습니다. 그래 거기서 우리 어마이, 어떻게 하겠습니까? [조사자 : 다른 집에서도 죽기도 했겠네요?] 다른 집에선 일없었습니다. 그 아바이 한 분이 이태원이라는 아바이 잘 왔습니다. 끝까지 그냥 왔습니다. 우리와 같이. 우리 조합에 살다나이. 그래 그 집에, 아들이 없지 또. 아바이 아들들이 있는데 그 사람들은 세간이 다르다나이 다른 데 있고, 그 아바이 우리와 같이. [조사자 : 같은 집인데도 떨어지기도 해?] 예. 다른 가족이다나이 (조합이 다르다는 뜻?). 그래 다른 차에 오고 이렇게 온 사람도 많습니다. 그래 노보시비르스크에 와서 그러고.

사마르칸트에 도착해 겨울나기

[조사자 : 그럼 이제 떨어진 곳이 그게 타슈켄트?] 사마르칸트 오블라시란 데 다 왔습지. 조합이 이주해 오다나이. [조사자 : 사마르칸트. 거기 왔을 때 거기는 사람들이 사는 곳이었어요?] 우즈베크들이 살고 있었습니다. 큰 라이온이었지요. [조사자 : 그 사람들이 어떻게 해 줬어요?] 그 사람들이. [조사자 : 도와줬어요?] 잘 사는 사람들이 없었습니다. [조사자 : 가난한 사람들이야?] 예. 잘 사는 사람들 없었습니다. 우즈베크들. [조사자 : 그래서 갔을 때 그 사람들이 떡을 주거나 물을 주거나 하지 않았어요?] 아이, 우리도 떡을 받을 필요도 없고, 우리도 돈이랑. [조사자 : 있었나? 먹을 거랑?] 예. 그래 어저 무슨 없는 사람들 많았어요. 조합에서 올 때 바쁘게 산 사람들이라. 그래 우리 아버지, 일어나서는 동네 산책을 하지. 그래 굴뚝에서 연기가 없으면 "야, 저 암깨네 집 뭘 갖다 주라고." 이래니 우리 아버지 위천 됐습죠. [조사자 : 좀 부자였구나.] 예 그랬습니다. 잘 살았습니다. [조사자 : 가난한 사람들은 우즈벡 사람들한테 떡도 얻어 먹었겠네?] 우즈베크들도 그렇게 잘 살지 못한데(웃음) [조사자 : 우즈벡 사람들도 가난했구나! 여기서는 많이 얻어 먹었다고 그래. 카작스탄에서는.] 글쎄(웃음) 그래 그것도 우리 카작스탄서 사는 게 지금 몇 햅니까? 71년이 넘어 되는데, 한 가정처럼 되이, 말을 좀 이리 내야 그것도 어떻게 우리(웃음), 우리 연극도 그렇게 세웠습니다. 〈37〉이라는 연극을 세웠는데, 그 차가 우리를 올 때 37년도, 그때 카작, 여기 우슈또베가 카작이 아닙니까? 그래 고려극장이 거기 와 있었습니다. 그래서 연극을 그렇게 만들었습죠. 이 민족을 조끔, 어떻게 그때 바쁘게 살을 때, 37년, 바쁘게 살을 때 어떻게, 그러고 까

자크들은 또 마소를 가지고서는 몰고서는 풀 있는 데를 가고, 자꾸 이주해 가재니오? 이 사람들이 농사질은 아이했습니다. 까자크들. 그래 소비에트가 조직이 돼서 다 한 가지 방면에 들어와서, 조합을 열어놓고, 구소련때 조합이, 자빌로 벌어서 국가에 바치믄 나머지는 노나먹고 이렇잖습니까? 그런데 저 사람들은 땅 가지고 일하는 그런 거 몰랐습니다. 그러니 어디서(웃음). 빈 말이 그렇습니다. 연극이 그렇게 세워졌습니다. [조사자 : 아니 그런 일이 있기도 했나봐.] 있었지. [조사자 : 정상진 선생님 있잖아요?] 예. [조사자 : 정상진 선생님도 직접 얻어 먹었다고 하더라고.] 그런 게 있었지. 우즈베키스탄에서 레뾰스카, 가루를 이겨서 이런 거 만들어서, 불 피워서. [조사자 : 언제?] 우리 37년도 들어왔을 때. [조사자 : 주기도 했어?] 예. 마음씨들은 고왔지. [조사자 : 주기는 주었구나.] 그 사람들은 우리와 한 집에 살았지. 한쪽에는 그 사람들이 살고, 그 안에 떡이랑 굽는 그런 게 있습니다. 이짝에는 그 사람들 살고, 이짝에는 내 살고. [조사자 : 오, 살으라고 했어?] 예. [조사자 : 들어와서?] 예, 금방 들어와서 어드매서 살겠습니까? [조사자 : 그러니까 잘해 줬네!] 예. [조사자 : 연극으로 한 게 아니라 정말로.] 예. [조사자 : 푸대접하거나 그러진 않았지? 저 사람들이 손님을 차르 함께 마시자고 그랬지. 그렇게 봐야지 어드매서 그 사람들이 무슨 부재래서 그거 떡을, 얼마나, 그 식구를 먹일 수 있습니까? [조사자 : 그랬겠지. 조끔 준 거지.] 그리고 우리 연극을 그렇게 세웠지. [조사자 : 필요하지. 잘한 거예요.] [조사자 : 그런데 거기서는 땅굴은 안 팠어요? 까작스탄에서는 땅굴 파고 살고 그랬다는데.] 예, 카자스탄에는, 카자크한테는 집이 없지 않습니까? 까자크들은 마소를 치고 다니며 사다나이. [조사자 : 집이 없으니까?] 예. 유르따. [조사자 : 우리는 유르따 들어갈 수가 없지? 그래서 땅 파고 살았구나. 거기는, 우즈베키스탄은? 집이 있지. [조사자 : 빈 집을 준비해 놨어요?] 빈 집도 많진 않지만은. [조사자 : 우리가 짓지는 않았어요?] 조합이, 집이 열두 호 있는데, 어느 집은 비고 거기서 같이 있었지. [조사자 : 그러면 나중에 집을 지을 때 언제쯤 집을 짓게 됐어요? 1년 뒤에?] 그게 우리 조합으는 저 들어오다가 동삼 겨울을 났습니다. 거그서 클럽도 내주고 우즈베크들 학교도 내주고, 빈 집들 있는 거 싹 다 내줘서 겨울을 나고, 그 다음에 봄에 우리 3월달에 이짝 조합 뻬르보예마야 만든 데로 왔습죠.

1939년도에 집을 짓기, 카자흐스탄보다 살기 좋은 환경, 노동영웅인 어머니

[조사자 : 조합에 와서는 집을 어떻게 졌어요?] 이태 지난 다음에. 37년도에 들어와서 39년도부터 우리 꼴호즈에서 집들을 지었습니다. [조사자 : 39년부터?] 예. [조사자 : 그때 집을 지을 때 나라에서 나무라든가 이런 걸 주었어요, 안 주었어요?] 나무라는 게 어디. 조합은 짓기 헐했습니다. 우리 와서 삼림 속에 떨어졌습니다. [조사자 : 아 거기가 산림이었어요?] 거 나무들이 거저 꽉 나와 있었죠. 그거 막 베서(웃음). [조사자 : 그러니까 카작스탄보다는 나았네, 살기는.] 예, 카작스탄에 온 사람들으는 깔밭 메우고 거저 산이고. 어디 집이 있겠습니까? 저 사람들이 집이 없는데(웃음). [조사자 : 우즈베키스탄에 와서 물은 어땠어요? 먹어도 괜찮았어요? 까작에서는 물 먹고 많이 죽었다는데.] 나는 그런 거 본 일 없습니다. [조사자 : 물이 좋았나 보네?] 예. 그래 우리 우즈베키스탄 온 사람들으는 집이랑, 있을 고상은 별로 없었습니다. [조사자 : 그리고 여기 와서 병들어서 죽지는 않았어요? 카작에서는 병들어서.] 네, 그 지프라는 병. 우즈베

키스탄에서도 죽은 사람들이 있습니다. 그전에 토호청산으로 들어온 사람들이나 많이 죽었다고 합디다. [조사자 : 아, 병으로 죽은 게 아니라?] 예. [조사자 : 아, 좀 다르구나! 카작스탄하고.] 까작사람들은 사는 자븨 집이 없어서(웃음), 거저 떠다니며 살지 않습니까? 그 역사가. 그래 자기 살고 싶은 데 가서 거기 가서 자리 잡고 또 마소를 몰아 가져가고, 이리 다니면서 사는 사람들이 어드매서(웃음) [조사자 : 맞아요, 그러네. 여기 와서 계속 꼴호즈에서 조합에서 일했어요?] 예. 조합에서. [조사자 : 어떤 일들을 했어요?] 목화질을 합니다. 우즈베키스탄에서는 거반 목화 아닙니까? [조사자 : 그 일하기가 힘들었어요?] 나는 일 아이하다나이, 우리 어마이. [조사자 : 어, 어렸으니까?] 예. 우리 어마이 일 어떻게 잘했던지, 원동에 있을 때도 무슨 이름을 가지고 일하는고 하이, 우다르 니짜. 여자들은 우다르 니짜, 남자들은 우다르 니크, 이렇게 부릅니다. [조사자 : 그게 뭔 뜻이야?] 일 잘하는 그런 사람들을 그렇게 부릅니다. [조사자 : 아!] 우리 어마이 그런 이름을 해서, 상금을 준다 하지 않습니까? 우리 어마이, 조합에서 그런 이름 가지고 나왔습니다. [조사자 : 노력영웅이 되진 않았어요?] 그때는 없었지. [조사자 : 그 뒤에 있었나 봐요.] 예. [조사자 : 목화질 하고 또 뭐했어요? 벼농사는 안 지었어요?] 벼농사 지은 데도 있습니다. 다수는 목화하고. 그리고 우리 들어와서는 전쟁이 없었던 때 아닙니까? 벼도 심어갖고. 부모들이 일할라 나갔지 조합에. 일찍이 나가 일하고 또 늦게 들어옵니다. 왜 그런가 하이, 낮에는 더버서. 그래 우리 어마이들 일찍이 나갑니다. 새벽에 벌써 갑니다. 그러고 늦어서 들어옵니다. 일하고 들어오지요. 그러잖으면 일할 시간, 일을 못하길래서리 일찍 나가죠. 그랬습니다. 그때 우리 어마이 벌써 우다르 니짜라는 그런 명칭을 가지고 다녔습니다. 그 다음에 우즈베키스탄에 들어와서는 스따하노브까라는 게 있습니다. 남보다 일을 삼곱으로 하는 사람을 이렇게 부릅니다. 그런 성을 가진 사람이 있어서 그렇게 부릅니다. 우리 어마이도 우다르 니짜라는 이름은 뿌쉬지고 스타하노브까 됐습니다(웃음). 그렇게 우리 어마이 일을 잘했습니다. 목화질할 때도 손이 빨라서 그런 게 아이라, 아침 일찍 부지런히 나갑니다. 그렇게 우리 어마이 일합니다. [조사자 : 남편이 없으니까 일을 더 열심히 했나?] 예. 우리 어마이. [조사자 : 그럼 학교는 어떻게 했어요?] 39연도에 다시 학교를 댕겼습니다. [조사자 : 그게 어느 학교여요? 고려인학교예요?] 예 고려인학교. 할날으 러시아말 한 시간씩, 그리고 고려글을 싹 읽었습지. 그래 지내…. [조사자 : 그럼 몇 학년까지 다닌 거예요?] 나는 글 못 읽었습니다. [조사자 : 형들이 다닌 거예요?] 예, 형들이 싹 다, 우리 맏형이 내 맏형이 한 분이 있고, 우리 둘째형은 사마르칸트에 떨어지고, 우리 셋째 형님이 타슈켄트로 미루어 나가고, 그리고 우리 싸마르칸트에서, 원동에서 들어와서, 우리 또 처셨습니다?. 우리 어마이 그렇게 일을 어떻게 잘하는지 그리고 우리 둘째형님, 우리 어마이와 같이 있다 나가서 그런 거 꼴호즈 일도 합지. 그러고 우리 맏아버지 또 일하지. 그러니 일하는 사람이 서이 아입니까? 누구네도 없었습니다, 일꾼들 그렇게 많은 집이. 우리 맏형님 내놓고도 우리 집이 세 분이 일을 했습니다.

목화밭의 고려인들

[조사자 : 셋째형은 어떻게 됐다고요?] 타슈켄트로, 우리 외삼촌이 타슈켄트에 나가 있다나이, 거기를 갔습지. [조사자 : 타슈켄트로 갔다고?] 그래 우리는 사마르칸트에 떨어졌다가서리 우리 외삼촌들은 우리와 같이 있었습니다. 우리 아버지 가까운 사촌은 중국에 있고, 없었지. 그러다나이 우리 엄마짝으로서 우리 같이 있었습니다. 그래 이 사마르칸트에 들어와서 조합을 세워가지고 일을 하는데, 우리 어마이 그냥 그저 스타하노브까란 이름을 그 위천받으니까나 사람들이, "야, 스타하노브까라더니 개판이구나"(웃음) 이렇게. 그런데 우리 어마이 그거 아이놉니다. 가서 그렇게 열심히 일을 했습니다.

어머니 일 못하게 말린 아버지, 아버지 체포당해 간 후 여덟살부터 고생한 이야기

원동에 있을 때부터 우리 아버지 "일하지 말라고. 우리 무시기 부족해서 일할라 그러는가?" 그럼 그라지. "자식들 장래를 보자믄 우리 늙어죽을 때까지 같이 있겠는가고. 그래 지금 있다가도 아들 무스기 세간이라도 나가믄 이래도 주고 저래도 주고, 그거 어드매서 그렇게, 자븨로 일 아이하고 어디에서 그렇게 생긴다는 것이냐고." 그래, 아버지, 일하는 것을 반대를 했었지. 그래 아버지 붙잡혀 가고, 내 야듧살부터 일 마이했습니다. [조사자 : 야듧살부터?] 예, 내 야듧살부터 일했습니다. 그때는 글 아이 읽었습니다. 아홉 살부터 원동에서 글 읽기 시작했습니다. 1학년 아홉 살부터. 그래서 우리 어마이 내 야듧살 8월 초나흘엔가. 우리 조합, 그 딸, 우리 누이동생, 내 집에서. 아버지가 일 걷우라고. "아이, 일 거두대니? 산 사람이 일을 해야 되지, 일 아이하고 그저 앉아 있겠는가? 그런 말을 어찌 하는가고? 그리고 당신도 놀아야 되지."(웃음) 그래서 우리 어마이 그렇게 일을 했습니다. 우리 아버지가 하지 말라고 해도 그냥 나갔습니다. 신새벽에 나가 몰로꼬(우유)를 아침에 젖을 짜서 그거 끓여서 내게다가 줍지. 한나는 물통에 옇어 놓고 하나는 따가운 물에다가 따땃이 지냈다가 덥혀서 아를 먹이라고 그랬지. 내 아 보기를 했습니다(웃음). 그리고 우리 둥기(물독. 항아리), 무쇠로 만든 거. 거기다가 내 지게 열 평자를 가져다가 넣고야. 야듧살부터 그런 일을(웃음). 우물에 가서 지게에다 채워가지고 집에 들어와. 열 평자니, 다섯 번은 갔다와야 그걸 채워놨습니다. [조사자 : 학교는, 그러니까 1년밖에 못 다닌 거야?] 1년 다니다가 여길 들어오다나이 39연도까 2학년 글 읽다가서리. 네 고려글 없어지다나이, 러시아글을, 그때는 벌써 우리 따슈켄트로 나갔습니다. 이 사마르칸트 있다가. [조사자 : 그때가 몇 살이에요?] 그때가 그게 열 살이 됐으이, 1940년입니다. [조사자 : 왜 타슈켄트로 옮겼어요?] 왜 옮겼는가, 여기서 우리 잘 살았습니다, 사마르칸트라는 조합에서야. 그런데 우리 외삼촌이, 우리 어마이 오래비 많습니다. 오래비 다섯 명입니다. 어마이 아래로 동생 하나 있고 싹 다 오래비들이지. 그런데 우리 넷째 외삼촌이 타슈켄트 떠나가서 조합에 가서 회계원으로 일하다가서리 누븨(누이)보고, "야, 여기 와 살라고." [조사자 : 아, 오라고 그랬구나.] 예. 어째 왔던 자리에 그대로 앉아 있겠는가고. [조사자 : 갈 수가 있었어요?] 있지 않고. [조사자 : 가겠다고 하면 보내줘?] 아이 보내줍니다.

압수당하는 등 탄압받으면서 어머니 결단으로 타슈켄트로 이사 후 형 따라 또 이사

[조사자 : 그렇죠? 그런데 어떻게 갔어요?] 여기 살아라 그랬습지. [조사자 : 그런데 가라고 했네?] 조합에서 회장이 우리 어마이 가믄

어째서 그랬는지 우리 가믄 일꾼을 서이 잃지 않습니까? 조합이. 그래서 조합에서 우리 집에 와서 가지 말라고 했습니다. [조사자 : 그래도 갔구나!] 그런데 우리 어마이 결심이 그렇습니다. "나 한번." 우리도 그랬지. "우리 여기 습관이 됐으니 여기서 그냥 살자, 거기 타슈켄트 가야느냐"고. 그래 어마이 둘째 오래비도 타슈켄트에 있었지, 넷째 오라비 갔습지. 그래 어마이 '떠나자'고 하지. 그래 짐을 이래 다 묶고 그 다음에 우리 둘째형님이 그 조합에서 떨어졌습지. 그전에는 농이랑서리 그 무슨 재료로 만드는지, 이만하이 궤. [조사자 : 궤짝?] 예. 거기다가 막 거저 쳐넣어. [조사자 : 아, 장롱.] 장롱? 그게 우리 서이 있었습니다. 그 서이에다가 의복도 싸서 거기다 넣고 그러고서 그전에 덮은 이불이 아이고 탄자(양탄자)라 하는 거, 털로 짠 거 그런 거. 어쩌자고 그랬는지 모르지. 그런 게 조합으로 옵니다. 조합에서 실어 내보내는 거. 무시긴가? 이 꼴호즈에서, 목화 얼마얼마 했다 그런 게 있습디. [조사자 : 목표?] 그러면 우리 어마이보고, 와서 가져가라. 그거 돈 물어야 하지, 그전에는 아이 보내주지. 그래 돈이 없다나이, 궤 서이에다 옷이랑 넣고 이랬는데, 바느질하는 [조사자 : 재봉틀] 예. 그것도 다 앳기고(뺏기고?). 그래도 우리 어마이 "그걸로 우리 여기 떨어질 수 있는가? 가야 한다 했으믄 가야 되지. 내 오래비 오라 하이 내 대답도 지르고 여기 있을 필요 있겠는가고. 간다고." 그래 가이까이, 우리 둘째형네 거기 떨어졌습니다. 그러고 거기 있다가서 우리 맏아바이, 그게 언젠가, 40년도가 됐습니다. 우리 그짝에 떠난 때가. 그래 거기 나가서. [조사자 : 거기는 뭐하는 데여요? 타슈켄트도 목화질하는 데여요?] 러시아 사람이 싹 사는 조합인데, 그 조합에서도 까자크들이 살았습니다. 세 집이 살았습니다. 그러고 우즈베크네가 한 10여호 있고, 그러고 싹 러시아 사람들이었습니다. [조사자 : 고려사람은?] 고려사람은 두 호밖에 없었습니다, 우리 나가이까나. 우리 넷째 외삼촌 있고, 그리고 회계원하던 사람, 주이바노비치라는 사람, 그 사람. [조사자 : 거기서 목화하고 뭐 했어요?] 채미르. [조사자 : 참외?] 밀. 여기서는 채미르라고 했지(웃음). 떡이나 빵이나 만드는 거. [조사자 : 아 밀을 많이 하는구나.] 다수는 밀이지. [조사자 : 목화도 하고 밀도 하고?] 예. 그라고 목화는 별로 없고, 우즈베크들이 별로 없다나이. 사탕을 만드는 스베클라. [조사자 : 타슈켄트가 까작인가? 우즈베키스탄이죠?] 그렇지. 우즈베키스탄의 수도가 타슈켄트. [조사자 : 그런데 타슈켄트는 목화가 별로 없다?] 다 목화가 많은 데요. 목화 없는 데 없습니다. [조사자 : 그런데 이 조합은 목화가 많지 않았구만?] 밀이 많고 사탕을 만드는 스베클라(사탕무우) 그걸 많이 심겄습니다. [조사자 : 그 일하기가 어땠어요? 그때 일했어요?] 거기 가서 내 40연도, 이제는 내 러시아글 3학년을 다녔습니다. [조사자 : 어디?] 타슈켄트 가서리. [조사자 : 아 다시 공부했어요?] 예. 거기 가서 공부를 하지. [조사자 : 러시아 학교?] 예, 러시아학교. [조사자 : 언제까지 공부했어요?] 42년도까지 공부했습니다. [조사자 : 그럼 5학년?] 5학년까지 다니다가 그만두었습니다. [조사자 : 왜 그만두었어요?] 그때 그게 41년에 전쟁 시작하지 않았습니까? 41년도에 전쟁이 나고 42연도에. [조사자 : 아, 전쟁통에 못했어?] 예. 그래서 못한 게 아니오. 그래서 조합에서 우리 맏형이 일하다가서리 남자 일꾼들은 다 붙들어가서 그저 꼬뮤르 목재소에 아이 보내믄 무슨 국가 일 많은 데로 보냈지. 그런데 목화를 심고 그런 데는 남자들은 다술로 그래도 여기다 떨궈두는 수가 많습니다. 그래 우리 맏형이, 스딴치야 쿠즐루크라고, 따슈켄트 오블라시인데 따슈켄트에서 그렇게 멀지 않지. 한 40킬로미터 스탄스 거기 그런 데 있습니다. 그래 거기서 내려가서 우리 형님이 일자리를 얻었습지. 무슨 일자리냐믄 목화를 조합에서 가을이면 싹 다 받지. 거기서 그걸 받아서 큰 가림에다 받지. 거기서 프리젠트라는 데 덮어놓고, 거기서 일하는 사람들은 하나도 건드리지 않았습니다. 아이 가져갔습니다. 그래서 우리 형님이 거기 가서 자리잡아 놓고, 어마이한테 그러지. "어마이, 나는 스딴치야 꾸즐루크 거기르 내가 가게 됩니다." 그런데 우리 맏형님이, 우리 어마이가, 다 형들이 있는데, 우리 맏형님과 어마이 하면 예예 하고, 아주 어떻게 그렇게 가깝게 하는지. 그래서 우리 어마이, 형님이 턱 그렇게 말씀하이까, "그 어떻게 하겠어? 가야되지. 내 아이 가고." 그때 우리 형이 스물두 살일 때입니다. 그래서 스물두 살때인데, 일자리를 턱 잡아놓고서 그 이튿날, 타슈켄트에 빈몸에 나갔다가(웃음). [조사자 : 거기가 어디라고요? 가는 데가?] 꼴호즈 키로프. 또이뗴빠 라이온. 그게 우즈벡 이름입니다. [조사자 : 그러니까 큰형 따라 다시 이사간 거야?] 그래 거기를 간다 나이 우리 어마이, 형님 말씀하면 우리 어마이 그저 똑같지. "가야되지. 내 아이 가고 어쩌겠는가고. 혼자 가 있을 수 없지 않느냐고." [조사자 : 아직 서방가지 않았나 봐요?] 아이 갔지. 스물두살이니. 그래서 우리 거기서(타슈켄트에서) 한 해 있고서 그저 스딴치야 꾸즐루크로 왔습니다. 그게 차들이 와 서는 그런 데입니다.

2차세계대전 중의 노력전쟁 때, 아버지 소식을 들음

[조사자 : 이때가 42년?] 42년도에 왔습지. 가을에 왔습지. 그리고 우리 싹 따라왔지. 왜 그렇게 됐는가이, (노력전쟁으로) 우리 고려사람들 다 가져갔습니다. 목화를 국가에서 특별히 그래서, 우리 형님이 목화를 받아서, 모든 꼴호즈에서 거기로 가져옵지. [조사자 : 목

화를 다 모으는 곳이고만?] 예. [조사자 : 그 일을 했어요? 형이?] 예. 그래 그리로 오믄. 프론트라는 데는 전쟁터 아입니까? 그런데 이건 노력 프론트라 합지. 뚜르드라는 게 '노력'이거든. 그래 노력, 프론트란 전쟁판인데, '노력전쟁판'이라고 이렇게 표현했지(웃음). 노력으로 전쟁한다는 거지 아마. [조사자 : 아, 실지로 총 쏘는 게 아니라?] 예. [조사자 : 그래서 군대를 안 가도 되네?] 예. 군대는 고려사람들 아이 가져갔습니다. [조사자 : 아, 안 데리고 갔다?] 예. 53년도부터 고려사람들, 군대 가져갑니다. 그전에는 아이 갔습니다. 그래 고려사람들이, 싹, 타슈켄트에 있을 때는 젊은 사람들이 "우리, 전쟁판에 가자." 그래 가지고서리 모집들 했었읍지. 있은 일입니다. "그런데 보내지 않는데 어떻게 가는가? 그래 웬꼬마뜨로 가자." 그래, 군인들을 이래 보내고 이래지 아닙니까? 그걸 웬꼬마뜨라고 합지. [조사자 : 거기 갔었어요?] 예. 우리만 아이라 26년생, 27년생까지 그때 전쟁판에 가겠다고서리 몇이, 타슈켄트 사람들이 그랬습니다. 웬꼬마뜨 가이까나 "아!" 자원해서 전쟁판에 가겠다고 하이까나, "이! 큰일이라고. 아주 영웅적이라고. 내일 짐들 가지고서리…." 그래 가지고 이 사람들이 그걸 곧이듣고 떡 가니까이. 거 뚜르드 프론트로 가져갔습지. 그리 됐습니다. 싹 그리 내려갔습니다 그 사람들으. 그래 웬꼬마트 갔다가서리(웃음) 전쟁 필하고, 전쟁 끝이 난 다음에 거기서, 갔던 사람들 돌아오는데, 어떤 사람이 그랬습니다. 손 아나똘리 블라디미르(똘랴), 그 자원해서 전쟁판에 나가겠다고 한 사람이 가서, 거기(노력 전투장. 목재소) 가서 아버지를 만났습니다. 37년도에 아버지를 체포해 갔지 않습니까? [조사자 : 어느 아버지?] 그 사람의, 자기 아버지를(웃음). 자기 아버지를 만났어. [조사자 : 거기 붙들려 가서? 뚜르드 가 가지고?] 예. [조사자 : 참! 아버지도 일하고 있었네?] 아버지가 체포되어 37년도에 거기 갔습지. [조사자 : 그러니까 아버지가 죽은 건 아니네?] 아니지. 체포해 가지고 갔으이. [조사자 : 아 체포해 가서 일 시키고 있었구나.] 예. 그래다나이, 이 사람들은 전장판에 갈다, 그 사람은 자기 아버지 가서 고상하는 데 갔습죠. [조사자 : 그러니까 다 죽인 건 아니네?] 다 아이 죽였습니다. 그런데 이 사람이, 똘랴 아버지가, 집으로 돌아올 때 그 아버지를 모시고 왔습디. 우리 스탄찌야 쿠출루크에. 그래 우리 어마이 나가서, "혹시 우리 아버지 아이 갔는가?" 그래, 김선도라든가, "아, 안다고. 키 작으마한 사람. 그렇다고. 조끔 이래 내장을 조금 앓았다고." "그런데 어찌 아이 왔는가고?" "거기서 러시아 여성께 장가들어서 세간하는 사람 많다고." 그랬지. 그런데 우리 아버지는 또 일 아이하고 식당에서 무슨 일 했답니다. 그러고서리, 더 보지 못했답니다. "아마 그 병으로 사망 아이했으믄 러시아 여성께 장가든 사람들 많다고. 그래 떨어진 사람들 많다고. 만약 사망했으믄 모르겠다고. 분명히 내 알았다고." [조사자 : 그러니까, 아나똘리라는 사람이, 뚜르드 프론트로 끌려간 거야? 거기서 아버지 만난 거야?] 그 아버지를 만나서 모시고 왔습니다(웃음). [조사자 : 기가 막힌 사연이네요. 그런데 내보내 줬네?] 예, 그 아버지를 모시고 집으로 돌아왔습니다. 그 전쟁 끝난 다음에는 다 동고지 않았습니까? 그런데 이 사람들은 어째서 모 왔는가이, 어디로 간 종적을 모르지. 어디로 간 곳도 모르고 그리고 돈 한 푼도 없이, 그저 먹여만 주고, 일은 죽자고 하고 그래다나이, 월급이 없으이까이. [조사자 : 그렇구나. 먹여만 줘.] 예. 그래 돈 한 푼도 없고 그래다나이 거기 간 사람들은. [조사자 : 그렇게 살다 죽었겠네.] 예. 그래 "거기 고로드 찾아가믄 보겠는지?" 우리 어마이 그런 말 마이 물었습니다. "갈 필요 없다고. 튼튼한 사람이믄 가보라고. 자꾸 속병이 있어서 앓왔다고. 그래다나이 목재소에 일은 아이하고 식당에서 일했다고. 식당에서 그냥 일했다고." 그래지. [조사자 : 거기가 목재소였구만?] 예. "갈 필요 없다고." 그랬지. 그래 우리 어마이.

먹을 것 큰형에게 더 많이 먹게 한 어머니, 그 큰형의 죽음과 어머니의 충격

[조사자 : 그럼 할아버지는 어떤 일을 했어요?] 나는 타슈켄트서 그래 나가서 스탄치야 쿠츨루크란 데서 일하다가, 일하는 게 왜 하는가이, 그 후론트라는 데 아이 가고, 그러고 또 떡을 한 덩지씩 거기서 일한 사람들, 떡을 한 등지씩 그냥 줍니다. 할날으. 그래 그거, 우리 어마이랑 내 동생, 그 다음에는 나, 그 다음에는 형이, 한 등지 떡을 가지고 삼때를. 그래 우리 어마이가 그러지. "야, 우리 그거 노느자. 일하는 사람이 좀 더 먹어야지. 형님이 많은 게 관계없다." 우리 그래지. "어마이 하는 대로 하라고. 노느지 어째겠냐고." 그래서 떡 한 등지를 셋 내서, 이만한 한 짝(2분의 1)은 형님을 주고 그 절반은 덜어서 우리가 나눠 먹고. 이렇게 우리 살았습니다. 스탄치야 쿠츨루크에 와서. 그러다가 43년도, 우리 형이 사망했습니다. 그게 어느 달인가 하이, 추운 때지. 추운 땐데 우리 형이 사망했습니다. [조사자 : 큰형이?] 예. 그래 우리는. [조사자 : 어머니가 일을 못했어요? 그때는?] 어마이, 일이사 하지. 그런데 스탄치야에서 무슨 일 하겠습니까? 꼴호즈 조합에 가야 일하겠는데. 형님이 있어서 못 가지. 우리가 그랬지. "야, 우리가 배 곯아도 형님이 여기 있는데 어찌 가겠냐? 못 간다." 셋째 오라비, 타슈켄트 꼴호즈에서 브리가디르질 했습니다. 그랜데 여기로 와서, "내 저 알렉쎄이 두고 어디 가겠소?" 그래 못 갔습지. [조사자 : 큰형이 알렉쎄이야?] 예. "내 저 알렉쎄이를

두고 못 가겠소. 아무래 굶겠소? 굶어도 어쩌겠는가?" 그래서 우리 맏형님이 그냥 서로 그렇게 얘길하면서 살랑살랑 그저 사랑했습지. "그래 내 저 알렉쎄이를 두고 어떻게 가겠소? 아 굶어 살겠는가?" 식당에서 떡 먹이지, 그러고 못 가겠다고. 그러다가 우리 형이 사망했지. 그게 3월이었소. [조사자 : 형이 죽어서 어떻게 됐어요?] 우리 사촌형이 타슈켄트에 나가서 만났지. 우리 아버지 친척. 우리는 모르지, 우리는 다 외쪽만 알지. 그런데 우리 어마이, 우리 형님이 상새나고, 이라다나이 타슈켄트로 가게 됐습지. 셋째오라비 있는 데. [조사자 : 그해? 몇 년도에?] 그게 43년도 일입니다. 사망했습니다. [조사자 : 죽고 나서 타슈켄트로 언제 또 갔어요?] 그게 형 죽고 그 이듬해 44년. [조사자 : 타슈켄트로 다시 옮겨갔네?] 예. 스탄치야 쿠즐루크에서. [조사자 : 타슈켄트는 꼴호즈야?] 타슈켄트 오블라시지. 목화하는 데. 우리 형은 한 달간 일하다가 불시로 병이 들어서, 라이온은 거기서 멀지 가려면. 그래서 라이온 병원에 가서 거기 가서 사망했지. 그래 집으로 실어왔습지. [조사자 : 큰형이?] 예. 그래 우리 어마이, 지내 정신을 막 잃어버리고 그 다음에 정신병 하지 아닙니까? "알렉쎄이, 어째서 자기만 하는가고? 일해야지." [조사자 : 아, 왜 자기만 하느냐고?] 예. 장례하고 턱 들어와서, 탁 엎으러지더니, 저녁이 들어오이, "알렉쎄이 자기만 자겠어? 빨리 일할라 가라고." 우리 두 형제간이 남았는데 어떡하겠어? 그런데 우리 어마이 얼마나 억센지, 며칠을 그러더니 깨어났습지. 그러고서리 또 그러지. 우리 그러지. "그러지 말라고. 형님 상세나고 어마이까지 상세나면 우린 어쩌란 말이냐고. 우릴 보고 그래" 내 그랬지. "자를 보고, 어마이 상새나믄 어떻게 되겠는가고. 그러지 말라." [조사자 : 동생?] 내 동생이 있쟤니오? 다섯 번째 동생. [조사자 : 남동생?] 예. 내가(나와) 다섯 살 칭하나 그 동생하고. 그래 그때 열 살이지. 그래. [조사자 : 그 래서 다시 또 타슈켄트로 이사간 거예요?] 형이 상새나이, 내 일했 습니다. 그때 내 열다섯살이 돌아오지 않았습니까? 그런데 내 그때 형 대신 들어갔습지. 들어가 놓으이, 남자들이 대수 하고 싶은 일 하 라 그러지. 그래 어째 내 어디 댕기는 걸 좋아했습니다. 그래 열다섯 살에 일하는데, 그 디렉토르가 그래지. 그 관리위원장이 고려사람이 라. "야, 네 형이 하던 일인데 못한다. 그래 넌 아이 아니냐? 일은 받 아 주겠다. 형님을 보더래도 너를 어떻게 받겠니? 떡은 그냥 줄테니 그래서 일해라. 그래 너는 어디 유람하는 일을 해야 되겠다." "예, 그 렇게 합시다." 그래서 일 아이할 적에는 "네 여기서 무슨 일 했으믄 좋겠느냐?" 그래. 큰 마대라 하는가? [조사자 : 자루?] 예 자루. 그게 목화를 이렇게 딴딴히 넣으면 90키로씩 들어갑니다. 그 한 자루에. 보통은 70키로. 그래 그 자루를, 목화 산더미처럼 있는 그런 데 가서 그런 싸모크라는 데, 거기에 마대 턱 씌우고 목화 넣는 일을 내 한 참 하지. 그런데 첫 다른 데로 보내는데, 치나크라는 그런 라이온 있 는 덴데 거기 목화를, 타슈켄트에 하내 있고, 거기는 할날에 몇 천 톤씩 들어가고. 서캐(솜) 나오고 씨는 다른 데 빠져나오고. [조사자 : 솜 타는 데구나.] 보드라운 솜 나왔다가 다시 이런 궤 같은 게 있 습니다. 거기 들어옵니다. 모두 기계에 넣어서 그렇게 합니다. 그 기 계 턱 내려오믄 타고 타고. 다른 게 또 들어오고. 그래 우리는 어째 서 그런 데 보내는가이, 타슈켄트에 큰 게 있습니다. 전쟁 때 전체를 거기서 하지 않습니까? 우즈베키스탄 목화. 그래 거기 열다섯 날, 반 달 동안. 그 디렉토르가 그랬지. "내 가져다 주마." 내 없을 때는 우 리 어마이가. 싣기는 다 싣겼지. 그래 먹는 건 조금 나사졌지. 그래 나는 어디 가서 그 커우대(자루) 떡 들어오믄, 그 자루를 터주어서 거기에 넣고. 함지 같은 게 있습니다. 거기에 밀어넣습죠. 거기 들어가면 획하면 실을 뽑는 거라. 그래 거기 가서 여자들과 우리 아들을 싹 그런 데 보냈죠. 그래 보름 동안 가서 일하고 다른 데 보내고 바꾸고 하지. [조사자 : 보름간은 거기서 일하고, 또 보름은 어디 가서 일해요?] 돌아와서 또 하고 싶은 일 하지. 일하는 데 와서는 하고 싶은 일 하지. 그라다 처음에는, 갔다와서 무슨 일 하는가이, 돈이, 월급이 조금 더하거든? 그래 70키로짜리 그거 메서 차에다 실었지, 그 일도 했습니다. [조사자 : 그 일을 언제까지 했어요? 그 일을.] 오래 아이 했습니다. 한 해 반 일했습니다.

외숙이 있는 타슈켄트로 다시 이사해 살다, 작은형 따라 사마르칸트로 가서 일하기

그러고서리 우리 어마이 그러지. "야, 가자." "어디로 갑니까?" "오래비 자꾸 오라고 하는데, 몇해째 자꾸 오라 하는데, 그때는 네 형이 있어서 내 못 가지 않았냐? 이전 거기 가자." "그래 거기 가서 무슨 일 하겠습니까?" "식당에 와서 보라고 한다." 가만히 보이, 조합에서 식당에서 일하믄 무료 아닙니까? 싹 다. 먹을 거랑. 그래 거그 가서 우리는 또 둘이서 동삼을 나고, 그러고는 봄에 벼밭에 나가고, 우리 어마이는 식모질하지. 그 식욕 끓여서 트락토르 타는 일꾼들 있지 않습니까? 그 사람들으 식욕 끓여서 주죠. 그래 거기 가서는 이전 먹는 거는 일없고, 떡 한 덩이 탈 필요도 없고. 조합이다나이, 우리 외삼촌이, "야, 나가서 일하는 체 해라. 네 힘으로 무스기를 할 거 있냐? 바뻬 일할라 하지 말고, 아침 일찍이 회장이 나가서 댕길 때, 일 잘하는 체 해라."(웃음) 삼촌이 그랬습지. "그러고서 기슴(김매기)철에 가서 내면 된다." 그래. 그때 우리 삼시 삼때 밥 먹으며 김치도 싹 다 담가 놓고 이렇게 살았습니다. 그래 내 50 몇 년도? 내 53년도 까지(1947년도의 잘못), 내 타슈켄트로, 둘째형이, 사마르칸트에 있던 형이 우리한테 왔습디다. 떡 와서, "어마이, 나는 어마이를 고상하게 했는데, 엄마를 모시러 왔다", "아니, 나는 아이 가겠다고. 여기서 편안하다." 그래 조합에 들어가라고 하이, 아이 들어가. 내가 또 물어보지 어마이한테. "형님이 가잔다는데 어쩌겠는가? 그래 어마이, 내 가고 싶다고." 그래서 "야 너 나 같이 가자." 그래 같이 갔습니다. 형을 따라서. 그래 거기 가서 내 소포즈에서. [조사자 : 그게 셋째형인가?] 둘째형이지. [조사자 : 둘째형이 이사간 데가 어디라고 했지요?] 사마르칸트 빠스뜨다르곰 라이온. [조사자 : 거기 따라갔단 말이죠?] 원래 살던 데. 그전에 우리 37년도에 들어와서 그 꼴호즈 뻬르보예마야라 하지 않았습니까? 거깁니다. 그런데 우리 형님은 무슨 일 했는가이, [조사자 : 거기가 뻬르보예마야?] 뻬르보예마야에서 서너 킬로쯤 올라와서 다른 소포즈지 이거는. 형 따라 혼자 갔습니다. [조사자 : 거기서 얼마나 사셨어요?] 얼마 아이 살았습니다. 다니기 좋아하지 않습니까?(웃음) 그래 형의 집에 가서 한 해를, 한 해 아이라, 가슬에 거두고 내 거기 갔거든? 그래서 가서 동삼을 나고 봄에 벼를 떡 심구자 그랬지. 그 소포즈 안에서 땅이 있으이까, 벼를 심을 만하다고. 아이 뭘 못하겠는가? 가자고. 벼를 심구자고. 그래 나 자빌로 씨도 뿌려봤습니다. 그래 형님이 스물다섯 소트까 가지고, 내 스물다섯 소트까 가지고, 그래 벌써 쉰 소트까, 그래 그거 가지고서리, 소포즈에서 내 무슨 일을 하는가이, 새(풀 말린 것)를 말리와서, 풀을 말리와서 그 사마르칸트 오블라시 그런 데 있습니다. 거기 새를 실어 보냅니다. 풀 말리와서 묶어서. 그거 묶는 것도 길이 있습지. 그래 꽉꽉 묶어서는 고롯으로, 사마르칸트로 보내지. 그래 그 일을, 새를 치는 그런 데 가서, 그걸 오고롯을 탔습지. 우리 그 땅에서 일을 하다나이, 우리 벼를 심으이 오고롯을 달라, 땅이 가뜩한데 심겄지. 그래 우리 오고롯을 가지고. [조사자 : 땅을 준 거야? 오고롯이? 오고롯이 뭐야?] 오고롯이라는 게 그게 이렇습니다. 여기서 자븨 터전, 여섯 소트까씩, 그걸 오고롯이라 합니다. [조사자 : 아, 자기가 마음대로 할 수 있는 거야? 사유지네.] 우리 고롯에 집을 짓고 살겠으이까, 나븨 터전을 달라 하믄 여섯 소트까씩을 줍니다. 그래 그걸 오고롯이라 합지. [조사자 : 거기다가 이제 집도 짓고 하는 거야?] 예, 거기다 집도 짓고 자븨 터전을. [조사자 : 내가 먹는 거지?] 예. [조사자 : 거기서 얼마나 살았어요?] 이태를 살았습니다. 소포즈에서 일했습니다. 새를 베 놓으믄 기계로 모여서 그걸 쇠슬기(우마차)에 실어서. 쇠슬기 큽니다. 소 둘을 메와서 그렇게 하는 게 있습지(웃음). 그게 그것도 뭐라고 하오? 그걸 쇠슬기에다 실어 보내고, 이런 일을 내가 이태를 했습니다. 그걸 월급을 받으면서. 그라고 있다가서리 그게 내 47년인가 49년도에 다시 타슈켄트로 왔습니다. [조사자 : 진짜 다니기를 좋아하시네! 웃음] 타슈켄트에 왔다가서리 어마이한테 가서, 봄에 또 일 있으이까나, "저, 이 형님이 있는데 나 가겠소." 그래 어마이 괜찮게 있습지. 오래비 싹 다 심기고 하다나이. 오래비 없대도, 내 동생 있지 않습니까? 가 데리고, 잘 지냅니다. 그래 "나는 가겠소(웃음)." 그러니, "가거라, 네 마음대로 해라. 이저는 넌 자유로운 새다, 가거라. 네 소원대로 해라.(웃음)" "그래 있다가, 새애기나 있으믄 내 가보마 그래.", 내 그래 타슈켄트에서, 내 53년도에 그렇게 두루두루 있었습니다. 돌아댕기며스리. 53년도에 형 있는데 듸비 왔습니다. [조사자 : 아, 몇 해 있다가? 49년도에 타슈켄트 갔다가, 거기서] 와서, 크즐오르다에 와서 50년도에 내 그런 거 벼밭을 맡았습니다. 벼를 한 헥타르. 한 헥타르씩 맡았습니다. [조사자 : 거기 땅이 많았구나.] 예. 소포즈가 땅이 아주 큰 뎁니다. 그래서 "벼를 하든지 하게 되믄, 모두 모여서 하자고." 그래 우리 형이, "야, 난 다른 사람들은 뭐, 우리부터 해 보고 하자고." "어쨌든 그래 보기요." 그랬는데 거기 우리 문삼촌이 또 있었습니다. 그 문삼촌이 어떻게 되는 문삼촌인가하이, 우리 원동에 있을 때, 그래 37년도, 아직 우리 아버지 체포 아이되었을 때지. 그때 뽀시에트라는 데서, 라이온에서 파견 받아서, 우리 조합을 파견 받아서 회장질하라, 그런 농촌 무슨 핵교라고 하는가? 그 학교를 졸업하믄 회장질을 나옵지. 그랜데 김니꼴라이, 우리 충주 김가, 우리한테 왔지. 우리 아버지, 체포 아이돼서, 그 해 체포 들어갔는데, 체포 아이 되고, 그램서리 또 파견나오고 이러믄서, "아 내 동생이라 해도 괜찮지." 그래 어드매 있게 했는가하이, 우리 집으로 모셔 왔습니다. 재미있는 사람입니다 그때. 그래 턱 들어와서, 우리 어마이와 인사시키고, 얘기를 하고. "우리 형제간 삼았다고. 그리고 우리 싹 아주바이라 하라고." 그래 그 원동에서부터 그래 "회장 자리를 하라고." 파견나와서 무스글 배와야겠지? 그랜데 그게 없이, "회장 하라고. 내 도바 주마." 그래 우리 아버지가 부회장 해.

같은 충주 김씨인 수양삼촌과 함께 사마르칸트에서 일한 이야기

그래 이런 분이 사마르깐트, 이제 거기서 일하지. 그래 우리 문삼촌. [조사자 : 문삼촌?] 한 성씨라는 거. [조사자 : 한성받이. 같은 충주 김씨니까.] 예. [조사자 : 실제 삼촌은 아닌데, 삼촌처럼.] 예. [조사자 : 그래서 그 덕에 아버지도 회장 하고.] 그래 우리 아버지는 부회장질을 들어가서, 그걸 가르쳐 주면서리, 일, 저거는 무스그, 싹 이렇게. 그래 그분 거기에서 일하는데, "야, 우리 이렇게 하자. 밭을 갈으마. 우리 소포즈 그런 거 얼매씩 대고, 나머진 다 자빌로 가지겠으니까, 벼를 심거라. 그러고서리 얼마씩, 너의 마음에는 얼마씩 바치믄 좋겠냐? 수확을, 얼매를 우리 땅값을 들이댔으믄 좋겠는가?" 그렇게 얘기해. 그래 우리 그랬지. "우리 수확이 많으믄 아주바이 그렇게 합시다. 수확이 나는 거 보고. 올해 첫해라 잘 모르잖습니까? 수확이, 만약에 한 헥타르에서, 다섯 톤, 여섯 톤 나믄, 삼분지 일로 바치겠다고. 전체 수확에서 삼분지 일 바치겠다고." [조사자 : 그 바치는 게 뭐예요? 세금이야?] 땅값. 그래 여섯 톤 나믄 두 톤을 소포즈에 바치고, 네 톤은 우리 가지지. 그래 "첫해에 우리 얼마 바치겠는지 잘 모르겠다고. 우리 수확이 나는 것 보고 그렇게 하자." "아 참, 그래라." 그래서 그거 턱 심어놓이까., 내 심어놓고, 풀이 별로 없고 그저. 그래서 내가 그랬습니다. "형님, 나 어마이 보고 싶으이 어마이한테 갔다오겠소." "아니, 이래 놓고 가게?" "아시 기심 맬 게 없는데 무슨. 일이 없지."(웃음) "김이 별로 있을 거 같지 않으오. 꼴호즈에는 아시에 벌써 풀이 가뜩하오. 그러나 여기는 없재니오?" "그래 어느 때 기심 맬 때 오겠니?" 그래. "그건 모르겠소."(웃음) 그래 내 갔다오겠다고. "기심 맬 일 있으믄 그저 두어번 있을 기요. 이럴 때 내 갔다오겠다고." "아 그럼 갔다가 그저 바로 와야 된다고." "그렇게 하겠다고." 그래 갔어. 그래 가서는 우리 그전에 그 스딴츠 쿠쯜루크라는 데 거기, 계집애들도, 동네 가까운 동네도 있지 그래. 아 거기 딱 붙들려서 여기를 올 수가 없었지(웃음). 그래 그해 가슬에 모 왔습니다. 그래 어저 가을 다 지나가고난 뒤, 문삼촌한테 편지를 썼지. "기심이 걱정했는데 일없더라." 그래, "나 무얼 사줄 수 있소?" 그전에야 자전거라는 게 없지 않습니까? 그래 "자전거를 사줄 수 있습니까?"

"아 좋다고." 그래 떡 오이까, 첫 동삼이 시작을 했는데, 그땐 내가 아무래도 봄은 봄이라, 그래서 떡 들어가이까, 우리 문삼촌이 있다가, "야, 네 그때 와서 그 무슨 벼질이고 무시기 하고 달아났는데, 기심(김매기)은 없었다." 둘이 서서, 이짝에 서서 가래를 가지고서리 마당 닦아서 놓고, 싹 단을 이만큼 묶어서 돌아가며 막 치지. [조사자 : 응, 타작.] 예. 이렇게 해놓고 싹 양창질(탈곡)해서 곡식을 마당에다 자루에다 옇었지. 그랜데 그거 쌓아놨는데 이짝에서 저짝 사람이, 다 바람에다 곡식을 재각질한 거지. "마이 했다. 서너질을 해 옇다." 그래 10여 톤을 했다 아입니까? "잘했다. 너희 수확을 어떻게 났는지. 어디 옇을 자리를 못 얻었을 게라고." 그래. 10여톤을 했다고서리. 소포즈 주고도(웃음). 그래 내가 가이가이. [조사자 : 1년에 한 번 지어요? 거기도?] 예. 그래 또 와 보이, 우리 문삼촌이, 그렇게 말씀하는데, 자루에다 옇어서 거기가 들여다 쌓여 놓은 게 많으이, "이거 어떻게 돼서 이렇게.", 우리 문삼촌이 그렇게 말하는가? "아주바니, 그래 올해 농사가 대작이래며요?" "잘됐다, 올해." 턱 가이까나 그게 다 잘됐다는 게, 10여톤 했다는 게 다 달아나는지, 한 50자루 있고, 나머지는 어디로 갔는지 없어졌습니다. [조사자 : 왜?] 다 써버렸습지. [조사자 : 다 써버렸어?] 가시 아버지가 다 한데 왔단 말이(웃음). [조사자 : 그게 뭐야?] 우리 문삼촌의 가시아버지(장인), 그 다음에는 아들이 둘이. 장모는 없고. [조사자 : 식구가 많았네?] 많았습니다. [조사자 : 몇 식구야?] 가시아버지, 아들 둘이. 그 다음에는 동생이 둘이. 이렇게 떡 왔는데, 동생들도 다 장가 아이 가고, 연세들 있으나 장가 아이 가고, 두 형제. 그래 3형제, 아들 둘에 딸이 한내. 이렇게 왔습니다. [조사자 : 딸도 있어요?] 딸이, 젊온 딸이. 그란데 우리 아주바님이 그 집의 맏입지. 그래 삼촌까지 그래 우리 아주바님의 삼촌 아인가? 아버지 동생이니까이. 둘이 형제간이. 다 한테 있으이 그저 얼매든지 다 바쁘게 살던 사람들이니 그래 기분이 안 좋아. "아주바이[20], 어째 아주바이 저 세간 잘못했다고, 없어졌다고 내 그 말 할 것 같으오? 그리고 내 그럴 궁리를 할 사람이오? 아이오. 내 그저 와서 내게 무슨 관계 있소? 조금도 거게 대해서 그렇게 마음을 상하게 하지 말라고." 그래 문삼촌이, "야, 네 그 빠스다르곰 가서 마음에 드는 거 사라." [조사자 : 그게 뭐예요?] 소포즈에 그렇게 써놨습니다. 그게 강 이름입니다. [조사자 : 아, 거기 가서 사라고?] 예. 열두 키로 메타를 가야 되지(웃음). [조사자 : 자전거?] 자전거. "맘에 있는 거 사라고." 우리 사람이 든든해 그저 사겠다고. 그란데 그것도 돈이 있는가고. 쌀을 가지고 가서 팔아야 되지(웃음). [조사자 : 그렇지.] 그래 내가 "싫소. 아니 사겠소. 그거 사서 뭘하겠소? 내가 댕길 일 있소? 싫소." "야, 그때 너 말한 거 있지 않나?" 그거야 뭐 (뒤에 붙인 말, 농담이란 뜻인 듯). 그래 아이 샀지. "그래? 그럼 옷이나 한 벌 사서 입어라." "아, 내 옷 어째서 그런가고." [조사자 : 그 집안 식구들 생각해서 안했구나. 어렵게 사니까.] 예. 그래 내 거기서, 어저 소포즈 들어서 일도 함매 이러다나이 51년도 떡 되었습니다. 그래 그때까지 있으면서, 그래 동생도 내 있는 데로 올 맘 있다고 해서, "오고 싶으면 오너라." 데불고 오라는 것도 아니고, 자빌로 온다는 거, 싸마르칸트로 오는 사람이 있다는 거라. 빠스다로금 가는 사람 있다고. 그래 그 사람들과 같이 가겠다고. 그래 "내 마중을 나가마." 그래 왔습디다. 가 이제 와 놓으이, 이짝 사람들이 집들을 장만해 그래 나갔지. 장가도 가고 그래. 그래 아들이 둘이 딸이.

---

20. 문삼촌을 지칭하는 말.

수양 삼촌의 누이와 결혼

그래고 그 다음에, 우리 어드매로, 또 그 소프즈 어떻게 돼서, 땅 일구는 데, 그래 내 51년도에 떡 장가를 갔습니다. 스물세 살 적에 장가를 갔습지. [조사자 : 어떤 여자하고 결혼했어요? 고려인?] 예 고려인. [조사자 : 연애결혼했어요, 누가 소개했어요?] 소개한 게 아이라, 우리 같이 우슈또베서, [조사자 : 아, 우슈또베 출신이야?] 예. 46년도에 거기를 왔대. 그래서 내 47년도에 거기를 가이까나 그런 집이 있습디다. 그런데 우리 가시아버지 다 사망하고, 어떻게 되는가 이, 우리 가시아버지의 두 번째 안까이가, 어저 집안삼촌 있다지 않이요? [조사자 : 문삼촌.] 예. 문삼촌 씨스터(웃음). [조사자 : 아, 문삼촌 누나야?] 예. [조사자 : 누나야 누이동생이야?] 동생. [조사자 : 만나고 보니까?] 예, 만나고 보니까. 내 장가를 아이 가고 있었지. 그래서 떡 가이까나. [조사자 : 그 전에 만난 일이 있었구나.] 내 47년도에 가고 그 집에서 46년도에 왔거든? 그래서 나를 떡 인사를 시키는데. [조사자 : 거기 우슈또베를 갔었어요?] 그 우리 문삼촌이라고 하지 않았습니까? 문삼촌의 누이동생이지. 그랜데. [조사자 : 어디서 만났어?] 47년도 문삼촌 집에서. [조사자 : 아, 집에서 만났네!] 그래 딸 있지. [조사자 : 그래 얼굴이 좀 맘에 들었어요?] 예. 그러고 또 그 딸은 어느 때 왔는고 하이, 48년도 가슬에 왔습니다. 그때 만났습니다. 나는 47년도에 여기르 와서 문삼촌을 만났고. [조사자 : 48년도에는 그 누이동생을] 우리보다도 48년도에는 어떻게 됐는가이, 가시아버지, "야 나도 농사질을 해서" 회계원으로 그 소프즈에 와서 일했습니다. 46년도에. 그러다나이, 식구는 많지, 회계원으로 월급이 작지, 그래 "농사질 좀 갔다 와야 되겠다고." 그래. "타년도에 가이 그럼 그러자고." 사마르칸트 오블라시. 그런데 어디나 다 고려사람들이 차지를 해. 없는 데 없습니다. 무슨 고본질이라든지 무슨. 그래 까라 까슈라는 데 들어가서 다 차지를 했습니다 고려사람들이. "야, 듸비 가자." 그래 듸비 돌아와서 어디를 갔는가이, 우리 사는 소포즈 들어오기 전에, 우즈벡 꼴호즈 있는 데. 전쟁판에서, 게로이(영웅)라고, 그거 책에 나오는데, 키 조그만 사람, 그 사람이 어째서 기록이 됐는 가이, 총을 쏘지 못하고 가까이 들어붙으이 군인들이 자븨 땅을 파는 삽이 있습지. 그 삽으로 열하나 잡았습지. [조사자 : 그 사람이?] 예, 그 사람이, 열하나. 그걸로 잡혔지. 이것들은 총을 쥐고서 쏠 새 없었지. [조사자 : 가까우니까?] 그래 가까우니까. 그래서 이 사람은 삽을 가지고서리 열하나를. 그래서 게로이 셀소비에트, 이 사람이 회장질을 하는 데 떡 들어갔단 말야. [조사자 : 고려인?] 우즈벡 사람. 그래 우리 거기서 하게 됐습지. [조사자 : 그 가시아버지하고?] 예. [조사자 : 그 꼴호즈에서?] 아니 촌에서. 그런데 내 첫해, 48년도 가을에, 늦은 가을에, 다 걷어 들어온 다음에, 우리네 왔습디다. [조사자 : 48년?] 예, 48년. 오기는 46년도에 왔는데, 소포즈 회계원으로 일하다나이 그래 48년도에 농사질 처음 하지 않았습니까? 거기 가서. [조사자 : 거기가 어디죠?] 그게 우리 앞입니다. 싸마르칸트 오블라시 올고르모치니 소포즈.(이하, 밧데리가 다 되어 녹음이 안됨. 잠시, 메모한 것으로 보충함 : 올고르모치니 소포즈는 마소의 먹거리 장만하여 조달하는 소포즈였음. 농촌 가서 땅 구해서 일함. 아훈 바바이에브 콜호즈 앞이었음. 제도므 고아원 돕기 위한 땅 얻어서 5인이 개척 농사. 흉년.)

결혼 전, 수양삼촌과 함께 땅을 얻어서 일하기 : 땅 고르는 지혜

[조사자 : 그러니까 사마르칸트 오블라시 옷고르모치 소포즈에

서 있다가, 가시아버지가, 돈 벌려고 다섯 사람이 다른 데 간 거죠?] 예. [조사자 : 간 데가 아훈 바바이예브 콜호즈 앞에 있는, 고아원 도와주는 땅, 그걸 했는데, 첫해 했는데.] 도바주는 게 아이라, 도바주려고 땅을 얻어서. [조사자 : 아, 도와주려고?] 예. [조사자 : 그런데 농사가 잘 안됐네?] 잘 안됐습니다. [조사자 : 그래서 어떻게 했어요? 더 했어요, 그만뒀어요?] 다시 다른 데로. "왜 그렇게 아이됐는가?" 내가 땅을 볼 줄 압니다. 보통 땅을 가지고서 보잖습니까? 일하는데 내가 땅을 봅니다. [조사자 : 땅을 볼 줄 알아요?] 예. 그래 가시뿌리, 졸배(잡초)만 많이 있습디다. 그래 그건 다루던 땅이지. 그래 또 그 깔판 있는 데는 마소들이 와서 쉬는 데, 그렇게 두 군데 있는데, 깔판이 있고 그렇지. 그래 한뗴는 밭 뒤에 큰 집이 있습디다. 그래 턱 보이, 내 마음에 아이 듭디다. 암만 봐도 마음에 아이 들어. 갈아놔도 어째 땅이. 그래 그때는 아주바니라 했습니다. 브리가디르 보고. 그거 맡아가지고 하는 사람. 내 가시부모 될 사람. 충주 김가 (웃음). [조사자 : 충주 김가야?] 예. 그래 내 아주바이 아주바이 그래고서, "제비뽑기를 하자." 그래서, "나는 거기서 빼달라고." "왜 그러느냐고?" "난 제비뽑기 안하겠다고." 두 군데는 나 줄 필요 없고, 이걸 달라고. 그래서 그 땅을 거절했지. "그럼 어떡하겠는가?" "나는 저기 깔판 그거 달라고." 그랬지. 그래 우리 형이 있다가, "야, 그 생땅에다 어떻게 하려고." "형님, 아무리 그 이 땅이 좋다 해도 내 마음에 아이 든다고. 졸배 난 이 땅, 메마른 땅이오. 땅 좀 보오, 부우연 게." [조사자 : 그전에 농사를 짓던 땅이야?] 육전이지, 벼를 아이 심었던 땅이지. [조사자 : 밭이었구나!] 예. [조사자 : 그게 졸배가 많아? 그런데 할아버지는 생땅에다 하고 싶었고?] 그렇습지. 그 내 타슈켄트에 있을 때부터 로시아인이나 꼴호즈 가서 보믄 저거 어떻겠다 궁리 많이 갔던 건데. 그래 "형님, 나는 그 육전, 나는 싫소. 첫째로 마음에 아이 드오. 농사질이라는 게 마음이 드는 데, 무시기 있지, 마음에 절절이 없으믄 아이되지." "야, 그래도 야, 여기 사람들이 다 그게 낫다고 하잖느냐고." "형님이, 그 사람들 뭐래도, 난 관계없소, 난 마음이 쓸리니까 그런 게오." "야, 그럼 둘이서 한 세간 가지고서 하는 게, 네 땅은 저짝에 있는데, 땅이 이짝에 되는가? 한데로 떼줘서 하자고. 둘이가 한 곳에서 하자고." 그래, "야, 나는 땅이 마음에 아이 드는데. 형님이 자꾸 그런다 말야. 그래 그 우리 가시아바이(장인) 될 사람이, "야, 그래도 나이 먹은 것들이 좀 낫게 안다. 너 햇내기가 무스(무얼) 알겠냐?"(웃음) 그래 내 마지못해서 내가 그랬어요. "아, 그럼 어떡하겠는가? 한데 가지요." 형님과 그랬지. "할 수 없다고. 형님 하는 대로 하기요. 형님 마음대로 한데서 하기요." 그래, 그 땅 가지고 하게 된 건데, 두 집에서 전체 열한 커우대(자루) 했습니다. 그 땅 숱한 거 가지고. 이삭이 이런데 그저 두 알, 세 알. [조사자 : 땅이 중요한 거구나!] 그럼 땅이 중요하지…. 비료를 좋은 거 줘도 아이 되고 그런 거지. 그래, 한국에서는 어떤지, 땅이 그러면 좋지 않습니다. [조사자 : 그때도 비료가 있었어요?] 예. [조사자 : 그래서?] 그 이듬해(1949년), "우리, 저 깔판(갈밭)에 나가서, 그전에 벼를 심었던 데, 우즈베키들이, 거기가 깔판이거든? 깔판은 무시기 썩어 내려앉은 게 있고 그렇지 않습니까? 그거 좀 우리 다시 일궈서 해보자. 우리 저기 꼴호즈 가서 땅 보고 거기 가서 하는 게 어떻겠는가?" 그래 땅이 좋은 데. 그게 (사마르칸트) 아크다리야 라이온. [조사자 : 그때가 몇 년도예요?]그게 59연도입니다(49년도의 잘못). [조사자 : 그리로 옮겨가서, 아크다리야 라이온 깔밭을 일궜네?] 예. 그래 거기 가서 보니, 그 땅이 괜찮아, 내 보기에는. 밭을 벌써 다 갈았습디다.

거기에다는 오고로드를 25소트카씩 주지요. 그거 싹 다 갈아놓은 거지. 그걸 자븨르 줘서, "내 땅이다" 하고 여기저기에 박아 놓지. 그래 제비를 뽑는다 그러지. 그래 저기 길이 있는 데, 거기, 아크다리아로 건너가고 건너오고 하는 길입니다 그게. 그런데 마소 떼들이 다 니던 길이거든? 트락또르 와서 갈아놨는데, 그 가닥(가장자리)이 들어 아니 갔어. 너무도 딴딴해서. 아니 갈아졌어. 길은 하나도 안 갈아졌습디다. 그게 너른(넓은) 길인데. 그래 그러는 거야. "저기는 제비 아니 뽑는다. 뉘기 자원적으로 나서는 사람이 저거 가진다." 그러거든? 모두 그러지. "그거 갈구지 않은 땅, 어떻게 짓소?" 그래, 내 그랬지. "내, 그거 자원적으로 가지겠소." 스물 여섯 소트카. 그건 1 소트카를 더 하지, 그러다나이. [조사자 : 스물 여섯 소트카?] 1소트카를 더 준 거지. 그래, "한 소트카 더해서 내 가지는 게, 내 욕심 가진 게 아니라고. 저게 내 맘에 든다고." [조사자 : 아! 욕심으로 가져가는 게 아니라…] "내 맘에 들어, 내 가지겠다고." [조사자 : 보니까 그게 좋았구나!] 그래, 우리 형은 "야, 그런 데다가 어떻게 하자고서리…. 그런 데다가, 갈구지 않은 데다가…." "형님요, 내 말 좀 들어보라고. 이게 땅들이 갈아놓으니까 다 좋은 것 같지 아니요? 이 길은 몇 해 묵은 길이 아니요? 다지어졌지만(다져졌지만) 마소떼가 가고 오고 또 똥 싸고, 두엄이 난 땅이오." 아무래도 그럴 게 아니요? 그러니 형이 그러지. "야, 오해다. 네 그렇게 궁리한 것은." "아니요. 형님이, 가슬(가을)에 보기요." 그래 내 그 땅 가졌지. 따로 받은 그건 땅세도 물지 않아. 그해 내 1등 지었습니다.(웃음) 남들은 1헥타르에서 25커우대 해도 잘했다 하지만, 나는 스물 엿 소트까지만 스물 네 커우대(자루) 했소. "야, 너 어째서 그거 그랬나?" "형님요, 내 예전에 말하지 않았소? 두엄이 난 땅이라고. 마소떼가, 해마다 그저 가고 오

고 똥오줌 눴을 거 아니오? 오줌이 잦아들어서…".(웃음) 그러니 그 다음에는 모두 나를 칭찬했지.(웃음)

결혼 후, 어떤 사람의 예언을 듣기 : 부자도 가난뱅이도 되지 않을 것

그러고, 그 꼴호즈에서 그렇게 한 해 하고, 다음은 우리 가시아버지가 땅 맡아가지고서래 하는 데로 옮아갔습지. 그리고 내 1951년도에 저 우슈또베에서 장가를 갔습지. 장가를 떡 가이, 이제는 내 하고 싶은 생활을 하게 됐습지. 그전에는 형님과 같이 있다나이 형님 말씀을 꺾지 말자 하고, 그저 하자는 대로 했지. 그래 51년도에 장가를 가서 한 해는 형님 집에 같이 있었습니다. 52년도에 자븨 살림살이를 하게 됐습니다. [조사자 : 계속 사마르칸트네요?] 네, 계속되는데, 그래 내 마음대로, 턱 가서, 늘 다른 사람들은 맘에 들지 않는데, 내 맘에는 들어서 말했지. 한번은 누구, 그 신선(도사, 점쟁이)이 지나가다가 "야, 너는 암만 애를 써도 부자는 아니 될 기고, 아무리 구차하려고 애를 써도 구차하게는 아니 살겠다. 큰 부자도 아이 되고 모질이 구차하게도 아이 된다. 그저 아무데 도로에 가서 살라 해도 네 먹을 거리는 그냥 나온다." 그러거든? 우리 정말 그렇습니다. 그냥 그저. [조사자 : 그때가 언제였어요?] 우리가 따로 세간살이 해서 내 그 말을 들었는데. [조사자 : 결혼해서?] 예. 결혼해서 그 말을 들었는데, 형님한테서 나와서, 자븨 집을 짓고서리 그래 사는데, 한번 내 불복한 일이 없었습니다. 한번은 우리 땅, 맨 깔판이고 그런데(가시아버지의 게로이 회장 땅인 호자 꾸르간)를 갔는데, 잔디풀이 나재니오? 거기 가서 일하는데 어찌나 잔디풀이 많은지, 첫해 그 깔판을 다 일궈서. 그때는 땅값을 아이 물기로 한 데로 다들 갔는데, 나는 그 꼴호즈에 아이(아니) 갔습니다. 가서 하는데 자연 싫어서 아이 갔습니다. 그래서, 가시아바지 게로이 땅 맡은 데 갔습지. 첫해 깔판 일궈서 다를 농사 잘 아니됐는데, 나는 아무래 한 30커우대 했습지(웃음). 그런데 우리 외삼촌, 내 동무 따라서 가자 하던 데, 다른 사람들 다 가고 내 빠졌지. "니 어디 가겠나?" "나는 내 가시아버지하고 호자(혼자) 꾸르간 가겠소." "야, 니 잘못 갔다." 그래 우리 문삼촌도 그랬지. "야, 호자 꾸르간이 좋은 데면 야, 남들 다 가 땅을 보고서리 아니 가는 덴데 그런 데를 왜 가는가? 다른 사람은 아이 가는데 어째서 네 가는가?" 그렇게 말합지. 그러고 나는 가시아바이 따라 호자 꾸르간 갔지. 그해 그래도 나는 그 땅에서 한 30 커우대 했는데, 우리 외삼촌, 문삼촌이고 경게서 빈게로 왔습니다. 물이 없어서 농사 못 지었습니다. 그러니 신선이 말한 대로 되지 않았습니까?(웃음) 그게 게로이 있는 땅입니다.

농사 지어 큰부자 된 사람은 사기꾼

[조사자 : 그런데, 농사지어 가지고 부자가 된 사람도 있어요? 고려인 중에서?] 없습니다. 그저 자븨로 먹고 살고 이러지. 큰부자 되는 거는, 그거, 맡아가지고 하지 않습니까?(넓은 토지에 대한 경작권을 국가에서 위임받아서 하는 경영형 농부만 부자될 수 있다는 말임 : 채록자 주) 이 사람들이 저짝 러시아 우크라이나 가서 그러는데, 싹 협잡(사기)입니다. 이 사람들, 그런 사람들이 부자 합니다. 그건 남의 등 긁어먹는 겁니다. 이렇습니다. 저 러시아 가서 땅 맡아가지고, [조사자 : 그게 고본질이야?] 예. 고본질. 땅 맡아가지고, 그 소포즈 관리위원장과 말합니다. 파질(파농사) 하재니오? 그럼 그렇습죠. "한 헥타르에 돈 얼매씩 물어라." 그짝에서 싹 돈을 물지. 땅값

을. 그리고서 소포즈 관리위원장과 우리 브리가디르 맡은 사람이 약속하지. "그저, 내 하는 대로 해라. 넌 그렇다 해라. 땅은 당신 거 아닌가? 소포즈 당신 거니까. 내 말대로 이렇게 했다 그 말만 하라." 그 랬습죠. 와서 사람들을 모집합니다. "야, 내 우크라이나 가서 하는데, 땅이 좋은 게다. 그리고 땅 시세도 눅다(싸다). 얼마든지 땅 가져라. 물도 싹, 비 오는 것처럼 뜨락또르 나와서 싹 쳐준다." 이렇게 모두 문건으로 만들었다, 이렇게 말합니다. 그 말을 듣고 사람들이, "야, 나도 좀 받아달라." 이렇게 해서 사람들 모집해서 가지고 갑니다. 그 다음에, 그 월급은, 소포즈다나이 사실은 월급이 다 있습지. 갈 사람들한테. 그런데 브리가디르가 이렇게 말하지. "그런데 월급이 없다. 그래도 생각이 있으믄 오너라, 가자." 그래 모두 아이 갈 수 없지. 그런데 사실, 그 사람들 월급은 벌써 이 사람이 받아서 채워 넣어가지고 있습니다. [조사자 : 아니, 그 사람들, 월급이 없으면] 그래, "땅값이 눅다(싸다)"고 한 거지. [조사자 : 아, 나중에 풍년이 들면?] 예. 그 사람들이 싹 다 다른 데 가서 고본질을 해서, 오래 다른 데 갔다가 빈 게 왔다. "야, 가자. 거기 가면 후패(실패?)란 게 없다. 못하는 게 없다. 해마다 잘한다." [조사자 : 다 잘된다?] 예. 그럼 다 넘어가지 무슨. 1년간 다른 데 가서 있다 빈손으로 와서, 식구들 많은데, 그 말 들으믄 귀가 커서 그 말 다 듣지. [조사자 : 그럼, 소포즈 관리위원장과 브리가디르가 둘이 짠 거야?] 그랬습지. [조사자 : 브리가디르가 뭐죠?] 땅을 맡은 사람. 이 사람이 땅을 맡아 가지고 와서, 사람을 모집하지. "이런 소포즈인데, 얼마든지 땅은 있다. 요구하는 대로 심어라." [조사자 : 땅은 넓다?] "땅은 가득하다. 내 이렇게 하라 하믄, 소포즈에서 나와 갈아준다. 어느 때 시작하자 하믄 그때부터 시작할 수 있고, 내 말 하믄 법이다. 그 소포즈의 법이다. 이렇게 약속하고 왔다. 그러니까다 3월이 심으자 하믄 3월이 심으고, 그저 아무 때나. 물도 어느 때부터 치자 하믄 물도 쳐주고 이렇다." [조사자 : 그런데 가면은 그렇게 해줘요, 안해 줘요?] 그렇게 해 주지. [조사자 : 해주긴 해줘?] "그런데 월급이 없다." [조사자 : 농사는 잘 돼요, 안돼요?] 농사는 이제 지어 봐야 알지. 그래, 그 모르는 것들이, 저짝에서 하나도 돈 못 타고서리 오이까다, 또 거기를 갈 수 없어서, 그 때 브리가디르가 떡 와서, 이런 말 하지. 다른 사람들이 와서 말하지. "사람 모집 와 있다. 저 아무개 암깨네 집에 와 있다. 그 사람이." 그 아래서 일하는 사람, 심바람꾼이지. 이 사람이 그러지. "야, 우크라이나에 가서, 이런 소포즈에, 맘이 나는 대로 가지고, 어디 갈아주라 하믄 갈아주고, 물도 그저 주고, 이렇다. 그런데, 무시기든 다 좋은데, 월급이 없다." 이렇지. 그라고 "땅값은 얼마다." 돈은 물귀야(물어야) 땅을 주지 않겠습니까? "그래서 한 헥타르에 천 냥씩 물어야 된다." 관리위원장과 거기 앉아서 짠 거지, "이렇게 하자고. 내 하자는 대로 하자고. 내 말이 그렇게 승인했다고 하라고." 그래서, 월급이 없다 이 말은, 거기서도 모르지. 그거까지 알면 아이 되지. 월급이 없다는 것은, 자빌로 싹 타서, "저 사람들은, 월급 타러 나올 사람이 없다. 일이 복잡하다나이(바빠서). 그래, 내가 타다가 다 나눠줬다." 그렇습지. [조사자 : 아! 월급 다 가져가고, 땅값도 남겨 먹고.] 그렇습지. [조사자 : 그 일 좀 하지 그러셨어요? 그거 했으면 돈 벌잖아요?] (웃음) 그게 그 남의 아픈 노릇을 우에 하겠습니까? (웃음) 누가 날 보고 그거 하자믄, "야, 그만 거둬라." 그러지. "누구 일해 주느라고, 누구 잘 살게 해 주느라고 가냐?" 그 브리가디르들, 월급 받아 놨지, 일하는 사람들은 농사 못해도 그 땅값은 물이야지. [조사자 : 그래서 1952년부터 그 농사일을 하신 거야?] 53년도에, 셸리호스 쩨흐니크

(국가기관)이라고, 우즈베키스탄 거기 들어갔어요. 트랙또르나 마시나 수리해 주는 데입니다. 거기서 내 한 해를 일했습니다. 뜨락또르 헤쳐 놓고, 기름 발라, 다시 맞춰 놓는 이런 일을 했습니다. 한 해 동안 했습니다. 그 다음해(1954년) 무슨 일 했는가이, 떡가래질을 했습니다. 트랙또르나 마시나, 이런 걸 만들어내라 그러믄 만들어 내지. 이런 쇳덩어리들을 드르르르하면 갈겨 나가고, 여러 가지 기계를 만듭니다. 거기서 내가 5년 동안 일했습니다. [조사자 : 거기도 사마르칸트예요?] 예.

마지막 벼농사 짓다가 연극하러 알마타 고려극장으로

그리고 또 1969년도에 벼질을 했습니다. 우리 가시아버지 또, 이짝 거 내 5년 한 것은 월급생활이었습지. 그러나이, "야, 벼질해야 큰 돈 쥐는데." 그래서 10년간 다시 농사일하다가, 1969년에 처가 그랬지. "벼질, 올해 마감하자." 그래 1969년(1959년? 연도 헷갈려함)에 농사일 마감했습지.(농사-떡가래질-다시 벼농사) (가시아바이 따라서) 우리 처음에 둘이서 시작을 했다가, 그 다음에는 이제 우리 넷째형도 셋째형도 우리 가시아버지 하는 데로 가고, 그래, "에이, 한 해 더 해보자, 벼질을." 그래 내 69년도에, 내 그전에 내 목소리 좀 낫았습니다(나왔습니다). 그러고 노래도 하고 이래. 그런데 극장을 내 모지리 즐겨하고, 극장에 가 일해볼 생각이 자꾸 오르지. [조사자 : 언제부터 극장일 하셨어요?] 69년도 9월달에 가서. 그해는 그냥 벼질도 했습지, 떡가래 일 내놓고. [조사자 : 그때 극장이 어디 있었어요? 크즐오르다?] 크즐오르다에서 알마타로 왔습니다 68년에. [조사자 : 할아버지는 알마티에 어떻게 왔어요?] 사마르칸트 오블라시, 그 자리에 그대로 있다가, 쩨흐니크에서 6년 동안 있다가, 다시 벼질 고쳐 들어갔다가, 69년도 가슬에, 마감한다고 나가서 벼를 파종해서 심어 놓고, 그러고서로 벼이삭이 익으려고 누릇누릇해, 9월달이다나이. 그래 내 어느 날인가 하니, 아흐렛날, 9월 9일날 내 알마타로 들어왔댔습니다. 69년도 가슬에. [조사자 : 혼자?] 혼자. [조사자 : 왜 왔어요?] 일하는 건 안까이한테 물려주고. "이거 어떻게 어떻게 거둬라." 그래 우리 외삼촌도 우리 가시아바이 있는 데 가고. 그래서 "(농사) 되면 되고 말면 말고…." 그래 9월 9일날, 비행기를 타고서 이 알마타로 들어왔습니다. 떼아뜨르, 극장으로.(조사자 : 극장이 왔다는 걸 알았구나?) 극장은 68년도에 왔습니다. 나는 69년도 9월달에 오고. 그래 면목(아는 사람)은 하나도 없죠 뭐(웃음). 그저 연극을, 극장을 즐겨 하다나이, 극장은 빼놓지 않고 다녔습니다. [조사자 : 그전에도?] 예, 그전에도. 그래 극장이 그렇게 맘에 들어서…. 내 동무아이 하나는 이 아카디온, 그 풍금 가지고 손으로 노는 건 무엇이든지 다 놀았습니다. 그래 마감에 극장에서 데려갔습니다. 한똘랴. 만달린, 그 손재간이 어떻게 돼서 그렇게 손재간이 좋지. 그러고 야는 그전에 극장에서 꼴호즈에서 놀 때, 기렴일, 명절날에 극장 놀 때, 배우들이 춤추고 이러다가 감독이 보더니, 가(걔)를 보고는, "야, 너 무엇을 좋아하는가?" "내 손에는 모든 게 만달린과 한가지입니다." "너 우리 극장에 갈 생각이 없냐?" "와, 어째 아니 가겠습니까?" 그래, 데려가서 여섯 달 동안, 야(애) 음악 그런 데 가서 공부를 시키고, 나와서 야, 참 잘 놉니다. 그런데 야(애)가 70년도에 죽었습니다. [조사자 : 왜?] 앓아서 죽었습니다. 재간 있는데, 극장 아리랑가무단이 그때. 그렇게 재간 있는 애, 죽었습니다. 지금 처도 있고 딸도 여기 있고, 싹 다 우리 교회 다니지 않습니까. [조사자 : 할아버지도 69년 9월 9일에 올라와서 고려극장에 간 거야?] 처음에 극장 있는 데 떡 들어갔죠(웃음). "무슨 사건 있는가?" 무슨 일로 왔는가. 그래, "극장에 있고 싶은 생각이 옛날부터, 아(아이) 때부터 두었다."고. "그래, 무슨 잡기, 극장에 대해서 있을 수 있는가?" 그래. "내, 노래 조끔 한다."고. "노래했다는 졸업증 있는가?"고. "그건 없다"고. "이거 어떻게 하겠는가"고. "그거 싹 필하고 온 사람들인데…." 그래, "예, 없어도 괜찮습니다. 이 일 못하고 내 돌아간대로 내 별로, 섭섭한 마음은 있지만, 그전부터 아(아이) 때부터 극장에서 일해봤으면 하는 마음을로 그저 온 게지, 이거 내랑 만나서, 선생님이 들와서 이래 말해 준 것도 아주 반갑다"고. 그런데 리함덕이라고 있는데, 내 가겠다는 말이 암매 그 귀에 들렸든둥, 내 목소리가 좀 높습니다. 그래 들었던 모양이라. "가다니? 왔으믄 간다는 게 무슨 소리야? 인게로 왔으믄. 우리 극단은 배우 있는 곳 아닌가? 연극 배우질 하라우."(웃음) 그러니까나 우리 총장 그러지. "아, 그거 좋은 일이라고. 생각 있으면 여기서 일하라우." "반갑습니다. 노래 아니라도, 내 극장에서 일해 봤으면 해서 온 거라고." 그래, "그날 이튿날 떠나갔다가 열하룻날, 일에 착수하라우." 그래 집에 가서 가방이랑 묶어 놓고 하니 안까이가 물어. "그래 어떻게 됐는가?" "이렇게 됐다고. 낭패는 아이 됐다고. 그런데, (나머지 농사) 호븐자 어떻게 하겠는가고." "삯꾼들이랑 얻어서 하니 가라고." 너무 좋아서(눈물 글썽임). "갔던 일이 잘됐으니 가라고 가라고. 여기 일은 여기 사람들이 다 한다고. 여기 형님이랑 있는데 다 도바 주겠지 뭐." 그래 시작을 열하룻날 했습니다.(웃음) 구십(자꾸 잊어버립니다) 구십 몇 년도까지 연극생활을 지내왔습니다. [조사자 : 아, 90년도까지?] 아니, 구십 몇 해까지 내 했습니다. 기억이 나지 않습니다. [조사자 : 거기서 그만두신 거네?] 예. [조사자 : 배우로?] 예. [조사자 : 노래는 않고?] 노래는 아이 하고. [조사자 : 어떤 연극이 가장 기억에 남아요?]

들어와서, 첫 연극이 〈바이 바트라크〉라고 우즈베키스탄 연극이었습니다. 부자와 그의 일꾼, 그런 거였습니다. 그게 처음 연극이었습니다. 이건 말을 별로 많이 아이하

고려극장의 '흥부와 놀부' 공연

고, 그저 같이 "와야와야"하고 그런 거였지. 그리고 두 번째 연극, 〈흥부와 놀부〉, 거기서 내가 곱사등이 놀았어요. [조사자 : 아, 박 타면 나오는 거?] 예. 이게 내 첫 연극이오. [조사자 : 아, 처음에 한 것은 말하지 않는 거구나?] 예. 그리고 그 이듬해 〈크레믈린의 종소리〉라는 러시아 연극, 거기서도 자그마한 것을 했습니다. [조사자 : 사람들이 많이 왔다면서요?] 여기서는 별로 없습니다. 우즈베키스탄 타슈켄트에 극장 있을 때 돌아다니면서 했는데 사람 많았습니다. 한번은 이런 일도 있었습니다. "(크즐오르다에서) 우즈베키스탄으로 극장이 넘어가야 한다." 우즈베키스탄에서 그랬습지. "우리한테 넘어와야 한다. 여기 고려인이 다수이고, 연극 보는 사람들이 다 타슈켄트 사람들이다. 그러니 타슈켄트에서 집을 주고 다 그렇게 하자" 그런데 우리 (대통령) 꾸나예브가 안 줬어요. [조사자 : 할아버지, 노래 한 번 해보세요.] 노래, 듣고 싶어요? [조사자 : 예.] 타령. 〈한오백년〉. [조사자 : 여기 교육원에서 배운 거예요?] 아니, 내 들은 것. 그런데 무엇이 자꾸 흠집이 되는가이, 자벌로서, 우리 고려노래는 그저 꼿꼿이 나가면 재미없소. [조사자 : 맞아요. 믹 꺾어.] 같은 노래인데도 어떤 사람은 재미나게 잘해. 나는 그런 걸 못해. [조사자 : 그냥 정직

하게 하는구나!]

누가 노래시키면 슬픈 노래만 하게 됨

"(노래) 아무렴 그러지 그러고 말고. 한오백년 사자는데 웬 성화요. 한많은 이 세상 냉정한 세상 동정심 없어서 내 못 살겠네. 아무렴 그러지 그러고 말고. 한 오백년 사자는데 웬 성화요. 뒷 동산 후원에 칠성단을 모으고 우리 부모님 만수무강을 빌어나 보자. 아무렴 그러지 그러고 말고. 한 오백년 사자는데 웬 성화요." 슬픈 노래. 선생님, 그렇습니다. 내, 37년도 내 아버지 체포해 갈 때, 그 어머니 슬퍼하고, 또 오다가 누이동생 길에서 죽어 어떻게 묻었는지 그것도 모르다나이 그게 또 크게 슬프고, 그러고 우리 형님이 병원이 가서 상사나 실어와 그저 "와야 와야"하고 이랬습지. 이게 다 슬퍼서, 나는 어떻게 된 게 하다 보면 싹 다 슬픈 노래만 하게 됩니다. 그래 어드메 가서, "노래 좀 하라"고 하면, 내 그럽니다. "이런, 즐기는 데서는 내 노래 맞지 않다고.", 그럼, "아니, 일없다고.(괜찮다고)(웃음)"

[조사자 : 그런데, 어차피 다 슬픈 거 같애요. 어차피 누구나 다 슬프다고. 왜냐면 언젠가는 죽잖아요. 언젠가는 죽어. 돈 많이 가져도 결국은 죽어야 되거든? 그러니까 많이 가지면은 나중에 더 죽고 싶지 않을 거 같애. 그렇죠? 아까워서 어떻게 두고 가냐고. 차라리 없는 게 좋은 거 같애. 없으면 가볍잖아. 집에 금덩어리가 많으면 밖에 못 나가잖아. 이 세상 그런 것 같애요. 그러니까, 슬프시지만, 할아버지만 슬픈 건 아니고, 다 슬퍼.] 타령에 이렇게 슬픈 게 많습니다. 그 〈칠갑산〉노래도 그래요. 즐거븐 그런 장소에 떠억 갔는데 그런 노래 부르면 안 좋지. 그래서, 누가 노래 하라고 하기 전에는 안 합니다. [조사자 : 이 한오백년 노래는 언제 들으셨어요?] 그전 때 옛날에

들었습니다. [조사자 : 누구한테?] 노인들이 모여앉아서, 그 사람들이 싹 다 조선(한국)에서 온 사람들 아닙니까? 다 조선에서 달아나온 사람들이지. 그런데들 앉으면 술, 그전 원동에서는 다수 집에서들 술 골습니다(빚습니다). 집에서 감주를 하지 않으면 술을 합니다. "야, 아무개네 술 고른 모양이다. 가자." 웃노인들이. 그래 거그 가서들 시천도(?) 놀고, 장기도 두고, 그리고 한 잔씩 한 다음에, 상을 치뜨리며 홍얼거리며 하는 게 〈한오백년〉입니다. [조사자 : 앉아가지고, 옛말들은 안했어요? 옛날이야기.] 옛말들은 들어보지는 안했는데, 어머니가, 공부는 못했는데, 야학에를 다녔습니다. [조사자 : 원동에서?] 예, 원동에서. 그런데 저녁이면 늘 늦었어. 연필도 없어. 그러니 막대기 같은 걸로다(웃음) 이래 집에 와서 그리매(그리며)…. 우리 외삼촌들이 5형제, 그 다음에 우리 동생들 모여앉으믄, 우리 어마이말 합니다. "우리 중에서 저 성(누나)이 글 읽으라 가야되는데 맏이라고 안 보냈다고." 글 읽게 보내지 않았대요, 맏이다나이. 다른 형제들만 공부했어요.

총명하여 동네사람들한테 소설책 읽어주던 어머니

그런데 우리 어머니, 뇌수(머리)가 상당히 좋아. 우리 어마이 어떻게 배웠는지 한문자도 본단 말야 드문드문. 그러고 소설책이 있어요. 그 백지를 이런, 그전에 창문에다 붙이는 그런 종이, 그렇게 두꺼운 책 가지고, "이거 소설책이다" 우리한테 그래요. 그게 소설인지 우리가 어떻게 아오? 우리 어마이, 야학에 다니면서리 글 배워 가지고, 그 소설이란 소설은, 그 속에 한문책도 있는데 어떻게 그거까지 어떻게 다 기억해. 그러고는 우리집에 저녁미다 온단 말입니다. 동네 사람들이. 우리 어마이 있는 데로 와서. 그러믄 우리 어마이가 춘향전이며 양산백이며, 유충렬전이며, 무슨. 우리집에 책이 열한 권이 있었습니다. 로시아책까지. 로시아말로 됐는데, 왜 그 물속에 들어가 살재니오? 고기 이런 건데. [조사자 : 아, 인어공주!] 그건지 몰라. [조사자 : 머리는 사람이고, 여기는 물고기고.] 아니오. 이건 외국 쁘로페소르가 지은 거요. 사람이 물 밑에서 사는 거요. 그런 게 책이 있습니다. (《해저 2만리》 등 모험소설인 듯 : 채록자 주) [조사자 : 그럼 〈춘향전〉 같은 걸 읽어줬어요? 어머니가?] 우리 어머니, 그걸 읽어서 노래로 하오. [조사자 : 노래로? 〈양산백전〉도?] 싹 다 노래로. 책을 읽는 거처럼 그렇게 아이 읽고…. [조사자 : 오, 알겠어요. 옛날에 그렇게 했어.] 책이 열한 권이 여기 있단 말입니다. 우리 어머니 머릿속에. 그래서 우리 외삼촌이랑 아주머니랑 아재랑 모여앉으믄, "우리 성(형), 학교 문에도 보내지 않았다고. 학교 마당에도 아니 보냈다고. 집에서 일만 하게 하고 학교를 아니 보냈다고. 자기네는 싹 다 학교 보내고." 그전에 그랬대요. [조사자 : 어머니만 안 보낸 거야?] 예. [조사자 : 딸이니까?] 딸이고 집안에 제일 맏이니까나.(웃음) [조사자 : 살림하라고? 남자들은 다 가고?] 다 갔지. 그래 우리 어마이 하나 공부 못했지. 그래 우리 외삼촌네 그러재니오? "공부를 할 사람은 아니 보내고, 우리같은 것들은 학교를 가게 했다고." [조사자 : 아, 그랬구나. 쯔쯔쯔. 그, 〈춘향전〉이란 책이 집에 있었네?] 열한 개 있었어요. 그전에 우리 책이. [조사자 : 그런데 강제이주당하면서 없어졌네?] 야.

이 타슈켄트에 와서, 우리 셋째형이 타슈켄트에서, 우리 사마르칸트 있는데, 그 사람은 벌써 거기 와 있는데, 외삼촌 집에 가 있었으니. 우리 집에 한번 턱 와서는, 피를 쳐서(벽돌을 만들어서) 집을 지어줬지. 두칸들이 집을 지어 주었는데, 우리 형제가 전체가 방안에,

노인도 오고 젊은이들도 오고. 고려글을 읽지 않겠소? 그래 저녁마다 와서. 열한 권 다 듣고도, 또 무슨 거 듣겠다 이래서 또 읽소. (타령조로 읽는 시늉을 함.) 타령인지 무시긴지 곡조를 넣어서 했어요. 그래, 〈심청전〉을, 내 타슈켄트에서 들었는데, 그 열한 권 책이 싹 다 이 머리에 들어가 있었어요. 〈심청전〉, 〈춘향전〉, 〈양산백전〉, 〈유충렬전〉, 〈조웅전〉, 〈흥부전〉이랑, 전이라는 건 다 있소.

자녀 상황과 교회 다니는 이야기 : 설교 내용이 모두 내 이야기
[조사자 : 할아버님의 자녀들은 어떻게 돼요?] 나는 독자 딸 하나밖에 없소. [조사자 : 딸 하나밖에 없어?] 하나밖에 없어. [조사자 : 원래 없었어요, 원래 있었는데 죽었어요?] 죽었지 무슨. 그리고 60년생이오. 60년도에 저게 났소. 그러고서 없소. 남들은 가뜩하지(웃음). [조사자 : 어려서 죽었구나.] 야. [조사자 : 몇이나 죽었어요?] 많이 아이 죽었어. 하나 죽고, 그 다음에는 우리 처가 앓으니, 그리고 쟤를 낳고. [조사자 : 아, 부인이 몸이 아파? 약했구나!] 예. 내 어떤 때는 비밀이 없이 이런 말을 털어놔. "내, 자랑하는 게 아니라, 나도 헐한 사람이 아니다. 한 여자만 데리고 이때까지 살으니, 나도 헐한 사람은 아니다.(웃음)" [조사자 : 몸이 원래부터 앓아?] 응 앓았어. 그런데 또 저 애도, 60년도에 났는데 자도 그랬지. [조사자 : 약해?] 시집가서 첫아를 조산하고, 열 몇 해를 아 없었어. 그래, 조산하고 나서 한 3년 없지. 그리고, 한국에서 우리들이 존경하는 우리 목사님, 김동선 목사님, 그분이 아메리카도 가고 이탈리아도 가고 자주 돌아다녀. 지금은 타슈켄트에 있다가서 괄시(우즈베키스탄 정부의 개신교 탄압 : 채록자 주)를 하는 바람에 키르기스스탄에 넘어왔어. 저 분은 여기 와서 싹 만들어 놓고, 다른 사람기다가 넘겨놓고 다른 데로

가고 이런 분이오. 야, 정말 우리, 그런 목사님을 존경하오. 그래서 (아이가) 지내 없지. 열몇 해를 없었어. 그래 우리, 나는 일할러 다니는데, 할날은(하루는) 우리 처가 나더러 "교회를 다니재니오?" "그게 무신긴가?" 하이, "체리콥이라 한다고." "아, 거기 댕겨서 어쩌자고 그러오?" "모두 좋다 한다고." "그전에 우리 배우들이 체리콥에 대해서 반대를 했는데 어떻게 내가 다닐 수 있는가?" 그랬더니, "아니 가겠으믄 나를 데려다 주오." "좋다고, 가자고." 그래 떠억 갔어. 갔더니 목사님이랑 리자 사모님이랑 나와서, 그러니 면목도 모르지. 집에서 교회가 모이던 때요. 내 일하는 데서 가찹지. 그래, 데려다 줌마, 그래, 데려다 주는데, 내 손을 쥐면서 인사를 하고, 그 다음에는 "들어가자고.", "아, 내 시간이 없다고." "아니, 여그는 시간이 따로 없다고."(웃음) 그리고는 내 성을 묻더니, "김안톤 씨, 우리 지금 김안톤 씨 내용을 말하겠으니까." 그러면서 설교말 하는데, 내게 있는 거를 다 말해. 듣고 보니 모두 내 말이라. 내 맘에 맞는 말들이야. [조사자 : 설교를 들으니까?] 웅. "야, 어쩜 그렇게 다 내 사실이다."(웃음) 그래서 내 시작을 해서 다녔습니다. 그리고 기도를 "송군(손주)들을 보게 해달라고." 했어. 그래서 그런지(웃음) 둘이 있소, 내게. 늦어서 그렇지. 지금 큰 송군이 열세 살이고, 조끄맨 게 열두 살이오. [조사자 : 아들이에요 딸이에요?] 아들과 딸이오. [조사자 : 아이고 잘됐네.] 하하하. 그래 내, 그러오 교회에서. 한목사님인데, 다른 사람들은 안 그런데 내한테 그말을 하오. "행동이 군대생활처럼 한다고. 그렇다고." 야, 내 교회 아주 열성스레 다니오. 하루는 시작하기 전에, "안톤 선생님께 물을 게 있다고, 어째서 이 교회를 그렇게 열성스레 다니는가?" 내 말이 이렇지. "성경을 봐서 내 이 머리 속에 하나도 들어가는 게 없고, 하나님 말씀을 내 못 알아듣겠다고. 그래서 말하는 것(설교하는 것), 하나님 말씀을 내 들을려고 이렇게 다니오." 내 그저 그 말 했지. "나는 하나님 말씀 듣자고 이렇게 다닌다고." [조사자 : 왜, 성경을 못 읽어요?] 성경은 봐도 모르겠단 말요. 내 지식이 없는 게지. [조사자 : 들으면은 알겠어요, 무슨 말인지?] 그래. 그리고 싹 보여. 우리 한 목사. [조사자 : 지금 목사님 이름이 뭐예요?] 한 알렉산드르. [조사자 : 알렉산드르? 그럼 여기 있는 분이네!] 여기 분이오. 알마티에 와서 이사도 하고, 학교도 마쳤습니다. 젊은 사람이오. 김동선 목사님이 할 때 붙잡았소 그 사람을. 이 사람이 찬송을 잘 했지. 원래 말재간이 좋아. 한국에서 들어오는 목사님들이 모두 그랬소. 그래 김동선 목사님이 임시로 깝차카이라는 데가 있소. 그리로 목사를 보냈소. [조사자 : 아 그러니까, 키웠구나!] 응. 그래 처음에는 "거기를 내가 어떻게 가는가?"고. 이런 소리 하다가, 딱 목사님이 무슨 말을 하니까이, "그럼 할 수 없이 가겠다고." 그래 거기 가서 한 5년 있고, 그리고 여기로 데려와서 그냥 맡으라고 하고, 그러고 자븨는 저 타슈켄트로 나갔지. [조사자 : 아, 물려줬구나!] [조사자 : 그 김동선 목사님의 아들딸 있었어요?] 있지 않고. 가들은 미국에 가서 공부를 합니다. 큰 게 딸이고 둘째가 아들이오.

말년의 생활 : 혼자 살다가 딸과 함께 살기

[조사자 : 할아버지는 이제 여기 혼자 사시네? 딸하고 함께 살아요?] 딸과 같이. 혼자 있다가 2007년부터 함께 사오. 내 집이 똘레비 있던 거, 극장일 해서 탄 거 팔고 다른 집을 샀지. 둘이 있을 때가 좋지. 우리 하고 싶은 대로 하고. 그런데 손자들이 자꾸 눈에 선해서. 어떤 때는 주일날이래야 만나지. 그게 너무나도 아니 좋아. [조사자 : 아, 애들 보고 싶어서?] 응, 아이들 보고 싶어서. [조사자 : 아

이들은 다 러시아 말 하지요?] 우리 딸은 고려말하고, 아이들은 로시아 말 하지. [조사자 : 여기 카작 사람들하고도 좀 사귀어요?] 러시아 말로 하지. [조사자 : 마우재들하고는?] 마우재들하고도 그렇지. 그러나 카작이 더 그렇소. [조사자 : 카작 사람들이 좀 게으르다면서요?] 그건 모르겠소. [조사자 : 공부도 그렇다면서요?] 우리 고려사람만 못해요. 우리 알마타는 고려사람들이 1등이야. 130여개 민족이 사오. 그런데 우리 고려사람들이 1등이오. 공부 머리가. 그거 기쁜 소리 아니오? 그러니 카작사람들이 그러오. "고려사람들, 똑똑한 사람들이라고." 이 미니스트리(책임자)가 말하는데, "고려사람들이(고려 배우들이) 아주 높으다고(잘한다고). 우리 반갑다고." 지금 (고려극장의) 배우들이, 다 젊은애들이오. 카작 미니스트리가 와서 턱 보고 칭찬하지. "늙은이(늙은 배우들)들이 없어도 지금 젊은아들이 잘한다고." 그런데 거기 주역을 위그르 아(아이)가 놀았소. 놀부를. 놀부가 주역이 아니오? 그 놀부를 위그르인이 놀았소. [조사자 : 위그르인이 우리말을?] 예. 위그르가 고려말을 한단 말이오. 가가 극장대학을 필했소. 카작에서 극장대학을 필했소. 그리고 어딘가로 파견보냈지. 거기 가서 일하다가서리 우리 극장에로 왔소. [조사자 : 언제 얘기에요?] 우리 극장에 와서 무대장치를 하고 보통일을 했었소. 그러다가서리, 얼마나 열심히 공부했는지, 이제 막일하다가, 고려극장에서 큰 배우 됐소. 방자도 가가 놀았지, 이번에 놀부 놀았지. (고려)말을 특별하게 한단 말이지. [조사자 : 수고하셨습니다. 오랫동안.] 반갑소. [조사자 : 고맙습니다. 우리말을 참 잘하시네.] 잘하기는 그저. 중국에 있는 고려사람들도 우리 비스듬하게 말합니다. [조사자 : 예 예, 북한말이에요.]

10. 임로자(1926년생)(2008.7.8)

강제이주 이야기

[조사자 : 임로자 할머니죠?] 예. 임로자. [조사자 : 몇 년에 태어나셨어요?] 1천926년 8월 6년. [조사자 : 8월 6일?] 예, 8월 6일날입니다. [조사자 : 그 날이?] 예. [조사자 : 그렇구나. 여기가 고골랴?] 고골랴 코스마노프따 아파트 12-6.[21] [조사자 : 할머니는 원동에서 있다가 오신 거지요?] 내 원동에서 탄생하여, 10살이 안돼, 아무래도 9살이 되니까, 하루 저녁은(하루 저녁에는), 해도 아이 넘어갔는데. 우리 어머니가 그러더라고. "야, 밭에, 이래, 집 곁에 텃밭이 있는데, 나가서 찰옥수수 뜯어 많이 들여다가 감자가루에다 갈면서, 오늘 저녁에 이거 떡 해서 우리 아침에 먹고, 우리 어디로 실어간다고, 그렇게 말하니까. 우리가 안죽 아홉 살인게, 핵교를 댕기잖고 거반 시작을 해놓고, 등록해 놓고, 이틀 갔다왔던지 그러고서로, 밤 자고 나니까, 우리 어마, 구들에다 그거, 밤 자지 않고, 체가루다 갈아서 떡해놓고 밥을 해놓고, 그러고 "우리 빨리 먹자. 이거 먹지 않으면 어떻게 하겠냐? 그거, 차를 들이대믄 우리 실어 간다." 그러니까 우리 세상 없는 게, 바깥에 돌아댕기다 들오니(들어오니), 아버지가(와) 어머니, 무스그 우리 입을 옷을 꿍딩이(꾸러미해) 놓고, [조사자 : 꿍딩이?] 꿍딩이를 모다서 놨더라고. 그러고 뒷간양에는 우리 소아지(소), 그거 술기(수레)를 메워 가지고, 우리 무신 곡식이랑 남기랑 베 실어들이느라고, 그래 술기 있고. 달기(닭), 도아지(돼지) 그저 싹 다 있고. 그래 들어와서, "곰만 먹자"고 그러이까, 어저 아무래 오후 됐더라고. [조

---

21. 필자의 아들 이선범이 가끔 러시아 말을 풀이해 주었음.

사자 : 해 넘어갔나?! 안직 해 아이 넘어갔는데, 오후 되니까, "빨리 빨리 이거 먹으라"니까, 저 아랫동네를 내려다보니, "와야 와야" 하맹 (하며), 사람들이 짐을 올려때리믄, 그 에따(러시아어) 마시나(자동차) 와서 그게 무시기야, (러시아어로 말함. 선범 군이 '버스'라고 통역해 줌) 그거 작은, 짐 싣는 압또부스(짐 싣는 버스) 왔어. 그래 올려때리믄, 가야 그저, 막 난세(난리)야. 그래 우리 어머니, "야, 너네 빨리 들어와 이거 먹자." 그래 우리 대수(대충) 먹고, 이불, 아매 우리 있는 옷을 암매 궁딩이했는 모양이야. [조사자 : 아, 꾸러미를 해놓은 것?] 응, 꾸러미를 해놓고. 우리 배끝(바깥)에는 소아지랑 닭이랑 밭에 곡식이 잘됐어. 그 해. 그래 그저, "와야 와야" 하이까나, 마선이 벌써 들이댔더라고. 마선이 짐 싣는 게 와서 "와야 와야" 난시(난리)야. 복잡하더라고. 그래 그 다음에 그거, 짐 올려때리고 우리네를 거둬 싣고 정거장에 나왔소. 거그서 아무래도 여러 킬로메트로 돼. 그 정거장까지. [조사자 : 어, 기차!] 응. 부슬기(기차) 정거장이. 그래 실어내다 우릴 부려노니까. [조사자 : 그때가 저녁때에요?] 어저 그러다나이 이때나 됐겠소. [조사자 : 저녁때.] 저녁때 거의 됐을 거야. 그러니까 우리 어마, 우리 형가(과) 우리 오빠가(에게) 무시기라 하는가 하이, "야 너네 저 광주리 가지고 뒷간양에 가서 그 멀기(머루)나 좀 뜯어 오너라." [조사자 : 멀기?](선범 군이 '포도'라고 통역함. 하지만 '머루'일 것임) 산에 포도 가득하거든? 그해 농사 잘돼서 피낫이, 이삭이 이렇게 척척 드리운 것. 그래 포도 뜯을라, 우리 형하고 오빠하고 광주리 가지고, 들어가니 발써, 사던 우리 곧을(곳을) 경찰이 홀 막아서서 들여 안 놓더래. 한낫(하나)도 들여 아니 놔서, 멀기도 못 뜯어오고 빈 광주리 가지고 되비 돌아왔더래. "어째 너네 멀기 못 뜯어왔는가?"니까, "아이고 거기도 들여 아니 보내더라

고. 총 메고 섰더라고. 그래 어쩌겠냐고." 경게서 그 다음에는 정거장에는, 기차도, 짐승 싣는 기차 있지 않습니까? [조사자 : 화물차.] 그게 뭔가? [조사자 : 그걸 화물차라고 해요.] 바곤. 짐승 싣는 와곤. 부슬기 그런 거 전체를 들이 세워놓고, 사람이 하나 나서서, "이 바곤에는 몇 식기(식구) 앉아라." 그러이, 두 청대(층대)인데 밑청하고 윗청 있거든? [조사자 : 아, 2층.] 다(예). 그래 2층에는 젊은 아이들으, 이래 우리 같은 이런 아(아이)들이랑. 우리 어마는 밑층에. 그래 한 바곤에 위에 두 호, 밑에 두 호. [조사자 : 그럼 그림으로 그리면?] 절반인데, 이 위층에는 두 호이고, 두 식수(식구). 영게(여기) 두 식수, 그래 네 호, 네 식구. 이래 한 바곤에 일곱 식기, 여덟 식기씩 왔어. 그러니까 한 바곤에 사람이 10명-12명. 그렇게 앉아 오고, 가운데는 양철, 이런 불 때는 그거. [조사자 : 난로?] 난로, 가운데 났더라고, 이런 거. 그때 내 조그만 게 보니 그렇더라고. [조사자 : 난로가 어디에 있어요?] 여기 가운데. 와곤이 이런데, 가운데는 이짝 , 이것 막지 않고. [조사자 : 막지 앉았구만?] 안 막고. 윗층만 그저, 사람이 자야 하니까. 그래 이 윗층에 여기 조그만 문창이 있는데, 이 오크노(창문)는 짐승 싣고서로 이 문 밀어서 닫지 않습니까? 기차. 바곤. 그거 짐승 싣고서 쭉 민즉은 이 문이 닫기거든? 주욱 밀믄 이 문이 열리거든? 열리면서로 이 문창을, 이 문창을 밀면 이게 닫기우고, 이거처럼 이 문을 밀믄 조그만 문창이 있거든? 위에. 사람이 내비다 보는 게. 그래 갈 적엔 이거 닫으믄, 창이 열리고, 이거 열라 그러믄 이 문창이가 이게 가서 닫기우지 무슨. [조사자 : 전체가 다 닫히는 거야? 아래 위가?] 그럼. 그래 이래 위층에 아들이 있으믄, 저녁이믄 이 창을 열, 닫으믄, 이 문을 닫아야 사람이 들어 앉으지? 낮이믄 이걸 조옥 열거든? 그래 이래 닫느라고, 그래 이거 잘못 아들이,

문에 골(머리) 내밀고 보다가 이 문을 밀믄 닫기울 때 거기 끼워 죽는 건 얼매겠소? [조사자 : 죽기도 했어?] 죽기도 했어. 저 뒤에 바곤에는 내보다보고 아래 사람이 그저 잘 보지 못하게. 거기 끼워 죽는 것도 많고. 그래, 우리 어마, 그저 "너네 문창에 서지 마라." 그래 거저, 오래 왔소. 아무래 한 달 거의 와. [조사자 : 뭘 먹고 왔어요?] 거저 그러다나이 다 쥐어뿌리고(버려두고), 거그다 다 두고, 그래, 밥 먹던 거 사발에 가지고 나오고, 그거 먹고, 아무래도 그저, 국가에서 돈을 줬걸래, 돈을 내서, 오다가도 빵 싸지(사지)? 돈은 식구르(식구를) 세서 돈을 줬거든? 싱겨와 들온 사람들을. 식구 세서 국가에서 돈 줬거든? 돈도 많이 아이 줬걸래, 오다가 돈이 모자라서 입었던 옷을 [조사자 : 옷도 팔았어?] 오가가도 소피간이 없거든? 그 바곤에. 그래 바곤에 성(형)은 와곤 밑에 들어가서 두(뒤) 보다도, 부슬기 떠나가면 끼워 죽는 거. 끼워 죽는 걸로, 그 다음에 어느 정거장에 세와 놓으믄, 먹을 거 싸느라고 나가서 그거 싸다도, 차가 떠나가믄, 따라오지 못한 사람도 있고, 아이구! 오다가 사람이 많이 죽었어. 앓아 죽는 걸로, 내리때린 걸로, 부슬기 끼와 죽는 걸로, 어찌 많았는동. 그래도 우리 식솔은 위에 둘이 올라가 눕고, 엄마 아버지 아래서 거기 있고 하다나이, 우리 아버지는 정거장에 가서 어드매, 그저 기차 서믄, 먹을 거, 달아가서는, 아구, 어드매 발 뺏고(벗고?) 달아댕기는데 맨 버선발로 댕기는 거. 어우 사람들이 막 돌아댕기오. 먹을 거 싸 들고 오느라고. 그래 기차 떠나믄 그거 다 쥐어뻐리고 기차 뒤에 매달리다 죽는 거, 그렇게 한 달 거의 왔소. 그래 거의 와서. [조사자 : 어디로 왔어요?] 아무래 그 크즐오르다로 왔어. 크즐오르다에 어전 다 왔다 하니까, 아이구, "와야와야" 하매 사람들이 모두 그 와곤에 나와서 그저 정거장에, 사람들이 모두 달아가니, 나도 그저 달아가느라고, 구경하느라고, 아니, 뉘 새아가 부슬기 밑에 들어갔다가 끼워 죽었다 하니, 우리 아버지…. [조사자 : 누가 죽었다고?] 다른 와곤의 새아가. 아가씨. [조사자 : 응.] 잉게, 바곤 밑에 들어갔다가, 와곤이 떠나가니, 그 밑에 있던 게 죽었다 하니, 우리 아버지, 내가 정거장에 올려달고 내리달구 그러니까나, 나를 붙들어다가 잡아들여 거저 가둬버렸어(웃음). 그래, 되비 바곤에 돌아오니까나, 바곤에 올려끄스고 내리끄스고 하다가, 어느 이런 뚜뻬크. [조사자 : 뚜뻬크가 뭐예요?] 그게 철로찌리(철로끼리), 이런 데다 부슬기를 세워놓소. 이렇게 부슬기찌리 있고, 여기는 원판 부슬기 길이 있고. 이 부슬기찌리 있는 데 여기는 저 앞에 부슬기 가는 질(길)이 없고 마끄질(막다른 길)이지. 거기다 바곤 세워 놓고, "사람들 어디 내린다", 그럼 내리오. 그래 내리니까, 우리 식솔들이 내려서, 내리니까, 약대(낙타) 가시풀이, 가시 이래 긴 게, 이래. 물이물이(무더기 무더기?) 있으니까, 약대, 이런 짐승 있지 않소? [조사자 : 낙타.] 다. 갈밭에 바르부류. 잔등이 있는 거. [조사자 : 낙타.] 그게 가시풀을 먹지 않습니까? 이런 게 가시 이만씩 큰 게. 그래, 이런 데다 이래 깔개 하불(깔개) 치고서루, 가슬기라서 날이 모질게 더워. 해 안 떨어졌으니까. [조사자 : 아, 낮에 도착했구만?] 그래. 거그다 하불(깔개)을 씌워 놓고, 그 밑에 우리를 앉혀놓고, 짚이랑 이래 씌워놓고, 그게 다 사람들이 싹 내리다나 이, 바끝(바깥)에 한데, 부슬기 내려, 맨땅이다가. [조사자 : 거기 풀이 있어?] 짚풀 위에다가 씌워놓고, [조사자 : 하불?] 깔개 하불을 위에다 씌워 놓고, 이게 가시풀이면, 이 위에다가 하불을 훌 씌우므. [조사자 : 깔개?] 까는 이런 거, 하불. [조사자 : 보자기.] 다. [조사자 : 그런 걸 깔아놓고?] 없어, 한국에는 그 하불이 없어. 그저 포단을 깔고. 포단 위에다 펴는 거 없소 한국에는. 한국사람들이 그건 몰라.

〈우슈또베-바스또베- 땅굴집 유적〉

내 한국을 네 추(차례) 갔다 오다나이, 거기 가 일하다나이 아오. 한국사람에게는 그 법이 없소. 포단 위에 펴는 하불이 없소. 그 하불을 가시풀 위에다 씌와 놓고, 밑에 해 아이 지우거든(해롭지 않거든)? 그 밑에 앉아서 음식을 먹으매 그래. 아매 큰 사람들이 어드매 가서 잡이를 했걸래, 거기서 짐 안고서로 조끔 걸어 들어가니까. [조사자 : 걸어서 갔어요?] 걸어서. 거기서 내려와 놓은 데서 모두 있다가, 그 다음에 거기서 또 더 들어가니까, 사람이 사던 촌이야. 집도 빈 데 있고. [조사자 : 아, 빈 집도 있어요?] 빈 집들도 있고, 그래 언덕이 높은 게 있습디. 그런데 모두 언덕을 파고 땅굴을 파고, 그 밑에 이래 덮어놓고. 그래서 이제 "거그서 산다." [조사자 : 집이 모자랐던가 보죠?] 빈집이, 사람이 사다가 쥐어뻐리고(내팽개치고)(문맥으로 보아, '하불'은 천막을 의미하는 듯 : 채록자 주) [조사자 : 그런데 땅굴을 왜 팠어요?] 사람들이 그런 집이, 어떤 사람으는 그 집에 두 호 세 호씩 있고, 그런 집을 차례짓지 못한 사람들은 땅굴을 이래 파고 그 지붕이, 이영(이엉) 어떻게 하고, 사람들이 이전 거기서, 한 해 동삼, 땅굴을 파고서 거기서 살았어. 우리. [조사자 : 동삼을 거기서 지냈구나.] 그래 거기서 동삼을 있었는데, 학교를 등록할라 하겠는데, 또 저 철로길 건네서 저 아물강 곁으로 갔어. 내 잊어 안 버렸어. 까자크 학교인데, 까자크 학곤데, 53번이라고

문에다, 칠판에다 썼더라고. 그런 학교에 등록을 해서, 2번째. [조사자 : 아, 2학년.] 2학년을 등록하고 겅게서 그해 동삼을 댕겼길래, 봄에 또 그런 바곤에 고쳐 실고서는, 또 나갔어. [조사자 : 왜?]

1938년에 우슈또베로 재이주

어저는 땅에 떼 가지고 조합을 조직해서 우슈또베를 가. [조사자 : 아, 조합으로.] 응, 조합을 조직해서. 우슈또베로 나갔어. 바곤에 우리 고쳐 실고서는, 어땠는지, 하룻밤을 갔는둥, 그 바곤에 같이, 정거장이, 우슈또베다 내려노니까, 마시나들. 자동차, 짐 싣는 자동차. 아니, 덮은 게 말고. 위 덮다나이 사람이 앉지 않소? 저 자동차는 짐 싣는 거야. 짐 싣는 자동차 여러 채 왔소. 주루루 섰습디. 그 쇠술기(소가 끄는 차)도 오고, 마술기(마차)도 오고 굉장히 높은 게 많이 왔습디. 그래 짐, 우리 식솔들을 실어서, 그거 무슨 조합인데, 그 조합의 사람들은 고려사람들, 조선사람도 있더이마는, 그 사람들은 29연도에 토호청산에 몰겨들어온 사람들이야. 있더라고. [조사자 : 벌써 와 있네.] 응. 그 사람들은 29연데 토호청산에 몰겨, 실겨 들온 사람들이야. [조사자 : 우슈또베에 이미?] 우리 우슈또베 정거장을 내려서 조합에 :실어들어가니, 거기 산 사람들이, 29연도에 토호청산에 몰겨 들어온 사람들이 경게 와서 집을 짓고 살더라고. 그런 데 우리네를 실어 들여다가, 구락부에다 나리(침대?) 이래 매고, 구락부에서 살았소 우리. 1년 살았소 그 구락부서. 여러 호 이래 그것도 나리 이래 매고. [조사자 : 날이 뭐예요?] 야(답답하다는 탄식의 소리) [조사자 : 러시아어로 해봐요.] 나리. (러시아말로 했으나 선범 군이 못 알아들음.)[조사자 : 침대?] 응 침대(임시로 널빤지 같은 것을 깔아놓은 것인 듯함 : 조사자). 침대를 기다랗게 이래 그 구락부 전체다 침대를 해놓고, 그 침대 하나에 우리 곁에 세 호, 네 호씩, 한 침대에 살았소. 이렇게 누버서. 이거 요만이, 이게 우리 집이고, 저기 요만이 저짝 집이고, 그렇게, 그 침대 나리를 매놓고, 그러고 살다가 조합을 조직해서 봄에, 논판에서 포지질하오(벽돌만들기인 듯). 싹 사람의 손을로 그거. 한나 올라붙고 둘이 올리고, 논두렁을 이만씩 했소. 한짝으 여러 사람들은, 브리가디르는 그게 농장에서 일하는 사람들. 더러는 집 짓는 데서 일하는 사람들, 집짓는 데서 일하는 사람들은 굴을 이렇게 파고 흙을 막 파서 거그디 옇고(넣고), 짚을, 저 새랑 저 마른 풀이랑 이겨서 거그다 옇고 흙으 옇고, 사람이 하나 말을 타고 올라서서 말이 볿소(밟소), 그거 이기오. [조사자 : 아, 말이 밟으면서 이겨?] 이게 벼, 피장(벽돌), 피를 치오. 집을 짓자고. 그걸 쳐야 집을 짓지. 이만씩 크게. [조사자 : 우슈또베엔 집이 없었구나.] 없어. 어저는 거기 있으면서로, 우리 원판 땅을 떼서 조합을 한 데다가, 이런 그전에 물도랑이 있는 데, 물도랑에 물은 없고, 비었거든? 빈죽은 이렇게 벼랑같이 높거든? 벼랑을 파고서 위에 이엉을 하고서 사오 이저는. 우리, 땅굴에 오래 있었소. 땅굴이 짓고 한짝을 피를 쳐서 핵교를 짓고, 회장 꼰또라, 그게 뭐인가 하이까,(할머니에게 전화가 걸려와 통화함) 꼰또라가 뭐인가 하이, 회장하고 사람들하고 일하는 사람들이 월급이랑. [조사자 : 월급 주는 사람?] 선생님이 어드메서 일하는. [조사자 : 러시아어로 말해 보세요.] 그게 뭐인가 하이까, 꼰또라, 사무실. 그거 회장, 원장이 살고, 거기 무슨 돈 주는 은행 칸도 있고, 사무실이야. (선범 군에게 학교에서 러시아말 배우는지, 얼마나 배웠는지 물어봄.) 꼰또라, 사무실. 그게 있어야 회의도 하고 돈도 주고 하지. 그래 사무실 짓고 핵교를 짓고, 그 다음에는 한 브리가디르는 또 사람이 사는 집을 져야 땅굴막에서 벗어져서 나가 살지. 아무래도 1년 넘어졌어. 우리 이래 골목을 빼서 한 집에다 두 세간씩, 저짝 절반은 한 세간, 절반 이짝은 한 세간, 어간은 핏장(벽돌)으로 막고, 이짝 사람들은 우리 관한 아이하고, 문이 딸러(달라). 두 호썩 한 집에다가 옇게 그렇게 집을 짓고. [조사자 : 거기가 묘지 있는 데에요? 공동묘지? 거기가?] 우리 조합을 진, 땅을 뗀 데다가, 우리 땅 굴막으는 상관이 없고. [조사자 : 따로 나가서?] 딸로 나가서 큰 조합이 될 데다가 집을 앉히오. 그래 앉혀서 아매 한 이티(이태) 져야 우리 회원들이 다. 학교도 굉장하게 져서, 우리 겅기서 살아서. [조사자 : 그거 지을 때 나라에서 도와줬어요 안 도와줬어요?] 나라에서 도바줬걸래. 자븨 돈 가지고 못 짓지. 그거 우리 원장이 거기 댕기며 했길래 국가에서 돈 줘서 우리 집 짓지, 우리 힘으로 피를 치고, 그거 실어들이고 그거 어드매서 쇠슬기랑… 그 다음에 조합이 조직이 되니까, 마굿간도 짓고 그저 어저는 굉장하고 조합이. 어저는 그러다 나이 몇해인가니 내 5학년때인기오. 5학년 댕기고 내 겅기서 7학년 들어갔소 그 조합에. 내 7학년 필업했소.

전쟁 시기의 일들

어쨌든지 45연도에 우리 조합에 청년들으 군대를 싹 거둬갔소. 탄광으로. 저기 군대를 가져가도 어저 그게 41연도 처음 전쟁이 시작된 때 아이오? 전쟁판에는 우리 고려사람 가져 안 가고, 까라간다 뚤라 탄광을 싹 가져가다나이 조합에 남자가 한나씩 있어(웃음) 다리를 뿌시린 늙은 노인들. [조사자 : 노인만 남았어?] 웅. 청년들은 다 갔어. [조사자 : 탄광으로?] 탄광으로 다 뚜르드 아르미 다 갔지. 뚜르드 아르미 가서 죽은 거. 거기서 죽었지 오지 못한 것도 많지, 여자들이, 우리네 내 열세 살부터 일했소. 아이고, 밭에 나가 그 당무우, 단 거 만드는 무우. [조사자 : 사탕무우] 다. 그런 거 이래 숨어서(심어서) 그거 캐서는, 마선(마시나 : 자동차)도 없어. 그런 쇠술기에다가, 일하는 쇠(소)에다, 무크. 일하는 무크, 쇠술기를 메워서 그냥 그 밭에서 그거 무우를 실어서는 정거장으르, 카자크 여자하고 실고 댕기오. 경게 부리워서는 또 실어오고 그래. 경게 와서는 또 일꾼 먹이느라고 식당에서도 일하고. 우리 어마가(엄마와) 빠빠는. 우리 아버지는 그 농장에서 어떻게 일했는동, 우리 어마, 마감에 꼬부라졌어. 야, 사람들은 어찌나 죽는동. 아침에 일어나면, 서이 너이 어깨에 메고 뒷동산으로 올라가오. "아 저기 암깨네 또 죽었구나. 암깨네 아이들 다 죽었구나. 암깨네 아버지 어머니 다 죽었구나. 아이 한나 남겼다고." 우리 어머니는. 그저 올려다 보믄, 까맣게 올라가서 거저 이래, 널도 없이 관이나 있소? 그저 이래서 땅 파고서는 묻어놓지. [조사자 : 왜 많이 죽었어요? 병 나서?] 병이 나서. 무슨 병인가 하이까, 학질, 그거이 치바서 털지(떨지). 그 다음에는 또 속앓이. 피똥싸개를 해서 죽는 게. 먹을 게 없어서 곡식이 숨어 놓은 게 잘 되지 않으니 곡식이 될 때까지 먹느라고, 쇠투리하고 능자를 얼마나 먹었는지 우리 짐작이 없소. 쇠투리를 캐서 우리 어마이 자꾸 방침에 앉아 두들겨서 그 퍼런 물을 빼내고, 갈기(가루)도 없어서 조끔씩 그저 노루마를 주는 것 타서는, 거기다 쇠투리 두드린 데다 그거 버무려서는 이래 시루다래 놓고 쪄서는 파란 게 오리똥 같은 거 요런 거 두개씩 우리네를 주었소. 노루마를. "요거 더 못 먹는다. 두개만 먹어라." 그래 그런 거 먹고 핵교를 가믄, 학질하는 거 털어서 자꾸 떨다도 배고파서 그거 개서 입에다 여면(넣으면), 곁에 동미 새아가가 있다, "야, 너 너만 먹냐, 나도 좀 다고."(웃음) 이래. [조사자 : 배고프니까.] 야, 능자는 얼마나 먹었겠소? 또 그때 그 능자, 어째 그리

맛있소? [조사자 : 능자가.] 그 능자, 이저 돈 주고 먹으래도 못 먹겠소(웃음) [조사자 : 능자를 러시아말로 뭐라고 해요?] 레베다. 능자 그게 뭐인가 하이까 돼지를 먹이는 돼지 풀.(사전에서는 명아주.) [조사자 : 쇠투리는 러시아어로 뭐라고 해요?] 솔롯카. 그게 가시풀, 가시 있는 게 그게 무시기야? 쇠투리는 뭐인가이까나, 쇠투리를 분지르면 거기에서 새하얀 우유같은 물이 나와. 쓰븐 게(쓴 게). [조사자 : 가시도 있고?] 가시는 없어. 이렇게 기다란 게, 쇠투리. 웟 우미냐? [조사자 : 그래서 쇠투리 캐서 먹고 능자 먹고. 그때는 없으니까 맛있게 먹었구나.] 그래 안죽은 농사 되지 않고, 그래 그해 볍씨랑 어디 많이, 회장님이 와서 볍씨는 야 그거는 논두렁을 이렇게 넓은 데 벼를 심었어. 야, 벼도 잘 됐소. 거저 집마다 볏뒤지 두세 개씩. 거저 그 일하는 뚜르드에다 안 거, 벼를 술기에다 막 실어. 우리 조선사람이 우슈또베에 와서 땅을 주니까, 포질하고 감재를 숨으니까(심으니까) 감재. 한 뿌리를 홀 캔다? 감자. 이게 새하얀 게 하나에서 한 무데기썩 나와. 한 무데기썩. 야, 잘도 됐대. 야, 한 무데기씩, 거저 이래. 하얀 게 이런 게 그저. 그해 잘된 집은 감재 우리 두 굴이오. 두 굴에 감재굴을 옇고. 볏뒤지 두세 개씩. 거저 방으로 걸어놓고 방으로 그거 어드매 가서 낭구 패다가 방애를 쪄서 밥을 해먹느라고. 사람들이 많이 죽었소. 어떤 집은 식솔인데 다 죽고, 하나가 있소. 그래도 우리 식솔들이는 하나도 아이 죽고, 오면서 다 살았소. [조사자 : 누구누구예요?] 아버지, 어머니, 형, 언니 둘에, 그 다음에 오빠 둘, 나. 그래 다 산 거요. 우리 다 그 핵교서 공부했소. 내 시장 저 신문에 사진들이 다 있소. 거기서 우리 오빠 두 분이 다 8년제 다 필업하고, 내 필업하고, 경게서 또 조합을로 메세스트라.(간호사) 내 그거 공부할러 조합으로 보내서, 그때 그거는 학질하다나이까, 학질한다고, 간호부장, 약을 논가(나눠)주는 것도 공부할러 보냈소. 조합을 로. 그래 조합에서 가서 그거 공부해 가지고 와서 그거 이래 약을 타선 집에 댕기며 논가줬어.

1957년에 알마티로 와서 공부하다 오빠 때문에 중퇴하기

그러다가 내 이 알마타를. [조사자 : 언제 오셨어요?] 57연도에. 알마타 와서 공부했소. [조사자 : 어느 학교 다녔어요?] 여기 비얏트샷 슈꼴라. [조사자 : 15번 학교?] 15번 학교에 와서 무슨 공부를 했는 가이, 꼰또라 므학떼리(?). 그거 월급을 주는 거, 문서를 싹 하는 거. [선범 군: 경리] 다. 그거 학교를 3년짜리를, 와서 조합에서 보내서 공부하다가, 공부를 채 못하고, 어쩨 되비 집으로 돌아갔는가니까, 우리 오빠가 탄광에 뚜르드 아르미 군대 몰겨가 갔던 것이, 경게서 도망해 왔거든? 살지 못해, 바빠서, 오니까, 우리 아버지가, "새아가들은 공부해도 일없다. 출가가면 산다. 너(네) 오빠를 공부시겨야 한다. 어저 공부 안 시키믄 되비 붙들겨 가믄 감옥에 앉고 있는다." 그러니까 오빠를 밤을로 붙들어서 저 딸띠꾸르간, 저 끼노를 머시기라 해? 영화 그거 끼노 메카니크. 영화 보여주는 사람. 그런 공부를, 그때는 말하는 끼노 없고, 그저 글을 놓고 이래 배워주는 거. "그 공부를 오빠를 보낸다고. 그랬지. 그러니까 너는 집으로 와라." 그래 밤을로 부술기에 돈이 없어 못 가오. 왔다가는 그게. [조사자 : 우슈또베로 가지? 집이 우슈또베지?] 다. 집으로 되비 가요. 공부를 못하고. 그거 차에 앉아서. 거기서 무스기야, 마선이 왔지 영게로. 그래 마선에 앉아서 내 집으로 가니, 그래 우리 오빠 그거 끼노 그런 거 배우고 말 많이 하고 그런 게 있었어.야, 그런 거 뵈어준다 하믄 좋아서 아들이 달아가서 그게 그때 돈 서 돈. 서 돈 표 떼가지고 들어가 구경하오

(웃음). 그게 거기 가서 눈 환이 뜨고 그거 올려다 보오. 그거 그림자. [조사자 : 소리는 안 나오고?] 응. 소리는 아니 나오고. 그림자 봐. 그래 공부를 해다나이까, 나는 글으 못 일그고 우리 오빠 거기서 오래 일했소. 7년제까지 필해 가지고 우리 형이 조합 그게 무시긴가, 스콜라 조합에서 곡식을 들여다가…. [조사자 : 곳간] 곳간에 넣는데, 우리 형이 거기서 일하오. [조사자 : 창고.] 창고에서 그거 다 맡아가지고, 사람들을 줄 거는 주고. [조사자 : 언니가.] 야. 거기서 이전 일하오. 그리고 우리 오빠는 키노 메카닉를 필업하고 조합에서 떠나갔소. 그 다음에 조그만데 지아 오래비, 내만(나보다) 세 살이 지아오(어리오). [조사자 : 남동생이네.] 남동생. 그래 가는 10년제를 필업하고 여기 알마타 농업대학을 필업하고 에따 이 알마타에 시장 사오. [조사자 : 지금?] 예.

부모님의 사망, 1957년까지 거주 이전의 제한을 받기

우리 어마, 아버지는 우리 이전 다 이제 시집 출가 가고나니까, 이저는 우리 아버지 어머니 다 돌아가셨어. [조사자 : 언제 돌아가셨어요?] 아버지는 50연도(75세)에 돌아가셨어. [조사자 : 어머니는?] 어머니는 어느 때 돌아가셨는가 하이까, 비지샷, 60연도(87세)에 돌아가셨소. [조사자 : 몇 살에?] 우리 아버지는 75세에 돌아가시고, 어머니는 87세에 돌아가셨어. [조사자 : 오래 사셨네. 할머니, 우슈또베에서 살 때 함부로 다른 데 이사가서 못 살았다면서요? 언제부터 괜찮아졌어요? 자유롭게 다녔어요?] 우슈또베에서 우리 살 적에 57년도까지 아무 데도 권리 없어요. 자유 없이 어디를 못 갔소.

원동에서 아버지의 유배형 이후의 비참한 생활

우리 정게서 37년도 일리 가을 마감에 싣겨 들어올 적에, 무슨 조건에 싣겨 들어왔나니까, 핫싼스카야 오제라. [조사자 : 핫싼?] 핫싼 그게 늪이야. 원동에 있지 않소? 늪은 오제라. 오제라 핫싼스카야. 낫 니뽄스키 피요나 [조사자 : 아, 일본의 앞잡이. 스파이, 간첩] 다. 우리를 그런 사람이라고 그래서 우리를 그저 밤으로 스탈린 명령이 내리와서 우리를 이 중앙아시아로 싹 싣겨 들어왔지. 그래서 그저 원동에 사던 사람들이 밤으로 싹 그저 싣겨 왔소. [조사자 : 할머니 사신 데가 핫산산스까야예요?] 아냐. 내 거는 쁘리모르스끼크라이 셀로쏠로베이클루치. 거기서 싣겨 들어왔어. [조사자 : 왜 이렇게 길어요?] 그게 뭐인가 하이까, 싹 다 원동 근방이오. 원동이 아주 끝이 없소. 내 촌은 높은, 바닷물이 얼지 않는 곳이오. 그러다나이 그게 크라이. 얼지 않소. 바닷물이 처음서 막끝까지 안 뵈오. 저 먼 데로 먼 데로 가는 배가 뵈오. 뽀얗게 안개속으로. 저게 어디인가 하믄, 우리 어마가, "그게 일본 땅이다." [조사자 : 계속 가면은?] 야. [조사자 : 사할린인가 보네.] 아니. [조사자 : 홋가이도?] 그게 해삼(해삼위)에서 우리 사던 곳이 네 시 동안 기차에 앉아 들어가야 우리 영게를 오오. [조사자 : 여기까지 해삼위에서? 야, 시골이구나.] 그럼. [조사자 : 그럼, 할머니, 원동에서 싣겨 오기까지, 어릴 때 생각나는 거 없어요? 원동에 살 때 어떤 일이 있었어요? 그전에는 잘 살았던 거야?] 우리 아버지, 30연도에, 군대 상점에서 일했소. 30연도에 군대 상점에서 일했는데, 그러고 우리 아버지 상점에서 일하면, 무슨 기술이 있는가이, 짐승 잡는, 그저 소리 없이 그저 한번에 나서 툭하면 그저 소리없이 때려눕히고, 그거 싹 가리를 쳐서 이래 주고 그렇게. 고기 상점 열어놓고, 고기 상점 일도 하고 그렇게 했지. 두 군데서.

그러다가, 어떤 놈이 한내, "일본놈 앞에 경찰"[22] 하면서, 일본, 그 다음에는 무슨 토호청산 막 밤으로 차에다 실어다 아무 데나 죽이는 판이오. 32연, 33연 그 해에. [조사자 : 토호청산으로?] 토호청산이사 29연도에 했지. 그게 30연도에 어느 핸가 하이까, 야쁘스카야? 이게 일본하고 소련하고 정치적 전쟁이, 서로 서로 물어 여매, 총을 쏴서 죽이매, 그해, 우리 큰오빠, 대학을 저 원동에서 공부하고 있다가 우리 아버지 30연도에 58연 스딴찌야(유배?)를 받아서 저 시비리(시베리야) 실겨 갔소. 없소. [조사자 : 몇 년에?] 30연에. 58년 스딴찌야. 재판소에 사람을 재판하믄 그런 스딴찌야 있지 않습니까? 사람을 재판하면 몇해를 받아서 어느 스딴찌야다, 몇해를 가거라. [조사자 : 감옥이야?] 다. 에따, 58년. [조사자 : 그거 유배야. 유배 보내는 거야.] 다. 죽지 아니믄 거기서 총살. [조사자 : 아버지가?] 아버지가, 그래 받아 가지고 갔지. 우리 6명이 있었소. 우리 어마, 우리를 살가 가주고 우리 사던 곳에서, 핫싼에서 (해삼위로) 우리 몰겨 와서, 집에 세간은, 그저 밤이믄 이불 밑에서 배고파 부들부들 떨며 이렇게 했어. 그렇게 우리 마마, 우리 형을 둘을 남을 줬어. "너 가서 살아라. 아를 보며 살아라." 보내고, 나하고 오빠하고 둘을 데리고 있었어. 작은 거, 우리 오빠는 두 살 먹고, 나는 거저 다섯 살인가. 그래 우리 어마하고 해삼위에서 빌어먹었어. [조사자 : 아하, 쯧쯧] 야, 고상하게 살았소. [조사자 : 아버지가 왜 잡혀 갔다고요? 누가 그랬다고요?] 어느 사람이, 집어 옇지. 경찰한티다 일러 바쳤지. 저게 일본들께서 잡으라 하면 쇠를 잡아서 그래 들이댔다고. 러시아 경찰한테. [조사자

---

22. 그 당시 일본이 만주에 주둔하면서 러시아 침략을 꾀해 조선 사람을 첩자로 매수하는 일이 있어, 러시아 당국에서 조선 사람에 대한 감시가 심했는데, 아마도 임로자의 아버지를 누군가가 일본 경찰의 끄나풀이라고 음해하였다는 말로 여겨짐.

: 일본놈하고 연결돼 있다고?] 그래. 그래서 58 스딴찌야.(선범 군이 스딴찌야는 '징역'임을 알아냄) 모지게 무서운 스딴찌야. 거기서 그저 총살해서 죽이오. 저기 저 시비리, 산촌에 가서 그저 굶어죽겠으면 죽어라, 그래 토끼도 잡아 붙들어 먹고 그러매, 우리 아버지가 숨이 붙어 왔단 말야. 시베리 가서 10연(착오로 보임) 동안 고상하고 살아왔소. 돌아와서 우리 해삼위에 와 있으매 살았어. 그래 와 살다가 잘 살게 되어 여기 우리 싣겨왔단 말이오. [조사자 : 아, 잘 살게 됐는데?] 그래 여기 실겨와 와서. [조사자 : 아버지가 오실 때까지는 계속 가난했어?] 그래, 굶어서 해삼위 시장을 댕기며, 이래 해잡을 한나씩 이래 빌어먹었어. [조사자 : 해잡을?]('해바라기씨'라고 선범 군이 통역해 줌.) 야, 고거 이래 한나씩 이래 빌어 먹었어. 그러고 살았어. 그래고 살다가. 고생 많았어. [조사자 : 어머니는?] 어머니는 우리 다섯을 굶겨죽이지 않자고, 이부자리를 다 벳겨서 해잡을 이거 가져다가 떡주발을 받아 먹어라, 그러고 그릇도 우리 집에 : 많았대요. 그런 거 싹 다 한나씩 나가서 이만한 빵도 받아 먹고, 사탕도 받아 먹고, 그래도 하나도 죽이지 않고 다 살았소. [조사자 : 대단하네. 하나님 은혜네.]

가족들의 현재 상황

그래 다 살아서 어저는 형네도 없소. 다 돌아갔소. 오빠는 다 돌아가고, 내가 내 지아(동생)하고밖에는 없소. [조사자 : 둘만 살았구만.] 응. 남동생 하나, 내 하나, 이래 두분밖에 없어. [조사자 : 그리고 이제 송군들은?] 내 송군들 있지. 내 딸 하나, 아들 둘이오. 아들 둘인게 영게 알마타에 사오. [조사자 : 알마타에.] 딸으는 내 난 딸이, 앓았는데 숨이 붙어 살았소. 이제 돌아댕기오. [조사자 : 앓았어요?]

콩팥을 앓았어. 콩팥이 일 아니하니까 아들이 안고 가서 해부를 해 가지고 왔어. 이제 걸어댕기오. 딸이. 앓았소. 그런데 아들이 또 당뇨를 앓으오. [조사자 : 당뇨가?] 네. 아들이 두 명인게 또 당뇨 높아서. [조사자 : 둘 다?] 한나는 당뇨 높으고, 하나는 혈압이 높으다오. 딸은 콩팥을 앓아서 그러고. 그래 뻬르보예 구룹빠(1급 연금). 뺀시를 타서 사오. [조사자 : 아, 나라에서 줘요?] 응. [조사자 : 딸이?] 딸이. 이제 전화 오지 않았어? 그래 내 거저 노년금 받아 가지고, 난 딱 노연금만 받아가지고 살아요. [조사자 : 그렇구나. 여기 물가가 많이 올라갔다고 그래요?] 물가가 올라갔지, 무스기든지 값이 싹 올라갔소. 무섭소. 이 집 아파트 값(월세)이 또 올라갔소. [조사자 : 이거 아렌다(월세)예요?] 아니, 이건 내 집이야. 내 그전에는 일하다나이가 이 아파트 집이 서이(세 채가) 있었어. 그런 거, 하나 아들 주고, 하나 딸 주고, 그래 가들이 그거 번져서 고쳐 팔아서 어저 자븨 집을 만들어 가지고. [조사자 : 잘했네.] 야.

1938년도 우슈또베에서의 생활

[조사자 : 할머니, 우슈또베에 38년에 갔잖아요?] 크즐오르다에 있다, 38년이라 해도, 원판, 저 어느 정치 책이나 다 싹 37년이라고 쓰지 38년이라고 아이하오. [조사자 : 그런데 할머니, 할머니가 크즐오르다에서 우슈또베로 갔을 때, 우슈또베에 이미 사람들 와 있었지요? 할머니보다 먼저 와 있는 사람들 있었지?] 있지 않고. 거기 원동에서 토호 청산에. [조사자 : 토호 청산 말고, 37년 9월에 기차에 실려서 온 사람들 있다던데?] 그 사람들, 우리가(우리와) 같이 갔어. 우리 맨 첫 사람이 발을 올려놨어. [조사자 : 할머니가 처음이야?] 그럼. 우리 여기서 기차에서 크즐오르다 왔던 사람들이 싹 저 우슈또

베 발을 딜여놨어. [조사자 : 그래요? 아닌데!] 시장 책을 쓰기를, 어드매든지 저 신문이든지, 책을 쓰고 거기다 이런 글을, 37년도에 우리 고려사람이 우슈또베 왔다고 쓰지, 그거 싹 쓰지, 크즐오르다에 왔던 그게 없어. [조사자 : 그거 잘못된 거네?] 싹 다 37년도야. 앤처음 우리 크즐오르다 왔다가 우슈또베 갔어, 우리 첫 사람들이야. 그러고, 우리 조합이 1차 조합이야. 뻬르보에 또치카. 그 이름이 '원동(달르이 보스똑)'. 거기를 가니까, 그 우슈또베 드제진스키, 그거 마감(마지막) 이름이 그렇지, 그전에는 콜호즈 말차노프까. 그 사람 이름으로 조합이 뺄써 조직이 돼서 사람들이 살읍디. 그런데 우리 왔거든? 그 사람들은 29연도에 토호청산에 몰겨서 들어왔거든? [조사자 : 아, 그런 사람들이야?] 다(예). 그리고 우리는 원동에서 몰겨와 들어온 사람들이 1937도에. [조사자 : 할머니, 고려일보 신문에 그 얘기를 냈어요?] 거기 회장님도 있고 거기 한구랴 박사님도 있고, 한구랴 회장님이 원동에서부터 우리가 같이, 한 조합에서 살았소. 그리고 한구랴도 우리 한 핵교서 공부했소. 그러니 그 사람들이 싹 다 37년도에 우슈또베에 왔소. [조사자 : 그럼 할머니, 우슈또베도 낮에는 따뜻하고 밤에는 추워요?] 그렇지, 다(예). 영게가(여기와) 기온이 같소. [조사자 : 아, 낮에는 따뜻하고 밤에는 춥고.] 다, 그럼, 다(예). 야, 첫해 오이까, 디디면 여기 맨 소금이, 펄썩펄썩하는 게. [조사자 : 소금땅이야?] 소금땅이야. 그런데도 벼 잘 됐어. 벼를 심어서 벼 이삭이 척척 늘어진 거. 어이! [조사자 : 얼진 않았어요? 땅이.] 어째 안 어오? 겨울에 눈이 오면 얼지. [조사자 : 물이 안 좋았다면서요?] 물이 싹 짭지, 소금땅이 돼서. 그래, 그 다음해는 조합이 조직이 되고, 그 다음에는 경찰도 조직이 되고, 우슈또베 굉장하지. 어저는 그전 우슈또베 아냐. 우리 왔을 적에는 조끄만 정거장이야. 조그만 정거장. 시장(시방)은 큰 도시래도 그런 도시 없어.

[조사자 : 그럼 우슈또베 정거장에, 부슬기에서 내린 다음에, 거기서 걸어서 갔어요, 자동차로 갔어요?] 그것도 술기(수레) 자동차를 들이대고, 구락부에 데려다 우릴 뒀지. 그래 걸어서 우리 조합땅 멘 데 가서, 집을 짓자고, 피를(벽돌을) 치고 땅굴 파고 거기서 우리 살았어. [조사자 : 거기 카작크 사람들이 도와줬어요?] 우리 우슈또베 그만 내리니까, 거기 까자크 사람들이 많지 않았소. [조사자 : 많지 않았어요?] 조합이 조직이 됐는데 아주 많지 않았소. 책임자들이 일 모질게 했어. 우리 회장님이 저 4연전에 상세났지만, 신혈문[23]이. 그 다음에는 경찰아라이꾼도 있고, 그 첫발을 우리 고려사람이 우슈또베다 놨거든? [조사자 : 카작인들이 도와 준 것은 없어요?] 카자크들이 다 줬지. [조사자 : 뭘 줬어요?] 우슈또베에 카자크들이 벌써 살재니오? 정거장에서 조그만 집들이 토굴막이 그저 차판쓰고 다니는 그저 깨지 못한 사람들이오. [조사자 : 그 사람들은 유르따 살지요?] 그래 유르따. 아이고! (러시아어로 한참 흥분하여 말하고 나서) 책은 곧게 쓴다. 책을 쓰는 사람들이 박사 되자면 몇 번 책을 고쳐쓰고 또 쓰고, 거기 또 한구랴 박사님이, 한국에서도 저 사람이 모도 알아요. 한구랴 박사님. 정치적 박사요. 그 다음에는 정치적 박사님 독또르 돌아가셨어. 누가 있나니까 박… [조사자 : 박일?] 박일. 내 박일 선생 잘 아오. 박일 선생, 내 같이 앉아 이래, 얘기도 하고 나를 이래 건디도 해주고, "가지말아라, 한국에 갔다가 (재혼한) 영감님 돌아가시면 호븐자 어떻게 댕기겠냐?" 그래 그 선생님 잘 알아요. 한구랴 박사님이 여기 정치적 대학에서 있었소. 우리 조선사람이 첫

---

23. 1938년 우슈또베 꼴호스의 첫조직자인 신형문 선생(레닌기치 1989년 5월 3일 참고).

발을 우수또베다 옮겨놨어. 우슈또베 카자크 민족들이 이래. 촌에서도 살고 조합에서도 살고, 정거장에서도 살고. 그래 그 사람들이 이래 많이 저 조직자들을 아무래도 많이 도봤겠지 무슨. [조사자 : 할머니 잘 모르시는구나. 어리니까.] 그래. 내 열 살이니까. 나는 아는 게, 우슈또베서 그때 열 살인 게 까자크들이 그거 시큰 우유도 주고 이래, 받아도 먹고. 우리 구차하니까 그래 와서, 그때는 무스그 떡을 구버도 그 까자크들이 어떻게 굽는가하이, 재멸이(철판?) 밑에 놓고, 갈기(가루)낸 거, 껍데기 있는 거, 여기다 갱변 만들어 놔서 위에다 재멸이(뚜껑?) 덮고 낭구도 저 뭐 패서 땔 줄을 모르고, 쇠똥 누면, 쇠똥 말리운 거 거기다 태워서 그래 우리네를 요만씩 나눠줘. [조사자 : 할머니도 생각이 나네.] 다. 그래 카자크 저 민족이 아주 악한 민족이 아니오. 그래도 유화하오. 우리네를 떡도 먹으라고 이래고, 이래 학교를 댕기믄, 야, 그 사람들이 감자를 어떻게 지을 줄 아는가, 모르지. 감자를 이래 이만씩 한 거 주는 거, 물고기는 어떻게 많은 동. 물고기를 그저 통발을 틀어서 우리 아버지 놓으믄 이런 마린까 한 통발에 한 술기씩 나오. 물고기 그리 많더니 시장 어디 잃어져서 없소. 까자크 민족이 있었소. 우슈또베에 흙으로써 집을 지은, 밑에서 이래 들어가고 나오고. 그래 떡도 이래 주고. 우리는 그저 무시긴가 하고 그저 저기 뭐 동물원의 우리 그저 동물인가 하고, 동물원인가 하고 이러오. 이래 보고 이래 봤소. [조사자 : 여기에 끼노 만드는 데서 일하는 송 라브렌띠가 있어.] 네즈나유(몰라). [조사자 : 만났더니.] 한짝 다리를…. [조사자 : 응 그 사람.] 나 잘 아오. 가서 물어 보오. 이 로자 할머니를 아는가고. [조사자 : 만났더니, 이 사람이 다니면서 들어본 거야. 그랬더니 까작 사람이 그러더래. 옛날의 까작 노인이 그러더래요. 이 송라브렌띠한테. "너희들 여기 올 때 사람들이 말하기를, 여기에 식인종이 온다. 사람 먹는 민족이 온다. 오니까 가까이 가지 말아라." 그래 가지고 정말로 그랬다는 거야.] 그래, 우릴 동물원의 사람들로 알고 있다가, 우리를 움직이믄 막 달아나오. [조사자 : 그랬는데, 보니까, 애들이 울고 하니까 불쌍하더래. 그래서 도와줬다는 거지.] 가시풀 밑에랑 먹을 게 없어서 저 강 건네 가서, 내 이래 그거 클레베르(클로바) 짐승 먹이는 것 있지 않소? 글레베르 이거 캔즉은, 그거 말을 타고 지키는 놈이 딱 떨궈. 그래 떨구믄 그거 나왔다도 가믄, 그저 까자크 노친네들, 손짓을 하면서리 "아이, 그냥 내다 줘." [조사자 : 클레베르가 클로바겠지?] 짐승 먹이는 풀 있지 않소? 말이랑 먹이는 풀. 그래 캘러 가믄, 그거 캐오믄, 우리 먹었어. 말리워서 동삼에 체도 해 먹고, 그래 그거 캐러 가믄 까자크 노친네들이 무스그 주오. 내가 가믄, 일하라 가믄, 같이 일하던 노친이 그렇게 나를 무스글 주오. 까자크 민족이 아주 유한 사람들이오. 그래 아들이 너무 많이 죽고 고상하니까 "너네도 그렇게 고상한다. 우리네도 그렇게 고상했다고." 카자크 민족이 다 같이 여기서 사던 게 아니오. 그것도 몰겨와서 정치적 문제로 몰겨온 걸로 그런 것들이 많아. [조사자 : 자기네도 어려움을 당해서….] 많애.

고생의 연속이었던 일생

내 이 할머니 무슨 일 안 겪었겠소? 무슨 형편 다 봤소. 그래 어저는 내 늘그막이 살자니, 이러오. [조사자 : 그러니까 아버지 살았을 때는 잘 살다가, 아버지 끌려간 다음부터 고생하다가, 다시 아버지 돌아와서 잘 살다가 또 끌려와서 고생하고, 어떤 때 잘 살게 된 거예요?] 그 다음에는. [조사자 : 우슈또베에서?] 우슈또베에서 40연도부터 우리 잘 살았소. 이 집 베로(벼로) 뚜르드도 많이 타고, 무슨 그때는 야단이오 부자요. 그런 게 41연도부터 남자들은 노력군대로 싹 몰겨가다나이, 뚜르드 아르미로 가져가다나이, 또 고상했지. 여자들이 일하느라고. 우리 우슈또베 원동 조합에 회장님과 같이 원동에서부터 한 바곤에 같이 왔어. [조사자 : 그럼 전쟁 때문에 또 고생하게 됐고, 그 다음에는?] 그 다음에는 조합이 커졌다. 그거 산굽을 돌아가며 조합들이 싹 조직이 됐어. 뻬로이 도치까, 셋째 넷째,… 스물째 그렇게 조합이 있었소. 산굽을 돌아가며 싹. [조사자 : 조합이 커지면 살기가 더 좋아지는 거야?] 그럼. [조사자 : 일자리가 많아서?] 다. 여러 조합이 조직이 됐거든? 사람이 한 조합이 안고 있는 게 아니라 3째조합, 4째조합…. 20째 조합이 있었소. 산굽 돌아가며 삥 둘러 조합이오. [조사자 : 그럼 여기 저기서 일한 거야? 할머니?] 우리는 우리 조합에서 일하지. 다른 사람들은 다른 조합에서 일하고. 그래 스무째 조합까지 있다나이까. 그저 땅 일구지 않던 거 싹 일궈서, 아마 저 우슈또베, 고려사람이 와서 우슈또베 저렇게 됐어. 싹 다 일궈서. 언매나 일했는지. [조사자 : 40년도부터 잘 살게 됐는데, 남자들이 군대 가게 되면서 또 어려워졌다가 언제쯤 또 잘 살게 됐어요?] 그 다음에는 전쟁이 끝이 나고, 그 다음에는 우리 아무도 잘 살지. [조사자 : 다들?] 다. 그래고 56년도까지 우리 자유 권리 없었어. 56연도 지나가서 그 다음에는 자유권리를 줘서 우리 자벌로 아무데나 가서 공부할 수도 있고, 살 수도 있고, 그런 정치적 내놨거든? 그 다음에는 우리 모두 우슈또베에서 해바라 놔서, 타슈켄트도 와 살고, 그렇게 살았지. 그 다음에는 57연도부터, 아니 57연도 아니요. 96연도부터 그랬던지 그거 수속하오. 원동에서 들온 돈을, 37연도에 싣겨 들어온 돈. (러시아어로 하고 나서) 그게 뭣인가 하면, 37연도에 정치적으로 여기 들어온 사람들은, 저저 무스그 주는가 하이까, 37

연도에 거그가 싹 두고 들어온, 타지 못한 거, 우리 부모들이 상세나 이까, 내가 부모 신을 로, 스물네천, 24천 텡게 탔어요 돈으로. 그러고 이런 목적물(증명서) 내줘서 이거 가지고 내 무료로 시내 댕

우슈또베-바스또베-땅굴집 유적을 언덕 위에서 내려다본 모습

기오. [조사자 : 그런데 할머니, 원동에 살 때, 부자도 있고, 가난한 사람도 있고, 그런데 똑같이 주나? 24000씩?] 다른 사람들은 14천 탄 사람도 있고 다 달라. [조사자 : 아 그때 적은 게 있나보네?] 다. 다 달라. 어째 달른가 하이깐, 내 26연도 원동에서 나서 왔거든? 원동에서 열 살에 왔거든? 그거 내가 몇 번 재판을 했는가이, 내 세 축(세 번) 재판했소. 그래서 내는 이 시내에 재판관이, 이렇게 글을 내보냈지. "사실은, 이 여자는 부모와 함께 고생을 하고 37연도에 정치적 몰겨서 들어온 사람이라고." [조사자 : 그럼 재판을 하지 않은 사람들을 못 탔어요?] 재판 아이하고 나이 어린 사람들, 영기 들어와 난 사람들은 못 타오. 원동에서 나 들어온 사람이 탔지. 그러나 여기 들어와 난 사람들도 저런 목적(증명)을 탄 사람들도 있소. 돈은 못 탔지만. 난 돈 탔소. 그러고 내 무슨 돈을 타는 줄 아오? 노연금 타고 노연금 위에 무슨 돈 타는가 하이, 41연도 전장 때 내 노력을 한 거, 뚜르드 노이 후론트도 타오. 내 전쟁 때 일한 거. 그거 내 타오. [조사자 : 처음 들었네.] 전쟁 때 내 일한 것도 타오. [조사자 : 대개 뺀시만 타던데?] 뺀시 타고, 전쟁 때 일한 거 타고, [조사자 : 그럼

할머니는 그냥저냥 사실 수 있는 거네? 그냥 살아? 나는 시장 [조사
자 : 일없어요?] 그래도. 그저 그렇소. [조사자 : 힘들지요?] 왜 그런
가니, 뺀시 노연금 언제 나갔는가하이까, 80연도에 내 나갔거든? 조
합에서 일하던 월급 가지고 나갔지. 그런 게 조합에서 일하던 월급
이 2002연에 콘플릭트 있어서, 월급을 쓰레살리, 인플렉시 (러시아어
로 더 이야기함)(줄였다는 뜻이라 선범 군이 통역) [조사자 : 아, 연금
이 줄어졌어요?] 다. 2002년에 인플렉시하는 바람에 싹 다 줄어들었
어.24) [조사자 : 할머니는 첫 결혼을 언제 했어요?] 45연도에 결혼했
소. [조사자 : 고려인하고?] 야. (다시 주영락 할아버지 이야기를 하여
그 부분은 생략) (이하 시부모에 대한 기억 진술했으나 녹음되지 않
음. 노트에 메모한 내용만 남아 있음)

11. 김레오니드 꼰스탄쩬노비치(남, 1929년생)

**1929년에 원동 뽀시예트에서 출생, 두 살 때 아버지 별세, 어머
니의 재혼**

[조사자 : 할아버지 성함이? 이름이?] 이름이사 김레오니드, 그 다

---

24. 고려일보에 났던 기사 이야기는 생략함. 1991년 사할린 동포인 주영락 씨와 알마타에
서 결혼하여 지냈으나, 고국 그리워하던 주영락 할아버지가 고국에 돌아가게 해달라
고 탄원하는 내용의 신문기사, 마침내 그 소원이 이루어져 혼자 귀국해 2003년에 사
망한 사연을 이어서 진술함. 경남이 고향인 주영락 씨는 고향 친척들이 받아주지 않
아 강원도 사랑의집에서 지내다 사망. 일제강점기 1940년 19세에 집 떠나 일본으로
떠난 후, 부모 소식도 모르고 사할린에서 지내다, 알마티 와서 지내다가 임로자 할머
니와 재혼해 9년간 살다 귀국해 사망. "친척이 있지만 없다."(한국 3차 방문. 주영락
할아버지 고향도 방문. 부산도 가보고, 마산에서 세 달 동안, 여비 마련하기 위해 일
하기도 함. 교회 나가는 이야기 부분도 생략함.

음에는 '꼰스탄지노비치'. 러시아말로 그렇소. [조사자 : 콘스탄치노비치.] 콘스탄치노비치. [조사자 : 할아버지, 언제 태어나셨어요?] 할아버지? [조사자 : 아니. 몇 년도?] 1천9백29연도에. [조사자 : 29년도?] 예. [조사자 : 원동이죠? 원동 어디?] 원동, 거기에 뽀시예트라고 있습니다. 그게 두만강 딱 곁에 있습니다. [조사자 : 아, 두만강 곁이에요?] 두만강 곁이지. 저짝에는 북조선이고 이짝에는 쏘련. [조사자 : 거기 살다 오셨어요?] 웅, 두만강 건너게 되믄 뽀시예트라고 있습니다. [조사자 : 아버지는 어떤 분이셨어요? 이름이?] 콘스탄친. [조사자 : 아!] 고려이름이 있는데 그건 잘 모르오. [조사자 : 아버지가 무슨 일 했어요? 농사일 했어요?] 촌에서, 셀 소비에트. 그게 무신긴가 하이까. [조사자 : 셀 소비에트.] 지금도 셀 소비에트 있습니다. 촌에 셀 소비에트가. [조사자 : 아, 예. 알겠습니다.] 이게 만약에 도시라면, 도시 소비에트. [조사자 : 단위별로.] 그 다음에는 오블라시 있재니오? 오블라시 소베이트. 농촌에서는 셀 소비에트. 촌은 셀 소비에트. 그 셀 소비에트서 회장질 했지. [조사자 : 오, 회장질.] 회장질하다가 31연도에 병으로 상세났습니다. [조사자 : 아, 병으로.] 그러니까 내 두 살 먹으면서리 아버지를 잊어 버렸습니다. [조사자 : 그러네. 어머니는요? 뭐 하셨어요?] 어머니는 따치아나. [조사자 : 무슨 따치아나?] 김, 아니, 리 따치아나. [조사자 : 어머니는 무슨 일 하셨어요?] 일 안 했소. [조사자 : 아버지가 일하니까?] 아버지가 일하다나이까 어머니는 자식들 자꾸 낳다나이(웃음). [조사자 : 자식이 몇이었어요?] 어머게 자식이 많았어. [조사자 : 모두 몇이었어요?] 내게? [조사자 : 아니.] 내가 어머니 맏아들이지. [조사자 : 맏아들.] 그 다음에 난 다른 아들들은 저짝 아버지가. [조사자 : 아, 어머니가 다시 결혼했어?] 다시 결혼했어. [조사자 : 원래 아버지 밑에서는 누가 났어요?]

원래 아버지 밑에서는 내 혼자 났소. [조사자 : 아 혼자고. 동복동생이 몇 명?] 여럿 됐어. 가만. 여섯이오. 여섯인데 그중에서 지금 살아 있는 게 둘 살아 있어. [조사자 : 그렇군요. 아버지 상세나고 그러면 살기 어려웠겠네? 살기가?] 응 어려웠지. [조사자 : 어떻게 살았어요?] 내 그때 세 살. [조사자 : 어려서 생각이 안 나겠구나. 어머니가 어떻게 살았다고 해요?] 그래 우리 어머니 나를 데리고 한 3년 동안 데리고 다니면서루, 고기잡이 그런 데서, 조금 노력하다가 그 다음에는 다른 남자한테 시집가서 소포스에 있었지. [조사자 : 소포스에서?] 거그서 아버지 일하다나이까 어머니는 일 못 했지. 집에서 세간 살이 했지. 그랬소. [조사자 : 아니? 아, 새 아버지가 소포스에서 일했어요?] 소포스에서 일했지. [조사자 : 새아버지가?] 소포스에서 농민 일을 하다나이까, 그 여러 가지, 땅을 파기랑, 농사질했지.

강제이주 이야기

그러다가, 여러 해 살다나이까, 우리네 여기 싣겨 들어오게 됐지. [조사자 : 그때 생각나는 것 좀 얘기해 보세요. 싣겨들어올 때, 언제.] 내 37년도에 싣겨 들어올 때 내 여듧살 묵었지. [조사자 : 다 생각이 나요?] 잘 생각이 나지 않지. [조사자 : 생각나는 것만 얘기해 보세요.] 싣겨 들어올 때는 까라간다로 왔지. [조사자 : 기차 타고 왔다면서요? 부슬기.] 아, 옳소. [조사자 : 타고 올 때 무슨 일 있었어요?] 그 역사를 내 잘 모르오. [조사자 : 생각 안 나?] 안 나. [조사자 : 아!] 그래 오면서리, 어떤 때는 반야(목욕통) 있재니오? 목욕하는 것. 거기서 빽빽 기차가 서게 되면은, 내려가 반야에 들어가서 모욕(목욕)하던 게 생각키오. [조사자 : 아, 역에 세워놓은 게 있어요? 기차 서면 뛰어내려가서?] 기차 서면 말하지. "이 기차 다섯 시 동안 서 있는다." 어, 그러면 "저짝으로 내려가서 반야하자" 그러고서 우리를 데리고서. [조사자 : 아, 어린이니까.] 그래, 몸도 씻고…. 그런 일이 조끔 생각키오. 다른 일은 별로 생각키우는 일이 없소. [조사자 : 아, 예.] 그러다 저기 까라간다로 가서, 내릴 때도, 어느 모탱이서 내렸는지, 그걸 생각지 못하겠어. 내 그때 여덟살인게 조끔…. 이젠 너무 오래돼서. [조사자 : 까라간다였구나 거기가.] 어느 모탱이서 내렸는지…. 어디에서 내려서, 그 다음에는 며칠 있다가, "어느 조합으로 가자." [조사자 : 아, 며칠 있다?] 그러니까 어느 조합으로 싣겨 들어갔지. 소포스 그게 조합이 아니오? 그래 거기서 조금 있다가, 그래 있으면서 고상 많이 했지. [조사자 : 고생했다고. 어떤 고생을 했어요?] 까작스탄 인민들이, 우리네를 잘 만났어. 그래 공급도 하고, 우리 두루두루 사람 많지. [조사자 : 무얼 공급했어요? 응? [조사자 : 까작사람들이 무엇을 공급해 줬어요?] 어떤 때는 이제 떡도 배달해 주고, 이 카작사람들이 리뾰스까라고 하재니오? 이만한 거. ('빵'이라고 선범 군이 통역해 줌) 그래 그런 거, 아들(아이들)도 그런 거 이래 집에서 배달해 우리네를 주고, 그래서 우리네 살아났지. 그 사람들이 우리게다가 대우 잘해줬어.

1938년도, 우즈베키스탄 타슈켄트로 재이주하여 농사일, 학교 공부

그래 한 해를 거기 소포스 있다가, 우리 식솔들이 싹 다 저기 우즈베키스탄으로 갔지. [조사자 : 아, 우즈벡으로?] 응 우즈베키스탄으로. [조사자 : 우즈벡 어디로?] 까라간다는 동삼에 너무 치버서(추워서) 되게 칩지 무슨. 그래 우즈베키탄 저기로, 무시기라 하는가? [조사자 : 타슈켄트?] 타슈켄트 지나서 저짝 남쪽으로 가다나이까. [조

사자 : 사마르칸트?! 거긴 덥지. 그래 거그서 살다나이까, 거그서 전쟁시대(41-45년)를 지내고. [조사자 : 농사질하고?] 웅 농사질 그냥 하고, 조합에서. 나는 고려글을 읽다나이 공부를 했지. [조사자 : 공부? 몇 학년까지 했어요?] 4연까지. 그러다가 고려글을 혹 쏘비에트 국가에서 고려글을 없애 버렸지. 그러다니이까 러시아글로 넘어가다나이, 양년(2학년)으로 넘어갔습니다. 그때 나이도 먹고. 러시아글로 넘어가다나이 양년으로 넘어갔습니다. 아무래도 여남살 넘어서 러시아글 양년 읽었지. [조사자 : 러시아글은 몇 년 읽었어요?] 그때부터 2학년부터 일으다나이까 전쟁칠 때 일으고.

1946년도에 우슈또베에 10학년 졸업, 1949년도 타슈켄트에서 대학 공부

그 다음에는 49연도에 10학년 필했지. 그래 내 전쟁이 필하던 해, 45년도에 전쟁 필하지 않았소? [조사자 : 네.] 내 46연도에 내 우슈또베로 호븐자 떠났소. 뉘게로 갔는가하이까, 내 사촌형이한테 갔댔어. [조사자 : 아직 서방 안 갔네요?] 서방 안 갔어. 전쟁 끝나고, 우슈또베 갔어. 우슈또베에서 사촌형이 오라고 했지. [조사자 : 아니, 갈 수가 있었어요? 그때 아무데나 함부로 못 갔다면서요?] 아들(아이들)은 갈 수 있었소. [조사자 : 아이들은 갔다?] 우리네 그때 아이들 아이오? 46연도에 대놓으이까 우슈또베 갈 수 있었지. [조사자 : 몇 살까지가 아이들이에요?] 열야듧살까지지 무슨. [조사자 : 18세까지? 대학 들어가면 아이들 아니죠? 대학 다니면?] 예. 대학 가면 다른 나라 못 가게 했다. [조사자 : 우슈또베 가서 농사질 하셨어요?] 글 읽었지. [조사자 : 아, 글 읽었구나. 어디, 고려글?] 러시아글이지. 사촌형이 있다나이까, 사촌형이 거기서 기관에서 큰 일을 했습니다. 그 사촌형 덕에 내 10년제를 필하고서리 49연도에, 또 대학을 읽으러 타슈켄트로 갔소. [조사자 : 49년도에 마치고 타슈켄트로?] 대학 읽으러 갔댔소. [조사자 : 무슨 대학 다니셨어요?] 그거는 무슨 대학인가 하이까, 이 새 땅 열지 아니오? 그때까지는 전쟁이다나이까 땅이 묵은 땅이 많소. 물을 대서 그 땅을, 소금 땅을 고치고, 거기다가 집들도 짓고, 까만이라 하재니오? 도랑. 도랑을 치재니오? 큰 도랑이지. 거기서 그 땅. [조사자 : 땅을 만들어?] 도랑을 만들지. 도랑들도 만들고 집들도 짓고, 그래 도랑쳐서 물 내려오면서리 그 소금땅을 자꾸 씻쳐 내리우지. 그 땅을 그 다음에 농사를 짓지. [조사자 : 그 공부를 했어요, 학교에서?] 그런 공부,그런 대학이오. 이리가쯔. 그 대학을 우리가 무어라하는가이 인스띠뚜뜨, 인스띠뜌뜨를 대학이라 하재니오? 인스띠뜌뜨 이리가쯔. [조사자 : 인스띠뜌뜨도 대학이야? 우니베르스시띠로 대학이고?] 인스띠뜌뜨도 대학이고 우니베르시띠도 대학이고. [조사자 : 2년제에요 3년제에요?] 5연. [조사자 : 5년제? 응. 그거 다 필했어요?] 다 필했어. 49연도에 시작을 해서 54연도에 필했지. [조사자 : 할아버지 공부 많이 하셨네?]

대학 졸업 후 파견근무와 결혼

그래 54연도에 필하고, 그 다음에는 파견을 받아서. [조사자 : 어디로?] 그게, 우즈베키스탄에, 그전에, 그런 게 있소. 어버비스트라고 있소. 큰 땅이지. 몇 천 헥따르 되는 덴데, 그래 거길 파견받아서. 거기서도 한 3년 일했소. [조사자 : 이름이 뭐라고요?] (고워드? 러시아어로 말했는데 알 수 없음) 이런 데. 먹지 못하고 살재니오? 그런 사람들이 고워드? 그런 땅에다가 처음 짓다나이까. 거기가 촌이었소. 그래 그 땅을 하다나이까, 사람들, 일꾼들을 불러다나이까, 집들도 있고 그랬지. 나도 발령받아 가 있었지. 거기 가서 우리 3년 살았소. 노력했지. [조사자 : 아직 서방 안가고?] 서방갔지. [조사자 : 그래요?] 대학 필하면서리 서방갔지. [조사자 : 어떤 여자하고 결혼하셨어요?] 고려여자(웃음). [조사자 : 어떤 분이었어요?] 그분은 그 바느질하면서 이렇게 복서(?)랑 만들며. [조사자 : 아, 그 일을 했어요?] 나는 또 땅을 일구고. 거기다 나는 자그만 기관을 줍디. 그래 그 기관에서 조금 이래 일했댔소. 그래 그런 일 하다가, 침캔트, 여기 카작스탄 침캔트 있고. [조사자 : 압니다.] 도시가, 그때도 큰 도시. 온전했댔소. 그래 그 침캔트를. [조사자 : 몇 년도에에?] 57연도인지 58연도인지, 내 온전히 58연도부터 침캔트에서 일했소. [조사자 : 58년도부터?] 기관에 있다나이까. [조사자 : 식구가 다 간 거예요?] 다 데리고 갔지 무슨. 거기서 땅 일구매, 침캔트, 그때 땅 일구었소. [조사자 : 그럼 침캔트도 우리 고려인들이 다 일군 거예요?] 옳소. 그래면서리 어느 때까지 그 일을 했는가니까, 63연도까지 거그서 일하다가, 그 다음에는 또 우즈베키스탄 한 구덩이에서, 그런 큰 땅, 몇 백 헥타르 되는 그런 땅을 또. [조사자 : 우즈베키스탄 갔어? 64년부터?] 응. 그래 거기서 내 뺀시(연금)를. [조사자 : 우즈벡 어디로 가셨어요?] 거 우즈베키스탄서 타슈켄트 지나서, 타슈켄트에서 한 450킬로미터 가서, 그런데 까르쉬. 아주 큰 벌판이지. 그러다나이 내 거기서 어느 때까지 일했는가 하이까, 뺀시가 나올 때까지 일했소. 89연도에 내 뺀시 나오다나이까, 거그서 64연도부터 89연도. [조사자 : 25년.] 오래 일했지. [조사자 : 오래 일했네.] 여러 가지 일하매, 거기서 뺀시까지 나왔지. [조사자 : 땅을 일구면 거기다 무슨 농사를 지어요?] 그때는 거기서 다술로(대부분) 홀로뽀크(목화). (한참 동안의 진통 끝에 '목화'임을 알아냄) 그 잎을 기계다가 던지고, 그 다음에는 이불을 만들재니오? [조사자 : 목화야?] 옳소 목화. [조사자 : 솜 만들어서 이불 만들고 하는 거.] 옳소 목화요. 그 다음에, 목화씨로 기름도 만들고, 그 다음에는 목화 대를 들어서 스피릿트를(이 말도 한참 진통 끝에 '엑스

고려인의 혼례(사진 : 최아리따 여사)

(즙)'임을 알아냄) 술 아니고, 술보다 더 독한 그런 거. 그거 먹지 못 하오. [조사자 : 그거 만들어서 뭐하는 거예요?] 엘렉뜨로 마뜨로(전동기?) 있재니오? 거기다 이거 칠하면 때 벗어지지. 어떤 사람들 그거 조금씩 먹긴 먹소. 그러나 그거 먹으믄 속이 좋지 못하지. 그런, 기름 바르는 기계 있재니오? 이거 바르게 되면 깨끗하게 되지. 비행기랑 그거 씻게 되믄 때 벗어지오. [조사자 : 목화밭이 많았구나!] 목화를 많이 심겄댔소. [조사자 : 따뜻한 곳이니까.] 응?(못 알아들음) [조사자 : 날씨가 따뜻하니까. 우즈벡이 춥지 않잖아? 춥지 않지요?] 그게 무슨 말인가?(못 알아들음. 선범이가 통역 시도하자 겨우 통함) 춥지 않다고? [조사자 : 예.] 아이 칩지. 더운 곳이오. 그 까르쉬란 데는 덥소. [조사자 : 그럼 홀로뽀크 말고 벼질은 안했어요?] 다른 농사도 짓소. 그러나 목화를 다술로 심으라, 명령 내리믄, 그래 그 까날(물도랑) 있재니오? 그 도랑이 한 100미터 이렇게 되는. [조사자 : 물 대느라고?] 물 대느라고. 그래 그 도랑 크게 짓지 무슨. [조사자 : 그럼 할아버지는 그 기관에서 일을 해서.] 그 기관에서 생활했지. 우리네 그 도랑을 치자 하믄, (중장비 용어 때문에 무슨 말인지 못 알아

들어 진통함. 불도저, 포크레인 등의 장비를 동원했다는 것을 알 수 있었음) 이래 파는 것도 있고, 이래 파는 것도 있고, 여러 가지 것, 울퉁불퉁한 땅을 이렇게 고르는 것도 있고, 그 여러 가지 기계가 있었읍지. [조사자 : 그거 다 할아버지가 다뤘어요?] 그 일꾼들이 몇 백 명이었소. 그런 데서, 그 기관에서 큰 사람은 우즈베크들이 일하고, 그 사람 아래서(웃음). [조사자 : 할아버지도 기계를 다뤘어요?] 난 잘 일을 아이했소. [조사자 : 시켰어?] 시켰지. [조사자 : 아, 시킨다?] 기계를 고치기도 하고. 고칠 때도 그 사람들 시겨서, 어떻게 어떻게 하라 하고. 또 어떤 때는 큰 자보드(수리소?), 기계를 고치는 데, 기계를 만드는 데랑. [조사자 : 아, 수리소.] 응. 일이 많다나이까 기계가 마사질(망가질) 때도 많소. 그래서 그런 데서 지도자 일 했지. [조사자 : 그래서 좀 살기가 괜찮았어요?] 일없었소. 월급이랑 좋았댔소. [조사자 : 선범 군을 향하여, "거봐. 공부를 많이 하시니까 이렇게 되잖아? 공부 좀 잘해, 너도. 공부를 잘해야 일 없지."] 그렇지. 공부를 잘해야 일하기도 헐치(쉽지). 그리고 일하는 사람들도, 이 큰 사람이 잘하는 걸 보면 위해줘. 모르면 무시하지. 그러니 일하는 사람들 부리려면 좀 알아야 되지. 그러고서리 뺀시를 기관에서 탔어.

자녀들의 상황

[조사자 : 그러면 할아버지는 아들 딸 송군 몇이나 있어요? 아들이, 큰아들이 언제 태어났어요?] 아들이, 둘이 있었소. 하나는, 마흔 살을 채 먹지 않고서리 죽었소. 둘째아들이 있소.[조사자 : 큰아들이 죽었어요?] 큰아들이 죽었소. 둘째아들이 살아있는 게 지금 타슈켄트에서 일하오. [조사자 : 타슈켄트. 음.] 그 다음에는 딸이 둘 있는데, 지금 다 저기 타슈켄트 있지. [조사자 : 큰아들은 언제 태어났어

요? 큰아들은 53연도에, 작은아들은 56연도에, 그 다음은 큰딸이 있는데 61연도에, 네 번째 딸이지 조그만 딸이지. 가는 일흔둘에. [조사자 : 다 대학다녔어요?] 아들들이 필하고, 딸들은 필 못했습니다. 시집도 가고 뚜르드도 가니까(웃음) 필하기 싫어하니까(웃음) [조사자 : 하기 싫어해서?] 응(웃음) 내 암만 힘써도 아이됩디다. [조사자 : 공부 시키려고 했는데?] 그러다나이 여자들은 필 못했습니다. [조사자 : 하기 싫어하면 저도 그만두려고요.] 옳소. [조사자 : 뭐 제가 싫다는데 뭐하러 시켜요? 그 큰아들은 왜 죽었어요?] 큰아들은 저기 레닌그라드라하재니오? [조사자 : 빼쩨르부르그] 응 빼쩨르부르그. 그 전에는 레닌그라드라 했소. [조사자 : 예.] 그랬는데 거기 저기 큰 그런 게 있었소. 오지르를 무시기라 하는가? 물. (선범 군이 '호수'라 알려줌) 큰 호수요. 그 호수를 아들이 물고기 잡으러 갔지. 그래, 갔다가 그런 창(배)(이 말 뜻을 몰라 한참 진통함)이 있소. 레지나 창(타이어를 묶어서 만든 뗏목배) 마시나 바퀴 있재니오? 그걸 묶으면 그게 창이 되어. [조사자 : 알았어요. 배.] 그 배를 타고서리 가들이 저기 중간으로 고기잡이를 나갔지 무슨. 그래, 갔다가, 밤에 거기서 배에서 그양 누버 잤지 무슨. 자다가 바람이 혹 불다나이까 그 배를 망개뜨려놨지. 그러이까 가들이 정신 못 챙기고서리 거기서 죽었어. [조사자 : 아이고!] 그래 한나 잃어버렸어. [조사자 : 아이고 그랬구나.] 그래, 잃어버리고서리 내 속도 잘못되고 병이 났소. 마흔 살이 채 되지 않고 죽었소. 그런 형편이 됐소. [조사자 : 서방은 갔었어요?] 갔소. 아들(아이들) 둘이 있소. 그런데 지금 가들이 자라서 하나는 시집가고, 하나는 지금 핵교서 공부를 하고. 그 부인이 지금 시집도 아이 가고 아이들과 있재니오? [조사자 : 고려인이구나. 둘째 아들은? 송군들이 있어요?] 가들은 둘 있소. [조사자 : 아들만.] 둘이 있는데 가들 모스크바 가서 일하재니오? [조사자 : 딸들은?] 딸들은 타슈켄트서 아들 하나씩 데리고서리. 시집갔다가 맏딸은 이혼하고. 요새는 딸 둘 다 호븐자 사오. [조사자 : 아니 누구하고 결혼했는데? 고려인이에요, 마우재에요?] 아니, 고려사람이오. [조사자 : 고려사람인데 이혼했어? 그렇구나. 여기 왜 이혼들을 많이 해요? 왜 그래요? 마우재 본받아서 그런 거예요?] 암매 그렇겠지. 마우재만 아니라 카작도 그렇소. [조사자 : 카작인도 이혼해?] 마땅찮으니 이혼하지. 어쩌겠소? [조사자 : 한국도 이혼이 늘어나요.] 그전에는 아이 그랬댔소. 그런데 지금은. 그러니 어쩌겠소? 법이 자꾸 그리 되다 보니 그렇지.

자식과 함께 살지 않고 따로 사는 이유

[조사자 : 그런데, 며느리 집에서 같이 살진 않았어요?] 아니. [조사자 : 원래부터 따로 살았어? 왜?] 왜 그런가 하이, 아들이 서방가서, 따로 나가 살게 했지. [조사자 : 아, 할아버지가? 왜 그랬어?] 한데 있으믄, 아무래도 두루두루 마땅찮은 일이 많소. 전에부터 따로 갈라져서 살아서, 지금도 따로 살지. 댕기기사(다니기야) 댕기지. [조사자 : 아니, 할아버지만 그렇게 해요, 다른 분들도, 아들 따로 나가서 살게 해줘요?] 다른 사람들도 다수 그렇소. 지금 여기도 그렇소. 늙은 사람들이 같이 며느리나 싸위(사위)를 있기 그렇게 좋아 아이 하오. 시집가믄 "빨리 나가라.", 시집 가면 그렇게 말하오. [조사자 : 그게 어디 풍습이에요? 카작인이 그렇게 해요, 마우재가 그렇게 해요?] 싹 다 그렇게 하오. [조사자 : 아, 그 영향으로 그렇게 하는구나.] 다슬로 그렇게 하오. [조사자 : 옛날엔 그렇게 안했잖아? 큰아들하고 함께 살았잖아?] 응, 옳소. 여기도 자식 집에 가서 있었지. 그

래 늙은이들이 같이 살면, 젊은 사람들이 말하면 좀, 그러다나이까 그렇소. 또 우리네 자기 나이가 많다보이까, "너네: 이래라, 저래라" 그럼 그 사람들께 어떨 땐 좋지 않을 때도 있고, 그래 다술로 따로 있소. 여기 지금 사람들 많이 알지만, 늙은 할머니, 거반 다 호븐자 사는 할머니들이 많소. [조사자 : 정말 그렇대요?] 그렇소. 그러다나이까 아무래도 호븐자 있는 게 아무래도 낫는가 보오. [조사자 : 그러네.] 그렇게 됐소.

교회 다니다가 다른 모임 많아 안 나가고 있음

[조사자 : 할아버지, 교회 다니세요? 쩨리콥.] 쩨리콥에 내 댕기다가 아이 나가오. 왜 그런가 하이까, 여기(교육원 합창단)도 하루 나가야 하고, 또 저기 노인들 모여서 고려노인들 한 1백30명 되는 모양인데, 그런 오피스트(사무실?) 그런 모임 있어. [조사자 : 고려 노인회.] 그 다음에 우리 회는 무시기라 하는가 하이. [조사자 : 합창단?] 노인 단이라고 하지. 그래 그런 오피스트 많소. [조사자 : 모여서 뭐해요?] 무슨 기렴이 돌아오지 않겠소? [조사자 : 기념일.] 모다서 또 놀기도 하고, 이래 시간을 보내는 일이지(웃음). [조사자 : 그게 일요일에 모여요?](일요일을 못 알아들어 진통함. 선범 군이 러시아로 물음) 우리네 모이기는 기렴일이지. [조사자 : 그럼 일요일에는 교회 나가시면 되잖아?] 아니. 그리고 또 지금 그런 병 고치는 데 한국에서 나와 있소.(한국에서 의료진이 봉사차 방문하여 활동하는 것을 의미함) 그래 그것을 지금 우리네보고 "댕기라(다녀라)"해서. [조사자 : 누구나?] 아무래도 늙은이들. 뼈도 쏘고, 해마다 그렇지 뭐. 우리 부인도 지금 그렇소. [조사자 : 어디가 안 좋아요?] 여러 가지 그저, 뼈도 쏘고, 어떨 때는 골도 아플 때도 있고, 늙은이 돼서 그렇지(웃음). 죽

을 때 되니, 나이 자꾸 먹으면서리. [조사자 : 할아버지처럼 나이 80 넘은 다른 할아버지 있어요? 친구. 친구들?] 있지 않고. [조사자 : 제가 만날 수 있어요?] 모르겠소. [조사자 : 아니, 할아버지 친한 동무 있어요?] 있소. 그런데 그 친구 지금 어드메 가서. [조사자 : 알마티에 없구나?] 니에. 어떤 때는 자식 집에 가 있고. 왔다갔다 해서 잘 모르오(웃음).

1950년도부터 거주 이전의 자유(타슈켄트 시절)

 [조사자 : 우슈또베에 사시면서 언제부터 여기저기 마음대로 이사 다니고 여행도 가고 그럴 수 있게 되었어요?] 우슈또베 있을 때는…. [조사자 : 아, 우슈또베 있을 때는 아니겠네. 언제부터 아무 데나 갈 수가 있었는지?] 그건 50연도부터 나라서 그렇습지. [조사자 : 56년도가 아니라?] 50연도부터. [조사자 : 50년도는 스탈린이 죽기 전인데?] 스탈린 죽기 전에 그런 거 벌써 냈소. [조사자 : 아, 그래요? 그게 지금 타슈켄트 얘기에요?] 나라에서 그랬소. [조사자 : 아니, 그때 어디에서 그랬죠?] 내 그때 49연도에. [조사자 : 타슈켄트네!] 타슈켄트에 왔댔지. [조사자 : 타슈켄트에서 그걸 받았어요?] 내사 타슈켄트에서 받았지. [조사자 : 무슨 증명서가 나왔나?] 나왔지. 나라서 나왔지. [조사자 : 아.] 그래 공부를 올 때는 49연도에, 내 우슈또베에서 떠날 때, 거기 그런 데 가서 내 허가를 받고 갔댔소. 타슈켄트로 공부할라 가니까 허가해 달라, 그래 내 허가를 받아가지고서리 우즈베키스탄 갔지. 그 다음에는 50연도에 뽀스타 나블리니예. 아무 데나 가게 됐지. 그전에는 어른들이나 아들이나 싹 다 허가받고 다녀야 했지. 그러나 갔다오자믄 일없소. [조사자 : 아, 이사는 안되지만?] 이사를 가지 않겠소? 그럼 안되지. [조사자 : 그런데 50년부터는 아무데나?]

이사를 가거나 아무데나 갈 수 있소. [조사자 : 그걸 뭐라고 해요? 증명증? 나라에서 뭐가 나오는 거예요?] 나라에서, 뽀스타 나블리니 예라고 하지. 그런 법을 만든 거지. 이 쏘비에트 시절에 그런 법을 만든 거지. [조사자 : 그걸 가지고 다닌 거예요?] 아니, 그런 법을 내지 않겠소? [조사자 : 아, 그런 법이야?] 법이지. 그때부터는 싹 다 사람들 알게 했지. 알다나이 그 다음에는 그저 아무 데 가도 아무 일 없지 무슨. 그래 그전에는, 어쩌다 카작스탄서 우즈베키스탄 가지 않겠소? 그럼 "어드메서 왔는가? 왜 허가 없이 왔는가?" 그전에는 그랬지. [조사자 : 50년 전에는?] 다 그랬지. [조사자 : 50년 확실해요?] 응. [조사자 : 이게 사람마다 다르더라고요. 어디는 56년이다.] 50년이야. [조사자 : 스탈린이 죽은 게 53년이잖아?] 53년도에 스탈린이 죽었지. [조사자 : 죽기 전에 그런 거요?] 죽기 전에 그런 법을 냈지. [조사자 : 할아버지만이 아니라 모두가?] 모두. 조선사람들, 이 카작스탄 실어 오지 않았겠소? 그럼 카작스탄에서 우즈베키스탄으로 못 가게 했어. 그 다음에 카작스탄에서 러시아 못 넘어가게 했어. 딱 그 사는 곳에서만 살게 했어. [조사자 : 그럼, 할아버지, 하나 좀 여쭤볼게. 우슈또베가, 원동에서 쫓겨가지고 오다가 맨처음 그 부슬기가 선 곳이 우슈또베에요, 끄즐오르다예요? 어떻게 들으셨어요?] 까라간다. [조사자 : 아니, 할아버지 말고. 여기 다른 사람들. 우슈또베가 맨처음 떨어진 데에요, 끄즐오르가 갔다 왔어요? 어떻게 들으셨어요?] 조선사람들이 까라간다에 온 사람들도 있고, 우슈또베에 온 사람들도 있고, 그 다음에는 타슈켄트로 간 사람들도 있고, 끄즐오르다 있재니오? 여러 곳으로 왔지. 그때 1천8백백…. [조사자 : 18만명] 옳소. 그렇게 됐소. 그러다나이 기차가 여러 대 왔소. 그때 한 기차에다가 내 생각에 아무래도 한 천명씩, 아니 한 양천씩….

좋은 새아버지, 꼴호즈와 소포즈의 차이

[조사자 : 어머니는 언제 상세났어요?] 어머니는 85연도에 어머니 상세났소. [조사자 : 새아버지는 좋으신 분이었어요?] 좋은 사람이었어. [조사자 : 잘해 줬어?] 어린이한테 되게 귀하게 해줬어. 사람 좋았어. [조사자 : 차별하지 않고?] 응 차별하지 않고. 그래도 우리 아 때, 자븨 친척한테 간다고 내 우슈또베로 가지 않았소? 자븨 친척이, 사촌댁, 우리 아버지 형의 아들이지. 그 사촌들 그때까지 조금 높은 일 하다나이. [조사자 : 잘 사니까.] 그래서 살았소. 자꾸 나한테로 편지를 하믄서 "너 오라. 오면 공부를 시겨 주겠다." 그래 내가 떼를 내고서 갔댔지 그때. 46연도에 떠났으니까 내 그때 열 살에 집에서 떠나서 갔댔어. [조사자 : 까라간다에 있으면서 어떻게 살았어요? 땅굴막 살았어요?] 어떻게 살았는지 내 생각이 안 나. [조사자 : 꼴호즈와 소포스가 뭐가 달라요?] 꼴호즈는 이래 인민들이 모다서(모아서) 그렇게 만드는 것, 우리는 이렇게 꼴호즈 만들자. [조사자 : 아, 인민들이 만든 거야?] 인민들 자븰로. [조사자 : 아, 인민들 스스로.] 그래, 우리 꼴호즈 내자, 내가지고서리 우리 살자. [조사자 : 그리고 소포즈는?] 소포스는 기관에서 국가에서, 나라에서 그런 거 만들지. [조사자 : 아, 그런 거야? 차이가 있구나. 그럼 꼴호즈에 있으면서 소포스 가서 일할 수 있어요?] 있잖고. 꼴호즈에서 일하다가 소포스 갈 수도 있고, 소포스에서 일하다 꼴호즈 갈 수도 있고. 그게 다 시기는 일 하는 것은 다 한가지요. 꼴호즈 큰 사람은 회장이라 하고, 소포스는 디렉토르라 하오. 디렉토른 기관에서 내다 나이까 디렉토라 하지. [조사자 : 꼴호즈에서 일한 사람도 나중에 뺀시가 나와요?] 꼴호즈에서 일한 사람은 뺀시 아니 주오. 소포스에서 일한 사람은 그때 월급을 내주고. 꼴호즈에서 일한 사람은 가을에 농사일해서 나눠주고.

소포스에서 일한 사람들은 돈을 월급으로 주다나이 뺀시를 주고. (브리가디르에 대해서 질문하려고 했으나, 단어가 떠오르지 않아 못 물어봄.) 우리네 고려사람이 고려말 하는데 대접받소(웃음) 그전에 우리 할아버지랑 싹 다 북조선에서 나오지 않았소?

브리가디르는 꼴호즈의 지도자

[조사자 : 브리가디르가 뭐요?] 그건 꼴호즈 안에서 어느 저기를 나가서 땅을 떼가지고서리 몇 헥타르 떼어가지고서리 거기서 지도자질 하는 사람. 그래 그 브리가디르는 일꾼들을 열댓 명 이렇게 모아서, 거기서 목화도 심으고 채소도 심으고 그 사람들을 브리가디르라고 하지. 그러다나이 꼴호즈 안에 브리가디르 여남은씩 있소. 어떤 때는 열댓 브리가디르도 있고. [조사자 : 회장 밑에?] 회장 밑에. [조사자 : 알았어요.] 벼질하믄 그 일 하라고 브리가디르 내보내오. 그럼 그 브리가디르가 사람 몇 명을 데리고서 거기서 농사질 하지. 벼질을 하지. 또 채소를 지으라 하면 또 브리가디르, 그렇소. 그러다나이 회장 다음에는 브리가디르지. 그 다음에 브리가디르 안에서도 또 나누어지지. 브리가디르가 열한 헥타르가 아니겠소? 그렇게 되믄 5백 헥타르씩 또 ? 스베타? 즈나루?. 나도 전쟁시대에 어느 목화 브리가디르에서 이만한 트락또르 타고 댕길 때도 있고. 열너덧 살씩 됐지. 그래 드문드문 학교 공부하고서는 여름에 브리가디르 나가서 어떤 때는 트락또르 탈 때도 있고. 그렇소. [조사자 : 예예, 고맙습니다.] 그런데 이 역사를. [조사자 : 예 다 녹음해서, 적어가지고, 한 3년 뒤에 책을 내려고요.] 책. [조사자 : 이런 책을 내려고요. 그래서 할아버지 사진도 찍어야 돼. 사진을 찍어야 책에다가 할아버지 나와요.]

우리말 못하는 손자

　[조사자 : 큰 손자 이름이 뭐예요?] 싸샤. [조사자 : 러시아 이름이구나. 우리말 해요?] 못하오. 마감딸이 조금 하오. [조사자 : 조금 해요? 어쩐 일이에요?] 3년 동안 한국에 가서 일했소. 그러다나이까 3년만에 오다나이까 대강 그저 고려말 하오. 다른 아들은 모르오. 감사하오. [조사자 : 고맙습니다.] 작년 8월달에, 열다섯날에 고려한 날 아니오? [조사자 : 광복절. 해방된 날] 해방된 날, 우리게로 한국에서 연극을 왔소. [조사자 : 아, 연극놀았어요?] 떼아뜨르 있재니오? [조사자 : 고려극장.] 거기 와서 놀았소. 아이 연극 잘 놀았소. 그때 우리게 이런 거 하나씩 나눠주었소. [조사자 : 아 그때 모자구나.]

II. 중앙아시아 고려인 생애담의 기술(記述)자료
　　— 고려일보(레닌기치 포함)에 실린 자료[25] —

　1. 레닌기치 1989년 5월 3일 : 〈강제이주〉(엠. 우쎼르바예와)[26]
　1937년 초가을 어느 한날 정 와씰리는 불안과 어색한 기분으로 직장에서 돌아왔다.

---

25. 레닌기치와 고려일보(1990~2007)에 실린 강제이주 관련 기사를 모두 조사하였으나, 몇몇 자료는 복사 불량으로 판독하기 어려워 생략하였다(2004.5.21/ 2004.8.6/ 2004.8.13/ 2005.6.3/ 2005.8.6/ 2006.12.15.) 이들 신문의 CD롬이 나와 있으나 2002년도까지만 데이터베이스화하여 있어, 그 이후의 것은 고려일보 및 알마티 한국교육원 도서실 소장 자료를 열람하여 확보하였다. 신문에 실린 대로 적는 것을 원칙으로 하되 띄어쓰기와 문장부호의 일부만 현행과 같이 고쳤다는 것을 밝혀둔다. 제1부 말미의 〈자료일람〉에 제시한 자료 모두를 실으려 하였으나 『레닌기치』 및 『고려일보』 자료 중에서 35건만 골라서 수록한다.

26. 쏘련기자동맹맹원

- 이주에 대한 이야기를 못들었소?

이렇게 그는 안해에게 물었다.

- 무슨 말공부겠지요. 그러다가 말겠지요…- 하고 안해는 부엌에서 일하면서 웅대하는 것이였다.

- 그럴까? 좀 왔다 갔다 하지 말고 잠간 앉으라니까! 어쩐지 불안스럽다니까….

와씰리는 늘쩡하게 말하는 것이였다.

마리야도 생각에 잠겼다. '인구조사는 왜 했는지! 지금 생각하니 그저 그렇다할 일이 이 나라니 집집마다 돌아다니면서 이것저것 살펴보니…. 그리고 사냥총을 보고는 어쩐지 그렇게 눈이 둥그래졌지.'

- 우리 전문기술자들은 어디로 갔는지! 밤에 와서 데려가더니 그들을 다시는 볼 수 없지…. 아마도 무슨 봉변이 날 것 같애…- 와씰리는 말하고 긴 한숨을 내쉰다.

이 봉변은 그들뿐만 아니라 연해주 일대 전체 조선사람들의 불행으로 될 것은 아직 모르고 있었다. 그러면서도 그 어떤 닥쳐올 불행에 대한 예감이 그들을 몹시 불안케 하였다. 실로 인민의 원쑤가 있을 수도 있겠지만 인민 전체를 어떻게 적으로 몰 수야 있겠는가?

어마어마한 시기였다. 서로 의심해하고 가장 친하던 사람들도 서로 믿지 못하고 살아야 하던 시기였다. 부부간은 서로 말을 이렇게 주고받고 하다가 "되는 대로 되라지…. 우리야 소인들이니…." 하고는 래일을 기다렸다.

그 래일이 닥쳐왔다. 불안스럽던 소문이 정말로 되었다. 래일 모두 모이라는 명령이 내렸다. 마지막 밤을 정든 고향에서 보냈다. 조선사람들은 어느 때나 이 밤을 잊지 않을 것이다. 고향땅인 원동, 고향도시 아르쯤시, 정답던 아담한 흰집…. 이 모든 것을 버리고 꿈에도 보지 못할 타향으로 가야하는가! 많은 어린것들과 함께 아홉식구…. 타향에 가서 어떻게 될런지 마리야는 상상할 수가 없었다. 터밭을 보았다. 수십년을 힘들여 다루던 밭, 얼마나 많은 도움을 우리들게 주었던가? 이런 생각은 와씰리의 목을 막는 듯하더니 저도 모르게 뜨거운 눈물을 감촉하였다. 그는 고향흙 한줌을 쥐여 손수건에 쌌다. 마리야의 마음도 낫지 않았다.

"무슨 죄로?"- 이 문제는 이들을 몹시 고통스럽게 하였다. 하소연할 곳도, 신소할 곳조차 없지 않은가? 이주-이는 전체 인민에게 있어서 이보다 더한 비극이 있을 수 없다. 사람마다 자기가 태여난 고향을 사랑하고 아름답게하고 번영에 기여를 하려 하며 때가 오면 고향땅 속에 묻히려 하는 것이 전통으로 념원으로도 되여 있다. 선조들의 묘지들을 버리고 영영 떠난다니…. 이보다 더 무서운 일이 어디 있을가-마리아는 그 어떤 괴상한 꿈속에서 이 모든 것을 체험하는 듯도 했다.

-살아남으면 다시 돌아와 고향땅에서 죽을터야-하고 와씰리는 그 어떤 결심이라도 한 듯이 말하였다.

-그때까지 살것같애서 그래우?-한숨 끝에 조용히 말하였다.

-이르나 늦으나 진리는 올 것이요.

-정든 땅아, 잘 있거라! 팔자가 궁하지 않으면 살겠지….

이것이 고향땅에서 부부가 주고받은 마지막 대화였다.

다음날 역전은 사람들로 흥성거렸다. 그러나 그들은 말없이 침묵했다. 단지 그들의 시선만이 불안을 숨기지 못하였다.

강제이주! 가을이여서 싸늘하였다. 화물차량들에 실린 조선사람들은 목적지도 모르고 고통과 불안 속에서 끌리워갔다.

와씰리의 가정은 카사흐쓰딴으로 실려왔는데 처음에는 까라간다시에 다음에는 딸듸꾸르간주 까라딸구역에로 재배치되였댔다. 이 고장에서 고향사람들도 많이 찾아보았다. 목조집들로 된 크지 않은 철도역은 그들을 언짢게 맞이하였다. 멀리에 쁘리모레쯔촌이 보였다. 사방은 모래와 초원, 세 산봉우리가 보일 뿐이다. 그래서 그 철도역을 우스또베(세 산이라는 뜻)라고 칭하였다. 하기는 사람들의 운명을 좌우하는 지배자들의 판결에 의하여 이 고장에는 조선사람들만이 아니라 로씨야에서 정배살이를 온 특별이주민들도 있었다. 그들은 조선사람들의 처지를 동정했다. 그래서 그때로부터 그들은 운명의 고락을 같이 겪어가면서 살았다.

농사에 능숙한 조선사람들은 세기를 내려오면서 축적된 풍부한 경험, 지식을 이웃들에게 아낌없이 나누어주었다. 반세기 이상 카사흐인들과 이웃하고 살며 일하여 온 두 인민들은 실로 몹시 친목해졌다. 자녀들의 혼혈결혼들은 부형들을 친척으로 삼게 하였다.

끝없는 카사흐쓰딴의 광야는 객대가 후하여 그의 풍부한 음식상은 어느 때나 친절하다 두 인민들 간의 후한 교제는 계속되고 있다….

살림집들이 없었다. 가을의 스산한 바람, 하늘 밑에서 살 수는 없었다. 우선 어린이들을 살려야 했다. 로동을 애호하는 인민은 그리 좋다고는 할 수 없지만 출로를 얻었다. 까라딸강변에 땅을 파고 땅굴집들을 짓고 '집들이'를 하지 않으면 안되였다. 추위는 사정이 없었다. 게다가 적리, 학질등과 같은 질환들이 혹심하여 우선 어린이들이 많이 죽었다. 죽은 어린이들을 장례할 나무조차 없었다. 조선사람들은 예로부터 시체를 관에 넣어서 매장하였다.

특히 토굴집의 습기가 어린들에게 죽음을 가져다주었다. 겨우 모든 것을 이겨낸 사람들은 꼴호스를 조직하였다. 그 꼴호스의 첫 조직자가 바로 신형문 선생이였다. 첫 꼴호스조직총회가 있었다.

-예로부터 조선사람들은 농부들이였습니다. 우리 선조들이 벼농사를 했으니 우리도 그 전통을 계속합시다- 이렇게 한 로인이 제의했더니 모인 사람들 전체가 동의하였다.

새 꼴호스가 어떤 이름을 줄 것인가? 사람들은 잠간 생각하더니 약속이나 한 듯이 '달니 워쓰또크'(원동27))라고 합시다-하고 말들 했다.

-좀 더 생각해보시오. 여기에는 우리 조선사람들뿐이 아니요 제첸인, 희랍사람들도 있지않소-이렇게 신형문 선생은 정중하게 말하였다.

시간은 정신적 상처를 치료한다고들 말한다. 그럴 수도 있다. 그러나 기억에서 영원히 사라지지 않는 사변들이 있다. 이에 대하여 로련가 정 니꼴라이는 이렇게 이야기하고 있다.

-꼴호스에는 유일한 우물이 있었습니다. 아침부터 저녁까지 그 곁에서는 차례가 끝나지 않았댔지요. 이처럼 물조차 마음대로 마실 수 없었습니다.

체첸인들은 위 사령부에 가서 일정한 기간마다 반드시 등록해야 되었다. 그들에 대한 감시가 몹시 심하였다. 그러나 조선사람들에게 한하여서는 지정된 주 외의 이동만이 엄격히 금지되였댔다. 공민증에는 '…주 경내에서만이'라고 씌여 있었다.

1937-1938년에는 조선사람들뿐 아니라 카사흐인들도 탄압을 당하였다. 다른 인민들 속에서도 '인민의 원쑤'들을 찾고 있었다. 카사흐인들 속에서 우수한 사람들이 '그 누구의 지시에 의하여' 예심도 재

---

27. 원동(遠東).

판도 없이 사라지군 하였다.

　사람들은 그 당시 암담한 공포 속에서 살았댔다. 반세기 이상 지니간 오늘에도 로인들은 과거사에 대하여 말하기를 주저하고 있다.

　그러나 우리는 있는 그대로 력사를 반드시 알아야 할 것이다. 누구든지 과거를 위조하거나 공백을 칠하여 버릴 권리가 없다. 진리는 우리에게뿐 아니라 후손들에게도 필요하기 때문이다. 첫 이주민들을 교대한 새 세대들에게는 까라딸 평원이 고향으로 되었다. 그들은 자기의 선조들, 자기 인민의 고통과 비극을 그처럼 심각하게 감촉하지 않는다. 그러나 적지 않은 로인들은 이동제한을 폐지한후 주저없이 고향땅을 찾아가기 시작하였다. 그들 중에는 정 와씰리와 김 마리야도 있었다. 그들은 1955년도에 자기들의 고향땅이였던 원동으로 이사하였다. 와씰리는 벌써 사망했으나 84세의 마리야는 아직 살아계신다. 그는 하바롭쓰크변강 골헨끼촌에서 살고 있다. 그들의 운명에 대하여 와씰리의 아들 니꼴라이 와씰리예위츠가 이야기하였다. 그 자신이 벌써 할아버지가 된 지 오래다.

　꼴호스는 유감스럽게도 '달니 워쓰또크'라고 한 자기의 이름을 보존하지 못하였다. 글쎄 그 명칭은 인민의 추억을 간직하고 있지 않는가!

　지금 청년들이 수다한 인민들의 비극적인 이주의 심각한 후과를 감촉하고 있는지는 알 수 없다. 또 알아서는 무엇하랴? 력사의 바퀴를 뒤로 돌릴 수는 없지 않는가! 그러나 진리는 있는 그대로 알아야 하며 대대로 전해야 한다.

　이처럼 비참한 현상이 반복되지 말게 일해야 하며 살아야 한다. 나는 이주의 비극을 체험한 죄없는 사람들에게 이렇게 위안의 말 외에는 다른 말을 할 수 없다.

나는 그 누구를 론박할 목적을 세우지 않았다. "과거를 들추기는 미련하다"고 하는 사람들과 어느 정도 동의할 수 있다…. 그러나 범인들과 함께 죄상을 매장해 버려서는 안될 것이다. 정당치 못할 것이다.

2. 레닌기치 1989년 6월 14일 : 〈1937년도 이주사건에 대하여〉 (리니꼴라이[28])

나는 최근에 자주 〈레닌기치〉지에 발표되는 1937년도 조선사람들의 이주와 관련된 기사들을 읽고 독자들과 자기 의견을 나누려 한다.

1989년 5월 3일호에 〈강제이주〉라고 제목을 단 기사의 마지막에는 다음과 같은 말이 있다.

"진리는 있는 그대로 알아야 하며 대대로 전해져야 한다. 이처럼 비참한 현상이 반복되지 않게 일을 해야 하며 살아야 한다. 나는 이주의 비극을 체험한 죄 없는 사람들에게 이런 위안의 말 외에는 다른 말을 할 수 없다."

또 4월 29일호에 실린 〈항상 탐구의 길에서〉란 기사에는 "원동에서 강제적으로 이주당한 조선사람들은 어디에로 어째서 무엇 때문에 이사해 가야 된다는 것을 모르면서 허줄한 화물차간에 앉아갔다"는 말이 있다. 이 두 기사에서 인용된 '강제'라는 말은 옳지 못하다고 생각한다. 이 두 기사를 읽어보면 공연히 쏘련조선사람들은 탄압하여 비극을 조성하였고 강제이주 시켜 사람들을 못살게 하였고 어디로, 어째서 실어간다는 말도 없이 허줄한 화물차에 실어 이주시

---

28. 딸듸꾸르간주 까라딸구역 년금생(연금생활자).

켰다고 쓴 것은 나를 절대로 옳지 못하다고 생각한다.
　이 두 가지는 이주의 원인, 내용, 국가의 사정을 모르나 아니면 알면서도 당대에 국가에서 한 일은 덮어놓고 잘못했다고 비판하기 위해서 그런 기사를 썼으리라고 생각하면서 내가 알고 있는 바를 말하려 한다.
　국가에 꼭 요구되는 큰일을 해야 될 때는 매 사람에게 그의 소원을 물어볼 필요가 없으며 어디로, 어째서 무슨 일 때문에 가는가를 몰랐다 하니 몰라도 큰일 없지만 우리와는 내무인민위원부 대리가 카사흐쓰딴으로 벼 재배하러 간다고 말을 했다.(주해 : 문장조직은 잘 안됐지만 론의상 문제이기 때문에 필자가 쓴 그대로 놔두었음)
　국가의 요구에 의하여 전체 민족을 이주시키는 것은 쉽지 않은 일이다. 몇 천리의 해로, 수로, 철로로 짐과 사람을 실어 보내자면 어려운 일이며 비용도 몇 밀리온이 드는데 기사들에 쓰기를 왜 좋은 객차에 앉혀 보내지 않고 허줄한 짐차에 앉혀 이주시켰다고 하니 생각해 보라. 180천명이나 되는 조선사람들을 객창에 앉혀 이주시키려면 기일이 얼마나 들었을 것인가? 이렇게 쓰는 사람은 덮어놓고 그 당시에 한 일은 다 잘못했다고 하기 위해 썼다고 본다.
　내 생각 같에서는 조선 사람들을 원동에서 이주시킨 것은 옳고 현명한 국가정책이였다고 인정하면서 몇 가지 자기 소감을 쓰겠다.
　내가 1936년도에 로스또브 미술전문학교에서 공부하고 있을 때의 일이다. 그때는 아침마다 학습이 시작되기 전 15분- 20분 동안 세계정세에 대한 보도를 신문에서 읽군 하였다. 그 신문기사들에 의하면 1936년 가을부터 시작하여 하바롭쓰크에서는 일본간첩들이 자주 폭로되군 하였는데 그 간첩들 중에는 리, 김, 박, 최, 기타 조선사람들의 성을 가진 자들이 많이 나타난다는 것이다. 그런 기사를 읽을 때마다 동창생들은 나를 쳐다보며 그 아무개라는 간첩은 나의 친척이 아닌가고 비웃기도 하고 의심하기도 하였다. 나는 하는 수 없어 조선사람들 중의 리라는 성은 로씨야인의 이와노브나 마찬가지로 부지기수라고 설명하여 주었다. 그나 나도 조선사람인 것만큼 우리 조선동포들 중에 그런 간첩이 있다는 것이 몹시 부끄러웠고 수치스러웠다. 무엇이 모자라서 우리 민족의 철천지 원쑤인 일본 사람들의 신봉이 되어 간첩노릇까지 하는가 하는 수치감이었다.

이 일이 있은 지 얼마 후에야 이 실정의 근원을 알게 되었다. 1936년도에 원동 신한촌에서는 몇 명의 조선청년들이 로스또브로 왔었다. 나는 거기에서 벌써 여러 해 살면서 지방 실정을 잘 알고 있었기 때문에 그들이 학교에 입학하거나 일자리에 붙는 일도 도와주었다. 그랬다 하여 그들은 자기 부모들 앞으로 쓴 글쪽지를 주면서 만일 신한촌으로 돌아가게 된다면 자기네 집에 꼭 들라고 하였다.

마침 나는 신한촌으로 후에 돌아가게 되어 그 청년들이 준 한 주소를 찾아가 글쪽지를 보이였다. 그러니 별로 반가워하지는 안하면서도 자식들의 부탁이니 받아들이기는 하여 한 집에서 살게 되었다. 신한촌에는 내가 아는 집이 없었기 때문이다.

그후 그 집주인은 있는 사정을 나에게 실토하였다.

"니꼴라이, 자네가 처음 나타났을 때 나는 솔직히 말해 껄끔해 하였네. 아들의 편지를 읽고 들여놓기는 하였으나 잘 믿어지지 않았네. 이에는 원인이 있단 말이네. 나는 한뉘를 해삼 신한촌에서 살면서 항구에서 짐군으로 일을 해온 사람인데 어느날 나를 탐정군이라는 죄명을 씌워 감옥에 걸어넣지 않겠나. 그래서 6개월 동안이나 죄없이 감옥생활을 하다가 실태가 해명되어 석방되기는 하였네. 어째서 이런 일이 생겼는가 하면 어느 한날 한 조선사람이 찾아와서 하루밤 좀 쉬고 가게 해달라고 부탁하지 않겠나. 같은 조선사람이고 또 우리 풍속이 그러니 어떻게 거절하겠나. 그래서 그를 들여놓을 수밖에 없었네. 나그네는 약속대로 하루밤 자고 가 버리고 말았네. 그런데 한 달이 지나자 엔까웨데에서 나를 불러 한달 전의 그 낯선 나그네와 무슨 관계가 있는가 물어보지 않겠나. 전혀 모르는 우연한 사람이라고 대답하니 면목도, 아무런 관계도 없는 사람을 집에 들여놓을 수가 없다고 하면서 바른 대로 말하지 않으면 국가법으로 취급하겠다고 위협하였네. 그래도 나는 없는 것을 없다고 말하지 않고 뭘 숨길 것이 있겠는가고 딱 잡아채였네. 그런데도 6개월 동안이나 나를 가두어 두지 않겠나?

후에 알고 보니 그 나그네는 만주에서 넘어온 일본간첩이였단 말이네. 한달 동안 그는 이집 저집에서 자면서 사진도 찍고 탐정도 해가지고 국경을 건너가다가 쏘련 국경수비대에 잡혔단 말이네….

그자 때문에 나처럼 감옥에 들어간 사람이 약 20명이나 되었네.

항구 지도자나 부두 로동자들이 나를 잘 알고 있었기 때문에 무사히 내 일은 지나갔으나 다른 사람들은 그렇게 빨리 석방된 것 같지 않네. 만주에 주둔하고 있던 일본놈들은 이렇게 조선사람들을 매수하여 간첩으로 쏘련땅으로 많이 들여보냈다고 하였네. 그런 사람들을 고르는 것도 아무런 사람이나 막 고르는 것이 아니라 가정이 있는 사람들을 골라 파견하였다고 하였네. 왜냐하면 만일 쏘련땅에 들어와 변절(일본놈들에 대한)을 하면 그 사람의 가정을 몰살시키겠다고 위협할 수 있기 때문에 그랬을 것이네. 이런 형편에서 원동국경지대에서 조선인간첩들과 보통 조선인들을 잘 분간할 수가 없어서 곤란한 처지에 있었다고 하네. 그때는 일본놈들이 한창 쏘련 원동지방을 침략하려는 준비를 하고 있을 때였네. 그러니 국방을 강화하기 위하여서는 조선사람이 원동에 없어야 하였단 말이네…"

이제 독자들은 생각해 보라 조선사람들을 원동에서 이주시켜야 하였는가, 아니면 그냥 그곳에서 살면서 일본침략자들의 탐정을 도와주면서 앞잡이가 되어야 옳았는가를…. 이주 후에는 한 명의 간첩도 쏘련 국경을 넘어서지 못하였다. 이주해온 후부터는 애매한 쏘련 조선 사람들이 일본간첩으로 몰리지 않게 되니 이런 이주는 국가의 리익을 위한 것이였으며 필연적이고 옳은 정책이였다고 생각한다. 또 강제이주도 아니였다.

1941년도 조국전쟁이 시작되자 어떤 민족들은 실로 강제로 이주당하였다. 그러나 조선사람들은 평화시기였던 1937년도에 이주해 왔는데 어째서 전쟁시기의 강제이주와 대비하는가? 많은 조선사람들은 자각하여 이 이주를 받아들였고 아무리 힘들었어도 이것을 불행이나 비극으로 생각하지 않았고 국가를 위한 것이라면 자기를 희생까지 해야 하는 품성이 쏘련공민으로서의 의무이고 원칙이였다. 나는 그때 엔까웨데대표자가 나와 회의를 소집하였을 때 어째서 우리 조선사람들을 이주시키느냐 하는 질문에 그는 다음과 같이 대답하였다.

"…국가의 불가피한 사정과 또 당신들- 조선사람들의 리익을 타산하여 카사흐쓰딴으로 이주시킵니다. 카사흐쓰딴은 령토상 아주 큰 공화국인데 주민들이 얼마 되지 않아 땅이 많이 비여 있습니다. 토질도 좋고 기후조건도 좋아 거기에서는 벼농사를 할 수 있으니 경험이 많은 당신들- 조선사람들을 국가는 카사흐쓰딴으로 이주시킬 결정을 하였습니다."

그는 간첩행위에 대한 말은 한 마디도 하지 않고 이렇게 아주 듣기 좋게 말해주었다.

또 한 사람은 다음과 같은 질문을 하였다.

- 우리는 아무르강 연변에서 태여나 자라면서 벼를 어떻게 재배하는지 한 번도 보지 못하였는데 어째서 우리를 벼농사를 하라고 이주시킵니까?

그러니 엔까웨데대리원은

- 당신들은 젊어서 모를 수 있지만 당신들의 부모는 잘 알고 있을 것이며 벼 농사를 해 본적 없는 사람들은 그 고장으로 가서 배울 수 있지 않소? 또 국가는 어떻게 180천명 조선인들 중에서 누구는 보내고 누구는 남겨두라고 할 수 있겠습니까? 그러니 조선사람이라면 누구나 다 떠나가야 합니다- 이렇게 대답하였다.

또 한 조선사람은 다음과 같이 말하였다.

- 나는 조선민족과는 아무런 혈연적 관계도 없는 로씨야 사람이니 이주를 안 하겠습니다. 나의 부인도 역시 로씨야 녀성입니다-

이렇게 말하였을 때 대리자는 그의 공민증을 들여다보고

- 어째서 당신의 공민증에는 민족별은 조선인이고 성도 조선사람의 성- 김이라고 적혀있습니까?

-그 원인은 어렸을 때 부모를 여의고 고아로 되자 조선어머니에게서 자라게 되었습니다. 그때 그 어머니는 나에게 김가라는 성을 주었고 이름은 동용이라고 부쳐주었습니다-

이렇게 말하니 대리자는

- 공민증에 조선민족이라고 기록되여 있으니 당신도 이주해야 합니다. 당신네 부인은 자기 소원대로 떠나가도 좋고 남아있어도 일없습니다- 라고 대답하였다.

그리하여 결국 김동용도 우리와 함께 크슬오르다주로 오고 그의 부인은 자기 향촌 땅으로 가 버리고 말았다.

물론 정든 원동땅을 버리고 타 지방으로 이주해가기는 누구에게나 다 섭섭한 일이였지만 그것을 강제이주라고 말하는 것은 옳지 않으며 비극과 불행이였다고 하는 것도 전적으로 옳지 않다고 본다.

그 당시 우리 이주민들에게 어떤 조건을 지어주었는가?

첫째로 짐은 얼마든지 다 가지고 갈 수 있었다.

두 번째로 집, 가축, 터밭, 남은 곡식값은 돈으로 배상해 주었다.

세 번째로는 매 식구들에게 보조금을 내주었다.

네 번째로 목적지에 도달하였을 때 지방인민들은 림시 이주민들이 살 집을 마련해 놓고 마차를 동원하여 가지고 온 짐들과 사람들을 실어다주었으며 힘이 자라는 대로 도와주었다.

조선사람들을 지내 죽을 곳으로 보낸 것이 아니고 풍요한 땅으로 보내였기에 더 행복하게 살게 되지 않았는가.

나는 딸듸꾸르간 까라딸구역에서 27년 동안을 벌써 살아오면서 그 지방 래력을 잘 알고 있다. 지금 우리 향촌 쏩호스 '달니 워쓰또크'에서는 여러 민족들이 다 화목하고 부유하게 살고 있다. 3층학교, 2층 탁아소, 문화궁전, 백화점, 기타 훌륭한 건물들이 많이 건설되였다. 그때 여기로 이주해오지 않았더라면 이런 것이 다 없었을 것이 아닌가?

3. 레닌기치 1989년 8월 18~19일, 22일 : 〈력사에서 외곡이 있을 수 없다〉(회상기)(박성훈29))

존경하는 주필동무! 나의 〈회상기〉를 보내드립니다. 귀지 6월 14일호에서 리니꼴라이의 기사 〈1937년도 이주사건에 대하여〉를 읽고 나의 〈회상기〉의 필요성을 느꼈습니다.

필자 리니꼴라이는 조선인들을 원동에서 실러낸 그 당시 실정과 이주사건의 본질을 전혀 모르며 현시 전인민적 저주를 받고 있는 쓰딸린시대의 폭정과 횡포무쌍한 범죄사항을 변명, 정당화하려는 시도의 심사로 이 기사를 내놓았다고 생각하며 이 기사는 독자들 속에서 착란을 불러일으킬 수도 있다고 생각합니다.

'이주'라면 자원적 원칙하에서 살던 곳을 떠나 다른 곳으로 가는 것을 일컬으는데 리니꼴라이는 "강제이주라고 하는 것은 옳지 않으며 비극과 불행이였다고 한 것도 전적으로 옳지 않가"고 강조한 것은 무엇으로 설명할 것인가?

〈회상기〉에 지적했지만 전조선민족을 죄수로 취급하여 군부의 엄격한 감시의 분위기속에서 거주구역별로 '이주'를 선포하여 3일내로 실어냈고 (추방민들의 반성운동 방지책으로) 실어간 후 거주지 제한법에 의하여 다른 곳으로 옮기지도 못하게 하였고 군대복무에 대한 공민권마저 박탈당한 죄인민족으로 처치됐는데 리니꼴라이는 "원동에서 이주시킨 것은 옳고 현명한 국가정책이며 또 강제이주도 아니였다"라고 하였고 "…토질도 좋고 기후조건도 좋아 벼농사를 할 수 있으니 오랜 옛날부터 벼농사에 경험이 많은 조선사람들을… 이주시킬 결정을 하였다"라고 하면서 '이주'시킬 때 국가대표자들이 설득시켰다는 것은 새빨간 허위의 말이라는 것을 나는 장담합니다. 나

---

29. 박성훈, 1909년생 쏘련공산당원, 위대한 조국전쟁참가자, 전쟁후 싸할린에서 발간된 일본말 신문 〈신생명〉지, 〈레닌의 길로〉지, 싸할린 쩰레위손및라지오방송국에서 1974년까지 근무, 1977-1976년에 〈레닌기치〉지 기자, 현재 프룬세시에서 거주(레닌기치에 실린 필자의 자기소개 글), 한편 레닌기치 편집부에서 이 글을 실으면서 덧붙인 글은 다음과 같다. "박성훈은 1930년대에 쓰딸린의 무법횡포시 옌까웨데(러시아 문자로 적어야 하나 편의상 우리말발음으로 적음 : 이하 같음)기관(내무인민위원회)에서 근무하면서 폭정사건들을 직접 목격체험하였으며 이상 야릇하게 벌어진 사변으로 하여 생명을 보존하게 되었다(이에 대하여 필자의 설명이 있음). 쓰딸린시대 횡포에 관하여 듣고 출판물을 연구하고서 쓴 제3자들의 문건이 아니라 그 참사를 직접 체험한 자의 회상기인 만치 독자들의 관심을 일층 야기할 줄 믿는다."

자신이 그 당시 내무인민위원회(엔까웨데)일군으로서 '이주'령 실행자들 중 한 사람으로 되었댔다. 만일 강제이주가 아니라면 어째서 어디로 실어간다는 것조차 알려주지 않고 죄수 운반과도 같이 막 실어냈는가?

이 니꼴라이가 자기의 기사에서 "독자들은 생각해 보라! 조선사람들을 원동에서 이주시켜야 하였는가? 아니면 그냥 그곳에서 살면서 일본침략자들의 탐정을 도와주면서 앞잡이가 돼야 옳았는가?…"라고 한 것은 정치적으로 몰상식한 자의 말이며 조선민족을 멸시모해하려는 것으로 리해하지 않을 수 없습니다. 일제첩보기관에 리용된 분자는 비단 조선사람뿐만이 아니였고 일개 비루한 자가 일제첩보기관에 매수됐다 해서 전 조선 민족에게 일제앞잡이의 탈을 들씌우려는 것은 조선민족에 대한 비할 바 없는 굴욕이고 필자의 몰상식한 견해라고 말하지 않을 수 없습니다.

〈1937년도 이주사건에 대해여〉란 기사에 대한 론박문 대신 나의 이 〈회상기〉를 보내드립니다.

I. 추방

"오래 전에 있은 비참한 사건을 고령자인 내가 지금 끄집어낼 필요가 있겠는가? 누구를 위하여? 물론 과거 쏘베트국가가 달성한 찬란한 성과와 영웅적 업적을 덮어놓고 악평하려는 것은 절대 아니다…"

보리쓰 예피모브 과거 참사에 회상의 의의는 필자의 감정이 수많은 사람들의 가슴에 잠겨있는 감정과 합쳐지며 그들의 아픔이 필자의 아픔과 일치한 데 있고 필자의 회상으로 그들의 가슴속에 쌓여있는 고민을 어느 정도 덜어주려는 의도에서 붓을 들었다. 뿐만 아니라 력사 기록에서 그 력사의 어느 한 토막을 찍어 던지나 또는 력사 기록에 공박을 남겨놓는다면 그것은 공정한 력사기록이라 할 수 없다는 것보다도 더 나아가서는 후대에 거짓없는 정확한 력사자료를 전달하는 것으로 될 수 없다. 이것을 고려하여 나는 력사의 한 토막을 밝히려 한다.

1930년대에 들어서면서 일본제국 군벌의 침략적 모략이 로골화되여 특히 극동지대의 정세가 일층 험악하게 되었다. 일제가 만주를 강점한 후 그들의 소위 북진공략(쏘련침공)을 목표로 그들의 정예군- 백만 관동군을 만주에 주둔시키고 쏘련과 린접된 국경연선지대에서 각종 군사망을 벌려놓고 불장난- 시험책으로 우리 국경침범, 국경수비대초소 습격 등 국경사변을 1932년 이후 끝없이 도발하였다.

이러한 정세에서 우리 국경지대에서 안전책을 취해야 했고 이 지대가 일제침략을 제지하는 전쟁터로 될 수 있으리라는 것을 전략상 예견하지 않을 수 없었다. 그런데 이 국경지대에 주로 조선인주민들이 집중하여 거주하고 있었다.

1930년 전까지는 조선- 만주- 쏘련원동 지방으로 조선사람들이 거의나 자유롭게 넘나들었다. 그 당시 쏘련원동지대의 조선인들의 수가 무려 20만에 달하였다.

민족적, 사회적 억압, 착취에 시달려온 조선인들이 오직 쏘베트주권 하에서만이 민족들간 평등, 근로자들의 경제적 련계, 자유, 각자의 발전의 길을 밟아나가게 된 긍지 어찌 자랑치 않았으랴!

각자가 자기의 의지에 따라 로력하며 당지도기관에는 조선소수민족부가 설립되어 사업하였고 각 촌락, 도시마다에는 조선학교, 조선사범전문학교, 조선꼴호스청년학교, 조선사범대학, 당학교, 원동국립종합대학내 로동학원(대학입학자격양성학원)에 조선과, 조선말 '선봉' 신문, 조선말 라지오 방송, 조선극장, 조선인들이 다수로 집중되여 사는 뽀씨예트(현재 하싼구역)은 공식적으로 조선어화구역으로 공문들까지 조선말로 작성하는 조선어제가 실시되였고 구역조선말신문, 당학교…. 등등 실로 레닌적 민족정책이 꽃피어 나갔다.

여러 민족들 속에서 조선인들이 웃음꽃 피우며 슬기롭게, 평화롭게 로력하며 살아오던 1937년 9월이였다. 꼴호스 전야에서마다 벼이삭이 황금파도치기 시작한 그때였다. 뭇 사람들 가운데서 조선사람들에게 한하여 난데없는 흑운과 광풍이 휩쓸어들었다.

한달 안으로 조선민족을 중앙이사야와 카사흐쓰딴으로 추방시키라는 명령이 내렸고 매 구역 매 촌락별로 추방선포를 한 후 3일내로 실어내라는 (즉 행차 준비 여유 시간을 3일 이상 허용치 말 것)

- 이런 명령이 실로 청천백일에 벼락같이 내렸고 이 강제이주 깜빠니야가 엄격한 계엄령하에서 진행되였다. 발령후 3일이란 행차 준비 여유 시간이란 것은 추방민들이 호상 밀통하여 반항운동을 일으키지나 않을가 혹은 일본군벌의 파렴치한 간섭행위의 위험이 일어나지나 않을가 념려하여 취해진 대책이였었다.

추방 깜빠니야는 옌까웨데기관의 총책임과 감시하에서 진행되였으며 이 글줄을 쓰는 필자는 옌까웨데일군으로 이상 깜빠니야 수행에 직접 참가하였다.

추방민들은 양떼와도 같이 온순하게 차에 실려가는 한편 혐의자나 사소한 불평 의사를 표명한 사람들을 모조리 격리시켜 징벌을 들씌웠다. 사납고 무시무시한 분위기속에서 사람들을 실어날랐다.

인간생활에서 생활상 각종 거래관계가 이곳저곳 맺어져 있고 일부 식솔들이 다른 곳에 가 있을 수 있는 것이 통례의 현상이다. 추방 발령후 3일간에 떠나야 했고 조선인들의 개별적 통행자유가 금지된 조건에서 자식, 부모, 부부들과 분리된 자들의 통곡, 거래관계를 수습못한 자들, 고된 로력과 진땀으로 가꾸어 낸 농작물 추수를 목전에 두고 떠나는 농민, 세간 물건을 태반이나 던지고 떠나는 자들…. 그들의 원한과 분노의 불길을 억제하지 않으면 안되였다.

당기관과 행정기관 책임일군, 기업소지도자들, 지어 군무자 그 누구를 물론하고 차별없이 조선사람이라면 모조리 쓸어 죄수들처럼 추방소로 실어갔다.

어째서 이처럼 무단 추방하며 어디로 실어가는 곳조차 전혀 알려주지 않았다.

모쓰크와 공업대학 3학년생이었던 신 쎄몬 뻬뜨로위츠는 자기의 억울한 심정에 대하여 이렇게 이야기하였다. : 1937년 9월말에 내무서원이 기숙사에 와서 3일내로 중아시아로 떠나가라고 명령하였다. 그러나 동창생들이 싸주는 속에서 공부를 계속하였다. 일주일 후에 내무서원이 또 와서 조사했는데 동창생들이 나를 감추어 놓고 어데 있는지 모른다고 했다. 이렇게 비합법적으로 공부는 계속했지만 "쏘베트나라의 당당한 청년으로 왜 쫓기운단 말인가? 왜 배움의 길을 막아버리는가? 무슨 죄가 있다구…." 이러저러한 풀수 없는 의문과 분노로 골머리를 앓다나니 수업이란 명색뿐이였다. 결국 나는 출학처분을 받게 되었다. 슬프고도 분하기 짝이 없었다. 그때 나는 전련맹 중앙 집행위원회(현시 최고쏘메트) 위원장 깔리닌에게 하소연하려 갔다, 거기에는 추방당한 조선인학생 10여명이 역시 위원장의 면회를 요청하려 와 있었다. 우리를 들여놓지도 않았다. 다음날 또 다시 가서 위원장과의 면회를 요구하여 울면서 떼를 썼다.

결국 위원장이 아니고 그의 서기와 대면시켜주었다. 그는 조선민족에 대한 정령에 의한 대책이니 복종해야 된다는 것이였다. 어째서 이와 같은 민족차별 정책이 조선민족에 한하여서만이 적용되는가 하는 질문에 대답은 없었다. 털어놓고 정령에 복종해야 된다는 것이였다.

배움의 길을 막아 무식몽매하게 하여 무언복종하는 착취의 대상으로 하는 현상은 포악한 식민주의자들의 만행정치에서만이 볼 수 있지 않은가? 신 쎄묜 뻬뜨로위츠는 추방되여 우스베끼쓰딴에 와서 반 해만에 요행 부모 친척을 찾았다.

추방민 운반상태는 어떠했던가? 한마디로 말해서 마소 운반상태와 다름 없었다. 기차 화물차량 한 대에 5-6세대를 떠밀어 넣었다. 달리는 렬차가 일주야에 한두 곳에 정거하다 보니 아무런 위생상 시설이 없는 차간내에서 남녀로소 할 것 없이 대소변을 보기는 례사였고 정차한다면 6-7백명이 일시에 내려 음료수, 먹을 것을 준비하느니, 남녀로소 할 것 없이 역장 지역에서 엉덩판을 내놓고 대소변을 보게 되었으니 실로 수라장이였고 렬차가 떠난 후 정거장 주변 청소작업이 큰 일이였다.

무슨 죄로 추방당한단 말인가? 무엇 때문에 조선사람들은 죄수의 '대우'를 받아야 했는가? 파시슴- 인간증오사회가 아니고 쏘베트사회주의 국가인데 무슨 변동이 터져서 이와 같은 배외주의적 만행을 보게 되였는가? 이러저러한 수많은 의문에 대한 해답은 없었다.

추방민들을 받아들여야 할 곳은 어떠했던가? 아무 준비도 갖추어지지 않았다. 황무지, 초원 갈밭에 마소처럼 사람들을 실어다 던졌다. (간혹 어떤 곳에는 머리 우에 지붕이 있었다 한다.) 동물이 자기 생명을 보존하려는 것은 그의 본능이다. 바로 이 본능에 따라 갈과 풀을 베여 막을 치고 '생계'를 유지하게 되었다.

위대한 조국전쟁초기에 독일파쇼강점배들과의 격전의 실패로 우리 군대가, 후퇴하게 됨에 따라 수많은 평민들이 후방지대로 철거하게 되었을 때 그들을 받아들이는 각 도시, 꼴호스, 쏩호스- 어디를 물론하고 조직적으로 철거민들의 주택. 취직 문제들을 긴급히, 원만히 해결해 준 실례를 우리는 잘 알고 있다. 그러나 조선인들을 죄인들로 취급하였으니만치 그런 대우를 받을 수 없었다. 추방민들인 조선사람들을 무시멸시하는 분위기가 처처에 조성되였다는 것도 우연한 현상이 아니였다.

생활조건의 악화, 불시 기후변동, 중아시야의 더위…에 생명을 빼앗긴 자 그 얼마였던가? 특히 로인들과 아동들을 막 쓸어내서 매장하였다. 실로 조선민족으로 태여난 것을 저주하지 않을 수 없었다. 조선사람으로 태여난 것이 죄가 되였고 거주지 제한제로 하여 한 곳에서 다른 곳으로 옮기거나 또는 왕래도 못하였다. 붉은 군대에 복무할 공민된 신성한 의무, 권리마저 빼앗긴 '죄인민족'으로 되였댔다.

위대한 조국전쟁시에 군사동원부에서 조선청년들을 군대복무에 징병한다고 광포하고 군대복무적령 청년들에게 징병호출장이 나왔다. 드디여 공민권행사를 하게 되였다고 모두 그 얼마나 기뻐하였던가? 청년들을 기뻐 날뛰며 징병소로 모여들었고 그들을 군대로 바래우는 부모, 처자, 친척들의 송별행사가 실로 이만저만이 아니였다.

그런데 이 징병이란 것은 기만술책이였다. 조선청년들을 군대복무가 아니라 꼬미자치공화국 북극권 한 대지방 개척 고역장으로 실어갔다. 국가에서 처리하는 일이 이와 같이 기만술책에 의한다는 것은 보지 못하던 괴변책이고 민족을 멸시하는 무법폭행인 것이였다. 생활조건이 전혀 갖추어지지 않은 조건하에 고역하는 행정에서 죽고,

병신으로 돌아온 자들이 그 얼마였던가?

그 당시 억울한 무권리 생활속에서 국민다운 생활을 얼마나 동경했던지 일부 조선청년들이 다른 민족으로 가장하고 전선으로 나간 실례도 한 두곳에서만이 아니였다.

결국 사람들이 염세주의자로 비관주의자로, 타락자로 전락되였고 원동에서 볼 수 없던 불법행위, 비인간적 행위를 이곳저곳에서 목격하게 된다. 물론 이것은 우연한 현상이라고 할 수 없다. 왜? 사람이 애무하게 참사를 당하게 되어 그에게 출로가 없고 해결책이 없을 때에는 이런 함정에 빠지게 되기도 한다고 본다.

이와 같이 비운에 빠지게 된 강제이주민이라고 할지라도 로동에서 모범을 보였고 로력애호민족이라 공인을 받게 되였다. 황무지 갈밭에서 백만장자 꼴호스들이 이곳저곳에서 배출하여 '추방민'이란 죄명이 민간속에서 점차 사라지게 되였다. 따스겐츠주내 갈라바 구역내 지미뜨로브 명칭 조선인 꼴호스에서만 해도 농산물생산에서 특출한 성과를 달성한 36명의 사회주의 로력영웅들이 조선사람들의 명예를 빛냈다. 이것은 이상에 지적된 모든 부정적인 분위기에서도 참된 쏘베트생활양식의 발현의 한모를 보여주는 실례인 것이다.

원동에서 조선사람들의 철거가 군사상 필수책에 의한 것이였다면 그것이 국가 정책상 당연했다고 말할 수도 있을 것이다. 그러나 지독하도고 요망한 술책으로 진민족을 죄수로 취급한 것은 사회주의 국가 법전을 란폭하게 유린한 용서못할 범행인 것이다.

조선민족의 공민권 회복은 모든 횡포행사의 장본인인 쓰딸린의 사망후 정당히 실시되여 그들도 쏘련의 여러 민족들과 함께 로력하며 발전도상에서 자기의 기여를 하고 있다. 1924년에 웨, 이, 레닌이 병석에서 제 13I차당대회에 보낸 〈레닌의 유서〉에 쓰딸린을 변덕쟁이라고 지명한 그 변덕이 그후 몇십 년간에 얼마나 처참한 비운을 빚어냈다는 것은 우리가 다 잘 알고 있으며 그 변덕이 실로 잔인무도한 폭정과 피로써 물들였다고 한 력사학자들의 말을 인용하면서 그의 피묻은 학정에 대하여 몇 가지 실례를 들어보기로 하자.

II. 횡포

쏘련에서 사회주의가 성과적으로 전진할수록 계급투쟁이 더 날카로워진다는 '리론'을 쓰딸린이 조작하여 가지고 국내에서 참을 수 없고 적대적이며 혐의적인 분위기를 조성하였다. 쏘베트사회에서 당연한 민주주의화가 결핍되어 쓰딸린 개인숭배와 우상화가 본격화됨에 따라 1930년대에 들어서서 그리고 전후 1948-1952년간에 사회주의 준법성이 란폭하게 유린되고 나라의 가장 귀중한 재부인 인재를 대중적으로 처단하는 무법횡포와 징벌이 질풍쳤다.

소위 '이류분자'를 숙청한다는 구실하에서 레닌주의 리상에 충실한 인재들을 당대렬에서 무수히 숙청해 치웠고 그 다음에는 허명무실한 폭동반란단체, 외국정탐 등의 허구를 조작하여 닥치는 대로 사람들을 그에 소속했다는 락인을 강제로 찍어 무단 처형하였다.

사람들은 이러한 무시무시한 분위기속에서 문자 그대로 모두 부들부들 떨면서 살았고 친우들과는 고사하고 지어는 부부간에도 할 말을 못했으며 그 당시 체포 선풍이 어찌나 심했든지 출입문에서 초인종 소리만 울려도 실신하는 형편이였고 밤잠을 자고나야 무사히 하루를 지냈구나 하면서 숨을 내쉬군 하였댔다.

이것이 바로 계급투쟁이 날카로워진다는 '리론'실천의 현실이였다.

조선인들에게 한하여는 소위 '종파투쟁'이란 구실하에 사회활동가들을 처단해치우는 것으로 징벌 풍파가 시작되였댔다.

그러면 그 '종파투쟁'이란 무엇이였는가?

1920년대초에 조선 해외에 있는 선각적인 조선인들이 로씨야의 대시월혁명 승리의 조류에 따라 일제통치하에 놓인 조선을 해방 즉 조선혁명을 목적한 조직체계를 가져볼 의도로 고려공산단 결성을 시도하였다. 그런데 그 발기자들 자체가 그 당시 당 건설 문제에 있어서 생소했고 혁명적 리론 즉 맑쓰-레닌주의 학설로 무장되지 못한 시기였고 그 탓으로 혁명운동이란 고원한 목적을 선차적으로 내세우지 못하였으며 그 방면 '당'조직에서 우세를 획득하겠다는 야심을 앞세웠다. 결국 그들 사이에서 두 패로 분렬된 것이 이른바 '상해파'와 '이르꾸트쓰크파'란 종파였다.

1919년 3월 1일 조선 전국에서 봉기한 배일폭동이 실패된 후 선각적인 민족주의자들이 중국 상해에서 조선독립운동참모부-고려림시정부를 조직하고 조선독립운동을 계속하려 하였다. 이 참모부가 결국 유명무실하게 되었다. 거기에서 리동휘, 김립, 박진순, 기타 인사들이 '고려공산당'결성회의 (웨르흐네우진쓰크시에서)에 와서 자기들 무리에 뭉치게 한 그루빠를 '상해파'라고 했고, 로씨야에 있던 선각적 인사들인 한명세, 남만춘, 오하묵, 채동순, 박창극, 등두리에 뭉친 그루빠를 '이르꾸트쓰크파'라고 일컬었다.

이상 두 파가 '고려공산당'조직에서나 조선혁명운동에 관한 원칙적인 문제에서 대립되여 분렬된 것이 아니라 말하자면 비렬한 지방주의적 관념하에서 서로 친근한 자들을 자기들 무리에 끌어들여 패권을 장악하자는 야심으로 하여 분렬된 것이 주요 원인이였다.

이런 파쟁이 조선혁명운동에 적지 않은 폐해를 가져왔다는 것을 부인할 수 없을 것이다. 일제경찰이 이 파쟁을 리용하여 결국 조선에서 활동하던 지하운동자들을 총검거(소위 1928년 고려공산당 일백 공일인-101인사건)하는 등 공산주의운동과 전체 좌익운동에 큰 타격을 가하였으며 조선공산당 지하조직 체계가 끝을 맺게 되는 참극을 빚어냈다. 뿐만이 아니였다. 조선혁명사업 기금으로 모쓰크와에서 루차 보내준 거액의 금전을 상해파 거두인물 몇 명이 자기들의 사리 사욕에 랑비하는 등 용서못할 범죄를 감행하였다.

그런데 상기 파쟁이 쏘련공산당과는 인연이 없이 벌어졌다는 것을 밝힐 필요가 있다고 생각한다. 1923-1924년에 들어서서 이 파별의 간부들이 쏘련공산당원들로서 당규률을 엄수하는 조건하에서 상기 파쟁이 완전히 해소되였으며 그들이 쏘련내 사회주의건설에서 충성을 다하여 헌신하였다는 것을 지적하지 않을 수 없다.

이상에 지적된 '파쟁'이 도화선으로 되어 이것을 빙자하여 1930년대에 쓰딸린 개인숭배의 폭행은 수많은 무고한 사람들을 처단하였다. 이에 대한 한두 가지 실례를 들어보기로 하자.

1935년 재차 당중검열시에 사회활동가인 박우(본명 박정훈)가 출당되여 카사흐쓰딴으로 귀양가서 (수많은 출당자들과 함께) 거기에서 총살되였다. 그의 출당 회의록에는 '종파분자의 의지를 포기하지 않은 사람임으로 출당'이라고 간단한 죄명이 씌워있다(필자는 직무상 관계로 이 고문서를 직접 보았음). 그 죄명의 근거는 그해 상해파 거두인 리동휘 사망시 그가 민족운동의 거장리라 해서 블라지워쓰또크시당위원회의 위임으로 박우가 장례식에서 추도사를 했다는 데 있다.

박우는 조선에서 3·1봉기 지도자들중 한 사람으로서 지하운동을 계속하다가 1920년도에 일제경찰에 검거되여 3-4년간 서울 서대문 감옥에서 징역하다가 중병으로 하여 1924년에 출옥된 후 공산주의자로 전향하여 1925년초에 쏘련으로 망명한 사람이다. 그때는 바로 파쟁이 해소된 후였고 그저 인간적으로는 이르꾸트쓰크파계 인물들과 친근했을 뿐 종파투쟁과는 아무 관계가 없는 그였다. 이와 같이 박우는 리동휘장례식에서 추도사를 했다 하여 진실을 해명함이 없이 무턱 허무하게 그에게 죄명을 들씌워 출당시키고 처단하였다.

또 다른 비장한 실례를 들자 : 김아파나씨 아르쎈찌예위츠는 충실한 레닌주의자였으며 레닌의 직접 접견을 받은 자였으며 기계뜨락또르임경소 정치부장이였으며, 원동변강당위원회 뷰로 위원이였으며 뽀씨예트 구역 당위원회 제1비서로 활동하던 명성높은 지도자였다. 1935년에 원동변강당위원회 뷰로에서 덮어놓고 '종파주의자'란 락인을 찍어 그를 출당, 처단해 치웠다.

이 글줄을 쓰는 필자 자신은 그의 마지막 시험장에 참가하여 그가 피눈물을 흘리면서 한 설명을 들었다.

"…나는 결백한 레닌녜쯔이며 볼세위크입니다. 레닌당의 총로선을 벗어난 적이 없었고 우리당 강령과 규약을 추호도 위반하여 본 적 없습니다. 당의 지시대로 당의 의지대로 사업하여 왔습니다…. 상해파니, 이르꾸트쓰크파니 하는 것과 그들 사이에서의 '싸움'이란 것은 비원칙적이였으며 볼세위크당내의 '싸움'이 절대 아니였습니다. 우리 당내에서 종파싸움이 있을 수 없고 우리 당과는 아무 인연이 없는 말하자면 지방주의자들의 (조선인 사이에서) 자리다툼이였습니다…."

(이상에 인용된 김아파나씨의 고백은 필자의 기억에 남아있는 대로 기록).

김아파나씨 아르쎈찌예위츠에 대하여 '레닌기치'지 금년 5월 6일호에 실린 〈50년이 지난후〉란 기사에 소개되였기 때문에 독자들의 주의를 더 환기시키지 않으며 이렇게 허무한 죄명을 받고 처단당한 사람들의 수는 무수하다.

력사학박사이며 쏘련과학원 사회학연구부장이며 모쓰크와국립종합대학교수인 이. 웨. 베쓰뚜세브는 〈진리와 진실〉(네젤랴)주간지 1988년 제5호에서)란 기사에 다음과 같이 썼다 : "무법횡포에 의하여 희생된 결백한 체끼쓰트들이 무려 2만 명에 달하였으며 여러 경우에서 횡포에 대한 립증자들을 남겨놓지 말기 위하여 그저 막 총살해 치웠다. 그런데 이상 희생자들도 많은 사람들을 죽이고 출세할 수도 있었지만 자기의 량심과 공산당원의 영예가 자기 생명보다 더욱 귀중하다고 각오했다는 것을 우리는 잘 알고 있다. 그들을 영원히 잊지 않으리!"

바로 이렇게 희생된 자들중 한 사람이 한창걸이다. 한창걸은 원동에서 쏘베트주권 수립을 위한 붉은 빠르찌산부대를 조직지휘한 거장 중 한사람이며 그후 원동에서 OCPy-엔까웨데기관의 충실한 지도간부였다. 그런데 용납할 수 없는 비법적심문-고문방도의 수단을 리용하여 그로 하여금 자기의 과거 활동의 본의를 거부하고 일본무장간첩군첩보기관의 명령에 따라 쏘베트주권수립을 반대하는 빠르찌산부대를 조직하여 혁명파괴공작을 하였다는 허위를 억압으로 '자인'케 하고 원동변강지방에 마치도 쏘베트주권전복단체가 조직되여 있으며 그 단체의 결사대원 수십명-조신인들의 명단까지 날조하고서 그 명단에 한창걸의 수표를 강제로 받아 그 명단에 기입된 자들에게 모조리 징벌을 들씌웠다(그 명단에는 이 글을 쓰는 필자의 이름도 기입되여 있다. 이에 대하여 아래 제3부에서 이야기됨).

'종파에 관계되였던 자들과 그들의 측근자들은 당원, 비당원을 막론하고 처단해치웠으며 1936년 이후에는 마치도 원동변강에 쏘베트정권을 반대하는 폭동-반란단체가 조직되여 있다는 허구를 꾸며 닥치는 대로 사람들을 그에 소속했다고 즉 국가반역죄를 범하였다고 억지로 락인을 찍게 하고는 대중적으로 처단해 치웠는데 이것은 비단 조선인들에게 한해서뿐만 아니라 소련국내 전반적 현상이였다.

알려진 바와 같이 1930-1940년간과 1950년대초기에 질풍친 징벌과 관련된 자료들을 깊이 밝히기 위하여 쏘련공산당 중앙위원회 정치국 특별꼬미씨를 조직하여 그 당시 감행된 일체 횡포사건에 관한 공명정대한 심사를 계속하고 있다. 이것은 과연 정당한 사업이다.

원동변강에서의 모든 참사의 장본인들 중 한 사람이였던 유 니꼴라이 니꼴라이예위츠에 대해 언급해 볼 필요가 있다고 생각한다.

그는 그 당시 원동변강에서 엔까웨데본부에서 '활약'했다. 그는 조선글 일자무식자였으며 조선민족의 력사, 문화, 전통, 풍습 등을 전혀 모르는 명색한 조선사람이였고 조선인들의 생활양식조차 모르는 자였다. 한번은 해삼 신한촌 조선극장에서 쏘련에서 처음 〈춘향전〉을 각색하여 상연할 때였는데 필자는 그의 초연을 가보자고 유니꼴라이를 청하였다. 그는 춘향전이란 말도 들어보지 못하였다고 하면서 거절하였다. 그럼에도 불구하고 기관에서 조선인들에 대한 일체 문제 해결에서 유일한 권위자로 인정되였다. 그 문제들의 해결을 좌우한 자의 진짜 면모가 이러하였다.

뿐만 아니다. 유 니꼴라이는 매우 경솔하고 졸열하였으며 공명심, 야심이 가득하고 실무수행에서 공명정대하지 못하였으며 편벽하였으며 어떻게 하나 사람들을 더 많이 징벌해 치우는 것을 자기 '사업'에서 영예라고 인정하였고 수많은 사람들의 희생으로써 자기 출세의 공명을 세우려 한 자였다.

처음에는 지식인들과 사회활동가들을 되는 대로 체포하여 탄압하였고 다음에는 그들의 친척들과 친우들을 덮어놓고 공모자란 허구의 죄명을 들씌워 수다히 처단해치운 장본인들 중 한 사람이 바로 유 니꼴라이 니꼴라예위츠이다. 주지하는 바와 같이 횡포시에 재판도 없이 유니꼴라이가 작성한 명단에 의하여 (소위 '뜨로이까-3인조라는 형식적인 재결을 걸쳐) 사람들을 총살하였다. "남잡이가 제잡이다"란 속담대로 결국 유 니꼴라이가 당연한 정의의 보복 처형을 받고야 말았지만 그가 저지른 무법행위의 범위가 얼마나 크고 심중한지 그의 비렬한 목숨하나 바치는 것으로만은 도저히 앙갚음의 대상으로 될 수 없는 정도이다.

무수한 재능있는 인재들, 쏘베트국가에 당당한 기여를 할 인재들, 나라에 충성을 다하여 헌신할 참된 인재들을 어떻게나 옹호하여 보존해야 할 대신 잔인무도하게 처단해버렸다. 이렇게 사라진 사람들의 친척들, 친우들의 수는 전국적으로 루백만 또 루백만으로 계산될 것이다. 이처럼 참담했던 쓰딸린시대의 폭정은 한심하기가 그지없었다.

쏘련공산당 중앙위원회 총비서 엠. 에쓰. 고르바쵸브는 사회주의 시월혁명 70주년경축기념회 석상에서 한 보고에서 다음과 같이 말하였다 : "쓰딸린과 그의 측근자들이 당과 인민 앞에서 감행한 대중적 탄압과 무법행위의 범죄는 과중하며 용서할 수 없다…"

우리 당은 정의적 규범이 우리 생활의 기준으로 된다고 선언하였다. 이 규범의 현실속에서 진실과 정의가 승리하고 있으며 쓰딸린 개인 숭배시대의 폭행, 횡포 사건들이 폭로, 규탄당하고 있다. 이것은 살아 있는 우리에게 후세대에 이것은 또한 개편시대에 민주주의화와 공개성의 승리로 된다.

제19차 전련맹당꼰페렌찌야는 쓰딸린의 횡포시에 희생된 수다한 무고한 사람들을 추억하는 상징으로 모쓰크와에 기념종합체를 건립할 결정을 채택하였다. 이것은 쓰딸린시대에 감행된 잔인무도한 폭행을 용서할 수 없으며 무고한 희생자들을 천추만대에 잊지 말게 하자는 표징으로 될 것이다.

Ⅲ. 징벌시기 나의 생활의 굴곡

1933년 대학문을 나오자 공청동맹의 파견을 받아 내무인민위원회[30]에서 근무를 시작하여 1941년 4월까지 거기에서 근무하였다.

1935년에 옌까웨데 부상이며 쏘련국경수비군 총사령관인 프리놉쓰끼가 블라지워쓰또크에 와서 원동국제정세의 긴장성에 대하여 언급하고 쓰딸린의 명령이라고 하면서 징벌책을 일층 결단적으로 진행하며 "신뢰못할 분자들을 전부 소탕해치우라"고 지시령을 내렸다.

이 지시령에 따라 대중적체포-징벌의 질풍이 대폭적으로 휘몰아쳤다. 나는 그 당시 공청동맹원인 청소 일군으로서 쏘련 전국내에 진실로 해독반역자들이 우굴우굴 범람해 있는 줄로 믿었고 징벌공작에서 첫시기에 진심으로 조력의 역을 리행하였으며 다시 말하여 명령을 철저히 준수하는 군부 졸병의 역을 리행하였다. 징벌공작의 범위가 상상 이상으로 벌어짐에 따라 점차 의혹심을 품게 되었다는 것은 비단 나뿐만 아니라 거의 다 일반적 현상이였다.

징벌의 질풍은 당, 쏘베트 기관, 군부 등 기타 모든 분야 상하지도 간부들까지 쓸어갔다. 나와 함께 근무하던 간부들이 거의 다 체포당하였다. 이처럼 최종에는 옌까웨데 간부들까지 체포, 처단해 버렸다. 내가 무사히 살아남는 데는 이상야릇한 사변의 덕분으로 설명된다.

그 당시에 일본 어부들이 쏘련 령해에 침입하여 비법적으로 고기잡이(그들 중에는 간첩령을 받아 령해 침범한 자들도 있었음)하다가 붙잡혀 조사받은 자들이 근 20명에 달하였고 변강주 내 우리 기관에서

---

30) 원문에는 이 기관의 원래 명칭을 러시아 문자로 적었으나 처리하기 어려워 우리말로 바꾸었음.

일본말을 소유한 간부라곤 나 하나밖에 없다. 어부들을 취조, 재판하는 데는 내가 없이는 불가능한 형편이 있었다. 필경 이것이 나의 체포 문제가 림시 기피하게 된 원인이였다고 생각한다.

　일본 어부들에 대한 심사, 재판이 끝나자 내가 체포되였다. 이어 있어서 나의 운명에 관계되는 우연한 사변이 병행되였다. 즉 1941년 내가 체포당할 당시는 원동변강이 행정상으로 두 변강-하바롭쓰크 변강과 쁘리모리예변강으로 분리된 시기였는데 나의 체포 문건이 변강분리 전이여서 하바롭쓰크에 있었고 이상 일본 어부들의 사건처리 관계로 나의 체포를 블라지워쓰또크에서 지연하지 않으면 안되였다.

　그 당시 수천, 수만의 체포사건으로 하여 수인처리와 그들에 관한 문건처리를 정밀히 못하는 혼란상태에 처해 있은 관계로 나의 체포 문건을 해명치 못한 채로 하바롭쓰크에서 고문서로 치워버렸다.

　나를 체포한 때는 쁘리모리예변강이 분리된 후이였고 우에 지적된 혼동상태 조건에서 나는 블라지워크 감옥에서 말하자면 '내버린 류랑아'격으로 매운 데 없는 죄수로 되어 버렸다. 감옥에 구금된 지 18개월이 되여도 취조 한 번 없었고 무슨 죄로 고발되였다는 것조차 전혀 모르고 있었다.

　사실에 있어서 나의 체포의 지연, 원동변강이 두변강으로의 분리, 무수한 체포사건으로 인한 혼란상태-이것으로 하여 나의 생명이 보존되였다고 생각한다. 실로 불행중 다행이라 할가…!

　그 당시 감옥살이는 생지옥이였다. 3-4명을 수용할 수 있는 감방에 20여명이 '통에 담긴 청어'모양으로 있으면서 매일매시 사형장 귀신이 되겠는가를 기다렸으니(이것을 모르는 수인들은 지은 죄가 없다나니 석방될 시각만 기다렸지만 나는 그때 벌써 무법천지의 술책을 알고 있으니까) 육체적, 심리적 상태가 어떠했던가를 가히 짐작할 수 있을 것이다.

나의 비상한 생활에서 또 하나의 비범한 사태가 발생되였댔다.

1939년말에 일본군용 비행기가 우쑤리쓰크주내쓰빠쓰크시 외에 불시 착륙하였다. 눈덮힌 밭기슭 버들 방천으로 활주착륙한 후 비행기는 파손되였고 일본비행사와 장교 두명이 중상되여 우쑤리쓰크시 병원에서 2개월간 치료를 받은 후 완쾌되여 그들의 신분조사를 시작했지만 조사실에서 그들의 비인간적 행사로 (걸상을 심사관에게 내뿌리는 등 만행) 하여 아무것도 해명할 수가 없었다. 일본어를 능통히 소유한 일군이 요구되였다.

때마침 블라지워쓰또크형무소 소장으로 나와 함께 일하던 교관이 임명되여서 그가 나를 소굴에서 '파내게'하였다. 불연듯 나를 고급승용차로 쁘리모리예변강 내무인민위원회(옌까웨데) 관리국장실로 실어다 놓고 "우리의 잘못으로 당신이 고생하였소. 당신이 우리 기관에서 근무할 것을 쏘베트조국이 요구하고…"라고 국장 그위스나니가 다정한 어조로 말하였다.

사형장을 기다리고 있는 나로서는 무슨 영문인지 도무지 정신을 차리지 못하여 말없이 있던중 드디여 겉잡을 수 없는 눈물이 쏟아져 흘렀다. 실신한 사람과도 같앴다. 죽을 고비에서 풀려 나오는 순간 누구나 이런 형태에 처하게 될 것이라고 생각한다. "너무도 뜻밖에 당한 일이여서 지금 아무 대답도 못하겠으니 정신을 수습할 여유를 주십시오."라고 말하고 나서 래일 다시 불러달라고 하였을 뿐이였다.

타고온 차에 앉아서 감옥으로 다시 돌아왔지만 이번에는 려관객실 비슷한 방에 나를 안내하였다. 다음날 호출할 때까지 잠을 전혀 이루지 못하였다.

다음날 다시 나를 불러놓고 식솔을 찾을 문제, 앞으로 할 사업문제, 특히 일본비행사들의 취조문제에 대하여 이야기한 후 나의 생활조건개선에 대하여 약속하였다. 이와 같이 복권되어 이전 직무에 다시 착수하게 되어 말하자면 제2운명이 시작된 셈이였다. 나의 체포의 근거는 한창길의 취조시 강제로 날조해 낸 '반쏘-폭동단 체결사 대원 명단'이였는데 그 당시에는 이러한 자료도 총살의 근거로는 충분하였던 것이다.

나는 자기의 직무를 일본비행사들의 취조로써 시작하였다.

'일본군용비행기 불시착륙에 대하여'

일본비행사 두 명은 귀족출신으로 중위였고 일본군 항공기지인 찌찌까르(하르빈시 북에 위치한 곳)에서 떠나 정북에 자리잡은 블라고웨쎈쓰크시 지역의 정찰령을 받아가지고 비행하던 중 연료통에 우연히 모세관이 생겨 휘발유가 증발하기 시작하여 비행사들이 마취되자 비행방향착란으로 블라고웨쎈쓰크시 대신 하바롭쓰크 상공으로 비행하게 되어 철도를 따라 남쪽 자기들의 기지로 비행한다는 것이 (블라고웨쎈쓰크시 강건너 맞은편 만주땅에 싸할린으로부터 정남으로 찌찌까르까지 철도가 있음) 쓰빠쓰크 상공에까지 날아오다가(물론 마취상태로) 연료부족으로 불시 착륙하였다.

이상에서 말한 바와 같이 비행기는 전혀 파손됐고 비행사들은 중상을 당하였다. 2개월 이상 치료를 받아 완쾌한 후 신분조사가 시작되였지만 일본말을 소유한 심사관이 없는 관계로 조사가 될 수 없었다. 이런 형편에서 나와 같은 일본어 소유가 극히 필요했기 때문에 나를 감옥에서 석방하게 되었다.

취조의 첫 시기에 이들은 '카미카제'식으로 발악했으며 수호병들에게서 권총을 빼앗으려는 등 사무라이의 본질을 보이려고 했지만 결국 속수무책이여서 우리의 요구대로 실토하지 않으면 안 되였다.

그들의 비인간적 행동에도 불구하고 우리는 인도주의적으로 포로병에 대한 국제협정대로 취조했다는 것을 특기하는 바이다.

"처신상으로나 론리적으로나 우리가 졌습니다. 나의 입과 혀로서는 당신들이 요구하는 것을 참으로 말할 수 없습니다. 종이와 붓을 주면 서면으로 기록하겠습니다"라고 말하였다.

글을 쓸 때 들여다 보지 말라는 것이였다. 글을 다 쓴 다음 종이장을 들고서 "동쪽이 어디뇨?"(즉 일본을 이르는 말이다)하고 물어보고 그쪽을 향하여 세 번 절하면서 "대일본제국 만세, 우리 천황폐하 만세!"를 부르고서 비행사 작업복에 전기 가열장치가 있었던 곳에서 전기줄을 당겨서 목에 감아 자살하려 하였다.

그러면 그 서면에는 무엇이 서술되였는가?

쏘련군 장병들이 인도주의적으로 대해 준 데 대하여 탄복하며 무한히 감사하다는 것, 심사관의 요구대로 실토하지 않을 수 없기 때문에 자살함으로써 대일본황군장교의 본무를 지키려 한다는 것, 이 본무를 지키면서 취조장에서 자살했다는 것을 일본천황폐하께 전달해주면 그보다 더 큰 행복이 없겠다는 것 등을 썼을 뿐이다. 실로 사무라이의 얼빠진 행사였다.

결국 이들은 우리의 요구대로 모든 것을 진실하게 진술하지 않으면 안될 형편에 처하여 우리에게 필요한 일체 자료들을 전하였다.

육체적으로나 정신적으로 비할 바 없는 고통의 18개월간의 감옥생활은 나의 건강상태에 심대한 후과를 초래하였고 결과에 1914년 4월에 내무인민위원회(엔까웨데)기관에서 퇴역하지 않으면 안되였다.

4. 레닌기치 1989년 7월 20일 : 〈가슴저린 회상〉(박뾰뜨르[31])

나는 거의 전 생애를 쁘리모리예변강에서 살면서 직업상 이전 조선사람들이 살던 고장들에 자주 출장을 다니게 된다. 바로 이 고장에서 조선사람들이 중아시야와 카사흐쓰딴으로 강제이주하게 되었다.

이전 조선사람들의 집들이나 방앗간, 허물어진 우물이나 보일락말락하게 된 밭이랑 등과 같은 것들이 무성한 숲속에 덮여 있는 것을 볼 때마다 나는 자기도 모르게 이곳에 서서 우울한 생각에 잠기게 된다.

어느 때인가 나호드까시에 갔다 온 일이 있다. 거기에서 멀지 않은 곳에서 나는 태여나 성장했다. 나의 부모들은 다우지미촌에서 살았으며 나도 그곳 칠년제학교에서 공부하였다.

나는 동료하고 함께 노워리뚭쓰크촌 쪽을 향하여 떠났댔다. 나호드까 고개를 넘어 높은 산뒤에서 나의 유년시대가 흘렀으며 내가 소학교를 졸업한 남향동이 있었댔는데 지금에는 그곳으로 통행하는 길마저 흔적을 감추어 버렸기에 우리는 그 고장으로 갈 수가 없었다. 그래서 우리는 이전 다우지미강이라 일렀던 노워리뚭까강을 건너 노워리뚭쓰크촌을 지나 이전 다우지미촌으로 방향을 정하고 갔다.

얼마 후 자동차는 전에 7년제학교가 서 있던 곳에 멎었다. 우리는 자동차에서 내려서 사방을 살펴보았다. 무저져 버린 학교의 토대가 남아 있을 뿐 다른 것은 찾아 볼 수가 없었다. 그러나 나의 눈앞에서는 영사막에서처럼 먼 옛날 학창생활의 나날이 흘렀으며 어렸을

---

31. 쁘리모리예변강 거주.

적 동창생들의 어린 목소리들이 울리는 듯싶었다. 우리를 그처럼 정성껏 배워주시던 선생들을 감사에 찬 마음으로 회상하기도 하였다. 다우지미촌의 언덕에서 사위를 살펴봤으나 지금은 그 흔적을 찾아낼 수조차 없게 되었다. 주위에는 무성한 산림, 갈아놓은 밭들이 보일뿐이다. 이 모든 것을 보는 나의 마음은 몹시 괴로워지고 흥분된 심장은 터져 나올 듯 고동쳤다. 그 어떤 원망의 비명이라도 터질 듯 (지르고) 싶었다.

다우지미촌은 원동 조선주민들 속에서 널리 알려진 마을이다. 국내전쟁 시기에 다우지미촌 청년들의 50여명은 자기들의 빠르찌산부대를 편성하고 노워뿔리돕쓰크촌 로씨야 빠르찌산부대와 협동하여 쏘베트주권을 위하여 적극 싸웠다. 김 마트웨이찌모폐예위츠의 저서 〈원동에서의 쏘베트주권을 위한 투쟁에서의 조선인국제주의자들〉에는 73명의 국제주의자들이 지명되였는데 그 중 상기 저서의 저자를 포함한 6명이 다우지미출신들이다.

이 기회에 나는 극히 작은 소책자에서나마 조선인국제주의자들의 영예로운 명예를 재생회복시킨 마트웨이 찌모폐예위츠에게 깊은 감사를 드리는 바이다.

국내전쟁이 끝난 후 다우지미촌 사람들은 전체 쏘련인민들과 마찬가지로 새 생활을 꾸리기 위하여 정열을 바치가면서 일하였다. 그들은 꼴호스들을 조직하였으며 학교들을 세웠으며 오곡을 재배하였으며 정치문화 행사들을 양육하였다. 실로 사람들은 적국적인 생활 속에서 커다란 희망을 걸고 살았다.

그러던 중 1937년 여름에 불의에 리해할 수 없는 사변이 벌어졌다. 우리 가족은 그때 나호드까에서 멀지 않은 꾸스네쪼브전사 역에서 살고 있었다. 붉은 군대 75련대에서 복무하던 조선사람들이 기한 전에 제대되여 집으로 돌아왔다. 향촌사람들은 왜 기한 전에 돌아왔는가 하고 물어보았지만 그들 중 한 사람도 똑똑히 답변하지 못했다. 9월 20일에 조선학교들이 닫기였다. 그후 며칠이 지나서야 서쪽 어디로인지 조선사람들을 몽땅 이주시킨다고 광포하였다, 떠날 준비를 하라고 명령이 내렸댔다.

그때 나는 열두 살이였다. 물론 내 자신은 아직 벌어지는 사실의 내막을 리해할 수도 없었고 평가할 수는 더욱 없었다. 그러나 그때 받은 충격은 너무나 모질기에 지금까지도 나는 반세기전 사실이지만 세밀한 정도로 모든 것을 기억하고 있다.

꾸스네쬬브전사 역을 조선사람들을 실은 첫 화물렬차가 10월 6일에 통과하였다. 화물차량들에 앉은 사람들의 얼굴들은 비감과 불안으로 서려있었다.

10월 12일부터 수일간 억수로 폭우가 내려부었다. 로인들도 그런 폭우를 본 기억이 없다고 했다. 바로 이때 다우지미, 남향동 및 기타 마을들이 모여들기 시작하였다. 마차들에서 부리운 짐작들이 모여들기 시작하였다. 마차들에서 부리운 짐작들은 마구 물판에 놓여있었으며 특히 비에 젖어서 떨고 있는 어린애들의 신세가 가련하였다. 그들 사이에는 우리의 친척들도 있었지만 울면서 이렇게 어딘지 가게 되면 만나겠는지 서로 부둥켜 안고 설움을 나누었다.

10월 15일에야 70여 차량들에 우리를 실은 렬차는 역을 떠나 서쪽을 향하였다. 이 모든 것은 너무나 무정하고도 지독하였다.

하바롭쓰크 근처에서 파괴된 렬차를 발견하였는데 그 주위에는 조선인들의 가정용 물건들이 흩어져 있었다. 아마도 희생자들도 있었을 것이라고 추측할 뿐 똑똑히는 알아낼 수 없었다. 또 다른 이 비슷한 사건이 있었다는 소문도 있었다.

하바롭쓰크를 얼마 지나지 않아서 나의 동생이 죽었다. 우리는 지금 그 애의 무덤조차 찾을 수 없게 되었다. 나는 그후 출장시에 그 역을 지나다니면서 죽은 동생을 생각하고는 슬픔을 금치 못했다. 도중에서 우리의 렬차에서만이 13명이 죽었댔다. 11월 8일에 우리 렬차는 따스껜트에 도착하였다. 명절날이건만 누구도 명절 기분이 아니였다.

그 후 따스껜트 주변 구역들에 이주민들을 분배하여 보냈다. 지방 주민들은 우리를 동정하면서 가능한 방조를 주군하였다. 정말 감사를 드리는 바이다. 이럼에도 불구하고 기후가 바뀌우는 판에 각종 질환으로 하여 죽은 사람들의 수는 헤아릴 수 없었다. 그 당시 죽은 사람이 없는 가족이란 없었을 것이다. 그 당시 쓰딸린 탄압시기에 인간의 생명, 운명이란 값이 없었으니까…. 이와 같은 죄행을 저질러 놓은 자들에 대하여 변명이 있을 수 없다.

쏘련 조선인들도 쏘련의 다른 인민들 못지않게 국내전쟁의 전선들에서 쏘베트 주권을 위하여 싸웠다. 그 당시 원동 각지에서 36개의 조선인 빠르찌산 부대들이 활동하였으며 새 생활을 위한 위업에 자기의 응당한 기여를 하였다. 그럼에도 불구하고 전 조선인민이 탄압되였다. 이것은 그야말로 너무나 부당하다.

옛 고향 마을의 폐허된 자리에서 사방을 살펴보는 마음속에서는 설음이 북받쳐 올랐다. 우울한 감정을 품은 채 나호드까시로 돌아왔다.

나는 나의 회상을 젊은이들게 바친다. 때문에 로어로 썼다. 이런 비극이 되풀이되지 말게끔 일해야 하며 싸워야 한다. 이름 위한 담보로는 개편, 공개성, 민주주의가 되어 있다고 확신한다

강제이주 이후 조선인들의 생활은 실지에 있어서 텅 빈 데서 시작

되였댔다. 이것은 벌써 다른 쩨마(테마)이다. 때문에 나는 이에 대하여 론하려 하지 않는다.

지금은 공개성의 시대이다. 조선인민의 력사를 각 방면으로 객관적으로 연구함으로써 력사의 공백을 메꿔 버리면서 쏘련 조선인들의 선명하고도 객관적인 력사를 창조해야 할 것이다.

5. 레닌기치 1889년 8월 16일 : 〈력사의 토막사실 : 무엇 때문에 애국자들이 희생되였는가?〉(렴홍철[32])

쓰딸린의 탄압정책시기에 있은 억울한 사실에 대하여 이야기하려 한다. 1937년 8월이였다고 생각된다. 어느 날 내무인민위원회(엔까웨데) 일군들에 의하여 나는 체포되여 구금되였다. 아무리 생각해도 범한 죄라고는 있을 수 없는데…. 물론 그 당시에 이곳저곳에서 사람들을 체포하여 구금한다는 소문은 들은 바 있었다. 하루는 내무군관이 들어오더니 나에 대한 재판이 있었는데 반혁명 죄명으로 10년의 징역을 나에게 선고했다고 통지했다. 나는 재판석에 앉아 있은 적도 없고 반혁명단체라는 관념조차 모르던 때였다. 이런 억울한 루명을 쓰고 나는 씨비리마린쓰크 류형지에 도착하였다. 수용소는 수만명의 '죄수'들로 가득차 넘었다. 이렇게 많은 사람들이 수용소에 구금되여 있으니 농촌과 도시에서 누가 일을 하고 있는가? 하는 의심까지 품었었다. 아침이 되자 수용소일군이 오더니 명단을 들고 한사람씩 불러내다가 대렬을 지었다. 우리 대렬에는 70~80명가량 되었다. 4~5마리의 개를 거느린 군인들이 우리를 일터로 호송하였다. 우리는 명령에 복종할 '권리' 외에는 아무 권리도 없었다. 이렇게 온종

---
32. 침껜트시 거주.

일 걸어가노라니 수림 속에 큰 울타리 속에 청사들이 보였다. 울타리 사면 높은 곳에는 파수병들이 서 있었다. 이곳에 와서 명단에 의하여 마치 목동이 양무리를 넘겨주듯이 이곳 수용소에 넘겨주는 것이었다. 우리는 기진맥진하여 여기저기에 되는 대로 쓰러져 누웠다. 저녁편이 되자 일터에서 죄수들이 오기 시작하였다.

'죄수'들의 형편은 말할 여지가 없었다. 몹시 헐벗고 굶주린 몸들이였다. 이들 중에서 두 명의 조선사람들을 보았을 때 나는 정말 반가웠다. 한 분은 중노인이고 다른 사람은 청년이였다. 이런 산간벽지에서 조선사람들을 만났으니…. 나는 얼른 일어나서 그들과 인사를 나누면서 그들의 얼굴에서 반가워하는 기분을 찾아볼 수 없었다. 오히려 불안한 기색이였다. 나는 손을 잡고 인사한 다음:

- 어떻게 고생들 하시오?- 하고 말하니

- 오시느라고 고생하셨소- 하고 그들은 대답할 뿐이였다. 그 다음 다시 통성을 하게 되어 자세한 이야기들이 오갔다.

- 나는 소왕령에서 살던 렴홍철입니다.

- 나는 장범태인데 뽀씨예트에서 살았습니다-

젊은이가 말하였다.

- 나는 장도정이라 합니다- 하고 말하자 나는 그를 다시 쳐다보았다. 장도정이라 하면 국제공산당의 일군으로서 동방에 널리 알려진 분이 아닌가? 억울하기 그지없었다. 그리고 원동변강 수청지구(현재 빠르찌산쓰크시) 기계뜨락또르임경소 정치부장으로 위신 있던 분이였다- 당신을 이곳에서 보니 반갑기보다 더 불쌍해 보이오. 당신의 앞날이 막연하오- 하고 장선생은 한숨을 지으면서 말씀하시였다.

- 장선생님, 제일 가까운 사람을 사지동무라고 조선사람들이 말하지 않습니까? 우리보다 더한 사지동무들은 없을가 합니다. 이저는

이런 형편에서 서로 위로하면서 죽는 날까지 살아가는 수 외에는 다른 방도가 없지 않습니까?

그 다음날이었다. 일터로 나갔다. 벌목장이였다. 처음 하는 일이였다. 나와 짝을 지은 사람은 우크라이나인이였는데 아주 정직하고 동정심이 두터운 분이였다. 나는 그가 가르치는 대로 일하였다. 그래도 그날그날 과제를 실행하지 못하여 홀레브(빵) 400그람밖에 타지 못하였다. 만일 이렇게 계속한다면 봄철을 보지 못한 채 쓰러질 수 있지 않는가? 추운 겨울에도 새벽부터 어두울 때까지 일하고는 피곤하여 쓰러지는 사람들이 많았다. 그들 중에는 전혀 걷지 못하는 사람들도 있었다. 일터에서 그렇게 되면 소나무아치를 찍어서 담가(들것)를 만들어서 거기에 싣고는 동무들이 번갈아 들고 수용소까지 오군하였다. 이렇게 고역을 하고 저녁식사라고 하면 쓰러저 자고는 아침에 겨우 일어나서는 또 일터로 가야 했다. 매일 일하러 가면서 우리의 앞날은 그리 멀지 않고나 하는 생각이 어느 때나 마음을 서늘케 한다. 모두가 반기아 상태에서 살면서 일하였다. 그래서 매일 아침 침대에서 일어나지 못하면 죽은 것으로 인정되였다. 이곳에서는 사람의 생명이 아무런 가치도 없었다.

이렇게 이럭저럭 추운 겨울이 지나갔다. 그러던 어느날 10년 이상의 징역을 받은 '죄수'들을 딴 고장으로 실어간다는 소문이 돌았다. 그 명단에는 우리 세 사람의 조선인들도 들어있다는 것이였다. 그 후 우리를 화물자동차에 실어서 어느 역에 실어다가 화물차량들에 실어 어디론가 보냈다. 짐승들이나 마찬가지 '대우'였다. 근 한 달 화물 기차에 앉아서 왔는데 철로가 더는 없는 고장이였다. 또 거기에서 사흘 동안 무인지를 지나서 우리를 실은 자동차는 도착하였다. 크지 않은 강반에 목조집 3-4채와 10개 이상의 천막이 보였다.

- 이곳에는 파수병들이 없다는데- 하고 누구인가 말하였다.
- 이곳에서 어디로 도주할 곳이 없으니 파수병이 필요 없지요.
라고 장도정 선생이 우울한 웃음을 얼굴에 그리면서 말하였다. 이곳이 바로 우흐따라는 곳이였다.

나는 1947년말에 석방되였는데 그때 벌써 우흐따는 40~50천명이 거주하는 도시로 되었다. 이 도시는 '죄수'들의 손으로 건설되였다. 또 이곳에서 나의 사지 동무들과 작별하였다. 이곳에 있던 동무들의 명단은 다음과 같다.

1. 장도정- 수청지구 기계뜨락또르임경소 정치부장.
2. 장범태- 뽀씨예트구역공청동맹위원회 지도원.
3. 여동호- 해삼시 해군장교.
4. 박왈레리- 치따시.
5. 리종철- 해삼 신한촌중학교교원.
6. 리윤- 수청치머우 학교교원.
7. 윤철순- 간도에서 교육받은 녀사.

6. 레닌기치 1989년 8월 17일 : 〈이것은 변명할 수 없다〉(송희현[33])

나는 1937년에 있은 원동 조선인들의 강제이주에 대한 기사들을 하나도 빠짐없이 주의깊게 읽었다.

나는 해산시 신한촌 부두 운수 로동자의 가정에서 태여난 당당한 쏘련공민이며 1947년부터는 쏘련공산당원이며 지금은 년금을 받으면서 래일의 의식주에 대하여 걱정이 없이 살며 5남매를 키워 이제는 할아버지가 된 지 오래다. 그리고 나의 조국은 쏘련이며 현재의 어려운 생활여하를 불구하고 나는 나의 자식들과 함께 이 나라의 영예와 복기를 위하여서는 목숨이라도 바칠 각오로 칠십 고령을 살아온다.

며칠 전에 하바롭쓰크에서 한 20킬로메뜨르 떨어져 자리잡은 '조선인부락'이라고 불리우는 크라쓰노레첸쓰끼 쏩호스 제2지부 조선부락에 갔다 온 일이 있다. 거기에는 근 100여명의 조선인들이 모였는데 그 대부분은 1937년에 중아시야에 이주하여 갔다가 거주지 제한령이 폐지된 후 원동에 다시 돌아와 근 30년간 사는 사람들이다. 예견하지 않았던 독보회가 진행되였다. 이 독보회에서는 엠 우쎄르바예와의 기사 〈강제이주〉와 년금생 리니꼴라이의 기사 〈1937년도 이주 사건에 대하여〉를 읽었다. 격분한 토론들이 있은 후 모두다 이구동성으로 독보회 참가자들의 명의로 의견을 종합하여 나더러 귀사에 글월을 쓰라고 하여 이 글을 보낸다.

사실은 외곡되지 말아야 한다.

원동에서 강제적으로 이주당한 조선인들은 어데로 무엇 때문에 가는지도 모르면서 허즐한 화물차량에 실려갔다. 리니꼴라이는 자기의 기사에서 강제란 말이 옳지 않다고 썼다. 이것을 반박하기 위하여 나는 자신이 알고 있는 사실을 그대로 이야기하려 한다.

해삼시는 원동조선사람들의 문화 중심지였다고 해도 과언이 아니다. 바로 해삼시 신한촌에 널리 알려진 쓰딸린구락부, 조선극장, 9년제, 7년제 학교들이 있었으며 시내에는 조선사범대학, 8호 10년제학교가 있었다. 그리고 조선어로 발간되는 『선봉』신문도 있었다. 조선사람들은 조선말 방송도 자주 들었다. 이런 곳에서 살았음에도 불구하고 이주에 대한 아무런 해석사업도 없이 이주 꼬미씨야가 와서

---

33. 하바롭쓰크 거주.

사람들을 모여놓고 이주기간을 정하고 일명당 150루블리씩 보조금을 주었을 뿐이였다.

이주 기일은 1937년 10월 3일, 5일, 7일, 11일, 13일이였다. 1935, 36, 37년에 쏘련의 도시들에 가서 공부하던 사람들은 친척이 어디로 간지도 알 수 없게 되었다.

쏘련 조선사람들은 전부가 쏘베트 조국에 무한히 충실하였으며 간첩들, 이류분자들에 대한 경각성이 대단히 높았다. 그런데 리니꼴라이의 기사[34]에 의하면 집에 간첩을 하루밤 재운 사람이 어떻게 석방되였다는 말인가? 죄 없는 사람도 체포되면 처형당했는데 도저히 믿어지지 않는다.

1937년 조선인들의 이주는 일본간첩들 때문이라고 설명했는데 우리가 잘 알고 존경했던 17차당대회대표였던 김아파나씨, 작가 조명희, 우리의 선생들인 박창내, 강병제, 송희, 최호림, 강주익, 리종수, 리종림 등이 현재 죄 없이 희생된 것으로 판명됐다. 이들의 절대 다수가 일제 간첩이라는 루명을 썼던 것이다. 실상 한두 명의 간첩이 있었다고 가상하자 이들 때문에 20만의 조선인들을 무리하게 강제로 실어간 것이 옳다고 할 수 있겠는가?

나는 그때 신한촌 하바롭쓰까야 거리에 살았는데 3일부터 떠나가는 렬차들을 다 전송하고 10월 11일에 떠났다. 나는 전송할 때마다 사람들의 얼굴에서 눈물과 슬픔만을 보았을 뿐이다. 로인들은 고향땅 친척들의 묘지의 흙을 수건에 싸가지고 떠났다. 이처럼 사람들은 고향을 버리기 애석해 했다.

어떤 사람들은 가정 물건 전체를 다 가지고 갈 수 있었으며 위생

---

34. 앞의 제2번 자료.

치료 렬차에 달려갔다고 하는데 이것은 빈말 공부에 불과하다. 이주 초기에는 큰 역들에서 끓는 물, 음식물들도 살 수 있게 조직되였댔는데 나중에는 이런 특전도 없어졌다. 렬차에 변소가 없는 관계로 정거하는 역들은 변소로 변하여 버렸다. 화물차량마다에 40여명씩 싣게 되였으니 특히 식사문제가 말이 아니였다.

10월 7일에 해삼에서 떠난 이주민 렬차는 따스껜트에 와서 정차 했는데 렬차에서 내린 사람들은 한 달 동안이나 도중에서 갖은 고생을 다 한 나머지 더는 못가겠다고 항의하고는 짐짝들을 부리우기 시작하였다. 순식간에 총창을 든 군대가 나타나거니 차량에 오르라는 명령이 내려 하는 수 없이 사람들은 렬차에 올랐다.

바로 이들이 지금 나만간, 호레슴, 우르겐츠 등지에서 살고 있다.

우리 렬차는 10월 11일에 해삼에서 떠나 시월혁명이 썩 지난 후에야 카사흐쓰딴 우랄쓰크에 당도했다. 또 여기에서 자동차를 타고 100여 낄로메뜨로 더 가서 야와르쩨워라는 촌에 도착하였다.

우리를 위하여 준비해 놓았다는 집들이 양, 양들을 사양하기 위한 오양간들이였다. 대수 짚을 깔아 놓았을 뿐이였다. 이런 집들에서 추운 겨울을 지내야 했다.

이곳에 와서 나의 공민증에는 '거주지 제한'이라는 도장이 찍히였다. 이것이 정배살이, 강제이주가 아니고 무엇인가?

나는 1938년 7월에 차르죠우를 걸쳐 호레슴을 가는 길에 따스껜트에 몇 시간 머물렀는데 중치르치크 구역 까라쑤까지 갔다 오는 도중에 보잘것없는 초막들 곁에서 벌거숭이 아이들이 놀고 있는 것을 보았다. 이것이 바로 원동에서 이주해 온 물, 로또브, 제Ⅲ국제공산당 20주년, 쓰딸린, 북성 등등 명칭의 꼴호스 사람들이였다. 얼마나 많은 사람들이 기후변경, 학질, 설사, 수질, 토질 등으로 하여 죽었는가? 특히 어린이들이 많이 죽었다.

이주민들의 자식들은 모쓰크와, 레닌그라드 등과 같은 도시들의 대학들에서는 공부할 권리가 없었다. 공업대학, 군사계통, 항공계통, 대학들에서는 심지어 입학청원서까지도 접수하지 않았다. 조선청년들이 공부할 수 있는 고등교육기관이라는 사범대학, 농업대학뿐이였다.

우리는 쏘련 군대에서 복무할 권리도, 조국의 자유와 영예를 사수하는 위대한 조국전쟁에도 참가할 영광을 지니지 못하였다. 전선에 보내달라는 조선청년들의 청원서들에 대한 대답은 하나였다. 거절, 거절, 거절!

이주- 이것은 쏘련 조선인들의 비극이였다. 그러나 우리 민족의 근면성은 이 모든 난관, 비극을 타개하고 쏘련에서 가장 풍요하게 살고 있는 민족들로 되게 하였다.

리니꼴라이! 자기 민족의 비극, 아픔을 감촉하지 못하는 자는 그 민족의 대표자로 될 수 없다고 본다. 단지 이 비극, 이 아픔을 통하여서만이 쏘련의 미래를 더 잘 볼 수 있으며 그의 복리 증진에 기여할 용기도 품을 수 있다고 본다. 그래서 손을 가슴에 얹고 20만명의 비극의 시련에 대하여 심각히 생각해 보아 달라고 나는 조선사람으로서 당신을 권고하고 싶다.

7. 레닌기치 1989년 9월 22일 : 〈쓰라린 나날을 회상하면서〉(렴홍철[35])

나는 1937년에 체포되여 1947년에 석방되였는데, 지금도 무엇 때문에, 무슨 죄로 했는지를 모른다. 죄 없이 '인민의 원쑤'라는 락인을 찍히운 채 생지옥의 수인으로 고생하였다. 이런 생지옥에서도 높은 지성을 가진 사람들, 순진하고 정직한 사람들, 그래도 이런 고통속에서 사회주의의 새 날을 믿는 공산주의자들이 있었다. 그들은 쓰딸린을 당과 쏘베트주권의 변절자로 간주했기 때문이다. 나는 수용소에서 이처럼 충실한 사람들을 만났으며 그들과 함께 고통을 나누면서 고역에 시달리던 나날을 회상하고 있다.

  1940년 겨울 어느 날이었다. 수용소에는 지난 밤에 고위군관들을 몇 화물차량들에 많이 실어왔다는 소문이 자자했다. 그들 중에는 조선인 군관도 한 분이 있다고 나에게 전하였다. 이처럼 먼 곳, 생지옥에서 그래도 조선사람을 만나게 되면 그처럼 반가운 일이 없었다.

  어쩐지 이곳에서 동족애를 애타게 느끼군 하였다. 조선인 군관을 몹시 만나보고 싶었다. 그러나 수용소내의 규정에 의하여 도착한 후 14일 전에는 새 수인들과의 접촉이 금지되였다. 격리기한을 준수해야 됐다. 그 기한이 너무 오랜 것 같아서 나는 수용소책임자에게 물었더니

  - 박일리야라고 하는데 치따국경지구에서 복무하던 준장이래요- 하고 무턱대고 그는 쏘아버리는 것이였다.

  그럭저럭 14일이 지났다. 나는 음식을 좀 얻어가지고 박선생을 찾아갔다. 만나자 우리는 반가이 악수를 나누고 정답게 담화하였다.

  - 변변치 않은 음식이지만 잡수시오- 하고 나는 박 선생에게 가져온 음식을 권하였다.

  - 아니 어디서 이렇게 좋은 음식을 얻었소- 그는 놀라다싶이 묻는 것이였다.

---

35. 침겐트 거주.

- "식당에서 심부름을 하다나니 좀 여유가 있어서…."라고 나는 대답하였다. 우리는 서로 통성한 후 천천히 이야기를 나누었다. 그는 우선 시국, 정세를 자세히 이야기하였다. 새로운 것을 많이 알게 되었다.

- 이곳에 와서 조심하시오. 이곳에는 밀고하는 자들이 있는 듯합니다- 하고 나는 그에게 귀담을 하였다.

- 쓰딸린은 인민을 반대하는 탄압정책을 실시하고 있소. 자기의 마음에 들지 않는 사람들은 되는 대로 처형하고 투옥하고 있소. 심지어는 민족들까지도 탄압하고 있소. 쓰딸린이 이런 변절자이고 폭행자라는 것을 전체 인민들이 알아야 하오- 박 선생은 분노에 찬 음성으로 이야기하였다. 그는 그러면서도 정의는 승리할 것이라고 굳게 믿었다.

나는 박 선생의 이야기를 들으면서 너무나 기대 이상이 되어 울분을 참을 수가 없었다. '세계인민들의 어버이', '인민들의 불멸의 태양'이 변절자로, 배신자로 되었으니 나라의 사회주의의 운명은 어떨 것인가? 너무나 한심하였다. 그래도 박 선생은 래일을 믿었다.

- 그래 당신은 무슨 죄로 이곳에 와서 고생하오?- 하고 그는 나한테 물었다.

- 한천일이라고 하는 놈을 아시는지요? 그놈께 물리여서 이 지경이 되었습니다. 놈은 로씨야지식도 조선지식도 없는 자인에 두루 아첨으로 안전기관에서 세력을 얻게 되어 유부녀 강간을 일삼으면서 남편들을 체포되여 처단하게 하던 놈입니다. 일본 간첩이니, 반혁명단에 가담했다느니 하는 루명을 들씌워서 사람들을 되는 대로 처형, 투옥하게 했지오- 하고 나는 울분을 그의 앞에서 토해 버렸다.

- 렴 동무, 동무는 이곳에 와서 여러해 고생했으니 경험이 많을 것

인데 어떻게 하면 죽지 않고 살아갈 수 있겠는지 좀 알려주오- 하고 박 선생은 우울하게 물었다- 이렇게 나라가 망할 수는 도저히 없소!
 - 이곳에서는 좋은 일자리가 차례지면 살 수 있고 힘에 겨운 일자리가 차례지면 죽는 수밖에는 없지요. 지금 '워르꾸따탄광'으로 가는 간선철도를 건설하는데 그곳에는 전체로 진펄인데 잠자리가 불편하고 식사가 아주 나쁘고 그에다 공사가 어려워서 수많은 수인들이 매일 죽습니다. 그곳으로 조선사람들도 많이 보냈습니다. 그곳으로 가면 길은 하나입니다- 이렇게 나는 그에게 솔직히 이야기 해 드렸다.
 - 이곳에 무슨 일을 하고 있는 조선분들이 있소?
 - 이곳 쏩호스에서 농산기사장으로 일하고 있는 장도정 선생님도 계시고 꼬미자치공화국 중계바사에서 일하는 리윤 선생도 있습니다. 조선분들이 적지 않습니다- 나는 알려드렸다.
 - 김아파나씨라는 분에 대한 소식을 들은 적이 없습니까?- 하고 박 선생은 심각한 표정으로 물었다.
 - 그처럼 유명한 분에 대하여 이곳에서도 조선분들이 모이게 되면 호상 탐문하게 되는데 똑똑히 알 수는 없습니다. 그리고 이 근방 어느 곳에서 차고 주임으로 한 분이 일하였는데 그이는 소왕령 76년대에 장교로 복무하던 안동백이라는 분이였는데…- 하고 나는 박선생께 이야기해 드렸다.
 나는 1947년에 석방되여 중아시야로 친척들을 찾아왔댔다. 그때까지도 박 선생은 그곳에 계시였다.
 나는 오자마자 나의 평생 원쑤인 한천일을 찾아보았다. 이야기에 의하면 그에게 욕본 수많은 사람들이 그를 찾아서 복수하려는 바람에 그는 한 곳에서 오래 살지 못하고 이곳저곳 도망해 다니다가 사람들의 매에 맞아 그야말로 개죽음을 했다고들 하였다. 이런 놈들의 최후는 이렇게 되야 한다.

 그처럼 래일을 믿고 살고 싶어하던 박, 장, 안 선생님들은 어떻게 되었는지?

8. 레닌기치 1989년 9월 26일 : 〈교살자〉(강상호[36])

 사람을 잡는 사람을 교살자 혹은 '인간백정'이라고도 한다. 옛날 폭군들의 수하에는 형리, 교살자들이 있어서 폭군의 명령에 따라 죄인의 목을 자르는 인간백정들이 있었다. 그런데 우리 시대에 와서도 사람들을 무수히 학살한 교살자들이 폭로되고 있다.

 기틀레르는 침략전쟁을 도발하여 수백만의 각국 인민들을 학살하였다. 그는 그 죄로 하여 처벌되였고 그 공모자- 교살자들도 뉴론베르그공판의 판결에 의하여 처형되였다. 쓰딸린이 자기의 인민 수백만 명을 학살한 죄상은 그가 죽은 후에야 만세계에서 폭로 규탄되였다. 자국의 수백만 인민을 학살한 모택동의 죄악도 폭로규탄하였고 그의 졸도 '4인무리'도 처벌되였다.

 '레닌그라드쓰까야 쁘라우다'지 1989년 5일호에 〈교살자〉라고 표제한 예. 루닌의 큰 론문에 실렸다. 레닌그라드에서 멀지 않은 레와소브 황무지에서 쓰딸린제도의 죄없는 희생자들 수만 명이 매장된 장소를 발견했다고 보도하였다. 레닌그라드국가안전국 출판그루빠가 제공한 자료들에 의하여 예. 루닌은 다음과 같은 사실을 자기의 론문에 서술하였다. 보존된 고문건에 의하면 하베네위르가 진술한 다음과 같은 사실들이 밝혀졌다 : 〈레닌그라드에서의 일본첩보부〉

---
36. 레닌그라드 거주.

사건 위조를 나는 구체적으로 알고 있다. 충분한 근거도 없이 레닌그라드대학들에서 공부하는 근 20명의 조선족청년들을 체포한 일이 있었다. 그 '사건'을 예심한 고르부노브(전 예심과장)는 그들을 첩보부의 밀정들로 허위날조하였다.

골리꼬브의 진술- 사실 그 진술은 재판소에만 기소할 수 없는 것이 아니라 읽기조차 수치스러웠다. 례를 들면 '첩보망일원' 김영신에게 워롭쓰끼명칭화학공장을 폭파할 임무를 주었다는 것이였다.

그런데 이런 화학공장은 레닌그라드에 존재하지 않았다. 다른 일련의 '첩보부 참가자'들에게도 '주택관리소의 가스대피호파괴', '녜와강 철교 파괴' 등등의 임무를 주었다는 것이였다.

이와 같은 위조의 '저자' 고르부노브는 극히 암매한 사람이였다.

과거 레닌그라드의 어느 한 대학에서 공부하다가 일제간첩으로 유죄판결 언도를 받고 북지방에 가서 징역을 하다가 석방되여 나온 사람과 담화를 가진 바 있다. 그의 성명을 밝히지 않기로 한다. 이 학생은 원동 이민시에서 중학을 졸업하고 그 후 1935년에 레닌그라드 조선대학에서 공부하던 중 1937년에 내무기관에 체포되였다. 예심시에 그를 고문하면서 일본간첩이라는 것을 자인하라는 것이였다. 매일 계속되는 혹독한 고문보다 죽는 것이 낫다고 생각한 나머지 일본간첩이라고 '자백'하고 말았다. 이제는 죽으면 그만인 줄 알았는데 그렇지도 않았다. 어느 때 어데서 일본간첩의 누구에게서, 어떤 간첩자료들을 제공하였는가? 하면서 혹독한 고문을 계속하였다. 결과에 그의 간첩행위는 다음과 같이 날조되였다 : 1936년 여름방학시에 이만에 갔을 때 이만강에서 목욕을 하다가 호기심에서 중국 땅으로 헤염쳐 건너갔다. 거기서 중국인경찰에게 체포되여 일본간첩으로 흡수되였다. 그 경관의 성명을 몰라서 중국성명들을 아는 것이라고 두루 본 왕명이라고 했다.

　다음 1937년 여름방학시에 또 고향에 갔다가 대학으로 돌아가던 중로에 블라고웨쎈쓰크시에 잠간 머물러서 아무르강에서 목욕하다가 헤염쳐 그 강을 넘어(아무르강이 얼마나 넓은데) 중국 땅에 접하였다. 이번에는 일본 경찰에게 체포되여 쏘련군의 주둔지대들에 대한 정보를 전하였다고 했다. 그 경관의 이름도 역시 출판물들에서 흔히 볼 수 있는 일본이름 '오까노'라고 했다. 이에 근거하여 재판에서 10년간의 징역언도를 받았다.

　이런 사실 자체가 무엇을 말해주고 있는가? 조선사람이면 청년이고 어른이고- 남녀로소를 불문하고 일본간첩으로 날조하였고 무죄한 량민들을 분별없이 원동의 정든 고장에서 강제이주를 시켰다.

　1935년도에는 원동에서 살던 조선사람들 중에서 당 문건 검열시에 출당된 자들, 기타 소위 '불순분자'라는 루명하에서 이들을 가족과 함께 카사흐쓰딴으로 류형을 보냈는데 1937년에는 조선족 전부를 이런 운명에 쳐 넣었다.

　강제로 실려온 우리 조선인들은 공민증을 빼앗기고 그와 함께 공민권을 상실당한 채 압송되여 왔다. 우리를 실은 화물렬차의 중부에는 려객 차량 하나가 달렸는데 그에는 내무인민위원부 대표와 그의 부하 내무원들이 앉아오면서 압송하여 목적지까지 와서는 지방 내무기관에 명단대로 인계하였다.

　우리가 죄인으로 실려왔다는 것을 나는 어떻게 알았는가? 1937년 가을에 내가 원동에서 실려올 때 나의 호주머니에는 두 개의 문건이 들어있었다. 나의 청원에 의하여 나에게 1개월 휴가를 주어 크림료양소 치료를 보낸다는 원동변강 공청위원회 결정서 사본과 크림 료양 입소권이 곧 그것이였다. 나는 따스껜트에 와서 그 문건을 갖고 우스베크공화국 내무인민위원회에 찾아가서 료양소로 가겠으니 나의 공민증을 돌려달라고 요청하였다. 그랬더니 나에게 새 공민증을 내여 주었는데 공민증에서 성명, 생년월일만을 보고 호주머니에 넣었다. 그후 나는 공화국 교육인민위원회 조선학교 담당 시학으로 임명되였기에 따스껜트에 거주 등록을 하기 위하여 옥쨔브리구역 내무서에 가서 새 공민증을 내 놓았다. 그랬더니 서장이 친히 나와서 "24시간 내로 실려온 곳으로 즉시 물러가라! 너는 특이한 이주민이다. 네 공민증에 무어라고 썼는가? 좀 똑똑히 보라" 하면서 호령하는 것이였다. 사실 속장을 들여다보니 거기에는 '거주지제한', '특이한 이주민'이라고 쓴 락인이 있었다. "이주민인데 왜 거주등록을 못하느냐?" 하고 물었더니- "너는 법령에 의해 실려온 그곳에서만 살게 되어 있어서 타 도시에 가서 취직도 거주할 수도 없으니 즉시 돌아가라!"라고 서장은 구령하듯이 설명하였다. 서장의 설명은 나에게 있어서 청천벽력이였다. 나는 격분된 채 즉시로 무교육 인민원 끼차노브를 찾아가서 "내가 무슨 죄인이기에 공민증에 이런 죄목이 씌여있는가?" 하고 울분을 토하였다. "과히 격분치 말고 내 써 주는 문건을 갖고 내무서에 가서 거주등록이나 하오." 하고 그는 나를 만류하였다.

나는 이 저주스러운 공민증을 소지하고는 있었으나 마야꼽쓰끼의 시 〈쏘베트공민증〉에서처럼 그 공민증을 내들고 "보라, 나는 쏘련공민이다."라고 긍지높이 어디에 가서나 내 보이기 싫었다. 왜냐하면 그 공민증에는 죄 없는 나의 죄상이 낙인찍혀 있어서 어디에서나 추방될 위험이 있기 때문이였다. 나는 출장시 어느 도시 려관에 가든지 공민증은 없다 하고 교육인민위원부 시학이라는 신분증만을 내 보이군하였다. 이처럼 불행한 공민증을 8개년간 가지고 다니다가 1945년 가을에 쏘련군에 초모되면서 군사 동원부에 그것을 바치고

군관증을 받아가지고 그때부터 나는 당당한 쏘련공민으로 쏘련군관으로 평양을 향하여 기쁨과 긍지감을 가슴에 안고 떠났다.

그런데 우스베끼쓰딴과 카사흐쓰딴에 남아 있는 나의 동족들은 니끼따 쎄르게예위츠 흐루쇼브가 쏘련공산당, 중앙위원회 총비서로 사업하면서 쏘련조선사람들께서 그처럼 저주롭던 '정치적 불순 분자'라는 죄명을 벗겨주고 당당한 쏘련 공민으로 복권시켜 주었다. 이때로부터 쏘련 조선인들은 온전한 공민증을 받게 되었다. 결과 조선인 청년들은 군대에 복무할 수 있었고 군관학교에서도 공부할 수 있고 쏘련 어느 도시 어떤 대학에서든지 공부할 수 있게 되었다. 쏘련 조선사람들은 이제부터 강제이주가 아니라 친척을 따라, 직업을 따라 어디로든지 장룝게 이주를 하게 되었다.

어떤 사람들은 1937년에 쏘련 조선인 간부들, 당원들만을 잡아갔지 평민은 다치지 않았다고 한다. 이것은 사실을 모르고 하는 소리이다. 잡혀간 사람들 중에서 간부, 당원들은 절대 소수이고 평민 로동자, 농민, 사무원, 학생 등이 절대 다수였다.

나의 소년시절 동향인들 중에서 두 사람이 나의 기억 속에 떠오르군 한다. 그 한 사람은 박인검인데(비당원) 그는 유년시절 단신 고아로 머슴살이를 하다가 하도 근면하고 맘씨가 고와서 좋은 처녀에게 장가들어 아들, 딸을 낳고 쎄웨르늬 마야크 어업 꼴호스에서 모범어부로 높이 칭찬을 받았는데 내무기관은 그를 일본간첩이라고 잡아갔고 또 한 사람은 남조감국극칠 로인, 비당원인데 70세가 넘고 증손까지 보고 있는 백발의 로인을 일본간첩이라고 잡아갔으니 그 분별없는 사형리들의 죄악은 천인공로할 일이 아닌가?! 더욱이 우리 민족의 불공대천의 원쑤- 일제의 간첩이란 죄명을 받았으니 이에서 더 통분한 일이 어디에 있으랴! 우리 후대들은 이처럼 피어린 민족의 슬픈 력사를 반드시 알아야 하며 그런 비사가 다시 반복되지 않도록 일하며 싸워야 할 것이다.

9. 레닌기치 1989년 11월 25일 : 오 수남촌(장편서사시)(연성용[37])
오, 수남촌, 수남촌아!
언제나 잊지 못할
고향 마을아!
내 심은 수양버들은
얼마나 컸느냐?
정깊은 너를 두고
떠나온 그때-1937년!
쓸쓸하기도 하였다.

텅텅 빈 집들
열어제낀 창문들-
"우리를 두고
어디로 떠나가느냐?"고
눈인 듯 우리를 바라보며
묻는 듯 하던 창문들…

---

[37] 연성용(1909-1995). 희곡작가·시인·소설가·작곡가. 원동 쑤이푼 구역의 하마탕에서 출생. 1929년 신한촌의 9년제학교를 졸업한 뒤 모스크바 극장에서 연극을 공부하였다. 조선극장의 창립멤버이며 중앙아시아로 이주후 연출및 희곡작가로 고려극장을 이끌었다. 시와 소설, 그리고 작곡까지 하는 만능 예술인으로 많은 작품을 남겼다. 자신의 시에 손수 곡을 붙인 〈씨를 활활 뿌려라〉는 재소 고려인 사회에서 가장 널리 부르는 노래가 되었다. 소련작가동맹 맹원. 카자흐스탄 공훈 예술가. 저서/사회집 『행복의 노래』(알마아따 사수시출판사, 1983,) 시집 『불』(알마아따, 1988). 회상기 『신들메를 졸라매며』(서울,도서출판 예루살렘,1993).

뜰악의 나무들도
머리 숙여 우리를 바래웠고
만춘네 강아지도
우리를 뒤따라오다 걸음 멈추고
무정히 떠나가는 자동차를
바라보며
원망 속에 눈물짓는 듯하였다.
그러나, 그러나
슬퍼하며 우리를 바래주는
사람이란 누구도 없었다!

어지러운 화물차에 올라앉아
쓰라린 가슴 억누르며
우울한 바퀴소리
사나운 기적소리
잠자코 들으며 떠나오던 그날…
어디로 가는지,
무엇하러 가는지?…
정처없이 떠나왔어라…
하루, 이틀, 한달, 두달…
가는 길 하도 멀어
날자조차 잊어졌다.

한밤을 자고나면
백 령감이 돌아갔고

또 한밤 지나고나면
나어린 꼴랴가 죽었다.

덜컹덜컹 차바퀴소리
뺑뺑 고동소리,
사람들의 울음소리…
오, 끝없이 슬펐다, 1937년!…

어느 정거장인지
알 바가 없었건만
기차가 멈춰서면
사람들은 차에서 내려
물 뜨러 가는 사람
먹을 것 사러 가는 사람
와자지껄하였다.
그러나 어떤 차량에선
울음소리만 들리였다-
낯선 고장에서
장례를 지내야 하였던 설음…
오, 무정도 하였어라!
만춘이도 그때
이름 없는 정거장 옆에
자기 부친을 남기고 왔다.

무수했던 그 객사한 시체들

어느 고장에 묻혀졌는지
반 세기도 넘은 오늘
알 리 만무하리라

이렇게 사람들은
카사흐쓰딴, 중아시야 초원으로
강제로 실려왔다.
무인지경 벌판에로 실려왔다.
무인지경-
바람에 울부짖는 갈밭,
그 갈밭 속엔
메돼지가 판을 쳤고
뱀이 욱실거렸다
밤이 되면
승냥이도 울었다
실상은 그것이 생지옥이였다.
오, 1937년! 강제이주!

무슨 죄를 졌기에
그런 욕을 봤는지
누구도 그때 알 리 없었다
선조의 땅 버리고
살길을 찾아
로씨야 땅으로 온
불쌍한 사람들이였건만

고향하늘에 한숨을 띄우고
두만강에 눈물을 뿌리며
국경을 넘어
이국땅에 촌락을 이루고
'수남촌'이라 이름지었다
호미로 황무지를 일구어
조를 심고 옥수수를 심으면서
겨우겨우 생계를 이어온
불쌍한 사람들이였건만…
하루, 이틀 살길을 더듬으며
학교를 열었고
대학도 열었다
신문잡지를 발간하고
자녀들을 교양하였다
극단, 가무단도 조직하였다.
제 글로 시를 짓고
노래도 부르며
겨우 사람처럼
살아나가게 되었건만…

우리도 그때, 국내 전쟁[38]에
쏘베트정권을 위해
힘을 다해 피 흘리며 싸웠건만…

---

38. 황제 편의 백파군과 공산혁명 세력 편의 붉은 군대 사이의 전쟁.

불현듯 이것이 웬 일이냐?
청청하늘에서 벼락이 치듯
머리 우에 떨어진 불덩이!
무엇 때문이냐, 누구 때문이냐?
1937년, 강제이주!

그러나 생의 욕망
크고도 강하다
갈(갈대)을 베여 막을 치였고
풀뿌리로 목숨을 이어갔다.

엄마, 엄마,
나는 배고파요!
발버둥질하며 우는 아이들,
기아에 시달려
일어나지 못하는 늙은이들!

엎친 데 덮치기라고
학질, 리질
갖은 질병은 다 침노하여
수없이 사람들은 죽었다.
오, 생각할수록
기막히던 그때, 1937년!
그런데 웬 일이냐?
살아갈 길 막연하여

만춘이
잠 이루지 못하던
어느 날 밤
그 누구인가
- 졸다쓰따르! 졸다쓰따르!
모를 말로 부르기에
만춘은 놀라며 일어나
밖을 내다보았다
낯모를 사람이 찾아왔기에
또 무슨 변이 생겼는가 하여
무서워져 뛰노는 가슴 억누르며
- 거 누구요!- 겨우 물었을 때
- 맨 카사흐…
- 까레이쯔졸다쓰?
그 어데서 듣던 말
카사흐란 말,
까레이쯔란 말
만춘의 귀청에 울리여
가슴속에 스며들었다.
그 카사흐로인의
유정한 부름소리
만춘의 마음 안정시켰다.

- 거 누구신지 어서 들어오시오!
막 안에 들어온 낯선 로인은

만춘의 곁에 앉더니
머리를 휘저으며
땅바닥을 치며
애타는 음성으로
말씀도 많이 하셨다.
그러나 만춘만은
카사흐, 까레이쯔
두 마디밖엔
알아듣지 못하였다.
난처해 하는
만춘을 바라보던 카사흐로인
애달픈 마음으로
가슴치며 울었다
무슨 영문인지는 몰라도
그 말씨에 충동되여
만춘 역시
눈물이 그렁해졌다.
로인은 더 참다 못해
만춘의 손을 끌고
밖으로 나갔다
그런데 이것이 웬 일이냐?
레뾰스까(빵)를 실은
당나귀수레들이
갈막 앞에 서 있지 않는가!
이튿날 만춘은

이웃들을 모아놓고
이야기했다
카사흐 형제들의 들끓는 우정을…!
언제나 잊지 못할 그 인정을!

얼마 후에는
지방 당위원회며
집행위원회는
건재도 식량도 도와주어
이주민들을 돌보아 주었다.
꼴호스도 조직해주어
만춘을 회장으로
선발하였다.

이듬해에는
벼농사, 목화농사…
땅도 물도
근면한 사람들 앞에서
굴복하고야 말았다
다음엔
문화궁전, 학교며
운동장, 병원을 지었다.
먹을 것이 생기고
입을 것이 생겨
겨우겨우 살게 되었지만

또 무슨 일이냐?
밤을 자고 나면
박춘이 잃어가고
또 밤을 자고 나면
일남이 없어지고
알렉쎄이, 뾰뜨르…
태준, 억춘을
고양이가 쥐잡아가듯
밤마다 잡아갔다.

어디로, 무엇 때문에
사람들을 잡아가는지?
알지도 못했으며
알 길도 없었다.
간혹 비슷하게 알았어도
말 한마디 입밖에 내지 못한
무시무시한 세월
그 죄악의 세월은
계속되였으며
잡혀간 사람들은
죽었는지, 살았는지…
종적을 감춰버렸다.
조선학교, 조선대학
모두 닫아버렸고
다음엔 차츰

조선말도 못하게
입을 막아치웠다.

그런데 오늘은
개편과 촉진,
공개성과 민주화의
새 시대가 돌아왔다
반세기나 지난
오늘에 와서야
력사의 외곡도
바로잡게 되었으며
사람들의 마음 속에
차고 넘친 원한의 연기도
내뿜게 되었다.

오, 저주한다.
쓰딸린의 개인숭배!
수만의 무죄한 사람들을
살해한 그 죄악!
대대로 잊지 못할
용서치 못할 죄악!!!

오늘도 나는
수남촌을 회상한다
텅텅 빈 집들,

열어제껴진 창문들,
"어디로 우릴 두고 가느냐?"고
눈마냥 우리를 바라보며
묻는 듯하였다.
반세기나 지난 오늘에도
잊어지지 않는 그 마을,
오, 수남촌, 수남촌아 !
너 보고 싶은 마음 끝없어라 !
정든 내 집 처마 밑으로
제비들은 해마다 날아오는지 !
내 심은 수양버들은
얼마나 컸으며
살아있기나 한지?…
정깊은 수남촌, 고향마을아 !

10. 레닌기치 1989년 12월 23일 : 〈그를 자랑하고 싶다〉(벗에 대한 생각)(김기성[39])

최근에 탄압의 무서운 시기에 대한 자료들이 자주 나타남과 관련하여 역시 탄압의 희생자로 된 나의 벗에 대한 생각이 나를 사로잡는다. 그의 재능과 지혜는 모두를 놀라게 하였다.

…1924년의 늦가을에 뽀씨예트 구역에서 세 명이 블라지워쓰토크로 공부하러 왔다. 그들은 노워쓸로보드끼 조선 7년제 학교 7학년에 입학하였다. 그들 중에서도 키가 가장 작고 낡아빠진 솜저고리를

---

[39]. 기술학 학사.

입은 청년이 있었는데 그가 바로 김병옥이였다. 그는 처음에 공부를 잘하지 못하였다. 한번은 내가 그더러 말했다 : "6학년에 내려가서 공부하는 것이 낫지 않아?"

- 우리 농촌에는 교원들이 없어서 5-6학년에서 소학반에서 배운 것을 복습했단 말이야. 내 근심은 하지 말게. 지금 나는 열심히 배우고 있어. 얼마 지나지 않아서 너네들을 따를 거야…- 병옥이는 침착하게 대답하는 것이였다.

실지에 있어 2-3개월이 지나 그는 우리 모두를 따라잡았다. 경험 있는 수학 교원 강우혼은 병옥이를 칭찬하여 마지않았다.

- 병옥이는 시내 아이들을 다 따라잡았지. 그 애는 전망성이 있어. 두고 보라구. 나는 이것을 확신해….

일학기 말에 가서 병옥이는 가장 성적이 좋은 학생들 중에 속하였다. 이것은 우리 모두를 놀라게 하지 않을 수 없었다.

일학기가 지난 후에 우리 식솔은 가정상 형편으로 농촌에 이사하게 되였다. 7학년을 필하고 우리는 니꼴쓰크- 우쑤리쓰크 조선사범 전문학교에 입학하러 갔다. 그곳에서 우리는 김병옥이와 다시 만났다. 때는 1926년이였다. 살기가 곤난하였다. 학생들 모두에게 장학금이 요구되였다. 그런데 한달 장학금이 10루블리였다. 문제는 장학금 폰드 자체가 적은 데 있었다. 그리하여 학교당국은 좀 '꾀를 부리였다'. 10루블리의 장학금을 세 부류로 나누었다.

즉 첫 부류는 10루블리, 둘째 부류는 6루블리, 셋째 부류는 3루블리씩 받게 되였다. 이 '꾀'에 의하여 우리는 전문학교를 필하였다. 지금 같으면 이것이 재정상 규률을 위반하는 것이라고 하였을 것이다. 그러나 이런 위반이 아니였다면 많은 학생들이 공부를 하지 못하고 집으로 돌아갔을 것이다. 우리는 오늘날까지도 우리의 교무주임 니빠웰 필리뽀위츠와 사회학 교원 최 니꼴라이 뜨로피모위츠를 감사를 품고 회상한다.

3학년 때 우리는 장학금을 괜찮게 받았으며 4학년에 가서는 20루블리씩 받았다.

1928년에 우리 학교에 새 교장이 왔다. 그는 이름난 혁명가인 한명세였다. 그가 옴에 따라 교수과정과 규률이 정돈되었다. 교장과 교무주임은 학생들을 위하여 터전을 얻었다. 그래서 우리는 농사일을 배우는 한편 물질적 형편도 낫게 하였다. 기숙사내에 있는 우리 식당은 쌀과 채소를 눅은 값으로 샀으며 1929년에 졸업을 경축하여 우리는 모쓰크와와 레닌그라드 견학까지 갔었다.

나와 김병옥은 학업을 계속하기 위하여 로씨야중부에 남기로 하였다. 그런데 병옥이는 빼르미로 가고 나는 모쓰크와에 남게 되었다. 우리는 낮에는 일하고 저녁에는 야간강습을 다녔다. 1930년에 우리는 대학에 입학하였다. 그때에 고등교육기관들에서 브리가다방법으로 교수하였다. 김병옥은 혼자 개별적으로 공부하였다. 한번은 화법기하학시간에 문제를 하나 풀 수 없었다. 교원이 대학생들더러 칠판에 나가서 풀어라 하니, 모두가 이구동성으로 어려운 문제라 풀 수 없다고 대답하였다. 그때 김병옥이가 칠판에 나가서 그 문제를 훌륭히 풀어재꼈다는 것이였다. 그러자 브리가다마다가 다투어가며 그를 청하기 시작하였다.

1931년 말에 병옥이가 뜻밖에 모쓰크와에 와서 나를 찾아왔다. 크라마또르쓰크로 생산실습을 간다는 것이였다. 나는 그때 병옥이네 반 대학생들과 만났는데 그들은 병옥이가 천재라고 이야기하였다. 수학, 물리, 기하를 교원보다도 더 잘 알고 약한 학생들을 항상 도와준다는 것이였다.

두 달이 지나 나의 벗은 실습을 성과적으로 끝내고 모쓰크와에 돌아왔다. 우리는 여름방학을 모쓰크와에서 함께 보내기로 약속하였다. 하긴 우리는 시험준비를 하는 중이었다. 문제가 하나 풀리지 않았다. 우리가 애먹는 것을 보던 병옥이는 어떤 문제인가고 물어보았다. 적분학이란 말을 듣자 그는 그들이 리론과정을 두 달 일쩍 끝내고 실습을 갔으니 적분학을 아직 배우지 않았다고 하면서 교과서를 한두 시간 보더니 어떤 실례를 풀어보기 시작하였다. 다음 우리가 못 풀던 문제를 비교적 쉽게 풀었다. 나의 동무들은 "너의 벗은 아주 령리하다"고 말하였다. "저런 재간둥이는 밀리온 명 중에 하나라네."- 나는 긍지감을 품고 대답하였다. 병옥은 학년도가 시작될 무렵에 쓰웨르들롭쓰크로 갔다.

시월말에 나의 벗은 뜻밖에 모쓰크와에 왔다. 모쓰크와종합대학 기계수학부에 전학되였다는 것이였다. 우리는 한 도시에서 살며 공부하게 되였다. 2학년을 필한 후에 김병옥이 공부하던 그루빠를 모쓰크와국립종합대학 로동연구원에 넘겼다. 일년이 지난 후에 그들을 다시 4학년에 대학에 넘겼으나 김병옥만은 특출한 재능이 있는 학생으로 연구원에 남겨두었다.

이와 같이 김병옥은 대학을 필하지 않고 3학년을 졸업하고 연구생이 되였다. 그에게 또한 4학년에서 강의를 맡겼는데 그는 동급생들의 신임과 존경을 받으면서 자신이 공부하던 그 그루빠에서 강의를 하였다.

또 한 가지 전례 없는 실례를 보자, 블라지워쓰또크조선교원대학에서 수학조교수가 견습하러왔는데 종합대학 기계수학교수들은 이 조교수를 연구생 김병옥에게 맡겼다. 그 어느 한때 니꼴쓰크- 우쑤리쓰크(현재 우쑤리쓰크) 조선사범대전문학교에서 병옥이 자신이 그 조교수에게서 글을 배웠다.

　1936년에 김병옥에게 물리수학학사란 학위가 수여되였다. 그가 학위론문을 성과적으로 통과시킨 것이다. 1910년에 가난한 농민가정에서 태여나 일찍이 부모를 여의고 할머니집에서 자란 병옥이가 이렇게 26세에 학사가 되였다.

　1937년 12월의 한 밤중에 김병옥은 아무 근거없이 체포되였다. 이렇게 그는 탄압의 희생자로 되였다. 믿기 어려운 것같지만 손우세대 사람들은 우리나라 력사에서 이 무서운 시기를 잘 기억하고 있다. 김병옥을 알던 모든 사람들은 그에 대한 따뜻한 추억을 간직하고 있으며 그렇듯 뛰여난 재능을 가진 사람이 죄없이 희생된 것을 안타까워하고 있다.

11. 레닌기치 1990년 1월 11일 : 〈37년 이주에 대한 기사들을 읽고서〉(독자의 의견)(주영윤[40])

　금년에 들어서면서 우리 〈레닌기치〉신문지상에는 원동에서의 조선인들의 강제이주에 대한 기사들이 자주 실렸다.

　쏘련 조선인들의 이와 같은 비극에 대한 진상이 50여년이 지나서야 밝혀지고 있는 셈인데 이에 대해 당 및 정부측으로부터의 공식적 발표는 아직 없다. 그러나 〈레닌기치〉지에 발표된 자료들은 그 당시 비극적 사건의 진상을 깊이 료해하는 데 큰 도움이 된다고 생각한다. 그 기사의 필자들이 비극의 직접적인 목격자, 참가자, 증인들로 되어 있기 때문이다. 그런데 이 기사들 중에는 독자들을 오도할 수 있는 내용을 담은 기사들도 있다.

---

40. 하바롭쓰크시 거주.

〈1937년도 이주사건에 대하여〉라는 리니꼴라이의 기사가 그러하다. 이 글을 쓴 그의 진짜 의도와 목적을 전혀 리해할 수가 없었다. 리니꼴라이의 주장의 어느 하나도 설득력이 약하기 때문에 나는 그와 전혀 동의할 수 없다.

원동 조선인들을 3일간에 계엄령하에 군부와 내무부의 군력을 동원하여 강제이주시킨 범행을 지키려 강제이주가 아니라고 거듭하여 주장하고 있는 리니꼴라이의 론리를 리해할 수 없다. 18만 조선인들을 본인의 의사와 희망을 완전히 무시하고 정든 고향에서 추방한 것이 강제이주가 아니고 무엇인가?

리니꼴라이는 "정든 고향땅을 버리고 타 지방으로 이주하기는 누구에게나 다 섭섭한 일이였지만 그것을 비극과 불행이였다고 하는 것은 전적으로 옳지 않다고 본다"고 쓰고 있다. 그러면서 그는 "조선사람들을 풍요한 땅으로 보냈기 때문에 그들은 더 행복하게 살게 되었다"고 강조하고 있다. 이 주장도 상식과 리치에 어긋난다. 이런 '행복'이 어떤 비싼 대가로, 얼마나 큰 희생의 값으로 이루어졌는가를 생각해 보아야 할 것이다. 기후도 자연환경도 다른 낯선 땅-중아시야와 카스흐스딴에서 얼마나 많은 조선사람들이 억울하게 죽어갔는가? 리니꼴라이의 주장에 의하면 조선사람들이 원동에서 그대로 생활하였다면 불행하였을 것이였다. 그런데 현실은 그렇지 않다는 것을 자신이 원동에 사는 사람으로서 확인할 수 있다.

리니꼴라이는 조선사람이 평화시기였던 1937년에 이주했기에 그것을 전쟁시기의 강제이주와는 비교할 수 없다고 주장하고 있다. 리치에 맞지 않는다. 문제의 본질을 따지거나 결과적으로 볼 때 평시의 강제이주 사이에 무슨 차이가 있다는 말인가? 사건의 본질은 동일하며 추방당한 주민들이 고통하는 데에는 차이가 없다.

…이런 이주는 국가의 리익을 위한 것이였으며 필연적이고 옳은 정책이였다고 리니꼴라이는 주장하고 있다. 이런 주장은 사건의 내막을 전연 모르거나 그것을 한심하게 오해하고 있거나 쓰딸린 개인 숭배사상에 심하게 물젖은 자의 망발이라고 생각한다.

리니꼴라이의 이와 같은 립장은 나나 안드레예와의 립장과 일맥상통하는 점이 있다. 리론적 수준에는 량자의 립장에 큰 차이가 있기는 하지만.

쓰딸린과 그의 측근자들은 극동에서의 일제의 책동을 막기 위한 조치로서 18만의 조선인들을 중아시야에 강제이주시킨 것인데 이와 같은 처리는 력사적으로 절대로 변명될 수도 없고 정당화될 여지도 없다. 한줌도 못되는 일제의 앞잡이들이 간첩행위를 했다고 해서 어찌 온 민족을 죄인으로 취급할 수 있겠는가?

나의 이와 같은 견해를 정정당당히 뒷받침해 준 것은 프룬세시에 계시는 박성훈선생의 회상기 〈력사에는 외곡이 있을 수 없다〉가 곧 그것이다. 상기 회상기는 1937년 강제이주사건에 직접 참가한 관계자의 글이기 때문에 신비성이 높고 문헌적 가치가 큰 문장이다. 싸할린에서 발간되고 이쓴 조선말 신문사에서 박선생과 같이 일한 일이 있는 나는 그분의 회상기를 큰 관심을 갖고 읽었으며 그 내용을 전적으로 믿는다.

〈레닌기치〉지 173호에는 리와씰리의 글 〈다시 한 번 1937년 쏘련원동에서의 조선인들의 이주에 대하여〉가 실렸다. 리와씰리는 다나까 기이찌의 〈비망록〉을 번역, 해설하면서 일제의 대쏘침략 야망을 밝히고 있다. 그것은 적절한 립장이다. 그런데 리와씰리는 자기 기사에서 리니꼴라이의 립장과 견해를 긍정하지도 부정하지도 않는 애매한 태도를 취하고 있다. 이것은 독자들을 혼돈시킬 수 있다.

나는 1937년 조선인강제이주 문제에서는 박성훈선생의 회상기가 완벽한 해답을 주고 있으며 그 당시의 비극적 사건의 진상을 객관적으로 밝히고 있다고 본다.

12. 레닌기치 1990년 1월 19일 : 〈싸락눈이 내리던 1937년도〉(정따찌야나[41])

쏘련의 통계학의 민족별란에 나의 인민은 보통 "및 기타…" 인민들 속에 눌리워 버리군 했다. 카사흐쓰딴과 우스베끼쓰딴 통계자료들에는 아직 우리 민족을 특별한 란에 넣기도 한다.

나 자신은 모국어를 모르니 생각도 쓰기도 로어로 할 수밖에…. 로어는 나의 부모들에게 있어서도 모국어로 되였다. 때로는 아버지가 자기의 기억 속에서 조선 어휘들을 얻어내여 손군들을 배워주려고 애를 쓰고 있으나 시간만 허비될 뿐 결과가 있을 리 만무하다.

나는 카사흐쓰딴에서 태여났다. 나의 고향으로는 광활한 초원, 탄광들이 되여있다. 그런데 신기로운 것은 웬일인지 조선 풍경이 그려진 엽서를 보기만 하면 마음이 설레이군 한다. 쩰레위손(텔레비전)에서 선조들의 땅, 아름다운 신비로운 땅을 보아도 그렇다.

나의 아버지는 400년 전에 조선반도의 남역에서 주인 없는 땅을 찾아 북으로 할 수 없이 이주하게 된 비농-이주민의 후손이다. 우리의 족보에는 근본이 하나여서 동성소요자란 말이 있을 수 없다. '우'가 성 가진 사람들은 근원이 하나여서 전부다 친척들로 된다. 나의 조부는 용한 의원이여서 동의학료법으로 사람들을 치료하였다.

나의 족보에 대한 나의 상식은 이것뿐이다. 어머니의 족보에 대하

---

41. 〈인두쓰뜨리알나야 까라간다〉 신문기자. 출가 전의 성은 '우'였음.

여는 이보다도 더 적게 안다. 근원은 사정없이 끊어졌으나 그의 혈액은 계속 고통스레 솟고 있다. 그 혈액의 힘이 새 아치들에 삶의 싹을 이룰 수나 있겠는지!

…김우룡 로인은 우리 신문사를 자주 찾아오군 한다. 이 고장에서는 그를 모르는 사람이라군 없다. 그의 가방 속에는 어느 때나 흥미로운 것이 들어있다. 조선 족보 해명에 대한 이야기라든지 일련의 조선 유희에 대한 설명이라든지 전부가 우리에게 있어서는 새로운 것이다. 로인은 조선 지도를 펴놓고 조선은 호범의 형상을 가졌다고 설명하면서 "평양은 범의 심장이오. 이것은 호범의 앞발이요."라고 전 조선반도를 묘사하였다. 진실로 그 다음에 눈여겨보니 조선 반도는 잠간 쉬려고 누운 호랑의 모습을 가진 것이 분명하였다.

-조선의 신화적 묘사는 신기롭지요. 보시오, 반도가 얼마나 호랑이와 비슷한가! 북쪽의 국경은 압록강, 두만강과 백두산의 고봉에는 천지가 하늘을 안고 놓여 있고요. 이것이 바로 호랑의 수염 끝이지요. 백두산에서 압록강과 두만강이 흘러나리지요. 이 강류에 호랑의 앞발이 놓여있어서 어느 나라의 침범도 막을 수 있지요. 그런데 호랑의 등 뒤에서 수차 일본의 침범이 있었죠. 1598년1598년의 임진왜란, 1894년의 갑오란이 이것을 증시하지요. 그후 근 40년간 조선은 일본의 강점 하에 있게 되었지요. 호랑의 왼쪽 귀에 내가 1906년에 태여난 길주가 놓여있지요-이렇게 우룡 로인은 정답게 이야기하였다.

우룡 로인은 머리를 숙이고 오래 침묵 속에 잠겨 있었다. 그는 자기의 회상과 생각에 잠겨 얼굴에 미소를 띠우기도 하였다. 그는 노상 미소어린 어머니, 고된 로동에 시달린 부친을 따뜻이 회상하군 한다. 그들은 뙤악의 땅에서 조이와 콩을 재배하여 생계를 유지하였다. 그들은 벼, 입쌀밥은 꿈에서도 먹어볼 수 없었다.

1913년에 크지 않은 그의 가족은 로씨야 원동 변강으로 이주하였다. 그 당시 북조선 일대에 기아와 빈궁에 시달린 많은 조선인들이 로씨야로 줄지어 이주하기 시작하였다. 물론 이곳에서도 길러낸 수확의 절반은 지주에게 주었으나 생계를 보다 쉽게 유지할 수 있었다.

그 당시 국경이란 거저 추상적인 관념으로 되어 조선인들은 넘나들면서 호상 친척들도 방문할 수 있었다. 그러나 1922년 원동에 쏘베트주권이 수립됨과 함께 국경이 닫기우고 말았다. 이렇게 되어 혈육들의 관통은 끊어지고 말았다. 로씨야에서 떨어진 조선인들은 새 생활을 펴지 않으면 안 되었다. 1922년부터 쏘련 조선인들은 똑같이 동일한 경력을 갖게 되었다.

김우룡 로인은 1926년에 쏘련공민증을 받고 20세의 청년으로 전체 농민들에게 토지를 약속한 쏘베트 주권을 진심으로 찬동하였다. 그는 변강의 황무지 개간에 나선 첫 조선인들 중 한 사람이였다. 조선이들은 태고로부터 농사의 능수들이여서 기름진 땅은 그들의 근면성에 보답하여 좋은 수확을 주었다. 농촌의 집단화시기에 우룡 로인은 꼼무나를 조직하였으나 반해후 꼴호스로 바뀌우고 말았다. 1930년도에 건강한 젊은이들을 깜차뜨까 수산업에 동원하게 되였는데 우룡 로인도 그중 한사람이였다. 거기에서 일하게 된 어업꼴호스도 그가 조직한 꼼무나-꼴호스와 마찬가지로 쓰딸린의 이름을 가졌댔다.

-나의 선조들-알지는 몹시 고대 가문입니다. 경주 김알지 대는 기원후 57년부터 시작됩니다. 나 족보에서 46대가 나라의 왕위에 있었으며 1920년도까지 우리 족보가 계속되였댔지요. 나는 알지후손의 74대 장손이며 신라의 말기 경순왕(기원후927년)의 42대 증손이지

요…. 그런데 오늘에는 그의 가슴에서 '쏘련공산당 소속 50년'이란 휘장이 빛나고 있다.

1937년에 원동에서 조선인들을 중아시야와 카사흐쓰딴으로 이주시키라는 명령이 혹독하게 집행되였다. 이렇게 나의 인민은 선참으로 쓰딸린주의의 탄압의 희생자들로 된 것 같다. 그때 누구도 우리와 상론도 하지 않고 무례하게 강압하였다. 비참한 이주민들의 화물렬차는 전 나라를 통과하면서 눈물과 한숨의 흔적을 남겨놓았다. 이 상처는 지금도 우리 민족의 마음속에서 아물지 않고 있다.

나의 어머니의 이야기를 나는 자주 이에 대하여 들은 바 있다. 그들이 변강을 떠날 때는 오곡이 익는 때였다. 이들을 실은 화물렬차가 우리 마을을 지날 때 엄마는 집 터밭에 거두지 못한 붉은 뽀미도르(토마토)를 보고 울었다. 어린이들을 떠나기 전에 먹이지 못한 할머니는 굶주린 어린이들을 보면서 눈물을 지였다고 하였다. 목적지에 도착한 때는 가을이였다. 그때에는 벌써 북카사흐쓰딴의 초원이 서리를 맞았었다.

할머니는 땅을 파고 그에다 나무아치들을 모아놓고 불을 달아 적은 우등불(모닥불)을 피워놓았으나 15명의 어린이들의 언손을 녹이기에는 너무나 부족하였다. 그런데 싸락눈은 계속 나려서 어린이들의 머리를 덮었다. 이런 것을 보는 어른들, 어머니들, 할머니들의 마음은 어떠했으랴!

오늘에 와서는 많은 것이 잊어졌다. 언어도, 대양의 신선한 바람도, 그처럼 정답던 온돌도, 거저 좋던 옛날의 옛이야기처럼 잊고 말았다. 그리고 또 온 동리에서 어린이들을 공부시키려고 훈장을 데려다 생활보장을 해주면서 존경하며 받들던 때도 옛말로 되었다.

새 생활, 새 경력이 시작되였다. 그후 새 공민증을 받았으며 그에는 로씨야 이름들이 적혀 있었다. 단지 민족의 상징인 '성'만이 가느다란 실오리로 남았을 뿐….

나는 카사흐쓰딴에서 태여났다. 나는 어디에서 어느 때나 먼지 덮인 까라간다. 그처럼 광활한 초원을 볼 기회를 가슴 죄우게 기다리고 있다. 나는 자기의 고향을 사랑한다. 그러는데도 웬일인지 나의 마음은 어느 때나 이다지 아프니까!

나의 아들애는 할아버지의 정문 현관에 앉아 각종 삼각형, 사각형으로 된 서툴게 만든 유희감들을 맞추기도 하면서 재미있게 놀고 있다. 이런 유희감도 김우룡 로인이 선사한 것이다. 아들애는 사각형을 만들려하나 어쩐지 별, 풍선 모양이 되어 성도 내군 한다.

나는 창문에서 그의 모습을 바라본다.

13. 레닌기치 1990년 3월 16일 : 〈재쏘 조선사람들〉(철학-력사 에쎄)(유게라씸[42]))

1. 조선이민들 : 할 수 없이 이민했는가 그렇지 않으면 자의로 왔는가

어떻게 되어 조선사람들이 쏘련 령토에 나타났는가? 많은 사람들이 이런 질문을 한다. 어렸을 때에 나는 조선인들이 로씨야에서 방랑자들이라는 말을 들었다. 물론 집시(쩌간)들과 같이 그런 처지는 아니지만 조선인들이 다른 사람들보다 거주지를 자주 바꾼다는 것이다. 그런데 차후 이런 평가에 근거가 있다는 것을 확신하게 되었다. 대체로 인민들이란 다 이주하여 다닌다. 그러니 사람들의 이주

---

[42]. 철학박사, 모쓰크와 조선인협회 부총장.

란 정상이며 합법적인 현상이다. 생활에서는 이것이 필수적인 것이다. 이런 경우 인간은 "물고기는 깊은 곳을 찾으며 사람은 살기 좋은 곳을 찾는다"는 식으로 활동한다.

그러나 사람들은 자원적으로 이민할 때도 있고 혹은 강압하에 이민할 때도 있다. 그리고 또 사정이 딱해 부득이 이민할 때도 있다. 조국을 등지고 북방지역 린국인 로씨야를 비롯한 기타 나라들로 조선사람들이 이민을 한 원인은 바로 상기한 세 번째 상황에 있다고 보겠다. 무엇이 우리 선조들로 하여금 조선을 떠나 원동의 연해주에 이주하게 하였는가? 어떤 사람들은 문제를 그렇게 내세워서는 안 된다고 주장한다. 왜냐하면 16세기 전에 이 지역에는 주인이 없었으며 로씨야인, 조선인들을 포함한 여러 인민들이 함께 살았다는 것이다. 그러나 령토의 법률상 국가수속을 하는 데서 선참 로씨야인들이 창발성을 발휘하였다는 것이였다. 그리하여 조선인들이 로씨야 땅에 남게 되었다. 다른 사람들은 19세기 중엽까지 쁘리모리예(연해주)에로 조선사람들의 이주가 대중적이였다고 간주하고 있다. 그 당시 조선인들은 아주 적은 그루빠(그룹)를 이루었다. 지난 세기[43] 60년대에는 형편이 다르게 되었다. 그 시기에는 조선에서 이민한 사람들이 대중적으로 자리를 잡던 때였다. 그 시기는 1861년에 로씨야에서 농노제를 폐지한 시대였다. 아마 우리 조상들은 조국에서보다 북부에 위치한 이웃 나라의 령토에서 생활조건이 낫다는 것을 알게 되었던 것이다. 사람들은 그 당시 조선에서보다 더 나은 생활을 찾아다녔다. 이와 동시에 그들은 자기의 억압자들인 일본지주들에게 매워 살려고 하지 않았다. 자유, 좋은 생활을 찾아 조선사람들이 두만강의

---

43. 1800년대.

북쪽인 로씨야 땅에 나타났던 것이다.

로씨야에로의 조선인들의 대중적 이주에 대한 력사적 기록도 19세기의 60년대 중순부터 시작되는 사실도 이것을 말하여준다, 이주는 그후 시기에도 계속되였다. 동기와 원인의 특성으로 보아 다음 둘째 단계는 1919년 3월에 일본식민주의자들을 반대하는 조선민족봉기가 실패한 후 로씨야로 이주해오던 시기였다. 봉기참가자들은 식민주의자들의 혹독한 박해를 피하여 로씨야로 떠나갔다. 20년대말부터 30년대초까지 로씨야 국경 경비군들의 국경을 닫은 것과 관련하여 이주가 중지되였다. 나는 1919년 3월 봉기 이후 로씨야에 망명한 계부의 이야기를 근거로 삼고 다음의 사실을 적어보겠다. 안해의 할아버지도 3·1봉기에 참가하였다. 그는 20년대 말에 안해 그리고 맏아들(차후 그는 나의 장인)을 데리고 로씨야로 넘어왔다. 나머지 가족을 데리려 국경까지 갔으나 국경이 닫기여서 뜻을 이루지 못하였다.

이 사실을 보더라도 우리의 선조들이 국경을 건너설 때 있은 가정의 비극과 고통만이 아니라 부득이 이주하게 된 데 대해서도 알 수 있다. 사람들은 살길을 찾아 희생과 모험을 맞받아 이민했던 것이다. 월경을 하다가 생명을 잃은 사람들도 있었다. 사람들은 조국의 버림받은 자들이 되었다. 이런 민생고 속에서 조국을 등지는 것이 아주 고통스러웠다. 왜냐하면 조국은 언제나 조국이기 때문이다.

조선사람들이 로씨야(이때는 이미 쏘련)로 이민한 세 번째 시기는 세계대전 때와 조선해방이후의 첫 년간이다. 세계대전 때 일제가 림시 강점한 싸할린 남반부에 주로 남한 남녀청년들이 일본군벌의 강제징용에 그곳으로 대중적으로 끌려왔다. 그리고 조선 북반부가 쏘련군대에 의하여 해방 된 이후의 첫 년간 그곳 로동자들이 주로 싸할린, 꾸릴렬도, 깜차트까로 로동계약에 의해 일정한 기한으로 파견되여 왔는데, 그들 중 일부는 로동계약이 끝난 후 자원적으로 그곳에 정착하였다.

쏘련 령내의 조선이주민들의 대중적 정착지역은 초기에는 원동의 연해주였고 다음에는 중앙아시야와 카사흐쓰딴이다.

2. 원동은 조선인들이 처음 집단생활을 한 지대다

두 이주시기가 지난 후 조선사람들은 주로 로씨야의 원동에서 거주하였다.

모든 조건이 아주 새로운 고장에서의 생활은 새 조건에 빨리 순응되는 과정이 행해진다는 것은 당연하다. 하긴 쁘리모리예의 기후가 더 춥지만 자연환경이 조선 북부와 비슷한 점이 있다. 새 이주민들은 주로 농사를 하였으며 소수가 공업부분에서 일했는데 광석을 채굴하였으며 물고기를 가공하였고 경공업에 종사하였다.

지방조건은 로씨야화에 영향을 주었는데 주로 언어생활에서 그러했다. 생활자체가 지방주민의 다수를 이루는 로씨야인들과 로어로 교제해야 할 필수성을 이야기했다.

둘째로는 이민들은 종교의 영향을 받았다. 조선인주민들은 기독교를 믿기 시작하였다. 조선인들의 생활에서 종교례식이 현저한 자리를 차지하게 되었다. 나 자신은 세례를 받지 않았지만 조선인 승려[44]들을 많이 보았다.

이와 관련하여 나를 놀라게 한 한 가지 사실을 적어보겠다. 이것은 1937년에 우리가 이주되여온 카사흐쓰딴에서 겪은 일이다. 우리가 살던 촌에 로씨야인들도 살고 있었다. 한 로씨야인 신자가 죽은 후에 추도가를 불러야 하는데 승려를 얻지 못하였다. 그러자 우리의 이웃에 살던 한 조선사람이 승려의 가사를 차려입고 제식으로 종교의식을 진행하였다. 이것은 모두에게 있어서 뜻밖의 일이었다. 그런데 가장 놀라운 것은 조선인이 정교교회의 승려라는 것을 그 누구도 생각조차 하지 못한 것이다. 그리고 흥미있는 것은 승려의 복장을 가지고 와서 보관하여 둔 점이다.

주지하는 바와 같이 변방에는 보통 때 늦어서야 류행이 온다. 그런데 벌써 30년대 초에 나의 이름(게라씸), 나의 안해의 이름(아그리삐나)와 같은 로씨야 이름들은 원동과 같은 변강에 사는 아이들에게만 주었다. 나는 나와 같은 이름을 가진 사람을 한 명밖에 만나지 못하였는데 그는 우랄 출신 철학가였다. 많은 사람들에게 이 이름은 이. 에쓰 뚜르게네브의 단편 〈무무〉의 주인공으로 알려져있다. 이 이야기는 19세기에 쓴 것이다. 쏘련에 사는 내 나 또래의 조선인 그리고 더군다나 그후 세대는 로씨야 이름과 구라파인 이름을 많이 지니고 있다. 그러니 이름을 보면 로씨야인이고 정신적으로는 쏘베트 사람이며 피와 인류소속으로는 조선사람이다. 바로 여기에 쏘베트 국제주의의 발현이 있는 것이다.

조선인들의 쏘베트 정신은 우선 국내전쟁과 원동에서의 쏘베트 정권 수립 년간에 그들이 적극적으로 참가한 데서 나타났다. 그 당시 55개의 조선인 빠르찌산 부대가 외래무장 간섭자들로부터 쏘베트 원동을 해방하기 위하여 적극적으로 싸웠다는 것이 확증되였다. 그 부대지휘관들 중에서 홍범도가 전설적인 영웅이였다.

그는 1919년 사변이후 자기 부대와 함께 조선을 떠나게 되었다. 그리하여 쏘베트나라를 위하여 일본식민주의자들을 반대하여 투쟁을 계속하였다. 이 모든 것은 로씨야에 사는 조선인들의 압도적 다수가

---

44. 동방정교(그리이스정교)의 사제.

위대한 사회주의 시월혁명을 환영하였다는 것을 말하여 준다. 물론 그들 중에서는 주로 토호들과 가난한 농민들의 계급적 분화도 있었다. 로씨야의 혁명전 조선인들의 사회계급적 구조는 많은 면으로 보아 조선과 같았다. 지주-봉건(양반)-들과 빈농민들이 있었다. 토호의 중농은 적었다.

그러나 이 주장에는 주관주의가 있을 수 있다. 왜냐면 많은 것이 력사적 문헌에만 아니라 어머니를 비롯한 손우세대 조선인-목격자-들의 이야기에 기초하였기 때문이다. 나의 어머니는 30년대초에 촌 쏘베트 위원장으로 일하였다. 즉 쁘리모리예변강 뽀씨예트구역 웨르효녜에 얀체촌에서 쏘베트기관을 지도하였다. 1920년 당원이다. 그 후 카사흐쓰딴에 이주하여 와서 벼 재배분조장으로 일하면서 전쟁년간(1941~1945년도)에 벼의 높은 수확을 거둔 공로로 레닌훈장을 수여받았다. 특정 년금을 받고 사시다가 1978년에 별세하셨다.

이에 대하여 말하면서 후에 서술할 점에 대해 좀 말하겠다. 왜냐면 쏘련 조선인들의 원동생활 기간에 대하여 말하기 때문이다. 이 시기는 조선인들에게 있어서 앙양된 혁명적 및 전투적 전통으로만 아니라 로력적 위훈으로도 특징되였다. 원동 조선인 꼴호스 '아완가르드' 관리위원장 김홍빈이 표창된 레닌훈장을 내가 직접 손에 쥐여 보았는데 그 순서번호는 10일 넘지 않았다. 그 당시에 다른 조선인-생산선구자들-의 로력도 높아 평가되였다.

문화생활에 대해 말한다면 블라지워쓰또크에 이미 30년대초에 첫 직업적 조선극장이 조직되였다. 그것은 조선경외의 첫 조선극장이였다. 지금 조선극장이 알마아따에 있다. 많은 교육기관과 동시에 사범대학도 있었다. 이 교육기관들에서는 조선어로 교육하였다. 조선신문이 발간되였으며 민요도 작곡했고 민족음악도 배워주었다.

3. 1935- 1937년도 강제이주와 그 후과

조선사람들이 꿩처럼 날아다닌다는 말을 아동시절에 들은 바 있는데 그것은 아마조선인들이 조선에서 로씨야로 이주한 것만 해도 그런데 또 로씨야에 와서도 중아시야와 카사흐쓰딴을 비롯하여 여러 곳을 떠다니는 것을 염두에 둔 듯하다. 그런 판단은 형식적인 것이였다. 왜냐하면 이 두 번에 거친 대이주는 조선사람들이 자원적으로 한 것이 아니라 부득이 하게 되었기 때문이다. 조선에서 로씨야로 온 것은 할 수 없는 이민이였다. 둘째 이주 즉 원동에서 나라깊이에 온 것은 순전히 강제이주인 것이였다.

전체 조선인들에게 정치적 불온건민이라는 딱지가 붙여졌다. 그들은 개인 숭배시기에 첫 이주민-희생자들로 되었다. 쏘련공산당 중앙위원회 정강 〈현시 조건에서 당의 민족정책〉에는 다음과 같이 언급되였다. "대중적 탄압 특히 온 인민들을 그들이 전통적으로 살던 지방으로부터 다른 공화국과 지역으로 이주시킨 것이 민족문제가 악화된 심중한 원인들 중 하나로 되었다. 깔믜크인, 크림따따르인, 뚜르찌야- 메쓰헤찌야인, 독일인, 조선인, 희랍인, 꾸르드인이 그런 운명을 지니게 되었다."

30년대에 원동으로부터 조선인들의 이주는 두 단계로 실천되였다. 첫 단계는 1935년에 있었는데 그 때에는 탄압당한 사람들과 함께 그들의 식솔이 정배살이를 가는 것을 허락하였다. 1937년(둘째단계)에는 전체 조선인들이 다 중아시야와 카사흐쓰딴으로 강제이주되였다. 대중적 강제이주와 동시에 개별적 탄압도 계속되였다. 내 자신은 두 번에 걸친 탄압의 증견자인 동시에 피해자이기도 하다.

…1937년 7월의 어느날 내무원군관과 사복한 사람 둘이 우리 집에 왔다. 하긴 그때 내 나이가 여섯 살이였지만 방안을 꼼꼼히 수색

하던 일이 잘 기억된다. 물론 범죄의 증거물로 될 아무런 물건도 얻어 보지 못하였다. 그러나 계부를 끝내 체포하여 갔다. 그는 꼴호스에서 부기원으로 일하였다. 며칠이 지난 후에 우리 촌 주민들에게 길 떠날 준비를 하라고 광포하였다.

20일 기간에 길 떠날 차비를 하라는 지시를 받았다. 다른 지방에서는 극히 짧은 시일이 정해졌다. 부동산을 다 팔아치웠다. 허가하는 것만 가지고 떠났다. 뽀씨예트까지 가서 그곳에서 블라지워쓰또크로 갔다. 우리를 화물렬차에 실었다. 우리는 거의 한달 동안 원동, 씨비리, 카사흐쓰딴의 큰 지역을 통과하게 되었다. 카사흐공화국의 크슬오르다주의 무연 벌판에 우리를 내려놓았다. 그곳에는 내버려둔 토벽집들과 무덤밖에 없었다. 9월말이여서 낮은 덥고 밤이면 선선하였다. 토피벽돌로 구들을 놓은 토굴을 급히 만들어야 하였다. 그럭저럭 동삼을 보냈는데 봄이 오니 전염병-장질환-이 심해졌다. 위생조건이 없는 차에 앉아 먼 길을 가는 도중에 벌써 많은 사람들이 그 병에 걸렸다. 거기에다 학질, 적리가 사람들을 쓸어 눕혔다. 나 자신이 어떻게 살아났는지 모르지만 나의 동년배들이 죽는 것을 직접 보았다. 의료 원조라고는 아무 것도 없었다. 의사와 준의커녕 약도 없었다. 우리는 원동에서도 의사들을 보지 못하였다. 혹시 조선인들 중에서 의사들이 있었겠지만 인테리 대표라고 해서 당 및 국가 일군들과 함께 탄압을 당했을 수도 있다.

다는 기억하지 못하지만 1939년 봄부터 손우 세대가 한 숱한 이야기를 기억하고 있다. 토벽집을 만들었으며 벼농사를 하였다. 관수하기 위한 물이 충분해서 다행이였다. 그리고 땅도 많았다. 학교와 기타 공공건물을 일떠세웠다.

사람들은 혹심한 곤난을 겪으면서 새로운 조건에 순응되였다. 자연기후조건을 본다면 원동과 중아시야를 비교할 수 없다. 게다가 또 생활을 정비하는 데 초보적 조건이 전혀 없었다. 아무 죄 없이 모욕을 당하는 우리 동포들의 도덕 심리적 상태는 형용하기가 어렵다. 그들은 도덕 정치적 면에서도 모욕을 당하였다. 왜냐면 이동조차 자유롭게 할 권리마저 없었기 때문이다. 조선사람 각자의 공민증에는 카사흐쓰딴, 우즈베끼쓰딴 혹은 중아시야의 기타 공화국의 일정한 지방에만 살 권리만 있다는 제한령이 적혀 있다.

젊은 조선인들이 중학을 필하고 다른 공화국에 있는 대학에 입학하려고 하였을 때 그 제한령이 모욕적인 쓰라림을 느꼈다. 24시 어간에 그 도시를 떠나가라는 지시를 내렸다. 인간의 존엄을 모욕하는 그런 황당무계한 짓에 눈을 감고 지도자들이 대학에 받아주어 공부하게 된 조선젊은이는 몇이 되지 않았다. 무엇 때문에 그런 불신임과 차별대우를 받아야 하였었는가?

그 당시 많은 조선인들은 사회에서 자기처지의 무권리와 복잡성을 리해하였지만 그 누구도 이 불공평성에 대하여 로골적으로 말하지 못하였다. 왜냐하면 공식적으로는 쏘베트국제주의의 사상을 열정적으로 선전하였기 때문이다. 약한 항의의 형태만이 있었는데 그 항의는 절망에 찬 젊은이들이 거주제한령이 적히지 않은 공민증 받기 위하여 자기 공민증을 잃었거나 거주지 제한령에 대한 글줄을 그 어떤 방법으로 지워버리는 것으로 표명되였다.

내 자신은 그런 용기가 있는 젊은이들에게 속하지 않았다. 중학을 졸업한 후 알마아따에 가서 에쓰. 엠. 끼로브명칭 카사흐국립종합대학에 입학하였다. 나는 이에 대해 후회하지 않는다. 다른 공화국에 가고 싶은 소원은 있었지만 거주지가 제한되어 있기에 가지 않았다. 금단의 열매는 더 맛있다고 한다. 일부 졸업생들이 로런, 우크라이나 기타 공화국들에서 고등지식을 소유하려고 하는 동기를 그것으로 설명할 수도 있다. 한편으로는 이것이 이주에 대한 사람들의 자연스러운 지향이다. 다른 편으로는 그런 행동에서 공민의 자유를 제한하는 것을 반대하는 인간의 숨은 항의를 보지 못할 수 없다. 젊은 사람들은 그런 제한을 그들의 불완전가치에 대한 공식적 평가로 간주하면서 그에 도전하였다. 나 역시 이 면에서 항의를 표명해 보려는 시도를 하였다. 종합대학에 입학한 후 공민증을 내던지기로 하였다. 왜냐하면 거주지제한령에 대한 등록이 수치로 여겨졌기 때문이다. 그런 공민증을 합숙소에 거주등록하기 위하여 책임자에게 주지도 못하였다. 나는 나의 공민증에서 거주지 제한에 대한 글을 누가 보기만 하면 즉시 여러 가지 소문이 날 수 있다고 생각하였다. 지어(심지어) 범죄자로도 여길 수 있었다.

때문에 거주지제한령이 적히지 않은 새 공민증을 그저 던져버리기로 하였다. 그런데 그 결과는 전혀 뜻밖의 일이였다. 학습과정조직에 대한 보도가 끝난 후 학부장은 나를 시내무부에 호출한다고 광포하였다. 동창생들 사이에서 이런 사실은 나에 대한 의혹을 불러일으켰다. 내가 생각하던 것과는 정반대로 되였다. 내 자신은 이 호출이 공민증을 얻어보았는 것과 련관되였다는 것을 알아차렸다.

대학에서 공부하는 기간 공민증에 적힌 거주지 제한령을 감추려고 애썼다. 하긴 그렇게 되였다. 공창생들은 그에 대히 몰랐다. 그런데 1954년에 에쓰. 엠.끼로브명칭카사흐국립종합대학 철학경제학부를 최우등 성적으로 필하고 카사흐공화국과학원의 알선에 의해 쏘련과학원 연구원에 가게 되자 공민증에 대한 문제가 또 나섰다. 어쨌든 기한이 말료되여 그것을 내무서에 바쳐야 하였다. 새 공민증을 받아쥔 나는 제 눈을 믿지 못할 정도였다. 거기에는 거주지제한령에 대한 글이 없었다. 나는 공민등록과에 문의하였다. 잘못이 없다는 것이였다. 나는 믿지 못해 재차 물어보니 그곳 일군들은 신경질을 쓰면서 "필요하다면 또 쓸 수 있다."고 말하였다.

알고 본즉 1953년에 쓰딸린이 사망한 후 그 제한을 폐지했다는 것이였다. 이것은 30년대에 조선인들을 정치적 명예회복이 조심스럽게 시작되였다는 것을 의미한다. 그런데 왜 조선인들에 대해 좋게 말해서 불공평하게 대했는가? 정치적 불신임으로 하여 그렇게 한 것은 명백한 일이다. 그런데 무엇이 직접적 동기로 되었는가? 알고 보니 조선을 강점한 일본 군벌은 대쏘전쟁을 준비하면서 두만강을 지나가는 '자기의' 국경 즉 실지에 있어서는 조쏘 국경을 인정화하려고 애쓴 것이 동기로 되었다. 그들은 지방 주민들을 조선령토 깊이에 끌어들이고는 조선인들로 된 간첩을 우리 령토에 파견하였다. 쓰딸린과 그의 측근자들은 대응책으로 조선인들을 부분적으로가 아니라 몽땅 그곳에서 없애 치우려고 하였다. 결과 비참한 사태가 이루어졌다. 일본강점자들의 박해를 당하는 조선인들이 부득이 로씨야에 이주하게 되었는데 로씨야에서는 그들을 간첩들로 여기고 궁벽한 곳으로 보내였다. 그런데 몇몇만 아니라 문자 그대로 몽땅 다 의심을 두었다.

다음 단계에는 공민중에 '불신임'이라는 것이 공식화되였다. 그리하여 우리는 그때에 쏘련공민중에 대한 웨. 마야꼽쓰끼의 시를 목청을 돋구어 읊지 못하였다. 그 시를 암송하였지만 자신은 다르게 생각하게 되였다. 두 가지 도덕의 시원이 거기에 있지 않는가 하는 생각이 들었다. 즉 리론에는 모두가 평등한데 생활에는 불공정성이 판을 치고 있었다. 결과 이주한 후에 전쟁전 시기에 조선인들 사이에 정치활동가가 거의 없었다. 왜냐면 당 정치사업, 지도자의 직위에 그들을 내세우지 않았기 때문이였다. 조선인들에게 있어서 구역당위원회 지도원의 직위가 가장 높았는데 그것도 아주 드문 일이였다. 군사 활동가들 사이에서도 그랬다, 전쟁시기에 조선인들을 전선에 보내지 않았고 군대복무에 데려가지 않았다. 이전 사령관들은 다 탄압당하였다. 군사동원부 과오를 허용하였거나 민족소속을 감춘 몇몇 조선인들만이 전선에 나갔다. 그들 중에는 쏘련 영웅도 있다. 조선사람들은 여기에서도 고상한 애국주의를 발휘하면서 금단의 열매를 맛보려고 하였다.

4. 고립된 생활과 의식 : 누구의 잘못인가

30년대에 조선인들을 이주시킨 기본 부정적 후과는 그들의 집단생활을 파괴한 범죄적 행위였다. 중아시야와 카사흐쓰딴의 광활한 지역에 그들을 흩어놓았으며 사범대학, 민족학교를 닫은 것은 사람들을 자기의 모국어를 잊어버리게 하였다. 오늘 현재 지어 가정에서도 조선말을 하지 못한다.

언어를 잃은 자는 민족 넋을 잃은 사람과 같다. 왜냐면 언어는 문화, 심리와 같은 민족의 다른 중요한 요소도 확정하기 때문이다. 만일 집단적으로 사는 지역이 없고 경제적 활동에서 통일이 없다면 민족을 특징짓는 것이 있을 수 없다. 그런즉 쏘련에 사는 조선인들인 우리가 도대체 누구들인가?

사회적 면에서 우리는 선조들이 로씨야에서 둘째 조국을 얻은 쏘베트사람들이다. 그들의 둘째 조국은 우리에게 있어서 오직 하나의 조국으로 되었다. 민족별로 보아 우리는 조선인들이다. 우리는, 쏘련의 성원에서 자치령토를 갖지 못한 준민족을 이룬다. 전망에 가서 자치제를 얻을 수 있다. 그런데 문제는 공화국, 주, 구역 즉 그 어떤 수준에서 얻을 수 있는가 하는 것이다.

고립된 생활양식은 사람들의 심리와 의식에도 영향을 준다. 조선사람들에게 있어서 특징적인 고립에로의 경향은 련맹에서 지역상 고립으로 하여 더 심화된다. 여기에서 다음과 같은 실례를 들 수 있다. 개별적 씨름에서 일본인들과 비교할 때 조선인들의 지표가 높으며 집단적 씨름에서는 그 결과로 보아 조선인들이 일본사람들에게서 뒤떨어진다. 그 원인은 결합, 집단주의에로보다도 노력의 고립에로 더 지향하면서 단결성이 부족되는 데 있다.

어부는 물고기를 먼데서부터 보지만 조선사람은 가까이에서도 조선 사람을 보지 못한다고 말할 수 있다. 여기에는 심리적 원인만이 아니라 사회정치적 원인도 있다.

조선에서만 박해당한 것이 아니라 개인숭배시기에 로씨야에서도 박해당하나 조선인들은 자체의 그림자도 무서워하였다. 그들은 한 생산집단에서 조선인이 몇 명 일하면 민족주의에 대한 기소를 받을가 두려워하였다. 때문에 그들은 생산에서만 아니라 지어 집에서도 교제하지 않았다. 한마디로 말해서 그들은 생산에서 호상고립의 불문을 지침으로 삼았다.

민족적 발육부진과 허무주의에서 류출되는 잘못 리해된 민족주의감이 그의 기본으로 되어있다. 보통 박해당하는 인민들에게는 발전된 련대감, 호상지지, 다른 사람을 리해하고 지지하려는 시도 즉 잡단주의가 관찰된다. 그것은 자주 민족주의와 동반된다. 그런데 쏘련에 사는 조선인들에게는 이것도 저것도 잘 보이지 않는다. 민족적인 것이 없이는 진실한 국제주의가 없지만 우리는 자신을 국제주의자들로 더 여긴다.

외국에 사는 우리의 동포들이 우리를 쏘련사람들로 여길 때에 우리는 긍지감을 품고 이것을 확인한다. 그런데 이에 있어 우리는 쏘련 사람들이지만 조선인들은 아니다라는 숨은 뜻을 언제나 알아차리는 것이 아니다. 어떤 면에서 그들이 옳다. 그러니 이 질책을 모욕으로가 아니라 우리에게 동감을 표하여 한 옳은 지적으로 받아 들여야 할 것이다. 외국동포들과의 우리의 상봉이 바로 그렇게 진행된다. 한국의 한 기자가 나더러 "당신은 자기의 민족소속을 어떻게 확정하는가?"고 질문하였을 때 나는 "쏘련조선인"이라고 대답하였다. 기자는 내가 조선인들과의 담화에서만 그렇게 말한다고 생각하였다. 때문에 질문이 계속되였다. "영국인이나 미국인이 이런 질문을 할 때는 당신이 어떻게 대답합니까?". "역시 그렇게 대답하지요"- 나는 대답하였다.

   쏘련 조선인들에게서 민족적 의식과 자체의식이 확정되지 못한 것이 사실이다. 그것은 민족적인 것보다도 국제주의적 모멘트로 더 흐려졌다. 쓰딸린의 인종말살정책은 우리를 얼마나 놀래웠던지 우리는 시험을 치르러 와서 자기의 이름도 지어 회상하지 못한 그 대학생의 처지에 있게 되였다. 이것은 노예의 의식수준인바 이는 쓰딸린주의의 자연적 산물이였다. 우리는 우리가 누구인가를 생각하거나 더군다나 말할 형편이 되지 못하였었다. 그러니 쏘련 조선인들의 민족주의적 허무주의는 객관적 원인을 가지고 있었다. 그런 상태는 쏘련 조선인들에게 있어서만 례외가 아니였다. 그것은 조선인들과 만찬가지로 다른 곳으로 강제이주된 10여 준민족에도 특유하였다. 지어 로씨야인들을 비롯하여 쏘련의 전체 인민들이 어느 정도 그런 상태에 있었다. 말로써는 국제주의라 했지만 실지에 있어서는 그렇지 않았다. 쓰딸린주의는 민족간 관계에 호상 공포, 불신임을 심었다. 어느 때까지는 사회주의적 국제주의라고 일컫는 중앙집권주의, 일치의 기치 하에 인민들을 공포에 두고 있었다. 그러나 쏘련에서 개편이 시작됨에 따라 여기에서도 얼음이 풀리기 시작하였다. 침체는 민족의 운동, 지어는 민족적 한계를 넘어서는, 들끓는 열정으로 바뀌였다. 이것은 전체 인민들의 어버이(쓰딸린을 이렇게 불렀다)의 혹독한 압력하에 오래 잠자고 있다가 깨여난 아이들과 같았다.

이것이 좋은 것인가 혹은 나쁜 것인가? 이것이 합법적인가 또는 비합법적인가? 그에 대답해 보기로 하자.

14. 레닌기치 1990년 3월 30일 : 〈시대와 민족어에 대한 생각〉
(박넬리 교수에 대한 남해연 기자의 탐방 기사)

알마알따동력대학 외국어강좌에서 독일어를 배워주고 있는 박넬리는 언어학 학사이다. 그는 지금 박사학위론문을 준비하고 있으며 조선어의 방언학을 연구하고 있다. 그에게서 이 일은 쉬운 일이 아니다. 그것은 독일어는 알아도 자기의 말인 조선어를 잘 모르기 때문이다. 민족수난의 길을 걸어오신 부모님들로부터 조선어를 배워 북부조선의 방언을 많이 알고 있는 박넬리가 자기의 연구과제로 살고 있는 조선어의 방언학연구에서도 높은 성과가 기대된다. 필자는 이 글에서 주인공 박넬리가 우리 방언학연구에 손을 대게 된 직접적 동기와 멀리는 이 일을 꼭 해내고야 말 마음의 뿌리에 대하여 이야기하려 한다(편집자 주).

"집에 할아버지나 할머니가 계시면 그 손자 손녀들이 우리말을 잘한다."고들 말하는데 그것은 일리가 있는 말이다. 로어발음이 정확치 못한 로인들은 자연히 상대방과 우리말로 교제하게 되기 때문이다. 이러한 의미에서 알마아따 동력대학 외국어 강좌의 독일어교원인 박넬리와 (그) 아들 남예브게니(알마아따 공업대학의 대학생-꼼삐유떼르 전공)가 우리말 연구와 공부에 남다른 열성이 있다고 할 수 있는데 그 뒤에는 1937년 민족수난의 력사의 희생자들이였던 박넬리교원의 아버지이신 박수옥(73세), 어머니이신 채씨(73세)가 있다.

대학교원인 딸과 대학생인 손자의 우리말 공부를 극성스럽게 돌보고 계시는 이들은 어떤 분들인가 하는 것으로부터 이야기의 실마리를 풀어야 할 것 같다.

1937년 강제이주가 감행되기 전까지 이들은 원동의 뽀씨예트구역의 노워끼옙쓰크라는 마을에서 살았다. 여기에서 잔뼈가 굵어졌고 결혼도 하였다. 어머니 채씨가 첫 아들을 낳으신 것도 오붓한 이 마을에서였다.

1936년 11월 아버지 박수옥은 쏘련군에 초모되였었다. 쓰라린 민족력사의 증인들이며 당사자들이였던 이들로부터 력사의 토막이야기를 들어본다. 어머니 채씨(로씨야식 이름은 따짜야나)는 남편없이 늙으신 시어머님과 갓난 맏아들을 거느리고 1937년의 찬바람을 맞았다.

"우리가 정든 집을 떠난 것은 가을이였습니다. 한사람이 36킬로그람의 짐밖에 더 가지지 못하게 엄격히 제한되여 있어서 사발, 이불이며 키우던 집짐승들은 그냥 그대로 남겨놓고 떠날 수밖에 없었습니다. 군대에 간 남편을 제외한 식구 3명은 처음 자동차(짐차)로 15킬로메뜨르, 배로 10시간, 기차로 22일간 실려 우스베끼쓰딴으로 왔습니다. 우리를 내리라고 한 곳은 갈대로 유르따처럼 만들어 놓았을 뿐 아무것도 없는 곳이였습니다.

우리가 원동에서 탄 렬차는 차량이 70개가 넘었습니다. 그런데 그 짐차차량에는 불도 때지 않아 어린애들과 로인들은 병에 많이 걸렸습니다. 먹을 것을 전혀 공급하지 않아 기차가 석탄이나 물을 보충

하느라고 역에 서면 간이상점들에 뛰여가 홀레브(빵)면 홀레브, 하여튼 사람 먹는 음식이면 아무것이나 닥치는 대로 사다 먹으면서 실려왔습니다. 마른 음식을 먹다보니 아이들과 로인들이 큰 고통을 겪었습니다. 이쯤해도 좋았는데 역구내에 렬차를 세우면 모두가 내려 대소변을 본다고 다음부터는 역도 아닌 허허벌판에 차를 세웠습니다. 마른 음식을 먹다 못해 렬차가 서면 돌맹이를 주어다 불을 지피고 장물이라도 끓이려고 하면 렬차가 떠나고하여 제대로 끓여먹지도 못했습니다.

물도 제대로 먹지 못하였습니다. 남성들이 있는 집에서는 물통에 물을 받아왔는데 우리는 늙으신 어머님과 아이였기에 물도 남이 받아온 것을 빌어서 마셨는데 많이 마시면 욕을 하지, 그래서 눈치를 보아가며 목이나 겨우 축일 수 있는 형편이였습니다…. 이것으로 일이 끝났을 줄로만 알았더니 웬걸 조선사람은 기관에서 공무원으로 일할 수가 없다. 거주지에서 25낄로메뜨르 밖으로 나갈 수 없다면서 그 랭대는 끝을 몰랐습니다."

19937년의 찬바람이 지나가니 이번에는 쏘독전쟁이 터졌다. 이때 이들은 우스또베에서 살았고 맏딸인 넬리가 태여났다.

알마아따 동력대학의 부교수이며 언어학 학사인 박넬리교원의 '뿌리'는 바로 이렇다.

"콩밭에서 콩이 난다"는 말과 같이 조선사람들과 그들의 자녀들도 단지 그가 조선사람이라는 한 가지 리유 아닌 리유로 쏘련법의 그 어느 조항에도 밝혀져 있지 않은 차별대우를 받지 않으면 안되였다.

돌밭이나 갈대밭 속에 버려져도 뿌리를 내리고 가지를 뻗어 꽃을 피우는 것이 우리 조선사람들이다. 쓰라린 력사의 길을 걸어온 부모님들은 그 자식들에게 아픔이 물려질세라 자식들의 공부에 정성을 깡그리 쏟아부어왔다. 알마아따 외국어사범대학을 마친 박넬리가 학자의 길을 걷게 된 것도 바로 부모님들의 소원한 그 열매에 불과한 것이다.

　남의 말은 알아도 제 말을 모르는 자식들을 두고 부모님들의 생각은 무겁기만 하였다. 나이는 들었어도 자식은 언제나 자식인 만큼 나이먹은 자식일지라도 자기 말을 잊지 않게 하기 위하여 조용한 때면 조선의 구전설화를 들려주고 옛이야기책을 읽어주면서 민족적 얼을 심어나갔다. 박넬리교원이 갖고 있는 민족적 자부심과 우리 말과 글에 대한 상식은 바로 부모님들이 씨를 심고 가꾼 열정의 결과이다.

　알마아따동력대학 제2청사에 자리잡은 강당에서 우리는 만났다. 필자가 우리 말로 찾아온 일을 말하자 박넬리교원은 우리 말을 제외한 어느 나라말도 다 좋다고 말하면서 얼굴을 살짝 붉히였다. 필자는 여기서도 같은 민족끼리 제 말로 교제를 못하는 쓰라림과 아픔을 느꼈으며 지금 우리가 어디까지 와 있나하는 안타까움을 맛보았다. 박넬리는 이 대학의 독일어교원이며 부교수이다. 언어학을 전공하는 대학교원이 이럴진대 다른 사람들이야 말해 무엇하겠는가.
　재쏘 조선인들에게 있어서 교제수단으로서의 언어는 제 말이 아니라 제2 혹은 제3 언어인 로어나 영어 아니면 또 다른 언어가 되어 있다. 즉 자기의 말이 아닌 남의 말로 자기사람끼리 의사를 통하는 것이 오늘의 현실이다.
　알고 보니 박넬리교원의 우리 말 수준이 어린 점은 있었으나 표준말보다는 사투리를 많이 알고 있어 부모님이 아닌 다른 사람들과는 우리 말로 말하기를 꺼려하고 있었다.

-우리 말을 좀 알고는 있으나 빨리 말하거나 표준말로 말하면 알아듣기가 몹시 바쁩니다. 례하면 알마아따방송국의 녀방송원(조선말방송을 념두에 둠)의 말은 불과 몇 %밖에 리해하지 못합니다-이렇게 넬리는 솔직한 마음을 이야기하였다.

박넬리선생의 말속에는 북부조선지방의 사투리가 많았다. 말하자면 조선북부지방의 사투리를 많이 알고 있음이 분명하였다.

"선생님께서는 지금 우리 말속의 방언을 수집연구하신다는 말을 들었는데 언제부터 우리 말의 방언수집과 연구를 시작하였습니까?"라는 필자의 물음에 넬리교원은 원래 자기의 전공언어는 독일말이라는 것과 박사학위론문은 준비과정과 그 내용에 대하여 이야기하면서 우리 말의 방언연구를 시작한 것은 오랜 자기의 꿈(자기 민족어를 꼭 연구해야 되겠다는 민족적 각성)에 대한 의무감에서였다고 말하였다. 박넬리에게 있어서 이것은 그가 말하는 것처럼 막연한 꿈으로만 남아있었다. 그런데 넬리의 이 막연한 꿈에 직접적으로 불을 붙여준 것은 얼마전에 알마아따를 방언 연구차로 방문한 바 있는 미국의 청년학자 로쓰 킹이였다는 것이다.

"미국 사람인 저 청년이 우리말을 저렇게도 류창하게 잘 하는데 조선사람인 내가 그것도 언어학자인 내가 자기의 말을 못하다니… 이러한 부끄러움과 수치가 어디 있는가" 이렇게 속마음을 다지고 본격적으로 다시 일을 시작하였다 한다.

이제 박넬리교원의 말을 들어보자.

-저는 로쓰 킹과 만나 이야기하면서 자기 자신이 얼마나 부끄러웠는지 모릅니다. 배움에는 늦음이란 것이 절대 없다고 생각합니다. 좀 늦은 감은 있으나 제가 시작한 일을 꼭 해내고야 말겠습니다. 저의 연구사압에 힘과 용기를 주고 꺼져가는 마음속의 불을 되 살려준

것은 로쓰 킹이였습니다.

　박넬리교원이 연구하는 조선어의 방언연구는 시간적 제약성도 가지고 있다. 그것은 우리의 먼저 세대분들인 부모님들이 생존하는 기간에 일을 다그쳐야 하기 때문이다. 그가 말하는 것처럼 우리의 먼저세대들이 돌아가시면 우리는 하나의 큰 박물관을 잊어버리는 셈이다. 그래서 넬리 선생은 밤마다 아버지, 어머님과 맞앉아 옛이야기도 들으며 그 말 속에서 방언들을 찾아내기도 한다. 이제 휴가기간에는 소형 록음기와 필기장들을 들고 자기의 고향땅인 우스또베와 우스베끼쓰딴의 조선사람 로인들을 찾아 학술 려행을 떠날 차비도 하고 있었다.

　마음먹은 일은 꼭 해내고야마는 성품을 갖고 있는 넬리교원이 이 일을 독일어학에 대한 박사학위론문 준비와 병행하여 해내겠다는 계획은 꼭 실현되리라고 굳게 믿는다. 어머니가 이렇다보니 공업대학생인 아들 또한 우리 말공부에 남다른 열성을 기울이고 있었다.

　뻬레스뜨로이까의 토양속에서 뿌리가 제대로 뻗어나가고 그 가지에 꽃망울이 맺혔다. 조선사람으로 태여난 것을 수치로 생각하며 이름마저 로씨야식으로 고치던 그러한 시기는 영영 지나갔다. 지금은 모든 조선사람들이 민족적 긍지를 안고 떳떳이 살아가나 말과 글을 몰라 아글타글 애태우며 말공부에 힘을 아끼지 않는 때이다.

　시대가 빠르고 몰라보게 바뀌고 있다. 몇 년전까지만 해도 그 누가 생각하였겠는가! 로씨야민족청년, 카사흐민족청년, 우스베크민족청년들이 우리의 조선말강습소를 찾아 다니게 될 줄이야…

　늦기는 하였어도 지난 력사의 쓰라린 자욱을 지우고 민족적 자부심과 긍지를 잊지 말고 떳떳이 살기 위해서는 말과 글을 배워야 한다. 자기의 말과 글을 잘 알 때 진실한 의미에서 그 민족의 떳떳한 일원이 된다. 조선어를 잘 가꾸고 빛내여가는 것은 매개 우리 조선 민족의 민족적 의무이다.

15. 레닌기치 1990년 6월 13일 : 〈사실을 그대로 말해야 한다〉
(안득춘에 대한 남해연[45]의 탐방기사)

    살벌한 비운의 시기였던 1937년의 강제이주사건과 관련하여 당시 민족적 불행의 당사자 중의 한 사람이였던 안득춘 선생님과 이야기를 나눌 수 있는 기회를 가져왔다.

    안득춘 선생님은 1924년에 추풍동소학교에서 교원생활을 시작하였고 1929년에 해삼당학교를 졸업하신 후 원동에 하나밖에 없었던 해삼 10년제 조선인학교(교원이 15여명, 학생 700여명인 모범학교)에서 교원으로 일하면서 1937년의 민족비운의 시기를 맞었고 〈원동발 급행렬차〉에 실렸었다.

    그는 자기 이야기의 중심을 력사의 사실을 외곡하지 말아야 한다는 데 두시고 사실을 사실대로 까밝히였으며 사람인 그가 교육자건 학자건 정치 일군이건 자기신념으로 살아야 하며 민족을 배반하여서는 더욱 안되며 자기의 생각을 남에게 강요하거나 설교하여서는 안된다고 말하시면서 력사의 사실을 있은 그대로 보탬없이 알려야 한다고 힘주어 말하였다.

    세월은 흘러 옛 교육자의 허리가 구불고 머리우에는 백설이 덮이였으나 그의 교육자로서의 굳센 신념과 지조에는 변함이 없다.

    - 선생님께서는 우리 신문의 애독자이시기에 우리 신문에 발표되는 조선인강제이주사건과 관련한 기사들을 읽으셨으리라고 믿습니

---

45. 레닌기치 기자.

다. 이에 대한 선생님의 의견은 어떠하십니까?

- 아마도 이 문제는 왜 강제이주라고 하는가 하는 문제부터 해명하고 넘어가야 할 것 같습니다. 원래 조선 사람들은 1860년대초부터 로씨야 원동에 이주하여 정착생활을 하였으니 그곳은 재쏘조선 사람들의 뿌리가 내리기 시작한 곳이며 그 뿌리가 땅속 깊이 뻗어 영양을 섭취하고 열매를 맺던 땅입니다. 이처럼 때가 묻고 애착이 뿌리내린 땅에서 조선 사람들을 산설고 물설은 중아시아 땅으로 이주시키자면 당사자들인 우리 조선 사람들과 광범히 상의하여야 하는 것이 원칙입니다. 그러나 쓰딸린 정부는 조선 사람들이야 원하건 원하지 않건 하는 것은 안중에도 없었고 마소와 같이 몰아다 짐차에 실어 민족의 이주를 단행하였습니다. 그러니 1937년의 조선인이주는 말 그대로 강제이주였습니다.

당시 우리 조선 사람들은 어디로, 왜, 어떻게, 며칠이나 가야 하는 가도, 그곳에서 무엇이, 어떤 생활이 우리를 기다리고 있는지도 몰랐었습니다.

- 어떤 분들의 말에 의하면 떠난다는 것을 며칠 전이 아니면 몇 시간 전에 알았다고 하는데 선생님께서는 얼마 전에 알았습니까?

- 결정적으로 이주된다는 것을 나는 약 두 달 전에 알았습니다. 이 문제에서 의견 차이가 있다면 그가 도시에 살았는가, 농촌에 살았는가 아니면 벽지에 살았는가에 원인이 있었다고 생각됩니다.

제가 교원으로 일하였던 해삼시에서는 1937년의 5월경부터 벌써 쉬시쉬시 하는 풍문이 떠돌았습니다. 그러니 그것은 어디까지나 떠도는 소문에 불과했습니다. 저로서는 "불 때지 않는 굴뚝에서 연기가 나겠는가."라는 속담처럼 근거가 있는 말이라고 생각하고 이주되는가 보다 하고 각오를 하였습니다.

- 떠날 때 짐을 25킬로그람으로 제한하였다는 말도 있고 제한받지 않았다는 말도 있습니다.

- 그것은 지역과 당시 지어진 조건에 따라 차이가 있었다고 생각합니다. 그러니 그것은 량쪽이 다 옳다고 보아야 하나 전혀 무제한은 아니였습니다.

우리는 '도시쌀론'이라고 불리웠었는데 최소한 도로 가질 수 있는 것은 가지라고 하였습니다. 우리는 1937년 9월 18일에 해삼역을 떠났는데 사람들이 실린 차량 외에 맨 짐만 실은 차량도 있었습니다.

- 국립조선극장 연극단이 얼마 전에 출연한 연극 〈1937년 통과렬차〉에 의하면 무장인원들이 호송한 것으로 되어 있는데 사실은 어떠하였습니까? 지금 련재되고 있는 중편소설 〈이주초해〉의 작가 김기철 선생님과 문학평론가 정상진 선생님의 의견에 의하면 그런 사실이 없다고 합니다.

- 다른 렬차들에는 그런 일이 있었는지 아니면 없었는지 모르겠습니다. 저희들이 실린 렬차에는 그런 무장이 없었습니다. 만약의 경우를 생각하여 말하자면 렬차행군 도중 강제이주를 반대하는 폭동이라도 있을가 하여 사복한 무장인원들은 차량마다 잠복하여 동행하였습니다 그러나 군복차림의 무장인원은 없었습니다.

- 한 차량에 몇 사람이나 탔으며 한 렬차가 그러한 짐차량을 얼마나 달아드랬습니까?

- 짐차(유개차)안을 3층으로 나누었습니다. 가족을 단위로 한층에 사람이 누워서 잘 수 있을 정도로 밀어넣다보니 100여명은 착실히 들어갔었습니다. 이런 차량을 20대정도(그때 실정에서 솔직히 말하면 헤여볼 겨를도 없었다. 기관차 한 대가 끌수 있을 정도로 20여개의 안팎이였다고 생각된다) 아니면 그 이상을 련결하였었습니다.

일부 사람들은 도중역들에서 식량을 공급받은 듯이 말하는데 그 것은 새빨간 거짓말입니다. 식량은 자체 해결이였습니다. 그러니 집 안에 젊은이들이나 남자들이 있는 집은 맨 여자들만 이주하는 집보 다 조건이 좋았었습니다. 기관차에 급수하기 위하여 역에 기차가 머 물면 달려가 홀레브(빵)를 비롯하여 사람이 먹을 수가 있는 것은 아 무것이나 다 사올 수 있었으니까요. 그리고 마실 물을 얻어오는 문 제도 마찬가지였습니다.

3층으로 갈라놓은 차량에서 허리도 마음대로 펴지 못한 것은 말 할 것도 없고 의료방조가 없었기에 어린 것들과 로인들이 모진 고통 을 겪었었습니다.

10월 보름께였으니 해삼에서 떠난 지 한달이 지나서 우리가 실린 렬차는 지금의 우스또베시에서 멀지 않은 곳인 까라불라크라는 조 그마한 간이역에 도착하였었는데 이것이 우리들의 정착역이라는 말 이 들렸습니다. 역에 내려보니 인가라고는 역사와 보선구 일군들이 교대로 근무시간만 사는 보잘것없는 집 한 채뿐이였습니다. 너무도 한심한 나머지 입만 멍하니 벌릴 뿐 그 누구도 말할 엄두를 내지 못 했습니다.

오랜 청년일군이였으며 이주 당시는 수청구역당위원회에서 일한 김 알렉쎄이(로어로 말을 잘 하였음)가 앞에 나섰습니다. 역사무실에 앉아있는 이주 꼬미씨야를 찾아가 담판하겠다는 것이였습니다. 저 와 또 한사람(역시 교원이였는데 이름이 기억되지 않음)이 나섰습니다. 말하자면 우리 셋은 이주민의 대표인 셈입니다.

꼬미씨야성원 3명은 다 로씨야인이였습니다. 그들 앞에서 김 알렉 쎄이는 우리들의 렬차는 도시쌀론이라는 것, 농민들이 아니라는 것, 각자의 직업대로 일할 수 있는 도시로 보내달라는 것 등에 대하여 요구하였습니다. 우리들의 말을 무표정한 얼굴로, 대꾸도 없이 듣고 나더니 하는 말이 "당신네 조선사람들을 왜 이곳에 실어왔는지 일 만한가? 당신은 오고 싶어서 마음대로 온 사람들이 아니다. 그러니 당신들이 이곳에 와서 자기가 하고 싶은 일을 하겠다고 하는 것은 어리석은 일이다. 이제부터는 시키는 대로 살라. 지금처럼 두 번 다시 우리에게로 찾아오지 말라는 것을 똑똑히 말해둔다. 이 이상 말이 길어지면 당신들에게 좋을 것이란 없으니 그만 돌아가 짐이나 부리우는 것이 좋겠다…."

그들이 말투로 보아 우리 조선사람들은 죄수들에게 채우는 수갑을 채우지 않은 죄인 아닌 '죄수'라는 것을 알 수 있었습니다.

- 올 데로 오고야 말았다는 결론인데 그 때 내리신 까라불라크란 어떤 곳이며 어떻게 정착지에서 생활이 시작되었는가에 대하여 말씀해주십시오.

- 짐을 부리우라는 명령에 의하여 짐을 다 부리우고 나니 저녁 6시경이 되었습니다. 10월중순의 밤은 찬기운을 몰고와 불청객들인 우리를 맞이하였습니다. 인기척이 드물던 여기에 군데군데 무리들 지어 가까운 이웃끼리 모여앉은 것은 마치도 방목장의 양무리떼와도 같았습니다.

조선사람들로 인산인해를 이룬 까라불라크는 이때 처음이자 마지막으로 이렇게 많고많은 사람들을 만났고 헤여졌을 것입니다.

로인들의 기침소리와 어린애들의 울음소리로 밤이 시작되고 새날이 밝았습니다. 그 이튿날 점심녘이 되었을 때 뽀얀 먼지를 꽁무니에 길게 달고 화물자동차가 도착하였습니다. 꼴호스 관리일군인 듯한 풍채 좋은 사람이 내리자 이곳저곳에서 모여온 사람들의 입에서 질문이 쏟아졌습니다.

-우리가 가면 살집이 있는가?
-집은 있으나 겨울을 나자면 집수리를 단단히 해야 할 것이다.
-그곳에 사람들이 살고 있는가.
-살았었는데 당신들이 온다기에 집을 비우고 이사하였다.

이렇게 오고가는 말은 끝이 없었다. 김 알렉쎄이와 나는 "백번 듣느니보다 한번 보는 것이 낫은 법"이니 이 자동차에 호주들이 타고 가서 현지를 보자고 하였습니다.

인간촌이라는 곳에 가보니 한심하길 그지없었습니다. 벽에 구멍이 뚫리고 무너진 문짝이라곤 하나 약에 쓰자고 찾아도 없었습니다. 말이 인간촌이지 사람 사는 곳은 아니였습니다. 마치도 원시인들이 정착하였다가 떠난 곳을 방불케 하였습니다.

몇 곳을 다녀보아도 사정은 다른 바 없었습니다. 알고 보니 사람들이 살다가 살 수 없어 다 버리고 다른 곳으로 옮겨간 버린 집들이였으며 버린 마을들이였습니다.

참으로 억울하고 한심하였습니다. 우리 속담에 "둘째 며느리를 삼아보아야 맏며느리 무던한 줄 안다."는 말이 있는 것처럼 두고 온 해삼땅이 더없이 그리워졌습니다. 저는 학교사택(1칸짜리)에 살았었는데 여기에 비하면 말 그대로 고대광실이였습니다.

한 부락에 40~50세대면 아주 좋은 편이고 5세대, 10세대 되는 곳도 많았는데 문 한짝이 붙어 있는 집이 차례진 사람은 하늘에서 별이라도 따낸 듯 기뻐하였습니다. 그것도 그럴 수밖에 없는 것이 겨울이 내가 왔느라고 기승부릴 날이 코앞에 부닥쳤으니까요.

"울며 겨자먹기"로 집수리에 달라붙지 않을 수가 없었습니다. 식구야 많건 적건간에 한칸씩 차례졌습니다. "엎친데 덮친다"는 격으로 식량마저 떨어지기 시작하였습니다. 남자들이 떼를 지어 10킬로메뜨르면 어떻고 20킬로메뜨르면 어떻고 상점이 있다는 곳을 찾아 떠났습니다.

그뿐입니까! 의료방조가 전혀 없다보니 갑자기 바뀌운 기후의 풍토, 물로 하여 로인들과 어린애들이 시름시름 앓기 시작하였고 마침내는 하루밤 사이에 한 부락에서 6~7명이 사망하였습니다. 그때에 한 3년이 지나니 마을에 어린애들의 그림자도 보이지 않았답니다. 저도 그때 아이를 잃었습니다.

1934년부터 1937년 이주말까지 재쏘 조선인 인구의 절반이 줄어들었다고 하여도 과언은 아니라고 생각합니다. 좀 한다하는 지식인들이나 조선에서 넘어온 망명객들 일깨나 한다하는 사람이면 다 잡아다 즉결재판(20분이나 25분이면 한사람의 운명을 결정하는)에 의하여 일본놈의 간첩이라는 루명을 씌워 없애치운 것은 지금 와서 비밀이 아닙니다. 거기에다 이주 당시와 이주 후에 죽은 사람의 머리수를 합하면 절반이 죽었고 살아남은 사람들이란 아무것도 모르는 사람들 아니면 요행수로 살아남은 사람들이였습니다

돌이켜 보면 그때 어찌하여 '간첩'이 그다지도 많았는가 하는 것과 좀 똑똑한 사람이면 왜 다 간첩이였는가 하는 것입니다. 그때에는 간첩이란 반국가죄를 뒤집어 씌워야 처단해 버릴 수 있었기 때문이였습니다. 이주와 함께 숙청사업이 있었기 때문이며 누구도 감히 두둔해 나설 수 없었기 때문이였습니다. 이주와 함께 숙청사업이 끝난 것이 아닙니다. 강제이주 후에도 꼬리를 물고 따라다녔습니다.

저는 꼴호스마을에 학교가 서자 교원으로 다시 일하였었는데 공부시간에도 나오라는 호출을 받고 나오면 붉은 견장을 단 군복차림의 사람들이 저를 기다리고 있었고 그들은 저의 성명을 물어보면서 저의 발끝부터 머리끝까지 샅샅이 훑어보는 것이였고 가지고온 명

부에서 저의 이름을 찾고 있었습니다. 저의 이름이 없자 그들의 얼굴빛이 부드러워지면서 그 명부를 저에게 내여밀면서 보라는 것이였습니다. 말하자면 이 이름들 속에 자기의 동무나 알사람들이 없는가 하는것이지요?

그때 저는 그 명단 속에서 알고 있는 동무 몇 사람의 이름을 알아보았습니다. 그러나 저는 속에다 새겨넣었을 뿐 아는 사람이 한 사람도 없다고 대답했습니다.

그들이 돌아가자 나는 그날 저녁으로 그 친구들을 찾아가 밤중으로 달아나라고 타일렀고 만약 붙잡히지 않고 살아남으면 반드시 만나게 될 것을 기약하였습니다. 그때 그 밤중으로 떠나갔던 요시찰인물이나 체포대상이였던 친구중에는 허창교, 신창균(그들과 그때로부터 약 10여년 후에 따스껜트시에서 만나 부둥켜 안고 엉엉 울기도 하였다)이 있었습니다.

- 이주에 앞서 일체 증명서를 회수당하고 증명서가 없다보니 죄인이 아닌 '죄인대우'를 받았다고 하는데 이에 대해 말씀해주십시오.

- 일체 증명서를 회수당한 것이 사실이였습니다. 증명서가 없다보니 쉽게 단속되기 마련이지요. 혹시 증명서를 가지고(저는 그때 직업동맹원증을 가지고 있었음) 있는 사람도 사정은 같았습니다. 왜냐하면 거기에도 큼직한 도장이 찍혀 있었으니까요. 그때로부터 약 10년 후부터는 조금씩 다니는 것이 허용되었습니다.

후에 들은 바에 의하면 그때 일체증명서를 회수하고 엄격하게 단속한 원인 중의 하나가 조선이주민들이 자유로히 떠돌아다니지 못하게 함으로써 지정된 장소에 정착시키자는 것이였다고 합니다. 말하자면 큰 새장 속에 갇히운 날새들의 신세였지요.

- 그때 꼴호스를 새로 조직하였었습니까, 아니면 그곳의 기성 꼴호

스에 편입되였었습니까?

- 이미 그 지방에 조직되여 있었던 꼴호스인 몰로또브 명칭 꼴호스에 편입되였었습니다. 이 꼴호스에서 우리 조선사람들은 여러 가지 악조건을 이겨내면서 이를 악물고 일하였습니다. 어떻게 하든지 살아 남아야 하였고 후일 옛말하여야 하였기 때문입니다. 우리 조선 사람들은 정말 불사조였습니다.

- 1937년 강제이주와 관련하여 지금까지 말씀을 많이 들려주셨는데 더 보태고 싶은 것이 있으시면 더 말씀해 주십시오.

- 지금 시대가 몰라보게 매일매일 달라지고 있습니다, 그렇고 보니 사람들의 신념이나 량심도 변하고 있는 것 같습니다. 제가 무엇을 념두에 두고 이야기하는가 하면 한때 그래도 자기로서는 한다하는 학자이느라고 자처하는 학자 한 사람이 1937년의 이주가 있었기 때문에 우리 조선 사람들이 잘 살게 되었고 문화도 개화발전되였느라고 신문에 긴 글을 써서 우리를 강제이주시킨 데 대하여 감사를 드리는 넉두리를 부리더니 요즘은 남보다 빨리 탈을 바꾸어 쓰고 조선이요, 한국이요 하면서 자기가 마치도 그 누구보다도 민족에 대한 애착이 강한 우리 민족의 앞날에 대하여 걱정하는 사람인 척하면서 나서고 있습니다. 우리는 이 학자에게서 두 가지 얼굴을 봅니다. 즉 한때는 강제이주를 합법화하면서 재쏘 조선인들이 잘 살게, 떳떳한 다민족속의 일원이 되었다고 민족에 대하여 통분해하며 민족의 장래를 걱정하는 듯한 탈쓴 얼굴을 보게 되는데 참으로 불쾌하기가 그지없습니다. 차라리 입을 다물고 있었으면 그래도 좀 나으련만…. 민족을 배반하는 역설을 퍼붓더니 지금은 자신을 '진실한 애족자(자기 민족을 사랑하는 사람)'로 가장하여도 믿을 수 없습니다. 자신에게 내가 조선사람이 옳은가를 손을 얹고 자문해야 할 때가 된 듯합

니다.

　학자란 어느 시대이건 확고한 자기의 신념과 량심으로 살아야 하며 력사의 사실을 외곡하지 말아야 합니다. 시대 앞에 부끄럽지 않는 떳떳한 학자들을 사람들은 존경하고 사랑할 것입니다.

　다시 한번 강조합니다. 력사의 사실은 외곡하지 말아야 합니다. 그렇게 할 권리가 그 누구에게도 없습니다.

16. 고려일보 1991년 1월 24일 : 〈추억〉(리길수[46])

1) 행복하였던 학창시절

　1930년 가을, 나는 국립영화대학 배우학부에서 공부를 시작하였고 최봉도도 함께 공부하였다. 조신인 대학생으로 연출학부에서 채영, 최길춘이, 촬영부에서 백나제즈, 백빠웰이 공부하였으며 동시 뿌나차르쓰끼 명칭 극장대학에서는 김영익, 권수라 등이 공부하였다.

　해마다 여름방학이면 원동의 고향집으로 찾아갔었다. 신한촌은 언제나 우리의 마음 설레는 고향이였다. 여기서 우리는 성장하였고 여기서 우리들의 첫 사랑의 꿈도 시작되어 무르익어갔다.

　1933년의 여름방학이 돌아왔다. 여름방학이 다가오니 나는 원동의 고향집으로 갈 차비를 서둘렀다.

　조선극단이 생겼다니 여름방학을 리용하여 나도 도울 일이 있으리라고 생각도 하였다. 배우학부 학생들인 우리들과 극장대학에서 공부하는 우리 동무들은 한데 모여 신한촌에 극단이 조직되였다니

---

[46] 리길수(1910~1996) 김빠웰, 태장춘, 연성용 등과 함께 1032년 블라디보스톡에서 조선극장 창설을 주도했고, 오랫 동안 조선극장 배우로 활약했다. 1935년 재소고려인 1세대 배우들 중 유일하게 모스크바에서 연극대학을 졸업했다.

우리가 어떻게 지원하여야 하겠는가에 대하여 자주 상의하였다.

원동변강조선극단이 조직되였다니 당장 그곳에 나가 일하고 싶은 것이 나의 생각이였다. 그러나 다른 동무들이 말하길 도중에 대학을 중퇴하고 일하러 간다는 것은 옳지 않다고 말들하였다.

우리는 우선 공부에 지장이 없는 채영, 최봉도, 김영익을 블라지워쓰또크로 보냈다. 이때 역에서 렬차가 떠날 때 연성용은 "조선극단 만세!"라고 소리높이 웨쳐 우리 모두의 마음을 뜨겁게 하였다….

희곡 〈장평동의 횃불〉은 연성용의 첫 장편희곡이다. 나는 이 연극에서 한 주역을 맡았는데 그 때의 일이 지금도 눈앞에 선하다. 후에 원동변강조선극장 총장으로 일한 권웍또르는 이 연극을 보고 자기의 소감을 말하면서 '떳떳한 조선극장'이라고 말할 수 있다고 말할 만치 성공적이였다.

1935년 여름, 우리는 대학을 졸업하고 재쏘 조선인의 무대예술을 꽃피우기 위하여 원동변강 조선극장으로 파견되여 해삼 신한촌으로 돌아왔다. 해삼의 사회계도 우리들을 열렬히 환영하였다.

2) 희곡 〈우승기〉

극장에서 물질적 토대나 인제문제도 중요하였으나 그보다도 더 긴박한 문제는 희곡문제였다. 신문 〈선봉〉에 소설이나 시는 발표되였으나 희곡을 쓰는 작가는 없었다. 때문에 극장에 필요한 희곡은 자체 해결하여야만 하였었다.

연성용의 〈장평동의 횃불〉, 채영의 〈동해의 기적〉, 태장춘의 〈발지경〉과 외계 작가와의 합작인 김기철의 〈동변빠르찌산〉 등이 상연되고 있었으나 극장의 발전 속도는 더 높은 수준의 희곡을 요구하였다.

이러한 시대적 요구에 의하여 극장총장 권웍또르는 공청동맹원들로 작가 브리가다를 조직할 것을 제의하였다. 이 제의에 의하여 경험있는 희곡작가인 최길춘 그리고 배우인 필자가 선출되었다.

권총장의 권고에 의하여 어장생활을 주제로 리용호 영웅을 원형으로 형상할 것이 합의되였다. 그리하여 우리는 수청, 뽀씨예트구역으로 창작출장을 떠났다.

선진브리가다인 리웅호 영웅의 브리가다와 함께 먼 바다로 나갔다. 때는 1936년 11월 6일, 바로 시월명절 전날이였다. 하늘은 맑고 바람 한 점 없는 날이였다.

-고기잡이를 험한 일로 생각한다면 큰 잘못이오. 한번은 경험없는 이웃 꼴호스배들이 폭풍을 만나 생사위기에 직면해 구원을 받은 일이 있었다오. 먼 바다에 나와 자그마한 발동선으로 고기잡이한다는 것부터가, 위험한 일이며 잘못하면 남모르게 바다 귀신이 될 수가 있다오-라고 브리가지르 리용호가 말하였다. 우리가 탄 배는 창창한 바다 우에서 갈매기 떼가 날아도는 곳에서 닻을 내렸다.

-갈매기가 많이 모인다고 고기가 많다고 생각하면 잘못이오. 어찌 되었던지 고기를 많이 잡자면 먼 바다로 나가야 하오. 우리 브리가다가 고기를 많이 잡는 비결은 먼 바다 고기잡이에 있다오-리웅호의 말이다.

그물을 펴놓고 하루밤을 푹 쉬였다. 아직 먼동이 트기 시작하지 않은 신새벽에 갑판으로 나가 그물을 그물을 끌어올리기 시작하였다. 이때 눈이 내리기 시작하였다. 첫눈이였다. 그물을 끌어올리는 어부들의 얼굴엔 기쁨의 웃음이 피여올랐다. 시월 명절에 바치는 풍어선들이였다. 우리가 탄 어선은 풍어기를 날리며 귀항하였다.

우리는 근 보름동안의 창작 출장길에서 돌아와 희곡 〈우승기〉 창작에 달라붙었다.

1937년 2월에 태장춘, 최춘길, 리길수 합작 희곡〈우승기〉가 처음으로 무대에 올랐다. 연극 〈우승기〉에 대한 시연이 끝난후 합평에서 이구동성으로 좋은 평을 받았다.

희곡 〈우승기〉는 원동조선인생활에서 중요한 자리를 찾이한 어장을 주제로 한 작품이라는 점에서 높이 평가되였었다. 원동변강예술부는 연극〈우승기〉를 성과적으로 공연한 극장집단을 표창하였다. 그러나 연극 〈우승기〉의 운명은 이것으로 끝났다. 1937년의 강제이주후 탄압의 대상으로 된 이 연극은 다시 빛을 보지 못하였다. 쓰딸린의 탄압으로 조선사람의 바다의 영웅도 없어지고 바다도 멀리 가 버렸다.

17. 고려일보 1991년 1월 29일 : 〈우리는 누구인가〉란 기사를 읽고 (역사를 외곡하지 말자)(성점모[47])

〈레닌기치〉 12월 23일호에 실린 〈우리는 누구인가?〉란 강상호 씨의 기사를 읽고 느낀 점을 말하지 않을 수 없다. 우선 필자가 기사를 쓰면서 어떤 력사문헌들을 참고했는지는 모르겠지만 그의 일부 내용, 결론에 동의할 수 없다. 필자는 곳에 따라 력사를 외곡하고 있다는 것을 유감스럽게 지적하지 않을 수 없다. 그는 다음과 같이 썼다 : "로일전쟁 이후 1905년에 일본이 강제로 조선을 자기의 보호 통치국으로 만들고 '조선'이란 국명을 취소하고 '대한'이라고 부르게 하였다."

이것은 사실과 영 정반대되는 말이다. 일본과 한국에서 출판된 력사책들을 참고하면서 순서적으로 말해보려 한다.

---

47. 싸할린 〈새고려신문〉 주필.

사실 서기 918-1392년이 고려왕조시대였다. 1238년 몽고대군이 고려 전국을 짓밟았다. 국민의 일치단결과 1382년 명나라가 중국 전도를 지배하게 됨으로 고려는 비로소 몽고의 간섭을 받지 않고 행정체제의 재정비를 할 수 있었다.

그러나 나라에서는 토지제도의 개혁문제, 불교와 유교간의 충돌로 하여 사회정치가 문란해졌다. 이때 36년간 나라 남북의 무장충돌에서 명성을 떨친 고려왕조의 무장 리성계가 1392년 나라 정권을 잡고 왕위에 올랐다. 그는 나라의 이름을 '조선'이라고 고치고 수도를 한양(지금의 서울)으로 옮겼다. 이렇게 조선왕조시대가 시작되었다.

조선왕조의 증거에 지배계급이였던 량반들 가운데 문신들이 글에만 정신을 넣고 무술에 대해서는 근면하지 못했다. 이렇게 나라 국방력이 약해졌다. 이때 일본 도요또미 히데요시가 명나라를 치겠다는 구실하에 15만 대군을 가지고 조선을 침략해 들어왔다. 조선왕조와 군력은 그것을 막아설 힘이 없었다. 만행에 분개된 국민은 일본인들을 추방할 의병들을 모집하고 각 지방에서 일본군에 대항하여 나섰다. 1896년에 친일 개화당의 김홍집, 정병하 등은 반일 폭등을 일으킨 민중의 손에 죽고 어떤 자들은 일본으로 망명해 버렸다.

1897년 10월 조선왕정부(고종왕)는 나라의 이름을 '대한제국'으로 개칭하였다. 이렇게 나라는 완전한 자주독립국으로 많은 나라들의 시인을 받게 되었다.

그러나 유감스럽게도 '한국'은 13년밖에 존재하지 못했다. 이또 히로부미가 안중근의사에 의해 사살당한 사건을 동기로 일본은 한국 침략계획을 급속히 추진시켰다. 륙군대장 데리우찌를 한국통감으로 임명했다. 1910년 8월 헌병대와 경찰력을 비상충돌시켜 서울의 각 요소들에 엄중한 경계망을 쳐놓고 데리우찌는 한국정부 마지막 회의를 소집하여 한일합병조약에 조인하도록 했다. 결과에 한국은 일본 식민지로 되었다.

한국합병에 성공한 일본은 '한국통감부'를 '조선총독부'로 개칭했다. 이렇게 나라를 다시 '조선'이라고 부르게 된 것이다. 일본이 강제적으로 '조선'으로 고치게 한 것이 우연치 않다. '조선'-이것은 아침의 신선이란 뜻인데 해가 돋으면('일본'이 '해돋는 나라') 아침의 신선은 없어진다. 다시 말해서 일본이 번영하면 조선은 자연히 망하게 된다는 민족주의적 야망의 뜻을 두고 있었다. 때문에 '조선'이란 나라 이름이 그들한테는 적당했던 것이다. 력사의 진실은 바로 이러하다.

1919년 1.1봉기 이후 애국자들은 중국에 대한 민국림시정부를 설립했다. 북조선의 력사를 보면 거기에는 1897년에 '대한제국'이라고 나라 이름이 개칭한 데 대한 말이 없고 1910년 일본사람들이 '한국'을 강제적으로 '조선'이라고 하게 한 말도 없다. 그러나 북조선의 사전에 '한국말년', '한글', '한복'이란 말들이 있다. 이것은 '한국'이 있었다는 것을 인증하는 것이라고 생각한다. 일본사람이 강요한 국명 '조선'을 앞으로 쓸 필요가 없다고 본다.

〈우리는 누구인가〉의 필자가 말하는바와 같이 현재 쏘련에서 우리 민족은 세가지 이름을 가지고 있다. 즉 '한인', '조선인', '고려인'으로 부르고 있다. 그런데 쏘련에서 전쟁전까지 살았던 우리 동포들이 어떤 리유로 자기들을 '고려인'이라고 부르게 되었는지 모르겠지만 그것이 옳다고 말할 수 없다. 왜냐하면 '고려시대' 때는 '고려인'이 옳은 것이였다. 그러나 그 뒤에 나라의 이름이 달라졌으니 그대로 '한인'이라고 하는 것이 가장 옳다고 생각한다. '조선'이라고 나라를 부른 때가 있었지만 마지막 국호는 '한국'이 아닌가? 그 뒤에 일본이 강제적으로 부르게 한 '조선'은 취소해야 할 것이다.

물론 강제적으로 '고려인'이라고 하라, '한인'이라고 하라, '조선인'이라고 하라고는 할 수 없다. 자기가 '한인'인가, '조선인'인가, '고려인'인가하는 것은 각자가 자체로 결정할 것이다. 그러나 가장 옳은 것은 력사를 따라야 한다는 것을 다시 한번 강조하고 싶다.
　우리 싸할린에서는 다수가 '한인', '한반도'로 하는 것에 동의하였으며 〈새고려신문〉에도 그렇게 쓰고 있다.

　18. 고려일보 1991년 4월 23일 : 〈평범한 고려인의 평범한 생활경력〉(황정만에 대한 김브루트[48]의 탐방기사)
　1931년도였다. 뚤라시 철도역에는 방금 와 선 기차에서 내린 파리하고 키가 작은 축인 사내아이가 서 있었다. 행인들은 타곳 손님을 이상스럽다는 듯 쳐다보았다. 그가 지방 사내아이가 아니라는 것은 인차 눈에 띄였다. 첫째로 외모상 아시아사람이고 둘째로는 확실한 모국어투로 로씨야말을 하였고 셋째로는….
　-도시와 사람들이 전혀 낯설었습니다. 보통 친구들과 이웃들은 황멜리만으로 알고 있는 꾸일류크 주민인 80세로인 황정만은 이렇게 회상담을 시작하였다.-첫순간에는 어디로 갈지도 몰랐습니다. 이틀 밤은 쓰레기통에서 잤고 도시 약국 말로동자로 파견되여 가기 전에 두 번이나 로동소개소로 갔었습니다.
　-어째서, 어떻게 뚤라로 가게 된 데 대해서는 길게 말을 해야 됩니다. 나의 아버지는 내가 9살이 되었을 때 세상을 떠나시였습니다. 때문에 나는 형님의 집에서 살 수밖에 없었지요. 말이 났으니 말이지 그 형님은 원동 조선인빠르찌산의 유명한 빠르찌산대장이였으며 후

---

[48]. 고려일보 기자.

에는 쏘베트및당일군으로 일한 황운정입니다. 그 형님에 대해서는 김 찌모페이 마트웨예위츠가 쓴 〈원동에서의 쏘베트정권을 위한 투쟁에 참가한 조선인국제주의자들〉이란 책에도 있습니다.

좀 자라자 황정만은 집에서 나갔다. 어째서 나갔는지 그는 말하지 않았다. 그러나 그는 형님과 40년이 지난 후 다 늙어 몰라보게 되었을 때 알마아따에서 만났다.

루끼야노브란 지주에게서 고용살이를 하였다. 집안과 농장에서 시키는 일을 다 한 대가로 주인은 한달에 30루블리를 물어주었다. 얼핏 보기에는 적지만 그때의 30루블리란 딸라의 가치보다 얼마 떨어지지 않았다. 례로 꿀바싸 한낄로그람에 60꼬뻬이까를 하였고 술 한병에 50꼬뻬이까였다. 집단화, 가물, 흉년, 중국 민족주의자들과의 군적 대립 등으로 하여 시기는 아주 어려웠다.

소년은 공부를 몹시 하고 싶었다. 혁명은 사람들에게서 향학열을 북돋아주었던 것이다. 가장 어려운 시기에도 황정만은 이런 희망을 버리지 않았다. 그런데 그때 주인은 말을 잘 듣고 부지런한 머슴을 오래 동안 내놓기 싫어하였다. 그래서 황정만은 직업동맹에 방조를 구하였다. 그리하여 자기가 요구한 바를 이룩하였다.

번 돈으로 그는 쌀 한 뿌드를 사가지고 니꼴쓰크-우쑤리쓰크로 농민청년학교에 입학하러 갔다. 조건은 그닥잖았지만 아주 열심히 공부를 하였다. 학교에서는 600그람의 홀레브외에는 아무것도 내주지 않았다. 한창 자라는 몸으로서 물론 이런 량의 식량은 모자랐다. 배가 몹시 고플 때는 아이들은 중국사람들을 찾아가 그들에게서 강냉떡을 사먹귄 하였다. 그러면 언제나 비여있는 창자를 좀 적실 수 있었다. 여름에 정만은 벽돌공장에 가 흙을 이기는 일을 하여 돈벌이를 하였다.

어느 날 황정만은 면목이쓴 사람들을 통하여 로씨야도시 뚤라에 조선인학생들이 있다는 것을 알게 되었다. 그러자 학교를 졸업한 후 거기로 가 볼 결심을 하였다. 공장에서 일을 하면서 그때 돈으로는 적잖은 400루블리란 돈을 저축하여가지고는 역전으로 가 기차표를 사고는 '파란곡절이 많은 우쑤리야, 잘 있거라!'-속으로 말하며 떠나갔다. 그때부터 미지의 세 생활이 시작되었다.

뚤라에는 실로 조선사람들이 살고 있었다. 이 사람 저 사람에게 물어봐 가며 정만은 쓰빠쓰크출신 리형선과 벌써 가정생활을 하였고 지방의학대학에서 공부하고 있었다. 바로 그가 자기 어린 동향인-동포로하여금 새 생활조건에 순응되게 도와주었고 대학 예비과에 들어가는데 도와주었으며 다음에는 당당한 대학생으로 되게 하였다.

그의 말에 의하면 그 시절은 그의 젊은시절의 가장 행복스러웠던 나날이였다고 한다. 경제와 문화에서 달성한 대성과와 온 세계가 감탄한 북극탐사대원들과 비행사들이 달성한 성과에 충격된 사람들의 창발력과 함께 수밀리온 쏘련사람들의 운명을 위해 불길한 역할을 논 눈에 보이지 않는 과정이 나라에서 벌어지고 있음을 그는 짐작할 수 없었다.

황정만은 계속하여 다음과 같이 말하였다.
-나는 벌써 2년이상 대학에서 공부하고 있었습니다. 살기는 기숙사에서 사말로브와 쏠로위요브라는 로씨야인 학생들과 살았습니다. 아주 친숙하고 유쾌하게 살며 공부하고 있었는데 1935년 11월 5일 뜻하지 않은 믿기 어려운 일이 생겼습니다. 기숙사로 내무인민위원부일군들이 와 나를 체포하였습니다. '인민의 원쑤'라는 죄명을 씌웠

지요. 이런 것이 가능한가를 참으로 믿기조차 어려웠습니다. 이것은 터무니없는 오유이니 내무기관은 나의 과거를 정직하고 객관적으로 조사해본 후 석방시켜 주리라고 믿었습니다….

어리석은 사람이였다! 그렇기는 하지만 공산주의 리상은 헌신적으로 믿어온 이 청년이 벌서 그때 당시 사회체계의 깊이에서는 자기 자체의 인민을 반대하는 게노찌드(인종말살)의 잔인한 계획이 성숙 되여 갔고 벌써 그때 반고려인 깜빠니야가 시작되였다는 것을 도저히 알 수가 없었다.

정만에게 있어서 더 크게 의외적인 것은 그의 동급생인 쏠로위요브가 자기를 밀고하고 반대하는 중인으로 된 사실이다. 예심원 마쌀리쓰끼(로인은 그런 사람들의 성을 아직도 기억하고 있었다)가 조직한 대심시에 쏠로위요브는 황정만이 정치적 생채를 띤 우스개 말을 하였고 반쏘선전을 하였다고 예심원에게 말하였다.

-생각컨대 쏠로위요브는 예조브의 지도하에 있던 당대의 내무기관에 매수되였던 수많은 개짓을 한 자들의 하나였을 것입니다. 그 아네크도트(우스개말)를 자신이 나에게 말해 주고 자신이 반쏘적인 말로 교사하였습니다.

결과 그는 5년 동안의 억울한 감옥생활을 하게 되었다.

-크라쓰노야르쓰크 이송자형무소에서 내가 겪은 참상을 언제라도 잊을 수 없습니다. 밖에서는 사나운 추위와 눈보라가 아우성쳤지만 우리는 되는 대로 입고 있었습니다. 사람들은 감자 껍질 때문에 서로서로 목이라도 물어뜯을 수 있는 짐승으로 되어버렸습니다. 굶주림과 질병, 감옥 책임자들의 전횡 때문에 그때 사람들이 얼마나 희생되였는지 누구도 말할 수 없습니다. 그런데 그들 중 많은 사람들은 나와 마찬가지로 아무런 죄도 없이 형벌을 받은 사람들입니다.

이전 의학대학 학생으로서 정만을 감옥병원에서 일하게 하였다. 굶주림과 힘겨운 로동으로 하여 여월대로 여위고 지칠 대로 지친 수인들로서 병원에 입원한다는 것은 최고의 행복이였다. 병원에 눕기 위해 무슨 짓인들 안했으랴! 일부러 몸에 상처를 내기도 하고 못도 삼키군하였다. 그러나 대부분 사람들은 병원에 자기 의사에 따라 입원한 것이 아니다. 1937년도에 대폭적으로 전파된 전염병인 장질부사는 수백, 수천명의 인명을 빼앗아갔다.

만일 감옥병원에서 보낸 나날을 그렇게 부를 수 있다면 그 비교적 자유로운 생활의 나날은 얼마 오래 가지 않았다. 1937년 가을 아무런 원인도 없이 그를 마릐수용소에 되돌려보냈다. 거의 매일 보다싶이한 철로를 통해 그해 가을 그의 동포들을 실은 수백 화물렬차가 동쪽에서 서쪽으로 달린다는 것을 그때 그는 모르고 있었다.

그 준엄한 나날에도 정만은 미래에 대한 신망을 잃지 않았다. 별의별 변고가 있어도 보관해온 의학책 한권을 열심히 연구하였다. 감시병은 그를 비웃고 멸시도 하였다. 그러나 어느 날 감옥 책임자의 지시에 따라 그 책을 압수하였다. 정만에게 있어서 이것은 가장 큰 타격이였다. 그러자 그는 극단적인 반항책으로 단식을 선언하였다. 놀라운것은 비록 이것은 소극적인 반항책이지만 자극을 주었다. ○○○○○○○새만에 그 수용소장에게 불리워 가 오래동안 담화를 한 후 책을 돌려주었다.

황정만은 자기에게 해당한 기간을 끝까지 앉아있다가 1940년 11월 5일에 석방되였다. 뚤라로 다시 돌아가는 것은 그에게 허락해주지 않아 수용소에 같이 앉아있던 또크마크(끼르기시야)출신인 한 수인의 충고에 따라 거기로 갔다. 또크마크에서는 그를 아주 반가이 받아주었던 것이다. 감옥에 갇혀있는 세대주의 기별을 가지고 왔기 때문이다. 그러나 아무리 반갑게 마중해 주었어도 하루 이틀이 지나자 더는 남의 집에서 나들이를 할 수 없었다. 그래서 그 집에서 나와 한 둔간인 집에서 며칠 살았다. 그때 공민증취급소에서 와 그의 신분을 알게 되자 24시간내에 도시에서 떠나갈 것을 강요하였다. 둔간인은 그를 바래다주면서 프룬세시에서 얼마 멀잖은 곳에 조선인 마을이 있다는 것을 알려주었다. 일정한 직업도, 거주지도 없는 '이전수인'은 그곳으로 발길을 옮기였다.

무성한 갈밭을 지나가면서 그는 갑자기 조선말소리를 들었다. 그러자 어찌나 반갑던지 가슴이 뭉클해지고 눈물까지 나왔다. 학교에서 돌아오는 아이들이 떠드는 소리였다. 그 학생아이들이 원동에서 이주해온 조선인 마을로 데려다주었다. 마을에는 동향인이나 면목 있는 사람이란 하나도 없었다. 거기에서 알게 된 것은 마을의 대부분 남정들은 1938년도에 체포되였고 누구도 돌아오지 않았다는 것이다.

그 마을의 한 집에서 하루밤 쉬고는 조선인 꼴호스들이 많다는 우스베끼쓰딴으로 떠나갔다. 따스껜트로 오자 꾸일류크에 들렸다가 안그렌에 있는 탄광을 찾아갔다. 그러나 그의 쇠약해진 건강으로는 탄광에서 오래 일할 수가 없어 니즈네치르치크구역 '노위 뿌찌' 꼴호스 부업경리의 막로동자로 취직되였다. 그리하여 가축사를 청소하는 일, 사료를 나르는 일 등 시키는 일을 꾸벅꾸벅하였다. 축산기수는 그가 약에 대한 상식이 있는 것을 알게 되자 위생원으로 일할 것을 권고하였다.

그때 당시 건강상태는 몹시 나빴다. 어느 날 그를 죽은 사람으로까지 인정하게 되었다. 그 사연은 아래와 같다. 기숙사에서 살고 있을 땐데 그전부터 앓고 있던 좌골신경통이 더 심해지자 그를 양기율

병원에 입원시켰다. 친척도, 가까운 사람도 한 사람 없기 때문에 누구도 병문안을 하러 오지 않을 것만은 사실이다.

전쟁이 끝나자 그는 복교해 보려고 뚤라 의학대학에 편지를 썼다. 그러나 알려진 바와 같이 조선사람들은 정해진 구역경외에로 나가는 것은 금지되여 있었다. 다만 1951년에야 황정만은 자기의 소망을 실현시킬 수 있었다. 그런데 그전에 공부하던 의학대학인것이 아니라 수의전문학교에 입학하였다. 그 전문학교를 졸업한 후 우르따싸라이 농기계뜨락또르임계소 축산기수로 취직되였다. 다음엔 또이떼빠 가축병원에서 일하다가 1987년도에 년금생활로 나왔다.

가정형편을 말한다면 전쟁직후 그는 장가를 들었고 아들과 딸을 보았다. 그의 아들 표도르는 지금 쩰리노그라드 농업대학 강좌장으로 일한다. 한마디로 말해서 최근 10년간의 그의 생활은 그만하면 안착되였다고 말할 수 있다.

꾸일류크주민인 로인이 이런 자기 생활력사를 말해 주었다. 생활이란 이런 법이다. 비극도 실현되지 않은 희망도 있고 매일매일의 힘겨운 로동과 자그마한 기쁨의 뒤엉키움이 우리들의 보통생활인 것이다. 황정만 같은 운명의 길을 걸어론 사람이 한두 사람이겠는가? 아니다. 온 세대가 그런 처지에 처해 있다. 우리 아버지들과 할아버지들의 세대가 다 그런 생로를 걸어왔다. 무엇 때문에 그런 고통을 겪었고 무슨 죄 때문에 탄압과 멸시를 받았는가? 리성은 이런 항의를 하고 가슴의 쓰라림은 멍으로 되었다.

때때로 황정만은 쓰딸린시기의 감옥생활과 험준한 전쟁 및 전후 복구시기에도 버리지 않고 끝까지 보관해 온 그 한 권 의학책을 꺼내들군 한다. 그리고는 너무 오래 되어 이젠 다 노래진 책장들을 그저 어루만져보기도 하고 여러 번 읽은 글줄들을 다시 또 다시 읽어

보군 한다. 그에게 있어서 이것은 그저 책이 아니다. 교도인들의 호신부일 것이고 예수교인들의 성경책이나 다름없을 것이다. 그 책에서 그는 세기의 현명성을 찾아보고 선과 정의의 승리에 대한 끝없는 신념을 찾고 그저 살아남은 것이 아니라 인간으로 남아있을 수 있은 마음의 힘을 그 책에서 얻었던 것이다

19. 고려일보 1991년 6월 4일, 6월 26일 : 〈운명〉(렴홍철에 대한 남경자[49]의 탐방기사)

나의 대화자인 렴홍철선생은 북부조선의 함경남도 단천군에서 태여나 어린 시절을 보내셨다. 1923년에 간도(오늘의 동북중국지방)에 건너갔고 1927년에 룡정시 동홍중학교를 졸업하셨다. 룡정일대는 민족주의자들로 붐비였으니 이때부터는 민족주의가 빛을 잃기 시작하였고 그 대신 공산주의운동이 새롭게 발전하는 시기이기도 하였다. 그리하여 동만공산주의청년총동맹이 조직되기도 하였다.

1928년에 있었던 간도공산당사건으로 일본인들에게 70~80여명의 공산당원들이 체포구금되기도 하였다.

이때에 렴홍철 선생은 해삼으로 망명하게 되였다. 그 후 조직의 파견으로 할빈지역에 나가 공작하다가(당시는 일제가 만주국을 만들던 시기) 다시 쏘련으로 망명하였었는데 니꼴스끼-우쑤리쓰크에 와 7년제학교에서 수학을 가르쳤다. 이 시기에 조선너어와 문학을 배워주던 조명희선생과도 면목을 익힐 수 있었다.

1933-1934년 이 시기엔 서로 만나면 간밤에 누굴 체포해 갔소라는 새 소식으로 수군덕거리는 때였다. 체포되여 간 사람들은 거의나 다

---

49. 고려일보 기자

가 지식층이였고 지어 어떤 때에는 죄없이 잡혀간 사람들이 많았다.

렴홍철 선생은 로동수용소에서 보고, 느끼고, 듣고, 체험한 사실들을 보탬없이 이야기하였다.

세월의 흐름따라 피눈물 나는 체험자들마저도 남을 따라 점차적으로 사라져가고 있다. 그러나 이 사실은 자라나는 새세대들에게 꼭 알려주어야 하며 그렇게 하는 것이 기성세대의 의무인 것이다.

-언제, 어디서, 누구에 의하여 체포되였으며 그 리유는 무엇이였습니까?

-1934년에 소왕령에서 한천일이라는자(그는 문맹자였으며 국경일대에서 밀수입자들을 잡는 일을 하는 과정 공헌을 세워 비밀경찰에 들어 일하고 있는데 그 당시 수많은 우리 동포들을 체포했다)에게 체포되였습니다. 글쎄 내가 일본 첩보로 밀정이라는 것이였습니다. 말하자면 형법 제58조 6항에 따라 반혁명분자로 체포한다는 것이였습니다.

체포 후 심문방법은 밤잠을 재우지 않고 심문을 계속하는 것인데 잠을 못 자다 보면 정신상태가 몽롱해지며 지어는 정시을 잃게 되는 경우까지 있게 되는데 그때면 찬물을 끼얹어 정신들게 하였습니다. 그들은 저더라 일본놈들의 간첩임을 승인하라고 졸라대며 으르렁거렸습니다.

나는 일본놈들의 간첩이 아님을 주장하는 한편 나의 신분에 대하여 국가련합정치관리국(쏘련 인민위원부 직속기관으로 1922년부터 1934년까지 존재하였었다)에 조회할 것을 강경히 요구하였다.

그때로부터 며칠이 지난 후 나를 불러내더니 나에게 적용되였던 형법 제58조 6항은 취소하고 그 대신 형법 제58조 4항을(국제자본주의와 련계) 적용한다는 것이였습니다. 일은 이것으로 끝난 것이 아니고 결석재판을 실시하여 저에게 10년 징역이라는 언도가 내렸다는 것이 아니겠습니까!

　억울하기 그지없었습니다. 무엇 때문에 열흘도 아닌 10년이란 형을 받게 되었는지 알 수가 없었습니다. 반혁명정치범이란 딱지가 붙은 채로 소왕령의 큰 감옥으로 옮겨갔습니다. 모두 100여명의 '죄수'들을 줄세워 어마어마한 경비 속에 호송되었습니다.

　-소왕령감옥생활의 이모저모에 대하여 말씀해 주십시오.

　소왕령 감옥은 죄인들로 꽉 차 있었습니다. 그 정도를 설명할 필요가 있을 것 같애서 이야기합니다만 발을 펴고 누울 수 없을 정도였습니다. 그 속에 우리 고려인들만도 몇 백명 되었었습니다…. 이렇게 감옥살이가 시작되였습니다.

　하루는 우리들을 멀리 실어간다는 말이 있었습니다. 아닌게 아니라 짐승들을 실어서 나르는 화물처럼 차에 실렸습니다. 우리들을 태우고 달리는 렬차의 길이는 얼마나 되는지 헤아릴 수 없었습니다. 우리는 몇 주일 후에 하바롭쓰크역을 통과하였는데 이때인즉 이때인즉 이르꾸트쓰크와 하바롭쓰크간에 철길을 복선으로 만들 때였었는데 이 공사에도 죄인들이 동원되였었는데 람루한 옷차림에 부들부들 떨고 있는 모습은 눈뜨고 볼 수 없었습니다. 총칼을 엄한 경비진에 둘러싸인 이 작업현장을 본 모든 사람들은 마치도 지옥을 헤매고 있는 기분이였습니다.

　우리는 근 1개월여에 걸친 '렬차려행' 끝에 그 '유명'한 마린쓰크에 도착하였습니다. 이곳은 말 그대로 마린쓰크도시 전체가 수용소였습니다. 저는 난생 처음으로 사람들이 이렇게도 많이 붐비는 곳을 보았는바 지어는 어리뻥뻥하기까지 하였습니다. 이곳에서 매일 각처로 죄인들을 분배하였습니다. 이곳에서 매일 각처로 죄인들을 분배하여 보내기도 하였는데 저 자신도 어느 농촌으로 가는 명단에 적혀있었습니다.
 며칠 후 저희들 일행 50여명은 7~8명의 호송병들이 총칼을 받쳐들고와 저희 죄수들을 줄세우고 걸으라는 것이였습니다. 길도 없는 산중으로 몰았습니다. 휴식은 없었습니다. 해가 지고 밤이 깊었는데도 저희들을 걸으라고만 하였습니다. 다리가 말을 듣지 않아 걸을 수 없을 정도까지 걸었습니다. 더는 갈 수 없게 되자 우리들은 덮어놓고 풀밭에 들어앉아 어린애가 떼를 쓰듯 하였습니다. 호송병들도 기진하다보니 쉬게 되었는데 아마도 저희들은 눈을 붙이고 잔 모양인데 눈을 떠 보니 벌써 먼동이 터 오기 시작하였습니다.
 날이 밝자 말을 탄 사람 하나가 다가오더니 저희들더러 "면바로 자리를 잡았다."는 것이였습니다. 알고 보니 이곳 이 깊은 산중이 저희들 죄수들이 살며 일할 곳이였습니다.
 우리는 여기에 짝을 지어 밤에 잘 수 있는 풍막을 지었습니다. 다음날 아침에 가마와 식사도구 일절을 실어왔었고 며칠만에 처음으로 더운 음식을 먹을 수 있었습니다.
 다음 날부터 우리들은 새치기(풀베기)에 동원되었습니다. 그런데 저는 난생 처음으로 낫을 쥐게 되었는데 새풀을 베여 넘길 수 없었습니다. 낫을 다룰 줄 모르다보니 힘만 들고 결과는 없었습니다. 이렇게 고역에 시달리고 저녁에 풍막에 돌아오면 아무런 생각도 없었습니다. 죽으려고 하여도 죽을 맥이 없었으며, 소변보러 일어서서 가야 하겠는데 맥이 없어서 일어설 수가 없었습니다. 그러니 누워서 근심만 하였지요 그러나 이 고역은 다음 날도, 또 다음 날도 계속되여야 함으로, 이렇게 10년을 살아야 할 생각을 굴리니 까마득하였고 죽을 생각밖에 나질 않았습니다. 생각 끝에 죽기로 마음먹었습니다. 죽되 어떤 방법으로 죽겠느냐가 문제였는데, 그 방법을 이렇게

택하였습니다. 일을 하다가 보초병이 보는데서 뛰여 달아나면 즉시로 서라고 고함을 칠 것이고, 그래도 서지 않으면 총을 쏠 것이므로 보초병의 총에 맞아 죽기로 결심하였습니다.

그런데 공교롭게도 죄인중의 한 사람이 행정당국에 제가 도주를 준비한다고 밀고하였습니다. 그래서 행정책임자가 저를 불러 "네가 도주를 준비한다는 보고를 받았는데 이 말이 맞느냐?"고 묻는 것이 아니겠습니까 그래서 저는 이 이상 저의 생각을 숨길 필요가 없다고 생각하고 "도주가 아니라 죽기로 결심하였다."고 말하니 "왜 그런 생각을 하게 되었느냐?"고 반문해왔습니다. 그래서 저는 이렇게 대답하였습니다.

"지금 나는 죽을 힘도 없다. 그러니 이렇게 10년을 살기보다는 차라리 지금 죽는 것이 나에게서는 행복하기 때문이다…" 이 말을 듣고 난 그 사람을 깊은 생각에 잠겨 있었습니다.

"당신의 생각을 잘 알았다. 아무런 딴 생각도 하지 말고 1주일만 기다려 달라. 1주일 후에 내가 꼭 당신을 찾겠다…" 과연 1주일 후에 그 사람이 와서 하는 이야기인즉 이러했습니다.

"너에게서 보초를 뗀다. 이 편지를 가지고 물곬을 따라 내려가라. 그러면 거기에 전보대가 나타날 것이다. 그 전선을 따라 해 돋는 쪽으로 얼마가면 양마장이 나타날 것이다. 그 양마장 책임자에게 이 편지를 전하라…"

나는 그가 시키는 대로 길을 떠났습니다. 그러나 보초가 날 지키지 않는다는 그의 말을 믿을 수가 없었습니다. 주위를 두리번거려도 보초병은 없었고 날 따라오는 사람도 없다는 것을 확인하였습니다. 양마장 책임자에게 편지를 전하니 그는 나에게 숙소를 정해주었고 다음 날부터는 감자밭 관리를 위임하였습니다.

이때 저는 이런 환경에서 생활이라면 10년을 살 수 있겠다고 생각하였습니다. 며칠 후 나를 이곳으로 보낸 사람이 찾아와 어떻게 지내느냐고 문안하였는데 그때 나는 그에게 정말 진심으로 감사를 표시하였습니다. 그런데 그는 또 말하기를,

"래일부터는 식당일을 책임지라."고 하였습니다. 로동수용소에서 식당 취사원의 자리를 차지한다는 것은 말그대로 하늘의 별따기인 것입니다. 식당일을 책임지라고 한 리유는 동양사람들은 원래 작식을 잘 할 줄 안다는 것이였습니다.

이렇게 되어 나에게는 살아날 구멍수가 또 생겼습니다. 마린쓰크 수용소에 고려인 죄수들이 몇백 명 있었는데 그들 중 형사범은 단 한사람도 없었고 모두가 정치범이였습니다. 원동에서 혁명가들과 지식있는 사람들에 대한 대검거가 시작되였습니다. 이들도 마린쓰크수용소에 압송되여 왔습니다.

그후 정치범들은 모두가 북빙양근처에 있는 우흐따라는 곳으로 이송되였는데 그곳은 무인지경이고 철길이 없고 자동차길도 끝나는 곳이여서 여름이면 모기떼만이 욱실거리는 곳이였습니다. 두루 살펴보니 집은 2채밖에 없었습니다. 그래도 살아야 하겠기에 땅을 파고 반토굴집들을 지었습니다.

얼마 후에 우르따까지 철길이 련결되였고, 진펄인 워르꾸따까지의 철길 공사가 시작되였는데, 그곳에 죄인들이 투입되였는데 식량부족(공급이 제대로 되질 못하여)과 추운 겨울과 병으로 많은 죄수들이 죽었는데, 워르꾸따로 가는 철길은 백골우에 놓여졌다고 말할 수 있을 정도로 죽은 죄수들이 많았습니다. 우흐따수용소에서는 목재채벌을 시켰습니다. 그런데 하루는 군인들이 온다는 말이 전해져 왔습니다. 자동차에서 내리는 사람들을 보니 모두가 젊은 고려인 청년들이였

었습니다. 알고 보니 믿을 수 없는 민족으로 청년들을 군대에 가져가지 않자 항의를 제출하였더니, 1926년생만을 군대에 징모한다는 구실로 전부 모아서 이곳 목제수용소로 실어왔던 것이였습니다. 군대로 간다고 마을 사람들은 군악으로 전송하였는데 와보니 죄인들이 함께 일하지 않으면 안되는 '죄인'들로 된 셈입니다.

이렇게 갇혀 채벌에만 몰두하다보니, 1937년 강제이주에 대한 소식도 모르고 계속 편지를 띄웠으나 소식 한 장 없어서 이상하다고 생각해 왔습니다. 지어는 아마도 다 죽은 것으로만 생각했었습니다. 그러다가 후에 실려온 사람들에게서 고려인들은 다 이주되여 원동에는 고려인 그림자도 없다는 것을 알게 되었습니다. 우리 민족이 무엇을 잘못하였기에 민족적 불신과 천대를 받아야 하는가?

죄 아닌 죄를 지고 잡혀 감옥과 수용소에서 하루 아침이슬과 같이 쓰러져간 사람들의 수는 다 헤아릴 수 없습니다. 1930년대에 있었던 민족적 멸시와 천대를 받았던 몇 안남은 중인중의 한 사람인 나는 후대들에게 흘러간 력사적 사실을 알려줄 무거운 의무가 있다고 생각하여 사실 그대로 말합니다. 물론 내가 겪은 사실은 전형이 아닙니다. 이보다 더 혹독한 생활의 길을 걸어온 사람도 있을 것입니다. 우리의 자라나는 새 세대들은 행복하게 자라고 있습니다. 행복하면 행복할수록 우리가 누구의 자손인가를, 왜 고국과 머나 멀리 떨어진 카사흐쓰딴이나 우스베끼쓰딴에 뿌리가 내려졌는가를 반드시 알고 있어야 합니다.

사실은 그대로 세상에 밝혀져야 합니다!

20. 고려일보 1991년 8월 2일 : 신한촌(회상기)(리길수[50])

1932년 원동변강조선극장이 블라지워쓰또크 꼬레이쓰까야 쓸로본까 즉 해삼 신한촌에 자리를 잡고 조직된 것은 우연한 일이 아니다.

로련원동조선사람들의 수도라고 불리운 신한촌은 아무르만의 푸른 물이 내려다보이는 언덕우에 자리를 잡고 있었다. 거기에는 9년제학교, '쓰딸린'구락부, '선봉'신문사, 당학교, 로동학원, 조선말라지오방송국, 조선사범대학 등 조선사람들의 문화교육기관들이 집중되여 있었으며 또 오래전부터 조선의 애국렬사들이 광복의 뜻을 이루기 위하여 전략과 전술을 닦던 곳이기도 하다. 이렇듯 신한촌은 많은 인재들을 양성하여 원동의 쏘베트주권 수립과 조선해방운동에 큰 기여를 한 유서깊은 곳이다.

블라지워쓰또크 시가지에서 올라오느라면 신한촌 입구에 '독립대문'이 높이 솟아있었다. 신한촌은 꾸뻬롭쓰까야 빠지-소위 '개풍거리'와 뻬르와야 레츠까-속칭 '거우제'를 이웃하고 있었으며 촌안에는 하바롭쓰까야, 아무르쓰까야, 멜리니꼽쓰까야, 젤레즈노도로즈나야 거리들이 평행으로 지나가고 그것들을 이으며 서울거리가 가로질러 내려가고 있었다. 촌 중앙에는 9년제학교 교사들인 2층, 3층 벽돌거물이 있었고 '쓰딸린'구락부, 진료소, 주택공리조합사무소, 공리사 식료품 상점들이 있었다. 아무르만을 따라 블라지워쓰또크에서 모쓰크와로 가는 급행렬차는 신한촌에서 한눈에 바라다보였다. 신한촌은 참 경개가 좋은 곳에 자리를 잡고 있었다.

쏘베트주권이 수립되기 전에는 '한민학교'가 관립으로 있었고 그 밖에 '장로교'의 '백산학교'와 '삼일녀학교', '감리교'계통의 '영신학교',

---

50. 카사흐공화국 공훈배우.

'단군교'의 '동흥학교'가 있었고 또 '천도교'와 '희랍교'계통의 학교들도 있었다. '희랍교'계통의 학교에서는 순전히 로어로 교수를 하였다. 그리고 블라지워쓰또크시 김나지야에서 공부하는 조선학생들도 많았다.

1920년 4월에 정변이 일어났다. 돌이켜보건대 그것은 바로 3.1운동이 있은 한해 후의 일이였다. 일본제국주의침략자들은 신한촌학교와 신문사를 불사르고 많은 조선사람들을 학살하고 체포하는 만행을 감행하였다. 그리고 놈들은 신한촌에 '헌병대'를 설치하여 일본을 반대하여 싸우는 독립투사들과 그들을 동정하고 후원하는 사람들을 잡아내려고 눈에 쌍심지를 돋구고 발악하였다. 일본헌병대의 앞잡이로 개질을 하는 놈들도 있었다. 그러나 신한촌에는 독립운동과 혁명운동이 죽지 않았다. 리동휘 선생의 동료들이 지하공작을 계속하였다. 이것은 일본과 기타 외국침략자들이 블라지워쓰또크에 상륙하여 백파잔당들을 도와 서로 자기 주권을 세우려고 날뛰던 때였다.

바로 이때 해삼 신한촌에는 '조선신파숙청단'이란 극단이 조선에서 들어와 순회공연을 하였다. 그 극단은 광고를 굉장하게 하였다. 단원들이 분장을 하고 기발을 휘날리며 음악을 울리며 온 거리가 들썩하게 광고를 하는 것이 우리 어린이들에게 깊은 인상을 남기였다. 극장이 없는 것만큼 연극은 마당이 아니면 집울안에다 무대를 짓고 홰불로 무대를 밝히며 놀았다. 숙청단의 공연은 어느때나 만원이였다. 우리 어린이들은 입장권을 살 돈이 없어서 남의 집지붕에 올라가서 구경을 하기도 하고 때로는 울타리 밑을 파고 기여들어가 보기도 하였다. 그러다 붙잡혀 발길에 채우며 쫓겨나는 일도 있었으나 하여튼 우리는 무슨 수를 써서라도 기어코 구경을 하군하였다. 구경만 한 것이 아니라 어떤 장면들은 입내를 내며 놀아보기도 하였다.

그 시기 연초공장 청년로동자들 속에는 중국창시에 열중하여 창시놀음과 '청룡도' 쓰는 법을 배우는 자들이 많았다. 실례로 훗날 조선극장 부총장으로 일을 한 정후경은 중국곡조로 〈한량아, 잘 있거라〉를 잘 불렀으며 '청령도' 칼부림을 능란하게 하였다. 그는 몇해 후 태장춘작 연극 〈종들〉에서 그 재간을 훌륭하게 시위하였다.

또 그때 조선음악과 노래, 바이올린독주, 로씨야 및 우크라이나 춤으로 작성된 곡목을 가지고 조선에 순회공연을 나갔던 일이 있으며 백의동포들의 큰 환영을 받았다고 한다. 이런 일들이 원동에 쏘베트주권이 서기전에 있었던 신한촌 조선사람들의 예술문화생활의 일명을 보여주는 이야기들이다.

1922년 시월 드디여 일본무장간섭자들은 영원히 블라지워쓰또크에서 쫓겨나고 원동변강에는 완전히 쏘베트주권이 수립되였다. 바다 건너로 쫓겨가는 마지막 일본군함들을 바라보며 우리들은 목이 터지라 만세를 불렀다.

해마다 3.1절이 돌아오면 블라지워쓰또크시 국립극장이나 원동공장 문화회관에서 3.1절경축대회가 진행되였는데 회의 뒤에는 3.1운동을 이야기해주는 소인연극을 상연하군 하였다. 그때 나도 어른들과 같이 이 연극들에 참가하여 어린이역을 놀았다.

이때쯤부터 신한촌구락부에서는 연극을 자주 놀게 되었다. '레완트'연초공장 로동자들이 출연하였는데 정후겸, 전웍또르, 김익수, 리나제즈다, 최봉도 등이 그 골간을 이루고 있다. 9년제학교에도 연성용, 최길춘, 김해운, 한영혜, 채경신과 필자 등이 망라되고 있었다.

또한 신한촌에는 관현악단이 있었다. 악단의 악사들과 그의 지도자들인 리인노껜짜와 김니꼴라이는 재간있는 음악가들이였으며 대중문화사업에 적극적으로 참가하여 군중의 사랑을 받았다. 이 관현악단이 있었기 때문에 신한촌의 조선사람들은 블라지워쓰또크시 시위행렬에도 자랑스럽게 참가할 수 있었으며 생활이 한층 더 유쾌하고 즐거웠다. 이 관현악단이 있었기 때문에 우리는 많은 행진곡과 고전음악을 익힐 수 있었으며 또 그의 무도곡에 맞추어 춤장에서 춤도 췄다. 특히 이 악단이 참가하는 연극은 그 효과가 훌륭하였으며 연극의 가치를 높였다.

  신한촌구락부 연예부에는 재간있는 소인연극배우들이 많았다. 그들은 로씨야극장에도 관심을 두어 그들에게서 연기를 배우려고 노력하였다. 한번은 하리꼬브극장이 블라지워쓰또크에 와서 공연한 일이 있는데 신한촌구락부의 연예부부원들은 매일 같이 극장에 드나들며 그들의 연기를 보았으며 어떤 장면들은 자기들의 무대에 옮기는 등 열성을 다하였다. 실제로 꼬르네이추크작 〈류보위 야로와야〉를 상연했는데 신파식 연기와는 달리 사실주의적 연기를 보이려고 노력하였으며 의상도 세를 내다가 쓰면서 아주 전문적인 극단의 면모를 방불케 하였다.

  신한촌연예부 사업에는 또한 '메즈람쁨'(국제로동구제위원회) 제품인 조선영화 〈도적〉이 큰 영향을 주었다. 우선 이 영화에 참가한 배우들은 모두 신한촌사람들이였다. 그중에도 최봉도가 주인공의 역들을 담당하였다. 나는 1930년 겨울 모쓰크와영화대학에서 공부할 때 '지나모'영화관에서 이 영화를 봤다. 내용은 이러하다. 한 조선학생이 미국전도사의 집 울타리밖으로 뻗어나온 사과나무가지에서 사과를 따 먹은 것이 죄가 되어 그 전도사는 붙들린 그 아이의 이마에 도적이란 '도'(盜)자를 새긴다. 이 이야기는 조선에서 정말 있은 일이라고 한다. 이 영화에서 훌륭한 연기를 보여준 최봉도와 김익수는 연출가와 배우들의 충고로 모쓰크와영화대학으로 공부하러 갈 결심을 하게 되었다. 뿐만 아니라 이 영화에 참가한 소인배우들은 촬영과정에 많은 것을 배웠으며 더 열성을 발휘하여 훗날 직업적 배우들로 자라났다. 이 영화 한편이 쏘련조선사람들의 극장 예술발전에 끼친 영향은 자못 크다.

한편 신한촌구락부에서는 자주 영화를 상영하였다. 구락부에는 다른 데와 달라 영화해설자인 변사가 있어 구경군들의 인기를 끌었으며 어느 때나 만원이였다. 영화를 소인예술단의 연기학습에도 큰 도움을 주었다.

1928년 봄에는 신한촌구락부에서 블라지워쓰또크 조선소인예술단의 연극경연대회가 진행되였다. 여기에는 '쓰딸린'구락부, 9년제학교, 당학교, 로동학원 연예부들이 참가하였다. 이경연대회에서 '쓰딸린'구락부가 첫 자리를 차지하고, 9년제 학교가 두 번째 자리를 차지하였다. 이 경연대회는 블라지워쓰또크에서 조선사람들의 연극운동이 활발해지며 소인배우들의 연기수준이 높아가며 직업적 면모를 띠기 시작하였다는 것을 보여주었다. '쓰딸린'구락부의 소인배우들은 정말 훌륭한 연기를 보여주었으며 김익수, 현일구, 정후겸, 최봉도, 리나제즈다 등은 훗날 유명한 배우들로 되었다. 9년제학교도 연성용, 최길춘, 김해운, 환영혜 등 훌륭한 연출가들과 배우들을 배출하였다.

그후 신한촌에 로동청년극장-'뜨람'이 조직되여 〈황무지〉란 연극을 공연하였다. 극장지도자는 렴사일과 연성용이였는데 그들은 레닌그라드 드라마극장 배우를 이 연극의 연출가로 초청하였었다. 아주 훌륭한 연극이였다. 그러나 '뜨람'은 이것으로 자기 존재를 끝내었다.

돌이켜보건대 그때 우리 젊은이들 속에는 극계나 영화계에 일생을 바치려고 결심한 사람들이 많았다. 그리하여 배움의 길을 찾아 모쓰크와로 류학가는 일이 빈번해졌다. '쓰딸린'구락부연예부, 출신인 채영은 모쓰크와 영화대학 연출학부로, 9년제학교연예부 출신인 최길춘은 동대학 배우학부로, 1930년에는 최봉도와 필자가 배우학부에 입학하였다. 그후 모쓰크와 루나차르쓰가 극장대학에서 연성용, 김영익, 진수라가 공부하였으며 황나, 리경희 등이 극장전문학교에서 공부를 하였다. 이러한 동무들이 훗날 조선극장을 창건하고 발전시키는 데 골간으로 되었다.

21. 고려일보 1991년 10월 15일 : 〈모든 체험을 영예롭게 이겨냈다〉(력사의 공백)(김주봉에 대한 떼. 씸비르쩨와[51]의 탐방기사)

이주…. 이 사변은 재쏘고려인들의 력사를 두 부분으로 나누었다. 사실에 있어 이주전 력사는 아주 후의 역사와는 아무런 공통점이 없다. 사람들도 변하였다. 이주에 의하여 그들의 세계관, 견해, 전통, 풍습, 문화와 언어도 전혀 달라졌다. 최근년간 그 시기에 대한 정론, 회상기, 중편소설이 적지 않게 씌어졌다. 그 저자들은 민족의 차이를 균등화함에 돌려진 쓰딸린주의와 그 정책을 한결같이 규탄하고 있다. 이 비극적 사변의 긍정적 후과를 찾으려고 시도하는 일부 저자들도 있다. 직외기자는 이런 견해가 얼마나 정당한가 하는 것을 알고싶었다. 이와 관련하여 모쓰크와고려인협회 회원 김주봉의 회상담을 나눈다.

한 화물차량에 4세 애가 탔습니다. 편의시설이란 전혀 없었고 자그마한 난로만 있었습니다. 10월이어서 몹시 추웠습니다. 우리는 불을 때기위해 닥치는 대로 어디서든지 나무를 구해왔습니다. 물은 철도역에서 길었습니다. 물 때문에 긴 차례가 형성되었습니다. 끓여 먹

---

51. 고려일보 직외기자.

는 문제가 심난하였습니다. 궤도 사이에 모닥불을 피웠습니다 한 시간 동안에 다 끓이지 못하면 다음 역에 가서 다시 끓여야 하였습니다. 우리는 주로 홀레브를 먹었습니다. 렬차가 역에 당도하기만 하면 사람들은 물 길으러 달려가군 하였습니다. 한 렬차에 적어도 600명이 앉았는데 그들이 단번에 역장으로 와락 달려나가면 어떤 광경인지 짐작할 수 있을거요. 사실 이주에 대하여 우리에게 미리 알렸음으로 우리는 돼지를 잡아 고기를 마련하였습니다. 보조금도 조금 받아 그 돈으로 식량을 길에서 사먹었습니다.

  -의료봉사는 어떠하였습니까?

  -렬차마다 로씨야인 책임자와 몇 명의 고려인 조수가 있었습니다. 나는 공청동맹원이여서 조수로 일하였습니다. 그러므로 많은 것을 상세히 알고 있어요. 이민들속에서 누가 앓게 되면 우리는 가까운 철도역과 련락을 취했습니다. 그러면 의사들이 차량을 마중하였어요. 중환자들은 병원에 호송되였습니다. 이에서도 심중한 문제가 생겨났습니다. 실례로 나의 처제가 바로 차칸에서 몸을 풀었습니다. 그를 병원으로 실어갔습니다. 그러나 2주일이 지나서 처제는 애기를 안고 자기 가족들의 뒤를 따라야만 하였습니다. 처제는 가족들을 실은 차량이 어디로 행했는지 몰랐기 때문에 3개월이나 헤매다가 겨우 남편을 찾았습니다. 당시 이런 사실이 많았습니다.

  -병과 반위생상태로 하여 수백명이 죽었다는 말이 옳습니까?

  -그것은 과정된 말이라고 생각합니다. 물론 이름없는 묘도 있기는 하였습니다. 죽은 식솔을 파묻는 살마들은 차량에서 뒤떨어지지 않으려고 될 수 있는 대로 자기 의무를 빨리 실행하려고 하였습니다. 묘석위에 십자가를 세우고 표적을 할 시간이 없었습니다. 그러나 당시 죽은 사람은 수백명이나 되지 않았습니다. 우리가 우스베끼쓰딴

에 살 때 벌써 즉 1938년 봄에 고려인들 속에서 전염병이 심했습니다. 의사들은 부족되고 약도 없거니와 기후조건에 순응되지 않았습니다. 그때 많은 사람이 죽었습니다.

-우스베끼쓰딴에서는 어떻게 당신들을 마중하였습니까?

-25일후에 우리는 따스껜트 부근 빠흐따역에 당도하였습니다. 이상하게도 우리를 '제2차5개년계획' 꼴호스 고려인아동들이 마중하였습니다. 관리위원장 라인곤도 우리를 마중나왔습니다. 아주 따뜻한 상봉이였습니다. 알고 본즉 라인곤위원장의 경리에서는 한때 원동에서 돈벌이를 떠난 고려인 남자들이 일하고 있었습니다. 그들의 안해는 모두 로씨야 녀성들이였습니다. 꼴호스에는 62가호가 있었는데 단번에 8개의 꼴호스가 왔습니다. 그러니 우리를 배치시키는 문제가 아주 날카롭게 나섰습니다. 나는 어린 아이 둘과 늙은 부모들을 모시고 있기 때문에 우리를 한 젊은이의 집에 들게 하였습니다. 나중에 우리에게 또 한 세대를 배치시켰습니다. 이렇게 우리 9명은 맨 온돌방에서 겨울을 보냈습니다. 어떤 가족들은 마구간, 창고, 토굴에서 살았습니다.

-선생님은 여러 해를 인민교육분야에서 일하였습니다. 강제이주 후에 재쏘고려인들이 모국어와 문화, 풍습과 전통을 점차 잊어버리게 되었다는 것은 주지의 사실입니다. 여기에서 이주의 부정적 후과를 부인하기는 어려울 것입니다.

-1938-1939년도에 전체 고려말학교를 로어교수제에로 이행시킬 지시가 내렸습니다. 이것은 큰 불행이였지요. 학생들은 로어를 모르지, 선생들도 로어교수에 준비되지 못하였지요. 원동에서는 첫 세대의 이민들만 로어를 류창하게 하였습니다. 그들에게는 분할지가 있었고 부유한 사람들이였습니다. 하기에 그들은 초금학교를 필한 후 자녀

들을 블라지워쓰또크로 공부하러 보낼 가능성이 있었습니다. 빈농들은 로어를 배울 데가 없었지요. 농촌마을에는 7년제학교가 거의나 없었습니다. 아주후에야 재쏘고려인들에게도 중학교가 나타났습니다.

고등교육에 대하여 말한다면 블라지워쓰또크에 있는 유일한 고려말사범대학교는 교수수준으로 보아 로아대학교들로보다 뒤떨어졌습니다. 많은 졸업생들은 모쓰크와, 기타 도시들로 공부하러 떠나갔습니다. 그들이 공부를 마치고 돌아오면 모국어로 교수할 자격이 충분하지 못했습니다. 로어교수에로의 이행은 우리로 하여금 로씨야문화, 문학에 접할 가능성을 주었으며 여러 분야들에서 고등교육을 받을 길을 열어주었습니다. 그러나 아이들이 모국어도, 로어도 배우게끔 교육사업을 짜야 하였습니다. 그런데 생활에서 모국어가 필요하지 않다는 것을 아이들은 미리 알고 있었으므로 그것을 배우려고 하지 않았습니다. 집에서도 로어를 배우라, 그렇지 않으면 대학에 입학하지 못한다고 타일렀습니다. 오늘 현재 우스베끼쓰딴에서는 6개 학교에서만 모국어를 가르치고 있습니다. 그런데도 학생들은 모국어를 배우려고 하지 않습니다. 그것은 한글이 필요 없다고 인정하기 때문입니다.

이주에 대한 문제는 아주 복잡합니다. 그러니 이 문제를 전면적으로 종합적으로 평가해야 합니다. 우리 각자마다 주위세계에 대한 감수에 따라 그때 일을 회상합니다. 비관론자들은 나쁜 것만 기억하고 있습니다. 중요한 것은 우리가 살아났으며 모든 괴로운 체험을 영예롭게 이겨냈습니다.

22. 고려일보 1992년 7월 22일 : 〈조선극장창건 60주년을 맞이하여〉〈잊지 못할 향단이들〉(리함덕[52])

나는 오늘도 우리극단 창건 60돐을 앞두고 처량하게 그리운 우리의 해삼 신한촌을 회상하고 너무도 그리워서인지 신한촌에는 궂은 날씨란 없었고 해빛 찬란한 나날만이 흐른 것 같은 바로 그 아물강변에서 우리의 어려운 청춘시절은 흘렀고 그에서 우리 극단의 첫 기쁨이 꽃피기 시작했다. 나는 꿈에서 신한촌을 보아도 눈물을 먹음으며 우울한 기쁨을 느끼곤 한다. 무대생활에 빠져가면서 관객들의 사랑을 받던 아름다웠던 벗들을 자주 회상하게 된다. 그들 중에서도 일찍 세상을 뜬 김따찌야나와 김안또나는 지금도 산 것처럼 나의 눈앞에 종종 나타나군 한다. 정말 다정다감한 예쁜 녀배우들이였다. 그들의 매혹적인 미소를 보는 듯, 그들의 은방울 같은 깨끗한 웃음소리를 듣는 듯싶다. 조선극장 력사에서 내가 첫 춘향으로 무대에 나타났는데 그때 바로 김따냐가 첫 향단으로 나를 도왔다. 그가 세상을 떠난 후 감또냐가 향단으로 출연하게 되였는데 이들의 향단을 초월하는 녀배우들을 기억지 못한다. 이처럼 따냐, 또냐는 〈춘향전〉에서의 향단이 역이 너무나 인상적이여서 사람들은 거리에서 그들을 보기만 하면 "향단이야!"하고는 반갑게 인사했다는 이야기를 지금도 잊어지지 않고 있다.

1930년대만 해도 우리 쏘련한인사회에서는 배우란 천한 존재로 간주되여 광대나 풍각쟁이로만 인정되였댔다. 때문에 그당시 누구의 집 부모든지 자기 자식이 배우 되는 것을 싫어하였다. 그러나 따냐와 또냐는 이와 같은 선입견을 물려치워가면서 끝내 배우로 되였다.

---

[52] 알마아따 거주 카사흐공화국 인민배우.

나는 지금도 배우의 첫 걸음을 하던 따냐의 이야기를 잊지 않았다.

-아이구 얼마나 떨었다고 그래, 1933년 여름인가 생각되는데 그때 새로 임명된 연출가인 연성용선생의 희곡 〈장평동의 횃불〉을 무대화할 때인데 녀배우들이 요구된다는 소문을 듣고 동무 세냐하고 같이 극장을 찾아가서 지도자분들과 담화를 한 뒤 글쎄 배우고 받았다고 하지 않겠서….

-이렇게 이야기하는 또냐의 얼굴은 행복으로 붉어졌다. 그의 기쁨이 정말 나의 마음을 무한히 기쁘게 하였다.

또냐는 농촌에서 7년제를 졸업하고 원동국립종합대학 로동학원에서 공부를 계속했는데 우연히 연극 〈춘향전〉을 구경하고 배우가 됐으면 하는 생각이 났다는 것이였다. 그는 조선극장 배우로 된 것을 무한히 기뻐했다. 그 후 따냐는 1936년 12월 30일 〈심청전〉 첫 공연 때 수중 왕실에서 말 한마디 없이 서 있는 역으로부터 무대생활을 시작하였다. 이렇게 따찌야나 막씨모브나는 10여년간 변함없이 조국전쟁시 준엄하던 시기에도 몹시 곤난하던 전후 복구시기에도 무대를 버리지 않았다.

나 자신은 처음 소인예술단 〈씨나야 블루스까(푸른 적삼)〉에서 노래와 춤을 추기 시작하여 그 후 〈문화선전대〉에서 출연하면서 연해주의 어장들을 찾아다니면서 어부들의 문화봉사에 힘썼다. 그 후 극장에 들어가서야 따냐를 처음 알게 되어 10년 이상 친자매처럼 함께 살며 일하였다.

김안또나 인노껜찌예브나도 따냐와 함께 비슷한 시기에 극장에 들어와 우리와 함께 20여년 무대생활을 하면서 친숙했다. 또냐도 몹시 예쁘고 또 무대에서는 더 아름다웠다. 어느 때나 웃는 얼굴, 쾌활한 성격, 정직하고도 겸손한 여자였다. 우리는 이상 두 녀배우를 몹시 사랑했다.

　1936년 3월에 극장은 아르부소브의 회곡 〈사랑받는 여섯 젊은이들〉이 무대화될 때에 따냐는 로씨야처녀 뜨락또로 운전수 역을 맡아서 진정 호평을 받아 우리를 기쁘게 하였다. 그해 여름에는 태장춘작 〈신철산〉에서 조선처녀의 역, 12월에는 연극 〈뜬소경〉(심청전)에서 최봉도와 함께 뺑덕어미의 역, 〈류보위 야로와야〉에서는 둔까의 역 등을 리행하는 과정에서 따냐는 아마도 처음으로 예술인의 긍지를 느낀 듯싶다. 그 후 그는 무대는 자기의 세계라고 간주하면서 무대예술에 일생을 바치기로 결심한 것 같다.

　또냐는 1937년 2월에 태창춘, 최길춘, 리길수의 합작 〈우승기〉에서 어부의 안해 역을 리행하면서 관중의 끊음없는 박수갈채를 받았다. 무대에서의 기쁨속에서 또냐는 또한 사랑하는 사람 리길수씨를 만나 가정을 이루고 가정행복도 마음껏 느끼던 때였다.

　이러던 중 1937년은 그야말로 극적인 해였다. 극장집단이 그처럼 존경하던 극장총장 권윅또르 레온찌예위츠와 영별하게 되었다. 아름다운 인간, 총명하고도 수완 이쓴 지도자였던 그는 장기 중환 끝에 9월 3일에 서거하였다. 그 후 얼마 안되여 원동연해주에서의 조선인들의 강제이주에 대한 명령이 내려 1개월간에 화물차에 실려 정든 고향을 떠나지 않으면 안될 운명에 처하게 됐다.

　1937년 9월 26일 극장집단은 정든 해삼신한촌을 떠나 10월 15일에 카사흐쓰딴 크슬오르다시에 도착하였다.

　우리는 이주 후 그래도 연극을 준비해가지고 크슬오르다주에 이주해 온 수많은 조선인꼴호스들을 봉사해야 했다. 이주 초년은 비참했다. 초원에 실려온 꼴호스들은 겨울을 앞두고 땅굴집이라도 파 짓고 봄준비를 해야 했다. 어려운 생활조건에서 어린이들과 로인들이

다 수 죽었다. 과공기간에 강제이주당한 고려인들 중 4만명이 죽었다. 우리는 집집마다에서 들려오는 울음속에서 전등도 없는 벌판에서 공연을 했다. 어린이들과 노인들을 잃은 사람들은 연극이 끝나면 울면서 우리를 찾아서는 악수하면서 감사를 드렸다. 이처럼 어려운 조건에서도 따냐와 또냐는 여전히 명랑하고 꾸준하였으며 충실하였다. 사람들은 명랑하고 예쁜 이상 녀배우들의 얼굴에서 그 어떤 고무력을 얻는 듯이 그들을 무한히 사랑하였다.

창작집단은 이주 후 3년간에 크슬오르다에서 15가지의 새 연극을 상연하였다 : 막씸 고리끼의 희곡 〈원쑤들〉, 〈예고로 불릐쵸브와 및 기타〉, 꼬르네이추크의 희곡 〈함대의 침몰〉, 구쎄브의 희곡 〈영예〉, 뚜르형제와 세이닌 〈행복한 사람들〉등이 무대화되였다.

따냐는 〈원쑤들〉에서 공장주 바르진의 처 뽈리나의 역, 〈예고로 블릐쵸브와 및 기타〉에서 크쎄니야의 역, 〈함대의 침몰〉에서 꼬미싸르 옥싸나의 역, 〈영예〉에서 비행사 레나의 역 등을 진정 빛나게 수행하였다.

또냐는 〈원쑤들〉에서 나쟈의 역, 〈예고르 불릐죠브와 및 기타〉에서는 블릐쵸브의 차녀 수라의 역을 리행하여 칭찬을 받았댔다.

1941년 가을 전시에 후퇴한 후방군병원이 있었다. 극장집단은 부상병들을 위로하기 위하여 예술위문단을 조직하고 그들 앞에서 출연하면서 우리 민족 가요, 음악, 무용 등을 보여주었다. 많은 부상병들은 생전 처음 우리의 노래와 춤을 보고 환희감을 금치 못하였다.

1942년초에 카사흐쓰딴정부는 극장을 우스또베시에 이사시킬 것을 결정하였다. 이와 관련하여 우스또베시에 가느냐, 안가느냐는 각자의 자유에 방임되었다. 결과 많은 배우들은 따스껜트극장에 넘어갔다. 두 개의 집단으로 극장은 분렬되었다.

이런 때에도 따냐는 변함이 없었다. 남편은 따스껜트로 가려했지만 따냐만은 "일생을 이 극장에 몸을 바치기로 했으니 나는 우스또베시로 간다."고 강경히 나섰댔다. 또냐도 역시 남편 리길수와 함께 변함이 없었다.

따냐와 또냐에게 있어서 극장은 그저 운명으로 되었댔다. 그처럼 이쁜 청춘과 재능을 남김없이 무대예술에 바치면서 이들은 관객들의 박수와 환호 속에서 기쁨과 만족감을 찾았다. 어려운 생활의 나날을 이어가면서도 이들은 어느 때나 깨끗한 웃음과 미소를 잃어본 적이 없었다. 나는 지금도 꿈속에서 청년시절의 따냐와 또냐를 보고는 우울한 회상속에 잠기군 한다.

우리가 그처럼 예쁘고 사랑받는 우리의 따냐는 1944년 7월 1일에 폐결핵으로 신음하던 나머지 애석하게도 사망하였다. 또냐는 몇 달 계속되는 순회공연의 어려운 조건에서도 모성애의 정열을 다하여 3남매를 키웠다. 그의 녀성으로서의 미모로, 배우로서의 인기 예술가로, 일편단심의 안해로서 우리의 기억속에 영원히 남아있다. 또냐는 44세를 일기로 세상을 떴다. 이들이 창조한 아름다운 예술의 향기는 지금도 만인의 심정세계를 장식하고 있다.

나는 자주 생활에서, 거리에서, 모임에서 따냐와 또냐와 같은 녀성들, 그들이 창조한 주인공들을 연상시키는 녀성들을 볼 때마다 "아, 참 또냐와 따냐는 지금도 우리와 함께 살아있구나!"하는 환호가 스스로 울려나오는 때도 있다. 여기에 바로 예술의 영원성이 숨어있는 것이구나!

자유예술세계가 닥쳐왔다. 그 무대에 올려설 수 없는 것이 한이구나! 그래도 예술의 향기는 우리를 버리지 않으며 우리의 마음을 기쁘게 하고 있으니 다행인가 하노라!

60돐 맞는 우리의 극장이여, 번영하라

23. 고려일보 1993년 4월 3일 : 〈운명〉(김미하일 와씰리예위츠에 대한 이꼬레쓰끼의 탐방기사)

김미하일 와씰리예위츠의 숙명도 다른 모든 연장세대 고려인들과 마찬가지로 순탄치 않았다. 37년도 강제이주 당시 그의 나이는 불과 11살 밖에 안되었다. 그러나 지금까지도 그 준엄하던 나날의 참상은 기억 속에 뚜렷이 부각되군 한다.

"…나의 부친은 그 당시 중학교 교장으로 계셨습니다. 9월 어느날 저녁늦게 집으로 돌아오시더니 고려인들을 몽땅 어디론지 이주시킨다면서 내일 아침까지 먼길을 영원히 떠나갈 차비를 해야 한다고 깊은 수심과 절망에 잠긴 한숨을 지으시며 말씀하셨습니다. 하루밤 사이에 길 차비를 하면 얼마나 할 수 있습니까? 밤중에 돼지를 잡고 그 외에 이것저것 길 도중에 먹을 것과 극히 필요한 가장집물, 옷들을 짐으로 꾸렸지요. 이튿날 아침 9시가 되기도 바쁘게 화물자동차가 오더군요. 내무원들의 지시하에 실을 수 있는 것은 싣고 그 외 것은 다 남겨두고 우리 식구들도 앉히우고는 구역 소재지로 실어갔습니다. 아루르강 지류인 암구니강까지 오자 우리 가정은 거기에서 일주일 동안을 머물러 있어야 하였습니다. 다른 구역들에서도 고려인들을 실어 와야 하였으니 모두가 다 집견될 때까지 기다려야 하였던 모양이죠. 한 일주일후에 우리를 목재를 실어나르는 화물선에 앉혀 기선까지 와 그 기선에 앉아 하바롭쓰크까지 왔습니다. 거기에서 화물차에 앉아 허말천리길을 떠나왔습니다." -이렇게 미하일 와씰리예위츠는 어린시절에 겪은 수난을 회고하였다.

길을 떠나 약 한달 반 만에 그의 가족은 크슬오르다에 왔다. 멀고 오래고 지루한 길도중에 물론 사람들도 많이 죽었다. 특히 노인들과 환자들, 어린애들이 힘겨운 그 시련을 이겨낼 수 없거 길귀신이 되고 말았다. 지어 자살을 하는 살마들도 없잖았다고 한다. '일본간첩'이 란 터무니 없는 누명을 쓰고 사느니보다 정직한 애국자로 이 세상을 버리려는 의도에서였을 것이다.

기차가 노워씨비르쓰크에 멈춰섰을 때 어린 미샤(미하일 와씰리예위츠)는 물을 길러갔다가 타고가던 기차를 놓쳐버리고 말았다. 몇몇 다른 아이들은 끝내 자기 식구들을 찾지 못하였으나 미샤는 고속도객차 지붕우에 앉아 자기 식구들을 따라잡았다.

크슬오르다에 와 학교에 다닐 때도 역시 '일본간첩'이란 누명 때문에 고려인아이들은 사람축에 들지 못하고 멸시를 당하였고 지어 공공장소에도 잘 들여놓지 않았다. 학교를 졸업한 후에도 남과 같이 군대에도 복무할 수 없었으며 별의별 비난을 다 받으면서 살아야 하였다. 그러나 미하일은 실망하지 않고 어떻든 공부를 해야 한다고 단단히 결심하고는 여러 가지 막노동을 하면서 고학을 하여 농업전문학교를 최우등생으로 졸업하였다.

위대한 조국전쟁 후 미하일 와씰리예위츠는 카사흐종합대학 심리학부를 졸업하고 20년 동안 교편을 잡았으며 그 후엔 체육대학 강좌장, 학부장으로도 여러 해 동안 일하였다. 그 다음 약 20년 동안은 농촌쓰뽀르트협회 '카이라트'에서 교도자-방법론가로도 일하였다. 체육다로서의 소질도 있어 중경기 카사흐쓰딴선수로도 되었고 이 종목 스포츠 연합지도자로도 있었다.

50년대까지만도 고려인들은 해당기관의 허락이 없이는 타도시나 타주, 공화국으로도 나갈 수가 없어 남의 공민증을 가지고 스포츠 시합에 다녀야 하는 진기한 사실도 있었다. 또 이런 일도 있었다. 김미하일 와씰리예위츠에게 어떤 국가 표창장이나 훈장, 메달을 주려고 해도 고려인이란 단 한가지의 조건 때문에 통과하지 못하군 하였다. 이렇게 과분한 역경을 겪으며 거의 한생을 살아야 하였다. 그러나 하도 근면하고 성실하며 맡겨진 일에서 드틈없이 일을 해왔기 때문에 네 번이나 노력메달을 받았고 카사흐쓰딴 최고쏘베트 표창장까지 받았다. 그리고 영예연금생으로도 되었다.

지나온 그 어려운 나날을 회고하면서 미하일 와씰리예위츠는 고려인들에게 있어서 가장 어려웠던 시기는 강제이주를 당하던 시기라고 하였다. 또 소수민족들에 대한 정치가 그릇되었기 때문에 고려인들은 자기말, 풍속, 전통도 잃어버렸다.

그러나 카사흐쓰딴에서는 나사르바예브의 올바른 민족정책 때문에 또 죄 없는 '죄인'으로 된 고려인들에 대한 전국민적 이해성으로 하여 상실되었던 많은 것이 회복되고 있다. 그려인문화중앙들이 각처에 생겨 언어, 전통, 문화재생사업이 활발히 진행되고 있다.

김미하일 와씰리예위츠는 카사흐쓰딴공화국에서 사는 것만큼 고려인들은 자기 모국어는 물론 공식국기언어인 카사흐어도 동시에 배워야 한다고 주장한다.

24. 고려일보 1993년 6월 5일 : 〈고향땅의 흙 한줌〉(엔. 와따뇨르[53])

한 때 수천명 고려인들은 쓰라린 운명으로 하여 조국을 떠나게 되었다. 그들은 로씨야 원동지방에서 살면서 벼와 조, 채소를 재배하면서 집과 학교들을 건설하였고 도로도 부설하였었다. 비교적 그들은 행복한 살림을 하고 있었다. 그러다가 스탈린의 개인 숭배시기에 재차 고통을 당하게 되었다. 무의미하고 근거 없는 원인으로 하여 수천호의 고려인 가정들은 중아시아 공화국들에 이주하여 왔다.

-무엇 때문에 어디로 우리를 이주시킨다는 것을 누구도 몰랐습니다. 우리를 기차에 앉혀 정처없는 먼 길을 떠나가게 하였습니다. 나는 자기 형제들과 같이 우스베끼쓰딴으로 왔습니다. 우리를 기차에서 내리우자 바퀴 큰 수레에 갈아타게 하고는 차트깔산 기슭까지 싣고 갔습니다. 그곳에는 몇 개의 우스베크마을들이 있었습니다. 그때 나는 그곳에서 온 일생을 살아가리라고는 생각조차 하지 않았습니다-라고 당년 70세인 안그렌시민 이안똔은 회상하였다.

이안똔은 향촌인들과 함께 새 생활을 꾸리기 시작하였다. 초기에는 물론 아주 어려웠다. 이주민들은 집도 없었고 음식도 부족하였으며 그 지방 환경에도 아직 습관되지 않아서 병에 자주 걸려 앓기도 하였다. 이 모든 것은 사람들을 몹시 곤란케 하였다. 이 어려운 시기에 지방 주민들이 완전한 물질적 및 정신적 방조를 주었는바 그들은 이주민들과 식품을 나누었으며 건재들로도 도와주었다. 고려인들 자체도 열성껏 로력하였다. 그들은 안그렌석탄산지 근처에서 벌어지고 있는 새 도시 건설공사에 적극 참가하였다.

이안똔에게 있어서 안그렌시는 고향도시이다. 여기에서 그는 자녀들을 나아 길렀으며 지금은 손자들을 자래우고 있다.

현재 도시에는 제3대 즉 원동에서 이주해 온 고려인들의 후손들이 살고 있다. 그 중에는 학자, 의사, 기사, 경리 지도자들과 예술가들이 있다. 단 마디로 도시생활은 정상적으로 흘러가고 있다. 하지만 난문제들도 있다. 가장 중요한 것은 조상들의 문화유산을 잃어버린 그것이다. 고려인들은 모국어, 민족문화와 전통을 잃게 되었다.

---

53. 〈오워시 또지크〉 공화국신문 기자.

한국어는 주민들의 1~2%만이 알고 있다. 그것도 중년세대들뿐이다. 전체주의 제도는 이 모든 것을 금지하였던 것이다.

-우리는 모국어를 배울 수 없었으며 고국땅에 가 보지도 못하고 친척들과 만나보지도 못하고 있었습니다. 많은 로인들은 그 원한을 품은채 이국땅에서 세상을 떠나고 말았습니다. 나의 할아버지는 조선을 떠나면서 흙 한줌을 가지고 왔습니다. 그 흙을 평생 보관해 두었다가 그이가 돌아가시니 우리는 그 흙을 묘지에다 놓아주었습니다-라고 이안톤은 쓰라린 말소리로 말하였다.

최근에 우스베끼쓰딴 고려인들의 생활에는 많은 변동이 생겼다. 민족 문화, 언어와 풍습을 재생시키는 운동이 활발히 벌어지고 있다. 대한민국과의 런계가 확장되고 있다. 작년 10월에 안그렌시고려인문화중앙이 창설되였는바 거기에는 3만 5천명의 고려인들이 망라되였다. 안그렌공업대학 교사, 기슬학학사 이 블라지므르 알렉싼드로위츠가 문화중앙을 지도하고 있다. 시 고려인문화중앙은 튼튼하게 지은 이층 건물에 자리잡았다. 시행정당국은 문화중앙에 전반적 방조를 주고 있다.

김경이 목사의 안내하에 한국에서 선교사들이 이곳을 찾아오고 있다. 이것은 안그렌고려인들의 생활에 있어서 큰 사변으로 되었다. 그들은 도시에서 문화-계몽 및 자선 사업을 하고 있다. 즉 여기에 한국어 무료학습을 조직하였으며 고아들과 다자녀 가정들에 물질적 방조를 주고 있다. 나는 김경이 목사가 치르는 한국어 수업시간에 참석하게 되었다. 교육실은 수강생들인 아이들과 로인들로 가득 찼었다. 온순하고 겸손한 김경이 목사는 수강생들 앞에서 배우처럼 행동하였다. 그는 노래를 부르다가도 몹시 감격어린 어조로 말하군 하였다. 그리고 녹음기, 비데오와 여러 가지 쁠라까트들을 널리 리용하였다. 한국어 시간은 전체 수강생들의 관심을 끌었다.

-나는 아주 만족합니다. 우리는 모국어를 배울 가능성을 얻었습니다. 오래지 않아 여기에 교회도 창설될 것입니다. 문화중앙은 고려인들의 문화발전을 위하여 모든 조치들을 취하고 있습니다. 그러니 우리는 아직 자기 민족전통을 되 살릴 수 있습니다-라고 이안똔은 말하였다.

여기에서는 고려인들을 비롯하여 로씨야인, 우스베크인, 따지크인들도 한글을 배우고 있다. 김경이 목사는 그들 각자가 알아듣기 쉽게 아주 재미있게 시간을 치른다. 안그렌시고려인문화중앙은 전체 시민들에 대하여 배려하고 있다. 이것은 이 어려운 시기에 민족간 관계를 튼튼케 함에 있어서 가장 중요하다.

25. 고려일보 1995년 3월 4일 : 〈피로 물든 강제이주〉(연성용)

저주스런 스딸린의 강압정책

1937년 강제이주 때 중앙아시아와 카자흐스딴에 실려온 22만 명의 고려인들이 어떠한 고난을 겪고 그 고난을 어떻게 이겨나갔는지를 기록하기 위해 붓을 드니, 자연히 강제이주 전야에 있었던 스딸린 강제정책의 몇 가지 억울한 사실을 회상하게 된다.

1930년대 내가 연극극장(노동청년극장)에서 일하던 때였다. 그때 쏘련에서 쓰딸린의 강압정책이 극성하던 때였다. 밤중에 자동차 발동기 소리가 들리면 또 누구를 잡으러 왔는가하여 바늘방석에 앉은 듯이 못 견디어 하던 때였다. 실상 자고 나면 김 아무개가 없어지고 또 밤을 자고나면 박 아무개가 없어지는 판이었다. 그런데 하루는 신한촌의 의회 그룹에서 나의 아버지를 불러가더니 이류분자라는 죄명을 씌웠다. 그때 이러한 죄명을 쓴 사람들은 모조리 강제로 흑룡강 상류 나나에쯔(북방민족)들이 사는 무인절도 황무지로 이주 시키는 판이었다.

당시 나의 아버지는 찌베트의원(韓醫員)이었으며 작으나마 약국도 있었다. 이런 사유로 인하여 이런 죄명을 씌웠던 것이다. 그렇게 되고 보니 나의 형편은 어떻게 되었는가? 이류분자의 아들이 노동청년극장의 연출가로 일할 수 있겠는가? 난감한 지경에 처했을 때 의회그룹에서 나를 불렀다. 그들은 나에게 부모를 배척하고 집에서 나올 것을 강요하였다. 아니면 나 역시 이류분자에 몰릴 것이고 사회진출도 끝장이란 것이었다. "부모를 배척하라" 아니면 이류분자로 몰린다. 하늘과 땅이 무너지듯 하였으며 나의 앞길은 캄캄해졌다. 이즈음 스딸린구락부 주임 김성훈씨가 나를 부르더니 조용히 권고하는 것이었다. 부모를 배척한다고 선언하고 자기 집에 와 있으라 하였다. 아니면 극장에서도 일하지 못할 것이며 모든 장래를 망칠 수 있다고 하시었다.

그러나 나는 그분의 말씀에도 결심을 하지 못해 며칠 동안 고통 속에서 지새었다. 외독자로 부모를 배척한다는 것은 우리 동방예의지국에서는 있을 수 없는 일이었다. 나는 죽는 한이 있더라도 윤리와 도덕에 어긋나는 불효를 저지를 수가 없었다.

다시 성훈씨는 나를 불러놓고 오랫동안 말씀을 하였다. "성용이는 재능있는 사람이니 앞으로 고려사람들의 예술 문화발전에 유용한 인물이 될 것이요. 그러니 속히 집에서 나오시오. 아니면 극장에도 일을 하지 못하는 문제가 생길 것이오." 성훈씨는 나를 앉혀놓고 오랫동안 열렬히 설득하였다. 그러나 나는 아버지와 어머니를 배척할 생각을 하지 못했다. 그런데 아버지와 어머니는 나에게 집에서 나가 있으라고 하였다. 그들은 하나뿐인 아들의 장래를 위해 그렇게 하였던 것이었다. 내가 집을 나오던 날 어머니는 가슴을 뜯으면서 우셨다. 참으로 끔찍한 비극이었다. 지금 와서 생각하면 억울하기 짝이 없는 일이었다. 나의 아버지가 찌베트의원 노릇을 한 것이 무슨 죄란 말인가.

나의 아버지는 침술에 능하셨고 마음이 착하신 분이었다. 한밤중이라도 환자를 데려오면 주무시다가도 일어나 병을 보아주시었고 치료비 한푼 받지 않으셨다. 치료를 받고 병이 나은 사람들이 감사의 사례로 선물을 가지고 올 때에도 받지 않으시고 거절하는 때가 많았다. 우리는 늘 구차하게 살았다. 쌀밥은 일년에 세 번밖에 먹지 못했다. 설날, 오월 단오, 추석날 그 외에는 늘 조밥과 강냉이 죽을 쑤어 먹었다. 때문에 나는 늘 누추한 옷을 입고 다녔으며 극장의 연출가 노릇을 할 때에도 외투가 없어 시장에 남이 입다가 내놓은 옷을 사 입었다. 21살의 청년이었으되 꼬스쥼(의상)이 무엇인지 알지 못하고 살았다.

그런데 스딸린의 강압정책은 그런 사람들에게 허무한 죄명을 씌워 감옥 유형살이, 사형 등으로 숙청하였다. 죄명은 거의가 같았다. '일본제국주의의 간첩'이란 것이었다.

홍범도 장군의 도움

내가 김성훈씨 집으로 들어가 있은지 얼마되지 않아 신한촌에 홍범도 장군이 나타났다. 아버지께서는 홍범도 장군을 만나 모든 사정을 이야기하였다. 홍범도 장군은 즉시 시의회를 찾아가 의병대가 하마탕이란 곳에 주둔했을 때 아버지께서 얼마나 많은 의병들의 병을 무료로 치료해 주었으며 의병대의 난처한 문제들을 해결하는 데 협력하였는가에 대해 설명하였다. 의병들을 집집마다 배치하는 문제, 재정모금문제에 대해 헌신적 활동을 하셨다는 것을 이야기하고 나의 아버지가 의원노릇을 한다하여 이류분자로 모는 것은 옳지 않다고 강조하였다. 시의회에서는 저명한 의병대장 홍범도 장군의 말을 듣고 아버지의 이류분자 죄명을 벗긴다는 증명서를 써주었다. 나는 다시 집으로 들어가 아버지와 어머니를 모시고 살았으며 우리 집을 맴돌던 불안의 그림자는 좀 완화되었다.

1932년 신한촌에 원동변강 '고려극장'이 창설되어 나는 그 극장의 창립자의 한사람이 되었다. 나는 연출가로 〈춘향전〉〈장평동의 햇불〉〈올림픽〉 등의 희곡을 창작하였다. 1937년에는 전쏘련 라디오 음악 콩쿨이 있었는데 나의 작품 〈씨를 활활 뿌려라〉와 〈진격어선〉이 전 쏘련 라디오음악축전상을 받았다. 그로 인해 연해주 라디오방송국에서는 나에게 피아노를 선물하였고, 신한촌 주택공리사는 나의 창작조건을 낫게 해주기 위하여 우리 집을 수리해 주었다. 그동안 어려웠던 우리 집 형편이 안정되는 듯싶었는데 별안간 맑은 하늘에서 벼락이 치듯 스딸린의 강제이주 문제가 등장하였다. 우리 집은 다시 불안의 불길이 타오르게 되었다. 우리뿐만이 아니라 신한촌 천여호에 사는 고려사람들 수천명은 누구나 예외 없이 사흘 동안에 떠날 준비를 하라는 뇌성 같은 명령을 받았다. 우리는 집에 있던 모든 가구들을 포기하고 며칠 동안 먹을 식료품과 극히 필요한 생활필수품 등을 트렁크, 부대에 넣어가지고 화물자동차에 실려 정거장으로 나갔다.

그렇게 우리들은 짐승들을 싣는 화물열차에 실려 정든 신한촌을 떠났다. 무슨 죄로 또 어디로 가는지 알지도 못하고…. 소변을 볼 데도 없고 대변을 볼 데도 없고 세수할 데도 없는 더러운 차 속이었다. 맨 바닥에 뒹굴며 한 달, 두 달 가는 동안 얼마나 많은 노인들과 어린애들이 죽었는지 헤아릴 수가 없었다. 자식들은 돌아가신 부모의 시신을 어느 곳인지도 알 수 없는 정거장의 철둑길 아래에 파묻었고 부모들은 죽은 자식들을 껴안고 통곡하며 뒹굴었다.

지금 와서 그곳이 어디인지 아무리 애써도 생각나지 않는다. 강제이주는 이렇게 피로 물든 것이었으며 고려인들은 참으로 값없이 죽어갔다. 목숨이 붙어 당도한 사람들은 중앙아시아의 카자흐스딴, 우즈베키스딴 등의 산지사방에 흩어졌는데 모두들 무인절도 황무지에서 잠땅, 모래벌, 갈밭등을 일구어 씨를 뿌리고 농사를 지어 겨우 생명을 이어갔다.

그때, 1937년
카자흐스딴의 평원
평원
끝없는 사막

난생 처음 본
모래벌
모래벌
햇볕에 그을린
가시풀
앙상한 싹사울

지평선에
간혹 보이는 낙타

외로운 유르따

사람하나 안 보이는
평원…

오, 끝없구나
아득한 지평선!

크즐오르다 시에 정착한 고려극장
  1937년 늦은 가을에야 극장집단은 라디오 방송국, 사범대학과 함께 크즐오르다시에 도착했다. 시의 지도당국에서는 농업전문학교의 체육실을 열고 우리극장집단의 30여호를 한데 몰아넣었다. 바닥을 닦아내고 자리를 편 다음 80여명의 우리 식솔들은 그 바닥에서 뒹굴며 살게 되었다. 끓어먹을 데도 없고 세수살 데도 없고 살바투리란 전혀 없는 형편에서, 축사에서 우리 극단을 크즐오르다주 고려극장이라 명칭을 부여하고, 철도국 직원들의 구락부를 우리 극장에 넘겨주었다. 또한 임시 사업할 경비도 내주어서 우리는 창작사업을 시작하였다. 〈춘향전〉을 비롯하여 몇 가지 연극을 준비하여 우선 크즐오르다 시내에 정착한 교포들에게 보여주었다. 다음에는 크즐오르다 주변의 쩨렌우자크, 쥬쌀리, 까사린스크, 지일리, 야늬꾸르간 구역에 분산되어 꼴호즈를 조직한 고려인들을 찾아갔다. 형언할 수 없는 고통을 겪고 있는 고려동포들, 눈물로 물을 주고, 씨를 뿌리고 삶의 새로운 싹이 돋기를 기다리는 그들을 찾아 순회공연을 떠났다. 작으나마 안식을 주어야 한다는 것이 우리 극단의 목적이었다.

첫 순회공연

처음으로 깔막치 구역에 있는 '광동꼼무나' 명칭의 꼴호즈로 순회 공연을 떠났다. 강제이주 직후 1938년이었다. 〈춘향전〉과 또 다른 연극을 가지고 떠났는데 춘향의 역은 이함덕과 이경희 두 여배우가 맡기로 되었다.

그러나 딱한 일이 생겼다. 이함덕 씨는 목병 때문에 모스끄와로 수술하러 갔고, 이경희(나의 아내)는 만삭이었다. 그런데 연극목록에 춘향전이 없이는 떠날 수가 없었다. 극장의 지도부에서는 이 생각 저 생각 망설이다가 이경희를 보내게 되었다. '광동꼼무나' 꼴호즈로 가려면 기차로 몇 시간을 간 뒤 다시 화물자동차로 40여㎞를 가야 했다. 실로 험한 길이었다. 황무지를 지나오면서 모두들 몹시 피곤하였으며 더욱이 만삭의 이경희 형편은 다 말할 나위가 없었다. 목적지에 당도하고 나니 그녀는 결국 정신을 잃고 쓰러졌다.

그러나 당장 그날 저녁부터 공연을 해야 했다. 누워 있다가 저녁 춘향전의 첫 번째 쎄리야를 놀고, 다음날 온종일 누워 있다가 춘향전의 두 번째 쎄리야를 놀았다. 실상 이경희는 연기를 할 형편이 되지 못했음에도 강행군을 했던 것이다. 그리고 나서 이경희는 그날 밤 유산을 하고 말았다. 형언할 수 없이 위험한 지경이었지만 그 꼴호즈에는 의사도 없었고 또한 의료를 대체할 아무런 방도가 없었다. 극단의 여자들은 죽어가는 경희를 붙잡고 울기만 하였다. 그때 그 꼴호즈에 사는 사람들은 병이 나면 고통 속에서 죽을 때만 기다리는 처지였다. 극단의 지도자들은 40여㎞에 있는 구역으로 사람을 보냈다. 그 이튿날에야 자동차가 왔는데 의사는 안 오고 간호원만 보냈다. 조금만 더 지났다면 경희는 죽었을지도 모른다. 다음날 극단은 다른 꼴호즈로 떠나고 나와 경희만 그곳에 남아 있었다.

종일토록 병수발을 하다가 밤이 되어서야 잠시 밖으로 나왔다. 꼴호즈의 마을은 캄캄하고 쥐 죽은듯이 조용하였다. 저 멀리 한 토굴막 창문 등불이 켜져 있는데 그 집에서 갑자기 여자의 통곡소리가 들려왔다. 하도 애절한 울음소리에 나는 한걸음 두 걸음 발을 옮겨 그 집에 다가갔다. 문을 두드리며 "들어가도 됩니까?" 물으니 통곡하던 노파가 울음을 그치고 "들어오십시오."하였다. 집안에 들어가니 온돌에는 어린애의 시체가 있고 그 노파는 어린애를 붙잡고 우는 것이었다. 그 옆에는 백발노인이 한분 앉아 있는데 얼굴은 아무런 표정이 없고 그저 석상인 냥 묵묵히 앉아 있었다.

나는 들어가 인사를 여쭈었건만 두 노인들은 아무 대답도 없이 한참 동안이나 나를 바라보고만 있었다. 나 역시 어찌할 바를 몰라 잠시 동안 멍하니 서 있었는데 백발노인이 정신을 수습하고 "누구신데 이렇게? 어서 올라와 앉으십시오."하였다. 나는 조심스럽게 노인의 곁에 앉았다. 노인은 한동안 나를 바라보더니 "보아하니 연극공연을 오신 분 같은데 어찌하여 이렇게?" "예, 옳습니다. 연극공연을 왔어요." 하고 나는 어찌하여 아직까지 꼴호즈에 남아있는지 그 사연을 간단히 이야기하였다.

노인은 내 말을 듣고 머리를 저으며 "예, 알 만합니다. 이 꼴호즈에서는 병이 나면 치료도 받지 못하고 죽는 판입니다. 여기 누워있는 애는 12살 먹은 손자인데 학질을 오랫동안 앓다가 이렇게 죽었습니다." "예, 그렇습니까? 그런데 애 아버지와 어머니는 어디 계십니까?" 노인은 내 질문에 대답을 하지 못하고 긴 한숨 끝에 머리를 숙였고 그 대신 노파가 통곡하며 대답하였다.

"여기 들어올 때 있었던 일이외다. 우리 일가를 데리고 오는 호송관 놈이 무슨 지랄이 씌웠던지 80이 넘은 노인 한분을 발길로 차고 채찍으로 때렸지요. 그러자 노인은 통분한 마음을 걷잡지 못해 기차에서 뛰어내려 자살을 했소이다. 그 때 이 애의 아비가 그 광경을 보고 분한 마음에 호송관 놈에게 달려들어 그놈의 뺨을 때렸지요. 그랬다 하여 군인들이 아 애의 아비를 붙잡아 갔는데 죽었는지 살았는지 지금까지도 소식이 없어요. 이 애의 어머니는 붙잡혀간 남편을 찾아다니다가 길에서 죽고 말았습니다. 우리는 이 애 하나를 믿고 살아 왔는데 이 애까지 죽었으니 살아 무엇 합니까? 죽어야지요. 죽어!"
하고는 어린애를 어루만지며 통곡하였다.

이튿날 그 애의 장례를 치렀다. 그 애의 장례뿐 아니라 꼴호즈에는 두셋의 장례가 더 있었다. 나도 그 애의 장례에 참석했는데 장례를 치룬 뒤 또 끔찍한 일을 보게 되었다. 백발의 노인은 눈물 한방울 흘리지 않고 손자를 파묻더니 한참동안 먼 하늘을 바라보고 서 있다가 피를 토하고 묘 앞에 쓰러졌다. 그러니 노파는 또 영감의 시체에 엎어져 통곡하는 것이었다.

이렇게 꼴호즈의 하늘은 통곡으로 가득했으며 우리 고려 사람들은 값없이 죽어갔다. 이런 억울하고 쓰라린 이야기를 다하자면 눈앞이 캄캄하고 가슴이 터질 것 같다. 우리도 극장에서 일하면서 많은 고통을 겪었지만 강제이주로 인하여 황무지에 실려 온 45만 7천명의 우리 동포들이 겪은 고통은 끔찍하고 참혹하였다. 다음날 나는 우울하고 쓸쓸한 마음으로 경희를 데리고 집으로 돌아왔다.

타스켄트주 고려극장

1914년 조국전쟁(2차세계대전)때에 우즈베키스딴공화국에는 타스켄트주 고려극장이 조직되었다. 조직된 고려극장은 카즈흐공화국 문화성을 통해 나를 초청하였다. 당시 김해운 씨가 그강을 조직하고 연출자로 일했으며 오현철 씨가 극장총장으로 일했었다. 나는 문화성의 파견으로 그 극장의 예술지도원으로 가게 되었으며 나로 인해 아내 이경희도 함께 가게 되었다. 그 극장에서 일하는 10년 동안 아내 경희는 우즈베크스딴공화국의 공훈배우 칭호를 받았으며, 나는 우즈베키스딴공화국 최고소베트의 영예표창을 수여 받았다. 그러나 20년 동안에 타스켄트주 고려극장과 강제이주로 실려온 고려사람들의 고통은 참혹하고 쓰라렸다. 말하기조차 무섭고 끔찍한 사실들 몇 가지를 이야기하려 한다.

　강제이주 후에도 고려사람들에게 대한 스딸린의 강압정책은 계속되었으며 수많은 고려사람들을 무고하게 죽여 버렸다. 타스켄트 주 어느 조합에 사는 중학교 교원 한분이 표어를 썼는데 오서를 하여 '스딸린대원수'라고 써야 될 것을 '스딸린대원쑤'라고 썼다하여 붙잡혀가 10년 징역을 살았으며 또 어느 꼴호즈의 문화일꾼은 스딸린 초상화를 그리기 위해 초상화 원본 위에 연필로 장방형 금을 그었는데 스딸린을 철창 속에 가둔 것으로 만들었다 하여 총살을 당하였다. 이 얼마나 기막힌 일인가? 말 한마디 비끗해도 글자 한자 잘못 써도 감옥살이 안면 총살을 당하였다. 이렇듯 억울한 판국에 나에게도 말 못할 끔찍한 사건이 생겼다.

　1943년이었다. 타스켄트주 고려극장이 빅찌마르에 있을 때였다. 두 달 동안 순회공연을 떠나면서 나는 부기원(회계 및 경리)에게 우리 집 식솔들을 돌봐달라고 신신당부를 하고 갔다. 그런데 순회공연을 끝내고 돌아와 보니 타스켄트시내에서 공부하던 애는 학비가 없어서 집에 돌아와 있었고 식솔들은 빵 살 돈도 없어 굶다시피 겨우 살아가고 있었다. 순회공연에서 번 돈은 몽땅 극장으로 보냈는데 어찌

하여 애들은 공부도 못하게 되었으며 극단 단원들의 식솔들이 굶고 있는지 부기원에게 다그쳐 보았지만 횡설수설만 할 뿐이었다. 그는 자기의 욕심만 채운 것이 확실하였다.

하도 화가 치밀어 책상 위에 놓여있는 먹물통을 들어 부기원을 때리려 하였다. 그런 와중에 먹물은 내 머리 위에 쏟아지고 뒷벽에 걸려있는 스딸린의 초상화를 적시었다. 나는 속이 뜨끔하였다. 이제는 잘못되었구나 하고 속을 태우는데 비밀경찰(KGB)에서 나를 부르는 호출장이 날아왔다. 부기원 알렉산드르는 내가 고의적으로 스딸린의 초상화에 먹물을 뿌렸다고 밀고를 한 것이었다. 총살이 아니면 무기징역을 갈데없이 받게 되었던 것이다.

그러나 이 사건의 진실을 알고 있는 사람이 있었다. 극장의 내부 사업을 감시하고 있던 화가 유가이 알렉세이가 비밀경찰에 사건의 전후를 소상하게 증언하였다. 부기원이 돈을 빼돌렸으며 그것을 감추기 위해 먹물을 고의로 뿌렸다는 밀고는 생사람을 잡으려는 거짓말이라고 증언하였던 것이다. 그때 내가 입고 있었던 윗도리의 잔등에 먹물이 쏟아진 것이 증명되어 비밀경찰은 유가이 알렉세이의 말을 믿게 되었던 것이다.

스딸린의 강압정책으로만 고려사람들이 희생된 것만이 아니라 같은 고려사람들 가운데에 이런 망나니들이 숱하게 있어 무고한 사람들을 희생시키는 경우가 많았다. 그 때에 유가이 알렉세이가 없었다면 어찌 되었을까? 말 한마디만 비끗 잘못해도 감옥이 아니면 총살인데 스딸린의 초상화에 먹물을 뿌렸으니!

까라꿈 사막

조국전쟁 때였다. 우리 극단은 우르겐츠로 순회공연을 떠났다. 타스켄트에서 우르겐츠로 가자면 그 거리가 몇 백km가 되는지 지금도 정확히 알지 못한다. 하여튼 굉장히 먼 거리였다. 그때에는 타스켄트에서 우르겐츠까지 이어주는 철도도 없었으며 자동차도 없었다. 그런데 한신하게도 우리 극단은 화물자동차에 앉아 우르겐츠로 향했다. 우르겐츠로 가자면 까라꿈사막을 지나야 한다. 다시 말하면 사막길 몇백리를 지나야 된다는 것이다. 이는 모험이었다,

우리들이 탄 자동차는 도중 모래벌에 빠져서 한참 동안씩 고생을 하였으며 앞에 모래 산이 가로막혀 있기도 하였다. 하루는 광풍이 어찌나 모질게 불었던지 모래가 일어 세상을 분별할 수 없었다. 광풍이 지나간 후 살펴보니 사람들은 죄다 모래에 파묻혔으며 어린애들은 보기에도 애처로웠다. 그리고 자동차에 실었던 새 장고와 또 기타 많은 소도구들은 광풍에 날려 잃어버리고 말았다. 또한 물 한 방울도 없는 사막이어서 사람들은 목이 말라 고통스러워하였다.

그런데 한 곳에 당도하지 웅덩이가 있었고 그곳에는 물이 고여 있었다. 사람들은 그 웅덩이에 달려들어 모두들 물을 한껏 마셨다. 참 이상한 일이었다. 그렇게 말라붙은 사막인데도 불구하고 군데군데 얀따그가시풀도 있었고 싹사울(중앙아시아 사막에서 자라는 싸리나무의 일종)도 있었다. 자연의 법칙이란 실로 신비스러웠다. 뜨거운 사막에도 추운 빙하에도 생의 법칙은 그대로 존재하고 있는 것이었다. 하루는 가다가 지쳐서 사막에서 밤을 새우게 되었다. 모두들 모래를 다듬어 자리를 잡고 잠을 자게 되었는데 어디서인지 이상한 소리가 들려왔다. 사람의 울음소리 같은데 무인절도 사막에 웬 울음소리인가? 잠자코 들어보니 그것은 승냥이 무리의 울음소리였다. 나는 놀라 자는 사람들을 깨웠다. 사람들이 역시 그 소리에 놀라 어쩔 줄을 몰라 했다. 여자들은 어린애들을 끌어안고 벌벌 떨었으며 남자들

은 칼, 도끼 무엇이나 무기가 될 만한 것을 손에 틀어쥐고 방어태세를 취했다. 몇 사람은 얀따그가시풀과 싹사울을 모아놓고 모닥불을 피웠다.

조금 있노라니 승냥이의 울음소리는 차츰 멀어지고 사방은 조용해졌다. 그제야 아이들을 내려놓으니 모닥불 가에 가서 좋아라 장난질을 하였다. 그날 밤을 뜬 눈으로 새웠다. 나흘만에야 우르겐츠시에서 몇 km 떨어져 있는 기간트 꼴호즈에 당도했다. 꼴호즈원들은 고초를 겪은 우리의 몰골을 보고 불쌍히 여겼으며 어떤 여자들은 우리를 붙잡고 울기까지 하였다. 그 후에 나는 이런 시를 썼다.

> 황막한 광야에 천릿길 먼데
> 끝없는 모래 벌로 자동차 달렸다.
> 먼지는 일어 목구멍을 막았고
> 목말라 못 견디어 진흙물도 마셨다.
> 해 쪼이는 여름날 낙타도 땀젤제
> 익어드는 낯을 가시 풀로 가리웠고
> 광야에 닥쳐온 밤 이리떼 울제
> 모래산 의지하고 밤도 새웠다.
> 그러나 우리는 괴롭지 않았다.
> 그리운 형제의 집 찾아가 길래
> 까라꿈 몇 천리 사막을 지나며
> 창조의 요란한 노래도 들었길래
> 거칠던 광야에 가시밭 뼈내고
> 행복의 길 닦는 교포들도 보았고
> 불타는 사막에 땀으로 물 주어

화원 함께 일으킨 농촌도 보았길래

그렇다 우리는 그들을 찾아왔다.
투쟁의 노래를 광야에 띄웠다.
천리에 실어온 연정의 노래니
이 노래 부르며 승리에 길 걷자.

동창생 일만이

나는 그 꼴호즈에서 동창생 일만이를 만났다. 그는 나와 함께 신한촌 9년제학교를 졸업한 후 농업전문학교를 나와 모로숍까 촌에서 농업기사로 일하였다.

1937년 강제이주 때에 씨르다리야 강 건너편 황무지에 실려 갔다가 지금은 자리를 옮겨 기간트 꼴호즈에 와 살고 있었다. 그는 너무나 반가워서 나를 끌어안고 돌다가 제집으로 데리고 갔다. 집에 가서 저녁식사를 하며 한잔씩 마신 뒤에 강압정책으로 얼마나 고생하였는지 1937년 강제이주로 겪은 고통을 눈물을 흘리며 이야기하였다. 누가 들을까 두려워 조용히 귓속말로 가슴을 치며 말했다. 아리쓰 정거장에 도착하여 기차가 멈춰 서자 그의 부친은 차에서 내려 사람들을 모아놓고 크즐오르다 황무지로 가지 말고 타시켄트로 갈 것을 요구하자고 강력히 말씀하셨다고 한다. 그들은 열차를 거느리고 가는 호송관에게 요구하였다. 호송관 한참동안 묵묵히 서 있더니 "그 문제에 대해서는 좀 생각해보고 해결할 테니 모두들 차량에 오르라."고 명령하였다. 그러나 그들은 요구를 실행하기 전에는 차량에 오르지 않겠다고 일제히 외쳤다. 그러나 호송관은 군인들에게 명령하여 강제로 사람들을 차량에 몰아넣었다. 사람들이 넋을 놓고 앉아 있는데 군인 한명이 와서 호송관이 그의 아버지를 보잔다고 전하였다. 일만의 아버지는 요구를 들어주려는가 하여 조급히 군인을 따라나섰다. 그렇게 따라가신 아버지와 함께 가신 몇분은 다시 돌아오지 않았다. 지금까지도 그들의 행방을 알지 못하고 있다.

"성용아, 우리 한잔씩 더 마시자." 우리는 더 마셨다. 일만이는 땅바닥을 치며 이야기를 이어갔다. "그리고 우리는 끝끝내 씨르다리야 강 건너편 무인절도 황무지에 실려 갔어. 집 한 채 없고 사람의 자취도 없는 땅, 승냥이와 뱀들이 우글거리는 갈밭 말이다. 거기에 가 있는 동안 아내와 아들이 죽었다. 그러고 보니 우리 식솔은 다 죽고 나 하나만이 살아남았구나. 오, 저주한다. 강제이주! 그놈의 강제이주 때문에 얼마나 많은 사람들이 죽었는지 모른다. 우리 꼴호즈에서만 백여 명이 죽었다. 성용아 우리 한잔씩 더 마시자." 하며 울음을 토하는 일만이와 또 한잔씩 마셨다.

홀로 남은 그는 그 꼴호즈에 더는 살 수 없어 몰래 도망쳐 기간트 꼴호즈로 왔다는 것이었다. 그때 강제이주로 실려 온 고려사람들은 다른 곳으로 옮겨갈 권리도 없는 때였다. 우리는 날이 새도록 자지 않고 가슴을 치며 눈물을 흘리며 애타는 이야기를 하였다. "성용아, 우리는 무슨 죄가 있어 이런 고통을 겪는가? 누구 때문인가? 무엇 때문인가? 오, 저주한다. 1937년! 피로 물든 강제이주"

그때로부터 오늘까지
반세기도 넘어
내 머리에 비록
백설이 휘날리나
언제나 잊지 못할

1937년!
기막힌 그때 그 일이
기억에 력력하다

텅텅 빈 집들
열어제낀 창문들
사람의 눈인 냥
우리를 바라보며
어디로 가느냐고
묻는듯 하였다.

뜨락에 서 있는 나무들은
머리를 숙여 우리를 전송했고
어린애 같이 기르던
황둥 강아지는
우리를 따라오다 걸음을 멈추고
무정히 가는 우리를 바라보며
날버리고 어디로 가느냐고
한없는 원망에
눈물 짓는듯 하였다.
그러나 우리를 떠나보내며
슬퍼하는 사람들은
한 사람도 없었다.

텅텅 빈 집들

열어제낀 창문들
텅텅 빈 마을
정든 내 고향!
오, 생각할수록
불타는 이 내 가슴
피로 물든 강제이주!

체르본나야 제믈랴

체르본나야 제믈랴라는 이름의 꼴호즈에 순회공연을 갔던 이야기다. 구락부도 없고 해서 노천무대에서 공연을 하게 되었다. 강제이주 직후여서 주택도 채짓지 못하였는데 구락부가 있을 리 없었다.

날씨가 매우 무더워 모두들 학질을 앓았다. 40도 신열 중에도 연기를 하였다. 무대 뒤의 잔디에 누워 부들부들 떨다가도 자신의 순서가 되면 벌떡 일어나 무대로 뛰어나가 울며 웃으며 연기를 하곤 하였다.

어찌나 모기가 많던지 모기가 물면 연기 중에도 찰싹찰싹 치며 하였고, 또 모기가 목구멍으로 들어가면 재채기를 하며 연기를 하였다. 그곳에서는 물이 없었다. 논밭에 대는 물을 받아 두었다가 사람들은 그 물을 마셨다. 그런데 받아둔 물구덩이에 소, 돼지, 나귀, 개 할 것 없이 다 달라붙어 물을 마시는 것이었다. 그 물이 더럽기는 하나 어쩔 수 없는 일이었다. 학질에 걸려 떨다가 목말라 견디기 어려울 때는 가제에 걸러서 마시곤 하였다.

그런데 돌연 클라라(필자의 딸)가 무대 곁에 나타나 마마! 하곤 우는 것이었다. 낯선 타국, 어두운 밤중, 노천무대에 클라라가 나타나 마마를 부르는 데는 이런 사정이 있었다.

그때 우리가 유숙했던 집에는 클라라보다 두어 살 더 먹은 어린애가 있었는데 저녁 연극공연을 나가면서 우리는 클라라를 그 애에게 맡기고 갔던 것이다. 그런데 클라라가 잠드니 공연장이 궁금해서 못 견디어 하던 그 애는 클라라를 홀로 남겨놓고 구경을 왔던 것이다. 클라라가 자다가 깨어보니 낯선 빈집에 자기 혼자만 있었다. 겁이 덜컥 난 클라라가 마마를 불렀지만 대답하는 사람은 아무도 없었다. 클라라는 거리로 뛰쳐나와 울면서 마마를 불렀다. 마침 늦게 구경 오는 사람이 있었는데 그분이 그 애의 울음소리를 듣고
"너 누군데 길에서 우느냐"
"나는 클라라예요."
"너의 어머니는 누구야?"
"나의 마마는 춘향이예요." 하니 그분이 순회공연을 온 배우의 아이인 것을 알고 노천무대로 데려온 것이었다. 이 얼마나 비참한 일인가? 캄캄한 밤중에 남의 집 빈방에 홀로 남아서 고함쳐불러도 대답하는 사람조차 없으니 어린 그것이 얼마나 겁이 났을까? 범 같은 짐승도 제 새끼 중한 줄을 안다는데 우리는 제 새끼 중한 줄도 모르고 살았다.

그때 1937년 강제이주로 실려 온 고려사람들은 짐승들과 함께 한 구덩이의 물을 마셨으며 우마와 같은 학대를 받았으니 실상은 짐승들이나 다름없었다.

어린 클라라를 빈집에 홀로 버려두고
까라딸 구역 우스또베 '레닌스끼 뿌찌' 꼴호즈 지역에 살 때 일이다. 그때 7살 먹은 클라라를 빈집에 홀로 버려두고 따스켄트 순회공연을 떠나게 되었다. 집에다 먹을 것을 좀 갖추어 놓고 또 가지고 갈

행장을 꾸리느라 바삐 움직이는데 어린 클라라가 뛰어오며 '마마 자동차가 왔어요'라고 소리를 질렀다. 우리는 서둘러 트렁크와 부대를 들고 자동차에 올랐다.

자동차가 움직이기 시작하자 클라라가 자동차의 문설주를 붙잡고 흐느껴 울었다. 그때 우리 부부뿐만이 아니라 자동차에 타고 있던 사람들이 다 울었다. 7살 먹은 어린 것을 의지할 사람조차 없는 빈 집에 홀로 버려놓고 순회공연을 떠나다니 실로 기막힐 지경이었다. 그 어린 것이 석 달 동안 무엇을 혼자 끓여먹으며 어떻게 빨래를 한단 말인가? 생각해보면 우리는 얼마나 지독한 부모였으며 자애심조차 없는 인간이었던가. 그러나 강제이주로 실려 온 우리에게는 어쩔 수 없는 운명이었다. 극단원으로서 순회공연을 하지 않으면 살 수가 없는 처지이고 7살이 된 클라라는 학교에 다녀야 되기 때문에 더 이상 데리고 다닐 수 없었다. 더구나 순회공연은 상부의 엄한 명령이었다.

클라라를 집에 버려두고 떠나온 지 한 달이 되어 우리 극단은 따스켄트주 중치르구역 까리수 근방의 꼴호즈에 도착했다. 그 꼴호즈에는 구락부도 없었고 전기도 없었다. 우리는 노천무대 양편에 석유통을 준비해놓고 횃불로 무대를 비추며 연극공연을 했다. 맨 앞에는 어린애들이 땅바닥에 앉아 연극 구경을 하고 있었는데 아이들이 장난을 하다가 석유통을 차버리는 일이 일어났다. 석유가 쏟아지고 횃불이 넘어져 한 어린애에게 불이 붙었다. 그 애는 다급한 김에 벌판으로 뛰었고 사람들이 그 애를 붙잡아 불을 끄고 나니 이미 죽은 뒤였다. 갑작스런 사태에 배우들은 연극을 중지하고 그 뒤를 따라갔다. 그 애의 부모는 불에 탄 시체를 붙들고 온 마을 온 벌판 온 세상이 떠내려가도록 울었다. 그 통곡소리는 꼴호즈의 밤하늘을 애절하게 울렸으며 연극을 놀던 무대는 울음이 가득 찬 상가로 변하고 말았다.
　그날 밤 우리 부부는 잠을 이루지 못했다. 7살 먹은 클라라를 빈 집에 버려두고 온 우리 두 사람의 가슴에는 뜨거운 불가마가 끓어 번졌다. 그 철도 없는 것이 혼자 어떻게 사는지? 어디 가서 덤비다가 무슨 화라도 만나지 않았는지? 클라라가 우리 앞에 서서 우는 것만 같아서 마음을 걷잡을 수가 없었다.

오! 비야, 그만 그쳐라
　강제이주를 당한 지 4~5년 후의 일이었다. 전쟁 중이어서 시장에서 빵 한덩이가 10루블리씩 하였고 쌀 한킬로에 100루블르씩 하였다. 먹을 것이 없어서 허리띠를 졸라매며 굶주리고 있는 형편이었다. 그때 나는 불행히도 간염을 앓게 되었다. 음식을 가려서 먹어야 했다. 그렇지 않으면 죽을 수도 있었다.
　상황이 이렇게 되고 보니 아내 경희는 꼴호즈로 공연을 가게 되면 부대를 들고 꼴호즈 집행부를 찾아가 사정 이야기를 한 뒤 식료품을 구해왔다. 나를 위해 아내 경희는 거렁뱅이 노릇을 하였던 것이다. 당시 극단의 사람들은 꼴호즈로 공연을 나가면 좋으나 궂으나 그곳에서 끓여 먹었는데 집에 있는 식솔들은 형편이 너무 어려웠다. 우리들은 연극을 공연한 값으로 쌀을 구해다가 극장의 마당에 큰 가마를 걸고 죽을 끓여 식솔들을 불러서 먹게 하였다.
　어려운 시대적 상황하에서 우리 극단이 식솔들에게 할 수 있는 최대의 식사였다. 나 역시 몸이 아픈데도 불구하고 꼴렉찌브(집단)와 함께 다니며 순회공연을 조직 지도하였다. 그렇지 않으면 먹을 것이 없는 식솔들의 형편은 더욱 어려웠기 때문이었다. 그러다 기어이

병이 악화되었고 따스켄트 시병원에 입원하기에 이르렀다. 아내 경희는 하치르칙 구역에가 순회공연을 하면서도 날마다 음식물을 끓여가지고 병원으로 찾아왔다. 하치르칙 구역에서 따스켄트까지는 50~60㎞의 거리였는데 왕래하는 버스조차 없었다. 그러니 경희가 얼마나 고생을 했댔는지 가히 알 만하다. 나는 그 사정을 알기 때문에 더 오지 말라고 만류하였으나 듣지 않았다.

하루는 비가 몹시 내리었다. 지붕에서 내리는 빗물이 유리창에 떨어져 물방울을 만드는 것을 바라보며 아내가 오지 못할 것을 짐작했다. 그러면서도 어느새 아내를 기다리고 있는 것을 알 수 있었다. '하루라도 떨어져 살 수 없는 경희' 나는 조용히 되뇌어 보았다.

저도 몰래
창밖만 내다보네.

병원 뜨락 화원에는
눈물인 냥
궂은비만 우즐출 내리네.
지난일 가득해
가슴 속에 넘치는 애로
바다같이 가엾네.

고통의 순간에
오신 님 만나게 되면
사막의 길손이
샘물을 만나 듯

사라지는 병들아
광채를 내네.

오! 비야
그만 오고 그쳐라
마음에 켕기는 빗소리
울렁대는 빗소리
나는 오늘도 종일토록
창밖만 내다보네.

병원뜨락 화원에는
눈물인냥
궂은비만
우즐출 내리네.
우즐출 내리네.
-〈님 오는가 기다리는 마음〉

꾼드라드 순회공연

차르초우에서 꾼드라드까지는 뱃길이었다. 짐을 가득 슨 배에 앉아 아무다리야 강을 내려가는데 해가 어찌나 뜨겁던지 견디기조차 어려웠다. 그때 3-4세의 어린애들이 있었는데 우리는 밧줄로 동여매어 그 애들을 강물에 넣고 끌고 갔다. 시원하게 해줄 요량이었는데 지금 생각하면 얼마나 미련하고 위험한 일이었는지 모른다. 아무다리야 강에는 송아지도 통째로 삼킨다는 몇백kg짜리 솜(메기)이 있었다.

꾼그라드에 당도하니 꼴호즈의 지도자들이 화물자동차를 가지고 마중을 나와 있었다. 꾼그라드로 가는 길은 험했다. 그 길은 먼지 바다였다. 먼지가 얼마나 많은지 자동차가 지나가면 발동선이 물을 가르는 것처럼 먼지가 양쪽으로 갈라지며 파도를 쳤다. 먼지바다를 헤쳐 꼴호즈에 도착하니 자동차에 앉은 사람들은 먼지에 덮여 기묘한 짐승 같았다. 그런 와중에도 아이들은 꿈의 곡마단이 왔다고 날뛰었다. 꾼그라드의 꼴호즈는 진인미답의 황무지였다. 사람들이 발을 붙이지 않은 모래벌이었다.

스딸린의 강제이주정책은 이런 절해의 황무지에 22만명의 고려인들을 부려놓은 것이다. 죽으면 할 수 없고 살려면 그 안에서 방법을 찾아야 했다. 이 얼마나 슬픈 운명인가. 일본 제국주의에 못견디어 조국을 버리고 원동변강에 겨우 살 터전을 만들었는데 또다시 이런 황무지에 실어다 버렸던 것이다. 그러나 살아야 했다. 우리 고려사람들은 다른 나라사람들이 따라오지 못할 만큼 부지런하고 근면하였다. 살아남기 위해서 모두 힘을 합하여 모래밭을 일구고 아무다리야 강물을 끌어다 밭에 물을 대었다. 벼농사를 지어 밥을 지어 먹었다.

그들이 사는 집은 토막집이어서 비좁기는 했지만 그 안에는 인간애 동포애가 넘쳐나는 형제의 집이었다. 우리는 노천무대를 설치하고 공연을 하였는데 단원들 모두 다 있는 기교를 다해 그들을 위로했다. 그들은 환희에 넘쳤다. 이런 오지 사막에 동포애로 들끓는 극단이 오리라고는 상상조차 할 수 없는 일이었으니까, 순회공연을 끝내고 돌아오는 날 그들은 우리를 붙잡고 모두 울었다.

따스까날에서의 공연

1943년 11월 전쟁 때에 우리 극장은 따쓰까날(따스켄트 관개수로)

공사장에 가거 수로공사 일꾼들에게 위문공연을 하라는 명령을 받았다. 따쓰까날 공사는 전국적인 거대한 것이었다. 꼴호즈원 수만명이 나아가 일하고 있었는데 거기에서도 전쟁을 하는 것 같았다. 그러니 위문공연을 하는 것은 우리에게 주어진 과업인 셈이었다. 더구나 전쟁터에 나가지 않고 후방에서 생활하는 고려인들에게는 의무적이고 강제적인 동원으로 노인이고 젊은이고 죄다 불려나와 일을 하였다. 심지어는 여자들까지 나아가 힘을 모았다. 간혹 병약한 노인들이 텃밭에 나가 일하다 발견되면 말 탄 내무원이 달려와 사정없이 채찍질을 하고 학교 강당이나 큰 집에 몰아 넣었다가 다시 공사장으로 끌고 갔다. 수로공사가 전쟁터나 다름 없었다.

　우리 극단은 공사장 한 모퉁이 평편한 곳에 자리하고 음악공연을 시작했다. 차거운 날씨임에도 얇은 양복차림을 하였으나 보기에는 고와 보여도 실상은 한기를 느낄 만큼 추웠다. 맨땅에서 보얗게 일어나는 먼지 속에서 노래하고 춤추는 우리 극단은 마치 전투적 과제를 이행하는 전투부대 같았다. 그런데 안타까운 일이 일어났다. 몸이 약한 여배우 하나가 열이 나면서 몹시 앓는 것이었다. 그러나 그때는 누가 죽고 사는 것을 헤아릴만한 여유가 없었다. 전 쏘련인민들이 파쑈들과 맹렬히 싸워 목숨을 바친 그 시기, 바로 조국 전쟁 때였다. 또한 우리에게는 조국전쟁의 승리를 위하여 있는 힘 있는 정력을 다 바치려는 굳은 결의도 있었다. 우리는 쏘련이 "전 세계 무산자의 고향"이라는 말을 믿었던 것이다.

　일본제국주의자들의 강압을 피해 원동으로 들어왔을 때 러시아는 우리를 받아들였으며 그 땅에 호미로 밭을 일구어 조를 심고 강냉이를 심어 삶의 터전을 닦았다. 고려사람들은 쏘련을 두 번째 조국으로 받아들였으며 조국전쟁의 승리를 위하여 있는 힘을 다 바쳤던 것이다.

그런 우리들을 믿을 수 없는 민족이라는 낙인을 찍어 전선으로 내보내지 않았다. 그러나 고려사람들은 타민족으로 변성명을 해가며 군에 입대했으며 전선으로 나아갔다. 구역 군사부에 찾아가 전선에 보내줄 것을 요구하며 단식운동을 한 청년들도 있었다. 어느 군사부에서는 그들의 요구를 들어준다며 북방의 노역장으로 실어간 일도 있었다.

글을 맺으며

고려사람들은 1937년 강제이주를 당한 뒤 중앙아시아의 황무지로 실려와 갖은 고통과 멸시를 받았다. 그러나 근면한 고려사람들은 고난을 이겨내고 살길을 찾았다. 벼농사를 잘하여 이밥을 먹었으며 중앙아시아 민족과 카자흐인민들에게 벼농사 경작법을 가르쳤다. 조국 전쟁 시기에는 대풍을 거두어 수만 톤의 쌀을 바쳤고 수십명의 사람이 노력영웅 칭호를 받았다. 크즐오르다 '선봉'꼴호주의 김만삼은 벼 수확고의 세계적 레콜드(기록)를 세웠으며 〈쁠리트웃젤〉, 〈극성〉, 〈북쪽등대〉, 〈지미뜨로브〉 등은 전 쏘련에서 모범적인 꼴호즈가 되어 널리 명성을 떨쳤다.

그럼에도 불구하고 스딸린 시대에는 지속적으로 탄압과 박해를 받았으며 고려사람들의 고유한 문화와 풍습을 억압하였다. 더구나 고려말로 공부하던 학교들과 오직 하나뿐인 대학, 고려사범대학을 폐쇄하였다. 최근 독립국연합체에 사는 고려인 90%가 고려말과 글을 모르는 지경에 이르렀다. 지금도 눈에 훤히 보인다. 크즐오르다 고려사범대학 마당에 커다란 난로를 걸고 사범대학 도서관에 쌓여있던 고려서적을 무자비하게 불사르던 끔찍한 광경이,.

이제 개편과 자유의 시기가 왔다. 우리 고려사람들은 카자흐 인민과 우즈베크 민족의 큰집의 일원이 되었으며 진정한 형제적 우의를 맺고 있다. 고국동포의 도움으로 고려말과 글을다시 배우기 시작하였다. 또 철벽처럼 막혔던 국경의 문이 열려 고려사람들이 고국을 방문하였으니 한평생의 숙원을 이루었다.

팔십 고령의 늙은 어린애
이제야 엄마의 품에 안기네.
엄마 잃은 고아의
애달픈 울음소리
날새인냥
산을 넘고 들을 지나
고국의 하늘에 날아올랐네.

한평생 타향살이 쓰라린 마음
조국산천이 그리웠고
학대와 멸시에 짓밟힌 맘
방울방울 눈물이었네.
그러나 오늘은 기쁜 날
백발의 어린애
엄마를 만난 날!

엄마의 품에 안겨
흐느껴 울며
무정한 엄마의 가슴을 어루만지는 듯

그립던 조국 땅을 어루만지는
기쁜 날!

오! 하늘이여
오! 엄마의 땅이여
나의 절을 받으시라.
엄마 땅에 머리를 숙이고
엄마 땅에 눈물을 떨구는
이 백발 어린애의
눈물, 웃음 한데 엉킨

26. 고려일보 1996년 4월 20일, 4월 27일 : 〈잊을 수 없는 그 날을 더듬어 보며〉(리왜체쏠라브)

크즐오르다 조선사범대학 조선어문학학부 1학년생들이 찍혀있는 이 사진은 약 60년 전 사진이다. 상기 사범대학 졸업생이며 오랜 교

육가이며 우리 신문 직외기자로 있은 연금생 방알렉쎄이 뻬뜨로위츠(만금)가 이 사진을 '고려일보'사 따스껜트지부로 가져왔다.

알렉쎄이 뻬뜨로위츠는 지난날을 이렇게 회상하고 있다.

-1918년 쁘리모리예 태생인 나는 하싼구역에서 7년제를 졸업하고 블라지워쓰또크 제8모범조선중학교에 입학했습니다. 졸업후 거기서 조선사범대학에 입학했죠. 그때 대학생이 되었다는 우리 문학학부 1학년생들의 마음은 한량없이 기뺐고 행복했습니다. 그야말로 우리 젊은이들은 장래 커다란 포부를 안고 살았어요. 그러나 그 희망은 오래 가지 못했습니다….

1937년 9월 개학한 지 1주일 되었는데 불의에 고려인들을 중아시아로 이주시켰습니다. 그땐 무엇이 우리를 기다리고 있으며 어떤 난관이 부닥치는지 아무도 몰랐어요. 우리 대학은 역사학부, 수물학부, 자연학부, 문학학부, 이렇게 네 학부가 있었습니다. 한 차량에 교원, 대학생들, 그리고 모든 설비를 실었죠….

…우리를 실은 열차는 알마띄에 3일간 머물러 있었습니다. 사범대학 지도부는 공화국수도에 대학을 남겨달라는 허가를 받으려고 상부기관들을 찾아다니고 모쓰크와와 연계를 취했으나 모쓰크와에서 교원, 대학생 전부가 크즐오르다로 가야 하며 그 지시를 변경하거나 심의에 붙일 수 없다는 지시가 하달됐죠. 이렇게 우리는 1개월이상이나 지난 후 드디어 크즐오르다란 곳에 머물게 됐습니다.

사범대학은 이전 농업전문학교 건물에 들고 교원, 대학생들은 집집마다에 배치시키더군요.

블라지워쓰또크사범대학내엔 노동학원과 중학교가 있었는데 대학교원들이 학교에도 와서 수업을 치르었어요. 중학교는 성적을, 출석을, 규율 등 모든 면에서 가장 우수하였기에 모범학교라고 불렀습니다.

1936년에 한인갑 교장선생님이 탄압을 당하게 되었습니다. 중학교는 전부 두 회 졸업 밖에 없었는데 난 2회 졸업생이죠….

철학교사 리용식, 리루끼얀 물리교사, 화학교원 전의연, 수학교원 강우섭, 기타 유능교사들을 지금도 정다운 마음으로 회상하고 있는 방알렉쎄이 뻬뜨로위츠는 많은 대학교사들이 쓰딸린정책으로 말마암아 감옥과 수용소에서 사망되었다고 말했다. 방알렉쎄이 뻬뜨로위츠는 계속하여 이렇게 말했다.

"끄즐오르다에서도 선생님들이 없이 지내다가 타도시들에서 몇몇 교원들이 파견돼왔는데 그중엔 조기천 선생도 있었죠. 선생은 우쑤리쓰크 조선사범전문학교 졸업생으로서 그후 똠쓰크종합대학을 최우등으로 졸업한 분이였습니다. 사진 두 번째줄에 흰 양복을 입은 분이 조기천 선생이죠. 그는 우리에게 문학이론을 가르쳤으며 이외에도 로어를 잘 소유하고 있었어요. 강의를 어찌도 흥미있게 치르는지 우리 대학생들은 항상 정신을 집중하고 들었습니다. 매우 낙천적이고 정열적이며 교제성이 있는 분이었죠.

…우리는 그이가 시를 쓴다는 걸 모르고 있었어요. 몇 년후 북조선에서 그의 작시재능이 더 발휘됐습니다. 조기천 선생의 왼쪽[54]에, 안경쓰신 분은 한아나쓰따씨야 문학부장이였습니다. 모쓰크와에서 오셨죠.

엄하리똔은 중세사와 현대사를 가르쳤습니다. 벌써 블라지워쓰또크에서 교편을 잡고 있었죠. 그런데 뜻밖에 일이 생겼습니다. 무슨 이유 때문인지 그는 1938년 5월에 체포되어 사범대학에서 자취없이

---

54. '오른쪽'의 잘못. 이하 좌우 표시가 모두 거꾸로 되어 있음.

사라져버렸습니다.
　사진에 찍힌 29명 대학생들중, 절반이상이 여대학생들이죠. 그런데 그들의 운명에 대해선 그리 알고 있지 못해요. 이 사진은 대학에서 모국어를 변경시킨 1938년 4월 어느날에 찍은 것이죠. 실제적으로 대학은 조선사범대학으로 남아있지 않았습니다. 학급이 해산되고 대학생들이 크즐오르다를 많이 떠났지요. 저도 그 중 한 사람입니다…"
　알렉쎄이 뻬뜨로위츠는 사진을 유심히 들여다보면서 조선사범대학 문학학부 1학년 여대학생들은 지금 모두 어디에 있으며 어떻게 되었는지 몹시 궁금하다며 사진에 찍힌 동창생들의 이름을 잊지도 않고 하나하나 불러보는 것이었다.
　그는 잠시 생각에 잠기더니 이렇게 말을 이었다.
　"앞줄 왼쪽으로부터 첫째가 리은영 씨입니다. 그는 대학 입학 전에 노동학원에서 공부했는데 로씨야 고전문학을 잘 소유하고 있어 학급에서 문학크루죠크도 조직하고 뿌쉬낀과 기타 시인들의 창작품을 우리에게 요해시켜 주었지요. 차후 그는 시인으로 자라났습니다.
　두 번째줄 왼쪽으로부터 첫 번째가 김입선 씨죠. 그는 대학 스포츠맨이였는데 블라지워쓰또크에서 벌써 '달자워드'축구팀 선수로 있었습니다.
　두 번째줄 한아나쓰따씨야 학부장 왼쪽에 서 있는 사람은 리봉길 씨입니다. 후에 그는 군무자로 있었죠. 현재 두산베에서 여생을 보낸다고 합니다.
　셋째줄 오른쪽으로부터 두 번째는 기석복 씨입니다. 그는 싸마르간드종합대학 어문학부를 졸업하고 장기간 기자생활을 '레닌기치'사 따스껜트지부를 책임맡고 있었습니다. 그 옆에는 박호선 씨입니다.

호선 씨는 우즈베끼스딴 베까바드시에서 삽니다. 오래동안 교편을 잡았었지요. 바로 이 분이 58년 전 이 사진을 나에게 보냈어요. 우리는 호선씨와 자주 만나 지난날을 회상하군 합니다…"

방알렉쎄이 뻬뜨로위츠 자신은 싸마르깐드종합대학을 졸업하고 싸마르깐드주 빠쓰트다르곰구역에서 교원으로 있었다고 말했다. 사진 앞줄 오른쪽 첫 사람이 방알렉쎄이 뻬뜨로위츠이다.

이 사진을 찍기전에는 어떤 일이 있었을까?

"한번은 수업이 끝난 후 대학 1학년생 열명이 어느 한방에 모여서 이런저런 얘기를 하다가 그중 제일 나이가 많은 김해룡씨가 "어떻게 터무니없는 이런 행동을 할 수 있는가. 우리를 일본공범자들로 여기다니…. 전혀 모를 일이야. 우리 아버지, 할아버지들이 일본억압자들을 반대해서 싸웠고 또 쏘베트정권을 위해 투쟁한 분들인데…. 일본공범자들이라니…."하며 심중한 어조로 말했습니다. 대학생 10명중 어느 누가 고발했는지 그날밤 해룡이를 체포해갔습니다. 그 후론 그를 다시 보지 못했지요.

그리고 1938년 초 일인데 대학에서 어떤 경사로 야회가 진행되었어요. 경축회가 끝난다음 대학생콘서트에서 황미하일 교원이 바요링을 연주하였으면 하는 모두의 권고에 그가 반일투사의 노래〈전진가〉를 켰습니다. 모두가 이 음악에 따라 노래불렀지요. 그런데 이튿날 옌까웨데 '내무인민위원부'에서 그를 데려갔어요. 국가안전요원들은 그 노래에는 강제추방에 대한 불만이 담겨있다고 하는 것이 아니겠어요?

한마디로 아무것도 흠잡을 근거가 없었든지 몇 개월 후 그를 내보냈습니다. 선생님은 대학에 와서 18-19세기 로씨야 문학을 계속 가르쳤지요.

그런데 전혀 예상치 않았던 무서운 일이 벌어졌습니다. 1938년 4월 사범대학에서는 조선어수업을 변경했단 말입니다. 참 한심한 일이였지요…"

이렇게 회상하는 알렉쎄이 뻬뜨로위츠는 조선사범대학을 고려인들에게서 빼앗아 간 거나 다름없다고 말했다….

크즐오르다 조선사범대학과 카잘린쓰크 사범전문학교 조선어를 변경시킨 것은 말할 수 없는 비극을 자아냈다. 언어말살정책은 구쏘련 고려인들의 문화에 대단한 타격을 주었다. 우리 후세들이 모국어로 구사할 줄 모르는 사실은 참으로 가슴아픈 일이다.

쓰딸린 탄압정책과 강제추방은 우리 고려인들의 운명을 심하게 뒤흔들어놓았다.

사범대학에서 공부한다는 것은 아무런 의미가 없었다. 보다 높은 지식을 소유하기 위해선 반드시 이곳을 떠나야 한다는 것은 모든 고려인새대들의 동감이였다. 그리하여 수천명 중학교 졸업생들이 졸업후 모쓰크와, 레닌그라드, 끼예브, 노워씨비르쓰크, 똠쓰크 등 큰 도시들로 떠나군 하였다…. 그런데 쏘련이 붕괴되므로써 구쏘련의 다른 도시들로 공부하러 갈 수 없는 상황으로 말미암아 자기가 지망하는 대학에 마음대로 가지 못하는 조건, 그리고 젊은이들의 장래에 대한 뚜렷한 목표가 없는 것, 지식을 소유하는 것보다도 돈벌이를 위해 공부를 포기하는 현상 등, 이렇게 된다면 지식을 첫째자리에 내세우던 독립국연합체 고려인들의 운명은 앞으로 어떻게 될 것인지 안타깝기만 하다….

1938년 4월 어느 봄날에 찍은 잊을 수 없는 추억이 담긴 이 사진. 이 사진에 찍힌 크즐오르다사범대학 문학학부 1학년생들 중 어느 누가 방알렉쎄이 뻬뜨로위츠의 이야기에 더 자세한 것을 첨부할 분들은 없을까…. 지나간 사소한 모든 일들이 우리에게 있어서는 귀중한 것이다. 왜냐면 이 모든 것은 우리의 역사이며 우리의 지난날의 추억이기에. 우리는 그것을 잊어서는 안된다.

27. 고려일보 1996년 8월 3일 : 〈고려인들의 강제추방 60주년을 앞두고 : 우리도 되돌아 보면서〉(강태수[55])

우리도 '고려일보' 신문에서 '이주'니 '추방'이니 하는 말에다가 '강제'를 덧붙여놓고 37년을 회상하는 글들을 많이 읽었다. 아무렴, 그때 '이사꾼 차'에 올라앉은 우리의 가슴은 구슬프고 아팠다.

해삼 바다들이 뒤로 마지막 물러설 때에 떨어지는 눈물을 걷잡으려니 그리 쉬운 일은 아니었다. 그때 우리는 쏘련 원동을 조국이라고 하였다. 우리차가 바이깔 호수에 닫자마자 마치 해삼 바다를 다시 보는 듯하여 우리는 어떤 기쁨까지 느꼈다. 우리는 실려오던 길에서나 낯선 고장의 첫 살림살이에서 당했던 고생에 대해 이야기 하려 해도 수이 입이 떨어지지 않았다. 그때 불쌍한 죽음들이 얼마나 많았던가.

낯선 고장으로 실려온 우리의 다수는 처음에 땅굴살이를 하게 되었다. 그 땅굴들 사이에 어느덧 발방아가 걸리여, 달가닥 달가닥 부르는 노래를 우리는 들으면서 우리 민족의 강한 '생활욕'에 놀랬다. 그러나 유감스럽게도 원동에서 시작된 체포 바람은 새 고장에서도

---

55. 강태수(1908~2001) 함경남도 리원군 출생. 1927년에 소련으로 건너와 해삼 고려사범대학 문학부를 다니다 중퇴. 1938년 크즐오르다 사범대 재학 중 〈밭 가는 아가씨에게〉라는 벽보시를 게재한 것이 문제가 되어 당국에 체포되기에 이르렀고, 1959년까지 소련 북부 아르한겔스크에서 수용소 생활 및 우두무르트에서 거주지 여금생활을 했음. 1959년에 크즐오르다에 돌아와 배전소에서 일하면서 레닌기치 신문에 다수의 작품을 발표함.

멈출 줄 몰랐다. 따라서 고생과 슬픔이 우리에게 엎치고 덮쳤다. 그러나 우리에게 강한 생활욕과 함께 그것에 견줄 만한 '민족애'가 있었다면 고난의 많은 부문은 모면했으라고 본다. 이주 당시 불운이나 근본적 원인을 우리나라의 정체나 수뇌자들에게 통째로 넘겨씌우려는 경향도 걸린다. 그래서 우선 이주민 자체가 어떤 사람이었던가를 살펴보기로 한다.

　이주민들은 원동에서 앞뒤 집에서 살았으며 새 고장에 와서도 이웃에 살다가, 어느날 집 주인이 죄없이 붙잡힌 줄 알면서도 동정과 도움 대신 그 집으로 다니던 길까지 끊어버렸다. 아마도 이웃의 눈물은 역하였던 모양이다. 많은 사람들이 기억을 더듬어 이주민인 옆집 '밀고'를 무서워 도와주지 못했다고 한다. 따스껜트 지방의 한 꼴호즈에서는 농부가 목화밭에서 뒤를 보고 방정맞게 휴지가 없어서 목화송이 몇 개를 더럽혔다고 고발하여 여러해 동안 징역살이를 하게 되었다. 물론 그의 행위가 올바른 것은 아니라도 구금까지 '힘쓸 것'은 아니지 않는가. 독립운동에도 기를 쓰던 김락선이라는 사람이 체포된 후 아내까지 덜컥 죽었다. 부모를 잃은 어린 오누이는 빌어먹으면서 고생과 천대를 이기지 못하여 둘이 서로 끌어안고 물에 빠져 죽어버렸다. 나는 우리나라 다른 지방에서 그런 아이들을 구경하였다. 온 마을 모아들어 먹여살렸다.

　…이런 와중에도 도적처럼 한밤중에 불행한 집 마당에 쌀말이나 가만히 가져다 놓고 사방을 둘어보며 뺑송이치듯 하면서 도와주는 사람도 있긴 있었다.

　우리에게는 쏘련이나 쓰딸린을 특별히 감싸줄 아무런 이유가 없다. 우리는 학자도 아니며 역사가도 아니고 공산당원도 아니다. 남들과 함께 37년 '이사꾼 차'에도 앉아봤으며 수용소 '덕대'에서도 잠을 자 봤다. 이렇듯 고려인은 이주에 아무런 힘이 없다고 모든 고려인들이 주장한다. 그러나 '입은 비뚤어져도 말은 바른대로 하라'는 우리 고려 격언처럼 과연 그런가. 만일 '강제이주'될 고려인들이 의식적·무의식적으로 또는 직·간접적으로 다소를 물론하고 스스로 앞날에 있을 쓰딸린의 우리에 대한 '이주명령서'에 '도움을 주었다'면 당신은 어떻게 생각할 것인가?

물론 어느 나라에나 전통과 비밀이 있다. 황제 로씨야정부에도 '황색 위험성'이 숨 쉬고 있던 것은 사실이다. 이것도 심리적으로 우리의 이주에 얼마만큼의 영향을 주었으라고 짐작된다. 그러나 우리 고려인에게 훨씬 범죄적인 악영향을 끼친 것은 게.뻬.우56)와 내무기관에서 일하거나, 그들의 심부름을 하던 우리 고려인들의 행동이라 한다. 원동 게.뻬.우에는 고려부가 있었으며 거기에 고려인이 일하고 있었다. 그들의 이전 동료들 증언에 의하면 그들은 조선 역사나 문화 등만 모르는 것이 아니라 일본에 대해서는 거의 모르나 다름이 없었다고 한다. 그런 정도의 사람들이 어떻게 '고등계'에서 계속 일할 수 있겠는가. 그러나 그들은 '세도 있고 살기 좋은' 일자리에서 나가고 싶지 않아 거짓 사업성적을 드러내려고 노력했다. 따라서 심지어 고려사람 도적이나 약담배쟁이도 그들 손아귀로 들어가면 강제취조로써 정탐 아니면 반쏘분자로 되어버리군 하였다. 10년 동안 그 노릇을 했으니 아마 모쓰크와에 그런 문서들이 산더미처럼 쌓여 있었을 것이다. 그 문서들을 뒤적인 또는 뒤적이는 사람들이 우리 고려인을 어떻게 생각하겠는가?

또 그때 그보다 더 흉하고 무서웠던 것은 일본제국주의 뒷손질이

---

56. 게.뻬.우'(국가안전보위부의 오기로 보임. 1956년 경까지 존재하다가 KGB로 명칭이 바뀐 정보기관. '게.뻬.우'는 '우크라이나공산당')

었다. 우리 이주 당시에 주모쓰크와 일본대사 히로따는 고려인 이주에 대해 쏘련정부에 '항의'까지 하였다. 정말 불난집에 부채질하는 격이었다. 일본이 연해주 출병 때에 연해주 고려인들을 못살게 군 것은 다 아는 사실인데 강제이주가 얼마나 어리석고 어물쩍하였던가. 일제는 우리 앞에서 마치 꼬리를 흔드는 양 해도, 돌아앉으면 우리를 죽이려고 칼을 갈았다. 그들은 배달족(고려인)을 땅위에서 없애려고 별의별 수작을 부렸다. 그들에게는 한 민족을 없애버린 경험도 있다. 벌써 류구족을 땅 위에서 멸족시켰다.

그렇다면 우리의 강제이주가 누구의 소망이었으며 그 뿌리는 어디에 있는가. 간단히 말해서 이 '놀음놀이'에서 쏘련 고려인들은 죽게 고생하고 쏘련은 크게 밑졌으며 일본만 덕을 보았다. 배달족을 땅 위에서 없애려고 하는데 사람들이나 말, 문화 등등이 두만강 건너서 쏘·만 국경 넘어서 존재·발전한다면 일본제국주의가 다리를 펴고 잠을 잘 수 있겠는가! 당시 일본은 동아시아의 주인이 되려고 날뛰었다. 우리의 이주는 그들의 숙망이었으며 그들에게 좋은 기회였으며, 반가운 일이었다. 우리가 이주당한 다음해 38년도에 일본은 마음놓고 조선안에서 총검거를 감행했으며 그때부터 고려말, 글, 역사 등등을 뿌리까지 빼려고 또는 우리 민족까지 없애려고 본격적으로 달려들었다. 고려인 성명도 일본식으로 신속히 강제로 바꾸었다.

이렇게 37년의 우리 이주는 한두 사람의 손실이 아니며 우리 자신들까지 합세하여 남의 꾀임에 빠진 결과라고 우리는 굳게 믿는다. 결국 모두가 일본제국주의의 놀음감이 되었으며 그들의 삯군이 되어버렸다.

우리는 지내들으며 귓구멍이 넓었다. 쏘련 정부가 논밭을 주면서 자유와 평등을 약속하니 말 그대로 믿었다. 우리는 어디에나 원주민이 있으며 그들의 세습적인 권리를 이해하지 못하였다. 원주민에 대한 우리의 토호들에게서 둥글지 못하였으며 너그럽지 못하였다. 쏘련 정부가 토호청산 때에 토호들에게서 빼앗은 젖소들을 고려 사람들에게 넘겨주었다. 소 임자 집 아이들이 젖소를 몰아가지 말라고 소다리를 끌어안고 울음을 터뜨렸다. 고려 사람은 아랑곳하지 않고 소를 몰고 갔다. 로씨야 농민 가정에서 젖소는 목숨 그것이다. 그런 것을 구경하며 자란 이들은 말할 것도 없지만 그때의 아이들 가슴에서 악감이 쉬이 내려갔을까. 이런저런 조건들이 모여들어 마침내 이주가 되었다고 우리는 생각하는 바이다.

내가 북방수용소에 있을 때 이전 중동철도에서 일하였던 로씨야 사람들을 많이 대하였으며 함께 일하였다. 내 마음에는 그들의 형편은 우리보다 더 불쌍하였다. 나는 고려 여자들도 체포되었다는 말을 듣기는 했지만 수용소에서 만나보지는 못했다. 그러나 저들의 사나이들도 모조리 붙잡힌 것이나 다름없다 했으며 수용소에서 고생하는 저들의 처녀까지도 만나보게 되었다.

그들은 한결같이 나에게 이렇게 말하였다. 그들이 만주에 있던 마지막 시기에 중동철도에서 파괴공작이 너무도 심하여 마침내 쏘련은 그 철도를 일본에 팔게 되었다. 그리고 일군들에게 마음대로 가고 싶은 데로 가라고 하였다. 그래서 일군들 절대다수는 "우리는 로씨야 사람이니 로씨야로 가지 어디로 가겠는가." 하면서 쏘련으로 들어왔다. 그런데 백계 로씨야인들이 벌써 차에 이삿짐을 싣고 차가 떠나기를 기다리고 있는데도 불구하고 차에 올라와 쏘련으로 가지 말라고 선전했다. 만일 쏘련으로 가면 쓰딸린이 '여기 사람들' 모조리 체포·투옥할 것이며 갖은 고생이 차려진다고 말했다. 그러나 그들을 믿지 않았다.

정말 그들의 말과 같이 처음에 쏘련은 군악으로 맞이했으며 그들에게 제때에 일자리도 마련해 주었다. 그러나 속히 체포가 시작되면서 백계인들이 말하던 그대로 하나 틀림없이 되었다. 일제는 복종하지 않는 저들에게 씌울 굴레를 미리 준비해 두었으며 성공했다. 그들은 자신들 불행의 뿌리는 일제의 농간이라고 굳게 믿고 있었다.

일제가 이렇듯 자신들에게 반대하는 세력을 제거하기 위해 '앙갚음'를 준비하는 약삭빠른 족속인데 중동 로씨야 사람보다 훨씬 비중이 높고 복종하지 않으며 제멋대로 나가는 쏘련 고려 사람들을 엇지 외눈으로 보지 않았으랴. 우리에게 씌울 징벌의 굴레를 미리 마련하였고 감쪽같이 여러 가지 수작으로 우리를 중상하여 우리로 하여금 원동과 이별하게 하였다.

우리가 일제의 간계였다는 확신을 주는 사건 하나가 고려인 이주를 직접 조직·지도하던 자가 일본으로 달아나버린 것이다. 더욱이 20년대의 말엽에 '태평양 노동자'잡지에 실렸던 일본내각 다나까의 상주서까지 보태어 본다면 우리에게는 아무런 의문도 없다. 그렇다 하여 쏘련이나 쓰딸린이 우리의 이주에 책임을 지지 않는다는 말은 아니다. 그들이 속았던 어쨌든 간에 우리의 이주는 그들의 손을 거쳐 집행되었다.

또 우리도 고려일보에서 이주에 대한 고문서를 읽어보았지만 일방적이며 그때 사변의 진상에 우리를 확신에까지 이끌고 가기에는 아직도 좀 거리가 있다. 널리 알려진 바와 같이 일본 관동군 우두머리 야마따가 쏘련에 포로로 있었다. 그의 취조서에 우리 문제들을 건드렸으리라 보면서 그런 고문서가 공개되기를 바라는 바이다. 또 일본에 숨겨진 고문서들도 찾아내 밝혀야 했다.

우리의 37년 이주는 식민지 민족으로서 고려족이 당했던 고난과

압박의 길다란 쇠사슬의 한 고리며 한 토막이라 한다. 전체는 아니며 전체까지는 멀며 다만 그의 한 부분이다. 그런데 고려일보는 37년의 이주를 우리에게 그 고난들의 전체로, 또는 유일한 것으로 보도한다는 인상을 준다. 예서 잠깐 또 뒤돌아 보기로 하자.

오늘날 민주주의를 자랑하는 미국에서도 한때 우리 동포들은 몰리우며 쫓기우기도 하였으며 고려 사람이라 하면 일자리를 주지 않았다. 일본은 말할 것도 없다. 명치유신 이전부터 합병 때까지만 해도 그들의 손에 죄 없는 우리 형제들이 얼마나 죽었으며 우리의 재물을 얼마나 빼앗아갔던가. 3.1운동의 비극에서 하나만 회상해도 넉넉하다. 수원에서는 고려 사람들을 집에 몰아넣고 불태워버렸다. 한 어머니가 안고 있던 어린애나 살리려고 불붙은 집에서 바깥으로 내던지니 사무라이는 어린애를 총칼로 받아 불속에 되던졌다. 23년 동경지진 때에는 사무라이들이 수천 명의 고려 사람들을 격검체로 두드려 죽였으며 또는 짓밟아 땅구덩이에 차 넣었다. 만주토벌 때에는 일본제국주의가 고려 마을들을 얼마나 불태워버렸던가. 또 2차 세계대전 때 밭에서 일하는 농민들까지 붙들어다가 전쟁의 구멍들을 막곤 하였다. 비극에도 비극인 정신대 사건…. 글을 쓰려면 끝이 없다. 1945년 8월 22일 일본 제국주의는 전선과 후방에서 마소처럼 부려먹던 고려 사람들과 그들 가족 약 4천 명을 '우게시마 마루'라는 배에 실어다가 한 바다에 가라앉혀버렸다. 이런 사실들을 침묵으로 지키면서 우리의 이주만 뽑아내어 떠드는 것은 이해하기 어려운 일이다.

또 이주가 눈섶에 떨어졌다고 말하는 사람도 있다. 드넓은 나라여서 그런데도 있었으리라 생각된다. 평민이었던 우리도 이주를 앞에 두고, 중앙아시아와 카자흐스탄에 대한 간단한 강의였지만 지리와 역사에 대해 들었다. 고려 사람들은 농민이거나 어부들이어서 큰 강 유역이나 호수 연안에 이주시킨다는 말을 들었다. 또 이주명령서에 쓰딸린과 몰로또브가 수표하였다는 말도 들었다. 만일 다른 나라가 우리를 이주시켰다면 그만한 이주 조건을 주었을까….

위에 기록한 모든 사실들은 우리가 국내나 해외 어디서 살든 힘 있고 경제적으로 발전된 조국이 있어야 한다는 것을 우리에게 말하여준다. 따라서 고려반도에서 일어나는 사변들은 남의 일이 아니라는 것을 우리에게 귀뜀한다.

내년에 구쏘련 고려인 단체들이 우리의 이주 60주년 기념비를 세우려 한다는 소문이 떠돈다. 만일 이주 당시 형편을 잘못 이해하거나, 깊은 생각 없이 덤비거나, 뿌리를 잘못 잡으면 그 어느 때든 우리에게 새로운 아픔을 가져올 수 있다. 우리의 가벼운 행동은 구쏘련 원주민들에게 불만을 안겨줄 수 있다. 물론 우리 입장에서는 어떤 기념비를 세우는가가 문제지만 어떻든 기념비가 미래에 우리에게 힘이 되어서는 안 된다. 너그럽지 못하고 멀리 내다보지 못하는 것이 예로부터 배달족의 역사적 병폐 중 하나이다.

우리에게는 독일족이나 유태족처럼 고국으로 돌아갈 전망이 보이지 않는다. 우리의 해외살이는 영원인 듯하다. 우리는 우리 후손들에게 민족애와 함께 원주민을 존경하며 그들과 우정을 나눌 줄 알아야 한다고 가르쳐야 한다. 우리는 그들과 함께 살아가면서 한데서 죽을 운명을 지녔다.

우리에게 눈물도 도움 없는 나그네다. 우리는 근면하며 진실한 부자들이 되어야 한다. 우리 중에 아름다움 억만거부가 많이 나와 우리의 민족적, 인간적 짐을 걸머지는 때에라야 모든 것이 우리의 소원대로 될 것이다. 황제 로씨야 때에 유태족에게 거주지 제한이 있었다. 그러나 유태인이라도 일등급 상인이라면 아무런 경계선도 없었다.

28. 고려일보 1996년 8월 30일 : 〈고려인들의 강제추방 60주년을 앞두고 : "인간이란 일생 활동해야 하죠…."〉(엘. 로쑤꼬와)

    김이돌 끼모위츠는 전쟁이 끝난 이듬해인 1946년에 알마아띄의학대학을 졸업하고 의료 부문에서 36년간 헌신하였다. 연금생활로 나간 지도 이미 오래건만 정정하고 젊은이들 못지 않게 매사에 부지런하다. 또한 민감하고 감수성이 밝은 이들 끼모우츠는 지금 이전에 손수 제작하던 악기 만드는 일에 몰두하고 있다. 그는 지난날을 이렇게 회상하였다.

    -30년대 블라지워쓰또크에 있을 때 다른 가정들과 마찬가지로 우리 가족도 곤란하게 지냈습니다. 조선에서 로씨야로 넘어온 아버지는 증오스러운 일본경찰에게서 매맞은 탓인지 일찍 세상을 떠났습니다. 제통공장에서 일하신 어머니가 봉급을 받아야 얼마나 받았겠습니까? 그래도 어머니는 날더러 절대 학교는 그만둬서는 안된다고 늘 타이르군 했죠. 그래서 비극적인 37년도에 10학년으로 진급했었지요. 그런데 그때 왜서 불의에 조선인부락 주민들이 모든 걸 버리고 화물차량에 실려 광막한 타 지방으로 가야하는가를 아무도 우리 미성년들에게 설명해 주지 않았습니다….

    우리 화물차량은 알마띄에 도착했습니다. 죽음과 갖은 고통을 겪으며 실려왔어도 도시에 남는다는 생각에 반가운 나머지 젊은이들은 기차에서 내려 한 차량에 함께 타고 온 취주악단원들(원동 우리 마을 조선인구락부 단원들)의 왈쯔곡에 맞춰 춤을 췄죠. 얼마 지나지 않아 음악소리가 멈추더니 다시 기차에 올라 타라는 명령이 내리더군요. 우리가 지나온 허허벌판으로 되돌아 간다는 게 명백했죠. 난 매 차량을 뛰여다니며 우리를 되돌아보내지 못하게 반항하도록 마구 소리쳤습니다. 기차는 젊은이들을 태우지 않고 떠났습니다. 어두워지자 무장한 군인들이 우리를 둘러싸면서 석탄차량에 몰아넣더군요.

아침에 우리는 우리 기차가 이미 서 있는 딸듸꼬르간역에 왔습니다. 차에서 내리자마자 나를 군인 차량에 가둬 넣었습니다. 어머니는 이러저리 뛰여다니며 통곡하였고 격분한 고려인들은 청년을 내놓으라고 하면서 몽둥이를 들고 모여들기 시작하더군요. 그날 밤 가슴에 적기훈장을 단 차장인 상위가 나를 놓아주었습니다. 아마 더 큰 항의가 있을까 두려워했던가 봐요. 그때 있은 일을 뒤늦게 생각해보면서 우리 고려인중 어느 누가 나를 일러바쳤다는 걸 알게 됐습니다. 목격자의 말에 의하면 벌써 도중에 차장이 고려인 당원들 중 당 그루빠를 무어놓고 기차에서 규율을 지키며 위반자들을 폭로하도록 그들에게 지시를 주었던 모양입니다.

우리는 차반들이 살던 토벽집에 배치되었는데 사방은 풀 한 대도 없는 무인지경이였죠.

거기서 있는 고생을 다 하다가 사람들이 사는 쪽으로 나가기로 결심하였습니다. 어느 만큼 걸었는지 우수또베란 곳에 당도했습니다. 여기에서 조선학교를 졸업한 후 알마띄체육전문학교에 입학했죠. 한번은 내무원이 기숙사에 나타나더니 24시간내 도시를 떠나라는 명령을 내렸어요. 다음해 알마띄에 왔으나 팔을 다친 까닭에 체육전문학교는 그만두고 의대에 입학했죠. 그런데 교육비에 대한 정부의 정령이 내리자 가난한 많은 대학생들은 공부 못하게 됐습니다. 저도 다시 꼴호즈에 가서 일하면서 학비를 모았지요. 일년 후 또다시 의대에 왔는데 교육비정령이 취소됐더군요…

굶주림과 추위가 계속되던 전쟁시기였지만 인간생활은 계속된다고 45년 대학생시절에 카자흐종합대학 어문학부 학생 웨라 드미뜨리예브나 쏠로도와와 결혼을 했죠. 50년 동안 고락을 같이 나누며 살았습니다. 슬하에 2남1녀를 두었는데 딸은 물리학을 전공하고 맏아들은 의사이며 막내아들은 음악가입니다. 유감스럽게도 얼마전에 안해는 우리 곁을 떠났습니다.

저는 대학졸업 후 제2종합진료소 내과의로 파견됐죠. 의료설비와 약품이 부족했으나 우리 의료일군들은 각종 전염병과의 투쟁에 몸을 바치며 일했습니다. 몇 년 후 종합진료소 소장의 직책에 있으면서 조직사업에 전심전력을 기울였죠. 우리 진료소는 공업기업소가 가장 많은 레닌쓰끼구역을 봉사했습니다. 그때 처음 쩨흐의료봉사원칙을 실시하면서 직업병과 노동능력상실 등 노동조건개선에 선차적인 주목을 돌렸습니다. 그리고 구역쏘베트 대의원으로 선출되어 보건위원회를 지도하면서부터는 주민들의 건강을 위해 본격적으로 탐구사업에 이바지했죠.

…이들은 끼모위츠의 방에는 의학과는 전혀 관계없는 도구라든가 여러 가지 재료들로 장비된 큰 상이 있었다. 거기엔 아직 채 만들지 않은 바요링, 돔부라, 코비즈가 있었는데 과연 그가 손수 만든 것인가고 의심할 정도로 훌륭했다.

음악에 취미있는 그는 전문서적을 연구하면서 자료를 얻어 조금씩 악기를 조립한 것이란다. 이들 끼모위츠는 한때 카자흐민족악기박물관에서 음악대학 공작소에서도 근무했다.

인간이란 목표를 세우면 그것을 반드시 이룩하기 마련이라면서 이 세상에서 살아 있는 한 근면하게 성심껏 일해야 한다고 김이돌 끼모위츠는 얼굴에 미소를 띄우며 말하는 것이였다.

29. 고려일보 1996년 12월 7일 : 〈강제이주 60주년을 앞두고 : 까라깔빡스의 고려인들〉(주아나똘리[57])

1937년 초가을 우리 '뿌찌 쏘찌알리스마' 꼴호즈는 기본 알곡 작물인 밀, 보리, 메밀과 구밀 걷이를 거의 끝냈다. 전야엔 벼, 근채작물, 채소와 원두작물이 익어가고 있었다. 그리고 막 서둘러 소, 말, 돼지와 가금을 국가에 바쳤다. 그런데 집짐승, 터전과 과수원은 그냥 내버려 둘 수밖에 없었다. 그도 그럴 것이 우리 꼴호즈원들은 4세대씩 화물차량에 실려 어딘지 알 수 없는 변방으로 오게 되었기 때문….

까라깔빡스딴공화국에 실려온 고려인들은 주로 꾼그라드, 무이나크, 호제일리 구역들과 누꾸쓰시에 배치되었었다.

우리 고려인들은 각이한 분야에서 근무하였는데 대부분은 농업에 종사하였다. 그해 가을 이곳으로 온 고려인들은 벌써 이듬해 꾼그라드구역에 '아완가로드' 꼴호즈(손미하일이 1938년부터 1947년까지 지도했음), '노위 뷔트'(회장 최이완)와 '쁘라우다'(회장 장범태) 꼴호즈가 홋일리구역에는 워로실로브 꼴호즈(1940년까지 김치성 회장)와 '노위미르'(최성철 회장이 지도했음) 꼴호즈가 조직되었다. 이 두 꼴호즈는 곧 연합되어 '노위 미르'로 되었다. 1948년까지 존재한 이 경리는 쁘리모리예에서 쏘베트정권 수립을 위해 적극 투쟁한 기봉율 회장이 지도하다가 차후 조영호가 회장으로 있었다. 무이나크구역에는 어로꼴호즈가 조직되었으나 얼마 후 해산되고 말았던 것이다.

그 당시 까라깔빡스딴의 많은 경리들중 '아완가로드' 꼴호즈가 보다 규모큰 경리로써 주민은 수천명에 달하였다. 꼴호즈부락은 이웃

---

57. 까라깔빡스딴공화국 고려인협회 회장.

고려인들의 경리들이나 까라깔빠끼야 꼴호즈주민들에게 있어서 일개 문화중앙이나 다름없었다. 구락부 소인 예술단은 각이한 연극을 무대에 울렸는데 특히 〈심청전〉과 〈춘향전〉은 주민들의 큰 인기를 끌었다. 그리고 영화가 매일 상영되었으며 각 크루죠크가 활약했다. 또 한 공화국적으로 이름난 꼴호즈축구단이 있었다. 꼴호즈는 자기네 디젤발전소도 갖고 있었다.

그런데 유감스럽게도 이 모든 것은 조국전쟁 초기에 중지되었다. 그것은 초모 연령을 넘은 늙은이들과 환자들을 제외한 어른들은 거의 다 노력전선에 동원되었기에, 아시다싶이 꼴호즈들에는 여성들과 아동들, 미성년들과 늙은이들만이 남아 있었다. 그들은 어려운 생활조선에서도 의복과 식품, 돈으로 전선을 도와주었다

그러나 1946년부터 경리들은 하나 둘 점차적으로 파탄되기 시작하였다. 1946년 말 1947년도에는 이 과정이 더 심해졌다. 젊은이들은 중학 졸업 후 도시로 나가려고 애썼으며 제대되어 돌아온 사람들은 경리를 강화함에 중요 역할을 하지 못한 까닭에 꼴호즈들이 존재할 수 없게 되었던 것이다.

따라서 주민들의 이주과정은 더욱 활기를 띠게 되었다. 꾼그라드 구역내에 남아 있은 꼴호즈원들은 '쏘찌알리슴' 꼴호즈에 다음엔 블가닌꼴호즈(1957년에 '라우샨' 쏩호즈로 개조됨)에 인입되었는바, 염알렉싼드르 쓰쩨빠노위츠. 최블라지미르 막씨모위츠, 박국록 회장을 비롯한 많은 고려인들이 장기간 이 경리지도자들로 있었던 것이다.

우리 고려인들은 아무다리야하류지방에서 벼 재배업 발전에 커다란 역할을 하였다. 가장 경험있는 벼 재배업자들로 전문 벼 재배 쏩호즈들이 조직되었다. 1960-62년도에 꾼그라드구역, 레닌아바드(현 깐리꼴쓰끼구역), 침바이, 까라우샤크, 누꾸쓰 구역들에 벼 재배 쏩호

즈가 수없이 창설되었다. 경리 형성시기에 이 모든 경리들을 우리 고려인들이 지도하였다.

까라깔빠끼야 누꾸쓰구역내 벼 재배명수인 강알렉쎄이 쥬예위츠 사회주의노력영웅, 영예훈장 제 1, 2급 수훈자 전영환 등 수많은 벼 재배업자들은 어떠한 불순한 일기조건에서도 벼 다수확을 거두어 명성을 떨쳤다. 그리고 '공훈벼 재배업자'칭호를 받은 고려인들이 수다하며 신세대들도 경험있는 벼 재배업자들의 계주봉을 계속 넘겨받고 있다. 현재 공업기업소와 다른 인민경제부문과 관리기구들에서 노력하고 있는 고려인들이 또한 적지 않다. 그들은 시장개혁을 적극 지지하면서 여러 개인소유 형태 기업들에서 창의적으로 근무하고 있다.

지금 까라깔빡스딴 국립종합대학에서 활약하는 황류드밀라 보리쏘브나 교수, 강막씸 알렉쎄예위츠와 김야나 알렉싼드로브나 부교수들은 남다른 진취성을 보이고 있으며 그리고 까라깔빡스딴의 과학연구기관들에서도 창발성을 발휘하고 있는 고려인들이 많다.

한편 우리 이상 세대들은 압도적인 대다수 우리 고려인들이 모국어, 지어는 상용어뿐아니라 민족문화, 풍습과 전통을 모르고 있다고 언제부터 우려를 품고 있었던가. 그러나 모두가 아는 바 강제추방에 뒤이어 사범대학, 중등전문학교, 일반중등학교, 기타 고려인문화기관들이 박탈당했다.

이러한 상황으로 말미암아 모국어와 문화재생 운동이 곳곳에서 일어났던 것이다. 그리하여 1990년 3월에 까라깔빡스딴공화국 고려인협회가 창립되었다.

1991-95년도에 일요학교와 한글크루죠크 5개가 기능을 수행하고 있었으나 교사와 교재 부족으로 인해 금년에는 2개 크루죠크만이

활약하고 있다. 따히아따쉐, 꾼그라드, 호제일리 시들에서는 사람들이 많으나 위에서 지적한 바와 같이 교사, 교재가 부족하여 수업을 치르지 못하고 있는 형편에 처해 있다.

협회내에 창단된 '모란봉' 민속악단은 우리 고려인들의 행사만이 아니라 여러 민족들의 행사에도 참가하여 모두에게 기쁨을 안겨주고 있다.

공화국고려인협회는 국제교양사업에서도 대단한 역할을 하고 있다. 우리가 갖고 있는 온갖 수단으로 인민들간 전통적인 친선을 도모하고 있으며 공동의 힘으로 노동활동을 추진하고 있다. 예를 들어 지난해 우리 협회는 텔레비, 라디오방송사와 함께 '드루즈바' 방송을 준비했다. 까라깔빠크인, 고려인등 타민족들의 명절행사라든가 그들의 일상행활의 모습에 대한이색 띤 방송은 그야말로 시청자들의 커다란 환심을 자아냈다.

공화국내 우리 고려인들이 국민들의 생활을 아름답게 창조함에 응분의 도움을 주고 있다는 것은 매우 기쁜 일이다. 실례로 꾼그라드고려인 문화중앙은 국제공동묘지로 가는 길을 아스팔트로 포장하고 그 지역을 알뜰히 정비해 놓아 시민들과 인접 아울주민들의 호평을 늘 받고 있다.

호제일리고려인 문화중앙은 예식문제에 관심을 돌리며 다른 민족들에게도 가능한 한 도움을 주고 있다. 옛 민족전통과 풍습이 재생되면서부터 여러 민족명절행사가 진행되는데 특히 청년야회들에선 우리 민족 노래뿐 아니라 타민족들의 노래와 음악이 울려나고 있다.

앞으로도 공화국내 여러 민족들의 우의가 더욱더 강화되었으면 하는 마음인데 최근에 와서 국가언어로 사용되던 노어가 사용되지 않고 있으므로 이러한 상황은 노어로 통용하는 주민들에게 어느 정도 침해를 가하고 있다. 그리하여 지금 까라깔빡스딴을 떠나는 현상들이 잦다. 그러기에 노어를 국가 언어중 하나로써나 혹은 민족간 교제언어로 사용하므로써만이 이와 같은 이주현상을 막을 수 있으며 그리고 노어를 사용하도록 공화국 헌법에 명시되어야 한다.

30. 고려일보 1997. 5. 7·9·17·24·31일, 6월 6·14·21·28일, 7월 19일 : 〈카자흐스탄의 고려인들〉(이종수 / 양원식 역)

1934년에 들어서면서 원동땅 전반에서와 마찬가지로 수찬시에도 고려인들의 생활은 빨리 정상화되기 시작했다. 블라지워스또크에서는 또 다시 공산당일군들이 와 고려인들에게 반일사상과 쏘련을 제2조국으로 간주해야 한다는 정신을 선전했다. 1935년에도 수찬 광부들은 노력궁전(클럽)을 선물로 받았다.

이것은 수찬시에서 처음으로 건립된 현대적 건물이었다. 지형상 제일 높은 곳에 이 건물이 세워졌는데 궁전 광장에는 여러 가지 행사를 할수 있는 연단이 건립됐다. 1935년 5월 1일(국제 근로자단결의 날)이 연단에서는 수찬시 명예시민 빠르치산대장 박씨가 서투른 로어로 다음과 같은 내용의 연설을 했다. "빠르찌산들, 로씨야인들과 고려인들은 일본강점자들을 내몰고 우리 도시를 해방시킴으로써 자유롭고 행복스럽게 살 수 있게 됐다." 그러서 그는 산언덕들을 가리키면서 이 땅은 다 우리 땅이며 우리 재산이니 노력만 들이면 잘 살 수 있다고 말했다.

1935년도에 블라지워스또크에서는 조선극장 연극단이 수찬으로 순회공연을 하러 왔었는데 이것은 수찬고려인들의 문화생활에서 큰 경사였다. 노력궁전에서 고려인시민들은 처음으로 "춘향전"연극을 관람할 수 있었다. 춘향의 역은 21세의 이함덕 씨(현재 인민배우, 알마띄시민)가, 리도령의 역은 22세의 김진 배우(인민배우, 현재 고인)가 맡았다. 만원을 이룬 극장에서 연극이 끝나자 관람자들은 너무도 반갑고 감개무량한 나머지 모두 일어서서 환영과 격찬의 박수를 보냈다.

　1937년 봄 수찬을 당 및 군사 대활동가이며 제1급군사위원인 얀 보리쏘위츠가마르니크가 방문했다. 궁전에서 높은 손님을 근로자들과 학생들이 환영했다. 1937년 5월에 가서야 우리는 가마르니크가 자살을 했다는 것을 알게 되었다.

　1937년 9월 초에 수찬 로씨야 중학교에서는 공청동맹위원회 총회의가 소집됐는데 이 회의 일정에는 '경각성'에 대한 문제가 올라있었다. 일본육군과 해군의 로씨야 원동침략에 관련하여 당시에 조성된 국제정세에 대해 한 구역당 비서의 보고가 있은 후 공청동맹위원회 비서는 그 지방 한 군사기지에서 발각된 간첩에 대한 이야기를 했다. 그 간첩인즉 만주 땅에서 건너온 조선족 김 아무개라는 것이었다. 그 간첩은 두 번이나 군사기지에 침투했는데 올 때마다 개를 끌고 왔다는 것이다. 그를 붙잡아 심의를 했지만 유죄의 증거는 찾지 못했다. 그런데 소대장은 눈치가 빨라 개를 잘 만져본 결과 그 개에게는 털이 많은 다른 개 가죽이 씌워져 있었으며 그 가죽 안에는 그 지역의 지도가 그려져 있었고 쏘련 군대 주둔지가 표시되어 있었다는 것이었다. 그러자 수찬시는 부산스러워졌으며 쏘련과 만주 국경지대에서 있은 상기한 사건에 대한 기사들이 신문에 널리 게재됐다.

　1937년 9월 27일(월요일)은 이 달의 여느 날들과 같이 맑고 조용하고 따뜻한 날이었다. 실로 황금가을철의 날이었다. 첫 수업이 시작되기 전에 문화교원 나재즈다 미하일로브나쁘크롭스까야는 날더러 교장실에 들어가 보라고 말했다. 교장 좌리꼬브는 나에게 교육증명서를 내주면서 전체 고려인 시민들은 다른 지방으로 이주시키게 된다는 것을 알려주었다. 그 말을 듣자 나는 마치 방망이에 얻어맞은 것처럼 정신이 아찔해졌다.

그 즉시로 나는 교실에서 복도로 뛰쳐나왔다. 빨리 집으로 가려고 뛰쳐나왔는데 그때야 책을 교실에 두고 나온 것을 깨닫게 되자 가만히 문을 열고 교실로 들어갔다. 그런데도 누구도 나에게 주목을 하지 않았다. 책가방을 가지고 나올 때까지도 교실의 조용한 분위기는 깨트러지지 않았다. 마치 나의 마음속에서 벌어지고 있는 비극에 대해 모두 무관심한 것 같은 분한 감도 그 순간 느꼈으나 어쩔 수 없었다. 8년간이나 어린 시절을 같이 보낸 어깨동무며 동창생인 와냐 라주모브는 그날 결석하였고 친하게 지내던 나쟈 구씨고와만이 나에게로 시선을 돌렸으나 그녀의 눈 표정에는 마치 내가 무슨 큰일이나 저지른 듯 책망하는 듯한 감을 느낄 수 있었다. 그 순간에 나는 정든 모교, 동창생들과 영원히 헤어지게 되는 서운한 감과 원통한 감이 함께 뒤섞여져 당장 울음통이 터질 것 같았으나 아무런 잘못이 없다는 자신감, 두고 보자는 방항감이 그 비감을 억누를 수 있어 사나이답게 떳떳이 교문을 나섰다. 거의 닫듯 빨리 걸었으나 마치 나의 뒷통수를 동창생들이 쳐다보는 듯한 느낌을 받았다. 한창 걸어가다가 다시 한 번 학교전경을 돌아다보며 "모교야! 잘 있거라! 동창생들, 너희들도 잘 있거라! 이제 난 너희들과 영원히 이별하게 되는구나! 그동안 너희들도 나를 사랑해주었고 나도 너희들을 사랑했어!" 마음속으로 말하며 집을 향해 달려갔다.

집으로 돌아왔을 때 온 식구들이 뒤숭숭해진 기분 속에서 어찌할 바를 모르는 분위기를 알아차릴 수 있었다. 아버지가 먼저 직장에서 돌아와 고려인들을 모두 이주시킨다는 것을 알려 주었기 때문이다. 우리들은 모두 당황하였고 부모는 근심에 잠겨 말없이 안달복

달하였다. 지방정권당국은 이사하는 데 쓰라는 돈으로 식구 매인당 150루블리를 지불해 주었고 열흘 내에 이사할 준비를 하나는 명령을 내렸다.

참으로 우리는 난처한 처지에 부닥치게 됐다. 특히 우리 어머니의 건강이 염려됐다. 하루 이틀이면 몰라도 한 달이 걸릴지 두 달이 걸릴지도 모르는 수천리 길을 가야 하니, 늙은이들, 어린아이들, 몸이 허약한 여인들이 지루하고 오래 먼 '여행'을 견뎌낼 수 있을까 매가정의 가장 큰 근심거리였다. 일 년 전에 우리 어머니는 7번째 아이를 낳았는데 상금으로 2천루블리의 국가보조금을 받았다. 실로 기쁜 경사였다. 그 돈으로 어머니는 오래전부터 희망했던 재봉침을 샀고 중국사람한테 졌던 빚을 기한 전에 갚고 방을 하나 더 늘리었다. 그리고 젖소도 한 마리 샀다.

1937년 10월 7일 아침 수찬시에서 사는 고려인들과 그 근처 구역들에서 살고 있는 고려인 이주민들을 철도역으로 실어오기 시작했다. 역에는 긴 화물열차가 서 있었는데 그 차량들은 2층으로 되어 있었고, 매 차량에는 부르주이까 '로씨아난로'와 물통이 놓여 있었다. 매 차량에는 3-4세대가 이것저것 보따리 짐과 함께 실려졌다.

우리를 실은 열차는 '수찬열차'라는 이름을 갖게 됐는데 정오에 드디어 열차는 출발의 기적 소리를 내며 천천히 떠나기 시작하여 점점 속력이 가해졌다. 열흘 동안에 '장기 여행' 준비를 하느라고 육체적으로나 정신적으로 지칠 대로 지친 사람들은 모두 그때야 안도의 숨을 내쉬었다.

우리 가정과 친척들은 맨 꼬리차량을 차지했다. 여자들과 아이들은 다락 아래층을 차지했다. 24세인 우리 맏형은 여러해 동안 류머티즘과 폐병을 앓았는데 그는 아래층 맨 구석에 뉘고 그를 간호해주느라고 어머니가 그의 옆에 자리를 차지했다. 맏형은 중환자였기 때문에 어느 시간에 명이 끊어질지 몰랐다. 길 도중에 차량 안에서 불상사가 있을 수 있는 환자의 명을 조금이라도 더 연장시켜 주기 위해 어머니는 난로에 불을 지폈고 냄비에 물을 끓이기도 하고 음식을 끓여 환자를 돌봐주었다. 열차가 출발하자 한 두서너 시간 후에는 모두 깊은 잠에 들었는데 어머니와 세 번째 아들인 나만 자지 않았다. 철도를 두드리며 달리는 차바퀴소리, 낡은 차량의 삐걱거리는 소리, 차가 설 때나 떠나갈 때 덜컹덜컹 마주치는 소리 때문에 첫날부터 잠을 잘 수 없었다. 더구나 우리 식구는 맨 마지막 차량에 앉아 갔기 때문에 심하게 흔들렸고 어떤 때는 마치 철도에서 이탈되는 듯한 충격도 느낄 수 있었다. 참으로 습관되기 어려운 시련이었다.

　아버지는 일부러 맨 마지막 차량을 차지했던 것이다. 환자인 맏형의 숨이 지면 차가 멎는 순간 누구도 모르게 가만히 철도여가리에 내다 파묻을 수 있기 때문이었다.

　함밤중이었다. 심한 충격 때문에 모두 한시에 깊은 잠에서 깨어났다. 물통이 엎어져 물이 쏟아지고 난로도 넘어져 그 위에 놓여 있던 국냄비가 떨어져 쏟아졌고 타고 있던 장작불마저도 바닥에 쏟아졌다. 불이 없기 때문에 코앞도 보이지 않는 캄캄한 차량 안에서 손으로 더듬어가며 물통과 난로를 제자리에 세우기는 했으나 누구도 잠 데 들 수가 없었다. 깊은 밤중에도 잠을 못자니 모두 이런 생각 저런 생각에 잠길 수밖에 없었다.

　어째서 원동고려인들을 비밀리에 이주시키는지 실로 모를 일이었다. 정권당국은 이주 원인에 대한 비밀을 아무리 지키려 했어도 사실 비슷한 말들이 귀와 귀를 통해 들려왔다. 조만간 일제가 쏘련원동 땅을 침략해 들어올 수 있기 때문에 만일 그렇게 되면 고려인들

속에 일본 간첩들이 나올 수 있다는 것이었다.

역전에서 한 낯모를 노인이 나에게 귓속말로 다음과 같이 소근거렸다. "한줌도 못되는 반역자들 때문에 온 인민이 피해를 받게 되다니…!" 이 귓속말은 열차에 앉아 '여행'하는 동안 계속 귓가에서 들려오는 것만 같았다. 그런데 만일 일본군이 쳐들어온다 해도 고려인들은 20년대에 독립군(빠르찌산)을 묶어 희생적으로 싸운 것처럼 이번에도 영용하게 일제를 반대하여 싸울 것이라고 또 혹시 고려인들 속에서 일본간첩이 나온다 하더라도 그런 자들을 쉽게 적발할 수 있는데 대해서도 크게 의심할 바 없었다.

그럼에도 불구하고 이주 직전 몇 해 동안 원동에서 벌어진 사변들은 고려인들을 멀리 이주시켜야 하는 극단적인 대책을 취하지 않을 수 없게 했다. 강제이주 적전에 위로실로브 우쑤리스크에 주둔해 있던 '고려인연대'가 해체되고 쏘베트정권에 충성을 다 바쳐오던 고려인 지도자들도 간데온데 없이 사라진 사실 하나만을 상기 해봐도 충분할 것이다. 한때 '고려인연대' 지휘관들은 아주 떳떳하게 "만일 일제가 기어들면 순식간에 소멸시킬 것이다."라고 성명을 냈다. 정치, 군사훈련에서 뛰어났던 그들이었기에 원동 고려인들은 믿었던 것이다. 원동고려인들은 '고려인연대'뿐만이 아니라 뽀씨예트구역당 비서 김아파나씨에 한해서도 긍지감을 느꼈던 것이다. 훌륭한 웅변가로서 인망이 아주 높았기 때문이다. 벌목 및 목재가공공업과 어업에서는 물론 원동의 주요 경제부문은 모두 고려인들이 골간이 되어 일하고 있었다.

고려인열성분자들을 역시 고려인밀고자들이 인민위원부에 몰아넣는다는 소문이 돌자 거리에서 고려인들과 만나게 되면 서로 눈을 피했고 모르는 척했다. 참으로 험한 세월이 닥쳐온 것이다. 사람들은 상부에서 시키는 대로 공손히 복종해야 했고, 아무런 불평, 불만도 없이 짐을 꾸려야 했다. 한날한시에 온 민족이 불행한 처지에 처하게 됐다는 의식은 고려인들로 하여금 더 풀이 죽게 하고 가련한 신세로 만들었다. 수십 년 동안 살아오면서 정이 들었고 조상들의 해골도 묻혀있는 고장과 집, 텃밭, 집기들을 다 버리고 떠나가야 했으니 얼마나 원통했을 것인가?

 많은 집들에는 개와 고양이들도 있었는데 집짐승들마저도 육감으로 이런 재난을 느꼈던지 말은 못하지만 아침부터 부산스레 집마당을 왔다갔다 하고 고양이도 특별히 더 슬프게 야옹거리는 것 같았다. 주인이 집을 떠나자 개들은 뒤를 따라나섰고 짐자동차에 앉았을 때도 뒤 따라오다가 역전까지 와 자기 주인을 찾느라고 긴 화물차를 앞두로 뛰어다니었다. 물론 사람들은 개를 데리고 갈수는 없으니 자기네들만 떠나가 버리고 개들은 그냥 역전에 남게 되었다.

 만일 개들이 말을 할 수 있었다면 "…무엇 때문에 우리를 배반하는가? 우리를 내버리고 자신들만 떠나가는가? 얼마나 오랫동안 당신들과 당신네 집을 지켜주었고 충실히 봉사해주었는가?! 이젠 우리는 어떻게 살아나가란 말인가?!"라고 대들었을 것이다. 그러나 떠나가는 사람들 고려인들 자체도 버림받은 개들과 마찬가지였다. 쏘베트 정권당국에 "무엇 때문에 우리를 이렇게 죄인들처럼 강제로 실어가는가?" 하는 말을 할 수는 있었지만 공손히 실려 갔다. 무권리와 공포 속에서 살아온 민족이었기 때문이었다. 지나치게 큰 불행은 침묵이 따를 뿐이다.

 수찬화물차는 원동 땅을 떠나 서쪽을 향해 달리기 시작했다. 그 순간에는 특별히 더 뼈저리게 고려인들은 자기들의 가련한 처지에 대해 생각하게 됐던 것이다. 조상 땅을 떠나 이국땅, 타향에서 무권리하게 살아오던 처지였기 때문이다.

　로씨야땅으로 망명해온 조선 사람들은 주로 우쑤리스크부터 시작하여 동북쪽으로, 강가에 자리를 정하고 황무지를 일구어 농사를 지며 살아왔다. 이국땅에 와서도 조선 사람들은 생활양식은 그대로 유지하였고 전통, 풍속을 그대로 지켜왔다. 로씨야 원동 땅으로 넘어온 사람들은 주로 함경도 출신들이였기 때문에 함북 방언을 주로 사용했다.

　원동 땅에서 고려인들은 76년을 살았는데 그중 56년은 알렉싼드르 2세, 3세 대표자들이 적극적인 정치, 사회활동을 했다. 30년대에 원동 고려인들은 맑쓰와 엘겔스의 '공산당선언'과 레닌의 저작들을 조선어로 번역하여 출판했다.

　고려인 빠르찌산 국제주의자들은 손에 무기를 들고 쏘베트 정권을 위해 싸웠다. 때문에 로씨야 원동 땅을 제2고향으로 당당하게 여길 수 있는 권리가 있었다. 로씨야 원동을 제2조국, 제2고향으로 부르게 된 것은 고려인들이 얼마나 쏘베트로씨야에 충실했는가를 잘 말해 주며 또 조상 땅인 한반도가 일제의 손아귀에 쥐여져 있었기 때문에 이국땅, 타향을 그렇게 안부를 수가 없었다.

　그런데도 고려인들은 쏘베트 정권으로부터의 치사와 신임 대신 1936년도부터는 불신임을 사게 되고 심지어는 일제의 앞잡이가 될 수도 있다는 의심을 받아 온 민족이 강제추방까지 당하게 되고 수많은 지식층 고려인들은 반쏘분자란 억울한 누명을 쓰고 감옥에서 한숨을 지어야 했던 것이다.

　고려인 이주민들을 실은 화물열차가 수찬시를 떠나 33일 만에 카자흐스딴까라간다시에 도착했다. 길이 하도 멀고 오래 걸렸기 때문에 도중에 별의별 희비극이 있었다. 그중 잊을 수 없는 한가지 사실만을 이야기하려 한다.

　기차가 급작스레 멈춰 설 때는 심한 충격 때문에 문이 열리곤 하여 사람들이나 물건이 굴러 떨어지지 않게 하기 위해 누가 하나 문 앞에 서 있어야 했다.

　벌써 초겨울이었기 때문에 날씨는 추웠고 눈도 이미 내렸었다. 니즈네우진스크역에 우리 열차가 도착했을 때는 새벽녘이었는데 이때 바로 나는 문 옆에 서 있었다. 쾅하는 제동소리와 함께 차칸들이 마주 치면서 문들이 한시에 열렸다. 순간 이웃 차칸들이 마주 치면서 문들이 한시에 열렸고, 이웃 차칸에 포대기에 감싸여 있는 젖먹이 어린애가 튕겨져 나와 우리 칸 문 앞을 스쳐 지나가는 것이 보였다. 어린애는 철도 언저리에 쌓여있는 눈 무더기에 떨어졌다. 그러자 그 어린애의 어머니가 비명의 소리를 지르며 뛰어내려 눈무더기 속에서 어린애를 꺼내어 안았다. 마구 울어대던 어린애가 갑자기 울음을 끊이었다. 이 광경을 보고 있던 우리들은 모두 그 어린애가 그 순간 숨이 멎어 울음을 끊쳤으리라 생각했다. 그런데 생각과는 전혀 달리 어린애가 어머니의 젖을 빠느라고 가만 있었던 것이다. 아마 그때 어린애가 아직 살아있으면 58세의 여인이 되었을 것이다. 이렇게 천명으로 살아남은 그 여성은 지금 어디에서 살고 있으며 어떤 운명이 주어졌는지….

　까라간다는 고려인 이주민들을 아주 냉정하게 맞이해 주었다. 그러나 나는 이 도시에서 일을 하고 공부도 하고 사랑도 고생도 하면서 살아야 했다. 그러면서 조만간 우리 생활이 정상화되리라는 것을 모두 알았다. 그런데 불운은 우리의 곁을 떠나지 않았다. 1938년 2월 20일 일요일 우리 맏형님은 25살의 젊은 나이에 이국땅, 타향에서 숨을 거뒀다. 그는 제2조국에서도 발을 붙이고 살 수가 없어 추방되고 말았던 것이다. 우리 본고향, 조국은 어디에 있으며 어째서 우리 부모들은 조국 땅을 등지고 떠나아야 했던가?

〈폐쇠된 나라〉

한반도의 운명은 중국, 로씨야, 일본 등 대국들 사이에 놓여있는 지리상 위치와 영토의 제한성으로 하여 미리 결정된 것이나 다름없었다.

1222년 칭기스한 대군은 북중국과 만주를 점령한 후 한반도에 침입해 들어왔다. 한반도 주민들은 결사적으로 외적을 저항해 나섰다. 뒤에는 대해였기 때문에 물러날 곳도 없었다. 그러나 굴복하려고도 하지 않았다. 1227년 칭기스한이 사망한 후 몽고군은 세 차례에 걸친(1233년, 1246년, 1259년) 약탈적 침공후에야 한반도를 정복시킬 수 있었다. 그러나 침략군은 유목민이었기에 한반도에 남아 있으려 하지 않고 주민들에게서 다량의 금을 빼앗아가고 처녀들을 데려갔다.

그 후 14년이 지난 1273년도 몽고군은 또다시 한반도를 침략해 들어 왔는데 이때는 한반도를 거쳐 일본으로 쳐들어가기 위해서였다. 몽고 침략군은 고려국으로 하여금 천여 척의 함선들을 만들고 4만 명의 병사 4천 석 쌀을 마련하도록 강요하였다. 이런 강요는 고려국의 완전파멸을 의미하는 것과 다름없었다. 그런데 몽고해군이 일본해에서 태풍을 만나 소멸되고 말았다. 그 후 10년이 지난 1284년에 몽고군에 또 다시 보다 강력한 함대를 편성하여 일본을 쳐들어갔다. 이때도 역시 태풍 때문에 패전하고 말았다. 일본해에 85,000명의 시체를 남겨놓고 남은 패잔병들은 겨우 본국으로 돌아갔다. 그 후 몽고군은 다시는 한반도를 쳐들어오지 못했다. 바로 그때 일본에서는 외국침략자들에게서 나라를 보호해주는 그 어떤 신의 바람 '가미가

제가 있다는 전설이 생겼다. 그런데 1945년도에 히로시마와 나가사끼에 원자폭탄이 떨어졌을 때는 아무런 가미가제도 일어나지 않았고 신의 구원도 없었다.

몽고군의 침략이 있은 후 고려국은 또 서북쪽 이웃인 중국의 침략을 받게 되었다. 물론 고려군은 패배하였다. 고려국 마지막왕인 공양왕은 이성계에게 대병력을 주었고 그로 하여금 북방국경을 수비할 뿐 아니라 더 나아가서는 북방 이웃나라들의 비어 있는 땅을 개척해보라고 했으나 이성계는 정변을 일으켜 자기가 왕이 되었다. 이성계는 자신을 중국왕의 신하로 인정했으며 이씨 조선 왕조를 세웠다. 조선은 중국 앞에 다량의 공물을 바쳤고 국가종교로 불교 대신 공자, 맹자의 철학을 받아들였다.

조선은 중국의 예속국이 된 후에도 일본의 침략을 막아낼 수 없었다. 1592년에는 도요도미 히데요시가 통치하는 일본군의 침략을 받게 됐다. 도요도미 히데요시는 이전부터 한반도를 발판으로 삼아 아시아대륙을 점령해보려는 꿈을 꾸고 있었다. 15만 명의 히데요시 일본침략군은 조선반도를 쳐들어와 온 나라를 불바다로 만들었다. 이것이 바로 임진왜란이였다. 6년간이니 계속된 임진전쟁은 조선에 전례 없는 물적 피해와 막대한 인적 손해를 끼쳤고 고통을 겪게 했다.

〈로씨야원동 땅의 조선이주민들〉

쇄국정책은 한반도의 경제, 문화가 뒤떨어지게 한 기본 원인의 하나였다. 파산된 나라의 경제를 바로 잡기 위해 조선정부는 각종 세금을 백성들에게 부과시켰는바 그 결과 농민들이 영락됐다. 수백년에 걸쳐 끊임없는 외국침략을 겪어오면서 지켜온 조국땅은 조선 백성들에게 있어 자기 생명보다도 더 귀중한 보금자리로 되었다. 한반도의 번영, 발전을 위해 한반도에서 태어났다는 의식이 매 조선사람들의 머리와 가슴 속에 새겨져 누구도 조선땅을 버리고 어디론지 떠나갈 생각은 하지 않았다.

그런데 통치자들이 자기 백성을 영락시키고 이 통치계급을 대표하는 관료배들은 각 지방마다 평민들을 약탈하고 착취하니 이런 전황을 참다못해 백성들은 반항을 일으켰고 관료배들은 그 반란자들을 무자비하게 진압하였다.

로씨야와의 국경지대인 함경북도 주민들은 특별히 더 이런 고통을 겪게 되었다. 로씨야뽀씨에트구역과 조선의 국경선은 두만강을 중심으로 하류로부터 만주땅 상류에 이르기까지의 약 15킬로미터거리에 놓여 있다.

백성들은 높은 세금뿐만이 아니라 자주 있는 장마, 가뭄 때문에 고통을 겪었다. 1861년도에 기근과 불행 속에서 허덕이던 다섯 농가가 정든 고향땅을 등지고 북쪽을 향해 떠나갔다. 그들은 밤중에 두만강을 건너 로씨야 땅으로 넘어왔다. 그러다 로씨야 국경경비대들에게 잡혔다. 로씨야인들은 그들을 고려나라에서 온 사람들이라 하여 꼬레이찌(고려인)들 이라고 불렀던 것이다. 첫 번째의 이주민이었다. 로씨야인들은 고려인들을 아무런 제재나 조건이 없이 오히려 친절하게 받아주었다.

제정 로씨야 정부는 비어있는 남우쑤리 변방 땅으로 중국 사람들이나 조선 사람들을 끌어들일 생각을 오래 전부터 하고 있었다. 농사를 잘 짓는 사람들이기 때문이었다. 당시 원동 국경수비군들에게는 농산물이 극히 부족했던 것이었다. 국경선은 언제나 열려져 있었으나 중국 사람들과 조선 사람들은 넘어올 생각을 감히 하지 않았다.

이 다섯 가구의 첫 조선이주민들은 선발대였다. 국경수비병들은 조선인들을 우선 잘 먹이고 옷과 신발도 갈아 입혔고 집을 질 수 있게 목재도 주었다. 그 후 로씨야 선교사들은 조선이주민들을 로씨야 공민으로 인정해 준다는 뜻에서 로씨야정교의 세례를 받게 해주었다. 이국땅에서의 이런 친절한 접대는 이주민들을 놀라게 했고 생활에 대한 용기를 갖게 했다. 이 다섯 이주민 가정은 원동으로의 조선사람들의 이주 시초를 이루었다. 그 후 한반도 정부의 엄격한 금지에도 불구하고 이주민 수는 해마다 늘어났다.

조선의 쇄국정책은 1876년 불평등한 강화도수호조약으로 종말을 맺었다. 강화도수호조약을 뒤이어 미국, 영국, 로씨야, 프랑스, 독일 등 유럽나라들이 조선과 국교를 맺게 되었다.

1884년 7월 7일 로씨야와 조선간의 친선 및 통상에 대한 조약이 체결된 후 조선 이주민들의 수는 급격히 늘어나기 시작했고 로씨야로 돈벌이를 하러 오는 사람들도 많아졌다. 그때만도 로씨야 화폐 루블리와 중국화폐 유안, 조선돈 원이 자유로 차환되었던 것이다. 예를 들어 1864년에 조선 사람들의 60가정이 로씨야땅으로 넘어왔다면 1884년도에는 그 숫자가 1165호로 늘어났다.

여기에서 지적해야 될 것은 1892년도부터 시작하여 조선 계절노동자들의 귀국과 조선인 불순분자들의 추방이 시작된 사실이다. 남우쑤리 변방에도 조선이주민들의 수가 늘어남과 함께 연해주 관리에게 특별직무를 수행하는 관직을 두게 되었는바 이 사람의 임무에는 조선이주민들에게 거주등록증을 내주고 생활 터전을 마련해 주며 예수교를 믿게 하는 일들이 들어 있었다. 이런 모든 것이 제대로 진전되는 조건은 어떻게 언어의 장애를 타개하는가에 많이 달려 있었다.

1870년도에 들어서면서 남우쑤리 변방에는 벌써 5,000여명(800가호) 고려인들이 살고 있었다. 특수임무를 맡은 관리 엠.뿌찔로(1845~1889년)는 1872도에 로조사전을 작성하였는데 조선이주민들과 상시적으로 접촉하는 지방 행정관리, 목사들에게는 이 사전이 매우 필요했다. 그런데 이런 사전을 편찬하기 위해서는 재정이 필요했다. 이때 미하일뿌찔로에게 좋은 기회가 왔다.

1873년도에 로씨야제왕 알렉싼드르 제2세의 네 번째 아들인 알렉쎄이 알렉싼드로위츠 공작이 꼰쓰딴찐 니꼴라예위츠뽀씨예트 장령 부관의 안내로 블라지워스또크를 방문하게 됐다. 공작은 뽀씨예트 장령과 함께 남우쑤리변방과 연해주를 지나가고 있었다. 남우쑤리 변방에서 살고 있던 고려인들은 자기들의 근면성과 훌륭한 농사꾼들로서 23세의 공작에게 좋은 인상을 안겨 주었다. 고려인들과의 대화과정에서 통역을 한 뿌찔로는 이 기회를 이용해 로조사전을 편찬하고 싶다는 뜻을 공작에게 말했던 것이다. 공작은 흔쾌 필요한 재정수단을 내주도록 하부에서 지시하였다.

이런 연유로 1874년도에 성- 빼쩨르부르그에서 첫 로조사전이 편찬되었는데 이 사전을 뿌찔로는 공작 알렉쎄이 알렉싼드로위츠를 기념하는 뜻에서 세상에 내놓았다.

중아시아와 카자흐스딴에서의 고려인들의 생활은 빨리 정상화되기 시작했다. 관개농사는 꼴호즈(집단농장)원들에게 고정적인 수입을 보장해주었다. 이 주초기 3-4년간 그들은 세금도 면제되었다.

고려인 젊은이들이 고등교육을 받으려는 욕구는 날이 갈수록 더 커져 1939년도에는 벌써 6명 고려인 대학생들이 생겼다. 40년대 초가 되면서 떠나온 고향에 대한 그리움을 모르고 있는 세대들의 나이도 훨씬 많아졌다. 원동땅에서의 생활은 사람들이 기억에서 점점

사라져 갔다. 새 이주지에서의 생활이 원동에 비해 나쁘지 않았기 때문이었다. 공민증에 기록된, 제한된 거주 지역에 대해서도 별다른 신경을 쓰지 않게 됐다.

그러나 1938년도부터 거주지역을 떠나 로씨아에 옮겨가 사는 고려인들이 '잠재적인 일본간첩'으로 의심받고 있다는 사실을 우리는 모르고 있었다. 예를 들어 1938년도 레닌그라드에서 황 블라지미르(1913~1938)대학생이 '일본간첩'으로 체포되어 18개월간 감옥생활을 했다. 차후 그는 카자흐공화국 '육류우유가공공업성' 부상으로 되어 오랫동안 일을 했다.

어째서 1936년 초부터 시작하여 쏘련 고려인 인테리들이 쏘베트 정권당국의 신임을 잃어 잠재적인 '일본간첩'이란 누명을 쓰게 됐는가 하는 원인을 구명해 볼 필요가 있다. 당시에는 이런 사실을 전혀 모르고 있었지만 지금은 명확해졌다.

1940년도에 크즐오르다 사범대학 수학부 제2학년생 김호걸은 내무인민위원부기관에 모집되어 하바롭스크로 파견됐는바 거기에서 그는 정찰국에 소속되어 일하게 됐다. 1940~1942년기간 김호걸(갠나지 리보위츠)은 리하천을 수반으로 한 13명의 '고려지하혁명정부' 구성원들의 증언을 통역하게 됐다. 지하혁명정부는 만주에 위치해 있었고 일본정부의 비용으로 운영되고 있었다.

일제에 의해 창설된 이 '정부'는 쏘련에서 파견되어 오는 고려인 '빨갱이'들을 적발해 내고 그들의 활동을 막거나 와해시킬 목적을 가지고 있었다. 일본은 이런 '극비의 정부'가 있었다는 사실을 갖은 수단을 다하여 숨기려고 했다.

여기에서 약간 과거사를 되살펴 볼 필요가 있다. 쏘베트 로씨야는 원동에서의 극히 불량한 국제적 지위를 제정 로씨야에게서 물려받게 됐다.

　1875년 로씨야는 부득불 일본에게 쿠릴열도를 양보해야 했고 1905년에는 일본과의 전쟁에서 졌기 때문에 남싸할린마저 양보해야 했다. 한반도를 합방한 후 일본은 대륙으로 자유로이 들어갈 수 있게 되었고 1918~1922년에는 로씨야 원동을 점령했다.

　1919년 레닌이 창설한 꼬민떼른은 식민지, 반식민지국가들에서의 민족해방운동에 큰 의의를 부여했다. '황색제국주의'의 첫 희생자가 된 조선은 특별한 주목을 받게 되었다.

　1921년 11월 꼬민떼른 제2차대회 때 레닌은 리동회를 수반으로한 고려인대표단을 접견했는데 그의 통역으로는 21세의 김아파나씨였다. 김아파나씨는 로어를 얼마나 능란하게 구사했던지 레닌도 감탄했다고 한다. 1922년도에 레닌은 고려인청년공산주의자들의 활동을 후원해주기 위해 꼬민떼른의 기금 중에서 40만 루블리를 리동휘에게 보내주었다.

　레닌사망 후에도 일부 고려인혁명가들은 조국의 해방을 위해 꼬민떼른의 지도하에 투쟁을 계속했다. 그러나 고려인 지도자들은 큰 성과를 내지 못했다. 왜냐하면 상해파 리더와 이르꾸트스크파 리더들 간의 당파싸움에 정신을 잃었기 때문이다.

　이런 조건하에서 꼬민떼른에게 있어 만주의 지하정부는 조선 해방의 기지로 간주되었다. 그 외에도 자립적인 조선은 일본이 대륙 침범함에서의 큰 장애물이 될 수 있었다. 때문에 '조선정부'와의 비밀 연계를 설정한 꼬민떼른이 그 '조선정부'에 재정지원도 해주고 리해천을 도와 혁명가들을 파견한 것도 우연치 않다.

　'조선정부'와 일본 간의 연계에 대한 자료를 여러 각도에서 조사 검열해보고 그 사실이 실제로 있었던 것을 쏘련 정보기관이 알게 되었을 때 이에 크게 놀랐고 어이없어한 꼬민떼른(스딸린)은 변절자들을 책벌하는 대책을 세워야 했다. 지하 '조선정부'의 남은 구성원들을 쏘련으로 불러들여 2년간 조사를 한 다음 하바롭스크에서 총살시켰다. 꼬민떼른의 기금에서 '조선정부'에 비밀리에 전해준 자금은 일본 놈들의 손에 들아가게 되고 조선혁명가들을 그들의 감시 하에 아무런 활동도 하지 못했다. 조선인민의 배신자들에 대한 자료는 해당기관 고문서과에 보관되어 있다. 그러나 리해천 대통령을 비롯 13명 전체 장관들에 대한 충분한 자료는 김호걸(1920~1985)의 머릿속에 남은 채 무덤 속에 묻혀버렸다.

입이 무거운 김호걸은 매우 영리하였고 비상한 기억력을 갖고 있었다. 바로 그가 한때 정찰부에서 일한 나에게 말해준 바에 의하면 리해천은 벌써 1895년 처형을 받을 날이 얼마 남지 않았을 때 심지어 그는 자기 행동에 대해 긍지감까지 느꼈다는 것이다. 즉 "일한합방과 만주 점령에서 세운 공로의 대가로 두 일본 천황에게서 직접 상장까지 받았다."고 하면서 자랑을 하더라는 것이다.

김호걸에게 나는 다음과 같은 의견을 말해 주었다. 변절자들을 적발함에서 바로 일본사람들이 쏘련을 도와주었을 수 있다. 왜냐하면 부득불 전쟁 임박한 시점에서 이 지하 "조선정부"의 사명은 완전히 끝났고 필요없게 되었으며, 그는 원동에서 살고 있을 때 리해천을 고려인들이 누구나 다 일제를 반대하여 싸운 애국자로 보아온 오류를 범하게 된 데 대해 유감스럽게 생각한다고 말했다.

1927년도에 다나까 일본 장군은 중국사람들과 일본사람들의 중개인으로 일본국적을 받은 조선족을 이용할 계획을 세웠다. 중국사람들에게 있어 이 조선족 중개인은 일본인보다 더 무서웠던 것이다.

1951년도 여름에 이 중개인 중 한사람은 아무르강을 건너 블라고 베쉔스크로, 로씨야 사람들에게로 도주했다. 만주땅에 인민정권이 수립되자 중국 사람들은 일제의 주구로 적극 활약한 조선족 중개자들을 몽땅 청산해버렸다. 중개자들의 후손들도 이런 청산을 면치 못했다. 이것은 실제상 일제의 주구들에 대한 보복행위였다.

1937년 8월 21일(토요일) 쏘련공산당 당수 스딸린과 쏘련정부 수상 몰로또브는 원동 고려인들에게 있어 숙명적이었던 명령서에 수표를 두었다. '극비문건 제 1428-326호'라고 표기된 이 명령서에 따라 '원동으로의 일본 간첩들의 침투를 막기 위한 목적' 하에 고려인들이 추방됐다. 그러나 간첩 밀정들은 실제로 있었다. 그때 당시의 조건하에서 원동 땅에 침투해들어온 간첩들이란 만주에서 살고 있으면서 로씨야 원동 동포들을 잘 알고 있은 조선족들이었다.

1937년도 여름 블라지워스또크에서 일본간첩들이 많이 체포됐다는 사실, 하루 동안에 20명의 일본간첩들이 잡혔다는 사실을 직접 목격한 우스또베 주민 리니꼴라이 뻬뜨로위츠의 이야기를 믿지 않을 수 없다.

그런데 어째서 쏘련 고려인들을 그저 이주시키지 않고 범죄인 또는 일본을 동조하는 민족으로서 강제 추방시켰는가? 아래와 같은 전보 내용이 이에 대한 확실한 대답을 해 줄 것이다.

"하바롭스크, 변강 당 위원회. 모든 사태로 보아 고려인들의 이주는 충분히 성숙된 일이다. 엄밀하고 긴급한 대책을 세우고 그 대책을 일정한 기일까지 차질 없이 실행할 것을 제기함…. 전연맹공산당(볼세비크)중앙위원회 비서 스딸린. 37년 9월 11일."

그런데 로씨야 원동 고려인들의 명예를 심중하게 훼손시킬 수 있고 1937년 8월 21일부 쏘련정부의 결정 채택을 위한 근거로 될 수 있는 증거가 필요했다. 이런 증거를 수집하기는 어렵지 않았다. 그때 당시 원동의 고려인들은 정부의 이런 결정이 있는 것도 몰랐고 이주시키는 것이 아니라 추방시킨다는 것조차도 모르고 있었다. 다만 알고 있는 것은 아무런 죄도 없다는 것이었다. 그러나 정부 측에 불신임으로 인한 모욕감을 대놓고 말을 할 수 없었다. 불신임을 증거해주는 사실은 이주 후 새 거주지에서 고려인들을 정기군대에 받아주지 않은 데서 나타났다. 즉 쏘련 공민은 징병연령이 되면 군대에 복무할 의무가 있지만 고려인들에겐 이런 의무가 없었으니 당당한 공민의 대우를 받지 못한 것이다.

참고 : 로씨야 원동고려인들과 그들의 후손들을 쏘베트 고려인들이라고 부르기 시작한 것은 김승화작 〈쏘베트고려인들의 역사에 관한 오체르크(수필)〉이 알마띄에서 출판된 1965년후부터이다. 그런데 이 책에도 자기 역사가 있었다. 출판 검열국이 이 책의 출판을 금지시켰던 것이다. 그러자 김승화 선생은 이 문제에 대해 쏘련 공산당 중앙위원회에 도움을 요청했다. 그 요청에 '고려인들의 문제'에 대해서는 다만 50년 후에야 쓸 수 있다는 회신을 받았다. 그러나 혁명가이며 공민전쟁 영웅인 쎄르게이 라조의 부인 올가 라조의 도움에 의해서 김승화 선생의 책이 알마띄에서 출판되게 됐다.

'고려인들의 소송사건'은 30년대에 밀고자 '증인'들의 거짓증언에 의해 야기됐던 것이다. 그리하여 2500명의 고려인들이 탄압을 받게 되었는데 그들 대부분은 지식인들이었다. 이 '사건'은 그 비밀문건이 공포된 50년 후에야 널리 알려지게 됐다.

1956년도에, 엔. 흐루쑈브가 쏘련공산당 중앙위원회 비서로 있을 때 쏘련 국가안전위원회에 의해 "극비"라는 도장이 찍힌 '탄압된 고려인들의 명단'이 발표됐다. 3권으로 된 이 명부에는 김아파나씨의 이름이 없었다. 그러다가 1991년도에야 이 수수께끼를 풀 수 있게 됐다. 이와 관련된 필자의 문의에 아래와 같은 답을 받았다.

"김아파나씨 아르쎄니예위츠(1900년생, 연해주 쑤 하놉까촌 태생)는 반란단체를 조직하고 간첩행위를 한 죄로 1938년 5월 28일 쏘련 최고재판소 군사 위원회의 판결에 의해 사형선고를 받았다. 김아파나씨 아르쎄니예위츠는 1957년 4월 9일 부 쏘련 최고재판소 군사위원회의 판정에 의해 그의 행동에 죄행이 없었다는 것이 구명되어 명예회복되었다. 쏘련 총검사 보좌관, 국가법률 참사 엘, 꼬쓰마롭쓰까야."

그러니 1956년 후에 그 명예회복자 명단은 보충되야 했다. 상기한 바와 같은 명예회복이 공식적으로 없었어도 원동 고려인들은 물심양면으로 김아파나씨를 믿었으며 고려인들 속에 그런 훌륭한 사람이 있었다는 긍지감을 느꼈고 진심으로 추보했다. 고려인들의 새로운 세대는 자기네 부모들이 존경심으로 대하던 애국자들의 이름을 잘 모르고 있다.

로씨야 역사잡지 '로지나'(1992년 2월호)에는 원동 종합대학 산하 과학보도중앙 '오리엔트' 과학일군 알렉쎄이 부야꼬브와 안드레이 뿔루또브의 '고려인문제'라는 기사가 게재되었는데 저자들은 1892~1916년도에 과반수 원동고려인들을 한반도로 되돌려 보냈고, 1937년도에는 원동고려인들을 모두 중아시아, 카자흐스딴으로 강제이주시키게 된 원인을 밝히는 고문서관 문건들을 해박하게 밝혀냈다.

'고려인문제'는 1884년 조로조약이 체결된 후 로씨야황제 알렉쎄이 제3세대의 통치시대에 뽀씨예트구역에서 생겼다. 이 조약에 따라 고려인들은 로씨야에서 로씨야국적을 취득할 수 있고 땅을 분배받을 수 있었다. 따라서 고려인들이 새 고장에서 정착생활을 할 수 있는 여건이 마련되었던 것이다.

이런 조치는 조선 측에서 적극 장려되었다. 조선사람들이 이웃나라로 가 빈 땅을 많이 차지하게 되면 조선정부에 유리한 일이기 때문이었다. 이로 이해 조선사람들이 우쑤리 변방에로 넘어가는 수가 급격히 많아졌다. 그런데 지방 정권당국 조선이주민들에게서 로씨야를 위한 잠재적인 위험성의 대상자로 보았고 조선사람들이 넘어오지 못하게 할 것을 요구했다.

1887년에 로씨야황제 알렉싼드르 3세는 조선사람들이 로씨야 국경선을 넘어서지 못하게 하는 정부결정을 비준했다. 1891년 연해주 군사부지사는 조선사람들에게 법적으로 세금을 부과시켰다. 그리고 월경을 한 조선인들을 조선이나 만주로 추방했다.

몇 가지 고고문서과 자료를 살펴보자.

-1910년도부터 로씨야 원동에서 살고 있는 고려인들 중 로씨야국적을 받지 못한 사람들이 70%였는데 그들은 자동적으로 일본공민으로 되었다.

-일본은 고려인주민들과 함께 뽀씨예트 구역을 자기 영향 하에 넣기 위해 자치권을 달라는 요구를 할 수 있다. 심지어 '로씨야' 고려인들 속에도 뽀씨예트 구역에 고려인자치지역을 세울 것을 요구하는 사람이 있다(1914년).

-제정로씨야군 소위보였으며 300명 고려인들로 편성된 수잔 빠르찌산대역을 창설한 한창걸은 쁘리모리예주 지도자회의에서 발언하면서 고려인자치주를 창설할 제의를 했다. 그런데 한창걸의 발언은 실제 계획이 아닌 고려인들 내부에 많이 있는 파벌 싸움의 전술이었다.

-일본은 쏘련국경지대에서 고려인들을 이용하여 간첩망을 조직하고 정탐을 강화했다.

-로씨야원동지역에서의 정탐행위는 장춘에 주둔하고 있는 일본관동군 참모부가 주도했다. 일본군, 정찰부의 계획에 의하면 고려인들의 자치주를 창설하고 볼쉐비크들의 착취에서 고려인들을 해방시켜야 한다는 구호 하에 쁘리모리예지역에서 반란운동을 시작하기로 계획되어 있었다.

-1936년도 일본 관동군 정찰부는 고려인들을 간첩행동과 파괴행위 감행자들로 양성하는 정찰학교를 창설했다.

-일본정부와 일본군 참모부는 고려인들의 소소한 반란도 지지해주고 도와줄 준비가 되어 있었다. 쏘련과의 무장충돌을 일으키기 위해서는 무슨 원인이 필요했던 것이다.

여기서 지적해야 할 것은 제정 로씨야도, 쏘베트 로씨야도 고려인들의 뽀씨예트구역 거주를 그리 달갑게 대하지 않았다는 사실이다. 이와 관련하여 고려인공산당단체들이 선전해온 '제2조국' 이념은 쏘베트로씨야 정권당국에게 있어 마음에 거슬렸고 의심까지 사게 했다.

일본도 역시 고려인들을 반로씨야 투쟁을 위한 자기의 '제5종대'로 이용했다. 1905년도에 있은 오일전쟁시 일본을 도와준 2000명 연해주 고려인들은 로씨야군에 많은 피해를 입혔다. 제정 로씨야의 공개된 극비의 고고문서 자료는 1904~1905년 로일전쟁에서의 로씨야의 패전에 대한 원인을 더 확실하게 밝혀준다.

쏘련원동주둔군과 태평양해군 참모부는 연해주 국경지대에서 고려인들을 이주시킬 필요성에 대한 극비의 제안을 쏘련정부 앞에 올렸다. 1905년 로일전쟁 경험을 연구한 결과 전문가들은 아래와 같은 결론을 짓게 된 것이다. 즉 현 정세는 많은 면이 2,000명의 한민족 일본간첩들이 연해주에서 활동하던 1905년 로일전쟁 준비시기와 비숫하다는 것이었다. 쏘베트 원동땅에는 반쏘고려인 지하단체가 존재했는데 이 고려인반쏘단체에 마치 고려인들 대다수가 망라돼 있다는 정보를 크레믈린은 받게 됐다.

그 구체적인 역사적 조건하에서 이런 왜곡된 정보는 쏘련과의 전쟁도발을 위한 동기를 찾고 있는 일본만이 관심을 갖고 있었다. 크레믈린은 이 고려인 반란중앙을 적발, 체포할것을 요구했고 엔까웨데(내무인민위원부) 지방기관은 이 파업을 '실행'했다. 1937년 중순에 연해주에서의 고려인문제에 대한 보고를 준비하고 있은 고려인 당일꾼들과 고려인 안전부일꾼들은 체포되었다. 김아파나씨도 이러 죄명을 들씌워 총살시켰고 한경철(한그리고리 엘리쎄예위츠)도 이런 운명을 면치 못했다. 1937년 10월 로씨야 원동 고려인들을 연해주국경지역에서뿐 아니라 전반적 쏘련 원동지방에서 강제이주시켰는데 죄명은 간첩행동을 실지로 하고 있고 또 간첩행동을 할 수 있는 잠재적인 해독자라는 것이었다.

쏘련 고려인들의 이 모든 모욕적인 탄압과 고통, 시련에는 일본의 잘못이 대단히 많다. 부강하게 된 일본은 1905-1945년 기간에 원동에서 동아시아에서의 고려인들과 중국인들 로씨야인들을 살해하고 배신, 도발행위를 감행한 데 대해 사죄해야 할 것이다.

1937년도까지 한반도역사의 지난 50년 기간은 세계 제패를 우한 일본의 지향과 한인들의 독립운동 소용돌이에 끼어 있어 피도 많이 흘리고 희생도 많이 한 역사였다. 그러므로 한반도의 자유와 독립은 악에 대한 전 세계의 불신임은 19세기 80년대 상반기에 벌써 생겼다. 조선이주민들을 양팔을 벌리고 천절히 받아들이기 시작한 때로부터 20년이 지나고 조선이 사형의 공포 속에 자기 국민들을 해외로 내보내지 않기 시작할 때로부터는 8년이 지나자 고려인들을 생활조건이 거의 없는 지역으로 내쫓다시피 했다. 이주민들 속에는 실지로 뽀씨예트 구역을 한반도나 일본에 합쳐보려는 사람들이 있었다.

이렇듯 로씨야 정권당국은 고려인들을 믿지 않기 시작했다. 이런 불신임이 한동안(1917~1932년) 좀 조용해졌다가 다음엔 원동고려인들을 원동에서 강제로 이주시키는데 이르렀다. 하바롭스크변강 내무인민위원부 류스꼬브 부장의 자료에 의하면 1938년도에 일본과 만주 땅으로 넘어간 조선사람들이 원동 땅에 18만 2천명이나 살고 있었다.

쏘베트정권시에 고려인들에 대한 불신임은 여러 가지 조건들로 형성됐다. 빠르찌산전쟁 및 국내전쟁이 끝난 후 1922년도에 벌써 블라지워스또끄 주권당국은 전체 고려인들을 만주로 이주시킬 문제를 결정했다. 이런 결정을 내릴 원인을 구명해 볼 대신 우리는 불평을 말했다. 자기 리더는 없는 피착취국민대중은 무권리하고 무력한 대중으로 밖에 될 수 없었다. 고려인 리더들은 단결하고 한 덩어리로 뭉칠 때에도 이르꾸트스크, 상해파 등 당파싸움을 벌렸던 것이다. 즉 한주먹으로 뭉칠 대신 서로 분산되어 있었으니 일본은 조선사람들을 반대하여 쉽게 싸울 수 있었다.

이것도 큰 결함이였지만 만주의 조선망명정부의 변절자들이였다(리하천). 그리하여 대륙에로의 일본의 침투의 위험성은 더 커졌다. 이것도 역시 부족하다. 고려인혁명가들에게 꼬민떼른(국제공산당)이 넘겨준 돈이 일본의 손에 들어가게 되어 그 돈은 상해의 유곽들에게 소비됐다(쏘련전안전부일꾼 박성훈 씨의 자료).

이런 조건하에서 마치 원동고려인 대부분이 속해있을 수 있었다는 반쏘로려인반란조직체가 있었다는 데 대한 거짓 자료가 얼마든지 꾸며질 수 있었다. 그리하여 50년 동안에 걸쳐 반란단체참가자들을 중아시아와 카자흐스딴에서 '찾아보게' 됐다.

　그러나 세월은 흘러갔다. 88서울올림픽대회는 세계 한민족에게 있어 큰 사변이었다. 한국의 위상은 올림픽대회로 인해 아주 높이 올라갔다. 그 위상이 떨어지면 안될 것이고 더 올라 가게 하기 위해서 한인들은 정직하게 일을 많이 해야 할 것이다. 온갖 무고한 멸시와 불신임을 받으며 살아오던 고려인들을 이제야 기를 펴고 당당하게 살게 됐다. 정권당국은 더는 고려인들을 불신 하거나 탄압, 인권유린을 허용치 않을 것이다. 자유로운 조건하에서는 개인은 창조하고 배우고 근로하면서 국가와 인민의 이로운 인간으로 될 수 있다.

　우리 자식들과 후손들에게 조국이 된 나라- 조국땅의 당당한 국민이 되고 그 땅 위에서 필요한 인간이 되었다고 느낄 수 있게 하는 것은 우리에게 얼마나 큰 행복인가!

31. 고려일보 2002년 3월 29일자 : 〈잠블 지역의 고려인들〉(김보리스[58])

　잠블주 고려인들 대부분은 따라즈시에서 살고 있다. 1999년도 인구조사 자료에 따르면 시내에 12,000명이 살고 있고 나머지 2,000명은 열 개의 구역 소도시나 촌락들에서 살고 있다. 잠블주에는 로브노예라는 촌락도 있는데 이 촌락은 쏘련영웅 민알렉싼드르가 태어난 고장이고 카자흐공화국 공훈배우이며 유명한 가수인 김블라지미르, 성 뻬쩨르부르그 여가수 김알료나도 거기에서 태어났다.

　따라즈시는 1997년까지 잠블이란 이름을 가지고 있었고 잠블주 수도이며 화학공업이 많이 발전된 도시이다.

---

[58]. 고려일보 기자.

옛날 이 옛도시는 중아시아지역 중요한 상업도시로써 세계 여러 나라, 도시들과 상업관계를 맺고 있었다.

세월이 흐르면서 따라즈는 여러 민족들의 과학, 문화, 예술중앙으로도 됐다. 옛 훌륭한 건축술로도 관객들의 시선을 끌고 있는데 아이샤-비비, 바바지-하둔, 까라하나 등 지금까지 보존된 고분들이 유적지로 되어있다.

37년도 이주 시기부터 잠블주에서 살고 있고 고려인민족운동 활동가인 박알렉싼드르 상호노비츠의 회상담을 들어보기로 하자.

-1937년 늦가을에 우리는 이 고장으로 실려왔습니다. 원동에서는 하바롭스크변강 나나이스크구역에서 살고 있었는데 저의 가족, 친척들을 비롯 64세대의 고려인가정이 촬빠크-쮸베(둔가놉까)로 실려와 정착하게 됐는데 지금은 그 촌락에 두 가정 밖엔 남지 않았습니다.

지금까지도 기억 속에 남아 있는데 37년도 늦가을 여기에 와 머물게 되지 의지할 곳이 없어 밖에서 밤을 지냈답니다. 날씨는 꽤 추었습니다. 그래서 아이들은 어머니를 둘러싸고 서로 엉키어 몸을 녹히는 수밖에 없었죠. 낯선 고장이고 친척이나 아는 사람도 한사람 없었으며 마중해 주는 사람도 없어 그저 추위에 떨면서 어른들도 당황해 서 있기만 했답니다. 그런데 날이 밝자 마주편에 낡은 토벽집이 한 채 있는 것을 보게 됐습니다. 그 집의 문이 열리더니 중년나이 남자가 나와 우리를 보자 호기심에 찬 눈으로 우리를 바라다보더군요. 한참 서 있더니 손짓으로 자기 집으로 청한다는 표현을 보여 주었습니다. 그러나 우리는 꼼짝 안하고 그냥 서 있기만 했습니다. 그러니 그 남자가 다가와 나의 손을 끌어당기며 가자는 것이였습니다. 부모는 어쩔바를 몰라해 하며 그 사람이 잘 믿어지지도 않아 가지 말자고 했습니다.

결국 우리는 그의 손에 끌리어 그 집으로 들러갔습니다. 물론 따뜻한 차, 빵, 설탕등으로 우리를 잘 대접해 주었고 두칸짜리 집의 한 방을 우리 가정에게 양보해 주어 그해 겨울을 그 집에서 지내게 됐습니다. 그 마을 다른 카자흐들도 우리 고려인 이주민들을 친절하게 받아들며 모두 같이 살게 됐으며 도움도 많이 받았답니다. 이런 것은 죽어도 잊어버릴 수가 없습니다. 말로만 친선이고 무엇이고 하는 것보다 직접 도와줌으로써만이 진정한 인간관계가 맺어짐을 그때 우리는 절실히 느꼈답니다.

흥미있는 사실은 우리가 카자흐인들을 처음 만나게 된 것은 카자흐스탄인 것이 아니라 원동땅이였습니다. 부농으로 있다가 숙청을 당해 원동으로 정배살이를 가나 다름없는 사람들이었지오. 그때는 우리 고려인들이 카자흐인들을 도와주었지만 불과 몇 년 후에 고려인들이 카자흐들의 도움을 받게 되리라는 것을 어떻게 알았겠습니까.

박알렉싼드르 상호노비츠는 카자흐스탄 고려인협회 따라즈지부에 속하는 까라따우 고려인 문화중앙 관리위원회 위원으로서 인망이 높은 사람이다 그는 카즈흐어도 훌륭하게 알고 있으며 카자흐풍속과 전통도 잘 알고 있다. 딸이 카자흐남자에게 출가를 갔고 며느리도 카자흐 여자이며 손녀도 카자흐 남자에게 출가를 해 카자흐민족과 친척관계를 맺고 살고 있다.

까라따우구역에서는 고려인들이 주로 농사를 하고 나아가 비교적 젊은 여자들은 장사를 한다. 농사를 하는 것도 여간 힘들지 않는데 농산물을 파는 문제는 더 어렵다고 한다. 예를 들어 양파를 다른 지역들에서도 많이 실어 와 1킬로에 2뎅게를 받고도 팔 수 없다고 한다. 이런 값으로는 노력의 대가는 커녕 파농사에 들인 물적 소비도 보상할 수가 없어 길가나 들판에 내버리는 경우도 있다고 한다.
　…고려인들은 어디에서 무슨 일을 하건 아주 잘 함은 누구나 잘 알고 있는 사실이다. 그런데 지금 세월엔 일을 잘 하고 근면하다고 잘 사는 것이 아니다. 대부분이 가난하게 살고 있으며 특히 고령자, 연금생들은 더 말할 나위없이 어렵게 살고 있다.
　이에 대해 카자흐스탄고려인협회 따라즈지부장 강 라브렌찌아나 똘리예비츠는 지금은 어려울지언정 조금이라도 전망이 있으면 참으며 살 수 있지만 아무런 전망도 없는 것이 큰일이라고 말했다.
　다른 또 한가지 흥미있는 사실을 필자는 그 지방에서 알게 됐다. 현지에서는 살기도 어렵고 일자리도 없으며 고등 교육도 받을 수가 없어 많은 젊은이들이 외국으로 떠나가는 경우가 많다는 것이다.
　-향촌마을을 버리고 떠나가는 젊은이들은 주로 대학공부를 하러 가던가 시집, 장가를 가기 위해 떠나간답니다. 가장 많이 가는 나라는 독일과 한국입니다. 고려인협회 따라즈지부 부지부장 김 펠릭스 레온찌예비츠가 말하기를
　-나의 여조카는 인테르네트를 통해 정래의 남편과 사귀게 되어 골란지야로 떠나갔습니다. 그녀는 지금 폴랜드에서 박사학위논문을 쓰는데 폴랜드말로 쓴다고 합니다.
　김 빅토르 일라리오노비츠의 다른 손녀는 한국 남자에게 출가를 가 지금 한국에서 살고 있다고 한다. 이런 예들은 얼마든지 있다.
　-그런데 대부분 고려인들은 지금 몹시 가난하게 살고 있습니다. 이런 문제들을 우리는 힘을 합해 해결하도록 노력해야 할 것입니다. 예를 들어 콩농사 같은 것을 힘을 합해 재배도 하고 판매도 한다면 성과가 훨씬 클것입니다.
　-따라즈시 창설 2000년이 다가오고 있다. 때문에 따라즈시 개설

을 위해서만도 150만 달러가 든다고 한다. 그렇게 되면 따라즈와 잠블주 전체의 경제에도 좋은 영향아 미치게 되리라는 희망을 갖고 있을 수도 있다.

32. 고려일보 2005년 6월 3일자 및 고려일보 2005년 6월 10일자 : 〈흩어진 한민족 ②카자흐스탄 편〉〈1937년 이 땅에서 겨울을 처음 맞다〉(윤세르게이에 대한 원낙연의 탐방기사)

지난 겨울은 참 추웠다. 며칠 주기로 따뜻한 햇살이나 포근한 기운이 돌아오던 예전과 달랐다. 하지만 그 겨울 내내 기자는 추위를 얘기하지 못했다. 아니, 가슴 한구석으로부터 열정을 토해야 하는 긴 밤을 지냈는지 모른다. 도무지 떨칠 수 없는 윤세르게이(82) 옹의 회상-그가 1937년 카자흐스탄에서 처음 맞이한 겨울 이야기로 거슬러 올라가 보자.

"블라디보스톡의 나지진스크역을 10월 9일에 출발했더랬는데, 시베리아를 거쳐 오다보니, 10월말에나 도착했지. 밤엔 벌써 추워졌는데, 허허벌판에 잘 집도 없으니 어떡하겠음. 집집마다 땅을 팠지. 최대한 깊이 판 뒤에 우(위)에가 갈대를 얼기설기 엮어 흙을 올린 게 지붕이야. 그나마 토굴집이라도 다 지을 때까진 기차 역사 안에서 옹기종기 모여 서로의 체온으로 밤을 지샜지. 겨울이 다 돼서야 토굴에 구들을 깔고 굴뚝을 뽑을 수 있었는데, 그제서야 살 것 같았어."

당시 14살 나이의 그가 영문도 모르고 갑작스럽게 떠나온 '1937년 강제이주'는 한민족의 역사적 비애가 나이테처럼 여러 결로 둘러쌌다. 윤 옹의 집안사도 꼭 그러했다. 함경북도 경성이 고향인 아버지 고 윤근철 씨가 어머니와 함께 고향을 떠난 것은 1912년, 일본의 식민지 지배가 본격화되던 때였다.

"일본놈들이 보기 싫어 고모님이 계시던 만주로 가셨나봐. 그때 조선 사람들이 남에선 미국으로, 북에선 만주나 연해주로 많이 갔다잖아. 만주에선 살기가 여의치 않아서 ○○○강 근처에 있는 프리모르○○야주 뽀시에트로 또 옮기○○○ 그런데 그곳에서 아버지○○○ 그만 병으로 돌아가셨○○○ 내가 10살 정도 됐을 때였○○○?"

아버지는 자신의 죽음을 미리 아셨나 보다. 그 직전 장남을 홍역으로 잃어 3대 독자가 된 아들을 마을 근처 산으로 데리고 남쪽을 바라보는 자신의 ○○를 알려주었다. 그리고 유언처럼 말씀을 남기셨다.

"언젠가 한반도로 돌아가 7촌아저씨를 꼭 찾으라고 하○○○. 아버지도 할아버지도 다 돌아가셨으니 가까운 친척이 있을 리가 있나. 나는 본 적도 없는 ○○아저씨라도 한반도에 우리 피 붙이가 있다는 얘기를 꼭 하고 싶으셨던 게야."

그러나 그 말씀은 이제 지킬 수 없을 듯하다. 지금 살아계신다 해도 아저씨는 100살이 넘으셨을텐데.

"사실 말이우다, 1990년에 북한을 갔었지. 그전까지만 해도 소련에서 북한에 가기가 거의 불가능했거든. 한 30명 모아서 관광단으로 함께 갔는데, 북한에서도 고려 사람이 이렇게 한꺼번에 관광온 것은 처음이라고 놀라워하더만. 그런 분위기에서 7촌 아저씨를 찾을 수 있어야지."

아버지가 돌아가시자 결국 어머니는 8남매를 데리고 블라디보스톡 근처의 나제진스크에 있는 고려인 꼴호즈(집단농장)에 들어가셨다. 감자농사를 주로 지으면서 조나 수수, 심지어 풀죽까지 닥치는 대로 먹던 가난한 시절, 그래도 고려인들이 함께 있었기에 어려움도 나누고 손위 누이들은 결혼까지 할 수 있었다.

그러던 1937년 8월 21일, 스탈린 서기장과 소련연방 인민위원 쏘베트 몰로토프 위원장이 명령서 한 장에 서명한다. 이 서명과 동시에 한민족을 비롯해 소련권에 살고 있던 독일·체첸·그리스·리트바 등 소수 민족들의 비극적인 강제이주가 시작되는 것이다.

"일본이 한반도는 벌써 점령하고 소련 땅까지 호시탐탐 노리는데, 그 국경에 고려 사람이 18만 명이나 몰려 살고 있으니 소련 지도부가 걱정스러웠겠지. 일본의 간첩행위가 극동 지방에 침투하는 것을 저지한다는 명분을 내세워 6천여 km나 떨어진 카자흐스탄과 우즈베키스탄으로 보내 버린 거야. 독일과 쌈박질한 조국전쟁(제2차 세계대전)이 터지자 볼가강 주변에 여러 세대 동안 살고 있던 독일인들이 역시 같은 꼴을 당했더랬어. 히틀러를 도울지도 모른다는 걱정을 한 거지."

홀어머니와 어린 여동생 셋과 함께 출발하기 일주일 전에야 이주 통고를 받았으니 한탄할 여유마저 없었다. 살아있는 가축은 데려갈 수 없으니 집집마다 가축 잡는 소리가 섬뜩하게 이어졌다. 기약할 수 없는 대이사를 앞두고 예정된 혼례식을 급히 당겨 치루는 가정도 있었다. 잔치상에다 오래간만에 맛보는 고기에 기차여행까지…. 철없는 아이들만 신났다.

"그 아이들이 얼마나 많이 희생됐는지 아우. 준비도 없이 어디로 가는지도 모르고 한 달 가깝게 화물열차에서 생활하니 어른도 병 있으면 견디기 힘들었어. 열차 안에 뭐가 있겠음. 의사도 없으니 치료 받기 힘들고, 화물칸이라 널빤지 사이로 바람은 새어들어오는데 시베리아 벌판을 내달리면 어떻겠음. 기차가 중간역에 서면 장례식도 없이 시신이 어딘가로 옮겨지고, 살아남은 가족은 나중에 묘소도 몰라 그 역에 찾아가 제사를 지내는 지경이니…. 그 난리통에도 밥은 먹어야 하니 기차만 서면 내려서 물이랑 나뭇가지를 구해 밥을 하는데, 그 와중에 기적이 울리면 그대로 기차에 오르는 수밖에…. 화장실도 없어 용변 보러 철길을 건너다 열차에 치여 죽은 아이들도 많더랬어."

총124대의 수송열차에 3만6천442가구 17만 1천 781명을 카자흐스탄(2만170가구 9만5천256명)과 우즈베키스탄(1만6천272가구 7만6천525명)에 흩뿌려놓는 강제이주는 그해 9월부터 12월까지 계속됐다. 그나마 이른 10월말에 카자흐스탄의 남쪽인 우슈또베 벌판에 내려진 윤 옹 가족은 운이 좋았다고나 할까.

"겨울이 오기 전에 토굴을 파고 구들을 놓았으니 망정이지, 겨울이 다 돼 북쪽 지방에 도착한 이주민들은 많이 죽었다고 들었어. 여기도 기후와 물이 전혀 다르니 애들 사이에 돌림병이 돌더만. 설사학 열이 오르면 거의 죽는다고 봐야지. 두 돌 안된 아기는 살아남질 못했다는 얘기가 떠돌았을 정도니께. 한꺼번에 아이 셋이 주검으로 실려나오는 집도 봤더랬어."

실제로 우슈또베에 있는 고려인 최초 정착지에는 아직도 그 흔적이 남아 있다. 우슈또베시에서 15분 정도 차를 타고 나가니 논이 한없이 펼쳐졌다. 그 옆 낮은 언덕에 군데 군데 짐승이 파놓은 듯, 움푹 파인 곳이 보였다. 토굴은 허물어져 풀만 무성하니 한스런 시절의 자취는 찾아볼 수 없었다. 오히려 바로 옆 러시아식 묘지에서 그들의 얼굴을 만날 수 있었다. 고려인의 이름과 얼굴이 새겨진 묘비들이 띄엄띄엄 있어 이곳이 고려인의 공동묘지임을 알려주고 있었다. 집터와 묘지가 나란히 있는 것이다. 잔인한 겨울을 이겨낸 사람

〈우슈또베-바스또베- 땅굴집 흔적들〉

과 이겨내지 못한 사람의 자리.

"그때 카자흐스탄 사람들 도움이 없었으면 훨씬 더 많은 사람들이 죽었을 거야. 빵이랑 우유, 고기까지 나눠주고 자신들의 유르타(천막)을 세워주고, 그래도 안되면 자기 집에서 우리를 재워주기까지 했으니까…. 자기네 땅에 갑자기 나타난 우리를 형제처럼 받아들인 민족이지."

혹독한 겨울을 이겨낸 사람들은 다시 황무지와 맞섰다. 논으로 일구기 위해선 멀리 있는 강에서 물을 끌어오기 위해 물길을 파야 했다. 이주민이 한꺼번에 몰려오는 바람에 트랙터 같은 제대로 된 장비는 제때 지원되기 힘들었다. 결국 토굴을 팔 때처럼 호미나 삽으로, 심지어 수저와 막대기까지 동원하고 그것마저 없으면 맨손으로 흙을 파냈다.

"그때 어머니는 철없는 네 남매를 집에 두고 하루 종일 일하러 나가셨어. 도시락 보따리 하나만 들고 말이야. 그 도시락에 제대로 된 음식이 들어 있었겠음? 당에서 배급이 나왔지만 늘 부족했고 제 때 안 나올 때도 많았거든."

고려인 학교(슈꼴라)가 문을 열었지만 7~8km나 떨어져 있어 통학길도 고생이 심했다. 게다가 이전과 달리 수업은 무조건 러시아어로만 진행됐다. 카자흐공화국 공산당 중앙위원회가 고려인학교 전부를 표준식 소베트학교로 개조할 것을 명령했기 때문이다. 우리말을 가르치던 교사들은 모두 학교를 떠나거나 집단농장에서 일을 하게 된다. 이 때문에 우리말은 소련내에서 소수 민족어로 인정받지 못하게 되고, 우리 말과 문화 모두 엄청난 타격을 받는 계기가 된다.

"그때 우리는 옴짝달싹 못했지. 공민증에는 빨간 도장으로 '카자흐스탄 국경 내에서만 거주가 허용된다'고 찍혀 있었다니까. 국가기관에 취업할 수도 없었고 은행 대출도 못 받았지. 그런 제한이 스탈린이 사망하는 1953년까지 갔더랬어."

3년 뒤인 1941년 윤 옹은 현재 우즈베키스탄의 수도인 타슈켄트에 있는 관개수로학교에 합격했다. 그 학교를 3개월간 다녔으나 전쟁이 격화되면서 집안사정도 어려워 결국 우슈또베로 돌아올 수밖에 없었다. 그리고 전쟁터가 아닌 까라간다 탄광으로 소집됐다. 우슈또베에서 1,500km나 떨어진 곳이었다. 간첩의 가능성이 있는 고려인은 병역의 의무도 없었다. 대신 탄광이나 군수공장, 시베리아의 산림벌채 등 후방에서 고된 노동을 대신해야 했다.

"전쟁이 끝나는 1945년까지 4년 동안 탄광에서 고생 많이 했지. 하루 2번 빵 하나랑 수프만 주는데, 어쩌다 아파서 일 못하면 반쪽짜리 빵을 주더란 말이지. 한번은 뭘 먹기만 하면 설사를 하는데 도저히 나을 것 같지가 않았어. 그 때 어머니가 말이다, 여동생들 데리고 굶주리면서도 입쌀가루를 빻아 미숫가루를 만들어 탄광으로 여러 번 보냈더랬지. 제때 못 찾다 한꺼번에 찾았는데 한 가마나 되더란 말이지. 내, 그걸 먹고스리 살아났음. 전쟁통에 제대로 배급도 안돼 집에서도 제대로 된 곡식을 맛보기가 힘들었을 텐데, 어떻게 미숫가루를 만들어 보내주셨는지."

어머니를 떠올리는 윤 옹의 눈은 어느새 물기가 맺힌다. 그가 얼마나 귀향의 순간을 간절히 바라고 기뻐했는지 아직도 그 날짜를 잊지 않고 있다. 우슈또베로 돌아오던 1945년 9월 29일까지 그들 가족에게 정말 힘든 나날이었다. 아니 고려인 모두에게 생사의 갈림길 같은 시절이었을 것이다.

고비를 넘기자 고려인들의 탁월한 근면성과 벼농사 기술이 빛을 발했다. 오랫동안 유목생활을 해왔던 카자흐스탄 사람들은 해가 뜨기 전에 논밭으로 나가 해가 져야 들어오는 고려인들을 경이롭게 바라봤다. 거짓말을 할 줄 모르고 땅만 바라보고 묵묵히 일하면서 조금씩 인정받기 시작한 것이다. 게다가 토양의 염분이 어느 정도 빠지기 시작한 1940년부터 풍년을 맞으면서 경제적으로 여유가 생겼다.

윤 옹도 1950년까지 그 실적에 힘입어 1972년 노력 기적훈장, 1976년 레닌훈장, 1981년 10월혁명훈장을 차례로 받았다. 고려인에 대한 차별이 여전하던 시절, 농업에서 탁월한 솜씨를 보여 훈장을 타거나 '노력영웅'의 칭호를 받은 고려인들은 타민족의 의심과 멸시의 눈초리를 바꿔놓는 계기가 되었다.

2003년 우슈또베 인근 바스토빈스크 농업구역 의회는 그의 업적을 평가, 구역내 거리 이름을 '윤세르게이 그리고리예비치'로 명명했다.

"카자흐스탄에선 거리에다 위대한 사람들의 이름을 붙이거든. 그런데 살아있는 사람의 이름을 붙이는 것 드문 일이지."

1989년 우슈또베 고려중앙을 만들고 회장까지 맡았다. 당시 알마타 등 주요도시에서 만들어진 고려문화중앙이 모여 지금의 카자흐스탄 고려인협회가 된 것이다. 또한 몇 년 전엔 셋째아들과 함께 건설회사인 학(HAK) 그룹을 만들어 현재 부회장직을 맡고 있다.

윤 옹은 1990년 북한과 한국을 잇따라 방문했다. 그 뒤로도 한국은 지난해까지 3차례나 더 다녀왔다. 그에게 두 나라는 어떤 인상을 줬을까 궁금했다. 그러나 다른 이야기는 선선히 답하시더니 그 질문만은 한사코 피하신다.

"북조선도 한국만큼 발전하진 않았지만 같은 동포가 열심히 살려는 모습이 보기 좋지 뭐."

조금 다른 식으로 질문드려도 그저 "빨리 통일돼야지."라고만 대답하신다. "혹시 묘를 어느 곳에 쓰고 싶으신지 생각해 보셨냐"고 실례되는 질문을 던져도 "그냥 여기에."

33. 고려일보 2006년 12월 15일자 : (카자흐스탄에서의 고려인 거주70주년에 즈음하여) 〈잊을 수 없는 쓰라린 과거〉(김블라지미르 제스까스간)

래년은 고려인 강제이주 70주년이 되는 해이다. 수많은 고려인들과 마찬가지로 나 역시 그 당시의 비극을 면치 못하였다.

…아버지의 이야기를 들은 바에 의하면 그는 1886년에 함경북도 서수라 마을에서 태어났다. 저의 부친 김이현은 1919년 3·1봉기에 참가한 죄로 일제경찰에 체포되어 몇 달동안 감옥살이를 하였다. 그러나 젊은 사람들은 감옥에 가만히 계속 앉아있을 수 없었다. 그들은 동네사람들이 동정심을 표하여 음식과 함께 감방에 들여보내주는 놋숟가락에 모든 희망을 걸고 그것으로 땅을 파기 시작하였다. 겨우 몸이 빠져나갈 수 있는 구멍이 되자 밤중에 그 구멍을 걸쳐 아버지와 나머지 젊은이들이 도주하였다. 아버지는 도주한 후 두만강을 건너 중국의 훈춘촌에서 얼마간 지냈다. 그 촌에 친척이 살고 있었다. 다음 원동의 시지촌에서 3년간 홀로 지냈다.

그동안 조선에 두고 온 안해(아내)와 딸애에 대한 생각은 하루도 그의 머리에서 떠나지 않았다. 끝내 아버지는 조선으로 다시 들어가 식구들을 데리고 데리고 오리고 결심하였다. 그는 일제 순사놈들과 수비병들의 눈을 피하기 위해 밤에만 움직였다. 국경을 통과 할때에 어려움이 이만 저만이 아니였다. 오랜 고생 끝에 아버지는 가족을 데리고 다시 국경을 넘어왔다.

그는 일어는 잘 했으나 러시아어는 전혀 모르니 한글교사로 일하게 되었다. 부친은 시지미촌에서 교편을 잡았는데 그에게서 배운 학생들중에는 유명한 수학박사 김영광, 이름있는 작가 명월봉 및 기타가 있었다. 명월봉선생은 그후에(1941~1947년)까라딸구역 'ㅇ만' 중학교에서 러시아어와 문학 교원으로 일하였으며 다음 북조선에 파견되어 고위급간부로 일하였다. 그 선생에게서 글을 배웠을 때 "나는 네 아버지의 제자였고 넌 나의 제자로구나!"라고 하던 말이 기억에서 사라지지 않는다.

1929년에 아버지의 가족은 뽀시에트구역 달미촌으로 이주하여 아버지는 그곳에서 초등학교를 조직하여 1935년까지 교장으로 사업하였다. 1936년에 이 학교는 두만강 근처에 있는 나고르나야(누불미)촌 칠년제 학교와 연합하였다. 그 시기에 교사들은 여럼방학에 한 달 동안 블라지워스또크 사범대학에서 연수를 하였다.

1937년 8월 30일 아버지는 집으로 돌아와 개학일을 앞둔 강습 관료 만찬회에 참석하였다. 그 만찬회에서 아버지가 체포되었다. 밤중에 내무인민위원부(엔까웨데)위원들이 아버지를 데리고 나타나 가택을 수색하였다. 벽에 걸려있는 소련원수들인 뚜하쳅쓰끼, 얀 가마르니크의 초상화를 보더니, 인민의 원쑤들이라 하면서 우리가 보는 앞에서 아버지에게 수갑을 채워 데리고 갔다. 어떻게 잡혀간 아버지에 대한 소식을 우리는 전혀 듣지 못하고 있다가 아버지가 '인민의 원쑤'란 루명을 쓰고 감옥살이를 하다가 1941년 11월에 돌아가셨다는 것을 1959년에야 알게 되었다.

아버지가 체포된 후 일주일이 지난 강제이주에 대한 명령이 내렸다. 그때 나는 4학년생이였다. 개학되어 일주일 공부한 후에 학교가 닫기고 모두가 이사할 준비를 하기 시작하였다. 이사짐을 쌀 시간도 별로 없었다. 우리는 이사갈 무렵에는 아버지가 나타나리라고 기다렸으나 결국 오시지 않았다. 사람들은 수많은 가축들을 다 버리고 도중에 먹을것과 간단한 옷보따리를 가지고 자동차에 실렸다. 그때 나는 처음으로 자동차를 보았는데 신기하기 끝이 없었다.

우리를 실은 자동차는 계선장에 당도하였다. 계선장에서 우리는 인망선에 옮겨 실려 위험한 파도를 넘어 다음날 아침에 블라지워스또크에 도착하였다. 이곳 기차역은 고려인들로 꼭 찼었다.

화물차를 편성하여 좀 손을 본후에 차량 한가운데에 난로(부르쥬이까)를 놓고 한 차량에 30~40명씩 태웠다. 차량안은 완전히 비위생 상태였다. 특히 화장실이 문제였다. 수많은 고통 끝에 한달 후에 칠리구역의 한 촌에 도착했다.

다행히도 그 촌에 빈집들이 많아 가정마다에 차례졌다. 그 해는 하나님이 도왔는지 눈도 겨울에 며칠밖에 내리지 않아 어떤 가정은 출입문도 없이 겨울을 지냈다. 카자흐 마가르 비슷한 큰 벽돌집을 2개월 수리하여 학교를 만들었다. 그런데 이주해 온 고려인들이 거의 다 노동자들, 사무원, 빈농민들이였다. 그리하여 우리는 우스또베까지 오는 도중에 어머니가 중병에 걸려 어린 여동생과 함께 병원에 입원하게 되었다.

부모없이 남은 우리는 어두울 때까지 누가 우리를 데려 가리라고 우스또베역에서 기다렸다. 사람이 어려울 때는 친척도 아무 소용이 없다는 것을 그때 적실히 느끼게 되었다. 우리 아버지 사촌들이 두 분 계셨는데 모두 자기 가족만 데리고 우리를 내버려두고 먼저 가버렸다.

밤늦게 마차가 오더니 우리를 싣고 '빠뜨란'이란 마을에 도착하였다. 마차는 가버리고 우리 5남매는 또 밖에 남아 밤을 새웠다. 다음 날 아침에 보니 먼저 온 사람들이 다 빈집을 차지하였다. 우리는 하는 수 없이 아버지 사촌의 두칸짜리 집 복도에서 살게 되었다. 복도에는 유리창도 없어 어두운 닭굴이나 마찬가지였다. 그 "닭굴"에서 세 살짜리 여동생이 홍진에 걸려 죽었다.

원동에서 강제이주당한 고려인들의 힘으로 그곳에 '달니 위스또크' '모쁘호스 및 기타 골호스'가 조직되었다. 따뜻한 봄이 오자 사람들은 산언덕에 토굴을 파고 거기에서 지냈다. 쓰라린 나날을 상기시키는 그 흔적이 아직도 남았다.

다음해 즉 1939년에 꼴흐즈원들은 흙벽돌로 집을 짓기 시작하였다. 자녀들이 공부를 계속해야 한다는 것을 잘 깨닫고 있는 꼴호스원들은 학교를 건설하기로 결정하였다. 그리하여 1939~40년에 뗄만 명칭 중학교가 세워졌다. 이 학교는 학생들을 많이 졸업시켰다.

1942년에 7학년을 졸업한 나는 어려운 가정형편으로 꼴호스에서 목동으로 일하였다. 그때 나는 1941~1945년 위대한 조국전쟁 시기의 '로동영웅' 메달로 표창되었다. 그당시 꼴호스원들에게 로동일수에 지불하였다. 년간 결산을 합하여 보면 한 로동일수에 약 300~400그람의 곡물이 차례지게 되었다. 이런 조건에서 구차할 수밖에 없었다. 더군다나 아버지도 없이 지내면 가족이 많은 우리 가정은 말할 여지도 없이 가난하였다. 때문에 나는 4년 동안 목동으로 일하면서 한

푼이라도 벌어서 형편이 조금이라도 아나가기를 바랬다. 여름방학에 그전 동창생들이 집에 오게 되면 나는 소를 몰다가 다리 밑에 숨었다가는 그들이 지나가면 다시 소를 몰았다. 수치스럽기가 짝이 없었다….

나는 어렸을 때부터 음악을 즐겼다. 발라라이까, 민들린, 바이올린을 탔다. 그리하여 1944년에 꼴호스가 낡은 악기들을 구매하자 나는 소들을 몰아넣고 연습에 늦을가봐 옷도 갈아입지 않고 부끄러움을 무릅쓰고 음악연습에 부지런히 다녔다. 나에게는 알트악기가 차례지고 좋은 악기들은 일도 하지 않고 집에서 놀고 있는 친구들에게 차례진 것이 좀 섭섭했다. 음악지도원 리 게르만 마까로위츠는 저의 연주를 항상 칭찬하였다.

자기의 악기를 가지고 싶은 것이 나의 가장 큰 꿈이였다. 이것을 알고 있는 형은(그 당시 그는 상업대학에서 공부하였다) 내가 거둔 벼 40킬로그람을 바이올린과 바꾸었다. 나는 그 악기를 가지고 음악교원으로 오랫동안 일하였다….

…나는 1990년에 평양에서 진행된 '4월의 봄' 예술축제에 참가하였다. 그때 그곳에서 사촌형님 김하근 가족들을 처음 만났다. 우리는 '보통강' 호텔에서 온 종일 재미있는 시간을 보냈으며 아버지의 본명이 김이현이란 것도 알게 되었다. 그때까지 우리는 아버지를 김재식으로 알고 있었다. 증명서에도 김재식으로 되어 있었다. 알고 본즉 두 번째 성명은 일본경찰에게 붙잡히지 않으려고 가진 것이였다….

…세월이 흐르고 시대가 바뀌어 1937년에 '인민의 원쑤'란 루명을 덮어쓴 죄없는 사람들의 명예도 회복되고 보조금도 받았다. 그러나 과거에 겪었던 아픔은 그 무엇으로도 가실 수 없다.

…지금도 기차를 타고 어디로 갈 때면 먼 37년도의 화물차 바퀴소

리를 듣는 것같아 가슴이 스스로 죄인다….

34. 고려일보 2007년 4월 6일 : 〈아홉 번째 원〉(김클라라에 대한 신보리쓰의 탐방기사)

예로부터 전해오는 조선 사람들의 말에 의하면 사람에게는 여덟 가지 재난이 무섭다고 한다. 즉 홍수, 화재, 전쟁, 악역, 음료수가 말라드는 것, 추위, 더위, 동족상쟁이다. 그런데 이상에 지적한 것보다 못지 않는 아홉 번째 재난이 있다. 그것은 강제이주이다. 김클라라는 수천명의 동포들과 마찬가지로 강제이주의 비극을 직접 겪었다.

김클라라의 아동시절은 어려운 조건에서 흘러갔다. 그는 1926년에 쁘리모리예변강 워로실로브구역 뿌찔톱까촌에서 태어났다. 클라라가 네 살이 되었을 때 아버지가 돌아가셨다. 그러나 클라라는 임의의 시련을 다 이겨냈다. 1932년의 굶주림, 쁘리모리예변강으로부터 중아시야와 카사흐스탄에로의 고려인들의 강제이주, 우얄리섬에서의 어려운 조건, 장기간 중병 끝에 남편의 사망- 이 모든 불행이 클라라의 의지를 꺾지 못했다. 그는 떳떳한 생활을 위하여 완강히 싸웠다. 그리하여 결국 그런 생활을 하게 되었다.

- 부모들이 카사흐스탄으로 강제이주되었을 때 당신의 나이는 11세였지요. 그 지난 날에 대한 무엇이 기억에 남았습니까?

- 그당시 나는 조선학교 4학년에서 공부하였습니다. 1937년 8월하순에 무서운 소식이 원동을 뒤흔들었습니다. 고려인들을 강제이주시킨다! 농촌, 꼴호스와 쏩호스, 수산아르쩰리마다에서 한탄하는 소리가 들렸으며 눈물을 흘렸습니다. "무슨 죄로? 우리가 무엇을 잘못하여 정든 곳을 떠나게 하는가? 우리를 어디로 실어가겠는가?" 내가 공부하던 학교에서는 고려인들을 다 이주시킨다고 광고하고 학생들

을 집으로 돌려 보냈습니다.
 이사갈 준비에 이틀을 주었습니다. "믿을 수 없는 고려인들을 다 러시야남부 지역에로 이주시킨다"는 소문이 돌았습니다. 집, 가구, 가축을 다 두고 떠나라는 것이였지요. 먹을것과 들고 떠나는 개인물건을 일인당 30키로그램 밖에 허가하지 않았습니다. 지방기관들은 이주민들에게 증명서를 써주었는데 새 고장에 가서 그 증명서에 따라 소나 돼지를 보상받을 수 있다는 것이였지요. 고려인- 벼 재배업자들이 심은 벼 이삭이 익어서 고개를 숙인채 수십키로메터에 외롭게 서 있었습니다.
 이틀 동안 해안에서 배를 기다렸지요 배를 타고 블라지워스토크항에 도착한 후 화물차에 실렸습니다. 한 달 동안 씨비리횡단간선철도로, 다음은 뚜르크씨브철도로 차를 타고와서 10월말에 마지막역인 크슬오르다주 아랄쓰크에 당도하였습니다.
 그러나 우리의 '여행'은 이것으로 끝나지 않았습니다. 먼 길에 시달린 이주민들을 3일후에 선박에 앉혀 우얄리섬에 실려갔다. 아랄해에 있는 이 섬은 구역소재지로부터 100키로메터 떨어져있었습니다.
 섬에서의 생활은 쉽지 않았지요. 우리 가족을 처음에 바닥이 흙으로 된 토굴에 배치하였습니다. 그런데 우리 어머니가 능숙한 재봉사였기에 지방주민들과 속히 친숙해졌습니다. 그들중 한 사람이 방 하나를 내주어 거기에서 겨울을 지냈지요. 섬에는 음료수가 없었어요 바다의 얼음이 물의 원천이였습니다. 그것을 겨울에 준비하여 하루에 일인당 20키로그램씩 배급하였어요.
 야채는 섬으로 실어오는 것뿐이였는데 비타민이 부족하고 물이 나빠 이주민들 특히 어린이들은 새 조건에 적응되기가 힘들어 죽었습니다. 우리 어머니도 자식을 네 명이나 잃었습니다.

- 금년은 카사흐스탄고려인 정주70주년입니다. 카사흐스탄은 고려인들에게 한해서 조국으로 되었습니다. 어려운 시기에 형제와 같이 도와준 카사흐인민에게 대하여 무엇을 기억하고 있습니까? 그리고 학업은 어디에서 계속하였는지요?
- 물론 지방주민들에게 대한 회상이 남았지요. 우리를 아주 친절하게 받아들였습니다. 모든 고려인들에 대한 동정심이 컸어요. 전쟁년간 그리고 전후시기에도 카사흐인들은 고려인 가정을 많이 도왔습니다. 우리가 빨리 일어서도록…. 카사흐인들은 우리와 홀레브도 나누고 불행과 기쁨도 같이 하였습니다.

섬에서 교육을 받기가 쉽지 않았어요. 러시야어로 수업하는 칠년제 학교 하나가 있었는데 나는 1942년에 최우등 성적으로 그 학교를 졸업하였습니다.
- 그 후 당신의 생활은 어떻게 되었나요?
- 가혹한 전쟁이 계속되였지요. 저의 이붓아버지는 로동전선에 동원되었습니다. 그후에 우리 가정형편이 한층 더 어려워졌지요. 나는 학업을 계속하지 못하고 어물공장에 회계원으로 취직하였어요. 나는 성실하게 일하면서 경리의 일도 배웠습니다. 얼마 지나서 저를 부총경리로 임명하였습니다. 그런데 이 일은 제가 원하는 것이 아니였지요. 그래서 1943년에 퇴직서를 썼습니다. 전쟁년간에 퇴직하기란 힘든 일이였습니다. 더군다나 전선을 우한 식품을 생산하는 중요한 전략대상인 어물공장에서….

그러나 나는 끝내 퇴직하고 처음에 아랄쓰크까지, 다음 카살린쓰크시까지 당도하여 입학시험도 치르지 않고 사범전문학교에 입학하였어요. 이것은 나의 오랜 꿈이였거던요. 그런데 나는 그걸 졸업하지 못할 운명이였어요.

- 내가 사범전문학교에서 공부하였을 때 안상난이란 청년을 만났어요. 우리는 서로 사랑하게 되어 곧 결혼을 하였습니다. 그는 카살린쓰크토지관리부에서 농산기사로 일하였습니다. 자격이 높은 전문가였고 카사흐어를 완벽하게 소유하였었지요. 저의 남편은 지방주민들사이에서 위신이 높았어요. 꼴호스와 쏩호스에 자주 나가서 농업과 농업생산조직 문제에 대한 상담도 하였습니다. 1944년에 첫 아이를 임신하게 되자 저는 학업을 그만두게 되었습니다. 가정형편이 어려웠기에 산후휴가가 끝난 후 공부를 계속하지 못하고 시소비동맹의 상업시스템에 취직하여 15년 동안 거기에서 일하였어요.

제가 상기 기업소에서 일하는 동안 또 아들 둘을 낳았습니다. 1966년에 남편이 세상을 떠난 후 저는 40나이에 아이 셋을 거느린 미망인이 되었어요.

- 당신은 많은 시련을 겪었는데 그런 힘을 어디에서 얻었나요?
- 저는 항상 어려운 정신적 상태나 물질적 처지가 나를 꺾지 못하게 하는 것을 목적으로 삼았습니다. 오직 로동으로서만이 모든 난관을 극복할 수 있다는 것을 확신하였습니다. 남편이 돌아가신 후에 친구들이 지방산업계에서 일자리를 마련해 주었습니다. 처음에는 벽돌공장의 창고관리인으로, 다음에는 공업꼼비나트의 중앙경리부에서 회계원으로 일하였습니다. 1975년에 총경리의 대리로 일하다가 4년 후에 총경리의 직책에 전임되었습니다.

공업꼼비나트에서 2년간 근무하였어요. 1992년부터 은퇴중입니다.
- 당신은 어렵지만 행복한 생활을 살아왔습니다. 제가 알기로는 아들 셋을 키워 그들에게 고등지식을 소유하도록 도와주셨지요. 지금은 집에서 어떻게 시간을 보내십니까?
- 우리세대는 달리 단련된 사람들이지요. 가만히 앉아 있을 수가

없어요. 지금 저에게는 손자가 일곱이고 증손자가 하나입니다. 그들과 자주 시간을 보내며 맛있는 빵고 구워줍니다. 자식들이 다 자립적 생활을 하게 되니 나는 안도의 숨을 내쉬였습니다. 그리고 손자들과 증손자가 자라는 것을 직접 보는 것은 인간의 참된 행복입니다.

35. 고려일보 2007년 8월 24일자 : 〈내가 직접 겪은 강제이주〉
(정상진[59])

1937년 8월 21일은 소련 고려인 역사에서 피와 눈물의 페이지로 되어 있다. 바로 이날 소련정부와 소련공산당 중앙위원회는 소련 러시아원동변강 연해주 일대에 거주하고 있는 고려인들을 강제로 대중적으로 이주시킬 데 대한 비인도주의적인 범죄적 결정서를 채택하고 그의 철저한 실천을 해당기관들에 지시하였다.

더 구체적으로 말한다면 소련내각총리와 소련공산당 중앙위원회 총비서 스탈린이 비준한 결정서에는 "소련원동변강연해주의 23개 국경지대의 지역에서 원동에로의 일본간첩들의 침투를 방지하기 위한 목적으로 전체 고려인 주민들을 이주시킬것이다."라고 지적되였었다. 이렇게 전체 고려인들은 멀고 먼 중아시아 지역과 카사흐스탄에로 강제이주되게 되였다. 일체 고려인주민들의 이주는 1938년 1월 1일까지 완료하기로 되어있었다.

---

59. 정상진(1818~) 필명은 정석. 원동 블라디보스톡 출생. 1936년 중학교를 졸업하고 1940년 크즐오르다 사범대학 어문학부 졸업. 1945년 3월 소련 태평양함대 해병으로 입대하여 웅기, 나진, 청진 지역 해방전투에 참가. 1945년부터 1956년까지 북한에서 문화선전성 제1부장, 김일성종합대 러문학부장 등 공직을 역임. 1961년 레닌기치에 입사하여 많은 문학평론문을 발표함. 최근에 회상집 『아무르만에서 부르는 백조의 노래』(서울, 지식산업사, 2005)를 펴냈음.

알렉싸드르 이싸예비츠 솔제니쩐의 증언에 의하면 9월 11일 19시 20분에 "원동 연해주에서 전체 고려인들을 이주시켜야 할 때가 되었다."라는 스탈린의 서면 지시가 정부에 하달되여 처음에는 단지 23개 국경 지역에서만 이주하기로 되였는데 스탈린의 단독 지시에 의하여 연해주 일대의 전체 고려인들이 강제이주를 당하게 되였다. 이상 결정서에는 적지 않은 모순과 부정확한 점들이 있었다는 것을 우리는 그후 알게 되였다.

1. 조선 북부에서 기아와 일제의 탄압을 피하여 살길을 찾아 러시아 연해주에 우주해 온 한인 전부를 일본간첩으로 간주했으며;

2. 결정서에는 이주민들이 일체 자기들의 재물, 농기, 가축 등을 가지고 가겠금 되였는데 실지에는 손에 들고 등에 질 수 있는 양식, 옷, 침구만을 가지고 기차에 오르게 하였으며;

3. 남겨 둔 부동산과 가축에 대하여는 보상하겠금 되였으나 전혀 보상하지 않았으며;

4. 이주에 동의하지 않는 고려인들은 다른 나라에 갈 수 있도록 결정서에는 지적되여 있었는데 조선에 가려고 지망한 고려인들은 오히려 탄압되였으며;

5. 이주 기한은 1938년 1월 1일까지로 되였는데 1938년 3월에야 완료되였다.

소련과 일본과의 관계가 첨예화 되여 갈수록 고려인들에 대한 탄압은 더욱 심하여졌다. 결과 20만명에 달하는 고려인들이 소련사회안전기관의 탄압의 대상으로 되였으며 소련에서 불심의 민족으로 스탈린이 죽을 때까지 계속 남아 있었다.

강제이주는 1937년 9월 1일부터 시작되였다. 일체 국가기관기업체들에서 고려인들은 철직되였으며 군대에서 제대되여 이주되였다.

고려인 대학, 전문학교, 소중학교들과 문화계몽기관들의 이주에 대한 보충적인 지시가 있어서 한글로 된 교과서, 도서 전부를 가지고 가겠끔 되어 있었는데 도착지에 와서 한글로 된 서적들을 갖고 있는 자들은 구속되고 형벌까지 받기도 했다.

강제이주에 대한 정부와 당의 결정서가 알려지자 일부 고려인들은 불만의 목소리를 높이기 시작하였다. 사회안전기관은 고려인들 속에서 여론조사를 하기 시작하였다. 결과에 많은 고려인인테리들이 구속되어 총살형까지 있었다는 사실은 비밀이 아니였다.

극히 소수 지식층에서는 숨은 희망을 품기도 했다.
"혹시 고려인자치주를 만들기 위하여 이주할 수도 있지 않는가?"
이상 모든 여론들이 사회 안전 비밀경찰에 의하여 수집되어 많은 고려인 인테리들이 탄압되였다. 어떤 사람들은 산림속에 숨었다가 붙잡혀 이주되기도 했다.

고려인들의 이주생활은 어떠했는가? 내 자신이 강제이주를 당한 산 증인으로 되어있다. 당시 나의 나이는 19세 대학 2학년생이였다.

1937년 9월 25일 연해주 블라지보스똑스에서 32개의 마소를 운반하는 화물차량들로 된 첫 이주열차가 떠났다. 나는 지금도 우리를 전송하는 친지, 친척, 친우들의 울음, 통곡, 저주의 목소리를 듣는 듯싶다. 너무나 비참했다.

이 열차에는 조선사범대학 학생들과 교직원들, 조선 극장 배우들, '선봉' 신문사 사원들, 조선라지오 방송원들이 올라 탔다. 이 열차에 나자신도 통곡의 눈물을 흘리면서 오르지 않으면 안되였다. 나는 병석에 누워 계신 어머님과 세 어린동생들을 두고 떠나게 되어 너무나 비통하였다. 역전 땅바닥에 앉아서 땅을 두주먹으로 치면서 "나의 자식들을 죽을데로 보내는구나!"하고 소리쳐 통곡하는 백발의 할머니를 나는 지금도 보는듯 싶다.

강제이주를 반대하여 목소리를 높일 수 있다고 인정된 2800여명의 선진 인테리들, 학자들, 군장교들이 체포되어 예심도, 재판도 없이 총살되였다. 학살당한 인테리들 속에는 나의 부친도 있었다. 나는 지금 부친의 묘소를 모르고 있다. 총살된 수천 명을 합장했다는 소문도 있다. 이렇게 소련 정부와 공산당은 우리들의 마음 속에 들어 있던 공산주의 이념, 레닌에 대한 존경심까지도 조선족 우수한 인테리들과 함께 총살해 버렸다고 하는 것이 진실에 가까울 것이다.

1937년 소련 연해주에서 실시한 조선족의 강제이주는 세계 역사에서 유래를 찾아 볼 수 없는 가장 잔혹하고, 비참하고도 야만적인 이주였으며 스탈린과 그의 추종자들, 공산체제가 저지른 이런 범죄행위는 인류가 잊어서는 안될 교훈으로 남아 있을 것이다. 소련에서 제2차 세계대전 후 독일족, 체첸족, 칼믜끼아족, 크림-따따르족, 터키족 등 많은 민족들이 강제이주를 당했다. 이들의 이주는 조선족의 강제이주보다 더 처참하였다.

고려인들의 강제이주 후 러시아 연해주는 어떤 상황에 처하여 있었던가? 고려인들이 살던 606개의 촌들이 지도에서 없어져 버렸다. 내 자신이 2004년 10월에 연해주 고려인들의 고장들을 직접 찾아 보았다. 너무나 우울했다. 606개의 마을들은 죽어 버렸으며 전부가 바람이 주인노릇하는 쑥밭으로 변하여 버렸다. 이것이 바로 스탈린이 저질러 놓은 소련에서의 민족말살 정책의 비참한 후과이다.

1917년 10월혁명 후 레닌이 다민족국가를 창설하면서 가장 소중하게 배려와 관심을 돌린 문제가 바로 러시야에서의 정당하고도 진정한 민족정책의 철저한 실시였다. 때문에 레닌은 새로 창건되는 소련다민족 국가는 억압, 탄압, 이간 정책을 계속해서는 절대 안된다고 수차 자기의 저서, 론문들과 서한들에서 강경하게 강조하였다. 러시아제국내에는 130개의 민족들과 준민족이 살고 있었기 때문에 인민들간의 우호, 화합, 친선 관계의 설정이 긴급 문제로 제기되고 있었다. 이렇게 레닌은 러시아에서의 정당한 민족정책의 실천을 강조하면서 소련국가의 앞에는 세계의 적(삼대적)이 있는바;

첫째로- 대러시아 민족주의,

둘째로- 공산주의 오만성,

셋째로- 무식이라고 지적하면서 만일 이 세 적을 이겨내지 못하는 한 소련체제는 존재할 수 없다고까지 유언하였다.

그런데 레닌이 그처럼 소중하게 여겨 오던 민족정책을 스탈린은 짓밟아 버리고 민족들간의 이간, 불신임, 적대심의 정책을 실시하기 시작하였다. 레닌은 심지여 소수민족들을 관대하게 대하며 그들에게 모든 문제들에서 양보하면서 친선, 화합, 단결의 기치하에 모든 민족들을 단결할 것을 유언하였다. 스탈린은 이와 같은 민족 정책을 무시하고 소수민족들을 탄압하는 길에 들어섰다. 이런 점에서 소련 력사를 고찰한다면 1937년의 조선족 강제이주는 벌써 장차 소련체제의 붕괴의 징조로 보였다고 해도 과언이 아니라고 생각한다. 달리 설명할 수가 없다. 결국 소련은 무식은 그런 대로 퇴치했으나 대러시아 민족주의와 공산주의자의 오만성은 이겨 내지 못하였다.

-대러시아 민족주의자들은 지금도 모스크바, 상-뻬쩨르부르그를 비롯한 많은 지역들에서 타민족들에 대한 만행을 감행하고 있다는 사실들을 신문, TV방송들을 통하여 자주 듣고 목격하고 있지 않는가.

강제이주 후 조선족의 생활은 어떠했는가? 비참했다. 강제이주를 당한 조선족은 카사흐스탄과 중아시아 초원들에서 집도, 가구도, 농구도, 돈도 없이 땅굴을 파고 추운 겨울을 지내지 않으면 안되였다. 그 결과 1937-38년 이주 초년 기간 토질병과 추위에 죽은 자가 만여 명에 달하였다. 주로 어린이들과 노인들이 죽었다.

고려인의 초기 주거(출처 : 정상진의 2005년 저서)

나 자신은 그 당시 이주된 친척-친지들을 찾기 위하여 많은 촌락들을 찾아 다니면서 매일 많은 장례를 목격한 바 있다. 너무나 비참하고도 슬펐다. 간곳 마다에는 울음소리뿐이였다. 병원도, 의사도, 약도 없이 초원에서 죽어가는 조선족 형제자매들의 비운의 처지를 목격하면서 자기의 분노를 토로할 수도, 어디에 송사할 수도 없는 운명에 우리는 처하여 있었다.

우리 조선족은 강제이주 후 소련헌법에 제정된 많은 시민권을 박탈당하였다. 군대복무에 대한 권리, 국내에서 자유롭게 왕래할 수 있는 권리도, 소련의 대도시들에게서 권위있는 대학들에서 공부할 권리도, 심지어는 첨전할 권리까지도 없는 무권리의 시민들로 되어 버렸다. 고려인의 시민중에는 일정한 지역에서만이 살 수 있게 지적되였다. 다른 도시, 촌들에 가는 경우 반드시 경찰서의 허가가 있어야 했다.

다행히도 10만명의 이주민들은 카사흐스탄에서 살게 된 것을 하나님의 축복이라고 생각한다. 세계에 카사흐민족보다 더 선하고, 착하고 너그러운 민족이 있다고 하면 믿지 못할 정도로 우리는 카사흐인들을 존경하고 또 앞으로도 그들과 친목하게 살면서 나라를 건설할 것이라고 믿는다. 이들은 이주민들을 무한히 동정하면서 가능한 모든 면에서 방조를 아끼지 않았다.

내가 직접 목격한 너무나 감동적인 사실을 이야기하고 싶다.

…1937년 11월 초 추운 카사흐스탄 크슬-오르다 주잘라가스 초원에 조선족 이주민들이 도착하였다. 집도, 먹을 것도 없는 초원이였다. 어린이들과 여인들이 울기 시작하였다. "죽으라고 이런 곳에 실어 온 거야!" 하는 통곡이 이곳 저곳에서 터지기 시작하였다. 너무나 외로웠다.

이렇게 어려운 때 주변 카자흐인들이 이름 모를 사람들이 초원에 실려와서 어려운 형편에 처하여 있다는 소문을 듣고는 빵을 구워, 식을까바 이불에 싸서 당나귀에 실어다가 먼저 어린이들과 노인들에게 나누어 주었다. 우리는 그 빵을 먹으면서 울었다. 카사흐여인들도 우는 우리의 어린이들을 포옹한채 우리와 함께 눈물을 흘렸다.

그들은 누구의 지시도 없이 자진하여 우리를 찾아 온 것이였다. 우리는 서로 말을 모르니 악수하면서 감사를 표시했을 뿐이였다. 이런 선하고 착한 일들이 다른 고장들에서도 있었다는 이야기를 듣기도 했다. 우리는 이런 너그럽고도 착한 인민을 영원히 잊지 않을 것이다. 이렇게 우리들은 영원하 형제들이 되었다. 카사흐스탄은 우리의 고향으로 우리의 후손들의 조국으로 되었다.

70년 전에 이주된 고려인들은 어떻게 살고 있는가?

나 자신은 나의 생활, 운명- 모든 것을 카사흐스탄에서 받았다. 카사흐스탄에서 군대에 입대하여 소련 태평양 함대 해병대의 일원으로서 1945년 8월 9일부터 9월 3일까지 조선의 웅기, 나진, 청진, 어대진 해방전투에 참전하여 일제를 타승하고 북조선에서의 인민정권

수립에 참가하여 13년 동안 나라의 문화건설에 기여한 바도 있다. 1957년에 귀국하여 카사흐스탄에서 계속 일하였으며 지금까지도 살고 있다. 이처럼 카사흐스탄은 나와 모든 고려인들에게 있어서 은혜의 나라로, 나의 후손들의 조국으로 되어있다.

현재 카사흐스탄에는 10만여 명의 고려인들이 살고 있다. 우리는 카사흐스탄을 아름다운 고향으로 삼으면서 카사흐스탄의 120여개의 민족들과 함께 친목하게 살면서 나라의 부흥발전에 힘써 노력하고 있다. 70년 동안에 우리들과 카사흐인들 사이에는 한번도 마찰이나 갈등, 충돌이 없었다. 또 있을 수도 없다.

카사흐인민의 위대한 시인이며 철학가이며 성현이신 아바이 꾸난바예브는 이렇게 말씀하셨다. "착하고 너그러운 성품, 남을 친형제처럼 받아들여 그에게 선만을 원할 줄 아는 성품, 이것은 다 심정의 부름인 것이다." 이런 성품을 품은 민족이 바로 카사흐인들이다.

이런 너그러운 백성들과 함께 우리는 70년을 살아왔다. 나는 자주 외국에 여행하면서 강의를 하기도 한다. 강의 시에 10분~15분 정도 나는 꼭 카사흐스탄에 대하여 자랑찬 이야기를 하는 것이 버릇처럼 되어 있다.

카사흐스탄에서는 300여명의 고려인 학자들이 일하고 있다. 이들 중 60여명은 박사들로서, 정치, 경제, 기술, 과학영역에서 자유롭게 활동하고 있다.

하나님의 이르심을 따라 우리 고려민족은 '생육하고 번성하여' 1937년의 이주년에 비하여 20만으로부터 54만명에 이르렀다. 그리고 전 옛소련지역에서 거지가 없는 민족으로 널리 알려져 있다.

그러나 우리 민족은 1937년의 강제이주의 치욕적인 비극을 잊을 수가 없다. 우리 고려인들은 한인들과 함께 세계의 어느 나라에서 살던지를 막론하고 어떤 영역에서 일하며 활동하던지를 막론하고 한반도의 영광스러운 한민족의 긍지를 잊지 않고 떳떳하게 전 세계 인류의 대오에서 남부럽지 않게 살며 일하여 나갈 것에 대하여 나는 의심치 않는다.

금년은 소련에서의 고려인들의 강제이주 70주년이 되는 해이며 너그럽고도 성스러운 땅 카사흐스탄에서의 고려인들의 정주 70주년이 되는 해이기도 하다, 우리는 이 주년을 카사흐스탄 나사르바예브 대통령의 민족정책의 승리의 명절로 성대한 행사들을 전국적으로 진행하고 있다.

카자흐스탄에서도 러시아에서도, 고려인들은 자유롭게 살면서 내일을 확신있게 바라보고 있다.

| 찾아보기 |

〈 ㄱ 〉
간첩 483
강막씸 480
강병제 334
강상호 340
강알렉쎄이 480
강우섭 463
강제이주 19, 27, 31, 40, 45, 50, 56,
　　　135, 145, 155, 162, 172, 174,
　　　183, 208, 248, 253, 278, 292,
　　　294, 298, 302, 303, 304, 305,
　　　306, 308, 332, 342, 344, 348,
　　　350, 360, 361, 362, 373, 380,
　　　382, 389, 395, 399, 415, 428,
　　　432, 439, 441, 448, 451, 453,
　　　454, 457, 459, 469, 470, 478,
　　　487, 501, 504, 510, 513, 517,
　　　519, 520, 522,
강주익 334
강진구 22

강태수 467
거주지 제한 335
게.뻬.우 469
겨울나기 34
계봉우 40
고려극장 184
고려대학 140
고려사람 20
고려인 20
고려일보 21
고본질 173
고송무 21
공민증 335, 343
국립영화대학 396
권웍또르 397
권수라 396
극동 변강 25
기봉율 478
기석복 464
김게르만 26

김경이 434
김기성 356
김따냐 425
김따찌야나 425
김미하일 430
김병옥 357
김병학 20
김보희 20
김블라지미르 506
김성례 19
김성훈 436
김아파나씨 316
김안또니나 425
김알료나 506
김야나 480
김영익 396, 397, 421
김우룡 364
김이돌 475
김이현 517
김익수 420
김입선 464
김치성 478
김클라라 522
김필영 20
김해운 420
까라간다 138
까라딸강변 295
까라불라크 391

까라쑤 335
꼴호즈 79, 163
끄즐오르다 140

〈 ㄴ 〉
나나이스크구역 507
내무인민위원회 306
노력전쟁(뚜르드 아르미) 43
노보시비리스크 76

〈 ㄷ 〉
다우지미촌 326
달늬보스톡 20
달니 워쓰또크 297
두샨베 94
따라즈 507
딸띠꾸르간 171
땅굴 21, 36, 37, 38, 47, 63, 163,
    168, 175, 212, 258, 260, 261,
    270, 271, 290, 295, 427, 467,
땅굴살이 467
땅굴집 21, 36, 37, 38, 62, 295, 427,
뚜루두 87

〈 ㄹ 〉
라인곤 423
레닌기치 21
렴사일 420

렴홍철 329, 336
리경희 421
리길수 396
리나제즈다 420
리니꼴라이 298
리루끼얀 463
리봉길 464
리왜체쏠라브 461
리용식 463
리용호 398
리은영 464
리종림 334
리종수 334
리함덕 244, 425

〈 ㅁ 〉
명월봉 40
목화질 214
무틀류 189
민알렉싼드르 506

〈 ㅂ 〉
바곤 162
바라크 78
박넬리 381
박성훈 304
박수옥 382
박알렉싼드르 507

박인검 344
박일리야 337
박창내 334
박호선 464
방알렉쎄이 463
백나제즈 396
백빠웰 396
벌목장 331
부슬기 137
부조노프스키 65
브리가디르 87
빠흐따역 423
뻬드로브까 135
뽀시예트 204

〈 ㅅ 〉
사마르칸트 211
사범대학 140
서강 64
성점모 399
손미하일 478
송라브렌티 35
송희 334
송희현 332
수남촌 345
수찬 482
수청 수트 72
스꼬딱 135

스딸린 183
신한촌 162
심헌용 26
쏘독전쟁 383

〈ㅇ〉
아쁘라한 77
아르쫌 61
아스타나 90
아크몰린스크 90
악치따우 92
안득춘 387
알마티 108
양원식 482
엄하리똔 463
엘. 로쑤꼬와 475
연성용 63, 345, 420
연해주 21
옌까웨데 303, 305, 306, 308, 317, 318, 320, 322, 325, 329, 465, 518, , 114
와곤 78, 137, 155, 174
우수리주 61
우슈또베 148, 152
우크라이나 108
원동(遠東) 20, 21
위간 189
유게라씸 367

윤세르게이 510
이광규 31
이기영 145
이만 170
이복규 20
이종수 482
이주열차 29
이헌홍 19
인민위원부 30
일본간첩 431

〈ㅈ〉
자다우제 72
잠블 506
장도정 332
장범태 478
재이주 179
전경수 20
전신욱 26
전영환 480
전의연 463
정따찌야나 363
정상진 145, 526
정후겸 420
조국전쟁 302
조기천 145, 463
조명희 334
조선극장 30

조선대학 140
조선사람 20
조선사범대학 142
조선사범대학 조선어문학학부 461
조선인 20
조선족 20
조영호 478
촬빠크-쮸베(둔가놉까) 507
주아나똘리 478
주영윤 360
중치르치크 335

〈 ㅊ 〉
차르죠우 335
채영 396
천혜숙 19
최길춘 396, 398, 420
최봉도 397, 420
최성철 478
최아리따 29
최이완 478
최호림 334
추투혜 74
추풍동소학교 387
치따 337

〈 ㅋ 〉
칼미크족 84

〈 ㅌ 〉
타슈켄트 99
타지기스탄 94
태장춘 397
토굴 37, 295, 374, 414, 423, 442, 510, 513, 514, 520, 523,
토굴집 37, 295, 414, 510
토벽집 476
토호 205
토호청산 259

〈 ㅎ 〉
하바로프 138
한득봉 63
한아나쓰따씨야 463
한야꿉 20
한인 20
한천일 338
해삼당학교 387
해삼(블라디보스톡) 24
해삼역 29
해삼위 140
현일구 420
호레슴 335
환영혜 420
황나나 421
황류드밀라 480
황정만 402

■ 저자 약력

이복규(李福揆)
서경대(옛 국제대)와 경희대 대학원 국어국문학과에서 공부(문학박사).
한국학대학원과 국사편찬위원회 초서연수과정에서 공부.
현재 서경대학교 국어국문학과 교수, 국제어문학회 회장.

대표저서
『중앙아시아 고려인의 구전설화』, 『카자흐스탄 견문록』,
『설공찬전연구』 등.

다음까페
http://cafe.daum.net/bky5587(이복규 교수의 사이버강의실)

중앙아시아 고려인의 생애담 연구

초판 인쇄/ 2012년 3월 30일
초판 발행/ 2012년 4월 12일

저　　자	이복규
책임편집	김민경

발 행 처	도서출판 지식과 교양
등　　록	제2010-19호
주　　소	132-908 서울시 도봉구 창5동 262-3번지
전　　화	02-900-4520 / 02-900-4521
팩　　스	02-900-1541
전자우편	kncbook@hanmail.net

ⓒ 이복규 2012 All rights reserved. Printed in KOREA

ISBN 978-89-94955-77-3　93810　　　　　　　정가 38,000원

저자와 협의하여 인지는 생략합니다. 잘못된 책은 바꾸어 드립니다.
이 책의 무단 전재나 복제 행위는 저작권법 제98조에 따라 처벌 받게 됩니다.

이 도서의 국립중앙도서관 출판도서목록(CIP)은 e-CIP홈페이지(http://www.nl.go.kr/ecip)에서
이용하실 수 있습니다. (CIP제어번호: CIP2012001611)